Gausemeier/Ebbesmeyer/Kallmeyer
Produktinnovation

Jürgen Gausemeier
Peter Ebbesmeyer
Ferdinand Kallmeyer

Produktinnovation

Strategische Planung und Entwicklung
der Produkte von morgen

HANSER

Die Deutsche Bibliothek – CIP-Einheitsaufnahme

Ein Titeldatensatz für diese Publikation
ist bei Der Deutschen Bibliothek erhältlich.

Dieses Werk ist urheberrechtlich geschützt.
Alle Rechte, auch die der Übersetzung, des Nachdrucks und der Vervielfältigung
des Buches oder Teilen daraus, vorbehalten. Kein Teil des Werkes darf ohne schriftliche
Genehmigung des Verlages in irgendeiner Form (Fotokopie, Mikrofilm oder ein
anderes Verfahren), auch nicht für Zwecke der Unterrichtsgestaltung, reproduziert
oder unter Verwendung elektronischer Systeme verarbeitet, vervielfältigt oder
verbreitet werden.

© 2001 Carl Hanser Verlag München Wien
Internet: http://www.hanser.de
Redaktionsleitung: Martin Janik
Herstellung: Ursula Barche
Umschlaggestaltung: Parzhuber & Partner GmbH, München
Datenbelichtung, Druck und Bindung: Kösel, Kempten
Printed in Germany

ISBN 3-446-21631-6

> »Man muß gelehrt sein, um Einfaches
> kompliziert sagen zu können; und weise,
> um Kompliziertes einfach sagen zu können.«
> – Charles Tschopp –

INHALTSVERZEICHNIS

Vorwort 9

Kapitel 1:
Zukunftssicherung und Beschäftigung durch Innovationskraft 11
1.1   Herausforderung Produktinnovation 11
1.2   Beispiele für Innovationsfelder 13
Literatur zum Kapitel 1 21

Kapitel 2:
Ein neues Verständnis des Produktinnovationsprozesses 23
2.1   Aspekte der Konstruktionsforschung 23
2.2   Systeme des integrativen Maschinenbaus 27
    2.2.1   Prinzipielle Struktur von Produkten des integrativen Maschinenbaus 28
    2.2.2   Intelligente Systeme des Maschinenbaus 33
    2.2.3   Systemkomposition mit Lösungselementen 36
2.3   Prozeßstrukturen in der Produktentwicklung 39
    2.3.1   Entwicklungssystematiken 40
    2.3.2   Die Ordnungsmatrix zur Konstruktionstechnik 40
    2.3.3   Integrative Planung und Entwicklung innovativer Maschinenbauerzeugnisse 43
Literatur zum Kapitel 2 47

Kapitel 3:
Strategische Produktplanung 49
3.1   Potentialfindung 49

3.1.1 Analyse der Position der Produkte im heutigen Wettbewerb. 52
    3.1.1.1 Integriertes Markt-Technologie-Portfolio 52
    3.1.1.2 Erfolgsfaktorenanalyse 62
    3.1.1.3 Quality Function Deployment (QFD) 65
    3.1.1.4 Conjoint-Analyse 69
3.1.2 Die Kunden befragen – Möglichkeiten und Grenzen 74
3.1.3 Szenario-Technik – Vorausdenken der Zukunft 78
    3.1.3.1 Grundprinzipien der Szenario-Technik 79
    3.1.3.2 Szenarien in der strategischen Führung 82
    3.1.3.3 Szenario-Vorbereitung 86
    3.1.3.4 Szenariofeld-Analyse 86
    3.1.3.5 Szenario-Prognostik 91
    3.1.3.6 Szenario-Bildung 96
    3.1.3.7 Szenario-Beschreibung 99
3.1.4 Systematisches Erkennen
der Erfolgspotentiale von morgen 105
    3.1.4.1 Ermittlung strategischer Stoßrichtungen 105
    3.1.4.2 Chancen-Gefahren-Matrix 109
    3.1.4.3 Auswirkungsanalyse 111

3.2 Produktfindung 117
  3.2.1 Prozeß der Produktfindung 117
  3.2.2 Kreativität und Wissen 119
  3.2.3 Ausgewählte Methoden der Produktfindung 126
    3.2.3.1 Lotusblüten-Technik 126
    3.2.3.2 Laterales Denken nach de Bono 128
    3.2.3.3 Theorie des erfinderischen Problemlösens (TRIZ) 132
  3.2.4 Verknüpfung mit der Szenario-Technik 141

3.3 Geschäftsplanung 144
  3.3.1 Entwicklung der Geschäftsstrategie 149
  3.3.2 Entwicklung der Produktstrategie 164
  3.3.3 Investitionsrechnung – Nachweis der Wirtschaftlichkeit 171
    3.3.3.1 Kapitalwertmethode 172
    3.3.3.2 Berechnung des Return on Investment (RoI) 182
    3.3.3.3 Amortisationsrechnung 185
    3.3.3.4 Break-Even-Analyse (BEA) 189

3.4 Strategiekontrolle 191
  3.4.1 Strategische Frühaufklärung 192
    3.4.1.1 Historische Entwicklung der Frühaufklärung 192
    3.4.1.2 Operative und strategische Frühaufklärung 193
    3.4.1.3 Konzept der strategischen Frühaufklärung 195
  3.4.2 Der Umgang mit Trends 197
  3.4.3 Methoden und Werkzeuge
        der strategischen Frühaufklärung 201
    3.4.3.1 Fledermausprinzip 201
    3.4.3.2 Bibliometrie 203
    3.4.3.3 Patentanalysen 205
    3.4.3.4 Agenten 207
Literatur zum Kapitel 3 209

Kapitel 4:
Integrative Produktentwicklung **215**
4.1 Produktentwicklung im Zyklenmodell des
    Produktinnovationsprozesses 215
4.2 Domänenspezifische Entwicklungsmethodiken 218
  4.2.1 Konstruktionsmethodik Maschinenbau 218
    4.2.1.1 Planen und Klären der Aufgabe 221
    4.2.1.2 Konzipieren 223
    4.2.1.3 Entwerfen 229
    4.2.1.4 Ausarbeiten 238
  4.2.2 Entwicklungsmethodik Mikroelektronik 240
    4.2.2.1 Entwicklungsprinzipien 241
    4.2.2.2 Entwicklungssystematik (Phasenmodell) 244
    4.2.2.3 Entwurfsstile 255
  4.2.3 Entwicklungsmethodik Software 260
    4.2.3.1 Entwicklungssystematik (Phasenmodell) 261
    4.2.3.2 Das „V-Modell" 264
    4.2.3.3 Objektorientierte Softwareentwicklung 269
    4.2.3.4 Software-Prototyping 282
    4.2.3.5 Steuerung technischer Systeme: Eingebettete
            Software 287
  4.2.4 Regelungstechnik – Methodik des Reglerentwurfs 291
    4.2.4.1 Dynamisches Verhalten von Regelkreisen 293

		4.2.4.2	Methodik des Entwurfs von Mehrgrößenregelungen 296

4.2.4.2 Methodik des Entwurfs
von Mehrgrößenregelungen 296
4.2.4.3 Realisierbarkeit von Regelkreisen 304
4.3 Integrative Spezifikation neuer Produktkonzeptionen 306
    4.3.1 Funktionale Spezifikation 307
    4.3.2 Konzeptionelle Spezifikation 309
        4.3.2.1 Basiskonstrukte 309
        4.3.2.2 Spezifikation von Beziehungen 311
        4.3.2.3 Spezifikation von Verhalten 324
        4.3.2.4 Spezifikation von Gestalt 326
        4.3.2.5 Spezifikationsstatus 329
    4.3.3 Anwendungsbeispiel 336
        4.3.3.1 Spezifikation der Funktionalität 337
        4.3.3.2 Mechanik-Sicht 338
        4.3.3.3 Verhaltensspezifikation Mechanik 343
        4.3.3.4 Regelungstechnik-Sicht 346
        4.3.3.5 Verhaltensspezifikation Regelungstechnik 351
        4.3.3.6 Software-Sicht 355
        4.3.3.7 Verhaltensspezifikation Software 357
        4.3.3.8 Elektronik-Sicht 364
        4.3.3.9 Verhaltensspezifikation Elektronik 365
        4.3.3.10 Frühzeitige Spezifikation der Gestalt 369
Literatur zum Kapitel 4 373

Kapitel 5:
Virtuelle Prototypen – Produkte aus dem Computer 377
5.1 Die Abkehr von der technischen Zeichnung 377
    5.1.1 Die Anfänge: Computergraphik und CAD 377
    5.1.2 Von 3D-CAD zu virtuellen Prototypen 383
5.2 3D-CAD-Systeme 387
    5.2.1 Computergraphik 387
        5.2.1.1 Graphikmodell 388
        5.2.1.2 Beleuchtung 389
        5.2.1.3 Material und Texturen 389
        5.2.1.4 Schattierte Darstellung 392
        5.2.1.5 Projektion und Rasterung 393
        5.2.1.6 Bildausschnitt und Sichtbarkeitsprüfung 394

Inhaltsverzeichnis **5**

        5.2.1.7 Szenengraph und
          effiziente Behandlung großer Modelle................. 396
        5.2.1.8 Graphik-Pipeline 400
    5.2.2 3D-CAD-Modelle 400
        5.2.2.1 Grundtypen von Volumenmodellen 403
        5.2.2.2 Erweiterte Volumenmodelle 407
        5.2.2.3 Variantentechnik... 409
        5.2.2.4 Weitere Aspekte 411

5.3 Digitaler Mock-Up 413
5.4 Modellbildung und Modellanalyse... 419
    5.4.1 Grundlagen der Modellbildung.................................... 422
    5.4.2 Simulation von Mehrkörpersystemen (MKS) 425
        5.4.2.1 Kinematik 427
        5.4.2.2 Dynamik 432
        5.4.2.3 Durchführung einer MKS-Simulation............... 435
    5.4.3 Strukturanalyse mit FEM 439
        5.4.3.1 FEM-Anwendungen in der Strukturmechanik 440
        5.4.3.2 Lineare Statik 442
        5.4.3.3 Nichtlineare Statik und Strukturdynamik............ 448
        5.4.3.4 Durchführung einer FEM-Analyse..................... 452
    5.4.4 Strömungsberechnung (CFD)...................................... 456
        5.4.4.1 Grundlagen der CFD-Analyse 457
        5.4.4.2 Durchführung einer CFD-Analyse...................... 461
    5.4.5 Weitere Analysen... 463
        5.4.5.1 Temperaturfelder.. 463
        5.4.5.2 Elektromagnetische Felder 464
        5.4.5.3 Akustik 467
        5.4.5.4 Fertigungsprozesse 467

5.5 Fertigungsplanung 469
5.6 Virtual Reality (VR) 477
    5.6.1 VR in der Entwicklung technischer Systeme 482
        5.6.1.1 Design.. 483
        5.6.1.2 Analysen 484
        5.6.1.3 Anlagenplanung.. 486
    5.6.2 VR-Hardware-Systeme.. 489
        5.6.2.1 Desktop VR 490
        5.6.2.2 Highend VR 492

         5.6.2.3 VR-Rechner 494
         5.6.2.4 Visuelle Präsentation 496
         5.6.2.5 Akustik und Haptik 502
         5.6.2.6 Weitere VR Peripherie 503
    5.6.3 VR-Software und VR-Prozesse 505
         5.6.3.1 VR-Laufzeitumgebung 506
         5.6.3.2 VR-Preprocessing 510
5.7 Produktdatentechnologie 513
    5.7.1 STEP: Standard for the Exchange of Product Model Data ... 515
         5.7.1.1 STEP Kernmodelle 518
         5.7.1.2 STEP Anwendungsprotokolle 520
    5.7.2 Produktdatenmanagement-Systeme 525
         5.7.2.1 Verwaltung von Produktdaten 527
         5.7.2.2 Prozeßmanagement 532
         5.7.2.3 Aufbau von PDM-Systemen 533

Literatur zum Kapitel 5 537

Stichworte 543

Von links nach rechts: Jürgen Gausemeier, Ursula Frank, Peter Ebbesmeyer, Ferdinand Kallmeyer

Kurz-Biographien

Prof. Dr.-Ing. Jürgen Gausemeier, Jahrgang 1948, ist Professor für Rechnerintegrierte Produktion am Heinz Nixdorf Institut der Universität Paderborn. Dort hat er die Arbeitsschwerpunkte Strategische Produktplanung, Virtual Prototyping und Strategische Produktionsplanung gebildet. Er promovierte 1977 am Institut für Werkzeugmaschinen und Fertigungstechnik der TU Berlin bei Prof. Spur. In seiner zwölfjährigen Industrietätigkeit war Dr. Gausemeier Entwicklungschef für CAD/CAM-Systeme und zuletzt Leiter des Produktbereiches Prozeßleitsysteme bei einem namhaften Schweizer Unternehmen. Über die Universitätsgrenzen hinaus engagiert er sich u.a. als Mitglied des Vorstands und Geschäftsführer des Berliner Kreis – Wissenschaftliches Forum für Produktentwicklung e.V. Ferner ist Herr Gausemeier Initiator und Aufsichtsratvorsitzender des Unternehmens UNITY AG – Aktiengesellschaft für Unternehmensführung und Informationstechnologie.

Dr.-Ing. Peter Ebbesmeyer, Jahrgang 1964, studierte Luft- und Raumfahrttechnik an der RWTH Aachen. Anschließend war er wissenschaftlicher Mitarbeiter von Herrn Gausemeier am Heinz Nixdorf Institut der Universität Paderborn. Dort war er für den Aufbau und die Leitung des Virtual Reality Labors zuständig. Er promovierte 1997 bei Prof. Gausemeier mit einer Arbeit zum Thema Virtual Reality (VR). Derzeit ist Dr. Ebbesmeyer Leiter des Competence Center Virtual Reality der UNITY AG – Aktiengesellschaft für Unternehmensführung und Informationstechnologie. Ferner ist er Vorsitzender des Ausschusses für Virtuelle Umgebungen im Bereich „Computers in Engineering Division" der American Society of Mechanical Engineers (ASME).

Dr.-Ing. Ferdinand Kallmeyer, Jahrgang 1970, studierte Elektrotechnik mit Schwerpunkt Informationstechnik an der Universität Paderborn. Im Anschluß an eine zweijährige Industrietätigkeit arbeitete er von 1996 bis 1998 als Mitarbeiter von Prof. Gausemeier im Graduiertenkolleg am Heinz Nixdorf Institut der Universität Paderborn, wo er 1998 über ein Thema der Mechatronik promovierte. Anschließend war er in unterschiedlichen Entwicklungsprojekten im Bereich KFZ-Innenraumklimatisierung bei einem namhaften deutschen Automobilzulieferer tätig. Derzeit ist Dr. Kallmeyer Projekt-Manager in der Banking Division der Wincor Nixdorf GmbH & Co. KG.

> *»So eine Arbeit wird eigentlich nie fertig,*
> *man muß sie für fertig erklären,*
> *wenn man nach Zeit und Umständen*
> *das Mögliche getan hat.«*
> – Johann Wolfgang von Goethe –

VORWORT

Technische Systeme und insbesondere Maschinen sind allgegenwärtig. Sie produzieren und transportieren, sie erleichtern die Arbeit, sie helfen und schützen. Maschinen beruhen heute auf der engen Zusammenarbeit von Fachleuten aus vielen Disziplinen, insbesondere dem klassischen Maschinenbau, der Elektrotechnik/Elektronik und der Informatik. Wir sprechen daher auch von der *integrativen Entwicklung* der entsprechenden Produkte.

Die klassischen Schulen der Entwicklungsmethodik lehren, daß die Weichen für den Erfolg eines Erzeugnisses in der frühen Phase der Konzipierung gestellt werden, weil hier die sog. prinzipielle Lösung festgelegt wird. In meiner längeren Industrietätigkeit als Entwicklungschef mußte ich die Erfahrung machen, daß die Weichen noch früher gestellt werden – in der *Produktplanung*. Sie gibt die Ziele für die Produktentwicklung vor. Nicht immer gelang es uns, die von der Produktplanung bzw. dem Vertrieb vorgegebenen Ziele zu erreichen. Mal kamen wir zu spät, mal war das Produkt zu teuer, mal war beides der Fall. Wir haben aber oft auch sog. Punktlandungen hingelegt; der Vertrieb bekam genau das, was er gefordert hatte. Trotzdem standen wir selbst dann oft „neben den Schuhen", weil der Vertrieb inzwischen neue Anforderungen sah und unser Produkt nicht mehr für geeignet hielt, den Mitbewerbern Paroli zu bieten. Da fing ich an, mich näher dafür zu interessieren, wo die Anforderungen an die Produkte für die Eroberung der Märkte von morgen eigentlich herkommen. Um es kurz zu machen: meistens aus dem „hohlen Bauch"; jedenfalls waren sie nicht Ergebnis einer systematischen Produktplanung.

Produktplanung wird vielerorts vernachlässigt. Das gilt insbesondere für kleine und mittlere Unternehmen. Sie neigen dazu, sich auf ihre Reaktionsschnelligkeit zu verlassen. Entscheidend für den Erfolg ist meiner Erfahrung nach aber die Fähigkeit, künftige Erfolgspotentiale, aber auch Bedrohungen für das etablierte Geschäft frühzeitig zu erkennen und selbstredend die erforderlichen Maßnahmen rechtzeitig einzuleiten.

Aus dieser Erfahrung heraus war es mir in den letzten zehn Jahren ein wichtiges Anliegen, Produktplanung als wesentliche Führungsaufgabe zu propagieren und sie in enger Beziehung mit der eigentlichen Produktentwicklung zu sehen. Beides zusammen ergibt den Produktinnovationsprozeß. Er reicht von der ersten Idee, ein Geschäftspotential zu erschließen, bis zum erfolgreichen Markteintritt. Dieser umfassende Produktinnovationsprozeß wird im folgenden behandelt. Wichtige Aspekte sind dabei das Zusammenspiel der involvierten Fachdisziplinen und die Nutzung der faszinierenden Möglichkeiten der Informationstechnik (Virtual Prototyping).

Das vorliegende Buch ist das Resultat von entsprechenden Forschungs- und Industrieprojekten. Es richtet sich in erster Linie an Führungspersönlichkeiten der Industrie, an Fachleute der Funktionsbereiche Produktplanung/Produktmarketing und Entwicklung/Konstruktion sowie an Studierende der Studienrichtungen Maschinenbau, Wirtschaftsingenieurwesen und Informatik.

So ein relativ aufwendiges Werk zu schaffen, geht kaum ohne Mitstreiterinnen und Mitstreiter. Ich habe daher meine „besten Schüler", Herrn Dr.-Ing. Peter Ebbesmeyer und Herrn Dr.-Ing. Ferdinand Kallmeyer gebeten, mit mir zusammen das Buch zu schreiben. Ferner hatten wir im Hintergrund Zuliefererinnen und Zulieferer: Frau Ursula Frank und Herrn Patrik Minner sowie Herrn Roland Czubayko, Herrn Wulf Härtel, Herrn Rainer Pusch und Herrn Michael Schoo. Ihnen allen danke ich sehr. Besonderer Dank gebührt aber denen, die die harte Redaktionsarbeit erledigt haben: Frau Ursula Frank, Frau Sabine Illigen, Herrn Holger Krumm, Herrn Dr. Stefan Möhringer und Frau Rosemarie Selbach.

Sollten trotz sorgfältiger Redaktionsarbeit und Korrekturlesens Fehler auftauchen, bitte ich schon jetzt dafür um Entschuldigung und um die Freundlichkeit, mir diese mitzuteilen. Ferner sind konstruktive Kritik und Anregungen zur Verbesserung dieser Arbeit sehr willkommen. Wir werden sie bei einer weiteren Auflage gern berücksichtigen.

Die aufmerksame Leserin/der aufmerksame Leser wird bemerkt haben, daß ich korrekt die weibliche und die männliche Form verwende. Das wird im weiteren nicht mehr der Fall sein, und zwar ausschließlich wegen der einfacheren Lesbarkeit. Sobald es uns in den Ingenieurwissenschaften gelungen ist, den Anteil der Studentinnen signifikant zu erhöhen, werden wir den Spieß umdrehen und die weibliche Form verwenden.

Ich hoffe, liebe Leserinnen und Leser, Sie gewinnen durch unser Buch neue Erkenntnisse und Impulse für die praktische Arbeit.

Paderborn, im März 2001   Jürgen Gausemeier

> »Ich kann freilich nicht sagen, ob es besser wird,
> wenn es anders wird; aber so viel kann ich sagen,
> es muß anders werden, wenn es gut werden soll.«
> – Georg Christoph Lichtenberg –

KAPITEL 1

ZUKUNFTSSICHERUNG UND BESCHÄFTIGUNG DURCH INNOVATIONSKRAFT

Diejenigen, die nahezu täglich an neuen Technologien, neuen Produkten oder neuen Herstellprozessen arbeiten, stellen nur selten die Frage, ob das Neue auch tatsächlich von allen gewollt ist. Sie neigen dazu, zu übersehen, daß Innovationen auch Veränderungen bedeuten, die in der Regel nicht begrüßt werden. Vor diesem Hintergrund stellt sich die Frage: Wieso immer wieder Neues, wenn es uns doch gut geht? Wir werden im folgenden versuchen, auf diese einfach erscheinende Frage eine Antwort zu geben.

1.1 Herausforderung Produktinnovation

Wir erleben seit einigen Jahren den Wandel von der nationalen Industriegesellschaft zur globalen Informationsgesellschaft. Informations- und Kommunikationstechnik durchdringt alle Lebensbereiche; die Grenzen von gestern verlieren ihre Bedeutung. Dieser Wandel wird so tiefgreifend sein, wie der Übergang von der Agrar- zur Industriegesellschaft im 19. Jahrhundert. Der Unterschied ist, daß uns wesentlich weniger Zeit gelassen wird, den Wandel zu vollziehen. Dementsprechend spüren wir selbst im engeren Bekanntenkreis, daß immer mehr Menschen in klassischen Industriebereichen ihre Arbeit verlieren, obwohl vielerorts das Produktionsvolumen steigt.

Eine Hauptursache ist die Rationalisierung, die seit etwa zwei Jahrzehnten stark durch die Computertechnik getrieben wird und inzwischen auch den Bürobereich erfaßt hat. So gesehen rottet nach J. Rifkin die Informationstechnik die Arbeit aus, wie ja auch die Mechanisierung die Arbeitsplätze in der Landwirtschaft auf einen Bruchteil reduziert hat [Rifkin 1996]. Verständlicherweise beklagen wir den Verlust von Arbeitsplätzen – vor allem dann besonders lautstark, wenn es Bekannte oder Familienangehörige trifft. Doch wenn wir ehrlich sind, müssen wir einräumen, daß wir froh sind, dem Schweißroboter bei der Arbeit zusehen zu können, statt selbst zu schweißen. Wir freuen uns auch darüber, daß unsere Autos im Vergleich zu den Autos unserer Eltern nahezu wartungsfrei sind, obwohl wir wissen, daß es dadurch in den Werkstätten immer weniger zu tun gibt. Offensichtlich führt unser Erfindergeist dazu, daß wir mit weniger Arbeit mehr erreichen und das Leben angenehmer wird. Im großen und ganzen akzeptieren wir diese Entwicklung.

Bei aller Einsicht fragen wir uns: Wo kommen die neuen Arbeitsplätze her, die die alten ersetzen? Der Rückgang der Beschäftigung im Industriesektor wird nicht, wie viele hoffen, durch neue Arbeitsplätze im Dienstleistungsbereich kompensiert werden können. Beschäftigungsrückgang in der Industrie heißt auch nicht – wie viele naiv meinen, daß dieser Wirtschaftszweig bedeutungslos wird. Auch in Zukunft wird sich der Lebensstandard einer hochentwickelten Gesellschaft auf der Fähigkeit begründen, innovative Industrieerzeugnisse hervorzubringen und auf dem Weltmarkt mit Gewinn zu verkaufen. In der Informationsgesellschaft hat die industrielle Produktion also nach wie vor eine Schlüsselstellung; es finden nur weniger Menschen Arbeit in diesem Bereich. Zukunft gestalten heißt daher auch, neue innovative Erzeugnisse entwickeln und produzieren. Ein hoher Lebensstandard erfordert adäquate Spitzenleistungen an Kreativität und industrieller Wertschöpfung [Berliner Kreis 1998]. Der Weg zu den Produkten und den Märkten von morgen wird durch folgende Erkenntnisse bestimmt:

- Die kontinuierliche Fortsetzung der erfolgreichen Entwicklung der Vergangenheit wird nicht ausreichen, die Zukunft eines Wirtschaftsstandortes zu sichern. Wir müssen die neuen Erfolgspotentiale frühzeitig erkennen und rechtzeitig erschließen. Das erfordert in erster Linie visionäre Kraft, an der es uns oft fehlt.
- Die dynamische technologische Entwicklung gibt Anlaß zu Zuversicht. Allerdings sollten wir uns angewöhnen, die Chancen neuer Technologien ebenso intensiv zu nutzen, wie wir in unserer Bedenkenträgerkultur Technologiefolgenabschätzung betreiben.
- Die sog. nachhaltige Entwicklung – d.h. Wachstum und Wohlstand in Einklang mit dem Erhalt der natürlichen Lebensgrundlagen zu bringen – ist nicht nur ein Gebot der Vernunft, sondern auch eine Chance für die Eroberung der Märkte von morgen. Hier ist zunächst die Politik gefordert, die notwendigen Rahmenbedingungen zu schaffen. Diese richtet sich logischerweise nach den Wählern und Wählerinnen, und die tun sich schwer, eigentlich notwendige Veränderungen zu akzeptieren. Insofern treten wir auf der Stelle, was wir möglicherweise noch bereuen werden.

- Dienstleistungen entstehen vielfach erst im Zusammenhang mit der Verbreitung neuer Produkte. Auch deshalb ist es wichtig, Produktinnovationen voranzubringen, weil sie am Ende auch Dienstleistungsjobs generieren – denken wir nur an Call Center im Zusammenahng mit Electronic-Business und Tele-Service im Kontext intelligenter kommunikationsfähiger Produkte.

Die Chancen sind offensichtlich. Jetzt müssen wir nur jemanden finden, der etwas unternimmt. Hier sehen wir ein Schlüsselproblem, das Lothar Späth und Herbert Henzler treffend formulieren: „Nicht die Mentalität des Unternehmers ist sinnbildlich für die Gesellschaft, sondern die des Beamten oder des Angestellten. Dieser läßt andere unternehmen und beschränkt sich darauf zu definieren, wie das für ihn human eingerichtet sein muß, um erträglich zu sein" [Henzler/Späth 1995]. Begriffe wie Scheinselbständigkeit, Steuerschlupfloch, Arbeitsplatzsicherung und Technologiefolgenabschätzung unterstreichen diesen Eindruck. Sie stehen eher für eine risikovermeidende als für eine chancennutzende Kultur.

Es gibt aber auch positive Anzeichen: So bestätigt die jüngste Studie *Global Entrepreneurship Monitor* einen Anstieg von Unternehmensgründungen in Deutschland. U.a. heißt es wörtlich: „Die Einstellung gegenüber Existenzgründungen hat sich verbessert – vor allem unter jungen Leuten" [GEM2000]. Was damit eigentlich gesagt wird, ist, daß es erhebliche Vorbehalte gegenüber Existenzgründungen gab und noch gibt. Vielleicht gönnen wir den Erfolgreichen nicht den Erfolg und übersehen, daß Unternehmensgründer erhebliche persönliche Risiken eingehen. Rupert Schützbach bemerkt dazu:

„Auf der untersten Sprosse der Erfolgsleiter ist die Unfallgefahr am geringsten".

Wir meinen, wir sollten täglich diejenigen ermutigen, die nach oben wollen, und diejenigen loben, die es geschafft haben. Wir hatten eingangs die Frage gestellt: „Wieso immer wieder Neues, wenn es uns doch gut geht"? Ein hoher Lebensstandard läßt sich nur halten, wenn es uns immer wieder gelingt, im internationalen Vergleich Spitzenprodukte zu erzeugen. Auf diese Weise entstehen neue Arbeitsplätze, sichern können wir keine.

1.2 Beispiele für Innovationsfelder

Wie bereits angedeutet, eröffnet die Entwicklung der Technologien – allen voran die Informations- und Kommunikationstechnologie – faszinierende Chancen. Vieles entzieht sich unserer Vorstellungskraft. Beispielsweise gehen wir davon aus, daß sich die Leistungsfähigkeit von Mikroprozessoren alle 18

Monate verdoppeln wird. Das würde bedeuten, daß im Jahr 2020 ein Laptop die Rechnerleistung aufweisen wird, die heute zehntausende von Computern zusammen haben. Die daraus resultierenden Möglichkeiten sind allein durch unsere Vorstellungskraft begrenzt. Wir sollten uns jetzt aber nicht den Kopf zerbrechen, wozu ein derartiger Supercomputer taugt. Gleichwohl ergeben sich da interessante Perspektiven. Lassen Sie uns statt dessen beispielhaft auf einige Innovationsfelder eingehen, die die Erzeugnisse des Maschinenbaus und artverwandter Branchen stark prägen und auch neue Erzeugnisse hervorbringen werden. Ein herausragendes Innovationsfeld ist Mechatronik.

Mechatronik: Das ist ein Kunstwort aus Mechanik und Elektronik. Der Begriff Mechatronik umschreibt das enge Zusammenwirken von Mechanik, Elektronik, Regelungstechnik, Software und ggf. auch von neuen Werkstoffen. Ziel der Mechatronik ist es, das Verhalten eines technischen Systems zu verbessern, indem mit Hilfe von Sensoren Informationen über die Umgebung, aber auch über das System selbst, erfaßt werden. Diese Informationen werden in Prozessoren verarbeitet, die im jeweiligen Kontext „optimale" Reaktionen mit Hilfe von Aktoren auslösen. Durch den Einbezug der modernen Informationstechnik in die Produkte selbst können anpassungsfähige technische Systeme entstehen. Diese Systeme sind in der Lage, auf Veränderungen ihrer Umgebung zu reagieren, kritische Betriebszustände zu erkennen und Abläufe, die nur schwer steuerbar sind, durch Einsatz der Regelungstechnik zu optimieren. Durch Mechatronik werden neue Prinziplösungen im Maschinenbau und in artverwandten Branchen wie dem Fahrzeugbau möglich, die das Kosten/Nutzen-Verhältnis heute bekannter Produkte erheblich verbessern können, aber auch neue, heute noch nicht bekannte Produkte stimulieren können. Im Prinzip geht es bei der Mechatronik um die Substitution von aufwendiger Mechanik, die häufig über Jahrzehnte perfektioniert worden ist, durch intelligente Steuerungstechnik. Ein Beispiel ist der Industrieroboter TEMPO, der am Laboratorium für Mechatronik der Universität Paderborn bei Professor Joachim Lückel entstand. Hier wurde auf die aufwendige Optimierung der mechanischen Grundstruktur verzichtet und statt dessen die Leistungsfähigkeit (z.B. Positionierungsgenauigkeit, Tragkraft, Beschleunigung/Verzögerung) durch den Einsatz von Sensorik, Aktorik und Online-Informationsverarbeitung auf der Grundlage einer relativ einfachen mechanischen Grundstruktur erheblich gesteigert. Gleiche Leistungsdaten ließen sich allein durch die Optimierung der Mechanik sicher nicht erzielen. Ein weiteres Beispiel ist im Kasten auf Seite 15 wiedergegeben.

Diese Beispiele unterstreichen das Potential der Mechatronik, das Kosten/Nutzen-Verhältnis bekannter Industrieerzeugnisse erheblich zu verbessern und so Wettbewerbsvorteile zu schaffen. Die entscheidende Rolle spielt hier die Informationstechnik. Angesichts der stürmischen Entwicklung der Informations-

Beispiele für Innovationsfelder

Produktentwicklung Aluminiumdraht-Drehkopfbonder

Im Rahmen der Fertigung hochintegrierter elektronischer Baugruppen sind Halbleiterbauelemente elektrisch leitend mit ihrer Umgebung zu verbinden. Ein eingeführtes Fertigungsverfahren in diesem Bereich ist das Drahtbonden, bei dem in einem Ultraschall-Reibschweißprozeß dünne Aluminiumdrähte (Durchmesser 20 µm - 100 µm) auf dem Chip und dem Substrat kontaktiert werden (Bild 1). Dabei kommt es auf die Verarbeitungsgeschwindigkeit und auf hohe Zuverlässigkeit an, so daß extreme Anforderungen an die in Bondmaschinen eingesetzten Positioniersysteme gestellt werden. Die bislang eingesetzten Bondmaschinen nutzen zum Antrieb des Drahtvorschubsystems Hubmagnete, die gegen manuell eingestellte Anschläge arbeiteten. Die damit erreichbare Verarbeitungsgeschwindigkeit war so niedrig, daß das Drahtvorschubsystem den Engpaß für das Erreichen höherer Produktivität darstellte.

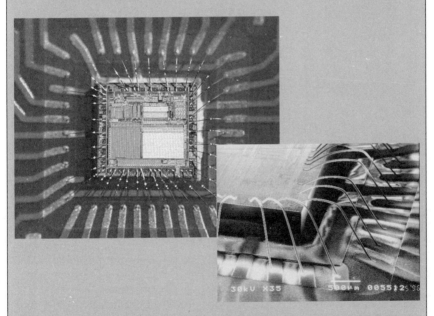

Aluminiumdrähte verbinden Chip und Substrat

Im Rahmen eines gemeinsamen Entwicklungsprojektes der Hesse & Knipps GmbH, einem Hersteller von Halbleiterfertigungsmaschinen, und dem Heinz Nixdorf Institut der Universität Paderborn wurde unter der Leitung von Prof. Jörg Wallaschek ein neuartiges Drahtvorschubsystem entwickelt, in dem piezoelektrische Aktoren zum Antrieb genutzt werden. Piezoelektrische Antriebe sind bekannt für ihre gute Dynamik und die mit ihnen erreichbare hohe Positioniergenauigkeit. Allerdings ist ihr Stellweg sehr gering, so daß im Falle des Drahtvorschubsystems ein Stellwegvergrösserungssystem entwickelt werden müßte. Das Ergebnis, das piezoelektrisch angetriebene Drahtvorschubsystem des Aluminiumdrahtbonders, ist in Bild 2 dargestellt. Ein piezoelektrischer Stapelaktor ist in der Diagonalen eines Parallelogrammes eingebaut, dessen kinematische Funktion durch Festkörpergelenke realisiert wurde.

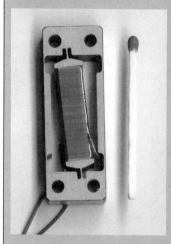

Bild 2: Piezolektrisches Bauelement für das Drahtvorschubsystem *Bild 3: Neuer Bondkopf*

Durch den Wechsel von der elektromagnetischen zur piezoelektrischen Lösung konnte die Positioniergeschwindigkeit um den Faktor 5 erhöht werden, während gleichzeitig Masse und Bauraum um den gleichen Faktor verkleinert werden konnten, so daß auch die Geschwindigkeit der Antriebsachsen, die zum Verfahren des Bondkopfes eingesetzt werden, gesteigert werden konnten. Dadurch ist die Produktivität der Aluminiumdraht-Bondmaschine erheblich verbessert worden. Ferner konnten die Zugänglichkeit des Bondkopfes, die Einstellbarkeit des Drahtvorschubsystems sowie die Dauerbetriebseigenschaften signifikant verbessert werden.

Literatur: **Henke**, A./**Kümmel**, M. A./**Wallaschek**, J.: A piezoelectrically driven wire feeding system for high performance wedge-wedge-bonding machines. In: Mechatronics, 1999, Vol. 9, Nr. 7, pp. 757-767

technik sind wir gut beraten, uns häufiger die Frage zu stellen: Was wäre wenn? – Wenn beispielsweise ein voll kommunikationsfähiger, intelligenter Sensor zum Preis einer Schraube erhältlich wäre? Es ist sicher keine Utopie, sich eine Schraube mit inhärenter Teilintelligenz vorzustellen, die ihren Betriebszustand überwacht und sich über die Telekommunikationsdienste meldet, wenn beispielsweise Korrosion beginnt, ihre Funktionstüchtigkeit zu beeinträchtigen. Die Entwicklungen von sog. intelligenten Maschinenelementen – besser vielleicht Systemelementen – hat schon längst, für den Laien kaum merklich, eingesetzt. Das Schlagwort Tele-Service deutet in diese Richtung. So ist es grundsätzlich möglich, den Betriebszustand und den Verschleiß eines Aggregates wie einer Pumpe aus großer Distanz zu überwachen und im Sinne von präventiver Wartung künftige Instandhaltungsmaßnahmen zu planen und zu veranlassen. Die diesen Perspektiven zugrundeliegende Sensorik, Informationsverarbeitung und Telekommunikation ist heute für viele Anwendungen noch zu teuer. Das wird sich in wenigen Jahren mit der Weiterentwicklung der Informationstechnik und der Verbreitung der Telekommunikation sowie mit den damit einhergehenden höheren Stückzahlen ändern, so daß das intelligente Systemelement der Standard des fortgeschrittenen Maschinenbaus und nicht die Ausnahme sein wird.

Bahntechnik: Schon der flüchtige Blick auf viele Züge, die meisten Bahnhöfe und die Gleisanlagen zeigt, daß es hier erhebliche Innovationspotentiale gibt. Gemessen am allgemeinen technologischen Fortschritt der letzten 150 Jahre hat sich seit dem Bau der ersten Eisenbahn an den Basiskonzeptionen nicht viel geändert. Die Zeit ist reif für neue attraktive Lösungen, die die Möglichkeiten der Mechatronik, moderner Antriebstechnik wie der Magnetschwebetechnik, der Informationstechnik und der Telematik nutzen [Gausemeier/Lückel 2000]. Das Vorhaben *Neue Bahntechnik Paderborn*, das im Kasten auf Seite 18 kurz vorgestellt wird, ist nur ein Beispiel für die mögliche Weiterentwicklung des Systems Bahn.

Mikroroboter: Das sind winzige, sandkorngroße Miniaturroboter, die beispielsweise helfen werden, verkalkte Arterien zu reinigen oder mikrochirurgische Eingriffe vorzunehmen.

Softwareagenten: Darunter verstehen wir Softwaresysteme, die zu logischen Verknüpfungen und Lernen fähig sind und Aufträge ihrer Benutzer erledigen. Das könnten die „Haustiere der Informationsgesellschaft" werden.

Maschinen mit inhärenter Teilintelligenz: So wäre beispielsweise ein Auto möglich, das Fahrfehler ausgleicht und am Ende u.U. entscheidet, das Fahrzeug stillzulegen, weil der Fahrer offensichtlich überfordert ist.

Virtual Reality und Augmented Reality: Diese Technologien eröffnen uns völlig neue Möglichkeiten für den Dialog mit dem Computer. Wir brauchen bes-

Neue Bahntechnik Paderborn

Gemessen am allgemeinen technologischen Fortschritt hat sich seit dem Bau der ersten Eisenbahn am Prinzip des Antriebs durch Kraftschluß über den Rad-Schiene-Kontakt nichts Grundlegendes geändert. Die Hauptfunktionen Tragen, Führen und Antreiben werden ausschließlich über die kaum fünfmarkstückgroßen Berührungsflächen zwischen den Rädern und der Schiene realisiert. Dieses Prinzip ist nach einer langen Ära von partiellen Verbesserungen am Ende seiner Leistungsfähigkeit angelangt: Signifikante Steigerungen des Kundennutzens erfordern einen unverhältnismäßig hohen F&E-Aufwand.

Forscher der Universität Paderborn schlagen ein neuartiges Bahnsystem vor, das moderne Fahrwerkstechnik mit den Vorteilen des Transrapid und der Nutzung der bestehenden Bahntrassen vereint.

Wesentliches Element des neuen Verkehrssystems sind kleine, **autonome Fahrzeuge – sogenannte Shuttles**. Diese können von jedermann über Telekommunikationsdienste geordert und entsprechend der Transportanforderungen konfiguriert werden, z.B. Ausstattung des Shuttles für eine geschäftliche Besprechung mit der üblichen Infrastruktur. Die Shuttles treffen auf höher frequentierten Strecken des Netzes auf andere, mit denen sie **berührungslos Konvois** bilden. Das reduziert den Luftwiderstand und spart Energie. Die Passagiere haben die Wahl, Zwischenstops an Bahnhöfen einzulegen. Es gibt **keine Trennung zwischen Nah- und Fernverkehr**.

Einfädeln von Shuttles

Für den Gütertransport werden die Shuttles in wenigen Minuten umgerüstet. Der Gütertransport erfolgt überwiegend in Zeiten, in denen die Nachfrage nach Personentransport gering ist, was zu einer gleichmäßigen Auslastung des Gesamtsystems führt. Die Be- und Entladung erfolgt durch die Verwendung von standardisierten Trägersystemen automatisiert.

Beispiele für Innovationsfelder

Der Aufbau eines Shuttles basiert auf einer Tragstruktur in Leichtbauweise (z.B. Aluminium Space Frame oder Faserverbundstruktur). Das Fahrwerk besteht aus dem Antriebs- und Bremsmodul, dem Spurführungsmodul und dem Feder- und Neigemodul. Der Antrieb erfolgt mit Hilfe eines doppelt gespeisten Langstator-Asynchronmotors. Die Energie für die Nebenfunktionen gelangt über Induktion berührungslos in die Shuttles. Die **Shuttles sind ähnlich wie Pkw** mit moderner Technik insbesondere auch für **Sicherheits-, Komfort- und Telekommunikationsfunktionen** ausgerüstet. Durch die Anwendung der Fertigungsprinzipien und -verfahren des Automobilbaus liegen die **Stückkosten im Bereich von Pkw**.

Modulares Fahrwerk, bestehend aus Antriebs- und Bremsmodul, Spurführungsmodul und Federungs- und Neigemodul

Konsortium **Neue Bahntechnik Paderborn**: Prof. Lückel (Sprecher), Prof. Dangelmaier, Prof. Gausemeier, Prof. Grotstollen, Prof. Richard, Prof. Wallaschek

sere Formen des Dialogs mit dem Computer, weil wir heute durch den kleinen Bildschirm, quasi wie durch ein Schlüsselloch, in einen unendlich großen imaginären Raum – den Cyberspace – schauen. Virtual Reality versetzt uns in künstliche Welten und gibt uns dort auch Aktionsmöglichkeiten wie die Bedienung einer in Entwicklung befindlichen Maschine oder den Rundgang durch ein geplantes Bauwerk. Augmented Reality reichert das, was wir sehen, durch computergenerierte Bilder an. So werden wir in einigen Jahren Brillen haben, die den heute üblichen ähnlich sind und in die vom Computer erzeugte Bilder eingeblendet werden – Bilder von geplanten Bauwerken oder von in der Wand verborgenen Wasserleitungen, die wir beim Bohren nicht treffen wollen.

Die Reihe der Beispiele für Innovationsfelder ließe sich nahezu beliebig fortsetzen. Wir hoffen es wird deutlich, daß diese Beispiele allein schon zu so vielen potentiellen Arbeitsplätzen führen könnten, so daß wir uns um die Zukunft keine Sorgen machen müßten. Eine wesentliche Voraussetzung, die offensichtlichen Chancen zu nutzen, ist, daß sich genügend junge Menschen für Natur- und Ingenieurwissenschaften interessieren. Die viel zu geringe Anzahl von Studierenden in den Ingenieurwissenschaften ist eine Bedrohung, weil der daraus resultierende Ingenieurmangel zur Verlagerung von Produktentwicklungsaktivitäten ins Ausland führen wird. Produkte, die im Ausland entwickelt werden, werden dort in der Regel auch hergestellt. Diese Arbeitsplätze werden uns fehlen.

Zum Schluß möchten wir noch einen Punkt erwähnen, der uns besonders wichtig erscheint: Die *visionäre Kraft*. Da sehen wir erhebliche Defizite. Vielleicht liegt es daran, daß der Begriff Vision bei uns in Deutschland eher negativ belegt ist, weil wir darunter ein Traumbild verstehen. Vision bedeutet nach dem Duden aber auch Zukunftsentwurf. Wir vernachlässigen das Entwerfen der Zukunft und das Gewinnen von Mitmenschen für Zukunftsentwürfe. Viele Unternehmen konzentrieren sich auf die Effizienzsteigerung des etablierten Geschäfts. Das ist sicher wichtig, aber zuwenig, um die Zukunft des Unternehmens zu sichern. In einer Zeit voller Chancen benötigen wir Vorwärtsstrategien – also Strategien, die die Produkte für die Märkte von morgen hervorbringen.

„Wer keine Vision hat, vermag weder große Hoffnungen zu erfüllen noch große Vorhaben zu verwirklichen".

– Charles E. Wilson –

Literatur zum Kapitel 1

Berliner Kreis – Wissenschaftliches Forum für Produktentwicklung e.V.: Kurzbericht über die Untersuchung „Neue Wege zur Produktentwicklung", 2. Auflage, 1998

Gausemeier, J./**Lückel**, J. (Hrsg.): Auf dem Weg zu den Produkten für die Märkte von morgen. In: Tagungsband 4. Internationales Heinz Nixdorf Symposium, 7./8. Dezember 2000, HNI-Verlagsschriftenreihe Band 82, Heinz Nixdorf Institut, 2000, S. 210-302

Global Entrepreneurship Monitor (GEM): Wirtschafts- und Sozialgeographisches Institut, Universität Köln, 2000

Henke, A./**Kümmel**, M. A./**Wallaschek**, J.: A piezoelectrically driven wire feeding system for high performance wedge-wedge-bonding machines. In: Mechatronics, 1999, Vol. 9, Nr. 7, pp. 757-767

Henzler, H. A./**Späth**, L.: Countdown für Deutschland: Start in eine neue Zukunft? Siedler Verlag, 1995

Rifkin, J.: Das Ende der Arbeit und ihre Zukunft. Campus Verlag, 1996

»Ich bin ein guter Schwamm, denn ich sauge Ideen auf und mache sie dann nutzbar. Die meisten meiner Ideen gehörten ursprünglich anderen Leuten, die sich nicht die Mühe gemacht haben, sie weiterzuentwickeln.«
– Thomas Alva Edison –

KAPITEL 2

EIN NEUES VERSTÄNDNIS DES PRODUKT-INNOVATIONSPROZESSES

2.1 Aspekte der Konstruktionsforschung

Das Konstruieren bildet den Kern des Produktinnovationsprozesses. Im Kontext technischer Systeme läßt sich der Begriff **Konstruieren** nach Müller definieren als:

> *„Der Prozeß wissenschaftlich fundierten Vorausdenkens zu schaffender technischer Gebilde. Sie sollen geforderte Funktionsmengen in einem Kontext von Bedingungen möglichst optimal erfüllen und optimal herstellbar sein. Das schließt die Erstellung der notwendigen und hinreichenden Unterlagen ihrer Fertigung und die Überführung in die Anwendung ein".*
>
> [Müller 1990]

Darauf aufbauend ergibt sich das folgende Verständnis des Begriffes **Konstruktionstechnik:**

> *„Disziplin der Technikwissenschaften, die den intelligenten Prozeß des Konstruierens technischer Gebilde sowie allgemeine Strukturgesetze technischer Systeme mit dem Ziel untersucht,*
> - *die Gesetzmäßigkeiten konstruktiver Prozesse zu erkennen,*

- *darauf basierend Verfahren, Technologien bzw. Methoden des Konstruierens zu entwerfen,*
- *diese in die praktische Tätigkeit bzw. in die Ausbildung des Konstrukteurs zu überführen,*
- *in der Absicht, die Effektivität der intelligenten Prozesse und die Qualität ihrer Ergebnisse zu verbessern".* [Müller 1990]

Die Konstruktionsforschung hat ihren Ursprung in den 40er Jahren des vergangenen Jahrhunderts. Die Arbeiten von Wörgenbauer aus dem Jahr 1943 bilden den eigentlichen Ausgangspunkt der „Technik des Konstruierens" [Wörgenbauer 1943].

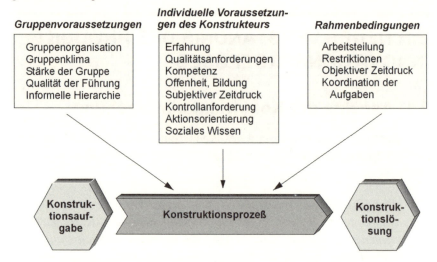

Bild 2-1: Drei Kategorien von Einflußfaktoren, die auf den Verlauf des Konstruktionsprozesses einwirken [Lindemann/Birkhofer 1998]

Insgesamt gesehen weist die Konstruktionsforschung aus heutiger Sicht drei Schwerpunkte auf:

- **Empirische Konstruktionsforschung**: Eine große Rolle spielen hier denkpsychologische Ansätze zur Untersuchung mentaler Prozesse beim Konstruieren. Des weiteren steht die Erforschung der Einflußfaktoren im Vordergrund, die auf den Verlauf des Konstruktionsprozesses und die Qualität der Konstruktionsergebnisse einwirken (Bild 2-1).
- **Rechnerunterstütztes Konstruieren**: Hier geht es zum einen um Werkzeuge der Informationstechnik für die Modellbildung und Modellanalyse. Beispiele sind die Modellierung der Gestalt mit der damit verbundenen

Ermittlung von Volumen und Schwerpunkt sowie die Analyse des dynamischen Verhaltens von Mehrkörpersystemen auf der Basis abstrahierter Ersatzmodelle. Zum anderen wird in den Bereichen Anpassungs- und Variantenkonstruktion die Konstruktionslogik programmiert, um quasi ein automatisiertes Konstruieren zu ermöglichen.

- **Formale Methoden für das Konstruieren:** Ziel ist der Aufbau einer konsistenten Theorie des Konstruierens. Unter einer Konstruktionstheorie wird ein System wissenschaftlich begründbarer Aussagen verstanden, die es erlauben, konstruktive Lösungen formal abzuleiten und zu erklären. Dies soll am Ende dazu beitragen, Konstruktionsprozesse zielgerichteter und effizienter durchzuführen.

Der Prozeß des Problemlösens läßt sich nach Dörner als Prozeß der Informationsverarbeitung auffassen (vgl. Bild 2-2). Danach wird eine Informationsmenge erzeugt, die den vorgegebenen Bedingungen (Anforderungen) zufriedenstellend entspricht. Der Prozeß wird hinreichend beschrieben durch

- den Ausgangszustand,
- die zu beschaffende/verarbeitende Operandenmenge,
- die einzusetzende Operatorenmenge und
- die Abfolge der Realisierung informatorischer Wirkpaarungen (Kopplung von Operanden, d.h. Konstruktionsobjekte und Operatoren, d.h. Einwirkungen und deren Träger)..

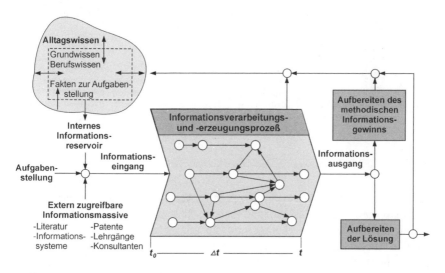

Bild 2-2:   Problemlösen als Informationsverarbeitung nach [Müller 1990]

Problemadäquate Verhaltensweisen

Die Komplexität der Konstruktionsaufgabe überschreitet häufig die aktuelle Kompetenz des Bearbeiters. Unter solchen Bedingungen hängt dessen Leistung gravierend davon ab, ob seine Verhaltensweisen problemadäquat sind [Dörner, et al. 1982]. In der Konstruktionstechnik spielen die folgenden Verhaltensweisen eine positive Rolle:

Dekomposition
Komplexe Aufgabenstellungen durchschaubarer und beherrschbarer machen. Durch die Art der Dekomposition muß eine Aggregation der Teillösungen ermöglicht und gefördert werden.

Rückgriff auf bekannte Lösungen
Nutzung von bekannten und bewährten Lösungselementen, ohne die Aufgabenstellung durch Vernachlässigung von Anforderungen zu vereinfachen. Ein Ingenieur, der sich in allem und jedem auf Neues und Eigenes orientiert, wird nicht effektiv sein können.

Aufsteigendes Vorgehen
Von einem Kernproblem ausgehend wird der Bearbeitungsraum des Problems allmählich erweitert. In diesem Sinne wird aufgestiegen: *Vom Abstrakten zum Konkreten, vom Teil zum Ganzen, von den kritischen Wirkpaarungen zu weniger kritischen Wirkpaarungen, von der Wirkstelle zur Peripherie.*

Adaptives Vorgehen
Bei erfolgreichen Entwicklungsingenieuren ist ausgeprägte Parallelarbeit in verschiedenen Ebenen, zu mehreren Teilproblemen, zwischen denen sie sich oszillierend bewegen, zu beobachten.

Denken in Clustern
Es wird in ganzheitlichen Mustern gedacht, d.h. nicht zunächst bloß abstrahiert und dann zu konkreten Vorstellungen fortgeschritten. Abstraktion und konkrete Vorstellungen werden miteinander verbunden und fördern die Entscheidungs-, Auswahl- und Assoziationsoperationen des Entwicklungsfortschritts.

Nach: J. Müller, Arbeitsmethoden der Technikwissenschaften, Springer Verlag, 1990

Durch Bereitstellung, Selektion, Erzeugung, Verarbeitung und Bewertung von Informationen wird das anzustrebende Ziel gleitend über den Prozeß bestimmt, das Vorgehen geplant und ein anzuerkennender Lösungszustand erzeugt. Dieser intelligente Prozeß stellt eine nicht notwendig sequentiell geordnete Menge von informatorischen Zuständen dar, die durch Anwendung geeigneter Operatoren ineinander überführt werden.

> *„Der Mensch kann seinem Wesen nach nicht ausschließlich als logisch bzw. heuristisch funktionierender Informationsverarbeiter aufgefaßt werden. Intelligente Prozesse werden nicht nur in methodenbewußtem Handeln vollzogen. Es wird, vermutlich sogar in größerem Umfang, auch unbewußt im Alltagswissen operiert. Anzunehmen ist, daß sich beide Komponenten insbesondere im Ingenieurberuf beeinflussen, bedingen, durchdringen und der Techniker in seiner intelligenten Tätigkeit, ständig oszillierend, beide Komponenten integriert. Es ist ferner anzunehmen, daß ein Problemlöser um so effektiver handeln wird, je besser er fähig, ermutigt und angeleitet ist, über beide Komponenten zu optimieren."* [Müller 1990]

Nach diesem kurzen Ausflug in die empirische Konstruktionsforschung sei noch kurz etwas gesagt zu den beiden übrigen Schwerpunkten der Konstruktionsforschung. Was das rechnerunterstützte Konstruieren anbetrifft, geben Spur/Krause einen guten Überblick [Spur/Krause 1997]. In Kapitel 5 gehen wir auf diesen Komplex noch ausführlich ein. Auf dem Gebiet der Konstruktionstheorie (Formale Methoden für das Konstruieren) gibt es noch erheblichen Forschungsbedarf [Grabowski et al. 1998]. Zwar sind einige Ansätze einer Konstruktionstheorie bekannt geworden wie die *General Design Theory GDT* [Tomiyama/Yoshikawa 1987] und der axiomatische Ansatz von Suh [Suh 1990], gleichwohl sind wir noch weit entfernt von einer umfassenden, allgemein anerkannten Theorie des Schaffens von Artefakten.

2.2 Systeme des integrativen Maschinenbaus

Die meisten Erzeugnisse des Maschinenbaus beruhen schon heute auf dem Zusammenwirken von klassischer Mechanik mit Elektronik, Regelungstechnik und Software, was durch den Begriff Mechatronik zum Ausdruck kommt. Es zeichnen sich jedoch weitere Möglichkeiten ab, die weit über die Mechatronik hinausgehen – Systeme mit inhärenter Intelligenz. In den folgenden beiden Kapiteln wird diese Entwicklung aufgezeigt.

Künftige Systeme des Maschinenbaus werden aus Konfigurationen von intelligenten Systemelementen, die auch als Lösungselemente bezeichnet werden, weil sie die Lösung einer Funktion ermöglichen, bestehen. Das Verhalten des Gesamtsystems wird durch die Kommunikation und Kooperation der intelligenten Systemelemente geprägt. Softwaretechnisch handelt es sich um verteilte Systeme von miteinander kooperierenden Agenten.

Ein Agent ist ein autonomes, proaktives, kooperatives und hochgradig adaptives Funktionsmodul. Autonom impliziert eine eigenständige Kontrolle, die von sich aus Aktionen initiiert (proaktiv). Agenten werden als Funktionsmodule angesehen, die in Kooperation oder Konkurrenz zueinander handeln. Adaptiv bezeichnet ein zur Laufzeit generisches Verhalten, das beispielsweise auch Lernfähigkeit beinhalten kann. Ein Funktionsmodul wird als heterogenes Teilsystem mit elektronischen, mechanischen und informationstechnischen Komponenten verstanden.

Auf die Komposition von komplexen Systemen aus System- bzw. Lösungselementen wird in diesem Kapitel noch näher eingegangen.

2.2.1 Prinzipielle Struktur von Produkten des integrativen Maschinenbaus

Moderne maschinenbauliche Erzeugnisse bestehen aus einem Grundsystem – d.h. einer mechanischen Struktur, Sensoren, Aktoren und einer Informationsverarbeitung, die in der Regel von einem Mikroprozessor mit Software durchgeführt wird. Bild 2-3 zeigt die entsprechende Gesamtstruktur. Über Sensoren werden Zustandsgrößen des Grundsystems gemessen. Die Informationen werden an die Informationsverarbeitungseinheiten weitergegeben und die notwendigen Einwirkungen werden bestimmt. Die Umsetzung der bestimmten Einwirkungen erfolgt durch Aktoren direkt am Grundsystem.

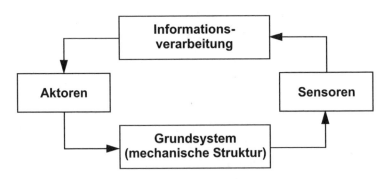

Bild 2-3: Grundsätzliche Struktur eines mechatronischen Systems

Der in Bild 2-3 dargestellte Regelkreis kann aus systemtheoretischer Sicht zum Aufbau iterativer Strukturen führen, wie das beispielhaft anhand einer Spiegelreflexkamera verdeutlicht wird. So ergibt der Aktor *Ultraschallmotor* des

Kamera-Subsystems *Autofokus* wiederum eine grundsätzliche Struktur eines mechatronischen Systems (Bild 2-4). Eine weitere Form der Strukturierung von mechatronischen Systemen ist im Kasten auf Seite 30 wiedergegeben [Lückel et al. 2000].

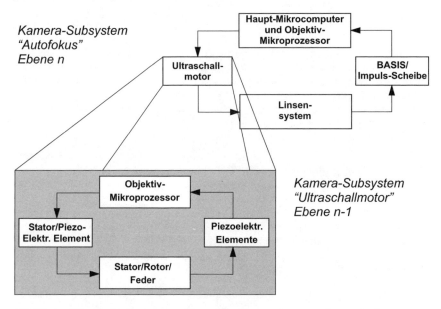

Bild 2-4: *Hierarchisierung von Grundstrukturen eines mechatronischen Systems am Beispiel einer Spiegelreflexkamera*

Für eine genauere Betrachtung der in Bild 2-3 und Bild 2-4 durch Pfeile symbolisierten Verknüpfungen ist eine Darstellung der Beziehungen zwischen den Komponenten mittels Flüssen hilfreich. Grundsätzlich sind drei Arten von Flüssen zu unterscheiden: Stoffflüsse, Energieflüsse und Informationsflüsse [Pahl/Beitz 1997], wobei die Informationsflüsse häufig auch als Signalflüsse bezeichnet werden.

- **Stoffflüsse:** Beispiele für Stoffe, die zwischen Einheiten mechatronischer Systeme fließen können, sind feste Körper, Prüfgegenstände, Behandlungsobjekte oder Flüssigkeiten.
- **Energieflüsse:** Unter Energie ist in diesem Zusammenhang jede Energieform zu verstehen wie z.B. mechanische, thermische oder elektrische Energie, aber auch Größen wie Kraft oder Strom.
- **Signal- bzw. Informationsflüsse:** Informationen, die zwischen den Einheiten mechatronischer Systeme ausgetauscht werden, sind beispielsweise Meßgrößen, Steuerimpulse oder Daten.

Strukturen von mechatronischen Systemen

Prof. Joachim Lückel, Leiter des Mechatronik-Laboratoriums der Universität Paderborn schlägt eine Struktur vor, die sehr geeignet ist, die hohe Komplexität maschinenbaulicher Systeme zu beherrschen.

Die Basis bilden sog. **Mechatronische Funktionsmodule (MFM)**, die aus einer Tragstruktur, Sensoren, Aktoren und einer lokalen Informationsverarbeitung bestehen. **Autonome Mechatronische Systeme (AMS)** werden aus informationstechnisch und/oder mechanisch gekoppelten MFM aufgebaut. Sie beinhalten zugeordnete Sensoren und eine zugehörige Informationsverarbeitung. In dieser Informationsverarbeitung werden übergeordnete Aufgaben wie beispielsweise Überwachung mit Fehlerdiagnose und Instandhaltungsentscheidungen realisiert sowie Vorgaben für die lokale Informationsverarbeitung der MFM generiert. AMS bilden sog. **Vernetzte Mechatronische Systeme (VMS)**. VMS entstehen allein durch die Kopplung der beteiligten AMS via Informationsverarbeitung. Analog zu AMS werden in der Informationsverarbeitung von VMS übergeordnete Aufgaben realisiert. Übertragen auf die Fahrzeugtechnik wäre ein aktives Federbein ein MFM, das Fahrzeug mit einem aktiven Fahrwerk ein AMS und ein Fahrzeugverband ein VMS.

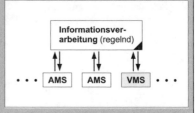

VMS: Vernetzte Mechatronische Systeme

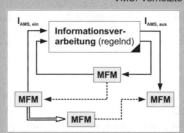

AMS: Autonomes Mechatronisches System

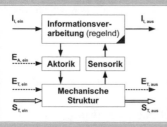

MFM: Mechatronisches Funktionsmodul

Legende:
⟶ : Informationsfluß (I)
-----▶ : Energiefluß (E)
⇒ : Stoffluß (S)

Das Grundsystem eines mechatronischen Systems besteht aus Einheiten, die über alle drei Arten von Flüssen verkettet sind (Bild 2-5). Im Vordergrund stehen hierbei i.d.R. Energie- und Stoffflüsse. Die Flüsse, die das Grundsystem mit der Sensorik und Aktorik verbinden, besitzen sowohl den Charakter von Energie- als auch von Informationsflüssen, da sowohl für das Messen (Sensorik) als auch das Einwirken (Aktorik) Energie „fließt", andererseits aber auch Informationen – Steuerinformationen der Aktorik und Meßinformationen der Sensorik – übertragen werden.

Sowohl im Bereich *Sensorik* als auch im Bereich *Aktorik* existiert heute das Bestreben, Sensoren und Aktoren räumlich mit weiteren Funktionseinheiten zu integrieren. Integrierbare Funktionseinheiten sind Analog/Digital-Umsetzer und Mikroprozessoren zu „intelligenten" Sensoren sowie Digital/Analog-Umsetzer und Anpassungs- und Verstärkerschaltungen zu „intelligenten" Aktoren. „Intelligente" Sensoren messen hierbei analoge physikalische Größen wie beispielsweise Druck, Temperatur oder Geschwindigkeit, digitalisieren die gemessenen Werte und übertragen die Signale – entsprechend angepaßt – an die Informationsverarbeitung. „Intelligente" Aktoren werden direkt durch digitale Signale der Informationsverarbeitung angesteuert. Die Signale werden in analoge Größen umgewandelt, verstärkt und dienen dann der Erzeugung von Bewegungen bzw. dem Aufbringen von Kräften. Sensoren und Aktoren übernehmen damit auf einfache Weise die Umwandlung zwischen Energie- und Informationsflüssen (vgl. Bild 2-5).

Die *Informationsverarbeitungseinheiten* nutzen zum Erreichen vorgegebener Ziele die Sensorinformationen und erzeugen Steuerinformationen für die Aktoren. Außerdem sind die Verarbeitungseinheiten oft untereinander über ein Kommunikationssystem verknüpft oder kommunizieren mit dem Benutzer über ein bzw. mehrere Bedieninterfaces.

Während die Komponenten des Grundsystems hauptsächlich durch Energie- und Stoffflüsse und damit durch analoge, d.h. wert- und zeitkontinuierliche Größen in Beziehung stehen, arbeiten die informationsverarbeitenden Einheiten heute fast ausschließlich mit digitalen, d.h. wert- und zeitdiskreten Größen. Intelligente Sensorik und Aktorik hilft bei der einfachen Vermittlung zwischen den physikalisch unterschiedlichen Bereichen.

Ausgehend vom grundsätzlichen Aufbau komplexer technischer Systeme können die an der Entwicklung beteiligten Fachdisziplinen identifiziert werden. Zu betrachten sind das Grundsystem, die durch das Steuerungs- und Regelungskonzept festgelegte Sensorik und Aktorik sowie die zur Umsetzung von Regelungsalgorithmen und Ablaufsteuerungen benötigten Informationsverarbeitungseinheiten.

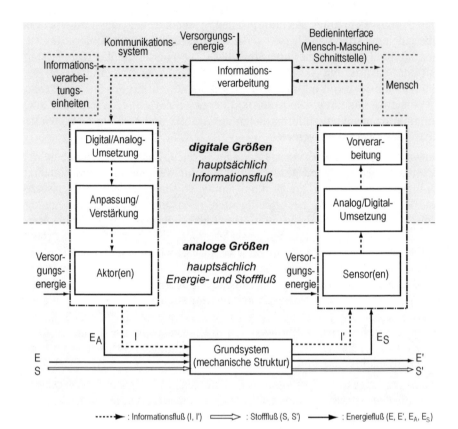

Bild 2-5: Verknüpfung von Grundsystem, Sensorik, Informationsverarbeitung und Aktorik über Stoff-, Energie- und Informationsflüsse sowie grundsätzlicher Aufbau intelligenter Sensorik und Aktorik

Das Grundsystem eines integrativen technischen Produktes besteht in der Regel aus mechanischen Komponenten, die von Konstrukteuren des Bereichs Maschinenbau entwickelt werden. Das notwendige Konzept zur Beeinflussung der Dynamik des Grundsystems erarbeiten Steuerungs- und Regelungstechniker. Die Auswahl der Sensorik und Aktorik wird im wesentlichen durch das Regelungskonzept bestimmt. Hierbei wird festgelegt, welche Größen eines Grundsystems meßtechnisch zu erfassen und welche Größen durch Aktorik aktiv zu beeinflussen sind. Für Sensorik und Aktorik werden i.d.R. Standardkomponenten verwendet. Die Ablaufsteuerung und -koordination unterschiedlicher Funktionen erfolgt entweder durch festverdrahtete, explizit zu entwickelnde Elektronik oder wird mittels Software realisiert, die durch Standardhardware ausgeführt wird.

Damit sind als hauptsächlich an der Entwicklung komplexer technischer Systeme beteiligte Fachdisziplinen zu nennen (Bild 2-6):
- Maschinenbau/Mechanik,
- Steuerungs- und Regelungstechnik,
- Elektronik und
- Softwaretechnik.

Aus dem notwendigen Zusammenspiel der Fachdisziplinen resultieren einerseits die weiter oben aufgeführten technischen Vorteile, andererseits aber auch besondere Herausforderungen an die Entwicklungsmethodik.

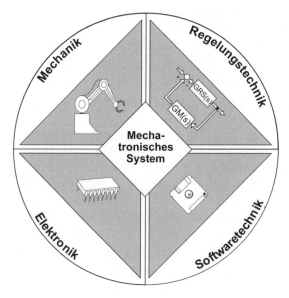

Bild 2-6: Hauptsächlich an der Entwicklung komplexer technischer Systeme beteiligte Fachdisziplinen

2.2.2 Intelligente Systeme des Maschinenbaus

Ein herausragender Aspekt, der sich aus der Integration der Informationstechnik in maschinenbauliche Produkte ergibt, ist die Selbstoptimierung. Die folgenden Ausführungen beruhen auf einem Forschungsvorhaben der Universität Paderborn mit dem Titel „Selbstoptimierende Systeme des Maschinenbaus".

Unter Selbstoptimierung eines technischen Systems wird die endogene Änderung des Zielvektors durch veränderte Umweltbedingungen und die daraus resultierende zielkonforme auto-

nome Anpassung der Struktur, des Verhaltens sowie der Parameter dieses Systems verstanden. Damit geht Selbstoptimierung über die bekannten Regel- und Adaptionsstrategien wesentlich hinaus; Selbstoptimierung ermöglicht handlungsfähige Systeme mit inhärenter „Intelligenz", die in der Lage sind, selbständig und flexibel auf veränderte Umgebungsbedingungen zu reagieren. [Gausemeier/Lückel/Riepe 2000]

Die Betrachtung von selbstoptimierenden Systemen beruht auf den vier Aspekten Zielsystem (z.B. hierarchisches System von Zielen bzw. ein Zielvektor), Struktur (d.h. Topologie von mechanischen Komponenten, Sensoren und Aktoren), Verhalten und Parameter (Bild 2-7). Die Selbstoptimierung zeichnet sich dementsprechend durch zwei Eigenschaften aus:

1) die endogene Änderung des Zielsystems aufgrund veränderter Einflüsse auf das technische System und

2) die zielkonforme, selbständige Anpassung von Parametern, Verhalten und Struktur.

Die Struktur selbstoptimierender Systeme baut auf der Struktur mechatronischer Systeme (vgl. Kasten auf Seite 30) auf, indem der regelnden Informationsverarbeitung der Mechatronik eine selbstoptimierende Informationsverarbeitung überlagert wird (vgl. Bild 2-8). Die selbstoptimierende Informationsverarbeitung gibt der regelnden Informationsverarbeitung das Zielsystem, die Struktur, das Verhalten und die Parameter vor. Dafür benötigt die selbstoptimierende Informationsverarbeitung zwei Kategorien von Wissen:

1) Wissen über mögliche Zielsysteme, Strukturen, Verhalten und Parameter.

2) Wissen über Auswahl- bzw. Adaptionsprozesse vorstehender Aspekte.

Angesichts der Strukturierung mechatronischer Systeme in mechatronische Funktionsmodule (MFM), autonome mechatronische Systeme (AMS) und vernetzte mechatronische Systeme (VMS) sind die vier folgenden Aspekte besonders zu betonen.

Selbstoptimierung auf allen Ebenen: Die selbstoptimierende Informationsverarbeitung kann auf allen Ebenen mechatronischer Systeme (MFM, AMS, VMS) stattfinden. Auf dieser Basis können auf jeder Ebene Mechanismen der Selbstoptimierung realisiert und mittels der Strukturierung soweit verallgemeinert werden, daß wiederverwendbare selbstoptimierende Module entstehen.

Nähe zum Aktor: Die betrachteten mechatronischen Systeme werden hierarchisch strukturiert. Auf der untersten Ebene, d.h. auf der Ebene der mechatronischen Funktionsmodule (MFM), werden die Aktoren angesprochen.

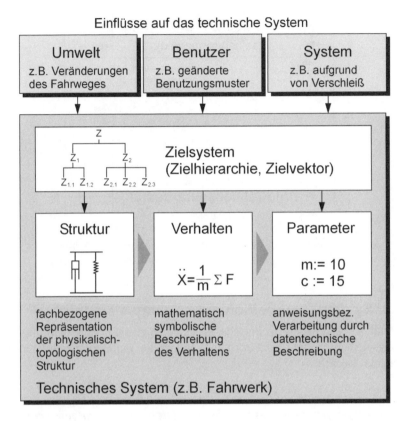

Bild 2-7: Die Aspekte Ziel, Struktur, Verhalten und Parameter eines selbstoptimierenden Systems

Reaktionszeiten: Aus heutiger Sicht wird die „schnelle und sichere" Selbstoptimierung durch Parameterumschaltung gelöst werden. Des weiteren wird es erforderlich sein, die Veränderungen vorhersagbar vorzunehmen. Demgegenüber wird es eine sogenannte „langsamere" Selbstoptimierung geben: Das System wird Veränderungen während des Betriebes wahrnehmen, analysieren, daraus Schlüsse ziehen und sich darauf einstellen. Es weist eine inhärente Teilintelligenz auf. Dabei wird es sehr wahrscheinlich zu Konstellationen/Topologien kommen, die im Entwurf noch nicht vorausgedacht worden sind.

Hybride Informationsverarbeitung: Dies bedeutet, daß die Online-Informationsverarbeitung generell diskret und kontinuierlich – bedingt durch die maschinenbauliche Struktur – sein kann.

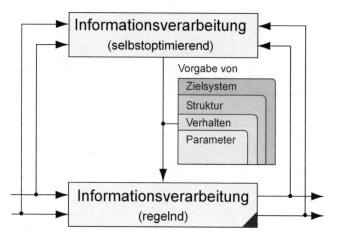

Bild 2-8: *Die Überlagerung der regelnden Informationsverarbeitung durch die selbstoptimierende Informationsverarbeitung führt zu selbstoptimierenden Systemen*

2.2.3 Systemkomposition mit Lösungselementen

Die Analyse bestehender technischer Systeme zeigt die hohe Bedeutung von Lösungselementen, die häufig auch als Katalogteile, Zulieferkomponenten etc. bezeichnet werden.

Ein Lösungselement ist eine realisierte und bewährte Lösung zur Erfüllung einer Funktion. Dabei handelt es sich im allgemeinen um ein Modul/eine Baugruppe, das/die auf einem Wirkprinzip beruht. Die rechnerinterne Repräsention eines Lösungselementes besteht aus unterschiedlichen Aspekten wie Verhalten und Gestalt. Jeder dieser Aspekte weist unterschiedliche Konkretisierungen auf, die den Phasen des Entwicklungsprozesses entsprechen. Der Aspekt Gestalt enthält grobe Festlegungen für die Bestimmung der prinzipiellen Lösung und weitergehende Festlegungen für die Bestimmung der Baustruktur. Der Aspekt Verhalten weist für den Fall von Software beispielsweise für die frühen Entwicklungsphasen abstrakte Datentypen und für die spätere Entwicklungsphase Code auf.

Im Prinzip besteht ein technisches System aus einer Kaskade von Lösungselementen (Bild 2-9): Das Wälzlager ist Teil eines Getriebes; das Getriebe ist wiederum Teil eines Industrieroboters. Dieser könnte wiederum Lösungselement eines flexiblen Fertigungssystems sein. Auch wenn es viele Konstrukteure nicht gern hören, ist es doch offensichtlich, daß selbst eine sog. Neukonstruktion in weiten Bereichen aus einer geschickten Komposition von Lösungselementen hervorgeht. Das ist auch kein Widerspruch zur geltenden Konstruktionsmethodik, wie im folgenden anhand von Bild 2-10 verdeutlicht wird.

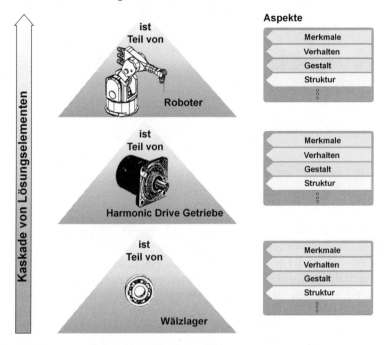

Bild 2-9: Prinzip der Systemkomposition mit Lösungselementen

In der Konstruktionsphase *Konzipieren* wird die Funktionshierarchie erstellt. Dem schließt sich die Suche nach Wirkprinzipien zur Erfüllung der einzelnen Funktionen an.

"Das Wirkprinzip bezeichnet den Zusammenhang von physikalischem Effekt sowie geometrischen und stofflichen Merkmalen (Wirkgeometrie, Wirkbewegung und Werkstoff). Es läßt das Prinzip der Lösung zur Erfüllung einer Teilfunktion erkennen."
[Pahl/Beitz 1997]

Wenn es nun für ein Wirkprinzip ein entsprechendes Lösungselement gibt, liegt nichts näher, als es zu verwenden. Es sei denn, daß es nicht optimal die

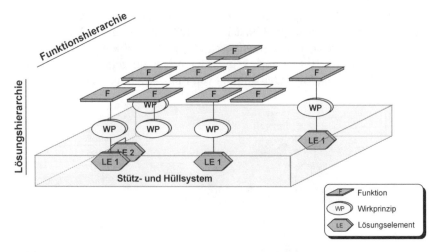

Bild 2-10: Funktions- und Lösungshierarchie in der Konstruktionsphase „Konzipieren"

Funktion erfüllt bzw. das Unternehmen sich gerade mit einer neuen Lösung einen Wettbewerbsvorteil erarbeiten will. Für den Fall, daß es zur Erfüllung einer Funktion weder ein Wirkprinzip noch ein Lösungselement gibt, bleibt nichts anderes übrig, als die Funktion weiter aufzugliedern und dann für die entstehenden neuen Teilfunktionen wiederum nach Wirkprinzipien und Lösungselementen zu suchen. Um das Arbeiten mit Wirkprinzipien und Lösungselementen zu verdeutlichen, sei ein Beispiel aus der Entwicklung von Geldausgabeautomaten gebracht: Eine wichtige Funktion ist das *Identifizieren des Kunden*. Wirkprinzipien, die sich für die Erfüllung dieser Funktion eignen, sind u.a. die *Magnetkarte*, die *Spracherkennung* und die *Retinaerkennung*. Während es für die Magnetkarte sicher eine Fülle von bewährten Lösungselementen gibt, wird es in den beiden anderen Fällen nicht so einfach sein, Lieferanten zu finden, geschweige denn, in kurzer Zeit eine Eigenentwicklung zum Erfolg zu bringen.

Ein Konstrukteur, der schnell und sicher zu einer Lösung für sein Gesamtsystem kommen will, wird bestrebt sein, geeignete Lösungselemente einzusetzen. Ob ein Lösungselement geeignet ist, ergibt sich u.a. auch aus dem Zusammenwirken mit anderen Lösungselementen und der Einbettung der Lösungselemente in ein Stütz- und Hüllsystem. Insofern gilt auch hier, daß es einfacher gesagt als getan ist, mit Lösungselementen zu einer Gesamtlösung zu gelangen. Es ist offensichtlich, daß die Auswahl von Lösungselementen in Iterationsschleifen erfolgt, die auch die Konstruktionsphase *Gestalten* einschließen.

2.3 Prozeßstrukturen in der Produktentwicklung

Die Gestaltung von Produktentwicklungsprozessen basiert auf der Systemtechnik. Die charakteristischen Schritte sind die Systemsynthese, die Systemanalyse und die Systembewertung. Diese Schritte beschreiben generische Prozesse und nicht spezifische. Eine weitere Möglichkeit der generischen Prozeßbeschreibung ist in Bild 2-11 angedeutet.

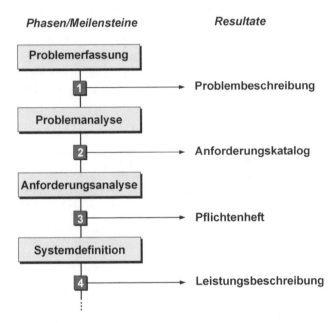

Bild 2-11: *Beispiel einer generischen Prozeßbeschreibung auf der Basis von Phasen und Meilensteinen*

Es wird deutlich, daß derartige Prozeßbeschreibungen wohl eine grundsätzliche Leitlinie bilden können, aber für eine Klasse von zu entwickelnden Erzeugnissen eine konkretere Ausprägung erhalten müssen, um Entwicklungsingenieuren Unterstützung zu geben und die für die Führung von Entwicklungsprojekten notwendige Transparenz zu schaffen. Darauf wird im nächsten Kapitel eingegangen.

Ein weiterer wichtiger Gesichtspunkt ist in der iterativen, rekursiven Natur von Entwicklungsprozessen zu sehen. Sequentielle Phasen-Meilenstein-Modelle werden dem nicht gerecht, was aber keinesfalls heißen soll, daß diese überflüssig sind. Auf die Aspekte der Iteration und Rekursion wird im folgenden ebenfalls noch eingegangen.

2.3.1 Entwicklungssystematiken

Hier handelt es sich um konkrete, auf spezifische Erzeugnisse abgestimmte Phasen-Meilenstein-Vorgehensweisen, die von links nach rechts gelesen werden. Derartige Systematiken legen fest, was in welcher Reihenfolge zu tun ist, wer was wann zu liefern hat und wer an den bestimmten Meilensteinen zu entscheiden hat. Sie bilden die Basis für das Projektmanagement und die Führung von Entwicklungsbereichen. In vielen Projekten, die wir durchgeführt haben, um die Effizienz der Entwicklung zu erhöhen, hat die Einführung einer Systematik den größten Effekt gebracht. Daß es vielerorts an solch einfachen, eigentlich selbstverständlichen Hilfsmitteln hapert, braucht nicht näher kommentiert werden. Bild 2-12 enthält eine vereinfachte Entwicklungssystematik für maschinenbauliche Anlagen. Bild 2-13 gibt die Systematik für die Entwicklung von Installationswerkzeugen wieder, die in hohen Stückzahlen hergestellt werden.

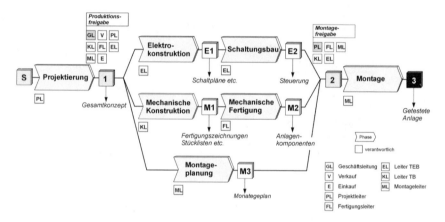

Bild 2-12: *Entwicklungssystematik für maschinenbauliche Anlagen (vereinfachte Form)*

2.3.2 Die Ordnungsmatrix zur Konstruktionstechnik

Die in Bild 2-14 wiedergegebene Matrix nach Müller dient der geordneten Darstellung aller relevanten Aktivitäten und Informationen in Produktentwicklungsprozessen. Die Zeilen enthalten die Eingangszustände der jeweiligen Entwicklungsaktivitäten, die Spalten die Ausgangszustände. Ein- und Ausgangszustände sind den klassischen Entwicklungsphasen (hier als Ebenen bezeichnet) zugeordnet. In die Matrixfelder werden die Aktivitäten (Operationen) ein-

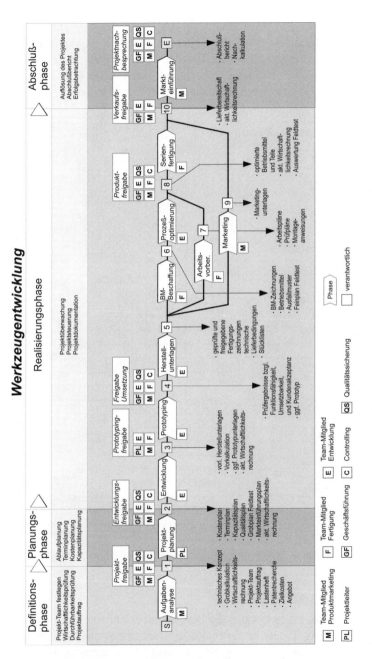

Bild 2-13: Systematik der Entwicklung von Installationswerkzeugen
(hohe Stückzahlen)

getragen, die jeweils einen Übergang von einem Eingangszustand in einen Ausgangszustand bewirken. Dadurch ist es möglich, konkrete methodische Produktentwicklungsprozesse darzustellen bzw. individuelle Problemlösungsprozesse aufzuzeichnen. Dabei entsteht ein Graph, in dessen Knoten die Aktivitäten stehen und dessen Kanten die Arbeitsfolge abbilden.

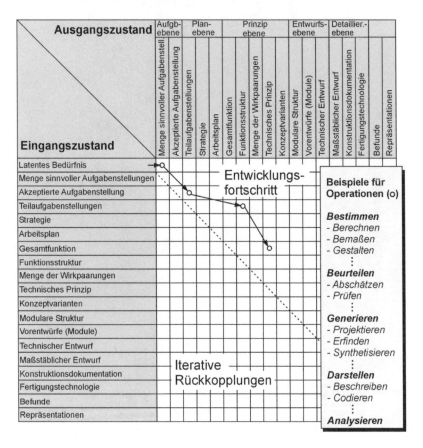

Bild 2-14: Struktur der Ordnungsmatrix zur Konstruktionstechnik
[Müller 1990]

Die Übergänge, die rechts von der Diagonalen erfaßt werden, entsprechen der Konkretisierung. Die Reihe der Felder, die unmittelbar oberhalb der Matrixdiagonalen liegt, würde den Fortgang der Entwicklungsarbeit beschreiben, wenn den allgemeinen sequentiellen Entwicklungsmethoden (Vorgehensplänen) gefolgt würde. Die Übergänge links der Diagonalen entsprechen Rückkopplungen. Der Bearbeiter kommt auf bereits erzielte Ergebnisse bzw. auf bereits durchgeführte Operationen zurück; er korrigiert und ergänzt.

Die Aufnahme individueller Vorgehensweisen von Praktikern führt zur Erkenntnis, daß kaum streng der Diagonalen gefolgt wird, sondern daß teils sehr weit in der Matrix gesprungen und zyklisch vorgegangen wird. Diese Erkenntnis hat uns dazu bewogen, eine andere Sicht auf Produktinnovationsprozesse resp. Produktentwicklungsprozesse zu entwickeln. Diese stellen wir im folgenden Kapitel dar.

2.3.3 Integrative Planung und Entwicklung innovativer Maschinenbauerzeugnisse

Der Produktentwicklungsprozeß erstreckt sich im weitesten Sinne von der Produkt-/Geschäftsidee bis zum erfolgreichen Markteintritt. Er umfaßt die Funktionsbereiche Produktplanung/Produktmarketing, Entwicklung/Konstruktion, Fertigungsplanung/Fertigungsmittelbau. Dieser Prozeß kann als Phasenmodell gesehen werden, was der gängigen Lehre entspricht [VDI 1993], [VDI 1997], [Pahl/Beitz 1997]. Ein Phasenmodell verdeutlicht den prinzipiellen Ablauf, was aber nicht bedeutet, daß eine Phase abgeschlossen sein muß, bevor die nächste begonnen wird, oder daß nicht iterativ vorgegangen wird. In der Praxis besteht der Produktentwicklungsprozeß aus einer Menge von Zyklen. Die Darstellung in Bild 2-15 deutet das an. Danach ergeben sich drei Hauptzyklen:

Erster Zyklus: Von den Erfolgspotentialen der Zukunft zur erfolgversprechenden Produktkonzeption

Dieser Zyklus charakterisiert das Vorgehen vom Finden der Erfolgspotentiale der Zukunft bis zur erfolgversprechenden Produktkonzeption – der sog. prinzipiellen Lösung. Er umfaßt die Aufgabenbereiche Potentialfindung, Produktfindung, Geschäftsplanung und Produktkonzipierung. Das Ziel der Potentialfindung ist die Erkennung der Erfolgspotentiale der Zukunft sowie die Ermittlung entsprechender Handlungsoptionen. Es werden Methoden wie die Szenario-Technik, Delphi-Studien oder Trendanalysen eingesetzt. Basierend auf den erkannten Erfolgspotentialen befaßt sich die Produktfindung mit der Suche und der Auswahl neuer Produkt- und Dienstleistungsideen zu deren Erschließung. Wesentliches Hilfsmittel zur Ideenfindung sind Kreativitätstechniken.

In der Geschäftsplanung geht es zunächst um die Geschäftsstrategie, d.h. um die Beantwortung der Frage, welche Marktsegmente wann und wie bearbeitet werden sollen. Auf dieser Grundlage erfolgt die Erarbeitung der Produktstrategie. Diese enthält Aussagen zur Gestaltung des Produktprogramms (insbes. Leistungsmerkmale und Lieferoptionen), zur wirtschaftlichen Bewältigung der vom Markt geforderten Variantenvielfalt, zu eingesetzten Technologien (Tech-

44 *Kapitel 2: Ein neues Verständnis des Produktinnovationsprozesses*

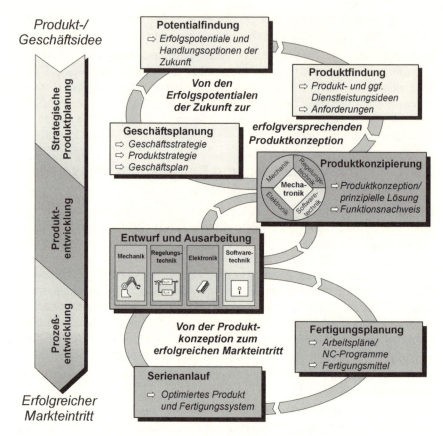

Bild 2-15: Der Produktinnovationsprozeß als Folge von Zyklen

nology Road Maps), zur Programmpflege über den Produktlebenszyklus etc. Die Produktstrategie mündet in einen Geschäftsplan, der den Nachweis erbringt, ob mit dem neuen Produkt bzw. mit einer neuen Produktoption ein attraktiver Return on Investment zu erzielen ist.

Dieser erste Zyklus schließt im Sinne eines fließenden Überganges die Produktkonzipierung ein, auch wenn dieser Aufgabenbereich der eigentlichen Produktentwicklung zuzuordnen ist. In der Produktkonzipierung wird die Prinziplösung des neuen Erzeugnisses erarbeitet. Unter der Prinziplösung eines Erzeugnisses wird dessen, auf grundlegenden Festlegungen der physikalischen und logischen Wirkungsweise basierende, grobe funktionsbestimmende Spezifikation verstanden.

Prozeßstrukturen in der Produktentwicklung

Kooperatives Produktengineering

Angesichts zunehmender Komplexität von Produkten und Leistungserstellungsprozessen sowie kürzer werdender Innovationszyklen ist ein neuer umfassender Ansatz der Produktentwicklung erforderlich. Kooperatives Produktengineering ist dieser neue Ansatz. **Produktengineering** führt eine Produktidee zum erfolgreichen Markteintritt. Es umfaßt die Aufgabenbereiche Strategische Geschäftsfeldplanung/Produktplanung, die eigentliche Produktentwicklung und die Prozeßentwicklung (Herstellprozesse und logistische Prozesse). **Kooperatives Produktengineering** drückt die enge Kooperation dieser drei Bereiche aus und insbesondere das Zusammenwirken von Produkt-, Prozeß- und Verhaltensinnovationen. Dadurch werden Alleinstellungsmerkmale geschaffen, die das neue Produkt gegen Nachahmung schützen. Im Rahmen der sog. *Vordringlichen Aktion Kooperatives Produktengineering (VA KPE)* des BMBF-Programms *Forschung für die Produktion von morgen* wurde in einer umfassenden Analyse des Produktengineering im Maschinenbau und artverwandter Branchen sowie aus einer Vorausschau mit einem Zeithorizont von 2010, eine fundierte Handlungskonzeption für Verbundforschung und Kooperation von Wirtschaft und Hochschulen abgeleitet. Diese Handlungskonzeption weist folgende Stoßrichtungen auf:

- Mitarbeiterpotentiale aktivieren,
- Entwicklungsumgebungen für das Kooperative Produktengineering erstellen,
- Vielfalt beherrschen und
- Prozesse des Kooperativen Produktengineering erfolgsorientiert gestalten.

Ferner enthält sie eine ausführliche Darstellung eines internetbasierten Vermittlungsdienstes zur Vermittlung von Anbietern und Nachfragern von Methoden und Werkzeugen für das Kooperative Produktengineering (Plattform KPE).

Literatur: **Gausemeier**, J./**Lindemann**, U./ **Reinhart**, G. / **Wiendahl**, H.-P.: Kooperatives Produktengineering – Ein neues Selbstverständnis des ingenieurmäßigen Wirkens. HNI-Verlagsschriftenreihe Band 79, Heinz Nixdorf Institut, 2000

Gausemeier, J. (Hrsg.): Kurzbericht Kooperatives Produktengineering – Ein neues Selbstverständnis des ingenieurmäßigen Wirkens. Heinz Nixdorf Institut, 2001

Zweiter Zyklus: Integrative Produktentwicklung

Dieser Zyklus entspricht der eigentlichen Produktentwicklung – bzw. aus Sicht des Maschinenbaus der Konstruktion. Wesentliche Aufgabe ist hierbei die Verfeinerung der domänenübergreifenden Prinziplösung durch die Experten der Domänen Mechanik, Steuerungs- und Regelungstechnik, Elektronik und Softwaretechnik, die in ihren Domänen den weiteren Entwurf und die Ausarbeitung vornehmen.

Dritter Zyklus: Von der Produktkonzeption zum erfolgreichen Markteintritt

Hier steht die Planung des Herstellprozesses im Vordergrund. Diese erstreckt sich ausgehend vom Aufgabenbereich Entwurf und Ausarbeitung über die Fertigungsplanung und den Serienanlauf. Ziel der Fertigungsplanung ist die Bestimmung der Arbeitsanweisungen (Arbeitspläne und NC-Programme) und die Bereitstellung der Fertigungsmittel. Im Rahmen des Serienanlaufs erfolgt eine Optimierung des Produktes und Fertigungssystems.

Der Begriff *erfolgreicher Markteintritt* impliziert, daß das neue Produkt die Erwartungen der Kunden erfüllt und den geplanten Deckungsbeitrag erzielt. Dies sicherzustellen, kann nicht allein Sache der Prozeßentwicklung sein, sondern beruht auf dem integrativen Denken und Handeln aller Beteiligten in den vorgestellten Zyklen. Unserer Auffassung nach sind zwei Punkte in diesen Zyklenmodellen besonders wichtig,

a) die Produktidee, die aus der Vorausschau der Entwicklung von Märkten und Technologien resultieren sollte und

b) die Produktkonzeption. Mit ihr werden die wesentlichen Weichenstellungen für die folgenden Aufgaben vorgenommen.

Im Prinzip werden die erläuterten sieben Aufgabenbereiche in Bild 2-15 von oben nach unten abgearbeitet, was auch der Pfeil, links im Bild, andeutet. Unsere Sichtweise soll unterstreichen, daß der Produktentwicklungsprozeß integrativ zu bearbeiten ist. Fachleute aus den Funktionsbereichen Produktplanung, Entwicklung und Fertigungsplanung aber auch aus verschiedenen Fachdisziplinen wie Maschinenbau und Informatik müssen eng kooperieren, um ein erfolgreiches Produkt zu kreieren. Die erforderliche erweiterte Sicht auf den Produktinnovationsprozeß kommt durch den neuen Begriff **Kooperatives Produktengineering** zum Ausdruck (vgl. Kasten auf Seite 45). Offensichtlich ist die Fähigkeit der Menschen, zielgerichtet und effizient zusammenzuarbeiten, der herausragende Erfolgsfaktor auf dem Weg zu den Produkten für die Märkte von morgen.

Literatur zum Kapitel 2

Dörner, D. et al.: Vom Umgang mit Unbestimmtheit und Komplexität. Huber, 1982

Gausemeier, J./**Lindemann**, U./**Reinhart**, G./**Wiendahl**, H.-P.: Kooperatives Produktengineering. Ein neues Selbstverständnis des ingenieurmäßigen Wirkens. HNI-Verlagsschriftenreihe Band 79, Heinz Nixdorf Institut, 2000

Gausemeier, J./**Riepe**, B./**Lückel**, J.: Integrativer Maschinenbau – Auf dem Weg zu den Produkten von morgen. In: Konstruktion, 11/12-2000

Grabowski, H./**Rude**, S./**Grein**, G. (Hrsg.): Universal Design Theory. Shaker Verlag, 1998

Lindemann, U./**Birkhofer**, H.: Empirical Design Research – its Contribution to a Universal Design Theory. In: Grabowski, H./Rude, S./Grein, G. (Hrsg.): Universal Design Theory. Shaker Verlag, 1998

Lückel J./**Koch**, T./**Schmitz**, J.: Mechatronik als integrative Basis für innovative Produkte. In: Mechatronik – Mechanisch/Elektrische Antriebstechnik. Tagung Wiesloch, 29./30. März 2000, VDI-Gesellschaft Entwicklung, Produktion, Vertrieb, VDI-Verlag, 2000

Müller, J.: Arbeitsmethoden der Technikwissenschaften. Systemtechnik, Heuristik, Kreativität. Springer-Verlag, 1990

Pahl, G./**Beitz**, W.: Konstruktionslehre. Methoden und Anwendung. 4. Auflage, Springer-Verlag, 1997

Spur, G./**Krause**, F.-L.: Das virtuelle Produkt – Management der CAD-Technik. Carl Hanser Verlag, 1997

Suh, N. P.: The Principles of Design. Oxford University Press, 1990

Tomiyama, T./**Yoshikawa**, H.: Extended General Design Theory In: Yoshikawa, H./Warmann, E.A (eds.): Design Theory for CAD, 1987

VDI 1993: VDI-Richtlinie 2221: Methodik zum Entwickeln und Konstruieren technischer Systeme und Produkte. VDI-Verlag, 1993

VDI 1997: VDI-Richtlinie 2222 Blatt 1: Konstruktionsmethodik – Methodisches Entwickeln von Lösungsprinzipien. VDI-Verlag, 1997

Wörgenbauer, H.: Die Technik des Konstruierens. 2. Auflage, Oldenbourg Verlag, 1943

*»Was immer Du tust, handle klug und denke an das Ende.
Die Siege von gestern sind weniger wichtig als die Pläne für morgen.«*
– Henry Ford –

KAPITEL 3

STRATEGISCHE PRODUKTPLANUNG

3.1 Potentialfindung

Strategische Produktplanung heißt, die Anforderungen an die Produkte zur Eroberung der Märkte von morgen systematisch zu ermitteln. Sie liefert quasi den Input für die Entwicklung/Konstruktion. Kaum ein Entwicklungsingenieur bzw. Konstrukteur hinterfragt ernsthaft die Herkunft der Anforderungen, nach denen er seine Entwicklung voranbringt, ist er doch froh, überhaupt welche erhalten zu haben und nicht am bewegten Ziel arbeiten zu müssen, was ja leider allzuoft der Fall ist. Arbeiten am bewegten Ziel heißt, daß sich die Vorgaben für die Entwicklung ständig ändern.

Strategische Produktplanung ist ein Aufgabenbereich, der der Entwicklung/Konstruktion vorgelagert ist und in der arbeitsteiligen Kultur vieler Unternehmen von anderen wahrgenommen wird. Teils bestehen tiefe Gräben zwischen denen, die die Anforderungen formulieren und jenen, die sie mit ihrer Entwicklung zu erfüllen haben. Das "not-invented-here-Syndrom" ist sehr verbreitet. Den Produktplanern ist häufig eine gewisse Arroganz zu eigen, die offenbar mangelnde Weitsicht und strategische Kompetenz kompensieren soll. Andererseits ist oft bei den Entwicklern und Konstrukteuren eine Abneigung zu spüren bzw. ein gewisses Unvermögen festzustellen, sich mit Fragen der strategischen Produktplanung zu befassen, ist es doch viel interessanter an einer neuen Lösung zu tüfteln. Kommt das technisch brillante Produkt später in den Markt und hat keinen Erfolg, weil der Markt inzwischen andere Akzente setzt als die angenommenen, dann wird oft auf Zufälle verwiesen, die angeblich so nicht vorhersehbar waren.

„Ereignisse, die er nicht begreift, nennt der Mensch Zufall."

[Werner Mitsch]

Strategische Produktplanung soll das vermeiden und durch phantasievolles Antizipieren und logisches Verknüpfen heute wahrnehmbarer Entwicklungen die Anforderungen der Märkte von morgen erkennen. Zwei Beispiele sollen unterstreichen, daß das Vorausdenken der Positionierung des Produktes im Markt wichtig und möglich ist.

Beispiel Jaguar: Der Automobilhersteller Jaguar hatte sich in den 70er Jahren für eine Neukonstruktion seiner Limousine entschieden. Das Styling und der typische Charakter sollten aber beibehalten werden. Allerdings wurde offenbar unter den Eindrücken der zurückliegenden Ölkrise der 12-Zylinder-Motor aus dem Programm genommen. Mitte der 80er erschien das neue Fahrzeug – wie geplant nur mit relativ sparsamer 6-Zylinder-Maschine. Inzwischen brachte BMW seine neue 7er-Reihe mit 12-Zylinder-Aggregat. Mercedes folgte kurze Zeit später. Offensichtlich war eine derartige Motorisierung ein Muß, um in der Oberklasse zu punkten. Jaguar blieb nichts anderes übrig, als einige Jahre parallel zum neuen Modell das alte mit dem 12-Zylinder-Motor zu produzieren, weil es nicht möglich war, den 12-Zylinder-Motor im neuen Modell unterzubringen. Offensichtlich hat man sich bei der Festlegung des Basiskonzeptes zu sehr von der Gegenwart leiten lassen und nicht für möglich gehalten, daß in der Oberklasse 12-Zylinder-Aggregate erforderlich sein werden – ein kostspieliger Fehler.

Beispiel automatische Warenschau: Moderne Webereien sind hochautomatisiert, bis auf einen Bereich – die sog. Warenschau. In diesem Bereich wird das fertige Gewebe per Sichtkontrolle auf Webfehler kontrolliert. Dazu wird die Ware über schräg gestellte, von hinten beleuchtete Tische geführt. Kontrolleure schauen sich die vorbeiziehenden Stoffbahnen an und versuchen Fehler zu erkennen. Unschwer sich vorzustellen, daß das äußerst monoton ist und die Arbeitspersonen trotz häufigen Ablösens nur etwa 20% der Fehler erkennen. Das Nutzenpotential für eine automatisierte Warenschau basierend auf Bilderkennung schien offensichtlich sehr groß zu sein, weshalb die Geschäftsleitung beschloß, ein derartiges System zu entwickeln. Die Entwickler lieferten eine perfekte Arbeit ab, das System funktionierte sehr eindrucksvoll. Es kostete allerdings eine halbe Million DM. Die Verkaufszahlen blieben sehr weit unter den Erwartungen, so daß die Geschäftsleitung ein Team aus Marketing-, Vertriebs- und Entwicklungsmitarbeitern beauftragte, Vorschläge zu erarbeiten, die das Spitzenprodukt doch noch zum Durchbruch verhelfen könnten. Nach einigen Wochen systematischer Produktplanung kam das Team zur Überraschung aller zur Empfehlung, das Vorhaben einzustellen. Was war passiert? Die Frage nach der Anzahl der Webereien in der Welt wurde mit ca. 8.000

beantwortet. Der überwiegende Teil davon liegt in Ländern, die sehr geringe Lohnkosten haben und wo die Betriebe vorerst kaum Investitionen in dieser Größenordnung für Qualitätskontrolle tätigen werden. Der tatsächlich erreichbare Teil an Webereien reduzierte sich weiter beträchtlich, weil das System die automatische Warenschau zunächst nur für uni-Gewebe leistete. Die Leistungssteigerung des Systems hätte hohe zusätzliche Entwicklungskosten verursacht. Alles in allem war es unter den damaligen Prämissen aussichtslos, mit einem derartigen System ein Return on Investment zu erzielen. Offensichtlich wurde ein ambitiöses Technologieprojekt gestartet, ohne vorher relativ einfache Überlegungen und Analysen einer strategischen Produktplanung durchzuführen.

Die Weichen für den Produkterfolg werden in der strategischen Produktplanung gestellt. Wird diese vernachlässigt, ist alles weitere in Frage zu stellen. In der strategischen Produktplanung kommt es zunächst einmal darauf an, die Erfolgspotentiale von morgen aufzuspüren.

„Eine Beurteilung der Zukunftsbedingungen hängt von den kontinuierlichen Bemühungen des Unternehmens ab, die relevanten Trends zu erkennen, zu kombinieren und zu entschlüsseln. Es zeigt sich, daß sich Marktchancen meist im Schnittpunkt von Trends ergeben, die Markt, Technologie und Konkurrenz betreffen. Markttrends zeigen Chancen auf, echte Wünsche oder Bedürfnisse der Kunden zu erfüllen. Konkurrenztrends erlauben den Rückschluß auf Marktchancen; meist geschieht dies durch die Aufdeckung blinder Flecken der Konkurrenz. Technologietrends verweisen auf Möglichkeiten für eine Wertschöpfung durch neue Produkte und Prozesse".
[Dechamps et al. 1996, S.133]

Bild 3-1 vermittelt diese Sichtweise. Im folgenden wollen wir das näher und differenzierter betrachten. Zunächst gehen wir auf die systematische Analyse der vorhandenen Produkte sowie auf Möglichkeiten und Grenzen der Kundenbefragung ein. Den Schwerpunkt unserer Vorgehensweise bilden Zukunftsszenarien, die Hinweise auf Erfolgspotentiale von morgen liefern, aber auch potentielle Bedrohungen des etablierten Geschäfts verdeutlichen. Die Erfolgspotentiale geben die Denkrichtung für neue Produkte und Dienstleistungen vor, was Gegenstand der Hauptkapitels 3.2 Produktfindung ist.

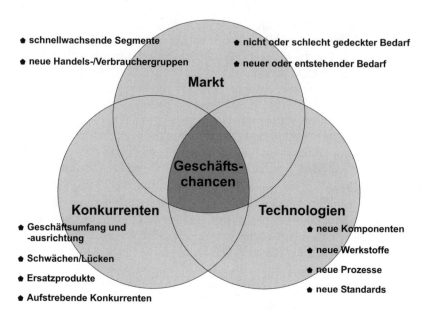

Bild 3-1: Geschäftschancen erkennen; sie liegen oft im Schnittbereich von Markt, Technologie und Konkurrenten

3.1.1 Analyse der Position der Produkte im heutigen Wettbewerb

Bevor ein Unternehmen die Entwicklung neuer Produkte anstößt, liegt es nahe, die Geschäftsmöglichkeiten mit den heute etablierten Produkten auszuschöpfen. Ferner ergeben sich auch aus der kritischen Analyse der Stellung der Produkte im Wettbewerb von heute wertvolle Hinweise zur Gestaltung der Produkte von morgen. Wir wenden in der Regel für eine derartige Analyse das integrierte Markt-Technologie-Portfolio nach McKinsey an, auf das im folgenden näher eingegangen wird. Des weiteren möchten wir noch kurz auf drei andere Möglichkeiten eingehen: die Erfolgsfaktorenanalyse, das Quality Function Deployment (QFD) und die Conjoint-Analyse.

3.1.1.1 Integriertes Markt-Technologie-Portfolio

Hier wird für ein Produkt zunächst eine Beurteilung der Position getrennt aus Markt- und Technologiesicht vorgenommen. Anschließend erfolgt die Zusammenführung beider Sichten [Foster/Wood 1978; Krubasik 1982]. Zunächst wird ein **Marktportfolio** erstellt, dessen Ziel die marktmäßige Positionierung

Potentialfindung 53

des Untersuchungsobjektes ist. Zur Ermittlung von Marktattraktivität und Wettbewerbsstärke werden ausschließlich marktrelevante Größen herangezogen (Bild 3-2):

Marktattraktivität Kriterien/Bewertung	Gew. (%)	Produkt A Bew.	B x G	Produkt B Bew.	B x G	Produkt C Bew.	B x G
1. Marktvolumen 3 = hoch (> 500 Mio DM) 2 = mittel (> 100 Mio DM) 1 = klein (> 50 Mio DM) 0 = sehr klein	30	2	0,6	1	0,3	1	0,6
2. Marktentwicklung 3 = Wachstum (> 10%) 2 = Wachstum (> 1%) 1 = Stagnation (> 0%) 0 = Rückgang (< 0%)	50	1	0,5	3	1,5	1	0,5
3. Wettbewerbsintensität 3 = einige kleinere Mitbewerber 2 = einige gleichwertige Mitb. 1 = viele starke Mitbewerber 0 = ruinös	20	1	0,2	3	0,6	2	0,4
Marktattraktivität	**100**		**1,3**		**2,4**		**1,5**

Wettbewerbsstärke Kriterien/Bewertung	Gew. (%)	Produkt A Bew.	B x G	Produkt B Bew.	B x G	Produkt C Bew.	B x G
1. Marktanteil 3 = gehören zur Spitzengruppe 2 = signifikant 1 = unter ferner liefen 0 = vernachlässigbar	40	3	1,2	1	0,4	2	0,8
2. Umsatzentwicklung 3 = wächst stärker als Markt 2 = wächst etwas stärker 1 = wächst mit Markt 0 = verlieren Marktanteile	30	3	0,9	0	0	2	0,6
3. Differenzierungsstärke 3 = hoch 2 = mittel 1 = gering 0 = nicht vorhanden	10	3	0,3	2	0,2	1	0,1
4. Profitabilität (Gewinn vor Steuern) 3 = hoch (> 10%) 2 = mittel (> 5%) 1 = gering (> 0%) 0 = Verlust	20	2	0,4	1	0,2	0	0,0
Wettbewerbsstärke	**100**		**2,8**		**0,8**		**1,5**

Bild 3-2: Ermittlung der Marktattraktivität und der Wettbewerbsposition (Die Skalierung der Werte wie beispielsweise Marktvolumen sowie die Festlegung der Gewichte sind projektspezifisch vorzunehmen.)

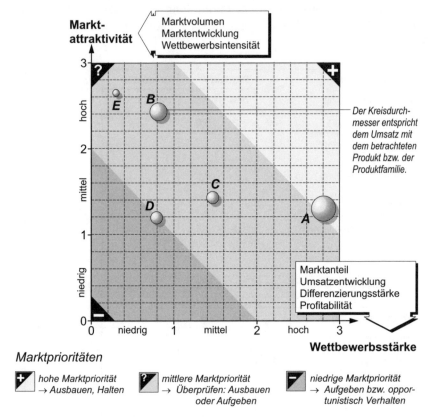

Bild 3-3: Ermittlung der Marktprioritäten in einem Marktportfolio

- Die **Marktattraktivität** ergibt sich aus Größen wie dem Marktvolumen, der Marktentwicklung (Wachstum/Stagnation/Rückgang) sowie der Wettbewerbsintensität.
- Die **Wettbewerbsstärke** ergibt sich vor allem aus dem Marktanteil, der Umsatzentwicklung, der Differenzierungsstärke und der Profitabilität.

Entsprechend der Positionierung ergibt sich eine niedrige, mittlere oder hohe **Marktpriorität** (Bild 3-3). So weist das Produkt B eine mittlere Marktpriorität – allerdings bei hoher Marktattraktivität – auf. Dies könnte der Hoffnungsträger sein. Bei Produkt A handelt es sich um ein Produkt, mit dem sich das Unternehmen eine starke Stellung erarbeitet hat. Die Marktattraktivität ist eher gering, weil der Markt stagniert und ein Verdrängungswettbewerb herrscht.

Analog dazu wird im **Technologieportfolio** die technologische Positionierung des Produktes vorgenommen. Die Dimensionen dieses Portfolios sind die Technologieattraktivität und die relative Technologieposition (Bild 3-4):

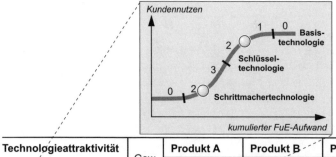

Technologieattraktivität Kriterien/Bewertung	Gew. (%)	Produkt A Bew. B x G		Produkt B Bew. B x G		Produkt C Bew. B x G	
1. Position auf S-Kurve 3 = neue Schlüsseltechn. 2 = Schrittm./verbr. Schlüsselt. 1 = Basistechnologie 0 = ausgereifte Basistechn.	70	1	0,7	2	1,4	2	1,4
2. Eintrittsbarrieren[1] 3 = hoch 2 = mittel 1 = niedrig 0 = praktisch nicht vorhanden	30	2	0,6	3	0,9	1	0,3
Technologieattraktivität	**100**		**1,3**		**2,3**		**1,7**

relative Technologieposition Kriterien/Bewertung	Gew. (%)	Produkt A Bew. B x G		Produkt B Bew. B x G		Produkt C Bew. B x G	
1. Ressourcenstärke[2] 3 = hoch 2 = mittel 1 = niedrig 0 = praktisch keine R.	50	2	1,0	2	1,0	1	0,5
2. Umsetzungsstärke 3 = sind i.d.R. die schnellsten 2 = wie die führenden Mitbew. 1 = langsam 0 = häufiges Scheitern	50	3	1,5	2	1,0	1	0,5
Rel. Technologiepos.	**100**		**2,5**		**2,0**		**1,0**

Erläuterungen: 1) Eintrittsbarrieren bzgl. Know-how, langjähriger Erfahrung, Herstellprozesse
2) Ressourcenstärke: Know-how, Mittel, Personal

Bild 3-4: Ermittlung der Technologieattraktivität und der Technologieposition

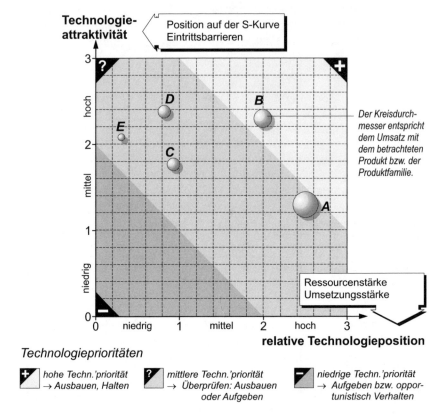

Bild 3-5: Ermittlung der Technologieprioritäten in einem Technologieportfolio

- Mit der **Technologieattraktivität** wird die technologische Situation eines Produktes bewertet. Sie ergibt sich vor allem aus der Position der mit dem Produkt verbundenen Technologien auf der S-Kurve. Schlüssel- und Schrittmachertechnologien weisen aufgrund ihrer großen Zukunftspotentiale die größte Technologieattraktivität auf (vgl. Kasten auf Seite 59). Daneben werden Eintrittsbarrieren hinsichtlich des Know-hows, der Erfahrung und der Herstellprozesse in die Technologieattraktivität einbezogen.
- Die **relative Technologieposition** beschreibt demgegenüber die Stärke der Forschung und Entwicklung des Unternehmens oder der Geschäftseinheit in diesem technologischen Bereich.

Aus der Positionierung der Produkte im Technologieportfolio ergibt sich eine niedrige, mittlere oder hohe **Technologiepriorität** (Bild 3-5). So verfügen die exemplarisch gezeigten Produkte A und B jeweils über eine hohe Technologiepriorität, was aus Technologiesicht einen Ausbau bzw. ein Halten nahelegt. Die Kombination der marktmäßigen und technischen Positionen der Produkte erfolgt in einem integrierten Markt-Technologie-Portfolio (Bild 3-6). Darin werden als Ordinate die ermittelten Marktprioritäten und als Abszisse die ermittelten Technologieprioritäten aufgetragen. Mit den beispielhaft aufgeführten Produkten läßt sich der Vorteil dieser kombinierten Portfolio-Analyse unterstreichen. Bei einer ausschließlich marktmäßigen Betrachtung besteht die Gefahr, daß das Produkt B aufgegeben wird. Die zusätzliche Bewertung aus Technologiesicht zeigt aber, daß aufgrund der Technologieführerschaft gute Voraussetzungen gegeben sind, dieses Geschäft zum Erfolg zu führen. Für die Produkte C, D und E weist das Portfolio auf eine mittlere Wettbewerbsposition hin, die beim Produkt D beispielsweise über Joint Ventures gestärkt werden könnte.

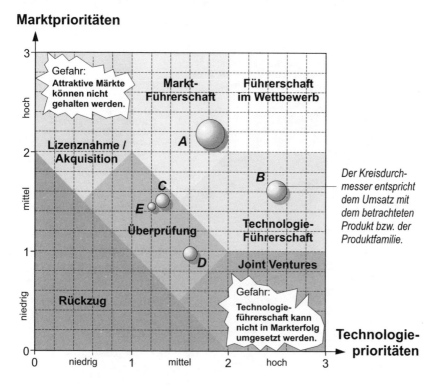

Bild 3-6: Integriertes Markt-Technologie-Portfolio

Das integrierte Markt-Technologie-Portfolio in Bild 3-6 weist zusätzlich auf zwei besondere Gefahren hin:

- Besteht bei sehr hoher Technologiepriorität eine geringe Marktpriorität, so besteht die Gefahr, daß die bestehende Technologieführerschaft nicht in Markterfolg umgesetzt werden kann.
- Besteht bei sehr hoher Marktpriorität eine ausgesprochen geringe Technologiepriorität, so beseht die Gefahr, daß das Unternehmen die Chancen attraktiver Märkte nicht wahrnehmen kann.

Eine wesentliche Ergänzung erfährt das integrierte Technologie-Markt-Portfolio durch die Einbeziehung der Lebenszyklusphase, in der sich der betrachtete Markt befindet (Entstehungs- bzw. frühe Wachstumsphase oder späte Wachstums- bzw. Reifephase) [Homburg 1996, 308f]. So ist der Bereich der eigenen Technologieentwicklung bzw. der technologischen Führerschaft bei reiferen Märkten wesentlich kleiner als bei Märkten in der Entstehungsphase (Bild 3-7).

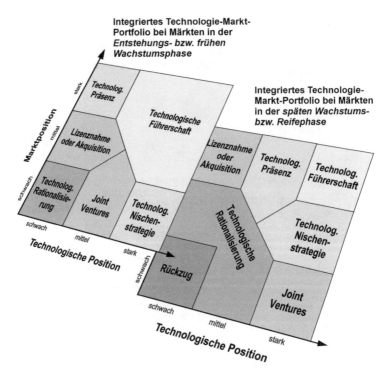

Bild 3-7: *Integrierte Portfolios in verschiedenen Phasen des Markt-Lebenszyklus*

Potentialfindung

Technologielebenszyklus und S-Kurven-Konzept

Die Entwicklung von Technologien kann am Modell des **Technologielebenszyklus** idealtypisch in mehreren Phasen dargestellt werden. Nach dem Modell von Arthur D. Little werden die vier Phasen *Entstehung*, *Wachstum*, *Reife* und *Alter* unterschieden, deren Charakteristika im unteren Bild dargestellt sind. Diesen Phasen können Technologietypen zugeordnet werden, die ebenfalls im unteren Bild dargestellt sind:

- **Neue Technologien** haben am Beginn ihres Lebenszyklus noch keinerlei wirtschaftliche Anwendung gefunden. Ihre Fortentwicklung wird zunächst vor allem von Visionären vorangetrieben. Nach Geoffrey A. Moore erreichen neue Technologien oft einen kritischen Punkt (»Abgrund«), an dem der Massenmarkt noch nicht reif ist und das Interesse der Innovatoren nachläßt.

- Einige der neuen Technologien passieren diesen Abgrund und werden zu **Schrittmachertechnologien**. Diese befinden sich ebenfalls noch in einem frühen Entwicklungsstadium, haben aber in einigen Nischen bereits Verbreitung gefunden. Dennoch sind sie für den gegenwärtigen Wettbewerb noch nicht entscheidend. Ein Beispiel hierfür ist die *Nanotechnologie*. Moore spricht von einer »Bowlingbahn«, in der sich die Technologien befinden:

    > »Die Bowlingbahn beschreibt den Teil der Entwicklung, in der sich neue Produkte in Nischen plazieren können, ohne den Massenmarkt zu durchdringen. ... Dabei ist jede Nische wie ein Kegel beim Bowling – etwas, das für sich allein umfallen kann, aber das ebenso hilft, zusätzliche Kegel umzustoßen. So ist es bei der Technologieentwicklung wie beim Bowling: Je mehr Kegel, desto mehr Punkte.«
    >
    > [Moore 1995, S. 27]

- Später können sie zu **Schlüsseltechnologien** werden. Darunter werden Technologien verstanden, die die Wettbewerbssituation entscheidend beeinflussen und die Grundlage für die Schaffung von Wettbewerbsvorteilen bilden. Diese Adaption einer Technologie durch den Massenmarkt beschreibt Moore als »Tornado«, in dem ungeheure Wettbewerbskräfte wirken. Eine heutige Schlüsseltechnologie ist die *Mikroelektronik*.

- Wird eine Technologie von allen Konkurrenten einer Branche beherrscht und entsprechend in vielen Produkten und Verfahren eingesetzt, so sprechen wir von einer **Basistechnologie**. Moore verwendet die Metapher der Hauptstraße (»Main Street«). Die *NC-Steuerung für Werkzeugmaschinen* ist eine solche Basistechnologie.

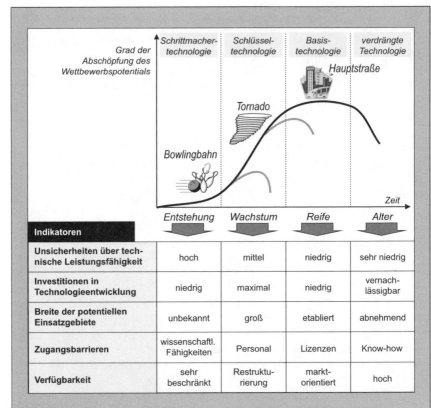

Technologielebenszyklus und Technologietypen

- Daneben gibt es noch **verdrängte Technologien**, die am Ende ihres Lebenszyklus durch andere Technologien ersetzt wurden – beispielsweise der *Eisenbahn-Dampfantrieb*.

Für das strategische Technologiemanagement ist vor allem das Anfang der 80er Jahre von McKinsey entwickelte **Substitutionspotential-Konzept** von Interesse. Trägt man dabei die Leistungsfähigkeit einer Technologie über dem kumulierten F&E-Aufwand (nicht: Zeit!) auf, so ergibt sich in vielen Fällen eine idealtypische **S-Kurve**. Sie zeigt, daß sich die Leistungsfähigkeit reifer Basistechnologien durch zusätzliche F&E-Investitionen nicht mehr signifikant erhöhen läßt. Daher ist hier der Wechsel zu einer alternativen **Substitutionstechnologie** in Erwägung zu ziehen.

Potentialfindung **61**

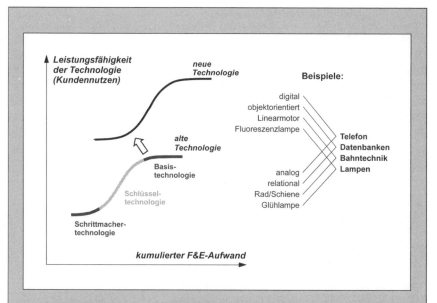

S-Kurve der Technologieentwicklung nach McKinsey

Im Bild ist der idealtypische Fall dargestellt. Danach führt der Wechsel auf die neue Technologie sofort zu einer Steigerung der Nutzens. Häufig ist es jedoch so, daß die neue Technologie ein wesentlich höheres Nutzenpotential bietet, aber noch eine lange Durststrecke zu durchlaufen ist, bis der Einsatz der neuen Technologie tatsächlich zu signifikanten Wettbewerbsvorteilen führt. Die im Bild angedeuteten vier Beispiele sollen das Prinzip der S-Kurve verdeutlichen. Beispielsweise ist der Wechsel von der Glühlampe auf die Fluoreszenzlampe schon vor Jahrzehnten vollzogen worden. Gleiches gilt im Prinzip für das Telefon. Für die Bahntechnik und Datenbanksysteme ist festzustellen, daß wir uns noch in einer Übergangsphase befinden, d.h. es existieren jeweils Erzeugnisse mit der alten und der neuen Technologie.

Literatur: **Bullinger**, H.-J.: Einführung in das Technologiemanagement. Modelle, Methoden, Praxisbeispiele. Teubner, 1994

Moore, G. A.: Inside the Tornado. Marketing Strategies from Silicon Valley's Cutting Edge. HarperCollins, 1995

Wolfrum, B.: Strategisches Technologiemanagement. Gabler Verlag,

3.1.1.2 Erfolgsfaktorenanalyse

Erfolgsfaktoren sind Faktoren, die den Erfolg eines Geschäftes beeinflussen. Häufig werden sie auch als kaufentscheidende Faktoren bezeichnet. Erfolgsfaktoren können produktspezifisch und branchenspezifisch sein. Beispiele für produktspezifische Erfolgsfaktoren von Pumpen sind Betriebskosten, Bedienungsfreundlichkeit, Leckagefreiheit, Störungsfrüherkennung etc. Beispiele für branchenspezifische Erfolgsfaktoren sind im Fall der deutschen Pumpenindustrie Logistikleistung, Service, Image, Auslandspräsenz etc. Die Analyse dieser Faktoren führt in der Regel zu interessanten Erkenntnissen. Dafür verwenden wir das **Erfolgsfaktorenportfolio** (Bild 3-8).

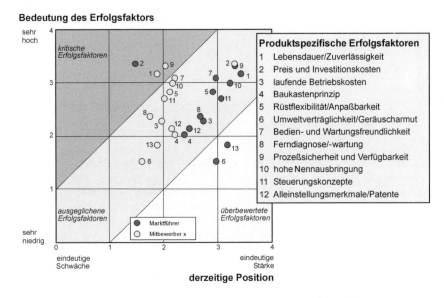

Bild 3-8: *Erfolgsfaktorenportfolio, produktspezifische Erfolgsfaktoren (Maschinenbau)*

Es handelt sich bei diesem Beispiel um produktspezifische Erfolgsfaktoren für eine Klasse von Maschinen. Das Portfolio weist als Achsen die Bedeutung des Erfolgfaktors und die derzeitige Position im Branchenvergleich aus Sicht des Unternehmens auf. Es gliedert sich in drei Bereiche:

- **Kritische Erfolgsfaktoren**: Das Unternehmen ist in Bereichen nicht stark genug, die eine hohe Bedeutung im Wettbewerb haben. Hier ergibt sich ganz offensichtlich Handlungsbedarf.

Potentialfindung 63

- **Ausgeglichene Erfolgsfaktoren**: Hier besteht eine Balance zwischen der Bedeutung im Wettbewerb und der Position des Unternehmens.
- **Überbewertete Erfolgsfaktoren**: Das Unternehmen ist auf Gebieten stark, die keine große Rolle spielen. Eine Positionierung in diesem Bereich kann ein Zeichen dafür sein, daß das Unternehmen mit einer gewissen Selbstgefälligkeit auf die Erfolgsfaktoren von gestern blickt und versäumt hat, Stärken bei den Erfolgsfaktoren von heute zu entwickeln. Es kann aber auch sein, daß das Unternehmen zu früh ist, d.h. Stärken werden vom Markt noch nicht wahrgenommen. Wie dem auch sei, aus heutiger Sicht bedeutet das in beiden Fällen eine Vergeudung von Ressourcen.

Eine andere Form der Analyse von Erfolgsfaktoren ist das sog. **Spinnendiagramm** (Bild 3-9). In diesem Beispiel sind Kunden von sog. aktiven Komponenten der Verbindungstechnik nach der Bedeutung vorgegebener Erfolgsfaktoren gefragt worden. Aktive Komponenten ermöglichen eine elektrische Verbindung, wobei zusätzliche Funktionen wie Messen/Anzeigen, Verstärken möglich sind. Derartige Produkte werden in verschiedenen Marktsegmenten wie dem Maschinenbau, der Verkehrstechnik etc. eingesetzt, weshalb sich je Marktsegment unterschiedliche Bedeutungsprofile ergeben können.

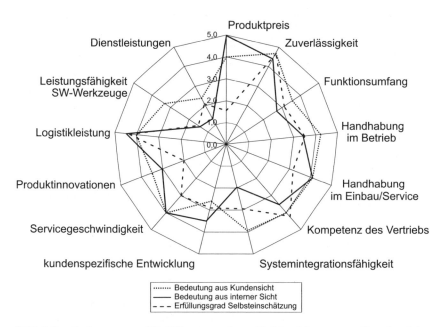

Bild 3-9: Bedeutung und Erfüllungsgrad von Erfolgsfaktoren aus Kundensicht und interner Sicht (Produkte: Aktive Komponenten der Verbindungstechnik)

In Ergänzung zur Einschätzung der Kunden sind in Bild 3-9 je Erfolgsfaktor die Bedeutung aus interner Sicht sowie der Erfüllungsgrad eingetragen. Im Prinzip kann zur Darstellung dieses Sachverhalts auch das Erfolgsfaktorenportfolio herangezogen werden (Bild 3-10). Allerdings entspricht hier das Kriterium Position des Unternehmens (waagerechte Achse) nicht ganz dem Erfüllungsgrad, der ausdrückt, ob die mit den Erfolgsfaktoren verbundenen Kundenerwartungen uneingeschränkt erfüllt werden.

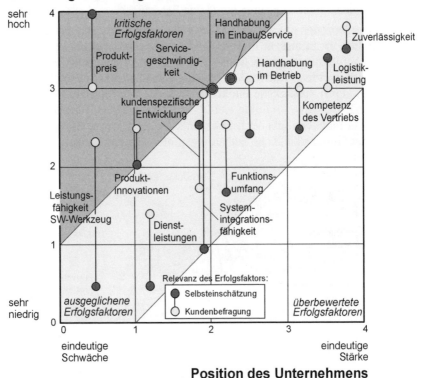

Bild 3-10: *Erfolgsfaktorenportfolio (Produkte: Aktive Komponenten der Verbindungstechnik)*

In Bild 3-10 beziehen sich die beiden Sichten (Kundensicht und interne Sicht) nur auf die Bedeutung eines Erfolgsfaktors. Sicher wäre es auch aufschlußreich, die Kunden zu fragen, wie sie die Position der Lieferanten zu den übrigen Wettbewerbern sehen. Unserer Erfahrung nach wird die Position des Unternehmens aus interner Sicht in der Regel zu gut eingeschätzt. Das Analoge gilt

Potentialfindung

auch für die von uns durchgeführten Branchenstudien; auch hier neigt man dazu, sich selbst zu überschätzen und die ausländischen Mitbewerber zu unterschätzen.

Beide Dimensionen – Bedeutung und Position – werden zunächst aus heutiger Sicht beurteilt. Es liegt nahe, dies auch aus künftiger Sicht zu tun, weil Erfolgsfaktoren von heute nicht zwangsläufig die von morgen sein müssen und auch die Mitbewerber sich weiterentwickeln, so daß eine heute starke Position morgen eine Schwäche sein kann. Wir kommen darauf in Kapitel 3.1.4 zurück.

Beide Graphiken – Erfolgsfaktorenportfolio und Spinnendiagramm – sind einfach anwendbare Hilfsmittel zur Ermittlung des Weiterentwicklungspotentials eines vorhandenen Produktes sowie der damit verbundenen Dienstleistungen. Für den Fall, daß die dem Produkt zugrundeliegende Prinziplösung bzw. Technologie die Weiterentwicklung nicht zuläßt, wäre dieses Vorgehen auch eine Quelle für die Ermittlung der Anforderungen an ein neu zu entwickelndes Produkt.

3.1.1.3 Quality Function Deployment (QFD)

Quality Function Deployment (QFD) hat zum Ziel, eine technische Lösung auf die Kundenanforderungen abzustimmen. Die Methode QFD wurde Anfang der 70er Jahre in Japan von Professor Akao begründet und seitdem ständig weiterentwickelt [Akao 1992]. Wesentliches äußeres Merkmal dieser Methode ist das Layout des Schemas, das an den Aufbau eines Hauses erinnert und deshalb auch die für QFD synonyme Bezeichnung 'House of Quality' trägt.

In dem Bild 3-11 ist der Ablauf der Methode QFD dargestellt. Die Phasen werden im folgenden näher erläutert. Die Zahlen in Bild 3-11 sind Referenzen zum Beispiel „Autoaußenspiegel", das als „House of Quality" in Bild 3-12 wiedergegeben ist.

- **Initialphase:** QFD wird in der Regel von abteilungsübergreifenden Teams durchgeführt [Masing 1994, S.466ff], wobei die Teammitglieder im wesentlichen aus der Produktplanung, dem Vertrieb und der Entwicklung kommen. Die Aufgabe des Teams besteht in dem folgerichtigen Ausfüllen der einzelnen Elemente des 'House of Quality', der Zusammenführung der einzelnen Matrizen und dem Auswerten des Matrizensystems.

- **Marktanalyse:** Als eine der ersten Aufgaben werden die zumeist durch einen direkten Kundenkontakt erhaltenen Aussagen des Kunden übersetzt, also die oft vagen Äußerungen in präzisere Kundenanforderungen formuliert, ohne den ursprünglichen Sinngehalt zu verfälschen. Anschließend werden die ermittelten Anforderungen gewichtet. Ferner wird ein erster Vergleich mit Konkurrenzprodukten und eine Marktzielorientierung vorgenom-

Kapitel 3: Strategische Produktplanung

Initialphase

Bildung eines abteilungsunabhängigen QFD-Teams

Marktanalyse

Ermittlung der Kundenanforderungen in der „Sprache des Kunden"
- (1) Übersetzung der Kundenanforderungen in die Unternehmenssprache
- (2) Gewichtung der Kundenanforderungen
- (3) Wettbewerbsbewertung hinsichtlich der Erfüllung der Anforderungen des Kunden
- (4) Festlegen der Marktziele

Produktanalyse

- (5) Auflisten der Produktmerkmale
- (6) Festlegen der Optimierungsrichtungen der Produktmerkmale
- (7) Beurteilung der Zielkonflikte zwischen den Produktmerkmalen
- (8) Korrelation der Kundenanforderungen mit den Produktmerkmalen
- (9) Bewertung der Realisierbarkeit der Optimierungen
- (10) Bewertung der Produkte der Wettbewerber
- (11) Festlegen der Produktziele und Bewertung der technischen Bedeutung

Maßnahmen

Festlegen der kritischen Qualitätsmerkmale der zu optimierenden Produktmerkmale festlegen

Erstellen des Prozeßablaufplans und daran abgeleitet des Prüfplans

Erstellen von Arbeits- und Prüfanweisungen für kritische Arbeits- und Prüfvorgänge in der „Werkstattsprache"

Bild 3-11: Ablauf Quality Function Deployment

men. Letzteres enthält die Stoßrichtungen zur Überwindung von Defiziten gegenüber der Konkurrenz.

- **Produktanalyse:** Hier werden die Merkmale aufgelistet und sich daraus ableitende Optimierungsrichtungen vorgegeben. Im Dach des 'House of Quality' werden die einzelnen Merkmale hinsichtlich existierender Zielkonflikte beurteilt. Die sich ergebenden Konflikte zwischen den Merkmalen müssen oft durch Kompromisse gelöst werden. In der Korrelationsmatrix werden diese Merkmale anschließend mit den Kundenanforderungen verknüpft. Damit verbunden ist eine Bewertung der entsprechenden Beziehungen (beispielsweise „schwach", „mittel", „stark"). Die möglichen Gestaltungsvarianten werden ausgelesen und hinsichtlich ihrer Realisierbarkeit bewertet. Es werden diejenigen Lösungen bestimmt, die den Kundenanforderungen im höchsten Maße entsprechen. Ein sich anschließender Vergleich aus technischer Sicht mit Konkurrenzprodukten kann Ansatzpunkte für Variationen bzw. für Verbesserungen liefern. Zum Abschluß dieser Phase werden die Produktziele festgelegt.

- **Maßnahmen:** Um die Fertigungsunterlagen und darin enthalten die Prüfpläne erstellen zu können, ist es zunächst notwendig, die kritischen Qualitätsmerkmale der zu optimierenden Produktmerkmale festzulegen. In den Arbeits- und Prüfanweisungen werden diese Merkmale dann auf eine Sprache reduziert, die von den jeweiligen Arbeitspersonen schnell zu erfassen ist (Werkstattsprache) und genaue Vorgaben bezüglich der Arbeits- bzw. Prüffolgen an dem Produkt beinhalten.

Anhand des Beispiels (Bild 3-12) der Gestaltung eines Auto-Außenspiegels soll die Methode verdeutlicht werden. Nach dem ersten Schritt der Aufstellung und Gewichtung der Kundenanforderungen (gute Funktion und Aussehen als wichtigste Parameter) ergeben sich die Marktziele 'Design optimieren' und 'Lebensdauer steigern', da hier gravierende Nachteile gegenüber der Konkurrenz auftreten.

Zunächst sind die Merkmale aufzulisten und in Beziehung zueinander zu setzen. Zu sehen ist, daß die Steigerung der Motorleistung der Reduktion des Motorgeräusches zuwider läuft. Demgegenüber unterstützen sich Reflexionsgrad und Oberfläche. Anschließend sind die Beziehungen zwischen Kundenanforderungen und Merkmalen in der Korrelationsmatrix anzugeben. Nach der Bewertung der Realisierbarkeit der Zielgrößen sowie einem Vergleich mit der Konkurrenz unter technischem Blickwinkel wird eine absolute Gewichtung vorgenommen. Sie ergibt sich als die Summe der jeweiligen Multiplikation der Gewichtung der Kundenanforderungen mit dem Grad der Beziehung. So setzt sich die absolute Gewichtung für die Motorleistung aus den Einzelkorrelationen 'funktioniert gut' (5 (Gewichtung) * 9 (Beziehung)) und 'hält lange' (3 * 3) zu einer Summe von 54 zusammen. Daraus folgt im Vergleich mit anderen Elementen, daß der Motorleistung eine große Bedeutung zukommt, während die Einhaltung eines geräuscharmen Betriebes (absol. Gewichtung: 3) eher nebensächlich ist.

Die Methode QFD bietet eine ganze Reihe von Vorteilen [Kamiske et al. 1997, S.465ff], die anhand des Beispiels leicht nachvollzogen werden können. Durch die Zusammenarbeit mehrerer Abteilungen im Team wird zunächst einmal die Realisierungszeit des Projektes reduziert, da viele Nachfragen, die in den einzelnen Teams auftauchen könnten, frühzeitig geklärt werden können. Schon in der Produktplanung werden dabei Zielkonflikte zwischen den Produktmerkmalen offengelegt und das Qualitätsbewußtsein des einzelnen Mitarbeiters durch

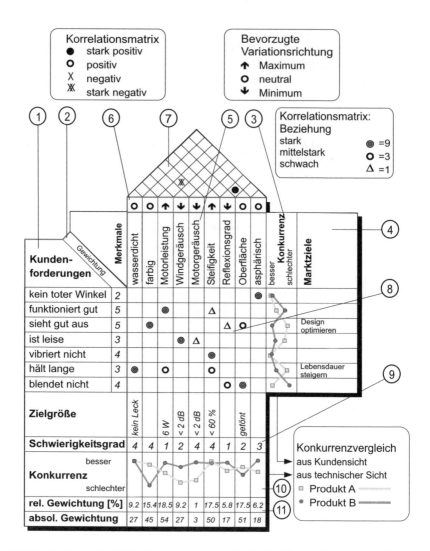

Bild 3-12: Beispiel QFD (Autoaußenspiegel), die Zahlen in den Kreisen bilden die Referenzen auf das Vorgehensmodell in Bild 3-11

den Dialog mit den anderen Abteilungen gesteigert. Bei zunehmender Transparenz des Entwicklungsprozesses werden kritische Produkt- und Prozeßmerkmale herausgearbeitet und bei der Umsetzung der technischen Kundenanforderungen mit besonderer Sorgfalt bearbeitet. Diese Ausrichtung an den Kundenwünschen minimiert das unternehmerische Risiko durch erhöhte Akzeptanz des Produktes auf dem Markt. Nachteilig wirkt sich jedoch aus, daß ein hoher Aufwand betrieben werden muß und der meßbare Erfolg der Methode nicht unmittelbar zu erkennen ist. Um dieses zu erreichen, müßte ein Produkt strenggenommen parallel mit und ohne QFD entwickelt werden.

3.1.1.4 Conjoint-Analyse

In ausgeprägten Käufermärkten ist es wichtig zu wissen, was den Kunden letztendlich veranlaßt, sich für ein Produkt bzw. für eine Dienstleistung zu entscheiden. Hierzu liefert die Conjoint-Analyse Informationen hinsichtlich des Kaufverhaltens von Kunden. Hervorgegangen ist diese Methode Mitte der 60er Jahre aus den Untersuchungen von Luce und Tukey, die sich mit psychologischen Meßwerterfassungen beschäftigten [Meffert 1998, S.387 ff]. Die Conjoint-Analyse ist eine Methode der Marktforschung, die eine Mischung aus Analyse und Erhebung darstellt. Im Prinzip geht es darum, diejenigen Merkmale und Merkmalsausprägungen eines Produktes zu ermitteln, die die Kaufentscheidung des Kunden beeinflussen. Insofern muß das zu untersuchende Produkt bekannt sein, damit in Frage kommende Merkmale und Merkmalsausprägungen für die Untersuchungen aufgestellt werden können. Das Vorgehen einer Conjoint-Analyse ist in Bild 3-13 dargestellt.

Im Vordergrund der Untersuchung steht zunächst die empirische Erhebung von Gesamtnutzenurteilen (Präferenzaussagen) von befragten Personen (Probanden). Hiermit ist gemeint, daß die Probanden anhand einer Liste von Angeboten (bestehend aus realisierbaren Kombinationen von Merkmalsausprägungen) jeweils entscheiden, welche Angebote sie bevorzugen würden und diese dann in einer Präferenzreihenfolge anordnen (Rangreihung). Bei der Auswahl dieser Merkmale müssen verschiedene Gesichtspunkte beachtet werden.

- Die ausgewählten Merkmale müssen für die Entscheidung relevant sein. Beispielsweise dürfte der Mikroprozessortyp eines Küchengerätes weniger entscheidend sein als die Leistungsdaten des Gerätes.
- Die Eigenschaften müssen vom Hersteller beeinflußbar sein. Um die Ergebnisse der Conjoint Analyse nutzen zu können, muß es für den Anbieter möglich sein, die betreffenden Eigenschaftsausprägungen realisieren und modifizieren zu können.
- Die ausgewählten Eigenschaften müssen voneinander unabhängig sein. Eine Abhängigkeit einzelner Komponenten würde dem Charakter des additiven Nutzenmodelles zuwider laufen und die Aussage über den Nutzen der einzelnen Merkmale verfälschen.
- Eine kompensatorische Beziehung der Eigenschaftsausprägung muß vorhanden sein. Damit ist gemeint, daß Mängel in einem Merkmal durch Stärken eines anderen Merkmales ausgeglichen werden können, also z.B. eine geringere Motorleistung durch einen geringeren Preis.

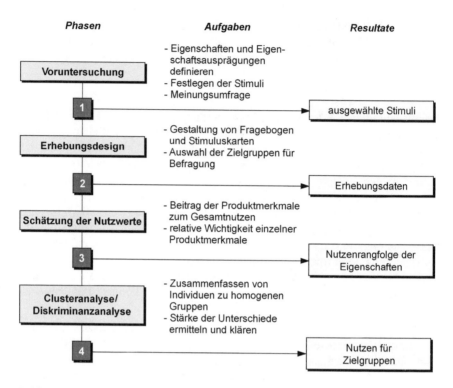

Bild 3-13: *Vorgehensmodell Conjoint-Analyse*

- K.o.-Kriterien dürfen nicht als Eigenschaftsausprägung gewählt werden. Dieses Kriterium liegt vor, wenn eine bestimmte Eigenschaftsausprägung auf jeden Fall erfüllt sein muß. Die kompensatorische Beziehung wäre nicht mehr gegeben.
- Die Anzahl der Eigenschaften und Eigenschaftsausprägungen muß begrenzt werden, da der Befragungsaufwand exponentiell mit der Anzahl der Eigenschaften wächst.

In Bild 3-14 ist ein Beispiel für eine Auswahl von Merkmalen und Merkmalsausprägungen gegeben.

Bei der sich anschließenden Festlegung des Erhebungsdesigns wird über die Anzahl der Kombinationen von Merkmalsausprägungen (=Stimuli) sowie über die Art der Stimuli entschieden. Hierbei kann zwischen der Profilmethode und der Zwei-Faktor-Methode gewählt werden. Bei der **Profilmethode** besteht ein Stimulus aus der Kombination jeweils einer Ausprägung aller Eigenschaften. So würden sich für eine Erhebung für das in Bild 3-14 gegebene Beispiel 1620

Potentialfindung 71

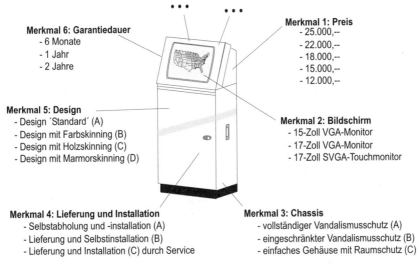

Bild 3-14: Kaufentscheidende Merkmale und mögliche Merkmalsausprägungen eines Informations-Terminals

(5*3*3*3*4*3) Stimuli ergeben. Bei der **Zwei-Faktor-Methode** werden jeweils 2 der Merkmale gegenübergestellt und die jeweiligen Merkmalsausprägungen bewertet. Das heißt, daß bei einer Gegenüberstellung der Merkmale *Chassis* und *Lieferung und Installation* die Kombinationen der jeweiligen Bildschirmausführungen (A,B,C) (Bild 3-14) mit der Art der Lieferung (A,B,C) in eine Präferenzreihenfolge gebracht werden. Es würden sich für diese Matrix (auch Trade-Off-Matrix genannt) die möglichen Kombinationen *AA, AB, AC, BA, BB, BC, CA, CB* und *CC* ergeben, die entsprechend der Präferenzen des Befragten in einer Rangreihenfolge angeordnet würden. Im Beispiel ergäbe sich die Gesamtheit der Trade-Off-Matrizen mit 15 (5+4+3+2+1) unterschiedlichen Kombinationen. Da beim realen Beurteilungsprozeß jedoch zumeist ganzheitliche Produkte und nicht isolierte Merkmalsausprägungen beurteilt werden, bietet sich in den meisten Fällen die Profilmethode an. Um die Vielzahl der Stimuli zu reduzieren und so den Befragungsaufwand zu minimieren, wird normalerweise die Zahl der Stimuli auf sinnvolle Varianten begrenzt.

Im nächsten Schritt werden nun die Stimuli bewertet. Dieses geschieht zumeist über eine Rangreihung der einzelnen Stimuli. Im Falle einer größeren Anzahl von Stimuli kann auch zunächst eine Grobeinteilung in Gruppen unterschiedlichen Nutzens (hoch, mittel, niedrig) vorgenommen werden und innerhalb dieser Gruppen eine Rangfolge festgelegt werden. In Bild 3-15 ist eine mögliche Rangreihung des Beispieles Informations-Terminal gegeben. Der Rang spiegelt die Präferenz des Probanden für das jeweilige Stimulus wider.

Die 6 Diagramme im unteren Teil von Bild 3-15 geben das Ergebnis des nächsten Schrittes wieder, die Ermittlung der Nutzenwerte. Hierbei wird ein hoher Rang mit einem hohen Gesamtnutzenwert, also einer hohen Summe der Teilnutzenwerte, gleichgesetzt. Mittels einer Regressionsanalyse wird der Teilnutzenwert der einzelnen Eigenschaftsausprägungen ermittelt [Backhaus et al. 1996, S. 511ff] und dargestellt. Klar zu erkennen ist, daß beispielsweise ein niedriger Preis einen hohen Teilnutzwert besitzt.

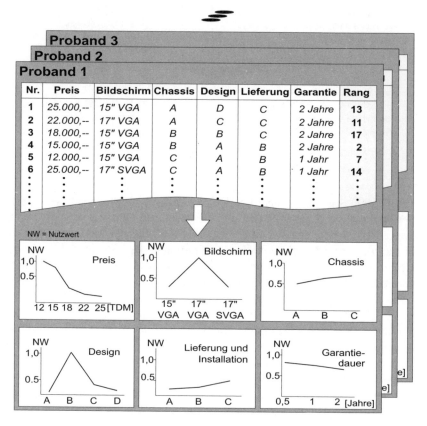

Bild 3-15: Bewertung der Stimuli und Nutzwertermittlung

Über eine Cluster- oder Diskriminanzanalyse [Backhaus et al. 1996, S. 539ff] werden nun die Ergebnisse, die in dem dargestellten Beispiel für jeweils einzelne Personen vorliegen (Proband 1, Proband 2 usw.), derart zusammengefaßt, daß Aussagen für Zielgruppen getroffen werden können.

Im folgenden werden einige Beispiele genannt, die den Nutzen der Conjoint Analyse deutlich machen. Zur Vereinfachung werden die Aussagen des Probanden 1 als Ergebnis einer Gruppenbefragung angenommen, so daß eine hinreichend große Anzahl von Informationen vorliegt, um allgemeingültige Aussagen treffen zu können.

- *Hinweise für die Produkt- und Programmoptimierung:* Wie aus den Diagrammen im Beispiel zu erkennen ist, lehnen die Befragten einen kleinen Monitor ab.
- *Hinweise bezüglich der konkreten Ausprägung eines Merkmals:* An der starken Polarisierung der Ergebnisse in den Bereichen *Design* und *Bildschirm* kann man erkennen, daß die meisten Kunden mit einem 17''-Monitor und mit einem Farbskinning bedient werden können. Anhand der starken Differenzen der Teilnutzwerte in diesen Bereichen ist diese Aussage sehr schnell und leicht zu treffen.
- *Hinweise bezüglich der Wichtigkeit der einzelnen Merkmale:* Auch hier ist der starke Unterschied zwischen Merkmalsausprägungen entscheidend. Ein hoher Teilnutzenwert steigert natürlich auch den Gesamtnutzenwert, erhöht also die Bereitschaft des Kunden, dieses Produkt zu wählen. In dem Beispiel können wir erkennen, daß die Bereiche *Preis*, *Bildschirm* und *Design* hohe Werte aufweisen, also wahrscheinlich für die Entscheidung des Kunden maßgebend sind, während die Teilnutzenwerte von *Lieferung und Installation* insgesamt niedrig sind. Diese Merkmale spielen für die Entscheidungsfindung des Kunden eine eher geringe Rolle.

Problematisch an der Conjoint-Analyse ist der hohe Aufwand an Zeit und Kosten, welcher teilweise durch den Einsatz von geeigneten Softwarewerkzeugen aufgefangen werden kann. Das durchführende Personal muß zudem in den zur Anwendung kommenden statistisch-mathematischen Verfahren geschult sein. Trotzdem kann es durch die Durchführenden zu Beeinflussungen des Ergebnisses kommen, da die Vorauswahl der Merkmale und Merkmalsausprägungen durch sie getroffen wird und es möglich ist, daß in diesem Schritt Wünsche und Ansichten des Personals mit einfließen.

Hervorzuheben ist das bessere Verständnis für die Kundenwünsche. Häufig wird ja das getan, was einige laute Stimmen aus dem Verkauf verlangen, aber nicht zwangsläufig relevant sein muß. Die Methode hilft, die Ressourcen auf Dinge zu konzentrieren, die den Kunden wichtig sind.

Insgesamt gesehen ist die Conjoint-Analyse ein starkes Instrument zur Ausrichtung einer Marktleistung auf die Anforderungen und Bedürfnisse des Marktes. Das eigentliche Problem ist aber, zu erkennen, was der Markt tatsächlich morgen verlangt. Auf diese Problematik wird in den folgenden Kapiteln näher eingegangen.

3.1.2 Die Kunden befragen – Möglichkeiten und Grenzen

Auf dem Weg zu den Produkten für die Märkte von morgen hilft es kaum, die Kunden zu fragen. Ihnen fehlt in der Regel der Weitblick und die Phantasie. Gleiches gilt im Prinzip für den Vertrieb. Natürlich ist diese Feststellung provokativ. Im Kern entspricht sie aber unseren Erfahrungen. Welchem Produktplaner oder Entwickler ist es in seiner Laufbahn nicht schon oft so ergangen, daß er eine visionäre Produktidee hat und sie dem Vertrieb vorträgt. Was er erntet, ist in der Regel Unverständnis. Jahre später bringt ein Mitbewerber ein entsprechendes Produkt in den Markt.

Die Gründe für die mangelnde Fähigkeit bzw. Bereitschaft sich mit visionären Produktideen auseinanderzusetzen, sind offensichtlich: Der Kunde möchte seine aktuelle Aufgabenstellung effizient lösen. Er bewegt sich in der Gegenwart und befaßt sich nicht mit den Problemen und möglichen Lösungen von morgen.

Der Vertrieb steht im Dialog mit dem Kunden und transformiert daher logischerweise das, was den Kunden bewegt, in die Produktplanung und die Produktentwicklung. Die Entwicklung der Benutzungsoberflächen von Computersystemen soll das verdeutlichen: Ende der 70er Jahre hatten die meisten Benutzer den Wechsel vom Stapel- zum Dialogbetrieb vollzogen. Das zentrale Problem, das die Kunden bewegte, war die Antwortzeit und nicht der Aufbau des Dialogs. Hätte man zu der Zeit Kunden gefragt, ob sie die Window-Technik und graphische Benutzungsoberflächen benötigen, wäre man sicher auf breiter Front auf Unverständnis gestoßen. Gleichwohl sind diese Oberflächen einige Jahre später gekommen und Standard geworden.

Offensichtlich macht es wenig Sinn, den Kunden oder den Vertrieb zu fragen, ob eine Lösung von morgen so oder so aussehen soll. Wichtiger ist es, im Investitionsgütergeschäft das sog. Kundenproblem und somit das Nutzenpotential zu verstehen bzw. im Konsumgütergeschäft die Bedürfnisse der Kunden zu erkennen. Dazu sind selbstredend intensive Kontakte mit den Kunden erforderlich. Kundenorientierung darf also nicht zu eng verstanden werden, wie das auch aus dem Bild 3-16 hervorgeht. Zu eng verstandene Kundenorientierung liefert die artikulierten Bedürfnisse der bedienten Kunden. Des weiteren sprechen die Kunden, wie bereits angedeutet, die derzeitigen Bedürfnisse an und nicht die zukünftigen. Die artikulierten und aktuellen Bedürfnisse der bedienten Kunden repräsentieren nur einen kleinen Ausschnitt der Chancen. Die große Menge der Chancen ist außerhalb einer eng gefaßten Kundenorientierung zu sehen.

"Unser Plan ist es, die Verbraucher zu neuen Produkten zu führen, anstatt sie zu fragen, welche Art von Produkten sie wollen.

Potentialfindung

Die Verbraucher wissen nicht, was möglich ist, wir hingegen wissen es. Anstatt also im großen Stil Marktforschung zu betreiben, modifizieren wir unsere Vorstellung von einem Produkt und seinem Verwendungszweck und versuchen, einen Markt dafür zu schaffen, indem wir die Verbraucher erziehen und mit ihnen sprechen." [Akito Morita, Sony]

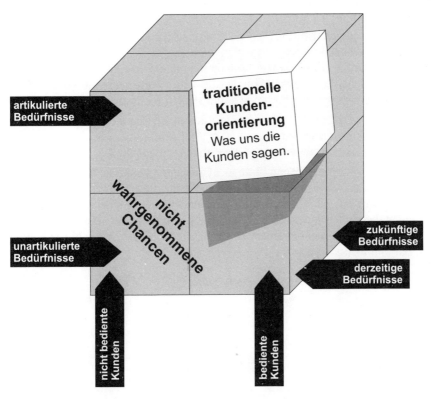

Bild 3-16: Jenseits der Kundenorientierung nach [Hamel/Prahalad 1995]

Erfolgreiche Produkte, die neue Märkte schaffen bzw. Nutzenpotentiale im großen Stil ausschöpfen, die bisher noch nicht ausgeschöpft werden konnten, beruhen offensichtlich auf der visionären Kraft und "last but not least" der Durchsetzungsstärke von wenigen Personen. Dies ist auch eine der Quintessenzen aus dem Werk „Senkrechtstarter", in dem die Entstehungsgeschichten von ausgewählten erfolgreichen Produkten – von den 3M-Klebezetteln bis hin zum Computertomographen – geschildert werden [Ketteringham 1989].

Ungeachtet dessen ist es natürlich außerordentlich wichtig, das Kundenverhalten zu erforschen. Stellvertretend für die vielen Ansätze gehen wir im folgenden auf das Kano-Diagramm (benannt nach seinem Erfinder, Professor Noriaki Kano) ein, weil sich daran verschiedene Verfahren der Erforschung des Kundenbewußtseins festmachen lassen. Das Kano-Diagramm basiert auf einer Klassifizierung der Attribute eines Produktes in drei Klassen [Kano et al. 1984].

- **Begeisterungsattribute**: Die Steigerung der Leistung in diesen Bereichen führt zu einem überproportionalen Anstieg der Kundenzufriedenheit. Ein Beispiel ist die serienmäßige Klimaanlage in einem Kleinwagen. Natürlich laden solche Leistungsmerkmale die Mitbewerber ein, gleichzuziehen. Begeisterungsattribute verlieren daher schnell an Kraft.

- **Leistungsattribute**: Sie lassen die Kundenzufriedenheit proportional zur Leistungssteigerung ansteigen. Der Treibstoffverbrauch fällt in diese Klasse. Wird er reduziert, steigt die Kundenzufriedenheit.

- **Schwellenattribute**: Wenn diese nicht ausgeprägt sind, ist der Kunde unzufrieden. Die Steigerung der Leistung vermeidet diese Unzufriedenheit, führt aber nicht zu einer hohen Kundenzufriedenheit. Ein Beispiel dafür sind zusätzliche Nebelscheinwerfer an einem Fahrzeug der Mittelklasse. Der Kunde erwartet das bei einem Fahrzeug dieser Klasse. Mehr als zwei bringen ihm nichts.

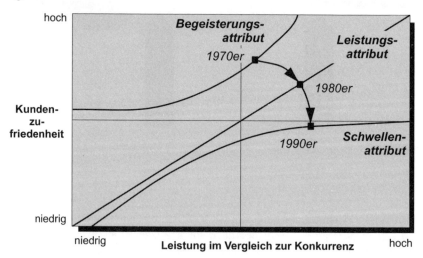

Bild 3-17: Das Kano-Diagramm, Beispiel: "Geringer Geräuschpegel" bei Spülmaschinen

Potentialfindung 77

Im Kano-Diagramm wird die Kundenzufriedenheit über die Leistung im Vergleich zu den Mitbewerbern aufgetragen. Je nach Attributsklasse ergeben sich die in Bild 3-17 wiedergegebenen Kurvenverläufe. Ferner ist in diesem Bild die zeitliche Veränderung des Attributs "Geräuschpegel" von Spülmaschinen visualisiert. Danach hat dieses Attribut in den 70er Jahren bei den Kunden hohe Anerkennung erfahren (Begeisterungsattribut). Heute ist das eine Selbstverständlichkeit (Schwellenattribut).

Dieser Klassifizierung der Produktattribute lassen sich die Verfahren zur Erforschung des Kundenbewußtseins zuordnen. Diese Verfahren sind in Bild 3-18 als Angelschnüre dargestellt [Dechamps et al. 1996], die Informationen über die Haltung des Kunden zu einer Produktklasse liefern. Wie dargestellt, dringen einige tiefer, andere weniger tief ein. Verfahren, die tief eindringen und mögliche Begeisterungsattribute aufspüren, sind in der Regel aufwendiger als solche, die Informationen über Schwellenattribute ans Licht bringen. So können beispielsweise Begeisterungsattribute nicht durch die Analyse von Kundenbeschwerden ermittelt werden.

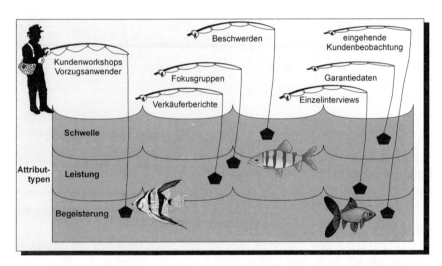

Bild 3-18: Techniken der Kundenforschung und ihre Relevanz zur Ermittlung von Produktattributen nach der Kano-Klassifizierung

Das Bild 3-19 enthält eine strukturierte Übersicht über Verfahren zur Erforschung des Kundenbewußtseins. Darin wird ebenfalls deutlich, daß es gute Ansätze gibt, die aber alle über die sehr eng verstandene Kundenbefragung, wie sie überspitzt zu Anfang dieses Kapitels charakterisiert wurde, hinausgehen. Insofern muß die implizierte Frage dieses Kapitels, ob es Sinn macht, den

Kunden zu fragen, bejaht werden. Was die angedeuteten Ansätze aber nicht leisten, ist das phantasievolle Antizipieren der Zukunft. Darum geht es im folgenden Kapitel.

Bild 3-19: *Möglichkeiten zur Erforschung des Kundenbewußtseins*

3.1.3 Szenario-Technik – Vorausdenken der Zukunft

Strategische Produktplanung muß auf der systematischen Auseinandersetzung mit der Zukunft beruhen. Dafür gibt es gute Gründe:

1) Die Zukunft ist anders als die Vergangenheit – daher brauchen wir eine konsequente Auseinandersetzung mit zukünftigen Entwicklungsmöglichkeiten.

2) Zukünftige Entwicklungen kündigen sich zunächst durch sog. schwache Signale an, die wahrnehmbar sind, aber in der Praxis gern ignoriert werden.

3) Zukünftige Entwicklungen sind häufig keine kontinuierlichen Fortschreibungen aktueller Trends, sondern können erheblich von Diskontinuitäten beeinflußt werden.

4) Eine Vorausschau zukünftiger Entwicklungen ist notwendig, weil der Handlungsspielraum mit fortschreitender Zeit immer stärker eingeengt wird und der Aufwand für wirkungsvolle Maßnahmen steigt.

5) Die Auseinandersetzung mit der Zukunft ist nachvollziehbare Denkarbeit.

Potentialfindung 79

Die Szenario-Technik ermöglicht diese Auseinandersetzung: Sie unterscheidet sich deutlich von der traditionellen Planung, aber auch von dem Propagieren von Trends.

"Es handelt sich weniger um das Voraussagen als um das Vorausdenken der Zukunft." [Sontheimer 1970]

3.1.3.1 Grundprinzipien der Szenario-Technik

Die Anwendung der Szenario-Technik in der strategischen Führung unterscheidet sich deutlich von der traditionellen Planung. Das "Denken in Szenarien" basiert auf zwei Grundprinzipien (Bild 3-20):

- Es läßt *mehrere* Möglichkeiten zu, wie sich die Zukunft entwickeln könnte. Damit wird der Erkenntnis Rechnung getragen, daß die Zukunft nicht exakt prognostizierbar ist. Wir sprechen hier von einer **multiplen Zukunft**.
- Die Zukunft wird in *komplexen* Bildern beschrieben. Es reicht nicht mehr aus, die Unternehmensumwelt als ein einfaches System zu beschreiben. Es ist vielmehr notwendig, den systematischen Blick in die Zukunft durch **vernetztes Denken** zu unterstützen.

vernetztes Denken

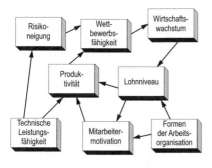

multiple Zukunft

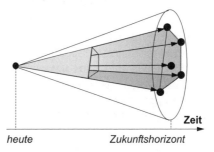

... wir müssen die Vernetzung von Einflußfaktoren berücksichtigten.

... wir können mehr als eine Entwicklung eines Einflußfaktors ins Kalkül ziehen.

»Ein **Szenario** ist eine allgemeinverständliche Beschreibung einer möglichen Situation in der Zukunft, die auf einem komplexen Netz von Einflußfaktoren beruht. Ein Szenario kann darüber hinaus die Darstellung einer Entwicklung enthalten, die aus der Gegenwart zu dieser Situation führt.

Bild 3-20: Grundlagen des Szenario-Managements: Vernetztes Denken und multiple Zukunft

Multiple Zukunft

Bis in die 60er Jahre hinein operierte die Mehrzahl der Unternehmen in einem Verkäufermarkt, in dem es aufgrund des Nachfrageüberhanges relativ einfach war, Abnehmer für ihre Erzeugnisse zu finden. Dementsprechend war der Blick dieser Unternehmen in die Zukunft "eindimensional" auf Wachstum gerichtet. Angesichts der **weitgehend bekannten Zukunft** hatte das prognostische Instrumentarium in den Unternehmen keinen hohen Stellenwert und war nur wenig ausgeprägt. Die ersten Systeme der systematischen Vorausschau ("Planung") entstanden in den 30er Jahren. Arie de Geus beschreibt deren Stellung innerhalb der Unternehmen so:

"Als ich zum ersten Mal mit "Planung" in Berührung kam – als Student nach dem zweiten Weltkrieg – wurde die Aufgabe der Komplexitätsreduktion von Spezialisten gehandhabt. Um 1940 hatten viele Unternehmen begonnen, das Geschäft des Blicks in die Zukunft an die "Backroom Boys" in die Planungsabteilung zu delegieren. So konnten die pragmatischen Macher mit dem eigentlichen Geschäft fortfahren, ohne daß sie sich Gedanken über mögliche Entwicklungen machen mußten. Unternehmensführung wurde aufgeteilt in diejenigen, die planen, und diejenigen, die etwas unternehmen." [de Geus 1997, S. 53]

Erst mit der deutlich steigenden Anzahl von Fehlprognosen begannen einige Unternehmen, sich von der Vorstellung einer **prognostizierbaren Zukunft** zu verabschieden und statt dessen alternative Entwicklungsmöglichkeiten von Einflußfaktoren ins Kalkül zu ziehen. Ossip K. Flechtheim, ein Pionier der Zukunftsforschung in Deutschland, verwendet daher den zunächst ungewohnten Begriff der **"Zukünfte"**.

"Die Zukunft ist niemals eindeutig festgelegt; ... Deshalb hat die Pluralform "Zukünfte" ihre Berechtigung. Vieles mag unwiederbringlich verloren und in der Zukunft nicht mehr möglich sein, aber noch können wir zwischen verschiedenen Zukünften wählen. Und wir sollten auf jene Zukunft hinarbeiten, die uns ... ein lebenswertes Leben ermöglicht." [Flechtheim 1987, S. 12]

Diese Vorstellung einer **multiplen Zukunft** – so einleuchtend und selbstverständlich wie sie uns vorkommt – wird immer noch in vielen Planungsprozessen ignoriert. In sogenannten Langfrist-Plänen werden aktuelle Trends fortgeschrieben. Je nach Interessenlage wird die Zukunft "rosarot" geredet oder schwarz gesehen. Zukünftige Entwicklungen lassen sich aber immer weniger genau vorhersagen. Dies erschwert die Unternehmensführung – trotzdem müssen wir uns darauf einstellen. Der amerikanische Zukunftsforscher Buckminister Fuller drückte dies so aus: "Die Zukunft wird uns immer überraschen – aber sie sollte uns nicht überrumpeln."

Vernetztes Denken

Angesichts einer Vielzahl von gesellschaftlichen und ökologischen Problemen wie Arbeitslosigkeit, Luft- und Bodenverschmutzung oder Datenmißbrauch setzt sich nach einer langen Ära des kontinuierlichen Wachstums die Erkenntnis durch, daß die Entwicklung eines Unternehmens nicht mehr getrennt von der Entwicklung der Städte, der Umwelt, der Technik oder der Gesellschaft betrachtet werden kann. Alle diese Systeme sind nur Untersysteme eines einzigen **Gesamtsystems**.

"Das Verhalten eines Systems kann nur verstanden werden, wenn es gedanklich in Verbindung mit seiner Umwelt, als Teil eines umfassenderen Systems gesehen wird."
[Ulrich/Probst 1991, S. 56]

Das Gesamtsystem aus einem Unternehmen und seiner Umwelt wird – viel stärker als das Unternehmen allein – von zwei Entwicklungen geprägt:

- Die **Vielfalt** der unternehmerischen Tätigkeit hat sich durch neue Produktions- und Kommunikationstechnologien, heterogenere Produktionsprogramme, zunehmende politische Regelungen sowie die gestiegenen Ansprüche von Gesellschaft, Kunden und Mitarbeitern stetig erhöht.
- Hinzu kommt, daß sich die **Dynamik** der Änderungsprozesse in der Unternehmensumwelt ständig erhöht. Beispielsweise verkürzen sich die Produktzyklen. Ferner wird der zunehmende Wandel durch das starke Anwachsen des Wissens begleitet. Wir können heute davon ausgehen, daß sich das Wissen der Menschheit etwa alle fünf Jahre verdoppeln wird.

Dieses Zusammentreffen von Vielfalt und Dynamik wird als **Komplexität** bezeichnet. Dietrich Dörner hat in seinem Buch "Die Logik des Mißlingens" eindrucksvoll aufgezeigt, daß der Mensch nur sehr begrenzt in der Lage ist, komplexe Zusammenhänge zu erfassen und adäquat zu handeln. Mit der Zunahme von Komplexität versagen auch die Managementansätze, die auf einer getrennten Betrachtung einzelner Bereiche beruhen. Die Unternehmen sind daher darauf angewiesen, die Vernetzung zwischen vielen Einflußfaktoren zu berücksichtigen. Wir sprechen hier von **vernetztem Denken**.

3.1.3.2 Szenarien in der strategischen Führung

Ein Szenario ist eine allgemeinverständliche und nachvollziehbare Beschreibung einer möglichen Situation in der Zukunft, die auf einem komplexen Netz von Einflußfaktoren beruht. Der Blick in die Zukunft kann durch einen Trichter symbolisiert werden [Reibnitz 1991, S. 26] (Bild 3-21). Dieser Blick führt zu mehreren Szenarien, weil basierend auf dem Grundprinzip der multiplen Zukunft mehrere Entwicklungsmöglichkeiten je Einflußfaktor ins Kalkül gezogen werden.

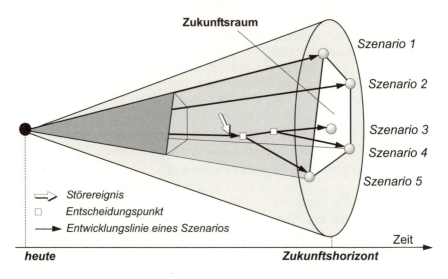

Bild 3-21: Szenario-Trichter

Die Nutzung von Szenarien in der strategischen Führung bezeichnen wir als Szenario-Management. Szenario-Management geht also über die eigentliche Szenario-Erstellung hinaus [Gausemeier et al. 1996]. Wesentliches Ziel ist es, Chancen/Erfolgspotentiale und Gefahren zu erkennen und dementsprechend strategische Entscheidungen zu unterstützen. Die zu unterstützenden Entscheidungen beziehen sich immer auf einen bestimmten Gegenstand – beispielsweise ein Unternehmen oder eine Geschäftseinheit ("Welche Schlüsselfähigkeiten sollen wir aufbauen?"; "Wo greifen wir an?"; "Mit welchen Partnern arbeiten wir zusammen?" etc.), ein Produkt ("Wie sollen wir das Produkt "Geldautomat" gestalten?") oder eine Technologie ("Welchen Lösungsansatz sollen wir wählen?"). Diesen Gegenstand eines Szenario-Projektes bezeichnen wir als Gestaltungsfeld. Das **Gestaltungsfeld** beschreibt das, was gestaltet werden soll.

Potentialfindung 83

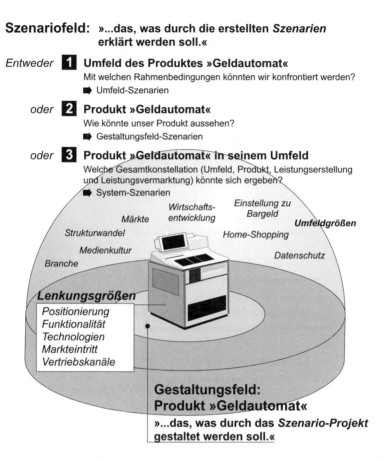

Bild 3-22: *Gestaltungsfeld und mögliche Szenariofelder eines Szenario-Projektes*

Szenarien beschreiben in der Regel die Entwicklungsmöglichkeiten eines speziellen Betrachtungsbereiches, den wir als Szenariofeld bezeichnen. Das **Szenariofeld** beschreibt das, was durch die erstellten Szenarien erklärt werden soll. In Relation zum Gestaltungsfeld werden drei typische Szenariofelder unterschieden (Bild 3-22):

- Ein Szenariofeld kann ausschließlich externe, nicht lenkbare Umfeldgrößen enthalten. Beispielsweise könnte ein Hersteller von Geldautomaten beabsichtigen, mit solchen **Umfeldszenarien** die möglichen Marktentwicklungen der nächsten fünf Jahre vorauszudenken und aus den Szenarien Rückschlüsse auf die erforderliche Funktionalität von Geldautomaten zu ziehen.

- Ein Szenariofeld kann ausschließlich interne Lenkungsgrößen enthalten. Diese – z.B. "Produktmerkmale des Geldautomaten" – sind zugleich Teil des Gestaltungsfeldes, so daß wir beim Vorliegen eines solchen Szenariofeldes von Gestaltungsfeld-Szenarien sprechen. Mit solchen **Gestaltungsfeld-Szenarien** können z.B. konsistente Produktkonzepte erarbeitet werden.
- Ein Szenariofeld kann sowohl externe Umfeldgrößen als auch interne Lenkungsgrößen enthalten. In diesem Fall bildet das Szenariofeld das gesamte System aus Gestaltungsfeld und Umfeld ab, so daß wir von **System-Szenarien** sprechen. System-Szenarien enthalten also gleichermaßen Rahmenbedingungen und Handlungsoptionen.

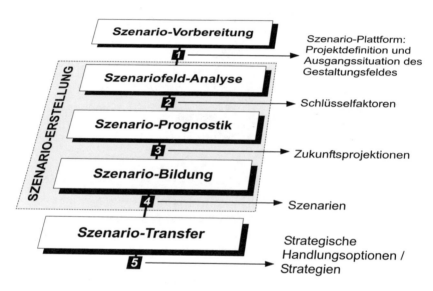

Bild 3-23: Phasenmodell des Szenario-Managements

Das Szenario-Management erfolg nach einem **Phasenmodell** in fünf Phasen, wie sie in Bild 3-23 dargestellt sind:
- Die **Szenario-Vorbereitung** (Phase 1) umfaßt die Feststellung der Projektzielsetzung und der Projektorganisation sowie die Definition und Analyse des Gestaltungsfeldes.
- Mit der **Szenariofeld-Analyse** (Phase 2) beginnt die in Bild 3-24 dargestellte Szenario-Erstellung. Hier wird das Szenariofeld durch Einflußfaktoren beschrieben. Die Schlüsselfaktoren ergeben sich aus der Analyse der Vernetzung der Einflußfaktoren.

- Die **Szenario-Prognostik** (Phase 3) bildet den Kern des Szenario-Managements. Hier werden alternative Entwicklungsmöglichkeiten der zuvor festgelegten Schlüsselfaktoren erarbeitet.

- In der **Szenario-Bildung** (Phase 4) wird aus diesen Zukunftsprojektionen eine handhabbare Anzahl schlüssiger und anwendbarer Szenarien herausgearbeitet.

- Im **Szenario-Transfer** (Phase 5) werden die Auswirkungen der Szenarien auf das Gestaltungsfeld untersucht und im Lichte der alternativen Entwicklungsmöglichkeiten Aussagen für strategische Entscheidungen erarbeitet bzw. Strategien entwickelt.

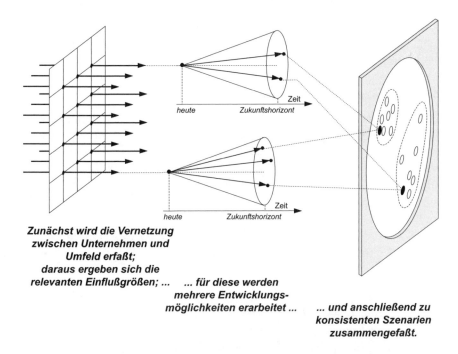

Bild 3-24: Grundsätzliches Vorgehen bei der Szenario-Erstellung

Mit dem Fünf-Phasen-Modell des Szenario-Managements liegt eine leistungsfähige Methodik zur Erstellung von Szenarien und deren Anwendung in Bereichen wie der Unternehmensführung, dem Technologiemanagement und der Produktplanung vor. Nachfolgend wollen wir auf diese Phasen im einzelnen eingehen.

3.1.3.3 Szenario-Vorbereitung

Zunächst werden die Ziele des Szenario-Projektes bestimmt. Die Fragestellung lautet: "Was soll mit der Erstellung und Anwendung der Szenarien erreicht werden?" Die Ziele des Szenario-Projektes beziehen sich auf das Gestaltungsfeld. Daher muß dieses identifiziert und spezifiziert werden.

Ein weiterer Schritt der Szenario-Vorbereitung ist die **Gestaltungsfeldanalyse**. Hier wird das Gestaltungsfeld (Unternehmen, Produkt etc.) in seiner gegenwärtigen Situation charakterisiert. Dazu verwenden wir die üblichen Methoden wie die Produkt-Marktsegmente-Matrix, das integrierte Markt-Technologie-Portfolio, das Erfolgsfaktoren-Portfolio etc. (vgl. auch Kasten auf Seite 87). Die Analyse ergibt die Herausforderungen aus heutiger Sicht. Eine solche Ist-Analyse ist aber auch eine Voraussetzung für die Strategieentwicklung, weil die Strategie den Weg von der heutigen Situation zur Erschließung der Erfolgspotentiale von morgen aufzeigen soll.

3.1.3.4 Szenariofeld-Analyse

Es ist das Ziel dieser Phase, die für die Entwicklung des Szenariofeldes relevanten bzw. besonders charakteristischen Einflußfaktoren – die sog. Schlüsselfaktoren – zu identifizieren. Dazu werden zunächst die Einflußbereiche identifiziert, die den Untersuchungsgegenstand umgeben und aus denen die Einflußfaktoren kommen. Das ist beispielhaft in Bild 3-25 dargestellt.

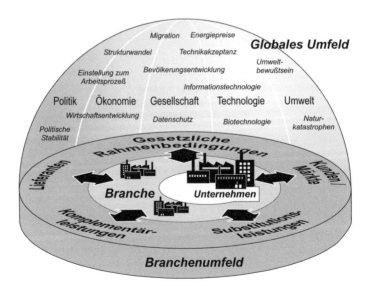

Bild 3-25: Systembild zur Visualisierung von Einflußbereichen

Herausforderungen der Zukunft für die deutsche Verpackungsmaschinenindustrie

Die deutsche Verpackungsmaschinenindustrie ist Weltmarktführer für Lösungen rund um die Verpackungsaufgabe. Diese herausragende Stellung der deutschen Hersteller beruht vor allem auf dem hohen Stand des Wissens um Verpackungsprozesse, dem breiten und differenzierten Angebot an Verpackungstechnik und der hervorragenden maschinenbaulichen Qualität.

Zielsetzung der Studie war es, strategische Optionen und Handlungsempfehlungen für den Ausbau der führenden Position der betrachteten Branche zu erarbeiten. Dies erfolgte auf der Basis einer fundierten Analyse der Ausgangssituation und von Zukunftsszenarien.

Wegen der großen Bandbreite der Verpackungsmaschinenindustrie wurde in die Bereiche Food/Non-Food-Konsumgüter, Pharma und Non-Food-Industriegüter differenziert

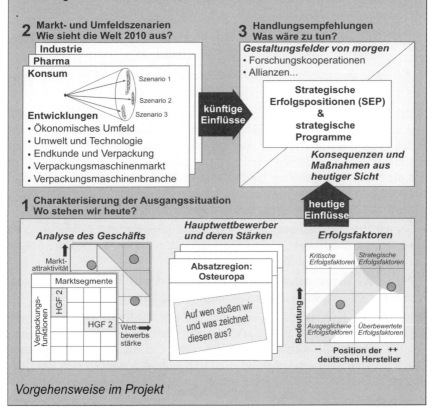

Vorgehensweise im Projekt

Anschließend werden die einzelnen Einflußbereiche durch mehrere geeignete **Einflußfaktoren** beschrieben. Die identifizierten Einflußfaktoren erhalten eine leicht verständliche Kurzbezeichnung. Außerdem wird jeder Einflußfaktor prägnant und allgemein verständlich beschrieben. Im folgenden wird ein Beispiel für den Einflußfaktor Datenschutz gegeben:

Kurzbezeichnung: "*Datenschutz*"

Beschreibung: Unter Datenschutz versteht man Maßnahmen zur Verminderung des Mißbrauchs primär personenbezogener Daten. Die ersten Fragen aus Sicht des Datenschutzes zielen darauf ab, ob Daten überhaupt erhoben werden dürfen und wie sie gegen Mißbrauch zu schützen sind. Um Datenschutz zu gewährleisten, muß er politisch durchgesetzt und technisch realisiert werden. Der Einflußfaktor "Datenschutz" kann daher anhand von zwei Merkmalen beschrieben werden:

a. Wie entwickelt sich die gesellschaftliche Relevanz des Datenschutzes? "Wird Datenschutz überhaupt angestrebt?"

b. Wie entwickelt sich die technische Realisierbarkeit des Datenschutzes?

In der Regel ergibt sich eine große Anzahl von Einflußfaktoren. Da nicht alle gleichermaßen relevant sind und sich eine zu hohe Anzahl von Einflußfaktoren in den folgenden Phasen nur schwer handhaben läßt, müssen die wesentlichen Einflußfaktoren identifiziert werden. Dazu dient die **Einflußanalyse**. Mit ihr soll die Bedeutung einzelner Einflußfaktoren für die Entwicklung des Szenariofeldes und damit ihre Eignung als Schlüsselfaktor ermittelt werden. Dabei können zwei Formen der Einflußanalyse unterschieden werden:

- Bei der **Interdependenzanalyse** sind alle Einflußfaktoren gleichwertig. Es werden die Einflußfaktoren zu Schlüsselfaktoren, die das gesamte Szenariofeld am besten charakterisieren.
- Bei der **Wirkungsanalyse** werden die Einflußfaktoren zu Schlüsselfaktoren, die die größte Wirkung auf das Gestaltungsfeld haben.

Beide Formen der Einflußanalyse greifen auf eine **Einflußmatrix** zurück, wie sie 1973 von J. C. Dupperin und Michel Godet entwickelt wurde. In Zeilen und Spalten werden die Kurzbezeichnungen aller Einflußfaktoren eingetragen. Durch die Trennung von Lenkungs- und Umfeldgrößen ergeben sich vier Quadranten, die in Bild 3-26 dargestellt sind:

- Im ersten Quadranten [Q1] sind die Einflüsse verzeichnet, die zwischen den Lenkungsgrößen bestehen.

Potentialfindung

- Im zweiten Quadranten [Q2] sind die Einflüsse der Lenkungsgrößen auf die Umfeldgrößen angegeben. Dieser Quadrant ist nahezu leer.
- Im dritten Quadranten [Q3] sind Einflüsse genannt, mit denen Umfeldgrößen auf Lenkungsgrößen wirken.
- Im vierten Quadranten [Q4] sind schließlich die Einflüsse zwischen den einzelnen Umfeldgrößen verzeichnet.

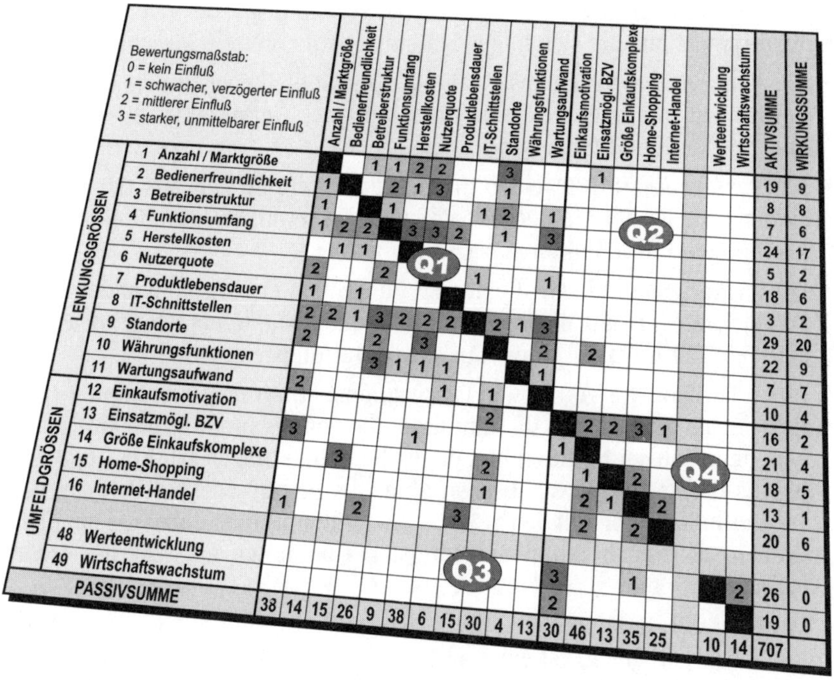

Bild 3-26: Einflußmatrix (Beispielprojekt Geldausgabeautomat)

Eine Einflußanalyse durchläuft drei Abschnitte: Zunächst werden in der direkten Einflußanalyse die direkten Beziehungen zwischen den Einflußfaktoren betrachtet. Anschließend werden durch eine indirekte Einflußanalyse auch die indirekten Beziehungen der Einflußfaktoren einbezogen. Die Ergebnisse der direkten und indirekten Einflußanalyse werden in Form von sog. System-Grids visualisiert und für die Auswahl der Schlüsselfaktoren aufbereitet.

Direkte Einflußanalyse

Durch die direkte Einflußanalyse werden die direkten Beziehungen oder Beeinflussungen zwischen den Einflußfaktoren erfaßt. Dafür muß für jedes **Einflußfaktoren-Paar** der Einfluß bewertet werden, mit dem der eine Einflußfaktor auf den anderen wirkt – und umgekehrt. Dabei steht die Frage im Vordergrund: Wenn sich der Einflußfaktor A verändert, wie stark oder wie schnell verändert sich durch die direkte Einwirkung von A der Einflußfaktor B? Die Bewertung der Einflüsse erfolgt anhand der in Bild 3-26 oben links angegebenen Skala.

Nach Abschluß der paarweisen Einflußbewertung liegt eine vollständige Einflußmatrix vor, aus der sich folgende Kennzahlen ermitteln lassen:

- Die **Aktivsumme** [AS] eines Einflußfaktors ist die Zeilensumme aller Beziehungswerte. Sie zeigt die Stärke an, mit der der Einflußfaktor direkt auf alle anderen Einflußfaktoren wirkt.

- Die **Passivsumme** [PS] eines Einflußfaktors ergibt sich aus der Spaltensumme. Sie ist ein Maß dafür, wie stark der jeweilige Einflußfaktor durch alle übrigen Einflußfaktoren beeinflußt wird.

- Die **Wirkungssumme** [WS] eines Einflußfaktors ergibt sich aus der Zeilensumme bezogen auf die Spalten der Lenkungsfaktoren. Sie gibt an, wie stark ein Einflußfaktor direkt auf das Gestaltungsfeld wirkt.

- Durch Division von Aktiv- und Passivsumme erhält man den **Impuls-Index (IPI)**. Er ist ein Maß für die Einflüsse, die von einem Einflußfaktor ausgehen, ohne daß der Einflußfaktor dadurch Veränderungen erfährt. Der Begriff Impuls ist hier im physikalischen Sinne als Anstoß oder Antrieb definiert. Die Einflußfaktoren mit den größten Quotienten werden daher als impulsive Größen, diejenigen mit den niedrigsten Quotienten als reaktive Größen bezeichnet.

- Der **Dynamik-Index (DI)** errechnet sich durch die Multiplikation von Aktiv- und Passivsumme. Er ist ein Maß für die Einbindung des Einflußfaktors in das Gesamtsystem bzw. dessen Einfluß auf das Verhalten des Gesamtsystems. Ein hoher DI bedeutet, daß dieser Einflußfaktor sehr stark im System vernetzt ist. Die Einflußfaktoren mit dem größten Dynamik-Index werden als dynamische Größen (auch: ambivalente Größen), die Einflußfaktoren mit dem niedrigsten DI als puffernde Größen (auch: träge Größen) bezeichnet.

Indirekte Einflußanalyse

Bei der bisherigen Einflußanalyse wurden lediglich direkte Beziehungen berücksichtigt. Es ist aber klar, daß es daneben auch indirekte Beziehungen gibt, die in einem vernetzten System berücksichtigt werden sollten.

So beeinflussen *Ladenöffnungszeiten* im direkten Vergleich die *Nutzung von Kreditkarten* nicht. Über zwei Stationen des vernetzten Systems erfolgt aber doch eine Beeinflussung, weil *Ladenöffnungszeiten* Einfluß auf *Home Shopping* ausüben und *Home Shopping* wiederum die *Nutzung von Kreditkarten* verstärkt.

Mit diesem Beispiel wird angedeutet, wie komplex die Beziehungen in einem vernetzten System sind. Ein noch so exzellenter Denker ist nicht in der Lage, das Wirkungsgefüge in einem solchen System vollständig zu erfassen. Daher werden mit Hilfe des Softwarewerkzeugs "Szenario-Manager" die indirekten Beeinflussungen mit einer Einflußmatrix identifiziert und in die Analyse einbezogen. Als Ergebnis erhalten wir modifizierte Kennwerte (Aktivsumme, Passivsumme, Dynamik-Index etc.), die jetzt neben den direkten auch die **indirekten Beeinflussungen** berücksichtigen.

Auswahl der Schlüsselfaktoren

Die ermittelten charakteristischen Größen (Aktivsumme, Passivsumme, Wirkungssumme etc.) führen zu Diagrammen (System-Grids), auf deren Grundlage diejenigen Einflußfaktoren ausgewählt werden, die die Zukunft des Untersuchungsgegenstandes am stärksten prägen. Das sind die sog. Schlüsselfaktoren [Gausemeier et al. 1996]. In der Regel werden so aus einer Menge von 50 bis 150 Einflußfaktoren etwa 20 Schlüsselfaktoren bestimmt. Grundsätzlich ist die Auswahl der Schlüsselfaktoren ein gruppendynamischer Prozeß, der durch das vorgestellte Verfahren unterstützt wird. Es ist letztlich entscheidend, daß das Team der Szenario-Ersteller mit dem **Schlüsselfaktoren-Katalog** zufrieden ist.

3.1.3.5 Szenario-Prognostik

Mit der Szenario-Prognostik erfolgt der eigentliche "Blick in die Zukunft". Für jeden Schlüsselfaktor werden mehrere Entwicklungsmöglichkeiten ermittelt. Dazu ist es erforderlich, den Zeithorizont festzulegen. Im Normalfall wählen wir etwa 10 Jahre. Bei sehr dynamischen Geschäften wie im Bereich der Informationstechnik oder der Telekommunikation ist ein wesentlich näherer Zeithorizont ratsam, vor allem dann, wenn die Szenarien Hinweise für die Produktplanung geben sollen. Die Erarbeitung von alternativen Zukunftsbildern je Schlüsselfaktor ist ein besonders wichtiger Arbeitsschritt, weil von ihm der Inhalt und die Qualität der Szenarien und damit letztlich der Erfolg des gesamten Szenario-Projektes abhängt

In der Regel ist es sinnvoll, sowohl aus heutiger Sicht plausible Entwicklungen als auch extreme, aber vorstellbare in Betracht zu ziehen. Letzteres stimuliert später in der Strategieentwicklung die Kreativität. Abgesehen davon ist es rückblickend häufig so gewesen, daß das Undenkbare Realität geworden ist und nicht das vermeintlich Wahrscheinliche. Es ist daher wichtig, das Undenkbare zu denken und sich zu fragen: "Was wäre wenn?" Wie müßten beispielsweise Logistiklösungen aussehen, wenn der Benzinpreis bei 20 DM läge? Sicher wünschen wir das nicht. Was wir aber ausdrücken wollen, ist, daß häufig durch derartige Gedankenspiele neue innovative Lösungen entstehen, die auch in einem "normalen" Umfeld einen überlegenen Kundennutzen erzielen könnten. Andererseits würden sehr wahrscheinlich Logistiklösungen entstehen, die den bekannten sehr ähnlich sind, wenn die Vorausschau der Schlüsselfaktoren ein Fortschreiben der Entwicklung der zurückliegenden Jahre ist. "Biedere" Zukunftsprojektionen stimulieren keine Kreativität und führen zu "biederen" Lösungen. Um zu geeigneten Zukunftsprojektionen zu gelangen, sind je Schlüsselfaktor drei Schritte vorzunehmen.

Ermittlung möglicher Zukunftsprojektionen (Schritt 1): Ähnlich wie bei der Ermittlung von Einflußfaktoren sind auch in diesem Schritt gleichzeitig analytische und kreative Fähigkeiten gefragt: Auf analytischem Weg lassen sich Zukunftsprojektionen von Schlüsselfaktoren mit quantitativ meßbaren Merkmalen erfassen. Dazu zählen beispielsweise die Bevölkerungs- oder Marktentwicklungsgrößen. Andere Schlüsselfaktoren lassen sich besser qualitativ beschreiben. Das Verfahren bei der Ermittlung möglicher Zukunftsprojektionen kann nicht exakt vorgegeben werden. Es gibt aber einige grundsätzliche Hinweise:

- **Entwicklung fortschreiben oder simulieren**: Ist die bisherige Entwicklung eines Schlüsselfaktors bekannt, so kann sie "in Zukunft" fortgeschrieben werden. Eine solche Extrapolation oder geradlinige Projektion basiert auf der Entwicklung eines Merkmals oder mehrerer Merkmale, während äußere Einflüsse bewußt außer acht gelassen werden. So kann die Entwicklung der Weltbevölkerung anhand von Faktoren wie Geburten und Sterberaten, Schwangerschaftsabbrüchen und Krankheiten fortgeschrieben bzw. simuliert werden.

- **Entwicklungen und ihre Merkmale überzeichnen**: Vor allem Extremprojektionen können ermittelt werden, indem die Entwicklung des Schlüsselfaktors bzw. einzelner seiner Merkmale überzeichnet wird. Ein Beispiel hierfür ist die Projektion "Cocooning" des Schlüsselfaktors "Freizeitverhalten", mit dem Faith Popcorn die zunehmende Individualisierung der Gesellschaft und den Rückzug der Menschen in ihre Privatsphäre mit einem "Einspinnen in einen Kokon" vergleicht und so überzeichnet.

- **Entwicklungen bewußt beschleunigen**: Auch die Beschleunigung gegenwärtiger Entwicklungen kann zu interessanten Zukunftsprojektionen führen. Dieses Vorgehen wird häufig bei technischen Schlüsselfaktoren angewendet. So entstand die Projektion "Telepräsente Kommunikation in virtuellen Welten", mit der eine mögliche Entwicklung der Kommunikationsqualität beschrieben wird, indem die Entwicklung von VR- und Multimedia-Technologien beschleunigt wird.

- **Umfeldentwicklungen bewußt einbeziehen:** Eine weitere Variante zur Ermittlung möglicher Zukunftsprojektionen ist die bewußte Einbeziehung anderer Einflußfaktoren bzw. weiterer Umfeldparameter. Insbesondere für Schlüsselfaktoren mit hohen Passivwerten können Projektionen gefunden werden, indem die Wirkungen anderer Einflußfaktoren auf diesen Schlüsselfaktor überprüft werden.

- **Zukunftsprojektionen aus Prozessen ermitteln:** Häufig können Entwicklungsmöglichkeiten eines Schlüsselfaktors an aktuell laufenden Prozessen und damit verbundenen Weichenstellungen festgemacht werden. Beispielsweise hängt die Entwicklung der Kernenergie von Wahlergebnissen ab und die Entwicklung des deutschen Kommunikationsmarktes wurde maßgeblich vom Zeitpunkt der Abschaffung des Sprachdienst- und Netzmonopols beeinflußt.

Auswahl von Zukunftsprojektionen (Schritt 2): In den meisten Fällen erhält man je Schlüsselfaktor eine Reihe von Zukunftsprojektionen. Viele davon ähneln sich. Daher ist es das Ziel dieses Schrittes, aus der Menge möglicher Zukunftsprojektionen zwei oder drei geeignete Projektionen auszuwählen, mit denen die wirklich charakteristischen Entwicklungsmöglichkeiten beschrieben werden. In seltenen Fällen gibt es nur eine plausible Entwicklungsmöglichkeit. Solche eindeutigen Entwicklungen werden zurückgestellt und später jedem der berechneten Szenarien direkt zugeordnet.

Formulierung und Begründung der Zukunftsprojektionen (Schritt 3): Im Anschluß an die Auswahl der Zukunftsprojektionen müssen diese so formuliert und begründet werden, daß sie auch von Unbeteiligten leicht und schnell verstanden werden. Daher sollte eine Zukunftsprojektion zunächst eine prägnante Kurzbezeichnung erhalten. Neben der besseren Handhabbarkeit der Projektionen in einem Projekt haben prägnante Kurzbezeichnungen den Vorteil, daß sie bei den Anwendern Interesse wecken und in Diskussionen schnell übernommen werden. Neben einer Kurzbezeichnung bedarf es einer ausführlichen Beschreibung und Begründung der Zukunftsprojektionen (siehe Kasten auf Seite 94). Das ist sehr wichtig, weil auf diese Textbausteine später zurückgegriffen wird, um die Szenarien zu schreiben. Generell gilt: Je mehr die Projektion vom vermeintlich Wahrscheinlichen abweicht, je provokativer sie ist, um so wichtiger ist eine Begründung. Ein Benzinpreis von DM 5,-- im Jahr 2010 erfordert keine Begründung, jeder kann das nachvollziehen. Ein Benzinpreis von DM 20,-- wäre auf den ersten Blick äußerst unwahrscheinlich, aber möglich, wenn einige Entwicklungen wie eine prosperierende Wirtschaft in Asien und extrem ansteigende Schadstoffemissionen Realität würden. Logischerweise müßte eine derartige Projektion sehr sorgfältig und nachvollziehbar begründet werden.

> **Drei Beispiele für Zukunftsprojektionen**
>
> Schlüsselfaktor: „**Angebot elektronischer Bankdienste**" [1]
>
> **Breites Angebot elektronischer Bankdienste** (Projektion A): Einfache elektronische Bankdienste (Kontoauszüge, Telefon-Banking, Geldautomaten) werden von Kunden akzeptiert und für ein Massenpublikum ausgebaut. Die Umsetzung von Beratungs- und speziellen Diensten scheitert an der Akzeptanz der Kunden, der Zuverlässigkeit und den technischen Möglichkeiten.
>
> **Weitreichende Spezialisierung elektronischer Bankdienste** (Projektion B): Standardbankdienste werden zunehmend von "Non- und Nearbanken" übernommen, dadurch verzichten traditionelle Geldinstitute auf einen weiteren Ausbau dieser Dienste. Sie sehen Marktchancen vor allem auf Spezialgebieten (z.B. dem elektronischen Aktiengeschäft), wo sie elektronische Bankdienste erfolgreich durchsetzen. Diese Spezialisierung verläuft zwischen den Instituten unterschiedlich, so daß Spezialbanken entstehen. Die Full-Service-Bank hat ausgedient.
>
> **Kein Zuwachs elektronischer Bankdienste** (Projektion C): Elektronische Bankdienste werden sich nicht über das heutige Maß hinaus durchsetzen. Akzeptanzprobleme seitens der Kunden und der Zwang zum aktiven Kundengespräch frieren die Angebote der Institute auf dem heutigen Niveau ein.
>
> Schlüsselfaktor: „**Datenschutz**" [1]
>
> **Datenschutz ist gewährleistet** (Projektion A): Datenschutz ist wesentliches Einführungskriterium neuer Informationstechniken. Fehlender Datenschutz wird gesetzlich verfolgt. Die Gesellschaft erkennt, daß Datenschutz ebenso wie der Schutz der Umwelt zum Fortbestand der Zivilisation notwendig ist. Politische Vorgaben und technische Entwicklungen garantieren die informationelle Selbstbestimmung jedes Einzelnen.
>
> **Datenschutz ist kein Problem** (Projektion B): Der Umgang mit vertraulichen Informationen wird zur Routine. Die Menschen sind technisch aufgeklärt und empfinden Datenschutz als Hemmschuh des Fortschritts. Offene Netze und die Transparenz der Information werden zu Tugenden wie Gesetzestreue, Ehrlichkeit und Vertrauen. Das Wissen um die Möglichkeiten des Datenmißbrauchs schärft die Sinne des Einzelnen. Der Datenschutz ist in den Augen der Bevölkerung kein zentrales Problem.

Mangelnder Datenschutz bremst den Fortschritt (Projektion C): Der Datenschutz kann mit der Innovationsgeschwindigkeit der Informationstechnik nicht mithalten. Schutzmaßnahmen laufen dem Fortschritt hinterher oder werden zum Zweck der kurzfristigen Vorteilserringung systematisch unterlaufen. Angesichts zahlreicher, von den Medien aufgedeckter Unregelmäßigkeiten, sehen sich viele Bürger als "Gläserne Menschen". Dies führt zu einer kritischen Einstellung gegenüber den Möglichkeiten der Informationstechnik und teils zu einer Verweigerung.

Schlüsselfaktor „**Branchenstruktur der Verpackungsmaschinen-Hersteller**"[2]

A Unveränderte mittelständische Prägung: Die Branche ist weiterhin stark mittelständisch geprägt. Die einzelnen Verpackungsmaschinen-Hersteller sind gekennzeichnet durch ihre Spezialisierung und Flexibilität in den Märkten. Sie reagieren schnell und wendig auf Veränderungen und bestechen durch ihre Innovationskraft. Abgesehen von einzelnen bilateralen Kooperationen dominiert das Bestreben, sich allein zu behaupten.

B Zunehmende Unternehmenskonzentration: Durch Zusammenschlüsse und Übernahmen findet eine Konzentration in der deutschen aber auch in der internationalen Verpackungsmaschinen-Industrie statt. In diesem Prozeß werden auch deutsche Verpackungsmaschinen-Hersteller übernommen. Global Player bilden sich heraus und dominieren die Branche. Sie steigen zunehmend in das Projektgeschäft ein und binden dabei auch kleine eigenständige Firmen als Zulieferer an sich, welche dadurch den direkten Kontakt zum Endkunden verlieren. Kleine, hoch spezialisierte Hersteller können sich auch weiterhin in Nischenmärkten halten.

C Allianzen: Die aus der mittelständischen Struktur der Branche resultierenden Wettbewerbsnachteile wie allgemeine Größennachteile, fehlende globale Strukturen und mangelnde globale Vertriebsnetze werden durch strategische Allianzen (Kooperationen auf Zeit) kompensiert. Diese Kooperationen entstehen vor allem im Bereich investitionsintensiver Technologien sowie im internationalen Vertrieb und Service. Auf diese Weise ist es der heimischen Branche gelungen, Agilität des Mittelstandes mit Größenvorteilen zu verknüpfen.

1) Aus Beispielprojekt „Die Zukunft des Geldausgabeautomaten"
2) Aus Beispielprojekt „Herausforderungen der Zukunft für die deutsche Verpackungsmaschinenindustrie"

3.1.3.6 Szenario-Bildung

Ein Szenario ist im Prinzip eine Kombination von Zukunftsprojektionen, die gut zusammenpassen. Das elementarste Szenario ist ein sog. Projektionsbündel, d.h. eine Kette von Projektionen, wobei je Schlüsselfaktor genau eine Projektion vorkommt. Entscheidend für die Glaubwürdigkeit von Zukunftsbildern ist die Konsistenz, d.h. die Widerspruchsfreiheit der einzelnen Projektionen zueinander. So ist ein Zukunftsbild beispielsweise unglaubwürdig, wenn es neben drastisch steigendem Benzinpreis einen Anstieg der individuellen Mobilität beschreibt. Solche Widersprüche werden als Inkonsistenzen bezeichnet. Demgegenüber erscheint die Verbindung von Benzinpreisanstieg und Mobilitätsrückgang konsistent. Ein weiteres Beispiel für Konsistenz ist: steigende Umweltschutz-Auflagen und Intensivierung der F&E-Tätigkeit der Industrie. Zukunftsbilder mit solchen Kombinationen sind in sich schlüssig. Die Bewertung der Konsistenz je Projektionspaar erfolgt durch die Mitglieder des Szenario-Projektteams. Dies ist der Schlüsselschritt der Szenario-Bildung. Alle weiteren Schritte, auf die im folgenden eingegangen wird, werden von dem Softwaresystem *Szenario-Manager* automatisch erledigt.

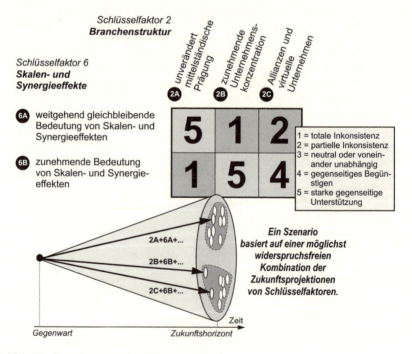

Bild 3-27: Grundprinzip der Konsistenzanalyse (Beispielprojekt Pumpenindustrie)

Potentialfindung

Paarweise Konsistenzbewertung

Um in sich konsistente Zukunftsbilder zu erhalten, müssen zunächst die einzelnen Projektionspaare auf ihre Verträglichkeit hin überprüft werden. In Bild 3-27 ist dies am Beispiel der Schlüsselfaktoren "Branchenstruktur" und "Skalen- und Synergieeffekte" verdeutlicht. Die paarweise Konsistenzbewertung erfolgt in einer Konsistenzmatrix, wie sie in Bild 3-28 dargestellt ist. Es reicht aus, nur auf einer Seite der Matrix Konsistenzwerte anzugeben, da es sich – im Gegensatz zur Einflußanalyse – nicht um gerichtete Beziehungen handelt.

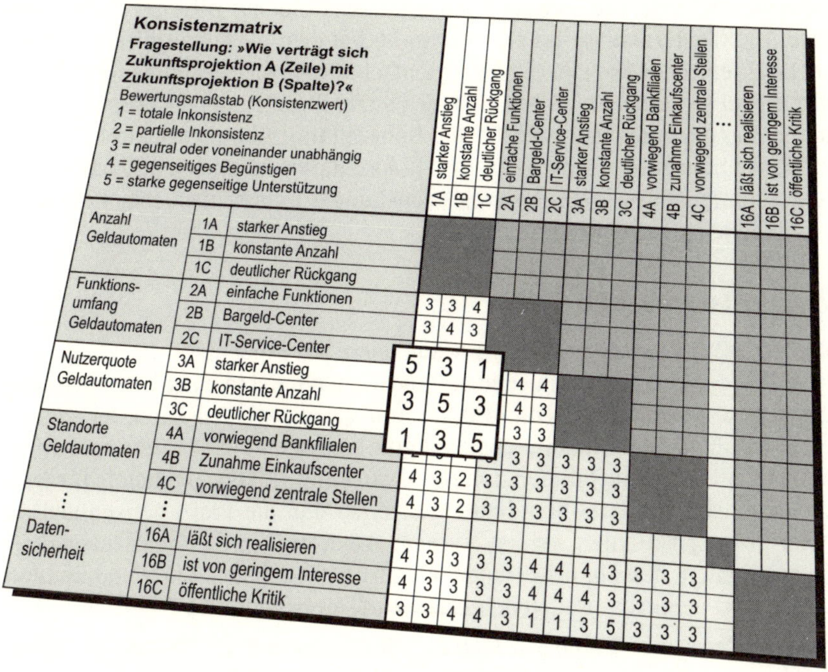

Bild 3-28: Konsistenzmatrix (Beispielprojekt: Geldausgabeautomat)

Konsistenzanalyse

Auf der Basis der ausgefüllten Konsistenzmatrix werden die Projektionsbündel gebildet. Ein Projektionsbündel ist eine Kette von Projektionen, wobei genau eine Projektion je Schlüsselfaktor auftritt. Somit weist ein Projektionsbündel so viele Projektionen auf, wie Schlüsselfaktoren existieren. Nach den Regeln der Kombinatorik erhält man bei 20 Schlüsselfaktoren mit je 2 bis 3 Projektionen einige Millionen Projektionsbündel. Daher werden alle möglichen Projektionsbündel hinsichtlich ihrer Widerspruchsfreiheit überprüft. Dies erfolgt durch das erwähnte Softwarewerkzeug. Als Ergebnis erhält man einen Projektionsbündel-Katalog, der etwa 100 hochkonsistente Projektionsbündel enthält.

Rohszenario-Bildung

Die vorliegenden 100 konsistenten Projektionsbündel werden entsprechend ihrer Ähnlichkeit zusammengefaßt, so daß Gruppen von Projektionsbündeln entstehen. Diese Gruppen bezeichnen wir als **Rohszenarien** und beschreiben sie später in Prosa. Die Rohszenarien-Bildung erfolgt mit Hilfe der **Clusteranalyse**. Die Clusteranalyse ist ein Verfahren, bei dem einzelne Objekte entsprechend ihrer Ähnlichkeit zu Clustern (deutsch: Klumpen) zusammengefaßt werden. Dabei soll erreicht werden, daß die Cluster in sich möglichst homogen und untereinander heterogen sind. Bei der Rohszenario-Bildung bedeutet dies, daß die Projektionsbündel innerhalb eines Rohszenarios möglichst ähnlich und die Rohszenarien selbst bzw. die Projektionsbündel unterschiedlicher Rohszenarien möglichst verschieden sein sollen.

Zukunftsraum-Mapping

Das sog. Zukunftsraum-Mapping visualisiert die Ergebnisse der Clusteranalyse. Hier werden die verschiedenen Projektionsbündel in einer Hilfsebene dargestellt, so daß die Rohszenario-Bildung überprüft werden kann. Es entsteht eine "Landkarte der Zukunft". Bevorzugtes Instrument des Projektionsbündel-Mappings ist die **Multidimensionale Skalierung (MDS)**. Sie liefert für jedes Projektionsbündel zwei Koordinatenwerte, so daß die Projektionsbündel auf einer Ebene positioniert werden können. Dabei werden die Projektionsbündel so positioniert, daß ähnliche Bündel möglichst dicht beieinander und unähnliche Bündel möglichst weit voneinander entfernt liegen (Bild 3-29).

In einer derartigen Graphik zeigen sich Rohszenarien als "Bündel-Gruppen". Zur besseren Interpretation der MDS-Graphik kann durch den Durchmesser der Kreise zusätzlich die Konsistenz der Projektionsbündel beschrieben werden. So wird beispielsweise deutlich, daß das Rohszenario III weniger konsistent ist als die beiden anderen Szenarien.

Eine weitere Form der visuellen Aufbereitung ist die Darstellung von Hauptunterscheidungsmerkmalen (Bild 3-30). Darunter werden grundlegende Unterschiede zwischen Szenarien verstanden, die sich durch Pfeile in einem Zukunftsraum-Mapping darstellen lassen. Dabei handelt es sich um ausgewählte Schlüsselfaktoren, deren Projektionen an den Pfeilspitzen stehen – beispielsweise „Zunahme" am Schlüsselfaktor „Kreditkarten". Danach ist Szena-

Potentialfindung 99

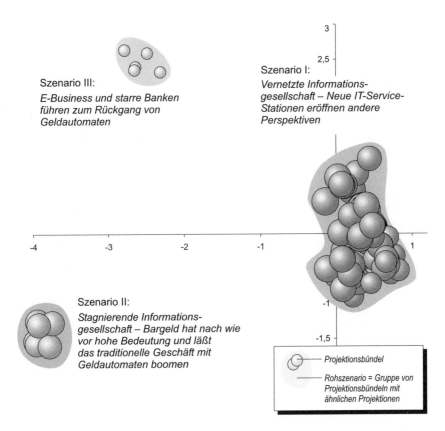

Bild 3-29: Zukunftsraum-Mapping, Visualisierung der Szenarien auf der Basis der Multidimensionalen Skalierung (MDS)

rio III durch eine Zunahme von Kreditkarten gekennzeichnet. Die Szenarien I und II weisen eine Abnahme auf. Analog dazu kommt hinsichtlich des Schlüsselfaktors „Funktionsumfang" in den Szenarien II und III die Projektion „Einfache Funktionen" und im Szenario I die Projektion „IT-Service Center" vor.

3.1.3.7 Szenario-Beschreibung

Die Szenario-Beschreibung hat das Ziel, mehrere prägnante und leicht verständliche Szenarien "in Prosa" zu entwickeln. Dazu werden zunächst die in den Projektionsbündeln der einzelnen Rohszenarien enthaltenen Projektionen ermittelt. Die für ein Szenario relevanten Projektionen werden in Ausprägungslisten zusammengestellt (Bild 3-31). An diesen Ausprägungslisten ori-

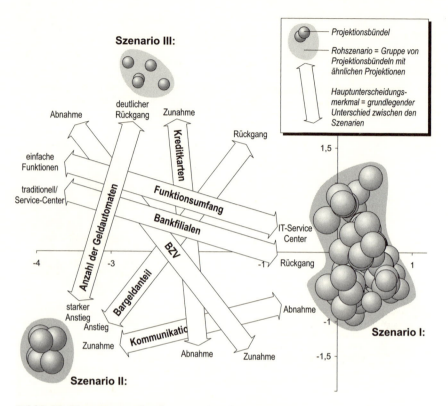

Bild 3-30: Hauptunterscheidungsmerkmale in einem Zukunftsraum-Mapping (Beispielprojekt Geldausgabeautomat)

entiert sich die Erstellung der Prosa-Texte der Szenarien. Die Ausprägungslisten werden vom Softwarewerkzeug *Szenario-Manager* erzeugt. Sie enthalten in den Zeilen die Schlüsselfaktoren mit ihren Projektionen und Angaben über das Auftreten der Projektionen in den Szenarien. Die Einträge geben die Häufigkeit des Auftretens einzelner Projektionen an. Aus dieser Verteilung ergibt sich ferner eine Charakterisierung der Projektionen bezüglich eines Szenarios:

- **Eindeutige Ausprägungen** eines Szenarios sind Zukunftsprojektionen, die in mindestens Dreiviertel aller Projektionsbündel des Rohszenarios vorkommen. Beispiele hierfür sind im Szenario I die Projektionen 2C, 3B, 4C, 16A.

- **Dominante Ausprägungen** eines Szenarios sind Zukunftsprojektionen, die zwar in weniger als 75 % der Bündel eines Szenarios vorkommen – die das Szenario aber dominieren, weil sie in keinem anderen Rohszenario als Ausprägung vorkommen oder weil eine augenfällige Ungleichverteilung zwi-

Potentialfindung **101**

schen den mehrdeutigen Projektionen eines Schlüsselfaktors vorliegt, die eine Bevorzugung dieser Projektion rechtfertigt. Dies ist beispielsweise bei der Projektion 1B "Konstante Anzahl von Geldautomaten" in Szenario I der Fall.

- **Alternative Ausprägungen** drücken im allgemeinen aus, daß mehrere Zukunftsprojektionen eines Schlüsselfaktors in einem Szenario auftreten.

			Szenario I	Szenario II	Szenario III
SF 1: *Anzahl Geldautomaten*	A	starker Anstieg	8	100	0
	B	konstante Anzahl	71	0	0
	C	deutlicher Rückgang	21	0	100
SF 2: *Funktionsumfang*	A	einfache Funktionen	3	100	100
	B	Bargeld-Center	6	0	0
	C	IT-Service-Center	91	0	0
SF 3: *Nutzerquote*	A	starker Anstieg	6	0	0
	B	konstante Nutzerzahl	85	100	0
	C	deutlicher Rückgang	9	0	100
SF 4: *Standorte Geldautomaten*	A	Bankfilialen	6	0	40
	B	Einkaufscenter	7	67	20
	C	zentrale Stellen	88	33	40
SF 16: *Datenschutz*	A	gewährleistet	92	0	60
	B	kein Problem	8	0	40
	C	mangelhafter DS	0	100	0

■ eindeutige Ausprägung ▒ alternative Ausprägung
■ dominante Ausprägung □ Projektion tritt nicht auf

Bild 3-31: Ausprägungslisten der drei Szenarien

Für die Beschreibung der Szenarien wird auf die Textbausteine zurückgegriffen, die im Zuge der Bildung der Zukunftsprojektionen formuliert worden sind. Diese Textbausteine sind entsprechend der Ausprägungsliste zu betonen und zu verknüpfen. An dieser Stelle wird auch deutlich, daß die Szenarien keine frei erfundenen Wunschbilder sind, sondern auf den prägnant beschriebenen Entwicklungsmöglichkeiten der Schlüsselfaktoren beruhen, über die von den

Mitgliedern des Szenario-Teams Konsens erzielt wurde, bevor die Rohszenarien ermittelt wurden. Die folgenden Kästen vermitteln einen Einblick in die Aussagekraft der entwickelten Szenarien. Dies erfolgt am Beispiel des Projektes *"Herausforderungen der Zukunft für die deutsche Verpackungsmaschinenindustrie"*.

Szenario 1: "Ein agiler Mittelstand nutzt die Chancen der Verpackungsvielfalt." (Auszug)

Ökonomisches Umfeld: Es besteht weltweit eine freie Marktwirtschaft. Die Kostensituation am Wirtschaftsstandort Deutschland hat sich partiell verbessert. Das resultiert aus vielschichtigen Anstrengungen der Politik, z.B. aus der durchgeführten Harmonisierung der Sozialgesetzgebung und der Unternehmensbesteuerung in der EU. Beide Entwicklungen haben zu einer Verbesserung der preislichen Wettbewerbsfähigkeit im Vergleich zu den italienischen Verpackungsmaschinen-Herstellern geführt. Zu den Standortkosten von Schwellenländern in Südostasien und Osteuropa klafft aber nach wie vor eine große Lücke.

Umwelt und Technologie: Die Ökologie nimmt in allen Teilen der Welt einen sehr hohen Stellenwert ein. Damit einher geht eine starke globale Regulierung im Verpackungswesen. Die ökologische Verträglichkeit der verwendeten Materialien übt einen wesentlichen Einfluß auf die Verpackungsgestaltung aus. Ökobilanzen für Verpackungsmaterial und Warenverteilung beeinflussen stark die Verpackung. Dank einer langfristig ausgerichteten Gesetzgebung sind die Energie- und Rohstoffkosten lediglich moderat und kontinuierlich gestiegen. Die sehr hohe Innovationsgeschwindigkeit des vergangenen Jahrzehnts hat zu einem Umbruch in der Verpackungsmaschinentechnik geführt. ...

Endkunde und Verpackung: Das Einkaufsverhalten des Konsumenten ist von Emotionen geprägt. Der Einkauf erfolgt in Erlebniswelten, welche auch virtueller Natur sein können. Die Aufmachung und Präsentation ist den Erlebniswelten angepaßt. Die Informationsfunktion sowie die Werbe- und Verkaufsfunktion der Primär- und Umverpackung stehen in allen Märkten im Vordergrund. In den Schwellenländern ist dies im Wesentlichen auf einen gestiegenen Wohlstand und die Angleichung der Konsumgewohnheiten zurückzuführen. Die Sekundärverpackung hat eine anders geartete Bedeutung, sie dient in erster Linie der Kommissionierung und dem Transport. Durch neue Verpackungen werden neue Produkte geschaffen. In den wettbewerbsintensiven und marketingorientierten Umfeldern erfolgt die Differenzierung der Produkte über eine zielgruppenorientierte Verpackungsgestaltung. In der zunehmenden Vielfalt der Verpackungen drückt sich eine starke Desingorientierung aus. Gleiche Produkte werden in unterschiedlichen Verpackungsformen und -größen angeboten, ...

Potentialfindung 103

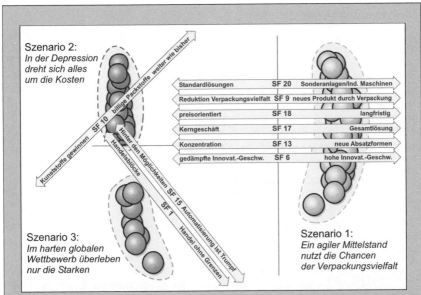

Visualisierung der drei Szenarien und der Haupteinflußgrößen für den Bereich Food/Non-Food Konsumgüter in einem "Zukunftsraum-Mapping" *(Multidimensionale Skalierung)*

Einflußbereich		Schlüsselfaktor	Projektion
Ökonomisches Umfeld	1	Globalisierung	Handel ohne Grenzen [85][1]
	2	Standort Deutschland	partielle Verbesserung der Kostensituation [100]
Umwelt und Technologie	4	Entsorgung/Recycling	Umweltbewußtsein auf breiter Front [100]
	5	Energiekosten/Rohstoffkosten	kontinuierliche Entwicklung [100]
	6	Innovationsgeschwindigkeit	extrem erhöhte Innovationsgeschwindigkeit [100]
Endkunde und Verpackung	7	Einkaufsverhalten (Endkunde)	Einkaufen als Erlebnis [100]
	8	Verpackungsfunktionen	über die Verpackung wird verkauft [99]
	9	Verpackungsvarianten	neues Produkt durch neue Verpackung [85]
	10	Verpackungsmaterial	weiter wie bisher [47]/ Billige Packstoffe [53]
	11	MV/ME für verpackte Güter	Wachstum in der Triade [88]
Verpackungsmaschinenmarkt	12	Struktur der Anwenderbranche	Fragmentierung der abpackenden Industrie [75]
	13	Einfluß von Handel	neue Absatzformen [87]
	14	Flexibilitätsgrad (Anwender)	Flexibilität ist Trumpf [100]
	15	Automatisierungsgrad	Automatisierung ist Trumpf [100]
	16	MV/ME für VPM	innovationsgetriebenes Wachstum [100]
	17	Leistungsumfang der Hersteller	Gesamtlösung aus einer Hand [83]
	18	Investitionsverhalten (Anwender)	langfristige Zusammenarbeit [68]
Verpackungsmaschinenbranche	19	Branchenstruktur (Hersteller)	mittelständische Prägung [45]/Allianzen [41]
	20	Bdtg. Sondermaschinenbau	Maschinen aus Serienteilen [57]/Dominanz der Sonderanlagen [31]

1: Diese Projektion kommt in 85% der Projektionsbündel des Clusters vor.

Ausprägungsliste Szenario 1

Verpackungsmaschinenmarkt: Die abpackende Industrie ist stark fragmentiert. Sie besteht aus einer großen Zahl mittlerer und regional vertretener Unternehmen. Diese sind zum einen regionale Markenhersteller, zum anderen auch Zulieferer, denn selbst große und global vertretene Konzerne beauftragen für ihre Marken mittelständische Zuliefererbetriebe. Diese übernehmen die Verpackung und ggf. die Herstellung als Subunternehmer und sind regional breit gestreut, was ihnen die Anpassung an unterschiedliche Verbrauchsgewohnheiten erlaubt. Der Wettbewerb zwischen der abpackenden Industrie und dem Handel führt zu vielfältigen Absatzwegen. Insbesondere das Internet wird stark genutzt. Die Machtverhältnisse in den Absatzkanälen verändern sich...

Verpackungsmaschinenbranche: Die Verpackungsmaschinenbranche ist weiterhin stark mittelständisch geprägt. Die einzelnen Verpackungsmaschinen-Hersteller sind gekennzeichnet durch ihre Spezialisierung und Flexibilität. Sie reagieren schnell und wendig auf Veränderungen und bestechen durch ihre Innovationskraft. Damit einher geht die zunehmende Tendenz, Allianzen zu bilden, um die aus der mittelständischen Struktur der Branche resultierenden Wettbewerbsnachteile wie allgemeine Größennachteile und fehlende globale Strukturen zu kompensieren. Diese Kooperationen entstehen...

Das Szenario 1 in Kürze:

- *Florierende freie Marktwirtschaft.*
- *Angleichung der Standortkosten in Europa; nach wie vor erhebliche Kostennachteile zu Osteuropa und den Schwellenländern.*
- *Hohe Bedeutung von Ökologie weltweit; Energie- und Rohstoffkosten steigen kontinuierlich.*
- *Rasanter technologischer Fortschritt reduziert die Eintrittsbarrieren; neue Wettbewerber tauchen auf.*
- *Vielfältige Verpackungen sollen den Endkunden ansprechen; Wachstum von 5% p.a. bei verpackten Gütern.*
- *Vielfalt bei Maschinenabnehmern und Handel führt zu einem innovationsgetriebenen Wachstum, teils auch durch den zunehmenden Stellenwert von Umweltschutz.*
- *Flexible und hochautomatisierte Anlagen von zuverlässigen, kompetenten Partnern sind gefragt.*
- *Es kommt auf Agilität und Innovationskraft an.*
- *Kundenspezifische Lösungen werden zunehmend aus Standardmodulen gebildet.*

3.1.4 Systematisches Erkennen der Erfolgspotentiale von morgen

Die erstellten Szenarien weiten den Blick für mögliche zukünftige Entwicklungen. Sie bilden daher eine geeignete Grundlage für die Erarbeitung von Strategien. Die Nutzung der Szenarien im strategischen Führungsprozeß bezeichnen wir als **Szenario-Transfer**. Der Szenario-Transfer beginnt mit der Analyse der Szenarien, um Hinweise auf die Erfolgspotentiale von morgen, aber auch für mögliche Bedrohungen des etablierten Geschäfts von heute zu erhalten. Darauf wird im folgenden eingegangen.

3.1.4.1 Ermittlung strategischer Stoßrichtungen

Szenarien sind mögliche Zukünfte; selbstredend tritt nur eine ein. In der Regel entscheidet man sich daher für ein Szenario, auf dessen Basis die Strategie zu entwickeln ist. Die entsprechende Strategie bezeichnen wir als **fokussiert**. Häufig wird der Wunsch geäußert, eine Strategie zu entwerfen, die mehreren möglichen Zukünften gerecht wird. Eine derartige Strategie wäre **zukunftsrobust**. Diesem Ansatz sind natürlich enge Grenzen gesetzt, weil es die begrenzten Ressourcen nicht erlauben, sich auf alle Eventualitäten einzustellen. Manchmal bietet es sich aber an, eine Strategie auf einige ausgewählte Szenarien abzustimmen, die sich ähneln. Das Beispiel im Kasten zeigt eine derartige Stoßrichtung sowie als Alternative die Stoßrichtung, die konsequent auf ein Szenario gerichtet ist.

> **Die Zukunft einer deutschen Maschinenbaubranche – Mit Szenarien zu konkreten Forschungskooperationen**
>
> Die untersuchte mittelständisch geprägte Maschinenbaubranche hat in den letzten Jahrzehnten eine führende Stellung auf dem Weltmarkt erlangt. Wesentlich für den Erfolg waren und sind neben anderen Kriterien die hervorragende Produktqualität und die technologische Führerschaft. Diese Position wird durch ausländische Wettbewerber, die in Bezug auf Qualität und Technologie bei häufig günstigeren Produktpreisen mehr und mehr aufschließen, zunehmend angegriffen. Hinzu kommen die standortimmanenten Kostennachteile in Deutschland als weiterer negativer Einflußfaktor.
>
> Naheliegende Ratschläge für diese Situation waren, die Kosten zu senken, die Fertigung ins Ausland zu verlagern und neue Auslandsmärkte zu erschließen. Es war die Frage zu beantworten: Kann der standortimmanente Kostennachteil durch verstärkte Innovationsanstrengungen kompensiert werden? Und wenn ja, welche Maßnahmen der vorwettbewerblichen Gemeinschaftsforschung der Branche bieten sich an?

Es wurden Einflußfaktoren aus den Bereichen Kunden, Technologie, Märkte und Umfeld betrachtet. Aus diesen Bereichen wurden 20 wesentliche Schlüsselfaktoren bestimmt und dafür Zukunftsprojektionen für das Jahr 2005 ermittelt. Auf diesem Weg entstanden vier Branchenszenarien (Zukunftsraum-Mapping siehe Bild):

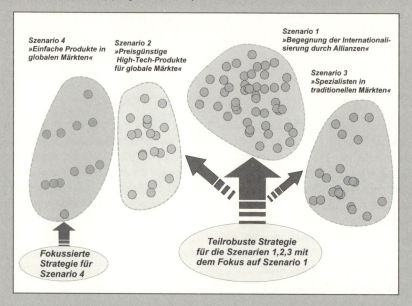

Szenario 1: **„Begegnungen der Internationalisierung durch Allianzen"**
beschreibt eine Entwicklung, bei der eine mittelständisch geprägte Branche sich mit technisch anspruchsvollen Produkten einem möglichen Konzentrationsprozeß durch Allianzenbildung entgegenstellt.

Szenario 2: **„Preisgünstige High-Tech-Produkte für globale Märkte"**
zeigt eine Entwicklung auf, bei der die deutschen Unternehmen mit technisch hochwertigen und preislich attraktiven Produkten den ausländischen Billiganbietern trotzen. Durch die große Bedeutung der Stückkosten haben in diesem Szenario die Konzentrationsprozesse zugenommen.

Szenario 3: **„Spezialisten in traditionellen Märkten"**
beschreibt ein Zukunftsbild, in dem eine mittelständisch geprägte Branche mit technisch anspruchsvollen Produkten die vielfältigen Anforderungen der Kunden bedient. Das entspricht im wesentlichen der gegenwärtigen Situation.

Potentialfindung

Szenario 4: „**Einfache Produkte in globalen Märkten**" bietet für viele deutsche Unternehmen deutlich schlechte Perspektiven. Hier dominieren große internationale Konzerne mit Skalenvorteilen. Bei weitgehend standardisierten Produkten ist der Preis das wesentliche Verkaufsargument.

Zur Entwicklung einer Strategie für diese Szenarien muß zunächst beachtet werden, inwieweit das Eintreten der Szenarien von den deutschen Unternehmen der Branche beeinflußt werden kann. In diesem Fall kann das Produktangebot („High-Tech"/„Low Cost") durch intensiven Kundenkontakt und in geringerem Maße auch das Kaufverhalten der Kunden beeinflußt werden. Ebenso kann einem möglichen Konzentrationsprozeß durch die Bildung von Allianzen entgegengewirkt werden. Auf der anderen Seite können die internationale Marktentwicklung und viele Kundenwünsche nur wenig bis gar nicht beeinflußt werden.

Für die geschilderte Situation sind zwei Strategien sinnvoll. Zum einen ist eine **fokussierte Strategie** auf Szenario 4 für wenige international wachsende Konzerne mit einer guten Kostenstruktur attraktiv. Sie ermöglicht Wachstum in neuen internationalen Märkten und zusätzlich Marktanteilsgewinne zu Lasten der kleineren Unternehmen. Wesentliche Konsequenz aus dieser Strategie wäre die Ablösung der deutschen Exportierung zugunsten einer Verlagerung von Wertschöpfung in neue Märkte.

Für den überwiegenden Teil der deutschen mittelständischen Unternehmen in der betrachteten Branche liegt jedoch eine andere Strategie nahe. Hier wird eine **teilrobuste Strategie** für die Szenarien 1, 2, 3 mit dem Fokus auf Szenario 1 empfohlen. Schwerpunkt ist hier die Zusammenarbeit innerhalb der Branche, um künftige Herausforderungen gemeinsam zu bewältigen und gleichzeitig die Agilität einer mittelständisch geprägten Branche zu erhalten.

Die Allianzenbildung muß insbesondere dazu beitragen, die technologische Spitzenposition auszubauen und gemeinsam Skalen- und Synergieeffekte zu realisieren. Eine solche Strategie ist auch für das Szenario 2 geeignet, wobei hier aufgrund des starken Preiswettbewerbs gemeinsame Anstrengungen zur Kostensenkung im Vordergrund stehen. Auch für Szenario 3 ist diese Strategie geeignet, hierbei haben gemeinsame Anstrengungen im Bereich der Forschung eine höhere Bedeutung.

Die gewählte teilrobuste Strategie weist das **Leitbild „Zukunftssicherung durch Technologieführerschaft und Dienstleistungskompetenz"** auf. Es beschreibt eine zukünftige Situation, in der die deutschen Unternehmen die Technologieführerschaft weiter ausgebaut haben und durch umfangreiche Beratungs- und Serviceleistungen einen Wettbewerbsvorsprung erlangt haben. Zur Erreichung dieses Leitbildes sind die Kräfte auf den Ausbau von drei **Kernfähigkeiten** zu richten.

> **Technologieführerschaft:** Die deutschen Unternehmen müssen sich im internationalen Wettbewerb durch technologisch hochwertige, am Kundennutzen orientierte Erzeugnisse differenzieren. Von entscheidender Bedeutung ist die verstärkte Integration moderner Informationstechnik in die Erzeugnisse, um zusätzlichen Kundennutzen zu erzeugen.
>
> **Dienstleistungskompetenz:** Die deutschen Unternehmen müssen ihre Dienstleistungskompetenz im Presales- und Aftersales-Bereich erheblich ausbauen. Wesentliche Bedeutung hat dabei die Beratung der Kunden, um den zusätzlichen Kundennutzen der High-Tech-Produkte transparent zu machen.
>
> **Strategische Kooperation:** Das Erschließen der Erfolgspotentiale der Zukunft erfordert in den meisten Fällen Allianzen, weil das einzelne Unternehmen in der Regel nicht die Kompetenzen und Ressourcen hat, dies allein schnell genug zu tun. Dabei sind Kooperationen im Rahmen der Forschung, der Beschaffung und Fertigung sowie der weltweiten Vermarktung von hoher Bedeutung.
>
> Die entwickelte Branchenstrategie weist ferner ein Bündel von Konsequenzen und Maßnahmen sowie eine Rangliste von Forschungsthemen auf.

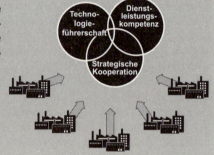

In der Regel gehen wir so vor, daß wir wie in Bild 3-32 beispielhaft angedeutet ein Szenario hinsichtlich seiner Chancen und Bedrohungen analysieren und daraus die strategische Stoßrichtung ableiten.

Eine weitere Möglichkeit, die strategische Stoßrichtung zu bestimmen, ergibt sich aus der Analyse von Erfolgsfaktoren. In Kap. 3.1.1.2 sind wir bereits auf die Erfolgsfaktorenanalyse eingegangen. Dies erfolgte allerdings aus heutiger Sicht. Da die Erfolgsfaktoren von heute nicht zwangsläufig die von morgen sein müssen, bietet es sich an, die Bedeutung der Erfolgsfaktoren im Lichte der Szenarien neu zu bewerten. Daraus resultiert ein geändertes Erfolgsfaktorenportfolio (Bild 3-33). Aus den offensichtlichen Veränderungen gegenüber der heutigen Sicht ergeben sich gute Hinweise für die Spielregeln von morgen und somit für die Bestimmung der strategischen Stoßrichtung. In Bild 3-33 haben wir der Einfachheit halber die Position auf der Waagerechten, die ja den Leistungsstand des betrachteten Unternehmens im Vergleich zur Konkurrenz

Potentialfindung **109**

Das Szenario 1 in Kürze:
- Florierende freie Marktwirtschaft.
- Angleichung der Standortkosten in Europa; nach wie vor erhebliche Kostennachteile zu Osteuropa und den Schwellenländern.
- Hohe Bedeutung von Ökologie weltweit; Energie- und Rohstoffkosten steigen kontinuierlich.
- Rasanter technologischer Fortschritt reduziert die Eintrittsbarrieren; neue Mitbewerber tauchen auf.
- Vielfältige Verpackungen sollen den Endkunden ansprechen; Wachstum von 5% p.a. bei verpackten Gütern.
- Vielfalt bei Maschinenabnehmern und Handel führt zu einem innovationsgetriebenen Wachstum, teils auch durch den zunehmenden Stellenwert von Umweltschutz.
- Flexible und hochautomatisierte Anlagen von zuverlässigen, kompetenten Partnern sind gefragt.
- Es kommt auf Agilität und Innovationskraft an.
- Kundenspezifische Lösungen werden zunehmend aus Standardmodulen gebildet.

Chancen/Erfolgspotentiale
- Hoher Bedarf an innovativen Lösungen (Verpackungsaufgaben und -prozesse).
- Profilierung über High-Tech und Ressourceneffizienz.
- Partnerschaft ist gefragt.

Bedrohungen
- Kernkompetenz Mechatronik liegt bei Zulieferern.
- Neue Mitbewerber tauchen auf.
- „Kooperationsphobie" des Mittelstands verhindert Allianzen.

Strategische Stoßrichtung
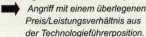 Angriff mit einem überlegenen Preis/Leistungsverhältnis aus der Technologieführerposition.

Bild 3-32: Vereinfachtes Beispiel für die Analyse eines Szenarios

widerspiegelt, unverändert gelassen. Das muß nicht zwangsläufig so sein. Es ist eher wahrscheinlich, daß sich auch hier Veränderungen ergeben, weil der Wettbewerb dynamisch sein wird und es sein kann, daß das Feld der Mitbewerber sich weiterentwickelt und das betrachtete Unternehmen relativ gesehen an Boden verliert

3.1.4.2 Chancen-Gefahren-Matrix

Nach Wack dienen Szenarien zur Entdeckung von bisher unbekannten strategischen Optionen und zur Absicherung gegenüber Gefahren [Wack 1986, S. 76]. Daher führen Umfeldszenarien direkt zu den **Chancen und Gefahren**, die sich mit dem Eintreten dieses Szenarios für das Gestaltungsfeld ergeben. Bei Lenkungsszenarien sind die Chancen und Gefahren bereits explizit in den Szenarien enthalten oder sie können direkt aus ihnen abgeleitet werden.

Aus den Szenarien ergeben sich in der Regel eine Vielzahl von Chancen und Gefahren für das Gestaltungsfeld. Diese unterscheiden sich allerdings hinsichtlich ihrer Bedeutung für das Gestaltungsfeld, ihrer Eintrittswahrscheinlichkeit sowie der zu ihrer Handhabung notwendigen Reaktionszeit. Notwendig ist daher ein Instrumentarium zur Bewertung der ermittelten Chancen und Gefahren. Im Rahmen einer Chancen- und Gefahren-Bewertung werden die ermittelten Auswirkungen hinsichtlich von zwei Dimensionen analysiert:

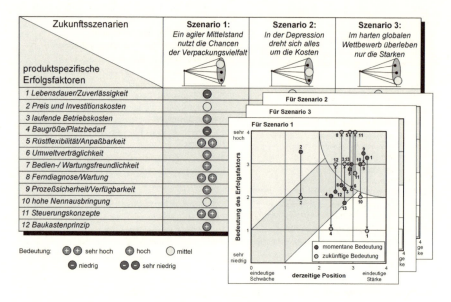

Bild 3-33: Veränderung der Bedeutung von Erfolgsfaktoren im Lichte von Szenarien, tabellarische Bewertung und Visualisierung der Veränderung in Erfolgsfaktorenportfolios

- **Bedeutung der Chancen/Gefahren für das Gestaltungsfeld:** Darunter wird die Intensität der Einwirkung auf das Gestaltungsfeld verstanden.
- **Eintrittswahrscheinlichkeit:** Darunter wird die Wahrscheinlichkeit dafür verstanden, daß die der Chance bzw. der Gefahr zugrundeliegende Umfeldentwicklung wirklich eintritt.

Mit Hilfe dieser zwei Dimensionen läßt sich eine Chancen- und Gefahren-Matrix aufspannen, aus der sich vier typische Formen von Handlungsoptionen ergeben (Bild 3-34):

- *Heiße Eisen sofort anpacken:* Entsprechende Chancen müssen energisch genutzt und Gefahren konsequent umgangen werden. Notwendig ist hier in der Regel eine sofortige präventive Planung und Handlung.
- *Auf plötzliche Veränderungen vorbereitet sein:* Dies ist das typische Einsatzfeld für die strategische Frühaufklärung. Notwendig ist hier die Erarbeitung von Krisenplänen, auf die im Fall des Eintretens unsicherer Ereignisse zurückgegriffen werden kann. Dazu zählen auch reaktive Planungen für das Auftreten unerwarteter Chancen, z.B. durch technologische Durchbrüche.

Potentialfindung 111

Auf plötzliche Veränderungen (»wild cards«) vorbereitet sein.
Reaktive Eventualpläne, um im Fall des eher unerwarteten Eintreffens Chancen zu nutzen bzw. Risiken abwenden zu können; Einsatzfeld für strategische Frühaufklärung.

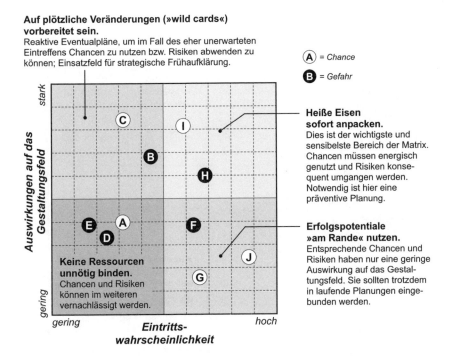

Bild 3-34: Chancen-Gefahren-Matrix

- *Nutzenpotentiale „Am Rande" nutzen:* Sehr wahrscheinliche Chancen und Gefahren mit einer geringen Wirkung auf das Gestaltungsfeld können in die laufende Planung eingebunden werden.
- *Keine Ressourcen unnötig binden:* Chancen und Gefahren mit einer geringen Eintrittswahrscheinlichkeit und geringen Auswirkungen auf das Gestaltungsfeld sollten keine Ressourcen unnötig binden.

3.1.4.3 Auswirkungsanalyse

Eine Auswirkungsanalyse, d.h. die systematische Analyse der Auswirkungen der Szenarien auf das Gestaltungsfeld ist insbesondere bei Umfeldszenarien sinnvoll. Bei Lenkungsszenarien ist zu berücksichtigen, daß Auswirkungen der Umfeldgrößen auf die Lenkungsgrößen bereits explizit in den Szenarien enthalten sind.

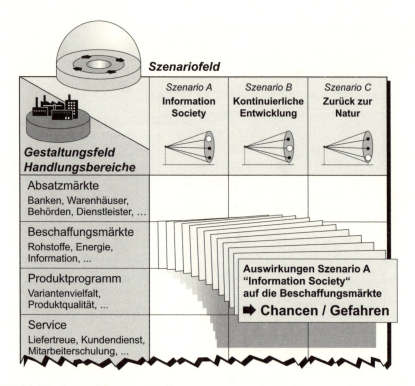

Bild 3-35: Auswirkungsmatrix, Bestimmung von Auswirkungen auf Handlungsbereiche des Gestaltungsfeldes

Auswirkungsmatrix

Ein wichtiges Instrument der Auswirkungsanalyse ist die **Auswirkungsmatrix**. Darin werden die Folgen der erstellten Szenarien für das Gestaltungsfeld systematisch analysiert (Bild 3-35).

Die Zeilen der Matrix enthalten die Handlungsbereiche des Gestaltungsfeldes. Die Spalten geben die verschiedenen Szenarien wieder. In einem einzelnen Feld der Auswirkungsmatrix werden die Auswirkungen eines bestimmten Szenarios auf einen bestimmten Handlungsbereich untersucht. Dabei wird jeweils die Frage gestellt: „Wie wirkt sich das Szenario auf diesen Bereich aus?"

Um die Auswirkungen der Szenarien auf das Gestaltungsfeld möglichst weitreichend zu erfassen, müssen sich die Anwender intensiv in das betreffende Szenario „hineindenken". Weder die gegenwärtige Ausgangssituation noch die wahrscheinlichste oder die gewünschte Zukunft sollten diesen wichtigen Prozeß beeinträchtigen. Als hilfreich hat es sich erwiesen, daß ein Mitglied des

Szenario-Teams in die Rolle eines „Szenario-Anwalts" schlüpft und immer dann in die Diskussion eingreift, wenn die anderen Team-Mitglieder Ansichten äußern, die sich nicht mit dem gerade behandelten Szenario vertragen.

Gestaltungsfelder von morgen

In der Regel liefert die Analyse der Ausgangssituation, die der Szenario-Entwicklung vorangestellt ist, die Gestaltungsfelder zur Bewältigung der heute offensichtlichen Herausforderungen. Diese werden ebenso wie die Erfolgsfaktoren im Lichte der Szenarien einer Neubewertung unterzogen, weil heute offensichtlich wichtige Gestaltungsfelder morgen irrelevant sein können. Dieses Beurteilungsschema ist beispielhaft im Bild 3-36 wiedergegeben.

Zukunftsszenarien / Gestaltungsfelder von morgen	Szenario 1: Ein agiler Mittelstand nutzt die Chancen der Verpackungsvielfalt	Szenario 2: In der Depression dreht sich alles um die Kosten	Szenario 3: Im harten globalen Wettbewerb überleben nur die Starken
1 Forschung & Entwicklung			
1.1 Steuerungstechnik	⊕⊕	○	⊕
1.2 Softwareengineering	⊕⊕	○	⊕
1.3 Sensorik	⊕⊕	○	⊕
1.4 Aktorik/Antriebstechnik	⊕⊕	⊕⊕	⊕
1.5 Benutzungsoberflächen	⊕⊕	○	○
2 Allianzen			
2.1 Vertrieb	⊕⊕	⊖⊖	○
2.2 Engineering	⊕	⊖	○
2.3 Beschaffung/Einkauf	⊕	⊕⊕	⊕
2.4 Service/Teleservice	⊕⊕	○	○

Bedeutung: ⊕⊕ sehr hoch   ⊕ hoch   ○ mittel   ⊖ niedrig   ⊖⊖ sehr niedrig

Bild 3-36: Gestaltungsfelder einer deutschen Maschinenbaubranche und ihre Relevanz im Lichte der Zukunftsszenarien

Produktkonzepte von morgen

Im Rahmen der Potentialfindung arbeiten wir primär mit Markt- und Umfeldszenarien. Derartige Szenarien werden durch Einflußfaktoren bestimmt, die aus Sicht des Unternehmens von außen gegeben sind, also nicht beeinflußt werden können. Darüber hinaus ist es aber auch möglich, Szenarien mit ausschließlich lenkbaren Einflußfaktoren – das sind Gestaltungsfeldszenarien – oder mit lenkbaren und nicht lenkbaren Einflußfaktoren – das sind Systemszenarien – zu bilden [Gausemeier et al.1996]. So können mit Hilfe der Szenario-Technik auch neue Produktkonzepte entwickelt werden. Dies wären dann Gestaltungsfeldszenarien. Beispielsweise haben wir auf diese Weise neue Fahrzeugkonzepte im Rahmen des Vorhabens „Zukünftige Produktionstechnologien im Kfz-Leichtbau" erarbeitet. Schlüsselfaktoren waren hier:

- Aggregate/Antriebsstrang,
- Antriebskonzepte (Verbrennungsmotor, Elektromotor, Hybridantrieb etc.),
- Tragstruktur,
- Außenhaut (Stahl, Kunststoff, Aluminium etc.),
- Fahrwerk,
- Innenausstattung,
- Informations- und Kommunikationssystem,
- Reparaturfähigkeit,
- Zuladung und Größe,
- Standardisierung und Stückzahlen etc.

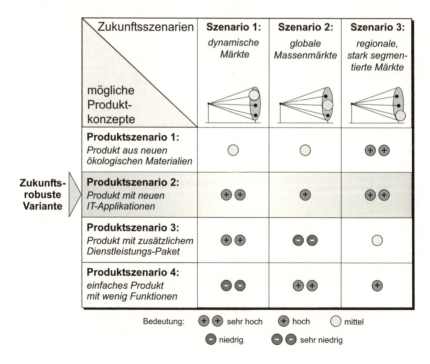

Bild 3-37: Beispiel einer Produktszenario-Marktszenario-Matrix

Die Verknüpfung der möglichen Ausprägungen (Projektionen) dieser Schlüsselfakoren führt zu alternativen Fahrzeugkonzepten. An dieser Stelle stellt sich die interessante Frage, welche dieser Fahrzeugkonzepte in welchen Markt- und Umfeldszenarien erfolgsversprechend sein könnten. Zur Beantwortung solcher Fragen setzen wir die in Bild 3-37 wiedergegebene Matrix ein. Aus diesem Prinzipbeispiel geht auch hervor, daß das 2. Konzept zukunftsrobust ist, also in allen Zukünften gute Aussichten hätte. Das ist aber eher eine idealtypische Darstellung. In der Regel ergeben sich aus den einzelnen Markt- und Umfeldszenarien spezifische Anforderungen, so daß kaum ein Produktkonzept allen Anforderungen gleichermaßen gerecht werden kann.

Darüber hinaus laden Markt- und Umfeldszenarien auch ein, sich zu fragen, welche Geschäftsoptionen sich in Zukunft über das, was man beherrscht, hinaus eröffnen könnten. Dies erfolgt in zwei Schritten:

1) Zunächst werden in einem kreativen Prozeß mögliche Geschäftsfelder ermittelt.

2) Dann werden diese Optionen im Lichte der Markt- und Umfeldszenarien bewertet (vgl. Kasten auf Seite 115).

Gefahrenmanagementsysteme: Auf der Suche nach neuen Geschäftsfeldern

Das betrachtete Unternehmen ist Marktführer bei Gefahrenmeldeanlagen (Brand, Intrusion, Gas). Es handelt sich primär noch um ein komplexes Anlagengeschäft. Die Zielgruppe Privathaushalte gewinnt langsam an Bedeutung. Diese stellen völlig andere Anforderungen.

Ziel war die Entwicklung einer neuen Technologie-Strategie, die den Anforderungen von Produkt- und Anlagengeschäft Rechnung trägt und die Ausnutzung von Skalenvorteilen ermöglicht. Ferner wurde die Frage gestellt: Was können wir mit unseren Kompetenzen über die heute relevanten Geschäftsfelder hinaus noch leisten? U.a. ergaben sich zwei mögliche Geschäftsfelder:

1) Problemlöser Sicherheitstechnik „Home"

Geschäftscharakteristik: Das Unternehmen wird „Problemlöser" bzgl. Schutz vor Feuer, Einbruch und Gas für Privathaushalte.

Marktleistung: Ausrüstung für Gefahrenmeldetechnik sowie die zugehörigen Dienstleistungen wie Beratung, Projektierung und Errichtung.

Marktsegmente: Privatkunden und Kleingewerbe sowie Architekten.

Positionierung: Konzentration auf den „Home"-Markt. Das Geschäft hat einen gänzlich anderen Charakter als das heutige. Es bestehen daher erhebliche Übergangsrisiken.

Erfolgsfaktoren: Bekanntheitsgrad, flächendeckende Dienstleistung, einfache Installation und Preis.

Markt- und Umfeldszenarien / Geschäftsoptionen	Szenario 1: Boom im preisbewußten Residential-Markt stärkt große und global agierende Hersteller	Szenario 2: Integrierte, global agierende Sicherheits-Unternehmen entwickeln die Potentiale der Gebäudetechnik
Problemlöser Sicherheitstechnik "Home"	⊕	⊖
Umweltsicherheit	⊖⊖	⊕

Bedeutung: ⊕⊕ sehr hoch   ⊕ hoch   ○ mittel   ⊖ niedrig   ⊖⊖ sehr niedrig

2) Umweltsicherheit

Geschäftscharakteristik: Überwachung von Umweltgrößen.

Marktleistung: Produkte und Dienstleistungen zur Gewässer-, Gas- und Luftüberwachung.

Marktsegmente: Industrieunternehmen und öffentliche Auftraggeber.

Positionierung: Es handelt sich um eine volle Diversifikation (neue Marktleistung für neue Zielgruppen) mit einem entsprechend hohen Risiko.

Erfolgsfaktoren: Vermittlung des Kundennutzens und gesetzliche bzw. betriebliche Vorschriften.

Optionen wie die beiden angedeuteten wurden den Markt- und Umfeld-Szenarien gegenübergestellt (vgl. Bild).

3.2 Produktfindung

Um am Markt erfolgreich zu sein, bedarf es immer wieder neuer, innovativer Produkte und Dienstleistungen, die den Wünschen der Kunden entsprechen und dem Unternehmen Erfolg bringen. Ausschlaggebend hierfür sind neuartige, richtige, brauchbare und gegenüber dem Bekannten überlegene Produkt- und Dienstleistungsideen. Ideen resultieren häufig aus bekannten Produkten, z.B. durch Variation, Verbesserung oder Vereinfachung eigener oder fremder Erzeugnisse. Offenbar beruhen Ideen auf Wissen. Es stellt sich die Frage, wie neue Produkt- und Dienstleistungsideen gezielt generiert werden können.

Die Produktfindung ist integraler Teil des in Kapitel 2.3.3 vorgestellten Referenzmodells des Produktinnovationsprozesses. Produktfindung geht von den Erfolgspotentialen aus und liefert Ideen für Produkte und Dienstleistungen, mit denen die erkannten Erfolgspotentiale ausgeschöpft werden können. Diese Ideen werden in Form von einem Produkt- oder Dienstleistungsvorschlag formuliert. Um gute Ideen zu finden, ist schöpferisches Arbeiten und somit Kreativität notwendig. Die Kreativität der Entwickler kann durch den gezielten Einsatz von Kreativitätstechniken gefördert werden. Darauf gehen wir in diesem Kapitel schwerpunktmäßig ein.

3.2.1 Prozeß der Produktfindung

In der vorangegangenen Potentialfindung werden Erfolgspotentiale für neue Produkt- und Dienstleistungsideen identifiziert. Aus den Erfolgspotentialen ergeben sich sogenannte Suchfelder, innerhalb derer nach Ideen für neue Produkte und Dienstleistungen gesucht wird. Ziel der Produktfindung ist somit, innerhalb vorgegebener Suchfelder innovative Produkt- und Dienstleistungsideen zur Erschließung von Nutzenpotentialen und zur Erfüllung von Kundenbedürfnissen zu gewinnen [Pahl/Beitz 1997], [VDI 1980]. Die Produktfindung kann als Prozeß aufgefaßt werden [Müller 1990]. Eingangsgrößen sind die Erfolgspotentiale, Ausgangsgrößen sind die Produkt- und Dienstleistungsideen in Form von Produktbeschreibungen. Der entsprechende Prozeß ist in Bild 3-38 wiedergegeben. Er gliedert sich in vier Phasen.

1) **Situationsanalyse:** In dieser Phase werden die aus den Erfolgspotentialen resultierenden Suchfelder näher analysiert. Informationen über die Suchfelder werden gesammelt, Zusammenhänge untersucht und die Randbedingungen für die Lösungssuche abgesteckt. Das „Kundenproblem" wird aus unterschiedlichen Blickwinkeln umfassend betrachtet. Ein Ergebnis der Situationsanalyse sind qualitative und quantitative Informationen, mit deren Hilfe die Ausgangssituation bewertet und gedeutet werden kann. Basierend auf diesen Informationen wird das Ziel beschrieben, das mit der Lösung erreicht werden soll.

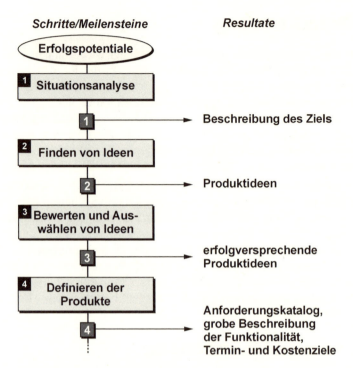

Bild 3-38: Vorgehen bei der Produktfindung, nach [Pahl/Beitz 1997], [VDI 1980]

2) **Finden von Ideen:** Die Suche nach Ideen kann intern (z.B. bekannte Lösungen für ähnliche Probleme) und extern gerichtet sein (z.B. Konstruktionskataloge, Patente, Lösungssammlungen). Es bietet sich an, kreativitätsfördernde (z.B. Brainstorming) und analytische Methoden (z.B. Morphologischer Kasten) einzusetzen, um Lösungsideen zu finden. In Abhängigkeit vom Problem kann nach Ideen für Produktfunktionen, Wirkprinzipien, Gestaltungsmöglichkeiten und Integrationsmöglichkeiten gesucht werden. Dies geschieht dabei nach [Malorny et al. 1997] in zwei Schritten, der Inkubation und der Erleuchtung. Während der *Inkubation* wird das Problem im Unterbewußtsein des Problemlösers unbewußt analysiert. Es werden alle bisherigen Erkenntnisse und Informationen über das Problem zusammengebracht und miteinander in Verbindung gestellt. Es entstehen vage Vorstellungen, wie die Lösung des Problems aussehen könnte. Sobald dem Problemlöser Lösungsideen bewußt werden, befindet er sich in der *Erleuchtung*. Es ist Aufgabe des Problemlösers, die sich schemenhaft abzeichnenden Ideen zu erkennen, aufzugreifen, weiter zu verfolgen und in Produkt- und Dienstleistungsideen umzusetzen.

3) **Bewerten und Auswählen von Ideen:** Hier geht es um die Bestimmung der besten Ideen. Dazu sind die ermittelten Ideen zu bewerten. Kriterien können beispielsweise Funktionalität, Wahrscheinlichkeit des kommerziellen Erfolgs, Kosten, Wahrscheinlichkeit des technischen Erfolgs und Differenzierungsstärke sein.

4) **Definieren der Produkte:** Zum Abschluß werden die ausgewählten Ideen konkretisiert. Dies umfaßt – mit Blick auf die relevanten Erfolgspotentiale und Marktsegmente (vgl. Geschäftsplanung) – die Formulierung der Anforderungen an das neue Produkt, ggf. auch eine grobe Spezifikation der Funktionalität sowie Termin- und Kostenziele. Die Gesamtheit dieser Beschreibung wird als Produktvorschlag an die Produktkonzipierung weitergegeben [Pahl/Beitz 1997], [VDI 1980].

Entscheidend in der Produktfindung ist die Entwicklung und die Ausschöpfung von Kreativitätspotential. Der Einsatz von Kreativitätsmethoden und -techniken kann dazu einen wesentlichen Beitrag leisten. Allerdings gibt es hier noch erheblichen Handlungsbedarf [Gausemeier et al. 2000].

3.2.2 Kreativität und Wissen

Kreativität, was ist das überhaupt? Seinen Ursprung hat der Begriff Kreativität in der lateinischen Sprache. Das lateinische Wort creare bedeutet so viel wie erschaffen. Früher wurde davon ausgegangen, daß Kreativität zwar beobachtbar aber nicht beeinflußbar sei, d.h. es gab kreative Menschen wie Erfinder und es gab nicht kreative Menschen. Die kreativen Menschen besaßen den "Göttlichen Funken" und waren verantwortlich für die Erfindungen und jegliche Art von Kunst. Laut wissenschaftlicher Erkenntnisse von heute ist bei jedem Menschen eine geistige Grundstruktur für Kreativität vorhanden, welche jedoch unterschiedlich stark genutzt wird [Malorny et al. 1997]. Hieraus läßt sich ableiten, daß die Kreativität eines Menschen durch äußere Einwirkungen begünstigt, aber auch verhindert werden kann [Busch 1999].

Die geistige Grundstruktur für Kreativität kann auch als natürliche Kreativität des Menschen bezeichnet werden. Unter **natürlicher Kreativität** ist das Auftreten ungewöhnlicher oder ungebräuchlicher, aber angemessener Handlungen zu verstehen. Diese natürliche Kreativität nimmt im Laufe des menschlichen Lebens ab (Bild 3-39) [Malorny et al. 1997], [Zimbardo 1992]. Sinnvolle kreative Ideen entstehen jedoch nicht nur durch die natürliche Kreativität, sondern es muß auch Wissen vorhanden sein, das das Problem und die Idee in einen gemeinsamen Kontext stellt, so daß die Lösungsidee sinnvoll und brauchbar ist [Gimpel et al. 2000], [Herb et al. 2000]. Diese Kombination aus natürlicher Kreativität und Wissen kann als **kreative Leistung** aufgefaßt werden. Da im Kindesalter eine hohe natürliche Kreativität vorliegt und im Laufe der Zeit das

Wissen ansteigt, nimmt das Potential der kreativen Leistung in den ersten Lebensjahren sehr stark zu. Positiv hierauf wirkt, daß die Phantasie der Menschen im Kindesalter durch Märchen und Fiktionen stark angeregt wird. Im Alter von 14 Jahren erreicht das Potential der kreativen Leistung sein theoretisches Maximum.

Unser Bildungssystem betont das Reproduzieren von bekanntem Wissen und das Denken in Mustern. Zudem machen Jugendliche häufig die Erfahrung, daß Kreativität von der Umwelt als unbequem, unkonventionell, auffällig und nicht der Norm entsprechend aufgefaßt wird. U.a. hat dies zur Folge, daß die kreative Leistung mit fortschreitendem Alter abnimmt [Gimpel et al. 2000], [Herb et al. 2000]. Die Anwendung von Kreativitätstechniken kann die kreative Leistung in jeder Altersstufe signifikant erhöhen, sofern das problemlösungsrelevante Wissen vorhanden ist [Malorny et al. 1997].

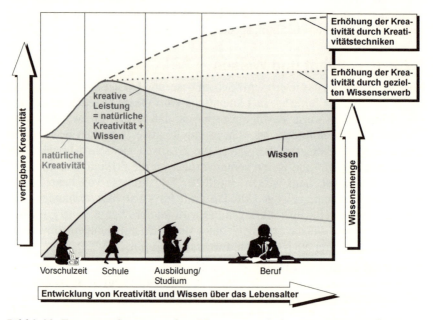

Bild 3-39: Zusammenhang zwischen Wissen, natürlicher Kreativität und kreativer Leistung und deren Entwicklung bezogen auf das Lebensalter eines Menschen

Nach [Franke 1998] reichen Fakten- und Methodenwissen allein für das Finden von guten Lösungsideen nicht aus. Wichtig hierfür ist auch heuristische Kompetenz. Unter **heuristischer Kompetenz** wird verstanden, daß der Problemlöser aufgrund des vorhandenen Fakten- und Methodenwissens in neuen und komplexen Situationen angemessen handelt. Dieses bedeutet u.a., daß der Problemlöser in der Lage ist, die Situation zu analysieren, zu abstrahieren, zu reflektieren und zu kontrollieren. Zudem wird Entscheidungsfähigkeit von ihm verlangt wie beispielsweise die Bewertung von Abhängigkeiten, das Abschätzen von Wichtigkeit und Dringlichkeit sowie Entschlossenheit, Stetigkeit und Flexibilität. Um diesen Anforderungen gerecht zu werden, sind gutes Erinnerungsvermögen und Wissen über Handlungsmöglichkeiten laut Dörner und Hacker wichtige Voraussetzungen für die Problemlöser [Dörner 1987], [Hacker 1992].

Nach Spitzer wird unter Wissen nicht nur Bücherwissen, sondern auch Erfahrungen, Fertigkeiten, ein Verständnis für Zusammenhänge und ein Gespür für Erfolg verstanden. Ziel guter Problemlöser muß es sein, diese Wissensarten zu erwerben und zu einem Gesamtwissen zu integrieren (Bild 3-40). Werden die Problemlöser im Alltag mit anspruchsvollen Aufgaben konfrontiert, d.h. ihre Aufgaben reduzieren sich nicht nur auf das Ausführen einfachster Routinetätigkeiten, entwickeln sie mit der Zeit auf ihrem Gebiet fundierte Kenntnisse. Zu den Grundlagen des Fachbereiches ("*Know-what*") kommen also in der praktischen Anwendung höher entwickelte Fertigkeiten ("*Know-how*") und ein tiefes Verständnis von Ursache-Wirkungs-Zusammenhängen ("*Know-why*") hinzu. Kreative Problemlöser erwerben im Laufe der Zeit die Fähigkeit, komplexe Probleme zu lösen, die auch außerhalb des eigentlichen Tätigkeitsfeldes liegen können. Die langfristig wichtigste Komponente echter Expertise stellt jedoch das "*Care-why*", die intrinsische (aus eigenem Antrieb folgende) Motivation zu kreativem Handeln dar. Diese Fähigkeit sorgt dafür, daß das Expertenwissen ständig aktualisiert und erneuert wird [Spitzer et al.1998].

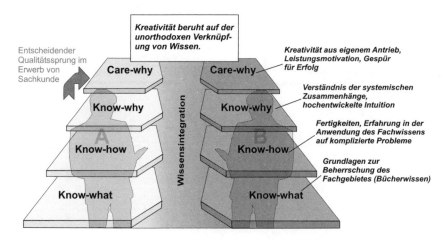

Bild 3-40: Ebenen der Wissensintegration nach [Spitzer et al. 1998]

Erfahrungen und Wissen bewirken, daß der Problemlöser die Welt durch die "Brille bestehender Handlungsmuster" betrachtet. Eintreffende Informationen werden mit den im Gedächtnis gespeicherten verglichen, gewertet und entsprechend eingeordnet. Gewohnheitsgemäß wird bei der Lösungssuche einem bestimmten, breit ausgetretenen Pfad gefolgt. Die Situation wird aus einer bestimmten, individuellen Perspektive betrachtet. de Bono bezeichnet diesen Zustand als psychologische Hemmung.

> *„Die wichtigste Aufgabe des Gehirns besteht darin, durch Mustererkennung... die Bewältigung schwieriger Situationen zu ermöglichen. Es ist nicht darauf programmiert, schöpferisch zu sein. Es ist nicht darauf geeicht, die Schranken der vorhandenen Handlungsmuster nach Lust und Laune zu durchbrechen, um neue Ideen zu produzieren."* [de Bono 1996]

Andere Autoren sprechen von psychologischer Trägheit, mentaler Trägheit, fachspezifischer Trägheit, Expertentum, psychischem Beharrungsvermögen oder von Vorfixierungen. Ziel ist es, ausgetretene Pfade zu verlassen und aus einer anderen Perspektive eine Lösung für das Problem zu finden. Darauf zielen Kreativitätstechniken ab [de Bono 1996], [Herb et al. 2000]. Die Ideenfindung kann auf zwei Arten erfolgen, durch intuitives oder durch diskursives Denken (Bild 3-41) [Pahl/Beitz 1997], [Ehrlenspiel 1995].

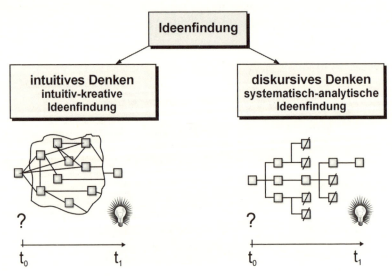

Bild 3-41: Ideenfindung durch intuitives und diskursives Denken

Intuitives Denken: Die Suche nach neuen Ideen läuft bei dem Problemlöser im Unterbewußtsein ab. Während dieser Phase der Inkubation werden die vorhandenen Informationen bewertet, miteinander verglichen und in Beziehung gebracht. Erkenntnisse entstehen beispielsweise durch Ereignisse, Assoziationen, Analogiebildung, Strukturübertragung und Stimulation. Diese Denkvorgänge nimmt der Problemlöser nicht bewußt wahr. Die gefundene Idee äußert sich bei dem Problemlöser als plötzlicher Einfall, als die Erleuchtung. Diese Art des Denkens wird als intuitives Denken bezeichnet. Nachteilig hierbei ist, daß in der Regel nur Lösungen im fixierten Lösungsbereich gefunden werden.

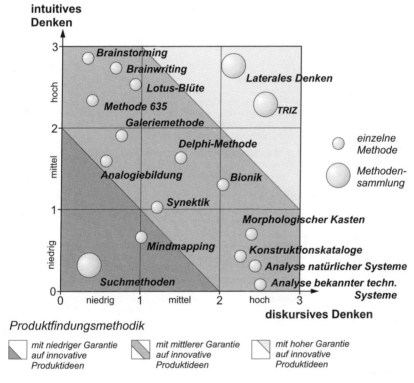

Bild 3-42: *Ordnungsschema von Kreativitätstechniken für die Produktfindung*

Diskursives Denken: Hier handelt es sich um ein bewußtes Vorgehen. Das Problem wird in Denkschritten gelöst. Dazu wird das Gesamtproblem in überschaubare Teilprobleme geteilt und diese werden jeweils für sich gelöst. Bewußt werden Informationen zu dem Gesamtproblem und den Teilproblemen gesammelt, analysiert, variiert, neu kombiniert, geprüft, verworfen und wieder in Betracht gezogen. Auf diese Weise werden Denkblockaden überwunden. Vorteil des diskursiven Denkens gegenüber dem intuitiven Denken ist, daß komplexere Problemstellungen systematisch gelöst und Ideenfixierungen überwunden werden können, nachteilig ist jedoch der höhere Zeitaufwand.

Basierend auf diesen Erkenntnissen gibt es Kreativitätstechniken, die mehr das intuitive und andere, die mehr das diskursive Denken unterstützen (Bild 3-42). Je nach Komplexität der Problemstellung kann durch den gezielten Einsatz von jeweils geeigneten Kreativitätsmethoden die Entstehung von Ideen gefördert werden [Pahl/Beitz 1997], [Ehrlenspiel 1995]. In der Tabelle 3-1 sind die für die Produktfindung relevanten Kreativitätstechniken kurz charakterisiert.

Tabelle 3-1: Kreativitätstechniken für die Produktfindung

Methode	kurze Charakterisierung
Analogiebildung	Eine Analogie ist ein Vergleich zweier verschiedener Sachverhalte, die durch bestimmte Betrachtungsweisen den Anschein von Gemeinsamkeiten wecken. Analogien werden zur Identifikation und zum besseren Verständnis von Problemen und zur Entwicklung von Lösungen eingesetzt.
Analyse bekannter techn. Systeme	Die Struktur bekannter technischer Systeme wird untersucht hinsichtlich logischer, physikalischer und gestalterischer Zusammenhänge. Die gefundenen Lösungsansätze werden auf neue technische Systeme übertragen.
Analyse natürl. Systeme	Lösungs- und Konstruktionsprinzipien natürlicher Systeme werden untersucht und auf technische Gebilde übertragen.
Bionik	Formen, Strukturen, Organismen und Vorgänge der Natur und Erkenntnisse der Biologie werden auf technische Lösungen übertragen. Insbesondere werden Lösungs- und Konstruktionsprinzipien natürlicher Systeme auf technische abgebildet (Beispiel: Bienenwaben/Sandwichstruktur).
Brainstormig	Brainstorming bedeutet übersetzt so viel wie "Gedankenblitz", "Gedankensturm" oder "Ideenfluß". Eine Gruppe von Menschen soll vorurteilslos Ideen produzieren und sich von den Gedanken der Gruppenmitglieder zu neuen Ideen inspirieren lassen.
Brainwriting	Brainwriting ist eine schriftliche Form des Brainstormings. Jeder Teilnehmer schreibt seine Ideen zu der Problemstellung auf ein Stück Papier, das an den Nachbarn weitergereicht wird, welcher dann die bisherigen Ideen zur Unterstützung seiner eigenen Ideengewinnung nutzt.
Delphi-Methode	Hier wird ein Fragebogen an Experten verteilt. Die Antworten werden gesammelt, gesichtet und zusammengefaßt. Die erstellten Zusammenfassungen werden den Experten mit dem Hinweis zugestellt, die eingegangene Reaktion zu revidieren. Dieser Prozeß wird so lange durchgeführt, bis sich ein Konsens abzeichnet. Die Delphi-Methode kann auch zur Ermittlung von Zukunftsszenarien eingesetzt werden.

Produktfindung

Methode	kurze Charakterisierung
Galeriemethode	Bei der Galeriemethode zeichnet jeder Teilnehmer Lösungsvorschläge für eine Problemstellung auf ein Stück Papier. Diese Lösungsideen werden der Gruppe vorgestellt und diskutiert. Angeregt durch die Ideen der anderen Teilnehmer skizziert jeder seine neuen Ideen auf ein weiteres Stück Papier.
Konstruktionskataloge	Konstruktionskataloge nach Roth sind eine Sammlung bekannter und bewährter Lösungen zur Erfüllung von Teilfunktionen (Beispiel: Funktion: *Energie umformen*; Wirkprinzip: *Kraftmultiplikatoreffekt*; Teillösungen: *Hebel, Radpaarung, Kniehebel*).
Laterales Denken	Der Begriff "Laterales Denken" wurde von Edward de Bono geprägt und umschreibt das Denken abseits der eingeschliffenen Denkschienen, um nach neuen Lösungsansätzen und Alternativen zu suchen (siehe Kapitel 3.2.3.2).
Lotus-Blüte	Ideen zu einer Problemstellung werden gleichmäßig wie die Blätter einer Lotusblüte gruppiert und dann weiter aufgefächert (siehe Kapitel 3.2.3.1).
Methode 635	Ziel der Methode 635 ist, daß die Teilnehmer sich durch ihre Ideen wechselseitig anregen. Jeder der sechs Teilnehmer schreibt drei Ideen auf ein Stück Papier. Dieses Papier wird jeweils an den Nachbarn weitergegeben. Basierend auf den Ideen des Nachbarn werden dann wieder drei Ideen aufgeschrieben. Die Papiere werden so oft weitergereicht, bis jeder jedes Papier einmal als Arbeitsgrundlage hatte.
Mind-Mapping	Das Mind-mapping dient zum Strukturieren und Visualisieren von Ideen und Lösungswegen von Teams. Dazu wird in der Mitte eines Papieres das Problem beschrieben. Ideenbereiche werden auf Ästen ausgehend vom Problem festgehalten. An diesen Hauptästen werden Zweige und Nebenzweige angefügt, die einzelne Ideen und Ideengruppen darstellen.
Morphologischer Kasten	Ordnungsschema, das in den Zeilen die Teilfunktionen und in den Spalten in Frage kommende Lösungen (z.B. Wirkprinzipien) enthält. Damit wird eine systematische Kombination von teilfunktionsbezogenen Lösungen zu Gesamtlösungen unterstützt.
Suchmethoden	Gezieltes Suchen beispielsweise durch Literatur-, Patent- und Internetrecherchen, vgl. auch Bibliometrie etc. (siehe Kap. 3.4.3).
Synektik	Angeregt durch Analogien aus dem nichttechnischen und dem halbtechnischen Bereich sollen neue Ideen gefunden werden.
TRIZ	Genrich Altschuller ist Vater von TRIZ (Abkürzung aus dem Russischen, engl. Theory of Inventive Problem Solving). Bei TRIZ handelt es sich um eine Sammlung von Methoden, um systematisch zu erfinden (siehe Kapitel 3.2.3.3).

3.2.3 Ausgewählte Methoden der Produktfindung

Im folgenden werden einige Kreativitätstechniken, die sich besonders für die Produktfindung eignen, erläutert. Es handelt sich um die Lotusblüten-Technik, das Laterale Denken nach de Bono und der Methodensammlung TRIZ.

3.2.3.1 Lotusblüten-Technik

Die Lotusblüten-Technik geht auf Yasuo Matsumura, Präsident von Clover Management Research in Chiba City, Japan zurück. Im Prinzip geht es darum, für die Lösung eines Problems erste Ideen zu finden und diese wiederum weiter aufzufächern. Dazu wird das Muster der Lotusblüte herangezogen (Bild 3-43). In das Zentrum der Blüte wird die Aufgabe eingetragen. In einem ersten kreativen Schritt werden Ideen in die angrenzenden Felder eingetragen. Diese Ideen bilden dann in einem weiteren Schritt die Ausgangspunkte für weitere Blütenblätter. So entstehen acht Blätter mit jeweils acht detaillierten Ideen. Durch die einfache Visualisierung ist dieses Verfahren leicht zu erlernen [Higgins/Wiese 1996]. Es verfolgt, wie viele andere Kreativitätstechniken, das Ziel, mit einem Kollektiv in kurzer Zeit möglichst viele Ideen zu produzieren, indem geäußerte Ideen aufgegriffen und weiterentwickelt werden.

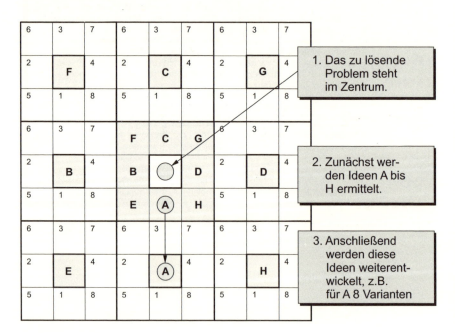

Bild 3-43: Ideenfindung mit Hilfe des Lotusblüten-Diagramms

Produktfindung

Produktinnovationen entstehen durch neue Ideen

Ideen sind der Schlüssel zu Produktinnovationen. Es gibt die unterschiedlichsten Möglichkeiten, zu neuen Ideen zu kommen. Oftmals spielt der Zufall eine große Rolle, jedoch kann auch gezieltes Suchen zum Erfolg führen. Im folgenden Beispiel wird gezeigt, wie aus der Natur Ideen übernommen und durch Analogiebildung in ein Produkt umgesetzt werden.

Velcor – Der Klettverschluß

Die Jagd war der liebste Sport des Ingenieurs Georg de Mestral. 1941 ging er auf Jagd nach Enten, Fasanen und Wildvögeln. Während der Jagd verfingen sich eine große Anzahl an Kletten an ihm. Diese Samenkapseln ließen sich sehr schwer von seinen Kleidungsstücken entfernen. Georg de Mestral ärgerte sich darüber sehr, gleichzeitig weckte dieses Phänomen der starken Haftung seine Neugier. Wieder zu Hause angekommen, untersuchte er die Samenkapseln unter dem Mikroskop. Er fand heraus, daß viele kleine Häckchen für das Festhalten der Samenkapseln an ihm verantwortlich waren. Plötzlich kam ihm die Idee, das Prinzip dieses perfekten Haftsystems der Natur für einen Verschluß zu nutzen.

Die Umsetzung dieser Idee stellte sich als sehr schwierig heraus. Es mußte eine Lösung gefunden werden, wie viele hunderte von Häckchen so dicht nebeneinander auf einem Band befestigt werden konnten, so daß der Hafteffekt entsteht. Als besonders schwierig erwies sich die Werkstoffauswahl. Nach langem Suchen fiel die Wahl auf das neu erfundene Nylon. Nach der Erstellung eines solchen Bandes aus Nylon stellte sich ein weiteres Problem ein, es gab kein Werkzeug, welches dieses Band schneiden konnte. Schließlich wurde zum Schneiden das Prinzip des Haarschneiders übernommen, welches in der Lage war, das Nylonband zu durchtrennen.

Ab Mitte der 50er Jahre wurde der Klettverschluß industriell hergestellt. Georg de Mestral sah seinen Klettverschluß schon als idealen Ersatz für beispielsweise Reißverschlüsse und Knöpfe in der Bekleidungsindustrie. Diese fand den Klettverschluß jedoch häßlich und unpraktisch. Erste Anwendung fand der Klettverschluß in der Raumfahrt für Astronautenanzüge. Überzeugt von der Praxistauglichkeit wurde der Klettverschluß als nächstes von der Sportindustrie für z.B. Skianzüge und Turnschuhe eingesetzt. Schließlich fand die übrige Industrie die Vorzüge des Klettverschlusses heraus, so daß er in der heutigen Zeit beispielsweise für Bekleidung jeglicher Art, Taschen, Uhrenarmbänder, medizinischen Binden und Schuhe eingesetzt wird. Bemerkenswert ist, daß ein 5x5 cm großer Klettverschluß einen 80 Kilogramm schweren Menschen an der Decke festhalten kann.

Literatur: **Freeman**, Allyn/**Golden**, Bob: Post-it, Pampers, Melitta & Co., 50 Produkte, die die Welt eroberten. Midas Verlag AG, 1998

3.2.3.2 Laterales Denken nach de Bono

Der Begriff Laterales Denken ist 1967 von Dr. Edward de Bono geprägt worden. Er umschreibt das Denken abseits der eingeschliffenen Denkschienen, um nach neuen Lösungsansätzen und Alternativen zu suchen [de Bono 1996]. Es handelt sich um einen systematischen Ansatz, brachliegende Potentiale mit Hilfe formaler kognitiver Kreativitätsmethoden zu erschließen. Die Methoden leiten sich unmittelbar aus der Funktionsweise des menschlichen Gehirns, einem selbstorganisierenden, neuronalen Netzwerk her. Der Mensch denkt in Lösungsmustern. Trifft er auf ein bekanntes Muster, dann folgt er diesem Muster. Diese Musterverarbeitung ist die Stärke des menschlichen Gehirns, die es ermöglicht, auf komplexe Situationen schnell zu reagieren. Allerdings behindert uns dieses Verhalten beim Auffinden neuer Lösungsmuster. Hier hilft das Laterale Denken, aus gewohnten Mustern auszubrechen und Neues zu entdecken.

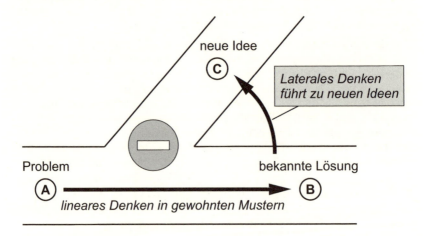

Bild 3-44: Grundprinzip des Lateralen Denkens nach de Bono; abseits gewohnter Denklinien liegen die Potentiale für neue Ideen

Bild 3-44 verdeutlicht das Prinzip des Lateralen Denkens nach de Bono. Danach kommt es darauf an, seitwärts (lateral) zu denken, um auf neue Ideen zu stoßen. Da uns diese „Seitenkanäle" nicht ohne weiteres zugänglich sind, empfiehlt de Bono spezielle Denktechniken, die uns helfen, die eingetretenen Pfade zu verlassen [de Bono 1996]. Diese Denktechniken sind Teil einer ganzheitlichen Konzeption, die sich gemäß Bild 3-45 in vier Abschnitte gliedert.

Produktfindung

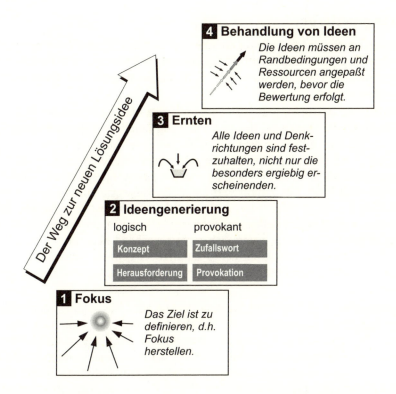

Bild 3-45: Ganzheitliche Konzeption zur Findung neuer Lösungsideen nach de Bono

Fokus

Hier wird die Zielrichtung für die Ideenfindung festgelegt. Dies kann ein allgemeiner Fokus sein, der das Denken auf einen Denkbereich für neue Ideen lenkt. Der allgemeine Fokus kann sehr breit sein (z.B. Automobil) oder auch konkret (z.B. Radaufhängung). Der allgemeine Fokus ermöglicht es, über Dinge nachzudenken, die noch kein Problem darstellen und so völlig neue Wege zu erkennen. Demgegenüber kann ein spezifischer Fokus gewählt werden, wenn ein bekanntes Problem gelöst werden soll.

Ideengenerierung

Stellvertretend für eine Vielzahl lateraler Denktechniken zur Ideengenerierung werden hier die provokanten Denktechniken Zufallswort und Provokation sowie die logischen Denktechniken Konzept/Alternativen und Herausforderung beschrieben.

Zufallswort: Bei dieser provokanten lateralen Denktechnik wird der Problemstellung, für die Ideen gesucht werden soll, ein Zufallswort gegenübergestellt. Das Zufallswort hilft, aus dem Lösungsmuster, welches vom Problem A zur Lösung B führt, gedanklich auszubrechen und irgendwo „neben" diesem Muster zu landen. Von hier aus kann nun die Lösungsalternative C gefunden werden (Bild 3-44). Das Zufallswort kann beispielsweise durch das willkürliche Zeigen auf ein Substantiv in einem Wörterbuch bestimmt werden. Das Zufallswort darf nicht in einem erkennbaren Zusammenhang mit der Zielrichtung stehen. Auch sollte, wenn sich nicht umgehend neue Ideen einstellen, nicht aus Ungeduld sofort ein neues Zufallswort gewählt werden, da so die Gefahr besteht, unterbewußt ein vermeintlich „geeignetes" Zufallswort auszuwählen.

Provokation: Hier beruht das kreative Denken auf einer zufällig oder bewußt herbeigeführten Provokation, also auf einer Aussage, die außerhalb unserer normalen Erfahrungen liegt. Diese Provokation dient wie das Zufallswort dazu, das Denken an einen Punkt außerhalb der bekannten Lösungsmuster zu führen, um eine alternative Lösung zu finden. Als Provokation kann eine spontan auftauchende ungewöhnliche Idee dienen. Es können Fluchtprovokationen gebildet werden, indem normale Dinge einer Sache aufgeschrieben und anschließend negiert werden (z.B. die Türen werden geschlossen, nachdem sich der Zug in Bewegung gesetzt hat). Auch kann eine normale Handlungsrichtung umgedreht und als Provokation verwendet werden (z.B. je geringer die Geschwindigkeit ist, desto höher ist die Bedeutung des cw-Wertes). Eine weitere Möglichkeit der Provokation ist das Wunschdenken, eine Phantasie, die in Wirklichkeit nie auftreten wird.

Konzept/Alternativen: Ausgangspunkt dieser logischen Denktechnik zur Suche nach neuen Ideen ist ein Startpunkt, gegeben durch eine erste Idee oder eine bekannte Problemlösung. Anschließend wird auf dieser Basis das zugrundeliegende Konzept extrahiert. Dieses dient als Ausgangspunkt für die Suche nach alternativen Lösungswegen. Diese Methode kann als Konzeptdreieck dargestellt werden. Bild 3-46 zeigt das Konzeptdreieck für die Aufgabe, die Durchbiegung eines quadratischen Balkens bei gleichem Materialeinsatz zu verringern. Aus Erfahrung wurde hier als erste Lösungsidee ein hochkant stehendes rechteckiges Profil vorgeschlagen. Aus dieser Lösungsidee kann als zugrundeliegendes Konzept die Erhöhung des Flächenträgheitsmomentes des Balkens

Produktfindung **131**

abstrahiert werden. Aus diesem Konzept lassen sich jetzt leicht weitere Lösungsideen wie ein Doppel-T-Profil oder ein Vierkant-Hohlprofil ableiten.

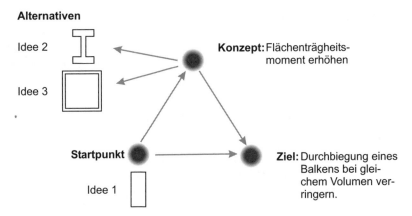

Bild 3-46: Konzeptdreieck für das Problem, die Durchbiegung eines Balkens zu verringern

Herausforderung: Bei dieser Methode wird die gegenwärtige Lösung einer Aufgabe nicht als die beste oder die einzig wahre akzeptiert, sondern sie ist eine von vielen Möglichkeiten, die sich jedoch durchgesetzt hat. Um neue Lösungsmöglichkeiten für diese Aufgabe zu finden, werden drei Fragen gestellt (CBA-Methode):

- *Warum, Cut (Schnitt)*: Damit stellen wir die Notwendigkeit in Frage. Z.B.: Braucht eine Tasse einen Henkel, damit der Benutzer sie auch bei dem Genuß heißer Getränke halten kann?
- *Warum, Because (weil)*: Damit werden die Gründe ermittelt. Z.B.: Die Tasse hat einen Henkel, damit der Benutzer sich bei heißen Getränken nicht die Finger verbrennt.
- *Warum, Alternative*: Ist die bisherige Lösung die einzige Vorgehensweise oder gibt es Alternativen? Z.B.: Muß eine Tasse einen Henkel besitzen oder gibt es weitere Lösungen?

Durch derartige Fragen wird die Herausforderung entwickelt, die zur Suche nach alternativen Lösungen stimuliert.

Ernten

Mit Ernten ist das Sammeln der Ideen während des gesamten Kreativitätsprozesses gemeint. Problematisch dabei ist, daß oftmals nur vermeintlich attraktive Lösungen, d.h. solche, die sich praktisch umsetzen lassen und keine große

Überzeugungsarbeit erfordern, festgehalten werden. Ideen, die noch bearbeitet und abgewandelt werden müssen oder eine neue Denkrichtung beinhalten, werden nicht registriert und somit übersehen.

Ziel eines kreativen Prozesses sollte es jedoch sein, Ideen zu sammeln, auch wenn sie zur Zeit nicht relevant erscheinen. Um dies zu erreichen, ist es notwendig, alle Ideen während der kreativen Sitzung zu dokumentieren. Dafür bietet sich ein Formblatt an, das beispielsweise folgende Kategorien aufweisen kann:

- Ideen, die sofort verwirklicht werden können,
- Modell-Ideen, also Ideen, die Konzepte beinhalten und als Beispiel dienen können oder
- Veränderungen, d.h. Änderungen einer Vorgehensweise oder eines verfolgten Konzeptes während der kreativen Sitzung.

Auf diese Weise kann eine vollständige Ideensammlung entstehen, auf die zurückgegriffen werden kann und die ggf. weitere Kreativität freisetzt. Initiiert von bereits gefundenen Ideen entstehen oftmals in der Folge weitere Ideen. Weiterhin ermöglicht das Arbeiten mit dem Formblatt, daß Abweichungen von der bisherigen Denkweise wahrgenommen und zur Generierung von ganz neuen Konzepten genutzt werden.

Behandlung von Ideen

Normalerweise ist das Resultat der kreativen Sitzung aufzubereiten, bevor die Bewertung vorgenommen werden kann. Die Bewertung der Ideen erfolgt im Prinzip nach der Nutzwertanalyse. Beispiele für die Bewertungskriterien sind Kosten, Zeitbedarf, technisches Risiko etc. Die Bewertung führt ggf. zu einer Kategorisierung der Ideen beispielsweise solcher, die ein hohes Nutzenpotential bei hohem Realisierungsrisiko aufweisen. Ferner geben derartige Beziehungen häufig Hinweise für die Weiterentwicklung einzelner Ideen. So könnte die Einschätzung eines hohen Realisierungsrisikos die Frage provozieren, was denn geändert bzw. getan werden müßte, um dies zu reduzieren.

3.2.3.3 Theorie des erfinderischen Problemlösens (TRIZ)

TRIZ ist eine russische Abkürzung und bedeutet ins Deutsche übersetzt "Theorie des erfinderischen Problemlösens", im Englischen ist TRIZ unter der Abkürzung TIPS (Theory of Inventive Problem Solving) zu finden. Bei TRIZ handelt es sich um eine Methodensammlung, mit deren Hilfe systematisch neuartige, sinnvolle Produktideen generiert werden können. Dazu wird das Problem strukturiert und so weit wie nötig abstrahiert. Ziel ist es, die ideale Lösung für das Problem zu finden. Dies beruht in der Regel auf dem Überwinden von

Widersprüchen. Nach Altschuller [Altschuller 1973], dem Vater von TRIZ, entstehen Innovationen durch das Auflösen von Widersprüchen (vgl. Kasten auf Seite 138).

Die ideale Lösung, was ist das? In Anlehnung an TRIZ liegt eine ideale Lösung dann vor, wenn die sog. „ideale Maschine" erreicht ist. Die ideale Maschine ist ein Gedankenkonstrukt, das alle Anforderungen an die Lösung ohne Limitationen erfüllt. In der Regel sucht der Problemlöser Ideen in dem Bereich, in dem er schon früher bei ähnlichen Problemen Lösungen gefunden hat, das ist bedingt durch die eingefahrenen Denkmuster. Altschuller bezeichnet diese eingefahrenen Denkmuster als psychologischen Trägheitsvektor [Altschuller 1984]. Ausgehend von der Aufgabenstellung werden Lösungen in Richtung dieses Trägheitsvektors gesucht (Bild 3-47).

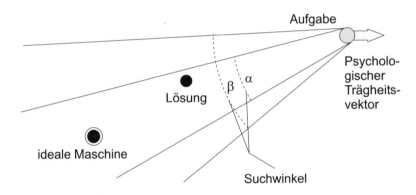

Bild 3-47: Idee der idealen Maschine überwindet Denkblockaden und schränkt den Suchwinkel ein

Oftmals ist es jedoch so, daß ideale Lösungen außerhalb der eingefahrenen Denkstrukturen zu finden sind. Das Konstrukt der idealen Maschine soll dem Problemlöser helfen, den psychologischen Trägheitsvektor zu überwinden und gezielt Lösungen in geeigneten Bereichen zu suchen. Durch die Vorstellung der idealen Maschine soll zielgerichtetes Engineering-Denken stimuliert werden. Die Gedanken des Problemlösers werden in die Richtung einer Lösung gelenkt, die die Anforderungen bestmöglich erfüllt. Auf diese Weise kann der psychologische Trägheitsvektor des Problemlösers, d.h. seine Denkblockaden, überwunden werden und es können innovative und ggf. bahnbrechende Ideen entstehen. Je genauer die ideale Maschine spezifiziert wird, desto kleiner wird auch der Suchbereich, in dem nach der idealen Lösung gesucht wird.

Die **Idealität** einer Lösung kann definiert werden als Quotient aus der Summe aller nützlichen Funktionen durch die Summe aller schädlichen Funktionen.

$$\text{Idealität} = \frac{\text{Summe aller nützlichen Funktionen}}{\text{Summe aller schädlichen Funktionen}}$$

Unter *nützliche Funktionen* sind alle Funktionen zu verstehen, die die Gesamtfunktion unterstützen. *Schädliche Funktionen* beeinträchtigen das Erfüllen der Gesamtfunktion. Schädliche Funktionen verbrauchen unnötig Ressourcen und verursachen zusätzliche Kosten. Eine Lösung ist um so idealer, je größer der Quotient ist [Gimpel et al. 2000].

Das folgende Beispiel veranschaulicht, wie die Idealität einer Lösung verbessert werden kann. Bei großen elektrischen Motoren sind die schweren Rotoren auf Kugellagern gelagert. Aufgrund von Vibrationen und Stößen bei dem Transport verursachen stillstehende Kugellager Vertiefungen auf der Lauffläche der Kugeln. Das Entstehen der Vertiefungen wird bisher dadurch vermieden, daß zusätzlich eine Maschine eingesetzt wird, die die Rotoren periodisch weiterdreht. Die Idealität dieses Systems kann erhöht werden, indem anstelle der Maschine ein Gewicht in Form eines Pendels an der Rotorachse aufgehängt und mit einer Ratsche verbunden wird, die eine Fortbewegung nur in eine Richtung zuläßt (Bild 3-48). Tritt nun ein Stoß auf, regt dieser das Pendel zum Schwingen an. Das Pendel schwingt in die zugelassene Richtung und dreht gleichzeitig den Rotor. Auf diese Weise wird durch den Einsatz eines einfachen Pendels unter Nutzung der vorhandenen Stöße der Rotor weitergedreht, wofür bei der alten Lösung eine spezielle Maschine eingesetzt werden mußte. Das System ist nun einfacher, weniger komplex und somit idealer [Gimpel et al. 2000].

Neben dem Erhöhen der Idealität ist ein weiteres Ziel von TRIZ, **Widersprüche zu überwinden**, da auf diese Weise Lösungen mit höchstem Innovationsgrad entstehen (siehe Kasten Seite 138). Technische Widersprüche liegen immer dann vor, wenn das Erfüllen einer Produktanforderung zum Nichterfüllen einer anderen Anforderung führt. Beispielsweise sind an die Entwicklung eines PKWs die Anforderungen gestellt, das Gewicht um 10% zu reduzieren und die Höchstgeschwindigkeit um 20% zu steigern. Wird zur Erhöhung der Geschwindigkeit ein stärkerer und somit größerer Motor eingesetzt, entsteht bedingt durch den größeren Motor ein höheres Gewicht des PKWs. In diesem Fall wird die Anforderung der höheren Geschwindigkeit erfüllt, die Anforderung der Gewichtsreduzierung jedoch nicht. Somit liegt ein Widerspruch vor.

Eine umfassende Analyse von Patenten hat 40 Prinzipien wie Separation, Umkehr, Mechanik ersetzen etc. ergeben, mit deren Hilfe technische Widersprüche behoben werden und dadurch neue sinnvolle Lösungsideen entstehen

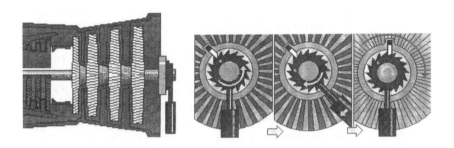

Bild 3-48: Erhöhung der Idealität des Systems, indem die Maschine zum Drehen des Rotors durch ein Pendel ersetzt wird [Gimpel et al. 2000]

können. Technische Widersprüche lassen sich durch 39 Parameter wie Gewicht eines bewegten Objektes, Geschwindigkeit, Produktivität, Zuverlässigkeit etc. beschreiben. Diese Parameter sind in einer Matrix gegenübergestellt (Bild 3-49). In den Schnittpunkten der Parameter sind jeweils die Prinzipien aufgeführt, mit deren Hilfe bereits in der Vergangenheit derartige Widersprüche aufgelöst wurden. Die Vorgehensweise beim Lösen von Widersprüchen wird an folgendem Beispiel verdeutlicht [Herb et al. 2000].

	zu verbessernder Parameter \ nicht erwünschte Veränderung (Konflikt)	1 Gewicht eines bewegten Objektes	2 Gewicht eines stationären Objektes	**	36 Komplexität in der Struktur	**	38 Automatisierungsgrad	39 Produktivität
1	Gewicht eines bewegten Objektes							
* *								
9	Geschwindigkeit		13,28					
* *								
39	Produktivität							

empfohlene innovative Prinzipien
13 Umkehr
28 Mechanik ersetzen

Bild 3-49: Ausschnitt aus der Matrix zum Lösen von Widersprüchen

Die Ausbringungsmenge einer Maschine zum Trennen von Blechrohren soll erhöht werden. Bisher wird der Maschine ein Blech zugeführt. Dieses wird von der Maschine gebogen und zu einem Rohr zusammengeschweißt. Anschließend wird es von einer beweglichen Trenneinheit in Stücke bestimmter Länge geschnitten. Die Trenneinheit läuft während dieses Vorgangs mit dem Rohr mit. Um die Ausbringungsmenge der Maschine zu erhöhen, gibt es die Möglichkeit, die Trenneinheit schneller laufen zu lassen, so daß sie in der gleichen Zeit mehr Schnitte durchführen kann. Dazu müßte ein stärkerer Motor eingesetzt werden. Dieser bewirkt jedoch, daß das Gewicht des Systems zunimmt und das System als Ganzes träger wird. Hier tritt ein technischer Widerspruch auf: Die Geschwindigkeit des Systems soll erhöht werden, was jedoch eine Gewichtszunahme bewirkt. In diesem Fall ist der zu verbessernde Parameter die "Geschwindigkeit" und die nicht erwünschte Veränderung das zunehmende "Gewicht eines bewegten Objektes".

Entsprechend der Matrix werden zur Lösung des Konfliktes die Prinzipien 13 "Umkehr" und 28 "Mechanik ersetzen" vorgeschlagen. Das Prinzip 13 "Umkehr" regt an, anstelle der durch die Spezifikation diktierten Aktion die genau gegenteilige Aktion zu implementieren bzw. das System „auf den Kopf" zu stellen, also umzukehren. Basierend auf diesen Empfehlungen könnte eine Lösung darin bestehen, anstatt die Geschwindigkeit des Schneidaggregates durch einen stärkeren Motor zu erhöhen, die Rohrführung schneller zu gestalten und auf diese Weise die Ausbringungsmenge zu erhöhen. Das Prinzip 28 empfiehlt unter anderem ein mechanisches System durch ein optisches, akustisches oder geruchsbasierendes System zu ersetzen. In diesem Fall könnte eine Lösung ein effektiveres Schneidaggregat, beispielsweise einen Laser, beinhalten, so daß auch hier der Schneidvorgang ohne Einsatz eines stärkeren Motors verkürzt wird [Terninko et al. 1998].

Um die Idealität eines Systems zu erhöhen und Widersprüche aufzudecken, sind in TRIZ weitere Methoden enthalten, die bei dem Analysieren von Problemen, dem Überwinden von Denkblockaden, dem Bereitstellen von Wissen und dem Anregen der kreativen Leistung des Problemlösers helfen. Einige der Methoden unterstützen mehr das intuitive und andere mehr das diskursive Denken (Bild 3-50). Je nach Problemstellung können die Methoden entsprechend eingesetzt werden und zu guten Lösungsideen führen. Größten Erfolg auf innovative Produktideen versprechen die Basiselemente der TRIZ-Methodik, wie die Idealität eines Systems, die Widerspruchsanalyse zum Auflösen von Widersprüchen, ARIZ – der Algorithmus zur erfinderischen Problemlösung, technologische Trends, die Stoff-Feld-Analyse und das Effekte-Lexikon. In einigen Fällen reicht deren Anwendung allein nicht aus, hier können dann durch Einsatz der ergänzenden Methoden zusätzliche Erkenntnisse gewonnen werden, mit deren Hilfe sinnvolle Produktideen gefunden werden können.

Produktfindung 137

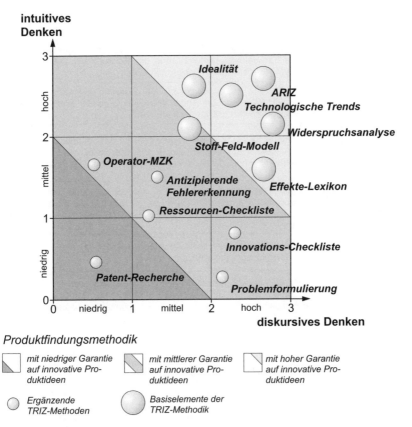

Bild 3-50: *Ordnungsschema der TRIZ-Methoden*

In Tabelle 3-2 werden ausgewählte Methoden von TRIZ näher charakterisiert [Herb et al. 2000].

Tabelle 3-2: *TRIZ-Methoden*

Methode	kurze Charakterisierung
Antizipierende Fehlererkennung	Der Problemlöser versucht gezielt, einen Fehler zu verursachen. Dabei konzentrieren sich auf Schwachstellen des bisherigen Produktes. Diese werden so weit ausgereizt, bis ein Fehler auftritt. Dieser Fehler wird als gewünscht angesehen. Anschließend wird nach Abhilfemaßnahmen gesucht.
ARIZ	ARIZ (Algorithmus zur Lösung von Erfindungsaufgaben) schlägt ein methodisches Vorgehen vor, wie die einzelnen TRIZ-Werkzeuge zur Lösungsfindung bei der Entwicklung von innovativen Produkten eingesetzt werden können.

Methode	kurze Charakterisierung
Effekte-Lexikon	Das Effekte-Lexikon dient dem Problemlöser zur Erweiterung seines Wissens auf andere Fachgebiete. Dadurch kann der Problemlöser auf ganz neue Lösungsmöglichkeiten für sein Problem kommen.
Idealität	Das ideale System ist dasjenige, das die gestellten Anforderungen bestmöglich erfüllt. Basierend auf dieser Vorstellung wird der Problemlöser zu neuen Denkweisen und Lösungsideen angeregt.
Innovationschecklisten	Die Innovationscheckliste ist ein Fragebogen, mit dessen Hilfe der Problemlöser die Ist-Situation analysieren kann. Bedingt durch die genaue Betrachtung des Problems entstehen während dieser Analyse oft schon Lösungsideen.
Operator-MZK	Der Operator Material-Zeit-Kosten (MZK) soll bei dem Problemlöser neue Ideen hervorrufen, indem gedanklich entweder beliebig viel oder gar nichts an Material oder Zeit vorhanden ist bzw. keine oder beliebig viele Kosten entstehen.
Patentrecherche	Die Patentdatenbank enthält die neuesten Erkenntnisse, die der Problemlöser auf sein Problem übertragen kann.
Problemformulierung	Die Problemformulierungsmethode gibt eine Anleitung, wie ein komplexes Problem zerlegt werden kann. Auf diese Weise ist der Problemlöser in der Lage, durch das Lösen von mehreren weniger komplexen Teilproblemen das Gesamtproblem zu lösen.
Stoff-Feld-Modell	Mit Hilfe der Stoff-Feld-Analyse können vorhandene Produkte verbessert werden im Sinne von mehr Effizienz, mehr Idealität, weniger schädlicher Faktoren oder weniger Redundanzen. Dazu werden die Stoffe und Felder (z.B. elektrische oder magnetische Energie) analysiert und variiert.
Technologische Trends	Produkte entwickeln sich nach ganz bestimmten Mustern (z.B. S-Kurve: Nutzen über den kumulierten F&E-Aufwand). Basierend auf der Kenntnis dieser Muster kann der Entwicklungsstand derzeitiger Produkte bestimmt und deren nächste Entwicklungsstufe vorhergesagt werden.
Widerspruchsanalyse	Mit Hilfe der Widerspruchsanalyse können technische und physikalische Widersprüche gelöst werden.

Entstehung von TRIZ

Genrich Altschuller (1926-1998) wurde in Rußland geboren. Er fand schon als Kind Interesse an dem Phänomen Erfindungen. Ein Schlüsselerlebnis war für ihn folgende Begenbenheit: Eines Tages ging er über die Straße und kam an einem Stromtransformator vorbei, der abgebaut werden sollte. Es war ein großes Gerät, das auf einem erhöhten Fundament stand. Die Arbeiter wußten nicht, wie sie ohne Kran den Transformator auf einen Transportwagen herunterlassen sollten. Sie konnten zwar die Steine unter ihm wegbrechen, aber es stellte sich die Frage, wie ein Mechanismus konstruiert werden konnte, der ein sanftes Herablassen ermöglichen würde.

Plötzlich hatte jemand eine Idee. Sie brachen Steine aus der Mitte heraus und ersetzten sie durch Eisblöcke, wie sie zu der Zeit auf Lieferwagen an die Bevölkerung verkauft wurden, da es noch keine Kühlschränke gab. Als die Mittagssonne kam, fing das Eis an zu schmelzen und der Transformator sank langsam und kontrolliert ab. In dem Moment wurde Altschuller bewußt, daß er soeben Zeuge einer Erfindung geworden war. Inspiriert durch diese Erfindung beschäftigte er sich intensiv mit der Frage, wie bestimmte Dinge verbessert oder ermöglicht werden konnten. Mit 14 Jahren machte er seine erste Erfindung. Er entwickelte ein Gerät, das Sauerstoff aus Wasserstoffperoxid herstellt und setzte es als Tauchgerät ein. Zwei Jahre später erhielt er auf diese Erfindung ein Patent. Während seines Lebens arbeitete er als Erfinder.

Altschuller war jedoch nicht nur daran interessiert, Dinge zu erfinden sondern er beschäftigte sich auch mit den Fragestellungen, wie Kreativität systematisch gefördert werden kann und ob es allgemeingültige Vorgehensweisen für das Finden von innovativen Lösungskonzepten gibt. Er stellte fest, daß es für Spezialisten auf einem bestimmten Gebiet sehr schwierig ist, Ideen außerhalb seines Fachgebietes zu bekommen, was insbesondere durch die unterschiedlichen Fachtermini und der verschiedenen Denkansätze der unterschiedlichen Wissensgebiete bedingt ist. Ausgehend von diesen Überlegungen untersuchte er 2,5 Millionen Patente auf wiederkehrende Muster bei der kreativen Ideenfindung. Bei der Analyse stützte er sich auf die Fragen, wie weit das zur Lösung verwendete Wissen vom Fachgebiet des Erfinders entfernt war, wie viele theoretische Lösungsansätze bei der Ideenfindung in Betracht gezogen wurden, auf welchem Abstraktionsgrad des Problems die Lösungsidee gefunden wurde und wie groß der Fortschritt von dem alten Lösungsprinzip zum neuen war [Altschuller 1973].

Aufgrund dieser Fragestellungen ordnete Altschuller die Patente fünf Niveaus der Kreativität zu (siehe folgendes Bild). Beinhaltete das Patent eine einfache Veränderung des bestehenden Systems (z.B. Material dicker machen), wurde es dem untersten Niveau zugeordnet. Patente, die eine deutliche Veränderung des bestehenden Systems beinhalteten (z.B. Riemen statt Antriebskette bei Motorrad), wurden in das mittlere Niveau eingeordnet. Enthielt das Patent völlig neue Aspekte, beispielsweise ein neues physikalisches Prinzip (z.B. Lasertechnologie), gehörte es dem höchsten Niveau an. Nach der Analyse und Zuordnung der Patente stellte Altschuller fest, daß es sehr viele Patente mit niedrigem Niveau und somit niedrigem Innovationsgrad gab, aber nur sehr wenige, die den hohen Niveaus zugeordnet werden konnten und einen hohen Innovationsgrad besaßen [Gimpel et al. 2000].

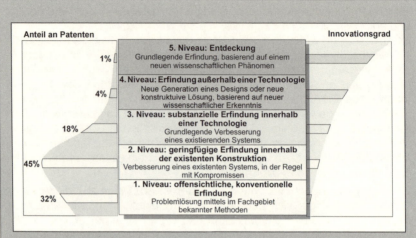

Die fünf Niveaus der Kreativität

In den weiteren Untersuchungen interessierten Altschuller vorwiegend die Ideen mit hohem Innovationsgrad und er analysierte diese Patente in einem nachfolgenden Schritt genauer. Er stellte fest, daß bei Lösungen mit hohem Innovationsgrad immer ein Widerspruch überwunden worden ist. Somit kam er zu der These, daß Innovationen immer durch das Beseitigen eines Widerspruches entstehen. Weiterhin kam er zu dem Ergebnis, daß Erfindungen immer bestimmten Gesetzmäßigkeiten der technischen Evolution folgen und es Standardvorgehensweisen sowie innovative Prinzipien gibt, die immer wieder bei kreativen Lösungen benutzt werden. Basierend auf diesen Erkenntnissen begründete Altschuller die Theorie des erfinderischen Problemlösens (TRIZ). Zu den Kernelementen der Altschullerschen Arbeit gehören die Stufen der Innovation, die Widerspruchsanalyse (1956-79), der Gedanke der Idealität (1959), 76 Standardlösungen (1974-79), Evolutionsgrundmuster (1969-79), ARIZ – der Algorithmus zur erfinderischen Problemlösung (1959-85) und die Stoff-Feld-Analyse (1975) [Terninko et al. 1998].

Heute ist TRIZ eine anerkannte und fest etablierte Sammlung von Methoden, die ständig weiterentwickelt und um neue Elemente ergänzt wird. Softwareunternehmen wie *Invention Machine* setzen TRIZ in Softwareprodukte wie den *TechOptimizer* um [Herb et al. 2000].

Literatur: **Altschuller**, G.: Erfinden. Wege zur Lösung technischer Probleme. VEB Verlag Technik, 1984

Gimpel, B./**Herb**, T./**Herb**, R.: Ideen finden, Produkte entwickeln mit TRIZ. Carl Hanser Verlag, 2000

> **Herb**, R./**Herb**, T./ **Kohnhauser**, V.: TRIZ – der systematische Weg zur Innovation: Werkzeuge, Praxisbeispiele, Schritt-für-Schritt-Anleitungen. Verlag Moderne Industrie, 2000
>
> **Terninko**, J./**Zusman**, A./**Zlotin**, B.: TRIZ – Der Weg zum konkurrenzlosen Erfolgsprodukt. Ideen produzieren, Nischen besetzen, Märkte gewinnen; Herausgeber und Übersetzer: Herb, R.; Originaltitel: Step-by-Step TRIZ Creating Innovative Solution Concepts. Verlag Moderne Industrie AG, 1998

3.2.4 Verknüpfung mit der Szenario-Technik

In Kapitel 3.1.4.3 sind wir bereits kurz darauf eingegangen, daß sich Produktkonzepte mit Hilfe der Szenario-Technik erarbeiten lassen und es sich anbietet, diese im Lichte der verschiedenen Markt- und Umfeldszenarien auf ihre Eignung hin zu beurteilen. Letzteres bietet sich selbstredend auch für die Lösungen an, die mit Hilfe des Einsatzes von Kreativitätstechniken gefunden worden sind. Im Prinzip geht es um einen Abgleich der Erkenntnisse aus der Potentialfindung und der Produktfindung, um letzthin eine schlüssige Argumentationskette für eine Produktlösung aufzubauen. Wie dies konkret erfolgen kann, sei an einem Beispiel verdeutlicht, in dem es um technische Lösungen für schienengebundene Transportsysteme im KEP (Kurier, Express, Paket)-Markt geht. Das Aufkommen in diesem Markt steigt – primär getrieben durch E-Commerce – stark an, so daß sich hier Erfolgspotentiale für Transportunternehmen eröffnen.

Zunächst wurden für das KEP-Geschäft Markt- und Umfeldszenarien erarbeitet. Relevante Einflußfaktoren sind

- Internationalisierung der Warenströme,
- Verkehrsentwicklung und Telematik auf der Straße,
- EU-Verkehrspolitik,
- Umweltbewußtsein,
- Akzeptanz und Anwendung Internet,
- Marktvolumen E-Commerce,
- Branchenstruktur (Transportunternehmen)
- etc.

Ferner wurden mit Hilfe der Szenario-Technik Technologie-Konzeptionen zur Gestaltung der sog. Transportkette entwickelt. Die Transportkette beschreibt den verkehrsträgerübergreifenden Transport des Transportgutes vom Sender zum Empfänger. Das schließt auch notwendige Verlade- und Umladeprozesse zu anderen Verkehrsträgern (Lkw, Flugzeug, Schiff) ein. Die ins Kalkül gezogenen Schlüsselfaktoren zur Entwicklung der Technologie-Konzeption sind:

- Kombination der Verkehrsträger und -mittel,
- Informations- und Kommunikationstechnik zur Systemsteuerung,
- Störfallmanagement,
- Kombination von Personen- und Güterverkehr,
- Leistungsfähigkeit der Leit- und Sicherungstechnik,
- Dichte des Schienennetzes,
- Art und Größe der Zugeinheiten,
- Zugbildung,
- Kupplungssystem etc.

Angesichts derartiger Einflußgrößen wird deutlich, daß die daraus resultierenden Konzeptionen auf einer Metaebene anzusiedeln sind. Sie definieren für die eigentliche Produktfindung, in der Kreativitätstechniken zum Einsatz kommen, den Suchraum. In Bild 3-51 sind Markt- und Umfeldszenarien und technische Lösungen für die Transportkette gegenübergestellt, um die strategische Stoßrichtung für den Aufbau des Geschäfts und die Vorgaben für die Produktentwicklung zu ermitteln. Dies erfolgt in vier Schritten.

Markt- und Umfeld-Szenarien KEP / technische Konzeptionen Transportkette	Szenario 1: E-Commerce führt zu einem Boom im KEP-Markt; gute Möglichkeiten für Transport und Logistikunternehmen	Szenario 2: E-Commerce führt zu einem Boom im KEP-Markt; Konzentrationen beeinträchtigen Zugangsmöglichkeit Dritter	Szenario 3: KEP-Markt geprägt durch internationale Warenströme; E-Commerce bleibt hinter Erwartungen	Szenario 4: Mäßiges Wachstum im KEP-Markt; Mittelständische Fuhrunternehmen behaupten sich
Szenario 1: Selbstfahrende Transporteinheiten befördern bedarfsgerecht auch kleinere Einheiten				
Szenario 2: Selbstfahrende Transporteinheiten bedienen wenige Großterminals	1. Beurteilung der Eignung der technischen Lösungen in spezifischen Markt- und Umfeldszenarien ⊕⊕ erfüllt voll die Anforderungen ⊕ erfüllt größtenteils die Anforderungen ◯ ⊖ erfüllt nur teilweise die Anforderungen ⊖⊖ völlig ungeeignet 2. Ableitung von strategischen Stoßrichtungen 3. Beurteilung der strategischen Stoßrichtungen mit Hilfe der Nutzwertanalyse 4. Ausrichtung der F&E-Aktivitäten			
Szenario 3: Modulzüge bedienen ein gut ausgebautes Terminalnetz				
Szenario 4: Klassische Züge transportieren große Ladeeinheiten				

Bild 3-51: Gegenüberstellung von technischen Konzeptionen und Markt- und Umfeldszenarien

Produktfindung

1) **Eignung der technischen Lösungen:** Beurteilt wird, wie gut die spezifischen Anforderungen der Markt- und Umfeldszenarien von den einzelnen technischen Lösungen erfüllt werden.

2) **Ableitung strategischer Stoßrichtungen:** Diese ergeben sich aus dem „wahrscheinlichsten" Markt- und Umfeldszenario und den technischen Lösungen, die in dieser Situation die Anforderungen am besten erfüllen. In dieser Phase bietet es sich auch an, nach sog. zukunftsrobusten technischen Lösungen zu suchen, also Lösungen, die in mehreren Markt- und Umfeldszenarien geeignet sind. Häufig trifft das nicht für Gesamtlösungen zu, aber für Teillösungen wie eine Kupplungskonzeption.

3) **Bewertung der strategischen Stoßrichtungen:** Anschließend werden die strategischen Stoßrichtungen mit Hilfe der Nutzwertanalyse beurteilt, welche eine transparente, nachvollziehbare Bewertung der Varianten für ein strategisches Vorgehen anhand gewichteter Beurteilungskriterien ermöglicht. Beispiele für Beurteilungskriterien sind Gewinnerwartung, technisches Risiko, Übereinstimmung mit bereits vorgenommenen Weichenstellungen etc.

4) **Ausrichtung der F&E-Aktivitäten:** Überprüfung laufender F&E-Vorhaben im Lichte der präferierten strategischen Stoßrichtung. Diese Überprüfung liegt auf der Hand, weil es in Großunternehmen naturgemäß eine Vielzahl an F&E-Projekten gibt und eine Priorisierung schon allein wegen der begrenzten Ressourcen erforderlich ist.

Dieses Beispiel zeigt also, daß Potentialfindung und Produktfindung integrativ vorzunehmen sind und daß es durchaus Sinn macht, zwischen verschiedenen Abstraktions-/Detaillierungsebenen zu wechseln, um am Ende zu einer schlüssigen Argumentationskette für eine technische Lösung zu kommen. Neben dieser Erkenntnis ergibt sich ein weiterer wichtiger Gesichtspunkt hinsichtlich der Nutzung der Szenario-Technik für die Lösungsfindung:

Der aufmerksame Leser wird sich daran erinnern können, daß die Szenarien – gleich ob Markt- und Umfeldszenarien oder Gestaltungsfeldszenarien – auf der paarweisen Bewertung der Konsistenz von Zukunftsprojektionen beruhen (vgl. Kap. 3.1.3.6, Bild 3-27 und 3-28). Ohne zu zögern, würden wir das Projektionspaar *stark gestiegener Benzinpreis* und *stark gestiegene Mobilität der Bürger* als total inkonsistent bewerten. Das würde bedeuten, daß es kein Szenario gibt, in dem diese Kombination auftritt. Nach Altschuller liegt hier ein Widerspruch vor, der einen Ansatzpunkt für eine neue Lösung bilden könnte. Vor diesem Hintergrund erscheint es plausibel, die Beurteilung der Konsistenz im Wechselspiel mit der Lösungssuche vorzunehmen. Vielleicht kämen wir so auf ein Verkehrsmittel, das den Widerspruch *hoher Benzinpreis* und *hohe Mobilität* auflöst, beispielsweise ein Verkehrsmittel, das kein Benzin benötigt. Auch diese Betrachtung unterstreicht die Notwendigkeit, Potentialfindung, Produktfindung, Geschäftsplanung und Produktkonzipierung integrativ vorzunehmen. Insofern wird auch deutlich, warum wir die strategische Produktplanung wie in Bild 2-15 dargestellt als Zyklus und nicht als Sequenz der genannten Hauptaufgaben sehen.

3.3 Geschäftsplanung

Grundsätzliches Ziel der Geschäftsplanung ist, den Nachweis zu erbringen, ob mit dem neuen Produkt über den Produktlebenszyklus Gewinn erzielt werden kann. Gerade in ingenieurgetriebenen Unternehmen ist häufig die Freude über eine brillante Produktidee so groß, daß dieser Punkt vernachlässigt wird und man gleich mit Elan an die Umsetzung der Produktidee geht. Daß das neue Produkt ein Erfolg wird, scheint einfach selbstverständlich zu sein. Wie wir aus Erfahrung wissen, ist dem natürlich nicht so. Daher gehört trotz aller Begeisterung, die unerläßlich ist, um ein Spitzenprodukt zu entwickeln, der Aufgabenkomplex Geschäftsplanung in den Produktinnovationsprozeß.

Basis für die Ermittlung der Rentabilität eines neuen Produktes bilden die Geschäfts- und die Produktstrategie. Um diese beiden Begriffe besser einordnen zu können, sei das Bild 3-52 herangezogen, das in Anlehnung an die Literatur [Andrews 1987], [Hax/Majluf 1996] drei Strategieebenen aufweist.

- Auf der Strategieebene des Gesamtunternehmens wird die *Unternehmensstrategie (corporate strategy)* entworfen und umgesetzt.
- Auf der Strategieebene der Geschäftsbereiche bzw. der strategischen Geschäftsfelder werden die *Geschäftsstrategien (business strategies)* entwickelt und umgesetzt.
- Auf der untersten Strategieebene werden *SGF-spezifische Substrategien* für ausgewählte Handlungsbereiche *(functional strategies)* entworfen und umgesetzt. Handlungsbereiche sind Vertrieb, Produkt, Fertigung, Personal, etc. Entsprechende Substrategien sind die Vertriebsstrategie, die Produktstrategie, die Fertigungsstrategie, die Personalentwicklungsstrategie etc.

Der Prozeß der strategischen Unternehmensführung läßt sich als Kreislauf mit drei ineinandergreifenden Teilprozessen verstehen:

- Im Rahmen der **Unternehmensstrategie** wird eine zukunftsorientierte Geschäftsstruktur des Unternehmens erarbeitet – d.h. es wird im Grundsatz festgelegt, mit welchen Marktleistungen welche Märkte bearbeitet werden sollen.
- Im Rahmen der **Geschäftsstrategien** werden diese strategischen Ausrichtungen konkretisiert. Die Konsequenzen in einer Geschäftsstrategie drücken aus, was in welchen Handlungsbereichen bzw. Funktionsbereichen grund-

sätzlich geschehen muß, um die im Leitbild enthaltene Zielsetzung zu erreichen, die strategischen Erfolgspositionen aufzubauen sowie die Marktleistung zu erbringen und zu vermarkten. Aus den Konsequenzen der Geschäftsstrategie ergeben sich die Substrategien.

- Im Rahmen der **Substrategien** wird festgelegt, wie in den einzelnen Handlungs- bzw. Funktionsbereichen eines SGF vorzugehen ist, um die entsprechenden Ziele zu erreichen.

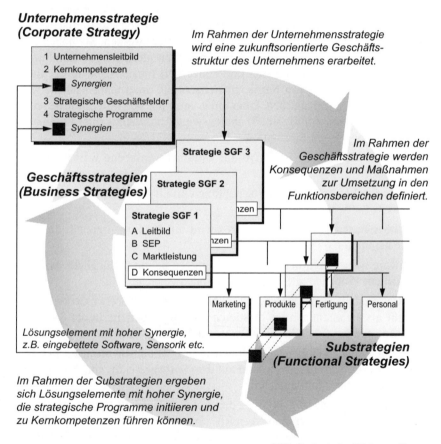

Bild 3-52: Strategieebenen eines Unternehmens und das Wechselspiel der entsprechenden Strategien

Das ist eine idealtypische Struktur, die besonders für große Unternehmen gilt, die mehrere strategische Geschäftsfelder bearbeiten. Für kleinere Unternehmen muß das selbstredend nicht so differenziert werden.

Ein besonders interessanter Aspekt ergibt sich aus der häufig anzutreffenden Gegebenheit, daß man in den Substrategien gleicher Art zu ähnlichen Erkenntnissen gelangt, beispielsweise daß eingebettete Software (vgl. Kasten auf Seite 147) oder die Sensortechnik erfolgsentscheidend sind. Gleiche Erkenntnisse führen aber nicht zwangsläufig zu gleichen Handlungskonzeptionen – sei es, daß man nichts voneinander weiß oder daß übertriebenes Bereichsdenken dem entgegensteht. So werden Synergien übersehen. Es liegt daher nahe, Synergien zu erkennen und zu nutzen. Dazu dienen sog. **strategische Programme**, die auf Unternehmensebene vorangebracht werden. Sie haben zum Ziel, die in mehreren Geschäftsfeldern ermittelten gleichartigen Handlungskonzeptionen zusammenzuführen und konzertiert umzusetzen. In der Regel führt das zum Aufbau von Kernkompetenzen auf Unternehmensebene. Beispiele für solche strategischen Programme sind die Softwareinitiative eines Großunternehmens oder die unternehmensweite Umsetzung einer Produktdatenmanagement (PDM)-Konzeption.

Auslöser für die *Softwareinitiative* auf Unternehmensebene waren folgende Erkenntnisse:

- Ein erheblicher Anteil der Wertschöpfung entfällt auf Software, primär eingebettete Software.
- Der überwiegende Teil des Umsatzes wird mit Produkten erzielt, die Software beinhalten.
- Software trägt wesentlich zum Kundennutzen bei und ermöglicht das wirtschaftliche Eingehen auf spezifische Kundenwünsche.
- Im Unternehmen sind wesentlich mehr Personen mit Softwareentwicklung befaßt als angenommen; es existieren erhebliche Defizite in der Softwarequalität und der Qualität der Softwareentwicklungsprozesse.

Kein Wunder also, daß die Unternehmensleitung mit einem strategischen Programm diese Defizite beseitigen und auf dem Softwaresektor eine Kernkompetenz für die Zukunft aufbauen will.

Produktdatenmanagement (PDM) ist das zweite Beispiel. PDM wäre eine Handlungskonzeption im Handlungsbereich (Substrategiebereich) Informationstechnik und somit ein wesentlicher Teil einer Substrategie Informationstechnik, die auf die Gestaltung der Leistungserstellungsprozesse abzielt. Es leuchtet ein, daß es unklug ist, PDM-Systeme unabgestimmt bereichsweise einzuführen, weil so ähnliche Lernprozesse mehrfach durchlaufen werden und die Implementation unterschiedlicher PDM-Systeme die Entwicklungsmöglichkeiten des Unternehmens wesentlich beeinträchtigen kann. Auch in diesem

Software in eingebetteten Systemen

Steigende Leistungsfähigkeit und sinkende Kosten haben in den letzten zwei Jahrzehnten zur beispiellosen Verbreitung des Mirkroprozessors geführt. Mikroprozessoren werden nicht nur in Computern eingesetzt, sondern bilden auch den Kern von sogenannten „eingebetteten Systemen": „Ein eingebettetes System ist eine Hardware/Software-Einheit, die über Sensoren und Aktoren mit einem Gesamtsystem verbunden ist und in diesem Überwachungs-, Steuerungs- oder Regelungsaufgaben wahrnimmt. In der Regel handelt es sich um reaktive, häufig auch um verteilte Systeme mit gemischt analog/digitalen Anteilen und Echtzeitanforderungen. Typischerweise bleiben solche Systeme dem menschlichen Benutzer verborgen. Er interagiert mit ihnen häufig unbewußt. Eingebettete Systeme verfügen meist über keine standardisierte Peripherie" [VDMA 2000, S.1].

Beispiele für eingebettete Systeme gibt es reichlich. Wir benutzen sie im Lift beim Drücken der gewünschten Etage oder beim Bremsen eines Autos, das mit einem Antiblockiersystem ausgestattet ist. Neben dem Anlagen- und Maschinenbau sowie der Verkehrstechnik sind die Telekommunikations-, Haushaltsgeräte- und Medizintechnik sowie die Unterhaltungselektronik klassische Anwendungsgebiete. In allen Fällen bestimmt Software die Funktionalität.

Vor diesem Hintergrund und aufgrund der steigenden Bedeutung der Informations- und Kommunikationstechnik entwickelt sich Software-Engineering zu einem herausragenden Erfolgsfaktor der Zukunft. Die Herausforderung liegt in der Integration der beteiligten Disziplinen: klassischer Maschinenbau, Elektrotechnik und Informationstechnik sowie dem Zusammenführen der einzelnen Vorgehensweisen, Methoden und Werkzeuge zu einer gemeinsamen Produktentwicklung.

Studien zeigen gravierende Defizite in der Praxis auf dem Gebiet der eingebetteten Systeme. Zum einen werden anerkannte Methoden und Werkzeuge nicht angwandt, andererseits gibt es aber auch noch Forschungsbedarf wie z.B. Methoden und Werkzeuge zum interdisziplinären Entwicklungsmanagement, Verfahren zur effizienten Codegenerierung oder Verfahren zur Qualitätssicherung von Software [BMBF 2000], [VDMA 2000].

Literatur: **BMBF** (Hrsg.): Analyse und Evaluation der Softwareentwicklung in Deutschland. Projektgemeinschaft: GfK Marktforschung GmbH; FhG IESE; FhG ISI, Dezember 2000

VDMA FG Software (Hrsg.): Entwicklung, Produktion und Service von Software für eingebettete Systeme in der Produktion. Abschlußbericht der gleichnamigen Vordringlichen Aktion des BMBF, VDMA Verlag, 2000

Fall liegt es nahe, PDM zur Sache des Unternehmens zu machen, weil PDM die Transparenz und die Effizienz der Produktentwicklungsprozesse wesentlich erhöht und so einen bedeutenden Beitrag zur Steigerung der Wettbewerbsfähigkeit leistet.

Die vorgestellten Beispiele unterstreichen das Wirkgefüge von Strategien im Kontext Produktinnovation, sowohl über die drei Strategieebenen als auch auf der Ebene der Substrategien. Zu der gleichen Erkenntnis – wenn auch mit einer anders strukturierten Sichtweise sind wir im Rahmen der sog. *Vordringlichen Aktion Kooperatives Produktengineering (VA KPE)*, Programm *Forschung für die Produktion von morgen* des BMBF gelangt (vgl. auch Kasten auf Seite 45, Kap. 2.3.3). In dem Projekt wurde der in Bild 3-53 dargestellte Referenzprozeß erarbeitet. Die darin wiedergegebenen Teilprozesse *Geschäftsstrategie entwickeln* und *Geschäftsplan erstellen* sind Gegenstand des hier behandelten Kapitels Geschäftsplanung.

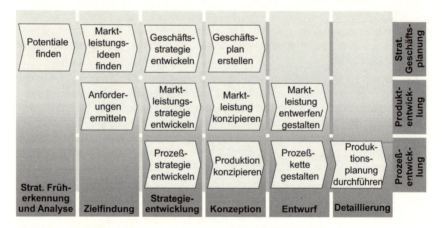

Bild 3-53: Referenzprozeß Kooperatives Produktengineering [Gausemeier et al. 2000]

Die angestrebte Geschäfts- und Produktstrategie ist Resultat des allgemeinen **Marketingprozesses** [Kleinaltenkamp/Plinke 2000]. Bild 3-54 verdeutlicht die Zuordnung der vorgestellten Strategieebenen zu den Phasen des Marketingprozesses. Danach ist die Geschäftsstrategie Ergebnis der Phasen 3 und 4. Phase 5 hat die Umsetzung des Marketing-Mix zum Inhalt, wobei im folgenden die sog. Produkt- und Programmpolitik im Vordergrund steht, was Gegenstand der Produktstrategie ist.

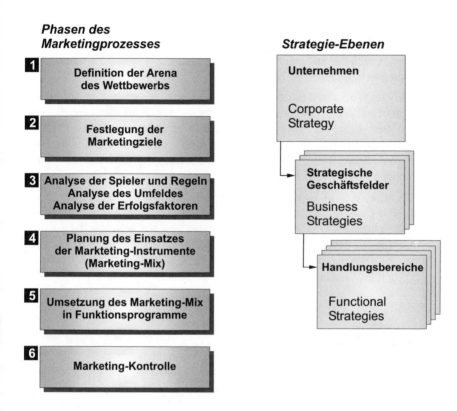

Bild 3-54: *Zuordnung von Strategieebenen (rechts im Bild) zu den Phasen des Marketingprozesses nach Kleinaltenkamp/Plinke (links im Bild)*

3.3.1 Entwicklung der Geschäftsstrategie

Eine Strategie ist der Weg zu einer unternehmerischen Vision, die im wesentlichen durch wahrgenommene Erfolgspotentiale der Zukunft bestimmt ist. Strategische Führung heißt, die Erfolgspotentiale der Zukunft frühzeitig zu erkennen und rechtzeitig auszuschöpfen. Die strategische Führung ist die Vorsteuerung der operativen Führung. Somit ist strategische Führung nicht als Aufgabe zu verstehen, die hin und wieder – oft ausgelöst durch das schlechte Gewissen des Führungsteams – abgearbeitet wird, sondern ein ständiger Prozeß. Dieser Prozeß vollzieht sich in fünf Abschnitten, die im Normalfall jährlich zu durchlaufen sind (Bild 3-55). In Geschäftsfeldern, die sich sehr dynamisch entwickeln, wie Electronic Business sind hingegen wesentlich kürzere Zeiträume angesagt.

In diesem Prozeß der strategischen Führung sind die in Bild 3-55 wiedergegebenen klassischen Fragen zu beantworten.

1) **Analyse: Wo stehen wir heute?** Zunächst ist es notwendig, festzustellen, wo man selbst – als Unternehmen, Geschäfts- oder Funktionsbereich – derzeit steht. Diese Analysephase läßt sich in eine (interne) Unternehmensanalyse und eine (externe) Markt- und Wettbewerbsanalyse gliedern. Als Ergebnis liefert diese Charakterisierung der Ausgangssituation die gegenwärtigen Stärken und Schwächen des Unternehmens.

2) **Prognose: Welche Handlungsoptionen haben wir?** Hier geht es zunächst um den Blick in die Zukunft. Das ist wichtig, weil die Lösung der heute offensichtlichen Probleme nicht zwangsläufig dazu beiträgt, die Herausforderungen der Zukunft zu bewältigen. Zur Ausleuchtung des Zukunftsraumes verwenden wir vor allem Szenarien, wie sie in Kapitel 3.1.3 ausführlich beschrieben wurden.

Bild 3-55: Der Prozeß der strategischen Führung und die fünf klassischen Fragen

Geschäftsplanung 151

Strategische Grundsätze

In der strategischen Führung sind Grundsätze zu beachten [Pümpin, 1983]. Diese Grundsätze mögen vielen zunächst als Binsenweisheiten erscheinen. Die Erfahrung lehrt aber, daß der Mißerfolg vieler Unternehmen seine Ursache gerade im Verstoß gegen diese trivial erscheinenden Grundsätze hatte.

Differenzierung: Damit ist gemeint, daß sich die Marktleistung des Unternehmens in einigen wichtigen Punkten von den Mitbewerbern unterscheidet und sich an diesen Unterschieden eine überzeugende Verkaufsargumentation festmachen läßt. Häufig fällt es schwer, sich mit den Produktmerkmalen allein zu differenzieren, weil die Branche die gleichen Basissysteme einsetzt – z.B. Mikroprozessoren in BDE-Terminals – bzw. Neuigkeiten rasch nachvollzogen werden können. Viele Unternehmen versuchen daher, sich mit ergänzenden Dienstleistungen zu differenzieren. Hier ist das Differenzierungspotential groß und die einfache Nachvollziehbarkeit nicht möglich, weil die Dienstleistungen in der Regel mit Innovationen der Unternehmenskultur verknüpft sind. Ein Beispiel für die Differenzierung mit einer ergänzenden Dienstleistung ist der Teleservice für Produkte des Maschinenbaus.

Effizienz: Darunter ist die Effizienz der Leistungserstellung zu verstehen. Häufig wird die Kostenführerschaft, die ja ein Zeichen hoher Effizienz ist, als Grundstrategie bezeichnet. Wir sind der Auffassung, daß die Kostenführerschaft bzw. hohe Effizienz ein Grundsatz ist, um im Wettbewerb nachhaltig erfolgreich zu sein und weniger Ausdruck einer Strategie. Es ist einfach in jedem Fall vernünftig, ständig an der Steigerung der Effizienz zu arbeiten. Dies gilt im Prinzip für alle Unternehmen und alle Geschäfte.

Timing: Der Zeitpunkt, zu dem ein Produkt am Markt eingeführt wird, ist von entscheidender Bedeutung. So führte Xerox bereits 1961 eine sogenannte LDX-Maschine vor, mit der Kopien über weite Entfernungen gesandt werden konnten. Einen großen Markt für diese Erfindung gab es damals noch nicht. Erst in der zweiten Hälfte der 80er Jahre änderten sich die Marktbedingungen: Die Fernmeldetechnik hatte sich entscheidend verbessert, Faxgeräte ließen sich zu niedrigen Kosten herstellen und die Zerschlagung von AT&T führte in den USA zu einem Rückgang der Fernsprechgebühren. Der Markt für Faxgeräte boomte urplötzlich – und die Erfinder von Xerox standen angesichts der japanischen Konkurrenz im Abseits.

Konzentration der Kräfte: Gegen diesen Grundsatz wird unserer Erfahrung nach besonders häufig verstoßen. Oft brechen Unternehmen verbal zu neuen Ufern auf; gleichzeitig werden aber alte Produktfamilien weitergeführt und andere dürfen nicht aufgegeben werden. Die Folge ist Verzettelung und die Stabilisierung ihrer Leistungsfähigkeit auf mittlemäßigem Niveau. Der harte Wettbewerb erfordert aber Spitzenleistungen, und diese lassen sich in der Regel nur erreichen, wenn die Kräfte auf das wesentliche konzentriert werden. Viele Unternehmen haben dies erkannt und ziehen sich konsequent auf das „Core Business" (Kerngeschäft) zurück.

Auf Stärken aufbauen: Der neue Ansatz der strategischen Führung, von sog. Kernkompetenzen auszugehen, entspricht im Prinzip diesem Grundsatz. Die Frage ist also, wo hat sich das Unternehmen über Jahre außerordentlich hoch entwickelte Fähigkeiten aufgebaut und welche Geschäftsfelder könnten mit diesen Fähigkeiten erfolgreich bearbeitet werden.

Synergiepotentiale ausnutzen: In der Regel erhofft man sich beim Kauf bzw. bei der Fusion von Unternehmen Synergiepotentiale. Häufig werden diese Potentiale überbewertet, sei es, daß die Unternehmenskulturen zu unterschiedlich sind oder die akquirierten Aktivitäten zu optimistisch beurteilt werden. Die Erfahrung zeigt, daß es zum einen sehr schwer ist, Synergiepotentiale sicher zu erkennen, und zum anderen in der Regel mit erheblichen Anpassungsanstrengungen, die Zeit und Geld kosten, verbunden ist, diese Potentiale auszuschöpfen. Gleichwohl gibt es solche Potentiale in vielen Bereichen wie der Forschung, im Verkauf, der Distributionslogistik und dem Kundendienst.

Umweltchancen ausnutzen: Im Prinzip geht es hier um die ständige Beobachtung des Umfeldes der Geschäftstätigkeit, um gravierende Einflüsse auf das etablierte Geschäft, die beispielsweise zu Substitutionseffekten führen könnten, frühzeitig zu erkennen und dementsprechend agieren zu können. Im Kapitel „Potentialfindung haben wir dafür eine leistungsfähige Methodik vorgestellt.

Gleichgewicht von Ressourcen und Zielen: Dieser Grundsatz ist insofern wichtig, weil die Erkenntnis, daß man mit den zur Verfügung stehenden Ressourcen keine Chance hat, ein ehrgeiziges Ziel zu erreichen, eine häufig anzutreffende Hauptursache für Demotivation ist. Extreme Überforderung verursacht also Demotivation. Andererseits schafft Unterforderung wider Erwarten nicht Wohlbefinden und Zufriedenheit, sondern aggressive Langeweile. Offensichtlich spornen ehrgeizige Ziele und zunächst als Überforderung empfundene Aufgaben zu Spitzenleistungen an. Felix von Cube drückt dies mit dem Titel seines Buches *Fordern statt Verwöhnen* unseres Erachtens sehr treffend aus.

Unité de doctrine: Auf den ersten Blick drückt dieser Begriff Gemeinschaftsgeist aus. Damit verbunden ist jedoch auch die Fähigkeit der Führungspersonen, mit visionärer Kraft die Richtung zu weisen und die Menschen in einer Leistungsorganisation für diese Richtung zu gewinnen.

Geschäftsplanung 153

> Literatur: **Pümpin**, C.: Management Strategischer Erfolgspositionen. Das SEP-Konzept als Grundlage wirkungsvoller Unternehmensführung. 2. Auflage, Haupt, 1983
>
> **von Cube**, F.: Fordern statt verwöhnen. Die Erkenntnisse der Verhaltensbiologie in Erziehung und Führung. Piper, 1988

3) **Strategieentwicklung: Welchen Plan verfolgen wir?** Hier erfolgt die Entwicklung der unternehmerischen Vision und die Beschreibung des Weges, diese zu verwirklichen. Die unternehmerische Vision umfaßt

- eine grundsätzliches Ziel in Form eines *Leitbildes,*
- die Festlegung der wichtigsten Fähigkeiten (*strategische Kompetenzen/ strategische Erfolgspositionen SEP*) sowie
- die *strategische Positionierung* durch Festlegung der Wettbewerbsarena sowie der darin auszuführenden Wettbewerbsstrategien.

Aus allen drei Elementen der unternehmerischen Vision ergeben sich Handlungsoptionen, die die Möglichkeiten beschreiben, *wie* das Unternehmen seine Ziele erreichen könnte. Daraus entsteht schließlich ein *strategisches Programm* mit Konsequenzen und Maßnahmen, das die Strategie komplettiert.

4) **Strategieumsetzung: Wie setzen wir den Plan um?** Dies ist „die vergessene Phase", denn die Vernachlässigung der Umsetzung hat die strategische Führung häufig in Mißkredit gebracht. Es geht hier

- um die konsequente Umsetzung der in der Strategie formulierten Maßnahmen,
- um die Kontrolle des Erfolges der entwickelten Strategien (strategisches Controlling) sowie
- um ein regelmäßiges Umfeld-Monitoring.

Auf das Controlling gehen wir noch näher in Kapitel 3.4 ein.

5) **Gestaltung des strategischen Führungsprozesses: Wie halten wir diesen Prozeß in Gang?** Damit ist gemeint, die strategische Führung als kontinuierlichen Prozeß im Sinne einer Vorsteuerung der operativen Führung aufzufassen. Dies umfaßt folgende Aspekte:

- Gestaltung und Koordination der am Führungsprozeß beteiligten Personen. Kotter spricht hier vom Aufbau einer Führungskoalition.
- Erzeugen von Agilität: Joachim Milberg definiert Agilität als Flexibilität erweitert um die Dimension „Zeit". Agilität drückt also die Fähigkeit zu schnellen Veränderungen bzw. zur Anpassung aus. Voraussetzung

dafür ist das Vorausdenken der Zukunft und damit die entsprechende mentale Einstellung. Diese Grundeinstellung läßt sich treffend mit dem englischen Begriff „responsiveness" umschreiben. Strategisches Controlling und Umfeld-Monitoring unterstützen die Erzeugung und den Erhalt von Agilität.

- Verdeutlichung der Notwendigkeit strategischen Planens und damit verbundener Veränderungen innerhalb der Organisation.

Das konkrete Vorgehen in den einzelnen Abschnitten des Prozesses strategische Führung ist u.a. in dem Buch *Führung im Wandel* [Gausemeier/Fink 1999] ausführlich behandelt. Im Kontext des vorliegenden Buches geht es hier um die Strategieentwicklung. Nach Backhaus sind dabei drei Grundsatzentscheidungen zu treffen [Backhaus 1999, 203 ff.]:

1) *„Where to compete?", d.h. Abgrenzung des strategischen Geschäftsfeldes.*
2) *„How to compete?", d.h. Positionierung bzgl. der Dimensionen des Wettbewerbs, wie besser, billiger und schneller.*
3) *„With whom to compete?", d.h. Wahl einer Kooperationsstrategie.*

„Where to compete?"

Im Vordergrund steht die präzise Bestimmung des Marktes (Marktabgrenzung und Marktsegmentierung). Vorher ist jedoch das Selbstverständnis des Geschäftsfeldes zu überprüfen. Levitt beschreibt am Beispiel der Eisenbahnen eine Fehldefinition eines Geschäftsfeldes und die daraus resultierenden Folgen [Levitt 1960]. Wir wählen dieses Beispiel, weil schienengebundene Transportsysteme erhebliche Innovations- und Erfolgspotentiale aufweisen (vgl. auch Kasten auf Seite 18 Kapitel 1).

> *„Es war nicht die Nachfrage nach Passagier- und Frachttransport, die zurückging und so das Wachstum der Eisenbahn begrenzte. Das Passagier- und Frachtaufkommen wuchs vielmehr. Die Eisenbahnen sind heute in Schwierigkeiten, nicht weil diese Nachfrage durch andere befriedigt wurde (Autos, Lastwagen, Flugzeuge, sogar Telefone), sondern weil die Eisenbahnen die veränderten Bedürfnisse selbst nicht erfüllten. Sie ließen sich die Nachfrage wegnehmen, weil sie ihren relevanten Markt als den Markt für Eisenbahnen definiert hatten, anstatt sich als Transportunternehmen zu verstehen. Der Grund für die Fehldefinition des relevanten Marktes lag darin, daß sie schienenorientiert, anstatt transportorientiert waren. Sie waren produktorientiert, anstatt kundenorientiert zu sein".*

Geschäftsplanung 155

Marktabgrenzung identifiziert den relevanten Markt. Dies kann nach Backhaus aus Nachfrage- und aus Anbieterperspektive erfolgen [Backhaus 1999]. Bei letzteren geht es ausgehend vom bestehenden Leistungsangebot um die Ermittlung alternativer Angebotsmöglichkeiten. Darauf wird nicht näher eingegangen. Die Marktabgrenzung mit Nachfrageschwerpunkt kann in mehreren Stufen erfolgen: z.b. Makroabgrenzung und Mikroabgrenzung. Die **Makroabgrenzung** identifiziert den relevanten Markt in erster Näherung. Nehmen wir als Beispiel Brandmeldeanlagen, die im wesentlichen aus Sensoren (Meldern), Kommunikationssystemen, Zentralen und Software bestehen: Hier wäre zunächst einmal zu entscheiden, ob man das Produktgeschäft im Home-Bereich oder das Anlagengeschäft sucht.

		Merkmale der Nachfrageorganisation	
		allgemeine Merkmale	kaufspezifische Merkmale
Erfassung der Merkmale	direkt beobachtbar	*organisationsbezogene Merkmale* Unternehmensgröße, Organisationsstruktur, Standort, Betriebsform, Finanzrestriktionen u.a. *Buying Center-bezogene Merkmale* demographische und sozioökonomische Merkmale der Buying Center-Mitglieder (z.B. Ausbildung, Beruf, Alter, Stellung im Unternehmen)	*organisationsbezogene Merkmale* Abnahmemenge bzw. -häufigkeit, Anwendungsbereich der nachgefragten Leistung, Neu-/Wiederholungskauf, Marken-/ Lieferantentreue, Verwenderbranche/Letztverwendersektor *Buying Center-bezogene Merkmale* Größe und Struktur des Buying Centers
	indirekt beobachtbar/abgeleitet	*organisationsbezogene Merkmale* Unternehmensphilosophie, Zielsystem des Unternehmens *Buying Center-bezogene Merkmale* Persönlichkeitsmerkmale der Buying Center-Mitglieder (z.B. Know-how, Risikoneigung, Entscheidungsfreudigkeit, Selbstvertrauen, Life-Style der Buying Center-Mitglieder)	*organisationsbezogene Merkmale* organisatorische Beschaffungsregeln *Buying Center-bezogene Merkmale* Kaufmotive, individuelle Zielsysteme, Anforderungsprofile, Entscheidungsregeln der Kaufbeteiligten, Kaufbedeutung in der Einschätzung der Kaufbeteiligten, Einstellungen/Erwartungen gegenüber Produkt/Lieferanten, Präferenzen

Bild 3-56: Marktsegmentierungskriterien für das Industriegütergeschäft [Backhaus 1999]

Auf der Basis solcher Grundsatzentscheidungen erfolgt in der Regel eine Mikroabgrenzung. In der **Mikroabgrenzung** werden homogene Kundengruppen mit ihren Anforderungen möglichst exakt identifiziert, was auch als eigentliche **Marktsegmentierung** bezeichnet wird. Bild 3-56 vermittelt beispielhaft, nach welchen Kriterien die Marktsegmentierung erfolgen kann.

In der Regel muß die Marktsegmentierung in mehreren Stufen vorgenommen werden. In der Literatur sind dafür Verfahren beschrieben, vgl. u.a. [Wind/Cardozo 1974] und [Strothmann/Kliche 1989]. Letzteres bezieht sich auf sog. High-Tech-Märkte. Dieses Verfahren sieht die beiden Stufen Makro- und Mikrosegmentierung vor (Bild 3-57).

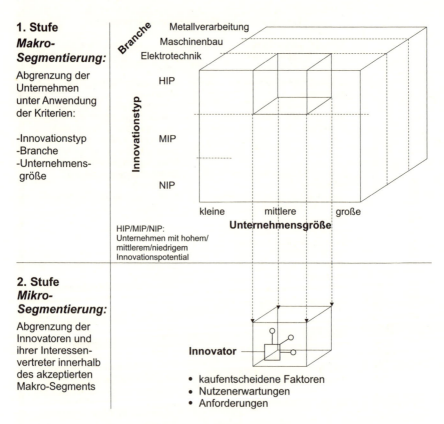

Bild 3-57: Zweistufiges Marktsegmentierungsmodell mit Fokus auf High-Tech-Geschäft nach Strothmann/Kliche

„How to compete?"

Eine Geschäftsstrategie kann sich an den drei Dimensionen Qualität (im Sinne von Nutzen-stiftender Funktionalität), Preis und Zeit orientieren. Ein Anbieter kann daher versuchen, in einem Geschäftsfeld einen

- Qualitätsvorteil,
- Preisvorteil oder
- Zeitvorteil

zu erlangen. Auf der Basis dieser Überlegungen ergeben sich drei Grundstrategie (Stoßrichtungen) [Backhaus 1999]:

1) **Präferenzstrategie:** Diese zielt darauf ab, mit der Marktleistung einen Nutzen zu bieten, der deutlich höher ist als bei den Mitbewerbern.

2) **Preis-/Mengenstrategie:** Diese Grundstrategie verfolgt den Ansatz, mit niedrigen Herstellkosten über einen attraktiven Preis einen hohen Marktanteil zu erobern. Sie beruht also auf Skalenvorteilen.

3) **Timing-Strategie:** Primär geht es hier um die Wahl des Markteintrittszeitpunktes. Daraus ergeben sich die drei klassischen Rollen *Pionier (first-to-market), früher Folger (early-to-market, fast follower)* und *später Folger (late-to-market)*. Da bei den hier behandelten Produkten, die besonders stark durch den rasanten technologischen Wandel geprägt sind, das Timing in der Regel besonders leidenschaftlich diskutiert wird, wird darauf etwas näher eingegangen.

Auf den ersten Blick bietet sich in vielen Fällen eine *Pionier-Strategie* an. Die Vor- und Nachteile werden in der Literatur ausführlich diskutiert [Backhaus 1999], [Bullinger 1994], vgl. auch Tabelle 3-3.

Es gibt nahezu unzählige Beispiele für mißlungene und gelungene Pionierstrategien, vgl. auch [Ketteringham/Nayak 1989]. Ein berühmtes positives Beispiel ist das Unternehmen AGIE, daß das in der ehemaligen Sowjetunion erfundene Prinzip der Funkenerosion aufgegriffen und auf dieser Basis Weltmarktführer für Funkenerosionsmaschinen wurde. Eine weitere Success-Story hat das Unternehmen TRUMPF geschrieben, das die Lasertechnologie für die Fertigungsindustrie nutzbar gemacht hat und heute nicht nur Weltmarktführer für Laserschneidmaschinen, sondern auch für Laser-Aggregate, die von Dritten in Sondermaschinen eingesetzt werden, ist [TRUMPF 1996].

Die *„Früher Folger"-Strategie* – auch als „Fast-Follower"-Strategie bezeichnet – baut darauf, daß der Markt vom Pionier reif gemacht worden ist. Sie erfordert einen hohen Mitteleinsatz, um am Pionier vorbeizuziehen und in kurzer Zeit einen hohen Anteil des reifen Marktes zu erobern. Das wohl bekannteste Beispiel ist der Eintritt von IBM in den PC-Markt Anfang der 80er Jahre. Innerhalb weniger Jahre hat IBM den Pionier Apple abgehängt und über 50 % Marktanteil gewonnen. Die Marktmacht war so groß, daß Mitbewerber „IBM-kompatibel" sein mußten, um überhaupt eine Chance zu haben, d.h. ihr PC mußte sich verhalten wie ein IBM-PC.

Tabelle 3-3: Pro und Contra der Pionier-Strategie nach Backhaus

Pro:
+ am Anfang kein direkter Konkurrenzeinfluß
+ Imagevorteile
+ preispolitische Spielräume
+ Chancen zur Etablierung eines dominanten Designs
+ Entwicklung eines produkttechnologischen Industriestandards
+ Vorsprung auf der Erfahrungskurve ermöglicht langfristige Kostenvorteile
+ längste Verweildauer im Markt
+ Aufbau von Markt-Know-how
+ Aufbau von Kunden- und Lieferantenkontakten
+ hohe Motivation des Personals

Contra:
– Ungewißheit über ökonomische und technologische Marktentwicklung
– Gefahr von Technologiesprüngen
– hohe F&E-Aufwendungen
– hohe Markterschließungskosten
– Nutzen der Markterschließung kommt auch den "Followers" zugute
– Überzeugungsaufwand beim Kunden (Missionar-Effekt)

In vielen Geschäften ist die Innovationskraft ein entscheidender Erfolgsfaktor. In diesen Fällen ist die „Fast-Follower"-Strategie problematisch, weil sich auf diese Weise die Menschen im Produktinnovationsprozeß nur schwer motivieren, geschweige denn begeistern lassen. Spitzenleistungen erfordern extreme Anstrengungen, die nur aufgebracht werden, wenn Begeisterung herrscht. Wie soll bei einer Entwicklungsmannschaft Begeisterung aufkommen, wenn die Unternehmensleitung die Parole ausgibt, erst mal zu schauen, was die Innovativen tun und dann das rasch nachzuvollziehen. Ferner zeigt auch die Erfahrung, daß es leichter gesagt als getan ist, schnell zu folgen. Das gelingt eigentlich nur dann, wenn die Mannschaft durch ständige Vorausschau mental auf Veränderungen und rasante technologische Entwicklungen eingestellt ist. Und wenn dem so ist, dann sollte einem eigentlich nichts davon abhalten, zu agieren statt zu reagieren.

Die *„Später-Folger"-Strategie* versucht, Nutzen aus einem bereits weit entwickelten Markt zu ziehen. Dies kann eigentlich nur dann funktionieren, wenn sich das Unternehmen auf eine Nische konzentriert, die bei anderen noch keine Beachtung gefunden hat, und dort innerhalb kürzester Zeit Marktführer wird oder das Prinzip des unternehmerischen Judos Anwendung findet. Unternehmerisches Judo heißt, die Schwächen der etablierten Anbieter zu erkennen und sie dort anzugreifen. Etablierte Anbieter sind häufig träge, teils auch arrogant. Ein Angriff, der konsequent Kundenorientierung und Dienstleistung einsetzt, ist in solchen Fällen erfolgsversprechend. Die Schlagkraft beider Ansätze wird natürlich verstärkt, wenn partielle Innovationen im Produkt und in den Leistungserstellungsprozessen hinzukommen. Unternehmerisches Judo setzt primär auf Prozeß- und Verhaltensinnovationen, eine Nischenstrategie mehr auf Produktinnovationen.

„With whom to compete?"

Die hier betrachteten Industrieerzeugnisse werden komplexer, weil sie auf dem engen Zusammenwirken von mehreren Fachdisziplinen wie dem klassischen Maschinenbau (Mechanik), Elektronik, Regelungstechnik und Softwaretechnik beruhen. Ferner verkürzen sich die Produktlebenszyklen. Selbst große Unternehmen haben angesichts dieser Gegebenheiten in der Regel nicht die Kompetenz in der erforderlichen Breite und die Ressourcen, eine erkannte Marktchance schnell genug wahrzunehmen. Daraus resultiert die Notwendigkeit zur Kooperation mit anderen Unternehmen. Kooperation ist nach Meffert eine von vier Verhaltensoptionen im Wettbewerb. Das Verhalten eines Unternehmens im Wettbewerb beruht auf zwei Dimensionen [Meffert 1998, 273 ff.] (Bild 3-58):

- **Verhalten gegenüber Wettbewerbern:** Ein Unternehmen kann *wettbewerbsvermeidend* agieren. Dies bedeutet, daß es sein Verhalten reaktiv an die Aktivitäten seiner Mitbewerber anpaßt. Im Gegensatz dazu können Unternehmen im Rahmen *wettbewerbsstellenden* Verhaltens bereits auf „schwache Signale" reagieren und mögliche Vorgehensweisen vorausplanen.
- **Innovationsfähigkeit:** Das Verhalten im Wettbewerb wird zudem maßgeblich von der Innovationsfähigkeit des Unternehmens geprägt. Hier wird zwischen *innovativem, Entrepreneur-orientiertem Verhalten* (siehe auch Pionierstrategien) sowie *imitativem* oder *konservativem Verhalten* (siehe auch Imitationsstrategien) unterschieden.

Die Kombination der Ausprägungen dieser beiden Dimensionen führt zu vier typischen Formen von Verhaltensoptionen: Konflikt, Kooperation, Anpassung und Ausweichen. Daraus lassen sich gemäß Bild 3-58 vier Grundstrategien im Kontext Verhalten bzw. Kooperation ableiten:

- *Konfliktstrategie,*
- *Kooperationsstrategie,*
- *Anpassungsstrategie und*
- *Ausweichstrategie.*

		Verhalten gegenüber Wettbewerb	
		wettbewerbsvermeidendes Verhalten	wettbewerbsstellendes Verhalten
Innovationsfähigkeit (Strategische Technologieoptionen)	innovatives Verhalten Pionierstrategie	**Ausweichen** Ausweichstrategien sind dadurch gekennzeichnet, daß das Unternehmen versucht, dem Wettbewerb durch besonders innovatives Verhalten zu entgehen.	**Konflikt** Konfliktstrategien werden häufig in militärischen Kategorien beschrieben: • Direktangriff auf HGF oder Kernprodukte des Gegners; • Umzingelung: Aufweichung der Position des Gegners von mehreren Seiten; • Flankenangriff: Schwache und ungeschützte Stellen des Gegners gezielt angreifen.
	imitatives Verhalten Folgerstrategie	**Anpassung** Anpassungsstrategien zielen auf die Erhaltung der einmal realisierten strategischen Positionen ab. Hier ist das eigene Verhalten stark von den Aktivitäten potentieller Wettbewerber abhängig.	**Kooperation** Kooperationsstrategien werden von Unternehmen verfolgt, • die bei schlechter Ausgangssituation einem Konflikt nicht aus dem Weg gehen können; • die aus einer Kooperation einen größeren Vorteil als aus einem Konflikt oder einem neutralen Verhalten erwarten.

Bild 3-58: Verhaltensoptionen im Wettbewerb nach Meffert

Eine besondere Bedeutung wird in der Zukunft *den* Kooperationsstrategien zukommen, die über die Konfliktvermeidung hinausgehen und eine gemeinsame Ausschöpfung von Nutzenpotentialen im Rahmen von **Unternehmensnetzen** vorsehen. Daher ist in der Untersuchung „Vision Logistik" eine Typologie für heute bekannte Unternehmensnetze entwickelt worden (Bild 3-59). Diese Typologie orientiert sich an der Stückzahl des Geschäfts und der Komple-

Geschäftsplanung

xität der zu erstellenden Leistung. Insgesamt werden vier Typen unterschieden [Dangelmaier 1996], [Wiendahl et al. 1996]:

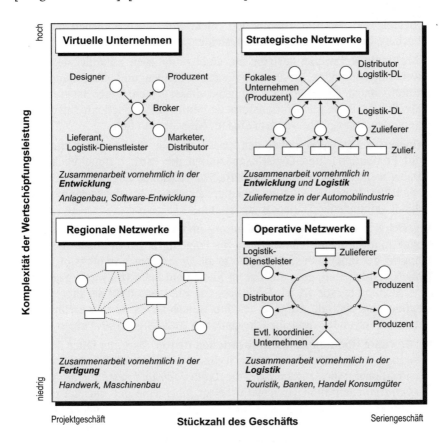

Bild 3-59: Typen von Unternehmensnetzen

- **Strategische Netzwerke** werden durch ein Unternehmen, häufig ein Endprodukthersteller oder ein Handelsunternehmen, strategisch geführt. Dieses Unternehmen bestimmt in erheblichem Umfang die Organisation des Netzwerkes, während die übrigen Partner eng an dieses Unternehmen gebunden sind. Ein Beispiel sind die Zulieferernetze der japanischen Automobilindustrie (keiretsu).
- **Virtuelle Unternehmen**: Hier arbeiten unabhängige Unternehmen auf der Basis eines gemeinsamen Geschäftsverständnisses für einen relativ kurzen

Zeitraum projektähnlich zusammen. Dabei weisen die Projektpartner individuelle Schlüsselfähigkeiten auf, die synergetisch kombiniert werden. Beispiele sind sowohl Low-Tech-Industrien mit sehr kurzen Produktzyklen (Bekleidung), High-Tech-Industrien (Elektronik) oder Branchen mit einer hochentwickelten IT-Infrastruktur (Medien).

- **Regionale Netzwerke** basieren auf einer räumlichen Nähe der dem Netzwerk angehörenden, hoch spezialisierten kleinen und mittelständischen Unternehmen. Eine wichtige Fähigkeit dieser Unternehmen ist ihre hohe Flexibilität. Diese Kooperationsform ist häufig in Regionen mit einer stimulierenden Atmosphäre wie dem Silicon Valley anzutreffen.
- **Operative Netzwerke** haben den Zweck, daß die Unternehmen kurzfristig auf Produktions- und Logistikkapazitäten der Partner zugreifen können. Dabei werden relativ standardisierte Transaktionen abgewickelt. Ein Beispiel hierfür ist die Nutzung eines gemeinsamen Vertriebsnetzes und der damit verbundenen Transportkapazitäten.

Angesichts der zunehmenden Bedeutung und Verbreitung von Allianzen im Produktinnovationsprozeß stellt sich die Frage nach den Optionen zur Wahrnehmung der Innovationsfunktion. Was die Unternehmen in jüngster Vergangenheit praktizierten, geht aus der im Kasten auf Seite 163 wiedergegebenen Untersuchung hervor. Es wird deutlich, daß die Gestaltung der Innovationsfunktion eine zentrale Aufgabe des Top-Managements ist. Nach Hauschildt bieten sich folgende grundsätzliche Optionen [Hauschildt 1997] an:

1) **Bewußte Übernahme der Innovationen Dritter:** Darunter fallen der *Innovationseinkauf* (Kauf von neuen Technologien für Produkt- und Prozeßinnovationen), die *Lizenznahme*, die *Akquisition und Beteiligung* sowie die *Imitation*. Imitation ist negativ belegt, aber eine gut nachvollziehbare Option. Schließlich geht es am Ende darum, Geld zu verdienen. Abgesehen davon kommt es im Prozeß der Imitation in der Regel zu partiellen Innovationen bzw. setzen Imitationen wieder Innovationen in Gang.

„Innovation zieht Imitation nach sich, und Imitation treibt zu neuen Innovationen." [Albach 1990, S. 97]

2) **Ausgliederung der Innovationsfunktion:** Hier ist die Kooperation mit Partnern, z.B. mit Hochschulinstituten zu verstehen. Darunter fallen die drei Varianten *Auftragsforschung, Gemeinschaftsforschung* und *Verbundprojekte*. Einige Fachgemeinschaften des VDMA (Verband Deutscher Maschinen- und Anlagenbau e.V.) wie die Fachgemeinschaft Pumpen betreiben beispielsweise sehr intensiv Gemeinschaftsforschung. Diese bietet gerade in dieser mittelständisch strukturierten Branche erhebliche Vor-

Geschäftsplanung

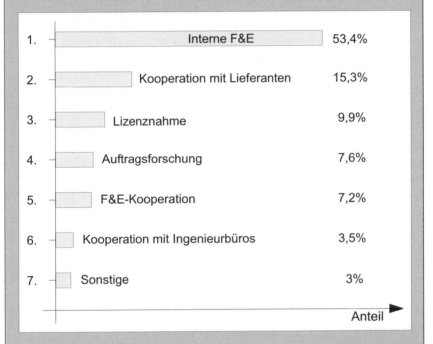

Optionen für Innovationsprojekte

Hermes stellte für 142 Innovationsprojekte aus 82 der umsatzstärksten deutschen Industrieunternehmen folgende Rangfolge (gemessen an den Aufwendungen) der Wahl der strategischen Optionen fest.

1.	Interne F&E	53,4%
2.	Kooperation mit Lieferanten	15,3%
3.	Lizenznahme	9,9%
4.	Auftragsforschung	7,6%
5.	F&E-Kooperation	7,2%
6.	Kooperation mit Ingenieurbüros	3,5%
7.	Sonstige	3%

Anteil

Diese Verteilung zeigt ein deutliches Übergewicht der innerbetrieblichen Wahrnehmung der Innovationsfunktion. Seit dieser „Momentaufnahme" deutet vieles auf die Zunahme von unternehmensübergreifenden Kooperationen hin.

Literatur: **Hermes**, M.: Eigenerstellung oder Fremdbezug neuer Technologien. Dissertation, 1995

teile für alle Teilnehmer. Gleichwohl gilt es trotz des offensichtlichen Nutzens immer wieder die im Mittelstand weit verbreitete Kooperationsphobie zu überwinden. Verbundprojekte werden in der Regel durch die Forschungsförderungsprogramme der öffentlichen Hand stimuliert und bis zu 50% gefördert. Die Förderung hat zum Ziel, eine notwendige Innovation, die von den beteiligten Unternehmen nicht aus eigener Kraft vorangetrieben werden kann, zu ermöglichen. Sowohl bei den Projekten der Gemeinschaftsforschung als auch bei den Verbundprojekten sind in der Regel einschlägige Institute der Universitäten und anderer Forschungsorganisationen beteiligt.

All die geschilderten Aspekte fließen am Ende in eine Geschäftsstrategie ein, deren prinzipieller Aufbau bereits geschildert wurde. Als große Erleichterung hat sich ein formaler, steckbriefartiger Aufbau bewährt (Bild 3-60), vor allem dann, wenn mehrere Geschäftsfelder im Quervergleich zu sehen sind. Schließlich kommt es auch weniger auf elegante Formulierungen an, sondern auf die Umsetzung der Geschäftsstrategie.

3.3.2 Entwicklung der Produktstrategie

Nach der in Bild 3-52 wiedergegebenen Struktur ist die Produktstrategie eine Substrategie eines strategischen Geschäftsfeldes. Im Prinzip muß die Produktstrategie folgende Fragen beantworten:

- Durch was erfolgt die Differenzierung im Wettbewerb?
- Wie soll der Wettbewerbsvorsprung über die Produktlebensdauer erhalten bleiben?
- Wie kann die vom Markt geforderte Variantenvielfalt bewältigt werden?
- Wie ist der Entwicklungsprozeß und Markteinführungsprozeß zu gestalten?

Differenzierung im Wettbewerb

Im Vordergrund steht das Bestreben, Produktmerkmale zu erhalten, die eine hohe Beachtung durch den Kunden erfahren – sei es, daß sie entscheidend zum Kundennutzen beitragen oder wichtige Bedürfnisse befriedigen – und die Kaufentscheidung wesentlich beeinflussen. Es sind also Merkmale, an denen die Verkaufsargumentation festgemacht werden kann. Diese Merkmale ergeben sich in der Regel aus der Prinziplösung des Produkts. Dies ist auch der Grund, warum wir die Geschäftsplanung und dessen hier behandelten Unterpunkt Produktstrategie gemäß Bild 2-15 nach der Produktfindung und im engen Wechselspiel mit der Produktkonzipierung sehen.

Beispiel für ein Merkmal ist die hohe Positioniergenauigkeit eines Industrieroboters, die durch eine intelligente Regelung erreicht wird. Abgesehen vom hohen Gebrauchsnutzen ermöglicht die technische Lösung der intelligenten Regelung eine im Vergleich zu klassischen Lösungen weniger aufwendige mechanische Grundstruktur, was die Herstellkosten senkt und zu einem attraktiven Preis führt.

Ein weiteres Beispiel ist die Anschaltbarkeit von Sensoren und Aktoren an

Bezeichnung des SGF

SGF-Leiter

Datum:

Markt

Typische Kunden
Charakterisierung von typischen Kunden in den relevanten Marktsegmenten

Ansprechpartner
Wen sprechen wir primär an?

Kundenproblem
*Mit welchen Herausforderungen ist der Kunde konfrontiert?
Was hat er von unserer Leistung?*

Leistungsangebot

Darstellung der Marktleistung (Produkte und Dienstleistungen)

Wettbewerb

Charakterisierung
Was kennzeichnet den Wettbewerb (Verdrängung etc.)?

Erfolgsfaktoren
Was sind die erfolgs-/kaufentscheidenden Faktoren?

Substitution
Gibt es derartige Gefahren?

Mitbewerber	Umsatz [Mio. Euro]	Erfolgsfaktoren		
		Verfügbarkeit	Referenzen	Image
A		+	++	+
B		-	O	-
Eigenes Unternehmen		++	+	O

Strategische Stoßrichtungen

Grundsätzliche Richtung des Vorgehens (Technologieführerschaft, Kooperation etc.)

Ziele	2001	2002	in 5 Jahren
Kundenbasis			
Umsatz [Mio. Euro]			

Maßnahmen

Mit welchen konkreten Aktionen erreichen wir die gesetzten Ziele? Diese stehen im Zentrum des Controlling.

	Verantw./ Termin	Bemerkung/Status

Bild 3-60: Steckbrief einer Geschäftsfeldstrategie

beliebige Bus-Systeme. Dies wird durch intelligente Interface-Bausteine erreicht, die in den Sensoren und Aktoren integriert sind.

Derartige Merkmale sind *Hard Facts*, die zu leicht quantifizierbarem Nutzen führen. Schwieriger wird es, auf Meinungen, Stimmungen etc. – sogenannte *Soft Facts*, die es auch im vermeintlich rationalen Investitionsgütergeschäft gibt, einzugehen. Beispielsweise kann man auf Vorlieben für bestimmte Mikroprozessorarchitekturen stoßen, obwohl die eine wie die andere den Zweck uneingeschränkt erfüllt. Wir haben es hier offensichtlich mit beinahe philosophisch anmutenden Fragen zu tun. Hier kommt man einfach nicht umhin, solche Strömungen rechtzeitig zu erkennen und zu antizipieren, bevor vorschnell das Produktkonzept endgültig festgelegt wird. Auch dafür eignet sich die bereits vorgestellte Szenario-Technik sehr gut.

Wettbewerbsvorsprung erhalten

Auch der Pionier muß damit rechnen, daß Mitbewerber auftauchen, die ein leistungsfähigeres Produkt anbieten bzw. ihren Kunden ein wesentlich besseres Preis/Leistungsverhältnis bieten. Solche Entwicklungen können wohl nicht vorausgesagt, aber vorausgedacht werden. Es kommt also darauf an, den Wettbewerb von morgen zu antizipieren und auf dieser Basis Produktverbesserungen, -erweiterungen und -ergänzungen zu konzipieren, und zwar bevor die Prinziplösung endgültig festgelegt wird. Beispielsweise führte BMW Anfang der 90er Jahre die neuen Achtzylindermotoren in der 7er Reihe zu dem Zeitpunkt ein, als die neue S-Klasse von Mercedes auf den Markt kam. Durch diese Aufwertung konnte BMW Marktanteile halten, die möglicherweise verlorengegangen wären. Derartige Programmpflegemaßnahmen sind in der Regel vorgedacht und nicht Ausdruck von Aktionismus.

Bewältigung der Variantenvielfalt

Ein weiterer wichtiger Aspekt bei der Erarbeitung der Produktstrategie ist das Antizipieren von Varianten im Produktlebenszyklus und das damit verbundene Variantenmanagement. Die Teile- und Typenvielfalt ist einer der Hauptkostentreiber in Industrieunternehmen. Ein starkes Eingehen auf spezifische Kundenwünsche, die nur einen sehr begrenzten Markt betreffen, führt oft zu relativ komplexen Produkt- und Fertigungsstrukturen sowie zu entsprechend hohen Kosten. Den zwei in Bild 3-61 dargestellten Regelkreisen kann nur durch eine vorausschauende strategische Produktplanung und die konsequente Umsetzung der entsprechenden Produktstrategie – vor allem durch den Vertrieb – entgegengewirkt werden:

Im ersten Regelkreis führt die Notwendigkeit, eine komplexe Produktstruktur mit vielen Typen und Varianten wirtschaftlich zu fertigen, zu **Automatisie-**

Geschäftsplanung **167**

rungskonzepten wie flexible Fertigungszellen, -linien und -systemen. Aufgrund der hohen Investitions-/Kapitalkosten dieser Systeme wird eine hohe Auslastung gefordert. Die Folge sind verstärkte – leider aber oft unfokussierte – Vertriebsanstrengungen, was wieder neue Kundenwünsche ins Haus bringt, die nicht durch das Produktprogramm abgedeckt werden können.

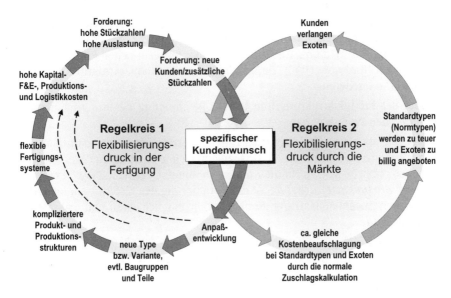

Bild 3-61: Kritische Auswirkungen des Erfüllens von spezifischen Kundenwünschen nach [Waldmann 1990]

Der zweite Regelkreis ist dadurch gekennzeichnet, daß die sehr verbreitete **Zuschlagskalkulation** zu wenig zwischen Standardtypen und Typen mit kleiner Stückzahl – den sog. Exoten – unterscheidet. Folglich werden Standardtypen zu teuer und Exoten zu billig angeboten, was wiederum dazu führt, daß die Kunden verstärkt Exoten verlangen. Die Standardtypen werden hingegen häufig bei den stärker fokussierten Mitbewerbern gekauft, die durch höhere Stückzahlen Skalenvorteile haben und so hochattraktive Preise bieten können. Während diese Unternehmen ihre Marktanteile erhöhen, wird das eigene Unternehmen immer stärker in ein wenig profitables Spezialitätengeschäft gedrängt.

Die McKinsey-Studie „Excellence in Electronics" belegt sehr eindrucksvoll, daß erfolgreiche Unternehmen intern wesentlich weniger Varianten haben als weniger erfolgreiche Unternehmen. Natürlich führt der Käufermarkt zu vielen Varianten. Entscheidend für den Geschäftserfolg ist, daß eine leistungsfähige

Produktplanung die vom Markt geforderten Varianten antizipiert, diejenigen Varianten erkennt, die ein profitables Geschäft ermöglichen, und die Entwicklung/Konstruktion so beauftragt, daß diese durch konstruktive Maßnahmen wie **Baukästen** und **Plattformen** etc. den vom Markt geforderten Varianten wirtschaftlich begegnet.

Im Prinzip handelt es sich bei solchen Maßnahmen um eine Produktstrukturierung, die von der Produktplanung im Wechselspiel mit der Produktkonzipierung vorzunehmen ist. Das Bild 3-62 vermittelt die Hebel der Produktstrukturierung und ihre Wirkung auf den Gewinn, der mit dem neuen Produkt erzielt werden soll [Rathnow 1993]. Danach läßt sich die Produktstrukturierung wie folgt charakterisieren:

- Ziel der Produktstrukturierung ist die Bestimmung der unternehmerisch sinnvollen Produktvarianz.

- Der Umsatz nimmt mit steigender Differenzierung des Lieferprogramms nur noch degressiv zu, da die Marktsegmente tendenziell kleiner werden und der zusätzliche Nutzen für die Kunden abnimmt. Gegenstand der *"vertrieblichen" Produktstrukturierung* ist die Optimierung des Lieferprogramms hinsichtlich Zusammensetzung, Konfigurationsmöglichkeiten und technischer Ausprägung.

- Die Kosten steigen mit zunehmender Variantenvielfalt progressiv, da die zunehmende Komplexität steigende Prozeßkosten verursacht. Gegenstand der *"technischen" Produktstrukturierung* ist die Minimierung der Kosten für die Realisierung der Produktvarianz.

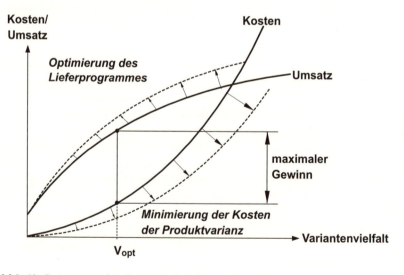

Bild 3-62: Steigerung des Gewinns durch Produktstrukturierung

Geschäftsplanung **169**

Gestaltung des Entwicklungs- und Markteinführungsprozesses

Grundvoraussetzung für einen erfolgreichen Produktinnovationsprozeß ist eine Systematik. In Kapitel 2.3.1 sind zwei Beispiele dargestellt (vgl. Bild 2-12 und Bild 2-13). Da diese Systematiken selbsterklärend sind und auf die Entwicklungsmethoden, die hinter diesen Systematiken liegen, in Kapitel 4 näher eingegangen wird, soll es an dieser Stelle bei diesem Hinweis bleiben. Im folgenden gehen wir daher auf die Einbettung des Produkt- bzw. Programmanagements in das Führungssystem eines Unternehmens ein.

Die Entwicklung und Markteinführung eines neuen Produkts wird in der Regel von einem Team mit Personen aus den relevanten Funktionsbereichen eines Unternehmens vorgenommen. Wie in Bild 3-63 wiedergegeben, gibt es unterschiedliche Teamarten, die sich hinsichtlich ihrer Macht unterscheiden [Dechamps et al. 1996].

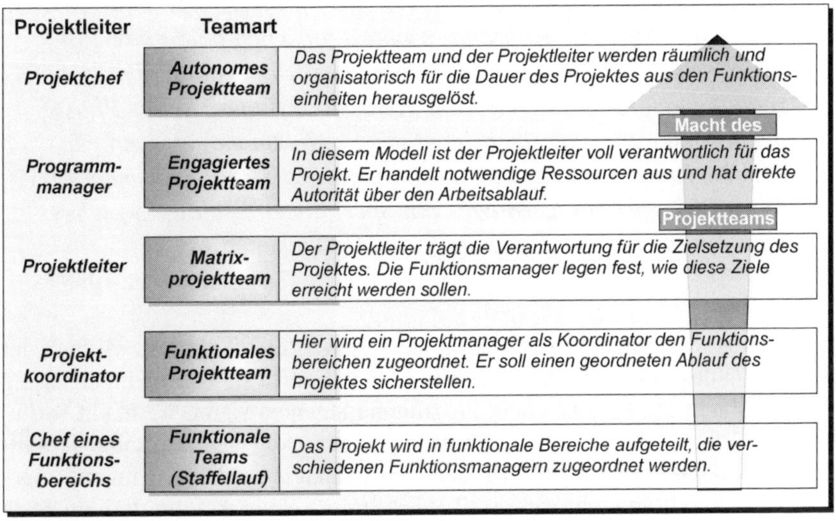

Projektleiter	Teamart	
Projektchef	Autonomes Projektteam	Das Projektteam und der Projektleiter werden räumlich und organisatorisch für die Dauer des Projektes aus den Funktionseinheiten herausgelöst.
Programm-manager	Engagiertes Projektteam	In diesem Modell ist der Projektleiter voll verantwortlich für das Projekt. Er handelt notwendige Ressourcen aus und hat direkte Autorität über den Arbeitsablauf.
Projektleiter	Matrix-projektteam	Der Projektleiter trägt die Verantwortung für die Zielsetzung des Projektes. Die Funktionsmanager legen fest, wie diese Ziele erreicht werden sollen.
Projekt-koordinator	Funktionales Projektteam	Hier wird ein Projektmanager als Koordinator den Funktionsbereichen zugeordnet. Er soll einen geordneten Ablauf des Projektes sicherstellen.
Chef eines Funktions-bereichs	Funktionale Teams (Staffellauf)	Das Projekt wird in funktionale Bereiche aufgeteilt, die verschiedenen Funktionsmanagern zugeordnet werden.

(Macht des Projektteams nimmt von unten nach oben zu)

Bild 3-63: Teamarten in Produkt- und Markteinführungsprozessen

Die *Koordinierung funktional organisierter Projektteams* ist eine sehr schwache Form, die wir allerdings in der Praxis häufig antreffen. Ein relativ machtloser Projektmanager fungiert lediglich als Verwalter bzw. Sekretär des Innovationsprojektes. Oft stellen wir in solchen Fällen fest, daß es eine erhebliche Diskrepanz zwischen der hohen Bedeutung des Projektes für den künftigen Unternehmenserfolg und den realen Einflußmöglichkeiten des Projektmanagements gibt.

Beim Projektleiter in der Matrixstruktur ist die immer offen bleibende Führungsfrage das klassische Problem. Der für den Erfolg des Projekts verantwortliche Manager hat bedingt durch die Matrixorganisation häufig keinen Einfluß auf die inhaltliche Arbeit.

Diesen Nachteil hebt die nächste Stufe auf, in der der Projektleiter als sogenannter *Programmanager* fungiert. Hier sind wir einem Gleichgewicht zwischen dem Projekt-/Programmanager und der funktionalen Aufbauorganisation nahe. Bei großen Innovationsvorhaben bietet sich eine Verfeinerung dieser Konzeption an, wonach ein *Programmmanagementteam* gebildet wird, in dem Marketingkompetenz und technische Kompetenz ein fruchtbares Wechselspiel im Zuge des Produkt- und Markteinführungsprozesses leisten (Bild 3-64).

„Den Vorsitz im funktionsübergreifenden Team für die Festlegung und Konzeption des Produktes hat zunächst der Produktmanager. Der technische Projektleiter fungiert als eine Art Assistent. Nach der Konzeptionsphase tauschen beide ihre Rollen. Der Produktmanager bleibt hier involviert, um die bei Entscheidungen notwendigen Kompromisse zu finden. In der Phase der Markteinführung übernimmt der Produktmanager dann wieder das Ruder und stellt ein entsprechendes Team zusammen. In jeder Phase ist ein Kernteam von Spezialisten beteiligt, welches vom Anfang bis zum Ende am Projekt mitarbeitet."

[Dechamps et al. 1996]

Entscheidend ist unserer Auffassung nach, daß es eine Balance zwischen der Bedeutung des Innovationsprojektes für den zukünftigen Unternehmenserfolg und der Macht des Produkt- bzw. Programmanagements gibt. Wenn ein Vorhaben wirklich entscheidend für den Unternehmenserfolg ist, dann sollte der Produkt- bzw. Programmanager auch dem Leitungskreis des Unternehmens angehören – auf Zeit versteht sich, weil jedes Projekt einen Anfang und ein Ende hat. Was wir hingegen häufig erleben, ist, daß die Unternehmensleitung nicht müde wird, die hohe Bedeutung des Projektes zu betonen, aber einen Projektleiter aus dem „dritten Glied" einsetzt. Die Folge ist, daß sich die Unternehmensleitung von Beginn an um ihre Glaubwürdigkeit bringt und – was noch folgenschwerer ist – das Projekt nicht vorankommt.

Geschäftsplanung 171

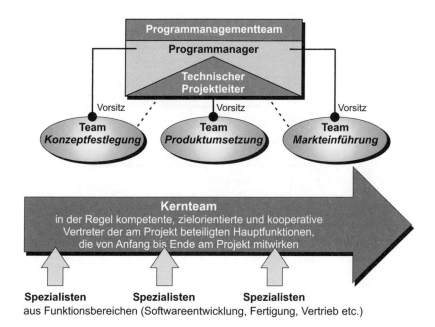

Bild 3-64: *Im Programmanagementteam arbeiten Marketing-orientierter Programmanager und technischer Projektleiter eng zusammen*

3.3.3 Investitionsrechnung – Nachweis der Wirtschaftlichkeit

Ziel der Investitionsrechnung ist die Beurteilung der Wirtschaftlichkeit eines Investitionsobjektes. In Abhängigkeit von dem jeweiligen Rechenverfahren wird diese nach dem Kapitalwert, der Gesamtverzinsung des Investitionsvorhabens oder dem Zeitraum beurteilt, in dem die Summe der investitionsbedingten Einzahlungen die Summe der mit der Investition verbundenen Auszahlungen aufwiegt. Das Bild 3-65 gibt einen kurzen Überblick über die einzelnen Investitionsrechenverfahren.

Ziel aller Investitionsrechenverfahren ist es, den wirtschaftlichen Erfolg einer Investition im voraus zu prognostizieren und sicherzustellen. Insofern stellt sie eine Art langfristige Finanzplanung für ein Produkt dar, die die Basis für das kaufmännische Controlling bildet. Bei einem Investitionsobjekt handelt es sich um eine Ausgabe, die langfristig das Kapital des Unternehmens bindet. Dies können Bestandteile des Anlagevermögens, neu entwickelte Produkte, aber auch strategische Geschäftsfelder und ganze Unternehmen sein.

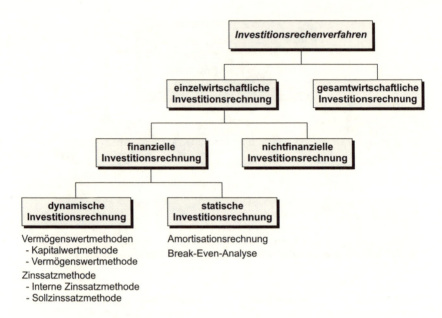

Bild 3-65: Systematik der Investitionsrechenverfahren in Anlehnung an [Blohm/Lüder 1995]

Um die Informationsunsicherheit auszuschließen, wird im allgemeinen bei der Investitionsrechnung von einem eindeutigen Prognosewert für die Ein- und Auszahlungen ausgegangen. Im folgenden beschränken sich die Ausführungen auf die einzelwirtschaftliche Investitionsrechnung, bei der lediglich die projektrelevanten Wirkungen erfaßt werden. Streuwirkungen aus der Investitionsentscheidung, wie sie beispielsweise bei Investitionen im öffentlichen Bereich entstehen, werden dabei nicht berücksichtigt. Gemäß dem buchhalterischen Verursachungsprinzip werden demnach nur solche Zahlungsströme berücksichtigt, die sich eindeutig auf die zu treffende Investitionsentscheidung zurückführen lassen.

Im folgenden werden die in der betrieblichen Praxis üblichen Methoden der Kapitalwertberechnung, der Berechnung des Return on Investment, die Ermittlung der Amortisationsdauer und die Break-Even-Analyse kurz vorgestellt.

3.3.3.1 Kapitalwertmethode

"Der Kapitalwert einer Investition (engl. net present value) im Zeitpunkt t=0 (Anm.: t=0 entspricht hier und im folgenden dem Zeitpunkt der Investitionsentscheidung) ist definiert als der Barwert ihrer Nettoeinzahlungen..." [Blohm/

Geschäftsplanung 173

Lüder 1995, S. 58]. Die Nettoeinzahlungen ergeben sich aus der Differenz der durch die Investition ausgelösten Einzahlungen und den investitionsbedingten Auszahlungen. Der Barwert hingegen wird durch die Berücksichtigung einer entsprechenden, periodengerechten Verzinsung errechnet. Mit Hilfe der Kapitalwertmethode wird also der heutige Gegenwert mit den aus zukünftigen Zahlungsströmen resultierenden Salden berechnet.

Handelt es sich bei dem Investitionsobjekt um ein neues Produkt, können die anfallenden F&E- sowie Marketingaufwendungen als Investitionsauszahlungen zum Zeitpunkt t=0 angesehen werden. Die in den einzelnen Perioden anfallenden laufenden Auszahlungen (z.B. Löhne und Gehälter, Materialkosten, Marketingausgaben) werden dann mit den Umsätzen, die aufgrund des Produktlebenszyklus und der allgemeinen Entwicklung entstehen, zu Nettozahlungsströmen verrechnet und mit den entsprechenden Soll-/Habenzinssätzen bewertet.

Das Bild 3-66 zeigt das um den Innovationsprozeß erweiterte Modell des Produktlebenszyklus. Die Einbeziehung des Innovationsprozesses liegt im Kontext dieses Buches auf der Hand.

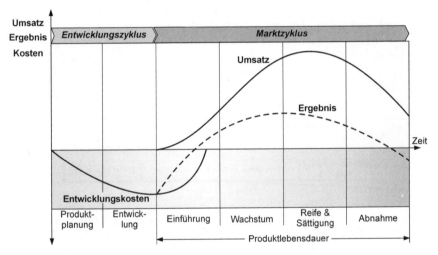

Bild 3-66: Modell des Produktlebenszyklus [Bierfelder 1987, S. 94]

Der Umsatz eines Produktes folgt im Laufe der Zeit – idealtypisch – annähernd einer Glockenkurve. Der genaue Verlauf dieser Umsatzfunktion ist dabei von Produkt zu Produkt unterschiedlich und spielt im Rahmen der folgenden Überlegungen eine untergeordnete Rolle. Elementar ist hingegen die Tatsache, daß die Umsätze im Zeitverlauf nicht konstant sind. Deshalb muß bei der Investitionsrechnung die Position des Produktes in seinem Lebenszyklus geschätzt und bei der Ermittlung des Kapitalwertes berücksichtigt werden.

Das in Bild 3-67 dargestellte Modell nach Majluf dient der Ermittlung des Unternehmensumsatzes in einem spezifischen Marktsegment. Das Modell zeichnet sich insbesondere durch die *Faktoren* aus. Neben den oben gemachten Ausführungen zum Produktlebenszyklus, die durch den gleichnamigen Faktor berücksichtigt werden, können vor allem im Vorfeld erarbeitete Globalszenarien in die Überlegungen integriert werden. Der Szenariofaktor erfaßt dabei lediglich die makroökonomischen Entwicklungen, d.h. Umsatzveränderungen, die sich allein auf die gesamtwirtschaftliche Entwicklung zurückführen lassen. Diese könnten mit Hilfe der Szenariotechnik ermittelt werden. Dabei bieten sich prinzipiell zwei unterschiedliche Vorgehensweisen an: Zum einen können explizit quantitative Schätzungen über die Entwicklung des Bruttosozialproduktes Bestandteil der Szenarien sein. Zum anderen können auf der Grundlage von qualitativen Globalszenarien quantitative Aussagen zur gesamtwirtschaftlichen Entwicklung getroffen werden. Hierbei ist ein Vorgehen denkbar, bei dem offizielle Statistiken über den Wirtschaftsverlauf mit in der Vergangenheit durchgeführten qualitativen Befragungen – z.B. zur Stimmung in den Unternehmen oder zur Beurteilung der wirtschaftlichen Lage – verknüpft und auf die Aussagen der Szenarien übertragen werden.

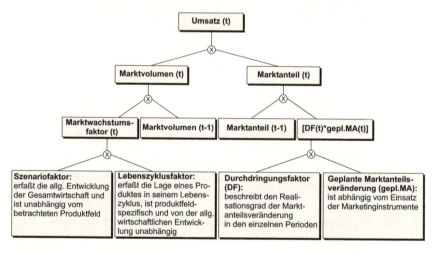

Bild 3-67: Modell zur Ableitung des Umsatzes [Majluf 1978, S. 56ff]

Will ein Unternehmen ein neues Produkt auf den Markt bringen, muß es festlegen, in welchem Zeitraum es welchen Marktanteil anstrebt. Der in einer Peri-

Geschäftsplanung 175

ode anvisierte Marktanteil des Produktes wird durch den Durchdringungsfaktor in der Ermittlung des Periodenumsatzes berücksichtigt. Er ist Ausdruck der Marktpenetrationsstrategie des Unternehmens. Die wesentlichen Einflußgrößen auf den erreichbaren Marktanteil sind neben dem Zeitpunkt der Einführung des Produktes und dem Zeitpunkt des Ausscheidens von Substituten insbesondere die Marketingaufwendungen. Dabei muß beachtet werden, daß es im allgemeinen einen maximalen Marktanteil für ein Unternehmen gibt. Das heißt, daß trotz aller Marketingaktivitäten der eigene Marktanteil nicht über einen bestimmten Schwellenwert steigen kann. Dieser maximal erreichbare Marktanteil verringert sich dabei im Zeitverlauf. Dies bedeutet, daß der mit den gegebenen Mitteln erreichbare Marktanteil abnimmt, je länger der Einsatz des absatzpolitischen Instrumentariums hinausgezögert wird. Darüber hinaus wird davon ausgegangen, daß die Marketingbemühungen eines Unternehmens einen Mindestbetrag übersteigen müssen, um eine spürbare Wirkung zu erzielen. Dieser Mindestbetrag erhöht sich ebenfalls im Zeitverlauf.

Damit ein Unternehmen seinen Marktanteil halten kann, muß es neben der Erhaltungswerbung (ausgedrückt durch den Erhaltungsfaktor EF_t) zusätzliche Marketingausgaben tätigen, um an dem Marktwachstum zu partizipieren. Die Zunahme des Marktvolumens in der Periode t wird durch den Marktwachstumsfaktor $(1+MG_t)$ ausgedrückt. Der Zusammenhang zwischen den Marketingaufwendungen der Periode t-1 (ME_{t-1}) und den Marketingaufwendungen der Periode t (ME_t) läßt sich dann wie folgt ausdrücken:

$$ME_t = EF_t \cdot (1 + MG_t) \cdot ME_{t-1} \qquad (1)$$

Hieraus geht hervor, daß das Unternehmen, will es seinen Marktanteil erhöhen, neben den in (1) ermittelten Marketingaufwendungen zusätzliche Ausgaben tätigen muß. Hierbei wird natürlich ein direkter Zusammenhang zwischen den Werbeausgaben und dem Marktanteil unterstellt. Um die Richtung und Wirkung dieses Zusammenhangs festzustellen, könnte eine auf einer repräsentativen Grundgesamtheit beruhende mehrfaktorielle Varianzanalyse durchgeführt werden.

Ausgehend von der oben geschilderten quantitativen Prognose können nun die Einzahlungen in den einzelnen Perioden ermittelt werden. (2) verdeutlicht die Berechnung unter Berücksichtigung von durchschnittlichen Erlösschmälerungen (Skonti, Boni etc.), die im Verhältnis zum Umsatz (S_t) angegeben werden:

$$E_t = (1 - ce_t) \cdot S_t \qquad (2)$$

Damit der Barwert der Produkteinführung ermittelt werden kann, müssen die Nettozahlungsströme periodengerecht ermittelt werden. Demnach sind im folgenden die investitionsbedingten Auszahlungen zu berücksichtigen. Dies sind im einzelnen die

Auszahlungen für Betriebsmittel	A_{Mt}
Auszahlungen für Grundstücke und Gebäude	A_{Gt}
Auszahlungen für Vorratsbildung an Werkstoffen und Forderungen	A_{Ut}
Auszahlungen für benötigte Werkstoffe	A_{Wt}
Auszahlungen für beschäftigungsabhängige Arbeits- und Dienstleistungen	A_{Lt}
Auszahlungen für beschäftigungsunabhängige Arbeits- und Dienstleistungen	A_{Ft}

Anstelle der Unterscheidung in A_{Wt}, A_{Lt} und A_{Ft} könnten alternativ die Stückkosten (k(X)) durch die Einbeziehung des Erfahrungskurvenkonzeptes berücksichtigt werden. Das Erfahrungskurvenkonzept geht davon aus, daß die Stückkosten bei jeder Verdopplung der kumulierten Ausbringungsmenge um einen konstanten Prozentsatz, bezogen auf die Kosten der ersten Ausbringungseinheit, abnehmen. Nach Kloock/Sabel gehen die Erfahrungskurveneffekte zum einen auf "Economies" (Degression der fixen Kosten je Produkteinheit) und "Savings" (Degression der variablen Stückkosten) zurück. Die Kosten der x-ten Produkteinheit ergeben sich aus (3):

$$k(x) = k(1) \cdot X^{-b} \quad \text{mit} \quad b = -\frac{\ln r}{\ln 2} \qquad (3)$$

Für die gesamte Ausbringungsmenge einer Periode ergibt sich aus der oben dargestellten Formel der folgende Wert (4), wobei X_t die kumulierte Ausbringungsmenge am Ende der Periode t und X_{t-1} die kumulierte Ausbringungsmenge am Ende der vorherigen Periode bezeichnet:

$$K(t) = \int_{X_{t-1}}^{X_t} k(1) \cdot X^b dx \qquad (4)$$

Dieses Vorgehen hat den Vorteil, Erfahrungskurveneffekte in der Ermittlung des Kapitalwertes berücksichtigen zu können und die produktionswirtschaftlich induzierten Auszahlungen genauer abschätzen zu können. Von Nachteil ist jedoch die aufwendige Rechenarbeit sowie die Unsicherheit über die periodenbezogenen Absatzmengen und den wirklichen Erfahrungskurveneffekt (r). Deshalb wird in der Praxis häufig auf dieses Vorgehen verzichtet und vereinfachend die im folgenden beschriebene Berechnung verwendet.

Aus den weiter oben definierten Auszahlungen ergeben sich die Investitionsauszahlungen für die Periode t (iZ_t):

$$iZ_t = A_{Mt} + A_{Gt} + A_{Ut} \qquad (5)$$

Die durch die Beschaffung und den Einsatz von Produktionsfaktoren entstehenden Kosten in der Periode t bezeichnet man als produktionswirtschaftliche Auszahlungen (A_t). Sie ergeben sich aus:

$$A_t = iZ_t + A_{Wt} + A_{Lt} + A_{Ft} \qquad (6)$$

Der sich aus der Differenz der beiden Zahlungsströme ergebende Nettozahlungsstrom wird als produktionswirtschaftlich induzierter Kapitalbedarf der Periode t (PK_t) bezeichnet:

$$PK_t = E_t - A_t \qquad (7)$$

Um die Vorteilhaftigkeit einer Investitionsalternative möglichst gut bewerten zu können, muß das Unternehmen die investitionsbedingten Ertragssteuern berücksichtigen. Die Substanzsteuern (insb. die Vermögenssteuer, die Grundsteuer und die Gewerbekapitalsteuer) spielen eine eher untergeordnete Rolle und werden bei den Berechnungen des Kapitalwertes im allgemeinen vernachlässigt. Da hingegen der Umfang der Ertragssteuern – Einkommens- bzw. Körperschaftssteuer und Gewerbeertragssteuer – erheblich ist, müssen sie bei der Berechnung berücksichtigt werden. Als Bemessungsgrundlage dient der steuerpflichtige Gewinn, der sich aus der Differenz zwischen Betriebseinnahmen und Betriebsausgaben ergibt. Vereinfacht setzt man die Betriebseinnahmen mit dem Umsatz gleich. Für die Betriebsausgaben werden in der Regel die A_t zuzüglich der Zinszahlungen (Z_t) und der Abschreibungen (AB_t) angesetzt. So ergibt sich für die Berücksichtigung der Ertragssteuern (ES_t) bei einem Steuersatz s im Rahmen der Kapitalwertmethode folgender Ausdruck:

$$ES_t = s \cdot [(E_t - AB_t - A_{Wt} - A_{Lt} - A_{Ft}) - Z_t] \qquad (8)$$

Damit der gesamte Kapitalbedarf einer Periode ermittelt werden kann, sind neben den bereits errechneten Größen noch die Zahlungen an die Kapitalgeber zu berücksichtigen. Dies sind insbesondere Zinszahlungen an Fremdkapitalgeber (Z_t) und Schuldentilgungen bzw. Fremdkapitalrückzahlungen (FR_t) sowie die Gewinnausschüttungen an die Eigenkapitalgeber (GA_t). Der gesamte Kapitalbedarf der Periode t (KB_t) ergibt sich also aus:

$$KB_t = P_{Kt} - (E_{St} + Z_t + F_{Rt} + GA_t) \qquad (9)$$

Liegt in der Periode t ein negativer KB_t vor, besteht zunächst ein Zahlungsmitteldefizit. Dieses muß durch die Aufnahme von zusätzlichem Fremd- und/oder Eigenkapital gedeckt werden, um das finanzielle Gleichgewicht wieder herzustellen.

Mit den oben genannten Berechnungen läßt sich abschließend der Kapitalwert (C_0) der Investition ermitteln. Vereinfacht wird hierbei von einem einheitlichen Soll- und Habenzinssatz ausgegangen, der im Zeitablauf konstant bleibt, d.h. $i_H = i_S$ = const. Zusätzlich muß das in der jeweiligen Periode aufzunehmende Fremdkapital (FK_t) und der Restwert des Anlage- und Umlaufvermögens (R_T) berücksichtigt werden. Handelt es sich bei der Investitionsentscheidung um eine mögliche Produktinnovation, müssen in R_T insbesondere die für die Produktion beschafften Anlagen, aber auch die durch die Produktion gebildeten Vorräte mit ihrem Liquidationserlös angesetzt werden. Summa summarum ergibt sich daraus die folgende Bestimmungsgleichung:

$$C_0 = \sum_{t=0}^{T} [E_t - A_t - ES_t + FK_t - FR_t - Z_t - GA_t] \cdot q^{-t} + R_T \cdot q^{-T} \qquad (10)$$

mit q = 1 + i.

Mit den oben beschriebenen und errechneten Termini ergibt dies den Ausdruck:

$$C_0 = \sum_{t=0}^{T} [KB_t + FK_t] \cdot q^{-t} + R_T \cdot q^{-T} \qquad (11)$$

Werden durch die Aufnahme der Produktion des Produktes keine Vorräte gebildet – unter der Annahme einer perfekt funktionierenden Disposition und eines implementierten Just-in-Time-Konzeptes – und wird das Produkt mit Hilfe der bereits vorhandenen Betriebsmittel gefertigt, kann das endliche Glied $R_T \cdot q^{-T}$ entfallen. Vereinfacht lautet dann die Berechnung des Kapitalwertes:

$$C_0 = \sum_{t=0}^{T} [KB_t + FK_t] \cdot q^{-t} \qquad (12)$$

Ist der so ermittelte Kapitalwert positiv ($C_0 > 0$), ist die Investitionsalternative vorteilhaft. Ein positiver Kapitalwert bedeutet, daß die Summe der zukünftigen Nettozahlungsströme unter Berücksichtigung der Anfangsinvestitionen und einer periodengerechten Diskontierung einen positiven Cash Flow in der Gegenwart erzeugen würden. Vergleicht man die Kapitalwerte mehrerer Investitionsalternativen, ist der Alternative mit dem höchsten Kapitalwert der Vorzug zu geben. Hierbei muß natürlich beachtet werden, daß alle Kapitalwerte der jeweiligen Alternativen positiv sind. Ein negativer Kapitalwert würde bedeuten, daß die Investition – unter den gemachten Annahmen – keinen positiven Beitrag zum Jahresüberschuß liefern würde. Eine solche Investitionsalternative scheidet natürlich aus.

Beispiel:

Die Geschäftsleitung der Computer AG möchte untersuchen, ob sie in Zukunft auch Personal Digital Assistants (PDA) anbieten möchte. Dazu liegen die folgenden Daten vor (vgl. auch Bild 3-68):

Wenn noch in der laufenden Periode (t=0) vorbereitende Maßnahmen getroffen werden, kann zu Beginn der Periode t=1 die Herstellung aufgenommen werden. Als Planungshorizont wird der 31.12. der Periode t=3 angesehen.

Im Jahr t=0 beträgt das Marktvolumen 40.000.000 DM. Die gesamtwirtschaftliche Wachstumsrate wird in den Planperioden auf durchschnittlich 3% je Periode geschätzt. Der Lebenszyklusfaktor wird in der Marketingabteilung mit der Funktion

$$LF_t = 1,1 \cdot e^{-0,01t} \quad \text{ermittelt.}$$

Im Jahr der Aufnahme der Produktion soll ein Marktanteil von 10% erreicht werden. Die erforderlichen Marketingaufwendungen betragen in t=0 500 TDM. Bei einem stagnierenden Markt sind in den folgenden Perioden je 80% der im Vorjahr getätigten Marketingaufwendungen zu erbringen, um den erreichten Marktanteil zu halten.

Berechnung der Umsätze

t	0	1	2	3
SF_t	0	1,03	1,03	1,03
LF_t	0	1,09	1,08	1,07
MWF_t	0	1,12	1,11	1,10
M_t	40000,00	44869,06	49830,01	54788,83
MS_t	0	0,10	0,10	0,10
S_t	0	4486,91	4983,00	5478,88

Berechnung der Marketingaufwendungen

t	0	1	2	3
EF_t	0	0,80	0,80	0,80
MWF_t	0	1,12	1,11	1,10
EF_t*MWF_t	0	0,90	0,89	0,88
ME_t	500,00	448,69	398,64	350,65

$ME_t = ME_{t-1} * EF_t * MWF_t + ME_{tzus}$.

Berechnung der Ertragssteuern

t	0	1	2	3
S_t	0	4486,91	4983,00	5478,88
A_{Gt}/A_{Ut}	4000,00	0	0	0
AB_t	1000,00	1000,00	1000,00	1000,00
A_{Wt}/A_{Lt}	0	1000,00	1100,00	1200,00
A_{Ft}	0	500,00	500,00	500,00
ME_t	500,00	448,69	398,64	350,65
G_t	-1500,00	1538,22	1984,36	2428,23
V_t	0	-1500,00	0	0
B_t	-1500,00	38,22	1984,36	2428,23
ES_t	0	22,93	1190,62	1456,94
B_{tS}	-1500,00	15,29	793,74	971,29

Berechnung des Kapitalwertes C_0

t	0	1	2	3
S_t	0	4486,91	4983,00	5478,88
A_{Gt}/A_{Ut}	4000,00	0	0	0
A_{Ut}	0	224,35	249,15	273,94
A_{Wt}/A_{Lt}	0	1000,00	1100,00	1200,00
A_{Ft}	0	500,00	500,00	500,00
ME_t	500,00	448,69	398,64	350,65
A_t	4500,00	2173,04	2247,79	2324,59
S_t-A_t	-4500,00	2313,87	2735,21	3154,29
ES_t	0	22,93	1190,62	1456,94
Saldo	-4500,00	2290,94	1544,59	1697,35
Zinsfaktor	1,00	0,91	0,83	0,75
C_t	-4500,00	2082,67	1276,52	1275,24

$$C_0 = 134,44$$

Bild 3-68: Berechnung des Kapitalwertes (alle Angaben in TDM)

Geschäftsplanung

t:	Periode	A_{Wt}/A_{Lt}:	Auszahlungen für Werkstoffe und Löhne in Periode t [TDM]
SF_t:	Szenariofaktor in Periode t		
LF_t:	Lebenszyklusfaktor in Periode t	A_{Ut}:	in Umlaufvermögen gebundenes Kapital in Periode t [TDM]
MWF_t:	Marktwachstumsfaktor in Periode t	A_{Ft}:	fixe Gehaltszahlungen in Periode t [TDM]
M_t:	Marktvolumen in Periode t [TDM]	A_t:	gesamte Auszahlungen der Periode t [TDM]
MS_t:	Marktanteil in Periode t		
S_t:	Umsatz in Periode t [TDM]	G_t:	steuerpflichtige Gewinne in Periode t [TDM]
ME_t:	Marketingaufwendungen in Periode t [TDM]	V_t:	Verlustvortrag in Periode t [TDM]
ME_{tzus}:	zusätzliche Marketingaufwendungen in Periode t [TDM]	B_t:	Betriebsergebnis vor Steuer in Periode t [TDM]
EF_t:	Erhaltungsfaktor in Periode t	B_{tS}:	Betriebsergebnis nach Steuer in Periode t [TDM]
A_{Gt}/A_{Ut}:	Auszahlungen für Gebäude und Anlagen in Periode t [TDM]	ES_t:	zu zahlende Ertragssteuer in Periode t [TDM]
AB_t:	Abschreibungen in Periode t [TDM]	C_0:	Kapitalwert der Investition im Zeitpunkt t=0 [TDM]

Zur Aufnahme der Produktion sind Fertigungsanlagen zu beschaffen, die am Ende der Periode t=0 zu Auszahlungen von 4.000 TDM führen. Die Anlagen werden in vier Jahren linear abgeschrieben. Durch ausstehende Forderungen und Vorratsbildung entstehen Kapitalbindungen von 2 bzw. 3% des Umsatzes der jeweiligen Periode. Die beschäftigungsunabhängigen Auszahlungen für Arbeitsleistungen betragen 500 TDM pro Periode. Die variablen Kosten für Werkstoffe und Löhne betragen nach Angabe der Produktionsplanung in t=1: 1.000 TDM, in t=2: 1.100 TDM und in t=3: 1.200 TDM.
Die Finanzierung erfolgt zu 100% durch Eigenkapital. Die Anteilseigner fordern eine Mindestrendite von 10% p.a. nach Steuern. Der Ertragssteuersatz beträgt 60%, eventuelle Verluste sind steuerabzugsfähig (Verlustvortrag).

3.3.3.2 Berechnung des Return on Investment (RoI)

"Kennzahlen sind [...] quantitative Daten, die als bewußte Verdichtung der komplexen Realität über zahlenmäßig erfaßbare betriebswirtschaftliche Sachverhalte informieren sollen".

[Weber 1998]

Eine der berühmtesten Kennzahlen zur Beurteilung der Wirtschaftlichkeit von Investitionen ist der Return on Investment (RoI). Auch wenn diese Kennzahl nicht mehr als neu bezeichnet werden kann – entwickelt wurde sie bereits 1912 –, erfuhr der RoI vor allem im Laufe der 90er Jahre im Rahmen der wertorientierten Unternehmensführung eine Renaissance.

Ausgehend von dem wesentlichen Unternehmensziel der Gewinnmaximierung werden in einer systematischen Analyse die Haupteinflußfaktoren auf den Unternehmenserfolg untersucht und in Beziehung zueinander gesetzt. Das Bild 3-69 zeigt eine vereinfachte Version des DuPont-Schemas, welches die Basis für die Analyse bildet.

Zur Ermittlung der Umsätze kann wiederum das in Bild 3-67 dargestellte Modell herangezogen werden. Zur Ermittlung der Herstellkosten bietet es sich an, das in Kapitel 3.3.3.1 kurz vorgestellte Erfahrungskurvenkonzept zu berücksichtigen. Im Rahmen der Beurteilung der Wirtschaftlichkeit sind als investitionsrelevantes Anlagevermögen die Vermögensbestandteile mit ins Kalkül zu ziehen, die zur Herstellung des Produktes benötigt werden (z.B. Maschinen und Anlagen, Vorrichtungen, Gebäude). Ziel sollte es sein, eine möglichst genaue Zahlenbasis für die Berechnung des RoI zu ermitteln. Zum einen muß die Verhältnismäßigkeit der Mittel beachtet werden, zum anderen kann durch eine aufwendige Datenaufbereitung der Eindruck der Scheingenauigkeit entstehen. Vergessen werden darf nicht, daß es sich in den meisten Fällen um Prognosen handelt, die mit einem entsprechenden Risiko behaftet sind.

Stehen wiederum unterschiedliche Investitionsalternativen zur Verfügung, so ist diejenige mit dem höchsten RoI auszuwählen.

In der betrieblichen Praxis wird der Return on Investment oftmals statisch, d.h. ohne Berücksichtigung der im Zeitverlauf anfallenden Zahlungsströme berechnet. "Bei der statischen Investitionsrechnung wird der zeitliche Durchschnittsgewinn (Gewinn je Zeitabschnitt [...]) einer Investition zum durchschnittlich gebundenen Kapital ins Verhältnis gesetzt. Das Ergebnis dieser Rechnung ist die zeitliche Durchschnittsverzinsung des durchschnittlich gebundenen Kapitals: die Rentabilität der Investition" [Blohm/Lüder 1995, S. 166]. Daraus ergibt sich der folgende Ausdruck:

Geschäftsplanung

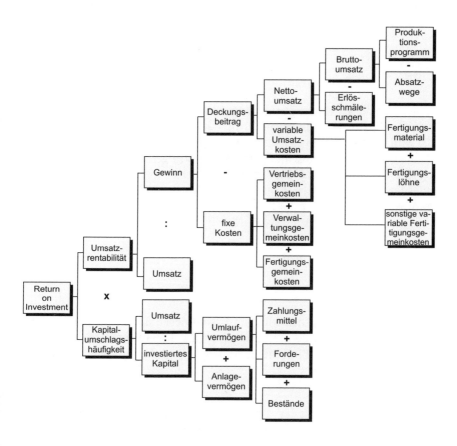

Bild 3-69: Ableitung des RoI nach dem DuPont-Schema [in Anlehnung an: Horváth 1992, S. 518]

$$\text{RoI} = \frac{\overline{G}}{(I_0 - R) \cdot \frac{T+1}{2T} + R} \cdot 100 \qquad (13)$$

G bezeichnet den geschätzten Durchschnittsgewinn des Investitionsvorhabens (vor Abzug von Steuer und Fremdkapitalzinsen), d.h.:

$$\overline{G} = \frac{1}{T} \cdot \sum_{t=0}^{T} G_t \quad \text{mit } G_t \text{ als Periodengewinn} \quad (14)$$

I_0 steht für die zu tätigenden Anfangsinvestitionen, R für den Restwert am Ende des Nutzungszeitraumes und T für das Ende des Planungszeitraumes. In (13) wird unterstellt, daß sich das investierte Kapital am Ende einer jeden Periode um einen linearen Abschreibungsbetrag verringert. Unterstellt man hingegen eine vollständige Amortisation des investierten Kapitals im Laufe der Nutzungsdauer der gemachten Investition, ergibt sich für die Berechnung des RoI der Ausdruck:

$$\text{RoI} = \frac{\overline{G}}{(I_0 + R) \cdot \frac{1}{2}} \cdot 100 \quad (15)$$

Im Rahmen der Anfangsinvestitionen I_0 sind neben den Investitionen in das Anlagevermögen auch die Investitionen in das Umlaufvermögen zu berücksichtigen, die durch die Einführung des neuen Produktes erforderlich werden.

Beispiel:

Um die Wirtschaftlichkeit der Aufnahme eines neuen Monitors in das Produktionsprogramm zu beurteilen, möchte die Bildschirm GmbH den Return on Investment ausrechnen.

Um die Produktion aufnehmen zu können, fallen Investitionen in Höhe von DM 4.000.000 für eine neue Fertigungsstraße an. Die Finanzierung des Objektes erfolgt zu 100% mit Eigenkapital. Die Straße wird über den Planungszeitraum von 5 Perioden linear abgeschrieben. Der Restwert (Liquidationswert) beträgt am Ende der 5. Periode DM 100.000.

Unter Berücksichtigung der Marktentwicklung und der daraus resultierenden Umsätze sowie der für die Herstellung anfallenden Kosten ergibt sich für den Gewinn vor Steuer die folgende Reihe:

G_0 = DM 0
G_1 = DM 250.000
G_2 = DM 500.000
G_3 = DM 700.000
G_4 = DM 850.000

Geschäftsplanung **185**

Berechnung des RoI:

$$\text{RoI} = \frac{\overline{G}}{(I_0 - R) \cdot \frac{T+1}{2T} + R} \cdot 100$$

$$\Rightarrow \text{RoI} = \frac{\frac{1}{T} \cdot \sum_{t=0}^{T} G_t}{(I_0 - R) \cdot \frac{T+1}{2T} + R} \cdot 100$$

$$\Rightarrow \text{RoI} = \frac{\frac{1}{5} \cdot (0 + 250.000 + 500.000 + 700.000 + 850.000)}{(4.000.000 - 100.000) \cdot \frac{5+1}{2 \cdot 5} + 100.000}$$

$$\Leftrightarrow \text{RoI} = \frac{460.000}{2.440.000} \cdot 100 \approx 18,85\%$$

3.3.3.3 Amortisationsrechnung

Allgemein gesagt ist das Ziel der Amortisationsrechnung – sowohl der statischen als auch der dynamischen – die Ermittlung des Amortisationszeitpunktes AZ. Dieser ist definiert durch den Zeitpunkt, in dem die Summe der Rückflüsse einer Investition die Anfangsinvestition I_0 ausgleichen. Kurzum gesagt, ist der Amortisationszeitpunkt erreicht, "wenn die Summe der Nettozahlungen einer Investition in Abhängigkeit von der Zeit erstmals Null werden" [Blohm/Lüders 1995, S. 172].

Die Amortisationsrechnung dient in erster Linie der Beurteilung des Risikos einer Investition. Grundgedanke der Risikobeurteilung ist die Tatsache, daß zukünftige Ereignisse – so beispielsweise auch Zahlungsströme – mit zunehmender Entfernung zur Gegenwart mit einer höheren Ungewißheit behaftet sind. Demnach ist prinzipiell der Investitionsalternative mit der kürzeren Amortisationszeit der Vorzug zu geben. Sollen Entscheidungen über die Vorteilhaftigkeit einer Investition getroffen werden, sind flankierende Kennzahlen zu ermitteln (häufig wird die Kapitalwertmethode mit der Amortisationsrechnung gekoppelt). Ist beispielsweise die Amortisationsdauer der Investitionsalternative I länger als die der Investitionsalternative II, so würde, unter alleiniger Anwendung der Amortisationsrechnung, die Alternative II bevorzugt. Gleichzeitig könnte es jedoch sein, daß die Investitionsalternative I – unter den getroffenen Annahmen – einen höheren Kapitalwert besitzt. Die Wahl der Investitionsalternative ist in einem solchen Fall abhängig von den allgemeinen Rahmenbedingungen, die den getroffenen Annahmen zugrundeliegen, der Stabilität und der Dynamik des Umfeldes sowie von der Risikoneigung der Anleger.

Statische Amortisationsrechnung

Im Rahmen der Ermittlung der statischen Amortisationszeit AZ_S wird keine Verzinsung der einzelnen Zahlungsgrößen berücksichtigt. Aus den Bedingungen für den Amortisationszeitpunkt T_S

$$\sum_{t=0}^{[T_s]} (R_t - I_t) < 0 \quad \text{und} \quad \sum_{t=0}^{[T_s]+1} (R_t - I_t) > 0 \tag{16}$$

wird zunächst der ganzzahlige Zeitpunkt ermittelt, an dem die Summe der über die Perioden hinweg kumulierten Einzahlungsüberschüsse größer ist als die Investitionsausgaben. Im folgenden Schritt wird der nächst kleinere ganzzahlige Zeitpunkt ermittelt, an dem die Einzahlungsüberschüsse unterhalb der Investitionsausgaben liegen. T_S muß demnach keine ganzzahlige Zahl sein. Liegt der Amortisationszeitpunkt zwischen zwei Perioden, kann unter der Annahme der Linearität der exakte Zeitpunkt für T_S wie im folgenden Beispiel ermittelt werden.

Beispiel:

	Investition I		Investition II	
Investitionsausgaben [DM]	200.000		200.000	
Lebensdauer [Jahren]	5		5	
Rückflüsse [DM/Jahr]		kumuliert		kumuliert
1	60.000	60.000	40.000	40.000
2	80.000	140.000	40.000	80.000
3	60.000	200.000	60.000	140.000
4	20.000	220.000	80.000	220.000
5	20.000	240.000	80.000	300.000
Amortisationszeit	3 Jahre		3 Jahre 9 Monate	

Bild 3-70: Berechnung der statischen Amortisationszeit

Geschäftsplanung **187**

Unter der Annahme der Linearität lassen sich bei der Investitionsalternative II die 9 Monate extrapolieren aus:

$$\frac{\text{Monate} \cdot \text{benötigter Rückfluß für Amortisation}}{\text{Rückfluß im 4. Jahr}} =$$

$$\frac{12 \cdot 60.000}{220.000 - 140.000} = 9 \text{ Monate}$$

Dynamische Amortisationsrechnung

"Die dynamische Amortisationszeit [...] AZ_d [0, T_d] ist definiert als derjenige Teil des Planungszeitraums, in welchem das für ein Investitionsprojekt eingesetzte Kapital zuzüglich einer Verzinsung [...] aus den Rückflüssen des Projektes wiedergewonnen werden kann" [Blohm/Lüder 1995, S. 78,]. Der Unterschied zur oben behandelten statischen Amortisationsrechnung liegt demnach in der Berücksichtigung einer entsprechenden, periodenbezogenen Verzinsung der Zahlungsströme.

Genau wie bei der statischen Amortisationsrechnung wird die dynamische in der Regel nicht als alleiniges Entscheidungskriterium zur Beurteilung einer Investitionsalternative angesehen. Auch hier steht der Risikogedanke im Vordergrund. Durch die Berücksichtigung der Verzinsung der Zahlungsströme erhält dieser sogar ein größeres Gewicht als bei der statischen Investitionsrechnung.

Der Kalkulationszinssatz i, der bei der Berechnung zugrundegelegt wird, trägt dem Gedanken des Opportunitätskostenprinzips Rechnung. Es handelt sich hierbei im allgemeinen um den Zinssatz einer sicheren Investitionsalternative. Eine andere Möglichkeit wäre die Berücksichtigung einer durchschnittlichen Inflationsrate, um die "Geldwertvernichtung" auszugleichen. In der Praxis wird häufig mit einem einheitlichen Kalkulationszinssatz gearbeitet. Durch die Berücksichtigung eines unterschiedlichen Soll- und Habenzinssatzes könnten die unterschiedlichen Zahlungsströme jedoch realitätsnäher betrachtet werden. Berücksichtigt werden muß hingegen, daß der Rechenaufwand durch die Unterscheidung der Zinssätze ansteigt und daß auch die Prognose der Zinssätze mit Unsicherheiten belegt sind.

(17) verdeutlicht die Berechnung des Amortisationszeitpunktes unter Berücksichtigung einer entsprechenden Verzinsung der Salden. Auch hier wird von einem einheitlichen Soll- und Habenzinssatz ausgegangen.

$$\sum_{t=0}^{[T_s]} (R_t - I_t) \cdot q^{-t} < 0 \quad \text{und} \quad \sum_{t=0}^{[T_s]+1} (R_t - I_t) \cdot q^{-t} > 0 \tag{17}$$

Beispiel:

Für die Einführung eines neuen Produktes fallen im Zeitpunkt t=0 Investitionsausgaben in Höhe von DM 1.000.000 an. Der Liquidationserlös am Ende des Planungszeitraumes T=5 ist gleich Null. Der Kalkulationszinssatz beträgt 10%, die Rückflüsse betragen:

t_1: DM 300.000 t_4: DM 200.000
t_2: DM 400.000 t_5: DM 200.000
t_3: DM 300.000

Periode t	Nettozahlungen	Abzinsungsfaktor	diskontierte Nettozahlungen	kumulierte Kapitalwerte
0	-1.000.000,00	1,00	-1.000.000,00	-1.000.000,00
1	300.000,00	0,91	272.727,27	- 727.272,73
2	400.000,00	0,83	330.578,51	- 396.694,21
3	300.000,00	0,75	225.394,44	- 171.299,77
4	200.000,00	0,68	136.602,69	- 34.697,08
5	200.000,00	0,62	124.184,26	89.487,18

Bild 3-71: Berechnung der dynamischen Amortisationszeit

Auch hier liegt der Amortisationszeitpunkt zwischen zwei ganzzahligen Perioden. Unter der Annahme der Linearität ergibt sich für den Amortisationszeitpunkt T_d:

$$T_d = |T_d| - \frac{C_0(|T_d|)}{C_0(|T_d + 1|) - C_0(|T_d|)}$$

$$\Rightarrow T_d = 4 - \frac{-34.697,08}{89.487,18 - (-34.697,08)} \approx 4 - (-0,28) = 4,28$$

Daraus ergibt sich für die Amortisationsdauer AZ_d ungefähr 4,28 Jahre bzw. 4 Jahre und rund 3 Monate.

Geschäftsplanung **189**

3.3.3.4 Break-Even-Analyse (BEA)

Ziel der Break-Even-Analyse ist die Ermittlung des Break-Even-Points (BEP). Dies ist die Menge, die ein Unternehmen absetzen muß, um die Kosten (auf Vollkostenbasis) zu decken. Sie wird auch als "kritische Menge" bezeichnet. Im BEP sind demnach die Erlöse genauso hoch wie die Kosten. Anders ausgedrückt ist das Ergebnis in diesem Punkt Null.

Im Rahmen der BEA werden die Kosten in fixe (beschäftigungsmengenunabhängige) K_f und variable (beschäftigungsmengenabhängige) Bestandteile k_v gegliedert. Die Gesamtkosten eines Unternehmens ergeben sich demnach, in Abhängigkeit von der Ausbringungsmenge X, aus dem Ausdruck (18):

$$K(X) = K_f + k_v \cdot X \tag{18}$$

Die Umsatzerlöse des Unternehmens ergeben sich unter der Annahme eines konstanten Preises je Produkteinheit p aus (19):

$$E(X) = p \cdot X \tag{19}$$

Da im BEP die Umsatzerlöse den Kosten (beide in Abhängigkeit von der Ausbringungsmenge) entsprechen müssen, ermittelt sich die "kritische Menge" aus (20).

$$\begin{aligned} & E(X) = K(X) \\ & \Leftrightarrow p \cdot X = K_f + k_v \cdot X \\ & \Leftrightarrow X \cdot (p - k_v) = K_f \\ & \Leftrightarrow X = \frac{K_f}{(p - k_v)} \\ & \Leftrightarrow X = \frac{K_f}{DB} \end{aligned} \tag{20}$$

Der BEP ist demnach genau dann erreicht, wenn die Ausbringungsmenge dem Quotienten aus Fixkosten und Deckungsbeitrag entspricht. Der Deckungsbeitrag DB gibt an, wieviel der Verkauf eines Produktes zur Deckung der fixen Kosten beiträgt. Der Deckungsbeitrag kann als Entscheidungskriterium über die Annahme eines Auftrages herangezogen werden. Ist der DB eines Produktes positiv, d.h. liegt der Verkaufspreis über den variablen Kosten, so gibt er – unter der Voraussetzung, daß alle fixen Kostenbestandteile durch den Verkauf anderer Produkte bereits gedeckt sind – den Stückgewinn an.

Eine typische Anwendung für die Break-Even-Analyse ist die Beantwortung der Fragestellung, inwieweit eine Preis- oder Kostenänderung die "kritische Menge" beeinflußt. Ferner können Gewinnvorgaben oder Steuerzahlungen berücksichtigt werden. Dies geschieht dadurch, daß der Fixkostenblock um den entsprechenden anvisierten Gewinn erhöht wird. Durch die Berechnung des BEP erhält man dann die Menge, die c.p. abgesetzt werden muß, um den Mindestgewinn zu realisieren. Das Bild 3-72 verdeutlicht vorstehende Aussagen.

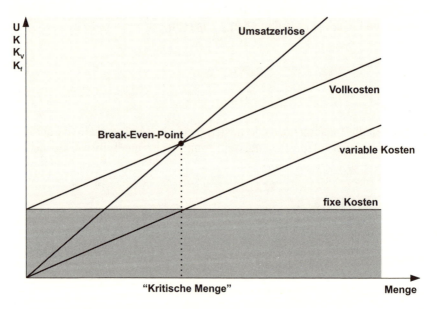

Bild 3-72: Break-Even-Analyse (BEA)

3.4 Strategiekontrolle

Das Entscheidende der strategischen Führung ist, daß die entwickelten Strategien auch umgesetzt werden. Geschieht dies nicht, so sind sie kaum das Papier wert, auf dem sie stehen. Strategieumsetzung erfordert u.a. professionelles Projektmanagement, mit dessen Hilfe die Maßnahmen, die am Ende einer jeden Strategie stehen, und die in der Regel Projektcharakter haben, zügig vorangetrieben werden. Das ist eigentlich elementares Führungshandwerk. Häufig liegen hier schon erhebliche Defizite. Noch wichtiger ist, daß eine Unternehmenskultur gegeben ist, in der Gestaltungs- und Siegeswille auf allen Ebenen Werte darstellen. In einer Unternehmenskultur, in der Bedenken tragen, ständige Wiedererwägung und Risikovermeidung dominieren, in der Diskussionen geführt werden, die an Selbsterfahrungsgruppen erinnern, nützt auch ein handwerklich perfektes Projektmanagement nichts, um die Strategie zu implementieren. Strategieumsetzung erfordert offensichtlich Führungsstärke. Häufig stellen wir allerdings fest, daß diese mißverstanden wird, weil die Führungskräfte nach dem Motto handeln: "Das ist die Richtung, mir alle nach." Selbstredend kommen da bei der Mannschaft Zweifel auf, ob das auch wirklich der richtige Kurs ist. Daher ist es wichtig, einen größeren Kreis von Führungspersönlichkeiten und Schlüsselpersonen an dem Strategieentwicklungsprozeß zu beteiligen und die Strategie im Unternehmen überzeugend zu kommunizieren.

Wir gehen jetzt einmal von der Annahme aus, daß alle Voraussetzungen für die Strategieumsetzung gegeben sind. Auch damit ist man nicht davor gefeit, daß sich die Strategie als ein Holzweg erweist, weil sich Märkte und weitere Unternehmensfelder anders entwickeln als angenommen. Häufig kommt es auch zu Diskontinuitäten, die nicht ohne weiteres vorhersehbar waren. Aufgrund dessen ist es notwendig, die in Umsetzung befindliche Strategie auch zu kontrollieren. Ein Instrument zur Strategiekontrolle ist die **Frühaufklärung**. Sie hilft, die der Strategie zugrundeliegenden Annahmen zu überprüfen, ob sie nach wie vor gelten oder sich verändern. Daneben ist es natürlich die Aufgabe der Strategiekontrolle, die eigentliche Umsetzung zu überwachen und zu fördern.

Gerade weil wir propagieren, die Strategie auf der Basis von Zukunftsszenarien zu entwickeln, ist die Frühaufklärung besonders wichtig. Zur Erinnerung: Ausgangspunkt für die Strategieentwicklung bilden mehrere Szenarien (in der Regel sind das Markt- und Umfeldszenarien). Logischerweise tritt nur eine dieser Zukünfte ein. Wir müssen uns daher für eine Zukunft (also ein Szenario) entscheiden. Dies erfolgt auf der Basis von heute wahrnehmbaren Entwicklungen. Daher bestimmen wir **Indikatoren**, die leicht zu überwachen sind, und mit deren Hilfe wir klar erkennen können, ob das der Strategie zugrundeliegende Szenario eintritt oder möglicherweise doch ein anderes Realität wird.

Diese Indikatoren sind in der Regel leicht zu überwachende Projektionen von Schlüsselfaktoren (vgl. Kapitel 3.1.3.5). Dazu ein Beispiel aus den von uns durchgeführten Branchenstudien. Einige Szenarien weisen da für den Schlüsselfaktor *Globalisierung* die Projektion *Handelsbarrieren/Protektionismus* auf. Diese Projektion ist ein besonders geeigneter Indikator, weil er einfach zu überwachen ist; man braucht eigentlich nur den Wirtschaftsteil guter Tageszeitungen lesen.

Da Szenarien auf konsistenten Kombinationen von Projektionen beruhen, hängt häufig an einer Projektion bzw. einigen wenigen das ganze Szenario. Die Rolle der Frühaufklärung ist, herauszufinden, ob die richtigen Indikatoren überwacht werden. Leider ist das aber nicht ganz so einfach. So ist es denkbar, daß sich die Schlüsselfaktoren und die zugehörigen Projektionen, auf denen die Szenarien basieren, ändern. Damit verlieren die Szenarien an Aussagekraft. Zusätzlich tauchen eventuell Schlüsselfaktoren auf, an die nicht gedacht worden ist. Damit ist also auf der einen Seite die Notwendigkeit gegeben, die ermittelten Schlüsselfaktoren auf ihre Aktualität und Bedeutung zu überprüfen. Andererseits müssen neue Trends erkannt und in dem strategischen Führungsprozeß berücksichtigt werden.

Hier ist also eine umfassende Frühaufklärung gefragt, die mit ihren Methoden und Ansätzen möglichst frühzeitig versucht, schwache Signale zu erkennen, die eine Veränderung bzw. einen neuen Trend andeuten können. Unternehmen, die heute von neuen Produkten und Technologien überrascht werden, geraten unfreiwillig in eine schwierige Situation, in der unter Druck reagiert werden muß. Dies führt zu einer Vergeudung von Ressourcen und kann am Ende auch Qualitäts- und Imageverlust bedeuten. Der Vorsprung, den ein Wettbewerber durch das frühzeitige Erkennen der relevanten Markt- und Umfeldentwicklungen gewinnt, ist oft gar nicht oder nur durch enorme Kraftanstrengungen aufzuholen.

3.4.1 Strategische Frühaufklärung

3.4.1.1 Historische Entwicklung der Frühaufklärung

Den Begriff der Frühaufklärung (FA) kennen wir aus der Wettervorhersage, der Medizin und dem Militär. Aber auch die Industrie befaßt sich seit längerem mit dem frühzeitigen Erkennen von neuen Trends, die sich zunächst durch sog. schwache Signale (Berichte in Zeitungen oder dem Internet, neue Patente, Vorträge auf Seminaren usw.) bemerkbar machen. Im folgenden wird erläutert, wie sich diese heute so wichtige Managementaufgabe der Frühaufklärung entwickelt hat. In der Literatur werden nach Bild 3-73 drei Entwicklungsstufen unterschieden [Raffée/Wiedmann 1989] [Krystek/Müller-Stewens 1993].

Strategiekontrolle 193

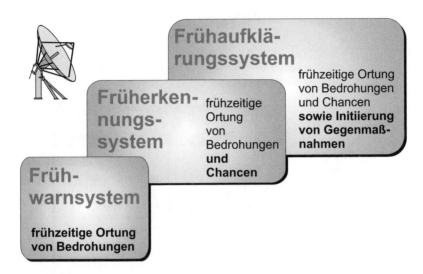

Bild 3-73: Historische Entwicklung zum Frühaufklärungssystem [Raffée/Wiedmann 1989]

- **Frühwarnsysteme:** Als erste Entwicklungsstufe sind die Frühwarnsysteme zu nennen, die als eine spezielle Art von Informationssystemen gelten. Der Benutzer soll lediglich durch eine frühzeitige *Ortung von Bedrohungen* "gewarnt" werden. Typische Systemkonzeptionen sind die hochrechnungsorientierten und indikatororientierten Ansätze, die einen Abgleich zwischen einem vorgegeben Soll- und einem Ist-Stand liefern. Fällt ein Indikator (z.B. der Auftragseingang eines Unternehmens) unter eine festgelegte Toleranzgrenze, gibt das System ein Warnsignal an seinen Benutzer.
- **Früherkennungssysteme:** Früherkennungssysteme gehen über die reine Kontrolle im Sinne von Frühwarnung hinaus. Es wird auch versucht, potentielle *Chancen aufzuspüren.*
- **Frühaufklärungssysteme:** Sie liefern nicht nur Informationen, sondern geben auch *Handlungshinweise.* Eine strategisch ausgerichtete Unternehmensführung setzt die Frühaufklärung zur Produkt- und Technologieplanung ein, weil sie die frühen Signale zu nutzen weiß.

3.4.1.2 Operative und strategische Frühaufklärung

Der Unterschied zwischen diesen beiden Formen der Frühaufklärung läßt sich an der Art der Informationen sowie an der Art des Umgangs mit den Informationen erläutern (vgl. Tabelle 3-4).

Tabelle 3-4: Unterschiede zwischen operativer Frühaufklärung (OFA) und strategischer Frühaufklärung (SFA) in Anlehnung an [Krystek/ Müller-Stewens 1993]

Merkmale	operative Frühaufklärung	strategische Frühaufklärung
Charakter der Information	- wohl strukturiert - eher quantitativ - eher wertfrei	- schlecht strukturiert - eher qualitativ - eher wertbeladen
Fähigkeiten der Beteiligten	- eher analytisch - eher beweisend - eher erfahrungsgeleitet	- eher holistisch - eher überzeugend - eher kreativ
Durchführung	- eher delegierbar - eher in einer institutionalisierten Form	- nicht delegierbar - eher in informellen Arenen
Instrumente	Kausalanalysen	Umgang mit Diskontinuitäten
Output	signifikante Abweichungen	- Misfits - Drittvariablen - schwache Signale
Konsequenz	Auslösung von Reaktionsprozeduren	- Tiefenanalysen - Monitoring - organisatorisches Lernen
Fazit	"Tun wir die Dinge richtig?"	"Tun wir die richtigen Dinge?"

Die **operative Frühaufklärung (OFA)** unterstützt das operative Geschäft, in dem der Umgang mit den Größen Einnahmen und Ausgaben sowie den zugehörigen situativen Zahlen üblich ist. Diese Informationen liegen strukturiert vor. Subjektive Einschätzungen sind hier nicht gewünscht; die wertfreie Verarbeitung und Analyse der Daten stehen im Vordergrund. Die zu verarbeitenden Zahlen laufen im Controlling zusammen. Aus den Informationen kann die Ableitung getroffen werden, "**ob die Dinge richtig getan werden**", d.h. die angestoßenen Aufgaben umgesetzt werden und die gewünschten Ziele erreicht werden. Wenn sich Abweichungen ergeben, führen standardisierte Reaktionsprozeduren in der Regel zu einer Kurskorrektur. Sogenannte Managementinformationssysteme (MIS) unterstützen diese Prozesse.

Strategiekontrolle **195**

Die **strategische Frühaufklärung (SFA)** verarbeitet Informationen über Erfolgspotentiale wie Marktvolumen, Marktentwicklung, Wettbewerbsintensität, Substitutionsentwicklungen auf Produkt- und Prozeßebene, Veränderung der Lieferantenmacht etc. Es handelt sich oft um qualitative Informationen, die häufig durch subjektive Meinungen von Personen oder Gruppen geprägt sind. So können zu einer Information bzw. zu einem Trend unterschiedliche Meinungen gefunden werden, die wiederum durch Dritte zusammengefaßt werden. Als Fazit kann gesagt werden, daß die strategische Frühaufklärung die Frage beantwortet, "**ob die richtigen Dinge getan werden**", d.h. das Unternehmen mit der geeigneten Marktleistung die richtigen Märkte zum richtigen Zeitpunkt bearbeitet.

Weitere Unterschiede zwischen der strategischen und operativen Frühaufklärung gehen ebenfalls aus Tabelle 3-4 hervor. Zu den Instrumenten und Werkzeugen, die innerhalb der Frühaufklärung eingesetzt werden, sei festgestellt, daß die operative Frühaufklärung versucht, mit Kausalanalysen die Informationen auszuwerten. Hierzu gibt es Methoden, die aufgrund des quantitativen Charakters der ermittelten Informationen ausreichend gut funktionieren und in vielen Bereichen erfolgreich implementiert sind. Die Instrumente der strategischen Frühaufklärung sind umfangreich und haben den Anspruch, auch mit schwachen Signalen und Diskontinuitäten umgehen zu können. Ihr Einsatz ist eher selten; auch sind sie noch nicht so weit entwickelt.

3.4.1.3 Konzept der strategischen Frühaufklärung

Nachdem deutlich geworden ist, warum Frühaufklärung wichtig ist, und in welchem Zusammenhang sie zur Szenario-basierten Strategieentwicklung steht, soll nun die strategische Frühaufklärung näher erläutert werden. Entsprechend Bild 3-74 gliedert sie sich in sechs Phasen. Dieses Konzept ist idealtypisch und sieht eine zyklische Bearbeitung vor.

1) **Festlegen von Beobachtungsbereichen:** Es handelt sich hier um die Bereiche, in denen die gewünschten Informationen aufgespürt werden sollen. Es ist darauf zu achten, nicht vorschnell Bereiche auszuschließen. Oft ergeben sich Denkanstöße für wichtige Erkenntnisse aus ganz anderen Bereichen. Ein Beispiel ist die Verwendung des für die Raumfahrt entwickelten Werkstoffs Teflon für Kochgeschirr. Ein anderes Beispiel ergibt sich aus dem Bereich Hohlfaserverbundwerkstoffe: Diese tragen nicht nur zur Gewichtseinsparung bei, sondern eröffnen auch neue Möglichkeiten zur Wärmeregulierung. Grundsätzlich bietet sich eine Einteilung in die Beobachtungsbereiche Märkte, Zulieferer, Technologie, Politik, Ökonomie, Ökologie, Gesellschaft etc. an. Liebl macht hingegen den Vorschlag, die Beobachtung an sogenannten Bezugsobjekten durchzuführen [Liebl 1996, S.192]. Ein Bei-

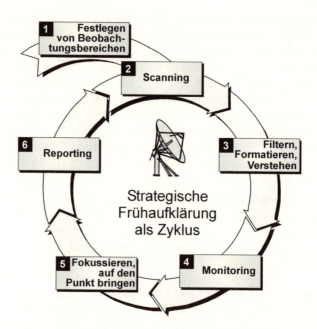

Bild 3-74: Idealtypisches Konzept zur strategischen Frühaufklärung

spiel für ein Bezugsobjekt im Rahmen der strategischen Planung im Automobilbau ist "Fußgängerschutz". Dazu lassen sich relevante Informationen in Bereichen wie Gesetzgebung, Mobilität etc. finden. Im Kontext dieses Buches ist es angebracht, ähnlich wie bei Liebl geschäftsspezifisch Beobachtungsbereiche festzulegen.

2) **Scanning**: Zweck des Scannings ist das Aufspüren von neuen Informationen. Dies entspricht einer ungerichteten, offenen Beobachtung, d.h. die zuvor definierten Beobachtungsbereiche werden wie durch ein „360°-Radar" erfaßt. Am Ende des Scannings steht eine große Anzahl von Informationen, die noch zu verarbeiten sind.

3) **Filtern, Formatieren, Verstehen**: Die durch das Scanning gefundenen Informationen müssen auf ein handhabbares Maß gebracht werden. Die als wichtig erkannten Hinweise werden herausgefiltert, Redundanzen bereinigt und zusammengehörige Informationen in Beziehung gesetzt. Das Ganze wird anschließend leicht verständlich aufbereitet. Hier wird entschieden, welche der Informationen weiter beobachtet werden sollen und zu welchen weitere Angaben eingeholt werden müssen.

4) **Monitoring**: Die Aufgabe des Monitorings ist es, ein tieferes Verständnis für die ausgefilterten und aufbereiteten Informationen zu bekommen. Insbe-

Strategiekontrolle **197**

sondere ist festzulegen, ob diese neue, geschäftsbestimmende Trends ergeben oder ob es Informationen, die vielleicht interessant, aber nicht von strategischer Bedeutung sind. Das Monitoring erfolgt im Gegensatz zum Scanning gerichtet, d.h. es ist bekannt, nach was gesucht wird. Tabelle 3-5 verdeutlicht den Unterschied zwischen Scanning und Monitoring.

5) **Fokussieren, auf den Punkt bringen:** Hier werden die gesammelten Informationen so aufbereitet, daß ein prägnantes Gesamtbild entsteht; es kommt zu einer Reduktion der Komplexität [Klopp/Hartmann 1999, S. 104]. Die ermittelten Trends sind in einem Kontext in Beziehung zu setzen. Somit wird auch die Wechselwirkung der Trends deutlich. Ferner erfolgt eine vorläufige Bewertung der Informationen nach ihrer strategischen Wichtigkeit. Neue Ansätze zur Entwicklung von Strategien werden festgehalten.

6) **Reporting:** Damit ist eine Benachrichtigung der Unternehmensleitung zu verstehen. Diese soll die Informationen so aufbereitet erhalten, daß sie rasch die Lage erfassen und die erforderlichen Weichenstellungen vornehmen kann.

Tabelle 3-5: Der Unterschied zwischen Scanning und Monitoring

Merkmale	Scanning (Abtasten)	Monitoring (Beobachten)
Ziel und Zweck	Spähen; Warnen; Aufmerksam machen; Zeit kaufen	Entwicklung eines Verständnisses
Vorgehensweise	Aufspüren; Sammeln	Suchen; Anreichern; Entscheiden
Fähigkeiten	mehr Intuition	mehr Analytik
Ausrichtung	offen	fokussiert

3.4.2 Der Umgang mit Trends

Trends sind Ausdruck von Entwicklungen, die das Geschäft von morgen prägen. Trends treten nicht einfach so auf. Sie kündigen sich frühzeitig an, sie sind wahrnehmbar, sofern man sensible Antennen ausfährt. Für den Umgang mit Trends im Kontext der Strategiekontrolle und insbesondere der strategischen Frühaufklärung sind gemäß Bild 3-75 eine Reihe von Aspekten von Bedeutung. Diese sind:

- Historie eines Trends,
- Evidenz und Impact eines Trends,
- Stakeholder,
- Kategorisierung,
- Informationsquellen sowie
- Methoden (zum Aufspüren und Verfolgen von Trends).

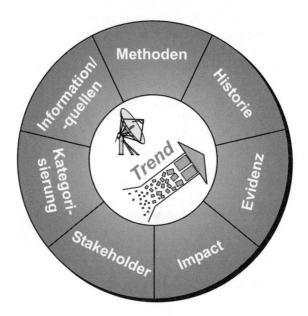

Bild 3-75: Sieben wichtige Aspekte im Umgang mit Trends

Historie eines Trends: Der Begriff "Historie" steht für die Geschichte eines Trends, d.h. für seinen Ursprung und wie er sich bis heute entwickelt hat. In vielen Studien finden sich Ansätze zur Ermittlung derartiger Historien. So wird versucht, aus vergangenen Entwicklungen, die sich bereits durchgesetzt und etabliert haben, allgemeingültige Gesetzmäßigkeiten zu der Entstehung und Ausbreitung von Trends aufzustellen und zu übertragen. Das S-Kurven-Konzept der Technologieentwicklung nach McKinsey (vgl. Kapitel 3.1.1.1) ist dafür ein Beispiel. Andere Ansätze wie die Kausalketten bzw. Indikatorverkettung oder die Patentbeobachtung versuchen die Geschichte eines Trends zu beschreiben und auf dieser Basis eine Prognose für künftige Trends abzuge-

Strategiekontrolle **199**

Trends – oder wie die Experten irrten.

„Das Automobil ist eine vorübergehende Erscheinung, ich setze auf das Pferd."

Kaiser Wilhelm, 1889

„Die weltweite Nachfrage nach Kraftfahrzeugen wird eine Million nicht übersteigen – allein schon aus Mangel an verfügbaren Chauffeuren"

Daimler Motor Gesellschaft, 1901

„Ich sehe keinen Grund, warum einzelne Individuen ihren eigenen Computer haben sollten."

Ken Olsen, Vorstandsvorsitzender DEC, 1977

---

ben. Dazu werden oft *Wenn-Dann-Formulierungen* genutzt. Allerdings muß festgestellt werden, daß es problematisch sein kann, einen Trend aus allgemeinen Gesetzmäßigkeiten abzuleiten. Diese Problematik ergibt sich aus sog. Diskontinuitäten, aber auch aus der Tatsache, daß wahrnehmbare Entwicklungen häufig schlicht die Vorstellungskraft der Menschen überfordern (vgl. Kasten "Trends – oder wie die Experten irrten"). Als Fazit bleibt festzustellen: Es ist durchaus sinnvoll, die Geschichte eines Trends anzuschauen und daraus Erfahrungen zu sammeln. Gefährlich ist jedoch, die Zukunft als logische Folge der Ereignisse der Vergangenheit zu sehen.

„*Die Geschichte ist die Wissenschaft von den Dingen, die sich nicht wiederholen.*" [Paul Valéry]

Evidenz und Impact eines Trends: Die Evidenz und der Impact eines Trends sollen hier zusammen abgehandelt und erläutert werden, da sie zusammengehören. Die *Evidenz* ist die Gewißheit für das Vorliegen einer strategisch relevanten Veränderung – d.h. die Wahrscheinlichkeit für das Eintreffen eines Trends – [Liebl 1996, S.51]. Bestimmt wird die Evidenz durch die Klarheit und Schlüssigkeit der vorliegenden Informationen. Weisen die Informationen eindeutig darauf hin, daß der Trend eintritt, so zeichnen sich in der Regel auch die Handlungsoptionen für das Unternehmen ab. In anderen Fällen besteht jedoch die Möglichkeit, daß Informationen vorliegen, die auf der einen Seite den einen Trend bestätigen, auf der anderen Seite aber auch einen anderen, gegenläufigen Trend. Es kommt zu einer widersprüchlichen Situation. Der *Impact* beschreibt, wie stark ein Unternehmen von einem Trend betroffen ist. Er wird zum einen beschrieben durch das sog. Niveau des Trends ("Wie hoch ist der Innovationsgrad eines neuen Trends?") und zum anderen durch seine Durchschlagskraft ("Wer ist von dem neuen Trend wie stark betroffen?"). Für das einzelne Unternehmen ergeben sich aus der Betrachtung der beiden Aspekte Evidenz und Impact folgende Fragen:

- Trifft ein Trend das Unternehmen überhaupt? Wie hoch ist die Gewißheit, daß er das Unternehmen trifft?
- Welchen Bereich des Unternehmens berührt der Trend?
- Mit welcher Energie wirkt der Trend? Welche Bedeutung hat er?
- Richtet der Trend nur Schaden an? Oder ist er möglicherweise sehr nützlich?

Als Fazit kann festgehalten werden, daß die Trends zu finden sind, die sehr nützlich sind, einen großen Impact aufweisen oder an besonders gefährdeten Stellen des Unternehmens wirken [Klopp/Hartmann 1999, S. 83].

Stakeholder: Mit dem Begriff Stakeholder werden Anspruchs- bzw. Interessensgruppen inner- und außerhalb des Unternehmens verstanden. Im Zusammenhang mit Trends ist es wichtig, daß ein Unternehmen seine Stakeholder sowie deren Ziele und Macht kennt und beobachtet. Daraus können ebenfalls Informationen für die Ermittlung und Entwicklung von Trends abgeleitet werden.

Kategorisierung: Der Kategorisierung von Informationen zu Trends, insbesondere auch ihre Einordnung in einen Bezugsrahmen, hat zwei Vorteile:

- Sie stellt sicher, daß über die wahrgenommene Welt strukturierte Informationen vorliegen.
- Sie sorgt für einen Informationsmehrwert bei einem geringen kognitiven Aufwand.

Dies sind Voraussetzungen für das Aufspüren von Trends. Denn nur wenn die Informationen strukturiert vorliegen, ist ein Erkennen von Trends erst möglich.

Informationsquellen: Das Internet bietet uns mit seinen Diensten vielfältige Möglichkeiten, Information zu sammeln und so neue Trends zu erkennen. Es bieten sich aber auch nach wie vor die klassischen Quellen an: Fachliteratur, Fachmessen, Tagungen, Geschäftsberichte (insbes. mit den Informationen über F&E), Stellenanzeigen etc. Eine sehr wertvolle Informationsquelle sind Patentanmeldungen, die weit vor anderen Veröffentlichungen Hinweise auf sog. schwache Signale geben können. [Wolfrum 1991, S.129]. Darauf gehen wir noch näher ein. Für ein Unternehmen sollte aus der Vielzahl der zur Verfügung stehenden Quellen eine Vorauswahl getroffen werden, da eine Beobachtung und Durchsicht aller Quellen zu aufwendig ist. Wir raten aber, die relevanten

Quellen regelmäßig auszuwerten. Wesentlich ist, daß dies zu leicht faßbaren Darstellungen für die Entscheidungsträger führt.

Methoden: Eine Recherche zeigt, daß viele Methoden für eine strategische Frühaufklärung existieren. Ferner werden solche Methoden auch zunehmend in der Industrie eingesetzt. Nicht zuletzt durch die Verbreitung des Internets gewinnen auch Softwarewerkzeuge – beispielsweise für das *Scanning und Monitoring* von Trends an Bedeutung. Der Aspekt der Methoden ist Gegenstand des nächsten Kapitels.

3.4.3 Methoden und Werkzeuge der strategischen Frühaufklärung

Insgesamt gesehen ist zu beobachten, daß sich die Methoden und Werkzeuge besonders in den letzten fünf Jahren weiterentwickelt haben. Die aus unserer Sicht relevanten Methoden und Werkzeuge zur strategischen Frühaufklärung sind in Tabelle 3-6 wiedergegeben. Wir gehen im folgenden auf die vier erstgenannten näher ein:

- Fledermausprinzip,
- Bibliometrische Verfahren,
- Patentanalysen und
- Agenten.

3.4.3.1 Fledermausprinzip

Das Fledermausprinzip ist eine umfassende Konzeption, die die Aufgaben der strategischen Frühaufklärung weitgehend abdeckt (Bild 3-74). Die Bezeichnung wurde nach der Fähigkeit der Fledermäuse gewählt, Beute und Hindernisse auch bei völliger Dunkelheit wahrzunehmen. Nach Klopp/Hartmann gliedert sich die Methode in vier Phasen: Finden, Filtern, Formatieren und Fokussieren (Bild 3-76), [Klopp/Hartmann 1999, S. 55].

Finden (Phase 1): Dies entspricht dem *Scanning,* in dem das Aufspüren von Informationen im Vordergrund steht. Es werden zunächst alle Trends, die im weitesten Sinne mit dem Unternehmen und seiner strategischen Ausrichtung in Verbindung stehen könnten, ermittelt. Eine weitere Möglichkeit um relevante Trends zu identifizieren, sind sogenannte *Trendworkshops.* Es bietet sich an, Workshops mit der Unternehmensleitung, externen Fachleuten und Kunden durchzuführen. In der Regel liefern die Workshops eine umfassende Informationsbasis.

Tabelle 3-6: Methoden und Werkzeuge zur strategischen Frühaufklärung

Bezeichnung	Quelle
Fledermausprinzip	[Klopp/Hartmann 1999, S.1ff]
Biblometrische Verfahren	[Kopcsa/Schiebel 1998, S.1]
Patentanalysen	[Wolfrum 1991, S.129]
Agenten	http://www.BotTechnology.com http://www.botspot.com http://members.home.net/marcush/IRS/ [Grote/Gentsch 2000, S. 260]
Quantitative Methoden der Langfristprognose (Trendextrapolation, Regression, Lebenszyklusanalyse, Input-/Outputanalyse)	[Hammer 1988, S. 201]
Qualitative Methoden der Langfristprognose (Delphi-Befragungen, Historische Analogie, Morphologie, Relevanzbaummethode, Systemanalyse)	[Hammer 1988, S. 202]
Portfolio-Technologie	[Hammer 1988, S. 302]
Indikatororientierte operative Frühaufklärung (IFAS)	[Krystek/Müller 1993, S.76]
Technology Monitoring Initiative (TMI) des Unternehmens Aixonix	http://www.aixonix.de/
Konzept einer Wissensbasis über Bezugsobjekte von Liebl	[Liebl 1996, S.189]
Strategischer-Trend-Analyse-Report (STAR)	[Raffée/Wiedmann 1989, S. 378]
Frühaufklärungssystem des Unternehmens Netzradar	http://www.netzradar.de/
Umfeldanalyse mittels Verarbeitung natürlicher Sprache	[Liebl 1996, S.178]

Filtern (Phase 2): Ziel ist es, mit Hilfe spezieller Instrumente, wie z.B. der Clusterung, die große Anzahl der Trends auf ein handhabbares Maß zu reduzieren. Die gefundenen Haupttrends können dann durch einen Vergleich mit dem Schwächen-Stärken-Profil des Unternehmens priorisiert werden. Für die gefilterten Trends werden abschließend strategische *Handlungsoptionen* definiert.

Formatieren (Phase 3): Für die in Phase 2 formulierten Handlungsoptionen muß nun festgelegt werden, wann diese auszulösen sind, d.h. bei welcher Entwicklung des Umfeldes auf welche Optionen zurückzugreifen ist. Für diese Entscheidungsvorbereitung werden zu den Handlungsoptionen die zugehörigen Einflußfaktoren auf das Unternehmen gesammelt. Aus diesen Einflußfak-

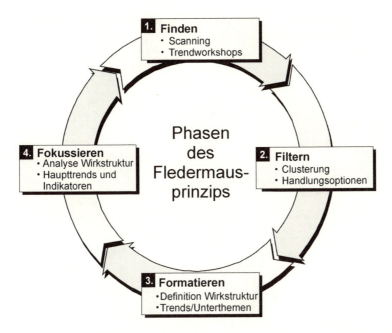

Bild 3-76: Phasen des Fledermausprinzips nach [Klopp/Hartmann 1999, S. 50]

toren wird eine *Wirkstruktur* aufgebaut, welche die Auswirkungen eines Trends auf das Unternehmen abbildet. Dieses Netzwerk fördert das Geschäftsverständnis aller am Frühaufklärungsprozeß beteiligten Personen.

Fokussieren (Phase 4): Durch *Analyse der Wirkstruktur* ist es möglich, die Trends zu identifizieren, die den größten Einfluß haben. Die entsprechenden Indikatoren sind im Rahmen eines Strategie-Controllings zu beobachten.

3.4.3.2 Bibliometrie

Bibliometrische Verfahren ermöglichen es, aus elektronisch gespeicherten Informationen (z.B. weltweit angebotene Datenbanken) Exzerpte anzufertigen und begriffliche Zusammenhänge zu visualisieren. Eine sehr effiziente bibliometrische Methode ist die *Co-Wort-Analyse*. Sie beruht darauf, die Inhalte von Literatur- und Patentdatenbanken auf wenige Schlagworte zu verdichten [Kopcsa/Schiebel 1998, S.1]. Grundsätzlich wird dazu ein interessierendes Themengebiet wie *Schäume, partielles Vergüten* oder *Brennstoffzelle* ausgewählt. Die Themen werden anhand einer Vielzahl von Literatur- und Patentzitaten erfaßt und auf wichtige Schlüsselbegriffe reduziert. Mathematische Verfahren analysieren die Zusammenhänge zwischen den Schlüsselbegriffen bzw. Zitaten und stellen sie in vernetzter Form graphisch dar. Hier wird auch von einer Landkarte des Wissens gesprochen (Bild 3-77).

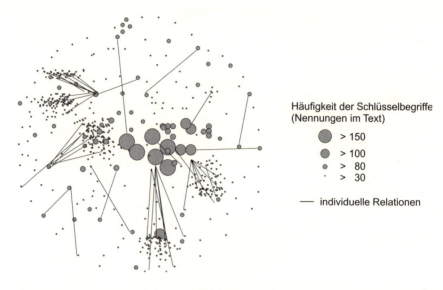

Bild 3-77: Co-Wort-Netzwerk – Darstellung der Zusammenhänge verschiedener Themen [Kopcsa/Schiebel 1998, S.28]

Am Austrian Research Center (ARC), Seibersdorf, ist auf Basis dieser Methode ein Softwarewerkzeug mit dem Namen BibTechMon *(Biblometric Technology Monitoring)* entstanden. Die Vorgehensweise gliedert sich in folgende Schritte:

1) *Definition des Themas:* Das Thema wird durch möglichst prägnante Schlagworte spezifiziert. Auf die Auswahl der Schlagworte ist besonderer Wert zu legen.

2) *Zugang zu Datenbanken:* Hilfreich ist hier eine thematische und zeitliche Einschränkung, um Literaturstellen, die außerhalb des Interessenbereichs liegen, besser ausschließen zu können. Ergebnisse der Recherche sind Literaturzitate, Abstracts, Titel, Autor, Bezeichnung der Institution usw. enthalten, sowie weitere Schlagworte, die zur Co-Wort-Bildung genutzt werden können.

3) *Bibliometrische Analyse mit BibTechMon:* Das Werkzeug erstellt ein Co-Wort-Netzwerk, in dem die Begriffe so zueinander positioniert werden, daß diejenigen nahe aneinander zu liegen kommen, die in vielen Zitaten gemeinsam betrachtet werden. Die erzeugten Cluster repräsentieren

inhaltliche Zusammenhänge und vermitteln einen Eindruck über die Intensität der Aktivität auf den jeweiligen Themengebieten und verwandten Themengebieten.

Nach Erstellung des Netzwerks lassen sich aus den Clustern, aus deren Größe und aus dem Abstand der Cluster untereinander Fragen folgender Art beantworten:

- Wer sind die Experten, die einen Überblick über Forschung und Technologie auf einem bestimmten Gebiet haben?
- Wo liegen die Forschungsfronten und die Centers of Excellence?
- Welche Forschungs- und Technologiefelder gewinnen an Bedeutung?

Zusammenfassend sei festgestellt, daß die Methode Bibliometrie zur raschen umfassenden Analyse von publizierten Informationen geeignet ist.

3.4.3.3 Patentanalysen

Patentdatenbanken sind heute als Informationsquellen über das Internet verfügbar. Als Beispiel sei die Espace-Datenbank des Europäischen Patentamtes *(http://ep.espacenet.com/espacenet/ep/de/e_net.htm)* angeführt, die Patentanmeldungen mit englischer Zusammenfassung aus 30 Millionen Dokumenten gebührenfrei anbietet. Patentdatenbanken bilden eine ausgezeichnete Basis zur Gewinnung von Informationen – wenn auch retrospektiv. Das Verfahren der Patentanalyse bietet folgende Vorteile:

- In Patentinformationen sind Hinweise auf ähnliche Entwicklungen in weiteren Bereichen, die sich außerhalb des selbst definierten Bereichs befinden, auffindbar.
- Patentdokumente enthalten technische Informationen, die nur zu 3 bis 16% auch in der sonstigen Fachliteratur enthalten sind [Raffée/Wiedmann 1989, S. 400].
- Technologische Entwicklungen können im Vergleich zu anderen Informationsquellen relativ früh aufgedeckt werden.
- Eine technologische, wirtschaftliche und zeitliche Bewertung der Innovationen ist möglich.
- Es sind Rückschlüsse auf die technologische Position und wirtschaftliche Verflechtung möglich, d.h. Interessensgruppen wie Wettbewerber und Institute sind analysierbar.
- Der zeitliche Abstand zwischen Patentschriften und sonstigen Quellen kann ermittelt werden. Damit lassen sich Schlüsse für die Aktualität der entsprechenden Themen ziehen.

Besonders interessant erscheint der Aspekt, daß Patentinformationen über den interessierenden Themenbereich relativ früh im Vergleich zu anderen Quellen vorhanden sind. Einige Autoren sprechen sogar von 10 bis 15 Jahren, bis entsprechende Veröffentlichungen in anderen Literaturstellen zu finden sind [Raffée/Wiedmann 1989, S. 410]. Der Kasten auf Seite 206 enthält als Beispiel die Entwicklung auf dem Gebiet der Abgaskatalysatoren.

Patentrecherche – Informationen zu neuen Technologien am Beispiel der Abgaskatalysatoren

Informationen aus Patentdatenbanken sind im Vergleich zu anderen Quellen wie beispielsweise Zeitschriften relativ früh vorhanden. Eine Zeitspanne von 10 bis 15 Jahren ist keine Seltenheit bis entsprechende Veröffentlichungen in der Fachliteratur zu finden sind. Dies sei am Beispiel der Abgaskatalysatoren veranschaulicht [Wolfrum 1991, S. 129]. Deutlich zu erkennen ist, daß in der Fachliteratur wohl vereinzelt über die neue Technologie berichtet wird. Aber erst zwanzig Jahre später, als die Anzahl der Patentanmeldungen schon wieder auf dem absteigenden Ast ist, nehmen die Literaturhinweise stark zu.

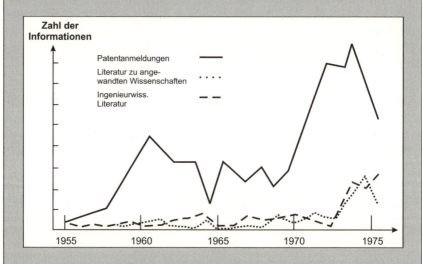

Literatur: **Wolfrum**, B.: Strategisches Technologiemanagement. Gabler Verlag, 1991

Das Sichten von Informationen im Rahmen von Patentanalysen kann sehr aufwendig sein. Die von den Patentämtern durchgeführte Patentklassifizierung kann den Aufwand reduzieren helfen. Zur weiteren Vereinfachung trägt die Tatsache bei, daß das amerikanische Patentamt in zweijährigen Abständen eine Zusammenstellung der 50 Patentklassen mit den höchsten Zuwachsraten veröffentlicht [Raffée/Wiedmann 1989, S. 403]. Andere Hilfsmittel zur Auswertung sind z.B. die zuvor genannte bibliometrische Analyse.

Als Kehrseite der Medaille ist festzustellen, daß viele Unternehmen die Möglichkeiten von Patentanalysen zur technologischen Frühaufklärung erkannt haben, und sich aus Sicherheitsgründen und der Tatsache, daß Patente auch zu umgehen sind, mit Patentanmeldungen zurückhalten. Somit sind eben doch nicht alle relevanten Informationen über den Weg der Patentanalysen erhältlich. Grundsätzlich gilt, daß hier gute Möglichkeiten gegeben sind, informative Trendaussagen zu einem Thema schnell zu erhalten.

3.4.3.4 Agenten

Wir beklagen uns häufig über die Informationsflut, weil sie uns nicht weiterhilft. Was wir wünschen, ist, informiert zu sein. Die Technologie der intelligenten Softwareagenten (vgl. Kapitel 2.2) verheißt hier neue Perspektiven. Mit ihr sollen folgende Probleme bzw. Defizite überwunden werden:

- "Lost in space", d.h. eine einmal gefundene Information wird nicht wiedergefunden.
- "Information overload", d.h. die relevanten Informationen werden nicht erkannt.
- Die Struktur des Netzes ändert sich ständig.
- Inhaltliche Änderungen erfährt der Benutzer nicht.
- Dokumente werden von einem Rechner auf einen anderen verschoben.

Doch was sind Agenten und wie können sie helfen? Hierzu existieren viele Definitionen, was schon darauf hinweist, daß noch großer Forschungsbedarf besteht. So zahlreich wie die Definitionen sind auch die Synonyme für Intelligente Agenten; sie reichen von *Robots*, *digitale Agenten* über *Knowbots*, *Bots* bis hin zu *Spiders* und *Webbots*. Grundsätzlich kann gesagt werden, daß Agenten Programme sind, die aus der Informationsvielfalt und der ungeheuren Informationsmenge genau das herausfiltern, was der Benutzer zur Vorgabe gemacht hat.

In der einschlägigen Literatur ist eine Reihe von Agententypen bekannt geworden, die wir im folgenden ohne Anspruch auf Vollständigkeit kurz erläutern.

- *Kollaborative Agenten:* Sie arbeiten sowohl mit anderen Agenten innerhalb eines Multiagentensystems zusammen als auch mit ihrem Benutzer. Durch das aktive Agieren der Agenten untereinander können anstehende Aufgaben schneller gelöst werden.

- *Interface-Agenten:* Sie unterstützen ihren Benutzer als "persönlichen Assistenten". So helfen beispielsweise sog. Hilfeassistenten bei der Lösung von Problemen im Umgang mit einer Software.
- *Mobile Agenten:* Diese können globale Kommunikationsnetze durchwandern und Transaktionen auf anderen Servern durchführen.
- *Reaktive Agenten:* Sie besitzen die Fähigkeit, bei bestimmten Anregungen Reaktionen eigenständig und mit bestimmter Intelligenz auszuführen.
- *Informationsagenten:* Sie sichten Informationsquellen, selektieren Informationen und stellen sie dem Benutzer zur Verfügung.

Im Rahmen der strategischen Frühaufklärung liegt es nahe, Agenten für das Monitoring einzusetzen. Bis dies auf breiter Front möglich sein wird, ist allerdings noch Forschungs- und Entwicklungsarbeit notwendig.

Literatur zum Kapitel 3

Akao, Y.: QFD, Quality Function Deployment. Wie die Japaner Kundenwünsche in Qualität umsetzen. Verlag Moderne Industrie, 1992

Albach, H.(Hrsg.): Innovation als Fetisch und Notwendigkeit. In: Innovationsmanagement – Theorie und Praxis im Kulturvergleich. 1990

Altschuller, G.: Erfinden – (k)ein Problem? Anleitung für Neuerer und Erfinder. Verlag Tribüne, 1973

Altschuller, G.: Erfinden. Wege zur Lösung technischer Probleme. VEB Verlag Technik, 1984

Andrews, K.R.: The Concept of Corporate Strategy. Homewood/Ill. 1987

Backhaus, K.: Industriegütermarketing. 6. Auflage, Verlag Franz Vahlen, 1999

Backhaus, K./**Erichson**, B./**Plinke**, W./**Weiber**, R.: Multivariante Analysemethoden. Eine anwendungsorientierte Einführung. 8. Auflage, Springer-Verlag, 1996

Bierfelder, W.: Innovationsmanagement. Oldenbourg Verlag, 1987

Blohm, H./**Lüder**, K.: Investition. 8. Auflage, Verlag Franz Vahlen, 1995

BMBF (Hrsg.): Analyse und Evaluation der Softwareentwicklung in Deutschland. Projektgemeinschaft: GfK Marktforschung GmbH; FhG IESE; FhG ISI, Dezember 2000

Bullinger, H.-J.: Einführung in das Technologiemanagement. Modelle, Methoden, Praxisbeispiele. Teubner, 1994

Busch, B.: Erfolg durch neue Ideen. Cornelsen Verlag, 1999

von Cube, F.: Fordern statt verwöhnen. Die Erkenntnisse der Verhaltensbiologie in Erziehung und Führung. Piper, 1988

Dangelmaier, W. (Hrsg.): Vision Logistik – Logistik wandelbarer Produktionsnetze zur Auflösung ökonomischer-ökologischer Zielkonflikte. Forschungszentrum Karlsruhe, Wissenschaftliche Berichte FZKA-PFT 181, 1996

de Bono, E.: Serious Creativity – Die Entwicklung neuer Ideen durch die Kraft Lateralen Denkens. Schäffer-Poeschel Verlag, 1996

Dechamps, J.-P./**Nayak**, P. R./**Little**, A. D.: Produktführerschaft. Wachstum und Gewinn durch offensive Produktstrategien. Campus Verlag, 1996

de Geus, A.: The Living Company. Habits for survival in a turbulant business environment. McGraw Hill, 1997

Dörner, D.: Die Logik des Mißlingens. Strategisches Denken in komplexen Situtationen. Rowohlt, 1992

Dörner, D.: Problemlösen als Informationsverarbeitung. Kohlhammer, 1987

Ehrlenspiel, K.: Integrierte Produktentwicklung. Methoden für Prozeßorganisation, Produkterstellung und Konstruktion. Carl Hanser Verlag, 1995

Flechtheim, O. K.: Ist die Zukunft noch zu retten? Hofmann und Campe, 1987

Foster, R. N./**Wood**, P.M.: Linking R&D to Strategy. In: Strategic Leadership. Hrsg.: McKinsey & Co, 1978

Franke, H.-J.: Design Methods before the Change of Paradigms? Design Research in Germany, a Short Synopsis. In: Grabowski, H./Rude, S./Grein, G. (Hrsg.): Universal Design Theory, Shaker Verlag, 1998

Freeman, A./**Golden**, B.: Post-it, Pampers, Melitta & Co. 50 Produkte, die die Welt eroberten. Midas Verlag AG, 1998

Gausemeier J./**Fink**, A.: Führung im Wandel. Carl Hanser Verlag, 1999

Gausemeier J./**Fink**, A./**Schlake**, O.: Szenario-Management. Planen und Führen mit Szenarien. 2. bearb. Auflage, Carl Hanser Verlag, 1996

Gausemeier J./**Lindemann**, U./**Reinhart**, G./**Wiendahl**, H.-P.: Kooperatives Produktengineering. Ein neues Selbstverständnis des ingenieurmäßigen Wirkens. HNI-Verlagsschriftenreihe Band 79, Heinz Nixdorf Institut, 2000

Gimpel, B./**Herb**, T./**Herb**, R.: Ideen finden, Produkte entwickeln mit TRIZ. Carl Hanser Verlag, 2000

Grote, M./**Gentsch**, P.: Business Intelligence. Aus Informationen Wettbewerbsvorteile gewinnen. Addison-Wesley, 2000

Hacker, W.: Expertenkönnen. Erkennen und Vermitteln. Arbeit und Technik. Band 2. Verlag für angewandte Psychologie, 1992

Hamel, G./**Prahalad**, C. K.: Wettlauf um die Zukunft. Wirtschaftsverlag Ueberreuther, 1995

Hammer, R. M.: Strategische Planung und Frühaufklärung. Oldenbourg Verlag, 1988

Hauschildt, J.: Innovationsmanagement. 2. Auflage, Verlag Franz Vahlen, 1997

Hax, A.C./**Majluf**, N.S.: The Strategy Concept and Process: A Pragmatic Approach. 2. ed., Prentice Hall, 1996

Herb, R./**Herb**, T./**Kohnhauser**, V.: TRIZ. Der systematische Weg zur Innovation. Werkzeuge, Praxisbeispiele, Schritt-für-Schritt-Anleitungen. Verlag Moderne Industrie, 2000

Higgins, J./**Wiese**, G.: Innovationsmanagement. Kreativitätstechniken für den unternehmerischen Erfolg. Springer-Verlag, 1996

Homburg, C.: Modelle zur Unterstützung strategischer Technologieentscheidungen. Arbeitspapier der Wissenschaftlichen Hochschule für Unternehmensführung. Otto-Beisheim-Hochschule, 1996

Horváth, P.: Controlling. 4. Auflage, Verlag Franz Vahlen, 1992

Kamiske, G.F./**Ehrhart**, K.J./**Jacobi**, H.-J./**Pfeifer**, T./**Ritter**, A./**Zink**, K.J.: Bausteine des innovativen Qualitätsmanagements. Erfolgreiche Praxis in deutschen Unternehmen. Carl Hanser Verlag, 1997

Kano, N./**Seraku**, N./**Takahashi**, F./**Tsuji**, S.: Attractive Quality and Must be Quality. In: Quality Journal, 14, Nr. 2, 1984, S.39-48

Ketteringham, J. M./**Nayak**, P.R.: Senkrechtstarter. Große Produktideen und ihre Durchsetzung. Econ, 1989

Kleinaltenkamp, M./**Plinke**, W. (Hrsg.): Technischer Vertrieb. Grundlagen des Business-to-Business Marketing. 2. Auflage, Springer-Verlag, 2000

Kloock, J./**Sabel**, H.: Economies und Savings als grundlegende Konzepte der Erfahrung. Was bringt mehr? In: Zeitung für Betriebswirtschaft ZfB, Jahrgang 63, 1993, S. 209-233

Klopp, M./**Hartmann**, M.: Das Fledermaus-Prinzip. Strategische Früherkennung für Unternehmen. Log-X Verlag, 1999

Kopcsa, A./**Schiebel**, E.: Ein bibliometrisches F&E-Monitoringsystem für Unternehmen. Endbericht zum Projekt S.61.3833 im Auftrag des Bundesministeriums für Wissenschaft und Verkehr GZ. 49.965/2-II/4/96, 1998

Krubasik, E. G.: Strategische Waffe. In: Wirtschaftswoche, 36. Jahrgang, Nr. 25, 1982, S. 28-33

Krystek, U./**Müller-Stewens**, G.: Frühaufklärung für Unternehmen. Schäffer-Poeschel Verlag, 1993

Liebl, F.: Strategische Frühaufklärung. Trends-Issues-Stakeholders. Oldenbourg Verlag, 1996

Levitt, T.: Marketing Myopia. In: HBR, 1960, Juli-August, S. 45-56

Majluf, N.S.: A methodological approach for the development of strategic planning in diversified corporations. In: Studies in Operations Management. Hax, A.C.: North-Holland Publ. Co., 1991

Malorny, C./**Schwarz**, W./**Backerra**, H.: Die sieben Kreativitätswerkzeuge K7. Kreative Prozesse anstoßen, Innovationen fördern. Carl Hanser Verlag, 1997

Masing, W.: Handbuch Qualitätsmanagement. Carl Hanser Verlag, 1994

Meffert, H.: Marketing. Grundlagen marktorientierter Unternehmensführung. Konzepte, Instrumente, Praxisbeispiele. 8. Auflage, Gabler, 1998

Moore, G. A.: Inside The Tornado. Marketing Strategies from Silicon Valley's Cutting Edge. HarperCollins, 1995

Müller, J.: Arbeitsmethoden der Technikwissenschaften. Systematik-Heuristik-Kreativität. Springer-Verlag, 1990

Pahl, G./**Beitz**, W.: Konstruktionslehre. Methoden und Anwendung. 4. Auflage. Springer-Verlag, 1997

Pümpin, C.: Management Strategischer Erfolgspositionen. Das SEP-Konzept als Grundlage wirkungsvoller Unternehmensführung. 2. Auflage, Haupt, 1983

Raffée, H./**Wiedmann**, K.: Strategisches Marketing. 2. Auflage, C. E. Poeschel Verlag, 1989

Rathenow, P.J.: Integriertes Variantenmanagement. Vandehoeck & Ruprecht, 1993

Reibnitz, U. von : Szenario-Technik: Instrumente für die unternehmerische und persönliche Erfolgsplanung. Gabler, 1991

Sontheimer, K.: Voraussage als Ziel und Problem moderner Sozialwissenschaft. In: Klages, H.: Möglichkeiten und Grenzen der Zukunftsforschung, Herder, 1970

Spitzer, Q./**Evans** R./**Kepner-Tregoe**, R.: Denken macht den Unterschied. Wie die besten Unternehmen Probleme lösen und Entscheidungen treffen. Campus Verlag, 1998

Strothmann, K. H./**Kliche**, M.: Marktsegmentierung für High-Tech-Anbieter. In: Marktforschung&Management, 33/1989

Terninko, J./**Zusman**, A./**Zlotin**, B.: TRIZ – Der Weg zum konkurrenzlosen Erfolgsprodukt. Ideen produzieren, Nischen besetzen, Märkte gewinnen. Originaltitel: Herb, R. (Hrsg. und Übersetzer): Step-by-Step TRIZ Creating Innovative Solution Concepts. Verlag Moderne Industrie AG, 1998

Trumpf (Hrsg.): Faszination Blech – Flexible Bearbeitung eines vielseitigen Werkstoffs. Raabe, 1996

Ulrich, H./**Probst**, G. J. B.: Anleitung zum ganzheitlichen Denken und Handeln. Ein Brevier für Führungskräfte. 3. Auflage, Haupt, 1991

VDI 2220: VDI-Richtlinien 2200: Produktplanung. Ablauf, Begriffe und Organisation. VDI-Verlag, 1980

VDMA FG Software (Hrsg.): Entwicklung, Produktion und Service von Software für eingebettete Systeme in der Produktion. Abschlußbericht der gleichnamigen Vordringlichen Aktion des BMBF, VDMA Verlag, 2000

Wack, P.: Unbekannte Gewässer voraus. Ein managementorientiertes Planungsinstrument für eine ungewisse Zukunft. In: Harvard Manager 2/1986, S. 60-77

Waldmann, O.: Managementaufgabe CIM/CAE. Erfolgsfaktor für entscheidende und verteidigungsfähige Wettbewerbsvorteile. Verlag TÜV Rheinland, 1990

Weber, J.: Balanced Scorcard. Wissenschaftliche Hochschule für Unternehmensführung – Otto-Beisheim-Hochschule, Gabler Verlag, 1998

Wiendahl, H.-P./**Fastabend**, H./**Helms**, K.: Produktionsmanagement in wandelbaren Produktionsnetzen. Merkmale, Anforderungen und Instrumente. Vortrag vor dem VDI-Otto-Kienzle-Kreis, Hannover, 1996

Wind, Y./**Cardozo**, R. N.: Industrial market segmentation. In: IMM, 3/1974

Wolfrum, B.: Strategisches Technologiemanagement. Gabler Verlag, 1991

Zimbardo, P. G.: Psychologie. 5. Auflage, Springer-Verlag, 1992

*»Es ist nicht genug zu wissen, man muß auch anwenden.
Es ist nicht genug zu wollen, man muß auch tun.«*
– Johann Wolfgang von Goethe –

KAPITEL 4

INTEGRATIVE PRODUKTENTWICKLUNG

4.1 Produktentwicklung im Zyklenmodell des Produktinnovationsprozesses

An die Strategische Produktplanung schließt sich die eigentliche Produktentwicklung an. Sie umfaßt die Aufgabenbereiche *Produktkonzipierung* sowie *Entwurf und Ausarbeitung* (Bild 4-1). Von einer *integrativen* Produktentwicklung sprechen wir aus zwei Beweggründen: Zum einen ist dieser Aufgabenkomplex in den Produktinnovationsprozeß eingebettet, zum anderen basiert die Entwicklung der hier betrachteten Erzeugnisse auf dem engen Zusammenwirken von Lösungsprinzipien und Fachleuten aus mehreren technischen Domänen. So geht dann auch der Begriff Entwurf weit über das hinaus, was in der klassischen Konstruktionslehre des Maschinenbaus darunter verstanden wird [Pahl/Beitz 1997], [VDI 1997]. Unter Entwurf ist nach Haberfellner folgendes zu verstehen:

> *„... die Erahnung eines Ganzen, eines Lösungskonzepts, das Erkennen bzw. Finden der dazu erforderlichen Lösungselemente und das gedankliche, modellhafte Zusammenfügen und Verbinden dieser Elemente zu einem tauglichen Ganzen ".*
> [Haberfellner et al. 1994]

Diese Vorstellung umfaßt auch das sog. Konzipieren und weicht damit von der im Maschinenbau eingeführten Terminologie ab. Das Entwerfen ist demnach ein Vorgang, der ausgehend von den Anforderungen zu einer Konkretisierung eines technischen Systems führt. Diese Konkretisierung drückt sich in Komponenten der Mechanik, Elektronik, Software und Regelungstechnik sowie dem Zusammenwirken dieser Komponenten aus.

Allgemein ist das Vorgehen bei der Entwicklung eines mechatronischen Systems im zweiten Produktentwicklungszyklus derart, daß eine Produktkonzeption so weit erarbeitet und validiert wird, bis eine Granularität erreicht ist, die einen direkten Einstieg in die fachbereichsspezifischen Vorgehensmodelle und Tätigkeiten erlaubt. Der in Bild 4-1 angedeutete Zyklus der Produktentwicklung schließt sich, wenn Erkenntnisse beim Entwurf bzw. bei der Ausarbeitung Entscheidungen der Konzipierung in Frage stellen. Dies führt zu dem bei realen Entwicklungsprozessen typischen iterativen Vorgehen. Selbstredend kann auch ein Übergang zurück in den Zyklus der Strategischen Produktplanung erfolgen. Dies wäre beispielsweise der Fall, wenn sich herausstellt, daß die Anforderungen, die im Zuge der Produktfindung definiert werden, nicht erfüllt werden können. Solche großen Iterationsschleifen sind in jeder Hinsicht unangenehm, weil sie zeitraubende und kostentreibende Aktivitäten und Abstimmungsprozesse verursachen. Sie sind aber leider häufiger an der Tagesordnung, als es den Betroffenen lieb ist. Die Praktiker werden bestätigen, daß das so ist und auch nicht ausgeschlossen werden kann. Obwohl Dürrenmatt nicht konstruiert hat, stellt er treffend fest:

„Je planmäßiger die Menschen vorgehen, desto wirksamer vermag sie der Zufall zu treffen". [Friedrich Dürrenmatt]

Nach Pahl/Beitz ist Konzipieren der Teil des Entwickelns, der nach Klären der Aufgabenstellung durch Abstrahieren der wesentlichen Teilprobleme, Aufstellen von Funktionsstrukturen und der Suche nach geeigneten Wirkprinzipien und deren Kombination zu einer Wirkstruktur die prinzipielle Lösung (Prinziplösung, Lösungskonzeption, Produktkonzeption) festlegt. Das Konzipieren ist also die prinzipielle Festlegung einer Lösung. Dieser hohe Anspruch ist bei der Entwicklung mechatronischer Produkte mit einer besonderen Herausforderung verbunden: Das Produktkonzept muß neben den reinen maschinenbaulichen Belangen auch die elektronischen, softwaretechnischen und regelungstechnischen Wirkungsweisen berücksichtigen.

Die Tätigkeit des „Entwerfens und Ausarbeitens" ist stark durch Parallelität gekennzeichnet. Fachleute aus den involvierten Disziplinen erarbeiten mit ihrer spezifischen Sicht Teillösungen für das mechatronische Gesamtsystem. Während dies in der Regel weitgehend domänenspezifisch geschieht, muß die Erarbeitung des Produktkonzeptes eines mechatronischen Systems gemeinsam erfolgen, wenn es gut werden soll. Daher ist es in der Produktkonzipierung besonders wichtig, daß die spezifischen Begriffe und Vorgehensweisen

Produktentwicklung im Zyklenmodell des Produktinnovationsprozesses 217

sowie die Möglichkeiten der beteiligten Disziplinen in den Grundzügen allen involvierten Entwicklern bekannt sind.

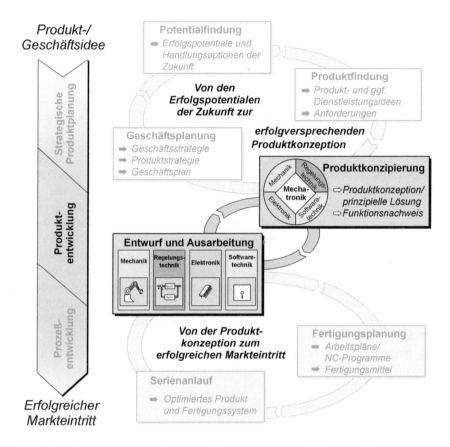

Bild 4-1: Konzipierung und Entwurf/Ausarbeitung im Zyklenmodell des Produktinnovationsprozesses

Es ist also ein hoher Anspruch, Fachleute aus verschiedenen Disziplinen zu einem konzertierten Wirken zu bringen. In Wirklichkeit ist diese Herausforderung noch größer, weil neben den Disziplinen Mechanik, Elektronik, Softwaretechnik und Regelungstechnik noch weitere wie beispielsweise die Hydraulik und die Optik hinzukommen können. Um nicht den Rahmen des Buches zu sprengen, beschränken wir uns auf die vier erstgenannten Disziplinen. Im folgenden beschreiben wir die Begriffswelten und Vorgehensmodelle der Fachdisziplinen *Maschinenbau/Mechanik, Elektronik/Mikroelektronik, Softwaretechnik* und *Regelungstechnik*. Auf Basis dieser Entwicklungsmethodiken wird anschließend eine grundlegende Spezifikationsmethode vorgestellt, die die integrative Spezifikation von Produktkonzeptionen mechatronischer Systeme erlaubt. Wir betonen dies deshalb, weil die domänenübergreifende Spezifikation einer Produktkonzeption die zwingende Basis für die Kommunikation und Kooperation der beteiligten Fachleute ist.

4.2 Domänenspezifische Entwicklungsmethodiken

Historisch gesehen haben sich die Fachdisziplinen Mechanik, Elektronik, Softwaretechnik und Regelungstechnik in den letzten Jahrzehnten weitgehend unabhängig voneinander entwickelt, was einerseits auf die unterschiedliche Natur der Materie zurückzuführen ist. So haben beispielsweise physisch vorhandene mechanische Komponenten und immaterielle Software auf den ersten Blick wenig gemein. Andererseits fördert die Trennung der einzelnen Fakultäten in der Ingenieursausbildung eine gewisse „Scheuklappenmentalität". Daraus erklären sich die speziellen Begriffswelten, Methoden und Methodiken (zu den Begriffen Methode und Methodik s. Kasten auf Seite 219). Dies führt bei der Entwicklung mechatronischer Systeme insbesondere dann zu Problemen, wenn gleiche Begriffe in den involvierten Fachrichtungen mit unterschiedlicher Bedeutung belegt sind bzw. Begriffe Verwendung finden, die sich dem normalen Sprachverständnis entziehen.

Die Bewältigung dieser Begriffsvielfalt und die Schaffung eines einheitlichen Begriffsgebildes in den Disziplinen Mechanik/Konstruktionstechnik, Elektronik/Mikroelektronik, Softwaretechnik und Regelungstechnik ist nicht Inhalt dieses Buches. Unser Anliegen ist, daß die an der Entwicklung mechatronischer Systeme beteiligten Personen sich dieser Vielfalt und teilweisen Widersprüchlichkeit bewußt und in der Lage sind, zu kooperieren.

4.2.1 Konstruktionsmethodik Maschinenbau

Die wissenschaftliche Durchdringung der Vorgehensmodelle im Bereich der Entwicklung (Konstruktion) mechanischer Produkte hat im deutschsprachigen Raum einen hohen Entwicklungsstand erreicht. Das entsprechende Arbeits- bzw. Forschungsgebiet wird i.a. als Konstruktionsmethodik bezeichnet. Die Zusammenhänge zwischen den wesentlichen Begriffen der Konstruktionsmethodik sind in Bild 4-2 veranschaulicht. Beachtenswert ist, daß der kreative Konzipierungsprozeß nur in einem Fünftel aller Konstruktionsaufgaben zum Tragen kommt. Hieraus dürfen allerdings keine falschen Schlüsse über die Bedeutung der Produktkonzipierung an sich gezogen werden, da auch der

> **Begriffsdefinitionen: Methode, Methodik**
>
> **Methode:**
> Menge von Vorschriften, deren Ausführung den Vollzug einer als zweckmäßig erachteten Operationsfolge unter gegebenen Bedingungen hinreichend sicherstellt [Müller 1990].
>
> **Methodik:**
> Das Teilgebiet einer Wissenschaft bzw. einer Klasse wissenschaftlicher Disziplinen, das sich analytisch und entwickelnd mit dem Methodengefüge befaßt, das im Fachgebiet effektive Arbeit und qualitativ hochwertige Ergebnisse sichert und das Ergebnis solcher Tätigkeit, das fachspezifische System adäquater Methoden [Müller 1990].
>
> **Methode:**
> 1. Auf einem Regelsystem aufbauendes Verfahren, das zur Erlangung von [wissenschaftlichen] Erkenntnissen oder praktischen Ergebnissen dient.
> 2. Art und Weise des Vorgehens [Duden 1997].
>
> **Methodik:**
> 1. Wissenschaft von den Verfahrensweisen der Wissenschaft.
> 2. Unterrichtsmethode; Wissenschaft vom planmäßigen Vorgehen beim Unterrichten.
> 3. In der Art des Vorgehens festgelegte Arbeitsweise [Duden 1997].
>
> Literatur: **Müller**, J.: Arbeitsmethoden der Technikwissenschaften, Springer-Verlag, 1990
>
> **Duden**: Das Fremdwörterbuch, Band 5, 6. Auflage, 1997

Erfolg von Anpassungs- und Variantenkonstruktionen wesentlich von dem zugrundeliegenden Produktkonzept bestimmt wird, i.d.R. aber an diesem keine Änderungen mehr vorgenommen werden.

In Bild 4-3 ist in Anlehnung an Pahl/Beitz das Phasenmodell des Produktentwicklungsprozesses im Bereich Mechanik dargestellt [Pahl/Beitz 1997]. Danach wird der eigentliche Entwicklungs- bzw. Konstruktionsprozeß in die drei Hauptphasen

- **Konzipieren** (prinzipielle Festlegung der Lösung),
- **Entwerfen** (gestaltmäßige Festlegung des Produktes) und
- **Ausarbeiten** (herstellungstechnische Festlegung des Produktes)

unterteilt. Hinzu kommen entsprechend Bild 4-3 als Basis für die eigentliche Entwicklung/Konstruktion das **Planen und Klären der Aufgabe** (Produktpla-

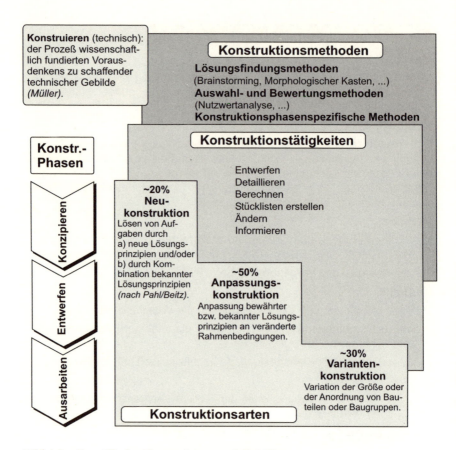

Bild 4-2: Begriffe der Konstruktion nach Pahl/Beitz

nungsphase) sowie nach Abschluß der Ausarbeitungsphase die **Arbeitsplanung** sowie ggf. die Fertigungsmittelkonstruktion und der Fertigungsmittelbau.

Die Produktplanungsphase wurde bereits ausführlich im dritten Kapitel dieses Buches beschrieben. Auf sie wird im folgenden kurz eingegangen, um dem Leser ein vollständiges Bild der klassischen Konstruktionsmethodik des Maschinenbaus zu vermitteln. Die Arbeitsplanung liegt nicht im Fokus dieses Werkes. Für Informationen zu diesem Thema sei der interessierte Leser auf die einschlägige Literatur verwiesen. Bei den folgenden Ausführungen lehnen wir uns an Pahl/Beitz an.

Domänenspezifische Entwicklungsmethodiken 221

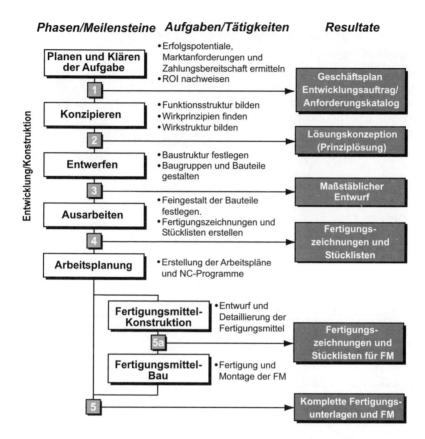

Bild 4-3: Phasenmodell der Produktentwicklung im klassischen Maschinenbau

4.2.1.1 Planen und Klären der Aufgabe

Den Ausgangspunkt dieser Phase bildet entweder ein konkreter Kundenauftrag oder eine neue Produktidee. In beiden Fällen wird ein präziser Entwicklungsauftrag angestrebt. Dazu sind folgende Schritte durchzuführen:

- **Analysieren der Situation:** Dazu gehört die Analyse der eigenen Produkte. Zusätzlich sind Erkenntnisse über den Markt und das Unternehmensumfeld heranzuziehen. Als Ergebnis liegt eine Situationsanalyse vor.

- **Aufstellen von Suchstrategien:** Hier sind die Ziele, Kompetenzen und Potentiale des Unternehmens zu betrachten. Zusätzlich sind spezielle Marktlücken und Marktbedürfnisse zu berücksichtigen. Als Ergebnis dieses Arbeitsschrittes liegt ein Suchfeldvorschlag vor.

Vergleich etablierter Konstruktionsmethodiken des Maschinenbaus

Eine Gegenüberstellung etablierter Vorgehensmodelle nach Pahl/Beitz, Roth und der VDI-Richtlinie 2221 verdeutlicht die große Übereinstimmung der Methodiken. Unterschiede finden sich hauptsächlich in der verwendeten Nomenklatur. So kommt Roth sogar zu dem Schluß:

„Die Ablaufpläne von Roth und Pahl/Beitz stimmen mit dem Ablaufplan der Richtlinie VDI 2221 genau überein."

Pahl/Beitz	Roth	VDI 2221
Planen und Klären der Aufgabe - Produktidee - Produktvorschlag - Klären der Aufgabe - Anordungsliste erarbeiten	**Aufgabenformulierung** - Klären der Aufgabenstellung - Hauptaufgabe - Anforderungsliste	1 Klären und Präzisieren der Aufgabenstellung
	Funktion entwickeln - Funktion entwickeln - Aufbau der Funktionsstruktur	2 Ermitteln von Funktionen und deren Strukturen
Konzipieren **Entwickeln der prinzipiellen Lösung** - Funktionen - Wirkprinzipien und -struktur - Festlegung der prinzipiellen Lösung	**Prinziplösung entwickeln** - Funktionen mit Effekten belegen (Wirkprinzip) - Effekte geeignet verketten (Wirkstruktur) - Effektträger zur Prinzipskizze entwickeln - technisch-wirtschaftliche Bewertung	3 Suchen nach Lösungsprinzipien und deren Strukturen
Entwerfen **Entwickeln der Baustruktur** - Grobgestalten (Form, Werkstoffe, Berechnungen) - Feingestalten - technisch-wirtschaftliche Bewertung	**Gestalten** **Struktur- und Formgestalten** - Strukturgestalt-Skizze - Konturen u. Querschnitte entwerfen - Werkstoff, Festigkeit - Integration der Gesamtentwicklung - technisch-wirtschaftliche Bewertung	4 Gliederung in realisierbare Module 5 Gestalten der maßgeblichen Module
Endgültiges Gestalten der Baustruktur - Beseitigung von Schwachstellen - Kontrollieren auf Fehler - Störgrößen und Kostendeckung - Stücklisten erstellen - Fertigungs- u. Montageanweisungen	**Fertigungsgestalten** - Schwachstellenanalyse - Berücksichtigung der "Gerechtheiten" - Endgültiger Entwurf - Detaillieren, Tolerieren - Herstellungsunterlagen - Montage-, Betriebs-, Prüfrichten	6 Gestalten des gesamten Produktes
Ausarbeiten - Ausarbeiten der Fertigungsunterlagen - Montageunterlagen - Transport- u. Betriebsvorschriften - Prüfen der Unterlagen		7 Ausarbeiten der Ausführungs- und Nutzungsangaben

Literatur: **Pahl**, G. / **Beitz**, W.: Konstruktionslehre – Methoden und Anwendungen, 4. neubearbeitete Auflage, Springer-Verlag, 1997
Roth, K.: Konstruieren mit Konstruktionskatalogen – Band 1 Konstruktionslehre. Springer-Verlag, 1994
VDI-Richtlinie 2222 Blatt 1: Konstruktionsmethodik – Methodisches Entwickeln von Lösungsprinzipien. Beuth Verlag Berlin, VDI, 1997

- **Finden von Produktideen:** Hier spielen innerhalb des ausgewählten Suchfeldes neue Funktionen, Wirkprinzipien oder Gestaltungen der Produkte eine Rolle. Aspekte der Gestaltung sind Raumbedarf des Produktes, Miniaturisierung oder Design. Es werden intuitve und diskursive Methoden der Ideenfindung eingesetzt (vgl. auch Kapitel 3.2.3). Das Resultat sind neue Produktideen.

- **Auswählen von Produktideen:** Wesentlich bei der Auswahl ist die ausreichende Berücksichtigung der strategischen und operativen Unternehmensziele, der eigenen Kompetenzen und des Umfeldes. Es bietet sich an, die Nutzwertanalyse einzusetzen.

- **Definieren von Produkten:** Die in die enge Wahl gekommenen Produktideen werden näher spezifiziert und mit Vertretern der involvierten Funktionsbereiche des Unternehmens wie Verkauf, Fertigung und Logistik besprochen. In diesem Zusammenhang entstehen vorläufige Anforderungslisten und eine Rangfolge von favorisierten Produkten. Der ausgewählte Produktvorschlag soll neben einer vorläufigen Anforderungsliste Aussagen zu Funktionen und Kosten beinhalten.

- **Klären und Präzisieren:** Hier geht es um die Erstellung der Anforderungsliste. Dazu ist eine Reihe von Informationen zu beschaffen. Pahl/Beitz schlagen für die Informationsbeschaffung vor, 17 Hauptmerkmale zu berücksichtigen, die aus den Anforderungen abgeleitet und mit Quantitäts- und Qualitätsangaben belegt werden sollen. Diese Hauptmerkmale sind: Geometrie, Kinematik, Kräfte, Energie, Stoff, Signal, Sicherheit, Ergonomie, Fertigung, Kontrolle, Montage, Transport, Gebrauch, Instandhaltung, Recycling, Kosten und Termin. Zur weiteren Präzisierung der Anforderungen sind folgende Fragen nützlich:
  - Welchen Zweck muß das neue Produkt erfüllen?
  - Welche Eigenschaften muß es aufweisen?
  - Welche Eigenschaften darf es nicht haben?

Die Anforderungsliste beinhaltet den Maßstab, anhand dessen das spätere Produkt zu bewerten ist. Aus diesem Grund ist die Anforderungsliste während des gesamten Entwicklungsprozesses auf dem neuesten Stand zu halten.

4.2.1.2 Konzipieren

Mit dem Konzipieren beginnt der Verantwortungsbereich der Entwicklung/Konstruktion. Daher liegt es nahe, den erhaltenen Entwicklungsauftrag zunächst zu prüfen und folgende Frage zu stellen:

- Ist die Aufgabenstellung hinreichend klar?
- Sind zusätzliche Informationen zu beschaffen?
- Ist das gesetzte Ziel im vorgegebenen Zeit- und Kostenrahmen überhaupt erreichbar?
- Drängt sich schon ein Lösungskonzept auf, so daß direkt in die Gestaltung eingestiegen werden kann?

Die Phase des Konzipierens kann nach Pahl/Beitz in acht Arbeitsschritte unterteilt werden. Bild 4-4 verdeutlicht, wie die Arbeitsschritte ausgehend von der Anforderungsliste sukzessive zur prinzipiellen Lösung des Produktes führen.

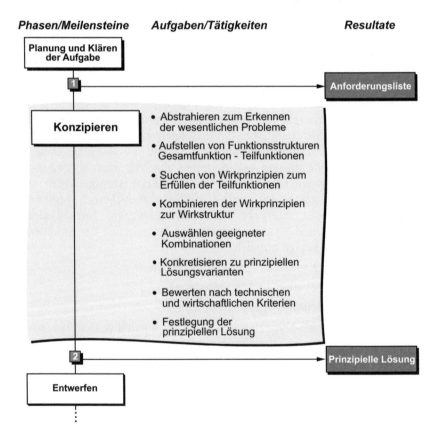

Bild 4-4: Tätigkeiten beim Konzipieren nach Pahl/Beitz

Abstrahieren

Die Konzeptionsphase beginnt mit dem Abstrahieren der mit der Anforderungsliste verbundenen Vorstellungen. Dadurch sollen die wesentlichen Probleme erkannt und Vorfixierungen von in der Anforderungsliste enthaltenen Ideen vermieden werden. **Vorfixierungen** finden sich in vielen Anforderungslisten und engen den möglichen Lösungsraum unnötig ein. Beispielsweise führt die Forderung nach einer Sicherung der Druckluftzufuhr gegen Abreißen in der Anforderungsliste einer Greifvorrichtung zum unnötigen Ausschluß einer elektromagnetischen Greifkrafterzeugung. Auf diese Weise werden neue Lösungen praktisch ausgeschlossen. Ziel des Abstrahierens ist deshalb eine Abkehr vom Individuellen und Zufälligen, damit das Allgemeingültige und Wesentliche in den Vordergrund tritt. Pahl/Beitz empfehlen in diesem Zusammenhang ein Vorgehen in fünf Schritten:

1) Gedankliches Weglassen der Wünsche der Anforderungsliste.

2) Konzentration auf die Anforderungen, die die Funktion des zu entwickelnden Produktes sowie die wirklich wesentlichen Bedingungen der Anforderungsliste betreffen.

3) Umsetzung der quantitativen in qualitative Angaben und Reduktion der Anforderungsliste auf die wesentlichen Aussagen.

4) Sinnvolle Erweiterung des bis dahin Erkannten.

5) Lösungsneutrale Formulierung des Problems.

Dieses Vorgehen transformiert die Anforderungen, die häufig eine Lösungsrichtung implizieren, in eine **lösungsneutrale Problemspezifikation**, wie dies am Beispiel eines Gebers für ein Tankinhaltsmeßgerät deutlich wird: „Unterschiedlich große, zeitlich sich ändernde Flüssigkeitsmengen in beliebig geformten Behältern fortlaufend messen und anzeigen" [Pahl/Beitz 1997].

Aufstellen der Funktionsstruktur

Zu Beginn wird aus der allgemeinen Problemformulierung die geforderte **Gesamtfunktion** abgeleitet. Diese beschreibt die Aufgabe in ihrer Gesamtheit und damit *„den allgemeinen, gewollten Zusammenhang zwischen Eingang und Ausgang eines Systems"* [Pahl/Beitz 1997]. Hierfür wird unter Bezug auf den Energie-, Stoff- und/oder Signalfluß (vgl. auch Kapitel 2.2.1) und unter Verwendung einer Blockdarstellung lösungsneutral der Zusammenhang zwischen Eingangs- und Ausgangsgrößen des technischen Systems beschrieben. Im Beispiel des Flüssigkeitsmeßsystems ergibt sich als Gesamtfunktion: „Flüssigkeitsmenge messen und anzeigen" (Bild 4-5).

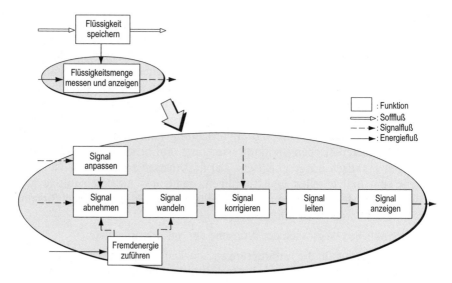

Bild 4-5: Beispiel der Aufgliederung einer Funktion in eine Funktionsstruktur anhand einer Füllstandsanzeige nach [Pahl/Beitz 1997]

In der Regel wird die technische Realisierung der Gesamtfunktion nicht sofort ersichtlich sein. Deshalb ist eine Aufgliederung der Gesamtfunktion in **Teilfunktionen** vorzunehmen. Die Teilfunktionen werden wiederum über Stoff-, Energie- und Signalflüsse zu Funktionsstrukturen verknüpft. Ziel ist, die Funktionsstruktur so weit zu detaillieren, bis es gelingt, Wirkprinzipien zur Erfüllung der Teilfunktionen zu finden. Wenn dies für eine Teilfunktion nicht möglich erscheint, dann ist die Teilfunktion weiter aufzugliedern. Es wird hier deutlich, daß dies in Wechselwirkung mit den folgenden Tätigkeiten des Konzipierens erfolgen muß.

Suchen nach Wirkprinzipien

In einem iterativen Prozeß sind Wirkprinzipien zur Erfüllung von Teilfunktionen zu ermitteln. Dieser Prozeß wird so lange fortgesetzt, bis schließlich alle Teilfunktionen durch bekannte Wirkprinzipien erfüllt werden. Bei der Suche nach geeigneten Wirkprinzipien sind **Kataloge** hilfreich, wie sie insbesondere von Roth [Roth 1994] und Koller [Koller 1994] aufgestellt wurden. In diesen Katalogen sind systematisch für eine Vielzahl von oft wiederkehrenden Funktionen Wirkprinzipien zusammengestellt.

Anmerkung der Autoren: Bewährte Lösungen zur Erfüllung einer Funktion bezeichnen wir als Lösungselemente, die selbstredend auf Wirkprinzipien beruhen. Daher wird in der Praxis häufig gleich nach Lösungselementen gesucht, anstatt den „Umweg" über Wirkprinzipien zu gehen (vgl. auch Kapitel 2.2.3).

Kombinieren der Wirkprinzipien

Wurden für alle Teilfunktionen mögliche Wirkprinzipien gefunden, so führt die zuvor erarbeitete Funktionsstruktur automatisch zu einer Kombination der Wirkprinzipien zur **Wirkstruktur**. Bei komplexen Produkten ist es häufig sinnvoll, zu Beginn nur die Erfüllung und Untergliederung von Hauptfunktionen bei der funktionalen Dekomposition zu betrachten. **Hauptfunktionen** sind solche Funktionen der Funktionsstruktur, die unmittelbar der Gesamtfunktion dienen. Die anderen Funktionen werden dann als **Nebenfunktionen** bezeichnet. Durch die Verknüpfung von Hauptfunktionen ergibt sich der sogenannte Hauptfluß. Werden zuerst nur Wirkprinzipien zur Erfüllung der über den Hauptfluß verknüpften Funktionen gesucht, so resultiert daraus nach Pahl/Beitz die vereinfachte Funktionsstruktur. Durch dieses Vorgehen kann die Übersichtlichkeit erhöht und die Konzentration auf wesentliche Sachverhalte erreicht werden.

Auswählen geeigneter Kombinationen

Bei der Kombination von Wirkprinzipien zu Wirkstrukturen ist zu beachten, daß nicht alle möglichen Kombinationen von Wirkprinzipien auch sinnvoll sind. So ist beispielsweise die Kombination von Wirkprinzipien, die auf einer elektrischen Kraftbereitstellung beruhen mit Wirkprinzipien, die eine Krafterzeugung mittels Druckluft fordern, nicht sinnvoll, weil wegen des geringeren Aufwands eine einheitliche Energiebereitstellung (elektrisch oder mechanisch) angebracht ist.

Aufgrund solcher grundsätzlicher Überlegungen kann der zu unüberschaubarer Größe neigende Lösungsraum eingeengt werden. Für die sinnvolle Kombination von Wirkprinzipien zu Wirkstrukturen eignet sich insbesondere ein von Zwicky als **morphologischer Kasten** bezeichnetes tabellenförmiges Ordnungsschema, in dessen Zeilen die einzelnen Teilfunktionen aufgeführt sind, und in dessen Spalten mögliche Wirkprinzipien zu deren Erfüllung notiert werden [Zwicky 1966]. Dadurch können nachvollziehbar geeignete Kombinationen der Wirkprinzipien ausgewählt und zu Wirkstrukturen zusammengefügt werden. Da sich in der Regel eine Vielzahl von komplementären Wirkstrukturen ergibt, ist in einem folgenden Arbeitsschritt eine Auswahl geeigneter Kombinationen vorzunehmen, um deren Anzahl auf ein handhabbares Maß zu beschränken. Diese Auswahl kann mittels einfacher Auswahllisten geschehen, in denen die ausgewählten Varianten notiert und bezüglich Größen wie Realisierbarkeit, Verträglichkeit und Aufwand bewertet werden. Die Einzelbewertungen werden zusammengefaßt und verglichen, so daß als Resultat einige wenige Wirkstrukturen übrigbleiben, die als besonders vielversprechend für die Entwicklung des Produktes angesehen werden.

Konkretisieren

Die auf Wirkprinzipien und Wirkstrukturen beruhenden Vorstellungen für eine Lösung sind noch nicht konkret genug, um das endgültige Konzept festzulegen und den eigentlichen Entwurf vornehmen zu können. Um die Sache weiter zu konkretisieren, sind weitere Aspekte wie Rahmenbedarf, Gewicht, Lebensdauer etc. zu berücksichtigen. Die erforderlichen Informationen lassen sich wie folgt gewinnen:

- Orientierende Berechnungen.
- Skizzenhafte Gestaltungsstudien, z.B. über Einbaubarkeit.
- Bau von Anschauungsmodellen und Labormustern.
- Technologieanalysen und Patentrecherchen.

Die ausgewählten Wirkstrukturen sind auf der Basis der so gewonnenen Informationen so weit zu konkretisieren, bis prinzipielle Lösungsvarianten der Aufgabenstellung erkennbar sind. Hierfür werden die Wirkprinzipien der ausgewählten Wirkstrukturen aufeinander abgestimmt und an den einzelnen Schnittstellen ineinander überführt. Nach VDI ist eine prinzipielle Lösung

> *„eine grundsätzliche Lösung für eine abgegrenzte Konstruktionsaufgabe, die lediglich grundlegende Festlegungen zur physikalischen [...] Wirkungsweise und zur Art und Anordnung von festen Körpern [...] trifft, ohne diese bereits im Detail zu definieren".* [VDI 1997]

In Bild 4-6 ist als Beispiel eine **prinzipielle Lösung** zur Erfüllung der Funktion „Greifen von Hohlkörpern" dargestellt. Der sorgfältigen Erarbeitung einer prinzipiellen Lösung kommt eine grundlegende Bedeutung für den späteren Markterfolg des Produktes zu, denn

> *„... die nachfolgende Arbeit des Entwerfens und Ausarbeitens kann grundlegende Mängel des Lösungsprinzips nicht oder nur schwer ausgleichen".* [Pahl/Beitz 1997]

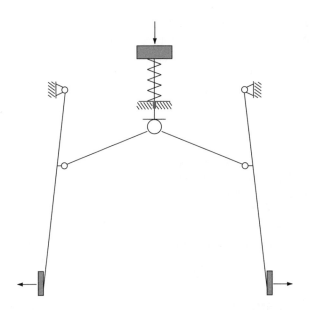

Bild 4-6: Mögliche Prinziplösung (Prinzipskizze) zur Erfüllung der Funktion „Greifen von Hohlkörpern" [VDI 1997]

Bewerten und Festlegen

Im Anschluß an die Konkretisierung der Wirkstrukturen zu prinzipiellen Lösungen werden diese einer abschließenden Bewertung nach technischen und wirtschaftlichen Kriterien unterzogen. Danach wird bestimmt, welche Varianten von prinzipiellen Lösungen in der nächsten Entwicklungsphase weiter konkretisiert werden sollen. Idealerweise sollten einige Lösungsvarianten zur Auswahl stehen, was in der Praxis aus Zeitgründen aber in der Regel nicht so ist. Die Gefahr ist, vorschnell eine Richtung einzuschlagen, die durch das gewohnte Denken bzw. durch bekannte Lösungen bestimmt wird. Daher ist es wichtig, den dargestellten Prozeß des Konzipierens effizient zu gestalten, z.B. durch die Anwendung von Lösungskatalogen oder Kreativitätstechniken wie TRIZ (vgl. Kapitel 3.2.3.3).

4.2.1.3 Entwerfen

In der Entwurfsphase erfolgt die konkrete Gestaltung der in der Konzeptionsphase erarbeiteten prinzipiellen Lösung. Im Vordergrund steht die Festlegung der Gestaltung der Bauteile und ihr Bauzusammenhang. Dies führt zur Baustruktur, die die Bauteile und Baugruppen eines Erzeugnisses mit ihren Beziehungen repräsentiert. Die Aufgaben der Gestaltung sind in Bild 4-7 wiedergegeben, sie gliedern sich in Grob- und Feingestaltung sowie in den Komplex Vervollständigen und Kontrollieren.

Grobgestalten

Das Grobgestalten des zu entwickelnden Produktes ist durch sechs Arbeitsschritte gekennzeichnet, die von der prinzipiellen Lösung zu grobgestalteten Hauptfunktionsträgern führen. Hierfür sind zu Beginn die Anforderungen der Anforderungsliste bezüglich ihrer Relevanz für die Gestaltgebung zu analysieren. Insbesondere sind abmessungs-, anordnungs- sowie werkstoffbestimmende Anforderungen zu berücksichtigen. Erstere resultieren z.b. direkt aus Leistungs- oder Durchsatzforderungen. Anordnungsbestimmend hingegen sind beispielsweise geforderte Bewegungsrichtungen. Diese haben einen direkten Einfluß auf die Gestalt des Produktes. Korrosionsbeständigkeit schließlich ist ein Beispiel für eine werkstoffbestimmende Anforderung, die grundsätzlich schon bei der Grobgestaltgebung berücksichtigt werden sollte. Speziell Anforderungen aus Sicherheits-, Ergonomie-, Fertigungs- und Montagegründen führen oft zu abmessungs-, anordnungs- und werkstoffbestimmenden Anforderungen. Ferner sind die räumlichen Bedingungen für die Gestaltung des Entwurfs festzulegen. Hierzu zählen der zur Verfügung stehende Bauraum, gekennzeichnet z.B. durch Einbaubegrenzungen, geforderte Abstände oder einzuhaltende Achsenrichtungen.

Im nächsten Schritt wird die Baustruktur in Grobgestalt mit vorläufiger Werkstoffauswahl entwickelt. Wegen des normalerweise großen Umfangs der Entwurfsaufgabe werden zu diesem Zeitpunkt vornehmlich die Gesamtgestaltung bestimmenden **Hauptfunktionsträger** betrachtet. Hierfür ist einerseits herauszufinden, welche Hauptfunktionen maßgeblich die Abmessungen der Gesamtgestalt und die Anordnung der einzelnen Komponenten bestimmen. Andererseits ist eine **Gliederung in realisierbare Module** vorzunehmen. Bei dieser Gliederung wird festgelegt, welche Funktionen in gemeinsamen Funktionsträgern zusammengefaßt oder aber besser getrennt voneinander erfüllt werden.

Der nachfolgende Arbeitsschritt befaßt sich mit der Grobgestaltung der Hauptfunktionsträger. Diese werden räumlich und maßlich zutreffend unter Vermeidung nicht interessierender Einzelheiten vorläufig ausgelegt. Um hierbei nichts Wesentliches zu vergessen, sollte nach Pahl/Beitz bei der Grobgestaltung eine Leitlinie eingehalten werden, in der eine Reihe von Aspekten zu berücksichtigen sind:

Domänenspezifische Entwicklungsmethodiken 231

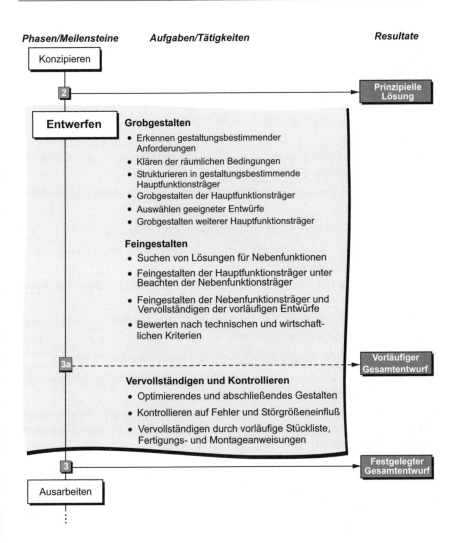

Bild 4-7: *Arbeitsschritte beim Entwerfen (Gestalten) nach Pahl/Beitz*

- **Funktion:** Erfüllt der Entwurf die vorgesehene Funktion? Welche Nebenfunktionen sind erforderlich?
- **Wirkprinzip:** Sind die gewählten Wirkprinzipien bezüglich Effekt, Realisierbarkeit und Wirkungsgrad geeignet?

- **Auslegung:** Führen die gewählten Abmessungen, Formen und Werkstoffe zu einer ausreichenden Haltbarkeit, zulässigen Formänderung, genügenden Stabilität und Resonanzfreiheit, störungsfreien Ausdehnung sowie einem annehmbaren Korrosions- und Verschleißverhalten?
- **Sicherheit:** Sind Betriebs-, Arbeits- und Umweltsicherheit gewährleistet?
- **Ergonomie:** Ist eine ergonomische Nutzbarkeit gegeben und stimmt das Design?
- **Fertigung:** Sind fertigungstechnische Gesichtspunkte ausreichend berücksichtigt (Technologie, Wirtschaftlichkeit)?
- **Kontrolle:** Sind Qualitätskontrollen während und nach der Fertigung möglich?
- **Montage:** Sind die nötigen Montagevorgänge eindeutig und einfach?
- **Gebrauch:** Sind beispielsweise Geräuschentwicklung und Handhabung ausreichend berücksichtigt?
- **Instandhaltung:** Ist eine einfache Wartung und Instandhaltung gewährleistet?
- **Recycling:** Sind die Entwürfe so ausgelegt, daß Wiederverwendung und Wiederverwertung möglich werden?
- **Kosten:** Können die vorgegebenen Kostengrenzen eingehalten werden?
- **Termin:** Ist mit den gewählten Grobentwürfen der vorgegebene Terminrahmen einzuhalten?

Die resultierenden, untereinander kompatiblen Grobentwürfe werden maßstäblich in den vorgegebenen **Bauraum** eingefügt und so weit vervollständigt, bis alle maßgeblichen Hauptfunktionen erfüllt sind.

Die konkurrierenden Grobentwürfe werden bewertet, wobei wiederum die Leitlinie des vorhergehenden Arbeitsschrittes mit den aufgeführten Merkmalen als Beurteilungsgrundlage herangezogen werden kann. Anschließend werden ein oder auch mehrere Entwürfe, die sogenannten Vorentwürfe, für eine Weiterbearbeitung ausgewählt.

Zum Abschluß des Grobgestaltens erfolgt die ergänzende Grobgestaltung von bis zu diesem Zeitpunkt noch nicht untersuchten Hauptfunktionsträgern. Ihre bisherige Vernachlässigung kann auf vielschichtige Ursachen wie beispielsweise bekannte bzw. vorliegende Lösungen, ihre eher untergeordnete Stellung oder der Tatsache, daß sie bisher nicht gestaltungsbestimmend waren, zurückgeführt werden. Anschließend werden die Grobentwürfe der einzelnen Hauptfunktionsträger zusammengefügt, so daß als Resultat dieses Arbeitsschrittes die Grobgestalt des Produktes vorliegt.

Feingestalten

Das Feingestalten untergliedert sich entsprechend Bild 4-7 in vier Arbeitsschritte. Zu Beginn des Feingestaltens ist zu klären, welche **Nebenfunktionen** zu erfüllen sind. Zu den Nebenfunktionen zählen insbesondere Haltefunktionen, Stützfunktionen sowie Kühl- und Dichtfunktionen. Zur Erfüllung der Nebenfunktionen sind nach Möglichkeit Lösungselemente wie Katalogteile, Normteile und Wiederholteile zu nutzen. Nur falls dies nicht möglich ist, sind neue Lösungen für die Nebenfunktionen zu entwerfen.

Der nächste Arbeitsschritt befaßt sich mit der **Feingestaltung der Hauptfunktionsträger**. Hierfür sind eine Reihe von Gestaltungsregeln zu berücksichtigen, auf die in diesem Kapitel noch eingegangen wird. Einzubeziehen sind ferner vorhandene Normen und Vorschriften, aber auch eigene Versuchsergebnisse und Berechnungen. Zusätzlich können die Produktbereiche gestaltet werden, die durch die jetzt bekannten Nebenfunktionen direkt beeinflußt werden. Alle Elemente sind detailliert bzw. fein zu gestalten. Hierfür werden alle Einzelheiten endgültig festgelegt.

Nach den Hauptfunktionsträgern werden auch die **Nebenfunktionsträger** feingestaltet. Insbesondere sind die Norm- und Zulieferteile hinzuzufügen. Anschließend werden alle Funktionsträger gemeinsam dargestellt. Als Abschluß des Feingestaltens werden die vorliegenden Feinentwürfe nach technischen und wirtschaftlichen Kriterien beurteilt sowie der erfolgsversprechendste Feinentwurf als vorläufiger Gesamtentwurf für die nächsten Arbeitsschritte freigegeben.

Vervollständigen und Kontrollieren

Die abschließende Bewertung der Feinentwürfe deckt in der Regel Schwachstellen auch beim ausgewählten vorläufigen Gesamtentwurf auf. Diese Schwachstellen werden beispielsweise durch Übernahme geeigneter Teillösungen anderer Varianten beseitigt. Zur Optimierung sind hierfür gegebenenfalls mehrere Arbeitsschritte des Grob- und Feingestaltens erneut zu durchlaufen.

Im nächsten Schritt wird der vorliegende Feinentwurf nochmals anhand der oben aufgeführten Leitlinie bezüglich Funktion, Bauraum usw. auf Fehler untersucht. Gegebenenfalls werden erneut Verbesserungen eingearbeitet, d.h. mehrere der vorhergehenden Arbeitsschritte sind erneut durchzuführen. Zusätzlich muß zu diesem Zeitpunkt die Einhaltung der Kosten- und Qualitätsziele nachgewiesen sein.

Vervollständigt wird der endgültige Gesamtentwurf schließlich durch die Aufstellung einer vorläufigen **Stückliste** sowie ggf. Hinweise für Fertigung und Montage. Als Ergebnis liegt dann der festgelegte Gesamtentwurf für das zu

entwickelnde Produkt vor, der zur Ausarbeitung freigegeben werden kann.
Für das Gestalten liegen eine Reihe von Grundsätzen vor, die berücksichtigt werden sollen und bei der Suche nach optimalen Lösungen helfen. Diese können in Grundregeln, Prinzipien und Richtlinien unterteilt werden. Die Grundregeln werden im folgenden kurz erläutert, wobei kein Wert auf Vollständigkeit gelegt wird (Eine Auswahl von Prinzipien und Richtlinien der Konstruktionslehre sind in den folgenden Kästen aufgeführt.). Detaillierte Ausführungen zu dieser Thematik können der einschlägigen Literatur wie beispielsweise [Pahl/Beitz 1997], [Koller 1994] oder [Roth 1994] entnommen werden.

Gestaltungsgrundregeln sollen schwerwiegende Nachteile, Fehler oder Schäden vermeiden helfen. Die Gestaltungsgrundregeln gelten immer und leiten sich direkt aus den generellen Forderungen nach der Erfüllung der technischen Funktion, deren wirtschaftlichen Realisierung sowie der Sicherheit für Mensch und Umwelt ab. Danach soll ein Produkt

- eindeutig,
- einfach und
- sicher sein.

- **Eindeutigkeit:** Eindeutigkeit bezüglich des Merkmals *Funktion* bedeutet in der Funktionsstruktur eine klare Zuordnung der Teilfunktionen und zugehörigen Eingangs- und Ausgangsgrößen. Bei den gewählten *Wirkprinzipien* muß ein eindeutig beschreibbarer Zusammenhang zwischen Ursache und Wirkung gegeben sein, eine geordnete Führung der Energie-, Stoff- und Signalflüsse vorliegen sowie eine definierte Dehnungsrichtung und -möglichkeit für die einzelnen Komponenten vorliegen. Beim Merkmal *Auslegung* ist auf eine eindeutige Definition des Lastzustandes nach Größe, Art und Häufigkeit oder Zeit zu achten. Außerdem sollte stets ein beschreibbarer und berechenbarer Beanspruchungszustand für alle Betriebszustände vorliegen. Die *Ergonomie* ist durch eine aufgrund entsprechender Anordnung und Schaltungsart erzwungene Reihenfolge und Ausführung bei der Bedienung sicherzustellen. Für die fehlerfreie *Fertigung* ist auf eindeutige und vollständige Angaben in Zeichnungen, Stücklisten und Anweisungen zu achten, was sinngemäß auch auf die *Montage* und den *Transport* übertragbar ist. Beim *Gebrauch* und der *Instandhaltung* ist durch eindeutigen Aufbau und entsprechende Gestaltung sicherzustellen, daß alle Betriebsereignisse kontrollierbar sind, Inspektions- und Wartungsmaßnahmen klar definiert sind und nach ihrer Durchführung eindeutig kontrolliert werden können. Beim *Recycling* bedeutet Eindeutigkeit die Verwendung von Trennstellen zwischen verwertungsunverträglichen Werkstoffen und eine zugehörige einfache Demontagefolge.

Gestaltungsprinzipien (Auswahl)

Gestaltungsprinzipien stellen nach Pahl/Beitz Strategien dar, die in Abhängigkeit von bestimmten Voraussetzungen mehr oder weniger zweckmäßig sein können. Diese Prinzipien sind nicht grundsätzlich bei jedem Entwurf anwendbar.

Prinzip der Aufgabenteilung

Festlegung einer Aufteilung, welche Teilfunktionen mit nur einem Funktionsträger erfüllt und welche Teilfunktionen mit mehreren voneinander abgegrenzten Funktionsträgern realisiert werden. Aus Kostengründen wird zunächst angestrebt, mehr als eine Funktion mit einem Funktionsträger zu realisieren. Andere Gesichtspunkte wie Fertigung, Montage und Wartung können zum Gegenteil führen.

Prinzip der fehlerarmen Gestaltung

Fehlerminimierung wird durch einfache Bauteile, Minimierung von Fehlereinflußgrößen und Unabhängigkeit der Störgrößen von den Funktionsgrößen erreicht.

Prinzipien der Kraftleitung

Die Aufnahme und Leitung von Kräften und Momenten ergibt Beanspruchungen (Spannungen), die zu elastischen und plastischen Verformungen führen können. Es gibt vier Prinzipien:

1) Kraftfluß und Prinzip der gleichen Gestaltfestigkeit: Vermeidung schroffer Querschnittsübergänge und scharfer Umlenkung des Kraftflusses.

2) Direkte und kurze Kraftleitung: Belastung auf wenige Zonen beschränken.

3) Prinzip der abgestimmten Verformungen: Möglichst kleine Relativverformungen anstreben, z.B. bei Klebe- oder Lötverbindungen.

4) Prinzip des Kraftausgleichs: Kräfte und Momente, die nicht unmittelbar zur Funktionserfüllung beitragen, sollen nach Möglichkeit unterstützend wirken.

Prinzip der Selbsthilfe

Durch die geschickte Wahl der Systemelemente und ihrer Anordnung im System soll eine sich gegenseitig unterstützende Wirkung erzielt werden, um eine Funktion besser zu erfüllen.

Prinzip der Stabilität und Bistabilität

Bei stabilem Systemverhalten sollen auftretende Störungen Wirkungen erzeugen, die einer Störung entgegenwirken, d.h. sie aufheben oder mindern. Bei stabilem Verhalten wird bei Erreichen eines Grenzzustands ein neuer deutlich anderer Zustand hervorgerufen (Beispiel Schutzschalter).

Literatur: **Pahl**, G./**Beitz**, W.: Konstruktionslehre. 4. Aufl., Springer-Verlag, 1997

Auswahl von Gestaltungsrichtlinien („Gerechtigkeiten")

Gestaltungsrichtlinien helfen, den jeweiligen Bedingungen und Anforderungen gerecht zu werden (sog. „Gerechtheiten"). Sie unterstützen die Einhaltung der drei Grundregeln der Gestaltung: „eindeutig", „einfach" und „sicher".

Ausdehnungsgerecht: Um Ausdehnungsgerechtheit zu gewährleisten, ist zu beachten, daß die verwendeten Werkstoffe von Erwärmung betroffen sind und sich ausdehnen.

Ergonomiegerecht: Ein ergonomiegerechter Entwurf beachtet die Eigenschaften, Fähigkeiten und Bedürfnisse des Menschen und die Beziehungen zwischen Menschen und technischen Erzeugnissen.

Fertigungsgerecht: Unter der Richtlinie „Fertigungsgerecht" sind die Minimierung der Fertigungskosten und -zeiten sowie die Einhaltung von fertigungsabhängigen Qualitätsmerkmalen zusammengefaßt.

Formgebungsgerecht: Formgebungsgerechte Produkte erfüllen nicht nur ihre äußere Funktion, sondern sprechen den Menschen auch im ästhetischen Sinne an.

Instandhaltungsgerecht: Die angestrebten Lösungen sollen neben ihrer Funktionserfüllung gleichzeitig eine einfache Instandhaltung durch Wartungsfreiheit, einen leichten Austausch von Komponenten oder Komponenten gleicher Gebrauchsdauer ermöglichen.

Korrosionsgerecht: Korrosionsgerechte Entwürfe sind derart ausgelegt, daß die meist nicht zu verhindernde Korrosion auf ein Mindestmaß beschränkt bleibt und während der Gebrauchsdauer keine Probleme hervorruft.

Montagegerecht: Ziele eines montagegerechten Entwurfs sind die Vereinfachung, die Vereinheitlichung, die Automatisierung und die Qualitätssicherung während des Montageprozesses. Entscheidende Gesichtspunkte sind dabei u.a. die Handhabung, die Positionierung sowie das Fügen von Montageteilen.

Normgerecht: Die Anwendung vorhandener Normen unterstützt in der Regel die anderen Gestaltungsrichtlinien. Dies gilt insbesondere für die fertigungs- und montagegerechte Gestaltung.

Recyclinggerecht: Hier geht es um die Reduktion des Stoffeinsatzes, die Substitution ungünstiger Werkstoffe und die Rückführung von Herstellungsabfällen, Erzeugnissen, Baugruppen und Bauteilen zu deren erneuten Verwendung bzw. Verwertung

Literatur: **Pahl**, G./**Beitz**, W.: Konstruktionslehre. 4. Auflage, Springer-Verlag 1997

- **Einfachheit:** Technisch bezieht sich der Begriff der Einfachheit auf Systeme, die nicht zusammengesetzt sind, übersichtlich erscheinen und durch einen geringen Aufwand gekennzeichnet sind. Für die *Funktionen* der Funktionsstruktur bedeutet dies, daß eine möglichst geringe Anzahl an Funktionen vorliegt, die übersichtlich und folgerichtig verknüpft sind. Bei der *Auslegung* führt Einfachheit zu geometrischen Formen, die mathematischen Ansätzen in der Festigkeits- und Elastizitätslehre direkt zugänglich sind. *Ergonomisch* betrachtet führt Einfachheit bei der Mensch-Maschine-Schnittstelle zu einsichtigen Bedienvorgängen, übersichtlichen Anordnungen von Bedienelementen und leicht verständlichen und einprägsamen Signalen. *Fertigung und Kontrolle* können vereinfacht werden, wenn geometrisch einfache, gängige Formen vorliegen und nur wenige unterschiedliche Fertigungsverfahren notwendig sind. *Montage und Transport* vereinfachen sich, wenn die zu montierenden Teile ausreichend gekennzeichnet sind, die Montage sinnfällig und leicht durchschaubar ist sowie jeder Einstellvorgang nur einmal notwendig ist. Hinsichtlich *Gebrauch und Instandhaltung* bedeutet Einfachheit die Möglichkeit zur richtigen Nutzung des Produktes ohne zeitintensive Einweisung, die leichte Erkennbarkeit von Fehlfunktionen und Störungen sowie das Vermeiden von umständlichen und unbequemen Wartungsvorgängen. Einfaches *Recycling* ist gekennzeichnet durch die Verwendung verwertungsverträglicher Werkstoffe sowie einfache Demontagevorgänge.

- **Sicherheit:** Sicherheit als Grundregel betrifft zweierlei: zum einen die zuverlässige Erfüllung der geforderten technischen Funktion und zum anderen die Gefahrenminderung für Mensch und Umgebung. Hierfür wurde nach DIN 31 000 Sicherheitstechnik unterteilt in unmittelbare, mittelbare und hinweisende Sicherheitstechnik. Die unmittelbare Sicherheitstechnik stellt das erklärte Ziel jedes technischen Systems dar. Sie fordert eine Produktauslegung derart, daß von vornherein und aus sich heraus eine Gefährdung überhaupt nicht besteht. Nur für den Fall, daß diese im Produkt immanente Sicherheit nicht zu gewährleisten ist, wird der Aufbau von Schutzsystemen und die Anordnung von Schutzeinrichtungen, d.h. eine mittelbare Sicherheitstechnik vorgesehen. Die hinweisende Sicherheitstechnik, die lediglich bestehende Gefahren kenntlich macht, kann hingegen nicht als sinnvolle konstruktive Lösung bei der Produktentwicklung angesehen werden [Pahl/Beitz 1997]. Betrachtet man die Merkmale der oben aufgeführten Entwurfsleitlinie, so bedeutet Sicherheit als Grundregel der Gestaltung für die Wahl von *Funktionen und Wirkprinzipien*, daß mögliche Störungen von vornherein mit berücksichtigt werden. Diese sollen zur Bewertung der Frage nach dem Grad der erreichten Sicherheit herangezogen werden, wobei einerseits die Wahrscheinlichkeit eines nicht abwehrbaren schädlichen oder unfallträchtigen Einflusses und zum anderen die Tragweite der möglichen Folgen zu bestimmen sind. Bei der *Auslegung* des Entwurfes sind aus sicherheitstechnischen Erwägungen durch Wahl des richtigen Werkstoffes und dessen geeigneter Dimensionierung eine ausreichende Haltbarkeit und eine genügende Zähigkeit zu gewährleisten. Hierfür ist zusätzlich die elastische Verformbarkeit des Werkstoffes im jeweiligen Kontext zu berücksichtigen. Bei Betrachtung der gesamten Lebensdauer des Produktes sind aus Auslegungsgesichtspunkten die weitgehende Vermeidung von Verschleiß und korrosivem Angriff anzustreben, damit nicht zu Einsatzbeginn sichere Systeme mit zunehmender Betriebsdauer zum Sicherheitsrisiko werden. Zur Thematik *Ergonomie und Arbeitssicherheit* gibt es umfangreiche Literatur. Hier sind insbesondere die produkt- und branchenabhängigen Vorschriften der Berufsgenossenschaften, Gewerbeaufsichtsämter sowie Technischen Überwachungsvereine zu nennen. *Fertigung und Kontrolle* verlangen aus Sicherheitsaspekten eine Gestaltung der Bauteile derart, daß die geforderten Qualitätsmerkmale fertigungstechnisch auch einzuhalten sind. Für den Entwurf bedeutet dies die Vermeidung von infolge der Fertigung auftretenden sicherheitsgefährdenden Schwachstellen. Bei *Montage und Transport* sind für einen sicheren Entwurf die während der Montage auftretenden Festigkeits- und Stabilitätsanforderungen frühzeitig zu berücksichtigen, was sinngemäß auch für alle möglichen Transportzustände gilt. Während der Montage vorgenommene Schweißvorgänge sind einzeln zu prüfen und in Abhängigkeit vom Werkstoff gegebenenfalls anschließend wärmetechnisch nachzubehandeln. Bezüglich des *Gebrauchs* des technischen Produktes sollte der Bediener bei Ausfall einer Automatik benachrichtigt werden und die Möglichkeit besitzen, korrigierend eingreifen zu können. Die *Instandhaltung bzw. Wartung* sollte nur bei ausgeschalteter Maschine möglich sein, wobei eine unbeabsichtigte Wiederinbetriebnahme durch Verwendung von Einschaltsicherungen ausgeschlossen sein muß. Es sind für die sichere Instandhaltung und Wartung leicht erreichbare, übersichtliche Wartungs- und Einstellelemente vorzusehen.

4.2.1.4 Ausarbeiten

Das Ausarbeiten erfolgt entsprechend Bild 4-8 in vier Arbeitsschritten. Der Schwerpunkt dieser Phase liegt auf der Erstellung von **Fertigungszeichnungen** und **Gruppenzeichnungen** sowie der Fertigstellung der **Stücklisten**. Das Detaillieren des endgültigen Entwurfs heißt, die Einzelteile festzulegen und hinsichtlich Form, Oberfläche, Werkstoffen und Toleranzen zu optimieren. Die Detailoptimierungen erfolgen unter Beachtung von Normen und im Hinblick auf eine hohe Ausnutzung des Werkstoffs, einfache Fertigung und geringe Kosten.

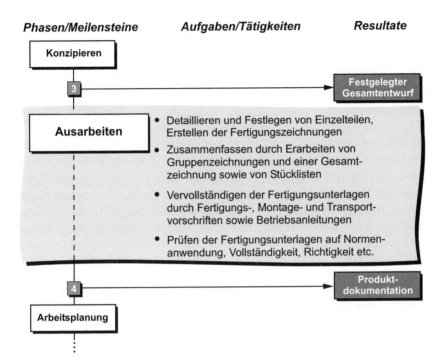

Bild 4-8: *Arbeitsschritte beim Ausarbeiten nach Pahl/Beitz*

In Anschluß an das Detaillieren erfolgt das Zusammenfassen der Einzelteile zu Gruppen. Diese Gruppen werden – mit zugehörigen Zeichnungen und Stücklisten – wiederum zum Gesamtprodukt zusammengefaßt. Die Zusammenfassung wird wesentlich von der Auftragsabwicklung und dem Ablauf der Fertigung und Montage beeinflußt. Hierfür werden in der Praxis häufig unterschiedliche Zeichnungs-, Stücklisten- und Nummernsysteme genutzt.

Der nächste Arbeitsschritt des Ausarbeitens ist das Vervollständigen der Fertigungsunterlagen. Hierfür sind neben den Fertigungsvorschriften gegebenenfalls die Montage- und Transportvorschriften sowie die Betriebsanleitungen mit zugehörigen Nutzungsangaben zu komplettieren.

Das abschließende Prüfen der Fertigungsunterlagen ist von entscheidender Bedeutung für den späteren Fertigungsprozeß. Nach Pahl/Beitz sind insbesondere die Einzelteilzeichnungen und Stücklisten hinsichtlich

- Einhaltung von Normen, speziell von Werknormen,
- einer eindeutigen und fertigungsgerechten Bemaßung,
- Beschaffungsgesichtspunkten sowie
- ihrer Vollständigkeit allgemein

zu prüfen. Verlaufen die abschließenden Kontrollen positiv, so erfolgt die Freigabe zur Fertigung des Produktes.

4.2.2 Entwicklungsmethodik Mikroelektronik

Mikroelektronische Systeme haben Einzug in eine Vielzahl technischer Produkte gefunden. Dies beginnt bei der Steuerung eines Rasierapparates und reicht bis zur umfangreichen Elektronik in Kraftfahrzeugen mit bis zu mehr als 100 Mikroprozessoren. Die effiziente Entwicklung der eingebetteten mikroelektronischen Komponenten erlangt deshalb eine immer höhere Bedeutung.

Elektronik läßt sich allgemein in digitale und analoge Elektronik unterteilen, wobei die Bedeutung der ersten im Verhältnis zur zweiten immer weiter wächst. Digitale Schaltungen werden als ICs (Integrated Circuits), analoge Schaltungen als ICs oder durch diskrete Bauelemente realisiert. Aufgrund der größeren Bedeutung wird im folgenden nur auf die Entwicklung digitaler Schaltungen eingegangen. Für analoge Schaltungen, beispielsweise für Motor- und Displayansteuerungen oder Verstärkerstufen, existiert eine Vielzahl etablierter Lösungen, die der Literatur entnommen werden können (siehe z.B. [Tietze/Schenk 1993]). Dort sind Schaltungen für unterschiedlichste Anwendungen dargelegt, die entsprechend den spezifischen Anwendungen zu dimensionieren sind.

Bei der Entwicklung digitaler Mikroelektronik erweist sich die steigende Komplexität als problematisch. Ein moderner Hochleistungsmikroprozessor enthält heute mehrere Millionen Transistoren. Komponenten wie Prozessoren und Halbleiterspeicher, aber auch anwendungsspezifische integrierte Schaltungen, die sogenannten ASICs (Application Specific Integrated Circuits), werden i.d.R. als hochintegrierte Schaltungen entworfen. Die zur Zeit beherrschbare Komplexität der Entwicklung wird als VLSI (Very Large Scale Integration) bezeichnet. Die grundsätzliche Aufgabe bei der Entwicklung besteht in der Bereitstellung einer digitalen Schaltung – eines „Chips" – oder eines ICBs (Integrated Circiut Boards), das die vorher vom Auftraggeber festgelegten Anforderungen erfüllt. Die Umsetzung der Anforderungen stellt ein Optimierungsproblem dar, bei dem eine Reihe teilweise widersprüchlicher Randbedingungen zu beachten sind. Beispiele häufiger Anforderungen sind:

- Schaltgeschwindigkeit,
- Chip-Kosten,
- Chip-Größe,
- Leistungsaufnahme,
- Chip-Ausbeute,
- Zuverlässigkeit,

Domänenspezifische Entwicklungsmethodiken **241**

- Anzahl der Eingangs- und Ausgangsanschlüsse und
- Testbarkeit des Chips.

4.2.2.1 Entwicklungsprinzipien

Um die Komplexität der Schaltungsentwicklung zu beherrschen, werden zwei Grundprinzipien genutzt: zum einen der konsequente Einsatz eines **Sichtenkonzeptes** und zum anderen die hierarchische Entwicklung über mehrere **Abstraktionsebenen**. Das Sichtenkonzept ist im folgenden Kasten beschrieben. Auf die verschiedenen Abstraktionsebenen wird ausführlich im nachfolgenden Kapitel eingegangen.

Die Entwicklungstätigkeiten beim Schaltungsentwurf gliedern sich in generierende und überprüfende Tätigkeiten. Zu den **generierenden Tätigkeiten** gehören Implementierung, Struktursynthese und Layoutsynthese. Von einer Implementierung wird gesprochen, wenn eine Verfeinerung des vorliegenden Entwurfs vorgenommen wird, ohne die Sicht auf das Entwurfsobjekt zu ändern. Unter Synthese wird der Übergang von einer Verhaltens- zu einer Strukturbeschreibung (Struktursynthese) oder von einer Struktur- zu einer Geometriebeschreibung (Layoutsynthese) verstanden. In beiden Fällen wird lediglich die Sicht auf das Entwurfsobjekt geändert.

Überprüfende Entwicklungstätigkeiten sind Abstraktion, Verhaltensextraktion und Strukturextraktion. Die Notwendigkeit der Einführung überprüfender Entwicklungstätigkeiten ist aufgrund der Komplexität digitaler Schaltungen schon frühzeitig erkannt und formalisiert worden.

Das Sichtenkonzept des Schaltungsentwurfes

Die Sichten der Entwicklung digitaler Schaltungen werden im deutschen Sprachraum üblicherweise als Verhalten („behavioral domain"), Struktur („structural domain") und Geometrie („layout") bezeichnet. Sie ergeben nach D. Gajski und R. Kuhn das sogenannte Y-Modell, das im Bild dargestellt ist. Danach betreffen Abstraktion und Implementation alle drei Sichten.

Verhalten: Die Verhaltensbeschreibung spezifiziert, was eine Komponente, ein sogenanntes Entwurfsobjekt, bewerkstelligt. Die Frage nach dem Aufbau tritt dabei in den Hintergrund. Die Verhaltenssicht beschäftigt sich ausschließlich mit der Funktion des Entwurfsobjektes. Die Funktion beschreibt das beobachtbare Eingangs-/Ausgangsverhalten über der Zeit. Zusätzlich werden ergänzende Festlegungen von Leistungsdaten der Verhaltensbeschreibung zugeordnet.

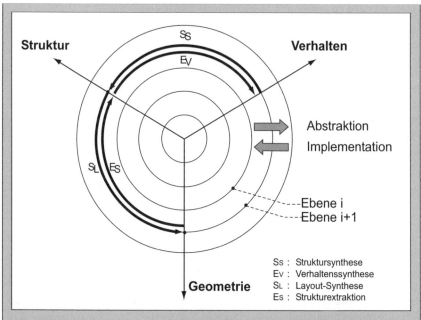

Das Y-Modell der Schaltungstechnikentwicklung nach Gajski/Kuhn

Struktur: Die Strukturbeschreibung beschäftigt sich mit dem Aufbau eines Entwurfsobjektes. Dabei wird spezifiziert, wie das Entwurfsobjekt durch Verschaltung untergeordneter Komponenten mit einfacherer Funktionalität realisiert werden kann.

Geometrie: Sie definiert den zwei- oder auch dreidimensionalen Aufbau einer realen Schaltung. Die direkte Zuordnung zur Funktionalität des Entwurfsobjektes ist hierbei nicht mehr gegeben und muß unter Zuhilfenahme einer zwischengeschalteten Strukturbeschreibung gewonnen werden.

Literatur: **Bleck**, A./**Goedecke**, M./**Huss**, S./**Waldschmidt**, K.: Praktikum des modernen VLSI-Entwurfs, B.G. Teubner, 1996

Einerseits ist jede Spezifikation dahingehend zu bewerten, ob die Anforderungen der Entwicklungsaufgabe erfüllt werden. Andererseits muß die Übereinstimmung der spezifizierten Modelle vor und nach einer Transformation sichergestellt sein. Deshalb ist nach jeder generierenden eine überprüfende Tätigkeit erforderlich.

Als **Abstraktion** wird der Übergang von einer untergeordneten auf eine übergeordnete Ebene bezeichnet, ohne dabei die Sicht auf das Entwurfsobjekt zu wechseln. Die Abstraktion kennzeichnet damit bei der Elektronikentwicklung die Umkehrung der Implementierung. Die Umkehrung der Synthese ist die Extraktion. Sinnvoll ist lediglich die Extraktion von der Geometrie- zur Strukturbeschreibung (Strukturextraktion) sowie von der Struktur- zur Verhaltensbeschreibung (Verhaltensextraktion). Aufgrund der vorherrschenden Komplexität realer digitaler Schaltungen ist eine direkte Extraktion von der Geometrie zur Verhaltensbeschreibung in der Regel nicht möglich. Bild 4-9 zeigt mögliche Ansätze, um Spezifikationen auf über- und untergeordneter Ebene zu überprüfen.

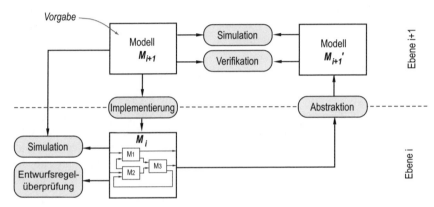

Bild 4-9: *Mögliche Mechanismen zur Überprüfung von unter- und übergeordneter Spezifikation bei der Entwicklung digitaler Schaltungen*

Das Modell M_{i+1} einer höheren Abstraktionsebene stellt die Vorgabe für ein aus verfeinernden Submodellen bestehendes Modell M_i der tieferliegenden Abstraktionsebene dar. Die Untersuchung der Implementierung auf Übereinstimmung mit der Vorgabe kann auf drei unterschiedliche Weisen erfolgen:

- **Simulation:** Unter Simulation verstehen wir *ein Verfahren zur Durchführung von Experimenten auf dem Digitalrechner unter Benutzung mathematischer Movdelle mit dem Ziel, Aussagen über das Verhalten des realen Systems zu gewinnen.* Zur Überprüfung einer Implementierung durch Simulation gibt es zwei Möglichkeiten:–
  - Implementierung und Vorgabe werden auf gleiches Eingangs-/Ausgangsverhalten hin untersucht oder
  - aus der Implementierung wird ein abstrakteres Modell M_{i+1}' aus dem Modell M_i extrahiert und bezüglich Eingangs-/Ausgangsverhalten mit der Vorgabe M_{i+1} durch Simulation verglichen.

- **Verifikation:** Bei der Verifikation wird für M_{i+1} und M_i durch mathematischen Beweis die Gleichheit beider Modelle aufgezeigt. Eine andere, aus praktischen Gründen allerdings selten realisierbare Möglichkeit, stellt die Simulation aller möglichen Eingaben der Schaltungseingänge dar. Die Verifikation liefert damit den Beweis, daß sich Vorgabe und Implementierung bezüglich aller möglichen Eingangswerte gleich verhalten. Wird die Übereinstimmung nur für eine Teilmenge der möglichen Eingangswerte gezeigt, so spricht man von Validierung. Eine Schaltungssimulation stellt deshalb in der Regel nur eine Validierung und keine Verifikation dar.
- **Entwurfsregelüberprüfung:** Eine weitere Kontrollmöglichkeit besteht in der Überprüfung der bei der Implementierung angewandten Syntheseregeln. Sind diese fehlerhaft oder unvollständig, so resultiert automatisch eine fehlerhafte Implementierung.

4.2.2.2 Entwicklungssystematik (Phasenmodell)

Bild 4-10 zeigt das Phasenmodell der Entwicklung digitaler Schaltungen. Ausgangspunkt jeder Schaltungsentwicklung ist die Spezifikation der Entwicklungsaufgabe. In der **Spezifikationsphase** formuliert der Auftraggeber seine Anforderungen und gleicht diese mit dem Schaltungshersteller bezüglich Funktionen, Kosten, Entwicklungszeit, Leistungsanforderungen etc. ab, bis eine gemeinsame Basis gefunden ist. Diese wird im Pflichtenheft festgehalten.

Die folgende Entwicklung hat das Ziel, mit möglichst geringem Zeit- und Kostenaufwand eine dem Pflichtenheft entsprechende Schaltung zur Verfügung zu stellen. In der Regel wird hierbei versucht, möglichst wenig Arbeiten „von Hand" durchzuführen und mittels Verwendung von rechnerunterstützten Synthesewerkzeugen weitgehend automatisiert die für die Entwicklung notwendigen Modelle zu erzeugen. Beim idealen Entwurfsablauf wird ausgehend von der Spezifikation über eine Verhaltenssynthese eine Verhaltensbeschreibung der Schaltung erzeugt, die für eine Abstimmung mit dem Auftraggeber auf möglichst abstraktem Niveau vorliegen sollte. Die anschließende Struktursynthese führt – möglichst automatisch – zu einem Strukturmodell, das dann mittels Layoutsynthese automatisch in eine Vorlage für die Fertigung transformiert wird. In der Realität ist eine derart direkte und automatische Umsetzung der Schaltung über mehrere Abstraktionsebenen hinweg selten möglich. Vielmehr erfolgt in der industriellen Praxis aufgrund der vorherrschenden Komplexität ein Top-Down-Entwurf mit schrittweiser Verfeinerung über mehrere **Abstraktionsebenen** (Bild 4-11).

Durch die schrittweise Verfeinerung werden beim realen Entwurfsablauf Modelle erzeugt. Welche Modelle im einzelnen erstellt werden, ist spezifisch für die jeweilige Entwurfsaufgabe und zu Beginn der Entwicklung festzulegen.

Domänenspezifische Entwicklungsmethodiken

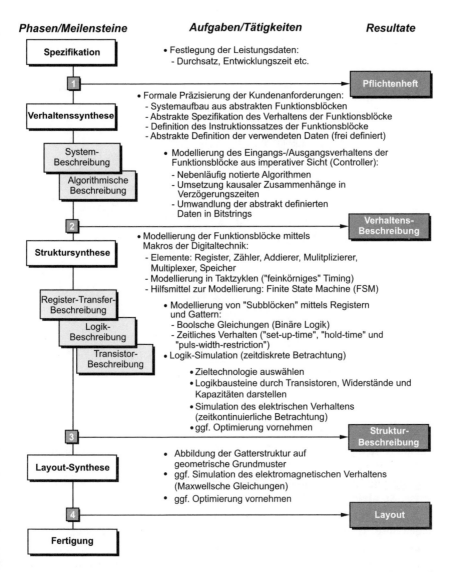

Bild 4-10: Phasenmodell zur Entwicklung digitaler Schaltungen/Mikroelektronik

Die in Bild 4-10 grau hinterlegten Phasen mit ihren zugehörigen Aufgaben symbolisieren diesen Sachverhalt. So kann beispielsweise die Struktursynthese in Abhängigkeit von der Aufgabenstellung auf der Registertransferebene, auf der Logikebene oder auf der Transistorebene erfolgen. Eine komplexe

Aufgabenstellung hingegen kann aber auch die Modellierung und sukzessive Verfeinerung auf allen drei Abstraktionsebenen erzwingen.

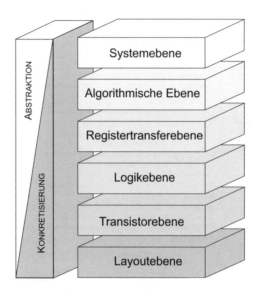

Bild 4-11: Abstraktionsebenen beim Entwurf digitaler Schaltungen in Anlehnung an [Armstrong 1989]

Modellierung auf Systemebene

Auf der Systemebene wird das zu erstellende System mittels verknüpfter Funktionseinheiten modelliert. Als **Funktionseinheiten** (Systemkomponenten) dienen zentrale Recheneinheiten (CPUs, Central Processing Units), Speicher und Busse (*Struktursicht*). Die Funktionseinheiten sind dabei abstrakter Natur; ihr Verhalten wird durch einen Instruktionssatz und eine an Systemzustände angelehnte Verhaltensbeschreibung genauer spezifiziert (*Verhaltenssicht*). Andere Komponenten können den spezifizierten Instruktionssatz nutzen, so daß durch das Zusammenspiel einzelner Komponenten übergeordnete Funktionen erfüllt werden können.

Von besonderer Bedeutung sind die Schnittstellen zwischen den Funktionseinheiten, da durch sie eine einwandfreie Funktion des Gesamtsystems sichergestellt wird. Aus diesem Grund werden Datentypen definiert, mit denen die Komponenten arbeiten. Die Beschreibung der Datentypen erfolgt dabei abstrakt, d.h. ihre direkte hardwaremäßige Implementierung ist in dieser Form nicht möglich. Dem Entwickler stehen damit beliebige Werte in einem frei zu definierendem Wertebereich für die Modellierung zur Verfügung. Vorteile des Modellierens mittels abstrakt spezifizierter Datentypen sind die leichte Lesbarkeit sowie die Vernachlässigung von schaltungstechnischen Details, was eine kompakte Darstellung ermöglicht.

Das abstrakte Modell aus Systemkomponenten, ihrer Verbindungsstruktur sowie Verhaltensspezifikation mittels Instruktionssätzen und Datentypen kann auf dieser Ebene für einen direkten Abgleich mit dem Auftraggeber bzw. dessen Anforderungen genutzt werden. Änderungswünsche sind zu diesem Zeitpunkt noch relativ einfach zu berücksichtigen. Bild 4-12 zeigt ein einfaches Beispiel der Struktursicht eines Modells auf Systemebene nach [Rammig 1989].

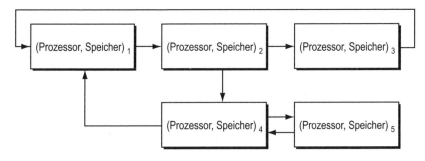

Bild 4-12: Strukturmodell einer digitalen Schaltung auf Systemebene

Dargestellt ist ein System, das aus fünf Prozessoren mit integriertem Speicher besteht, von denen jeder mehrere Kommunikationskanäle besitzt. Mögliche Beschreibungsmittel für die Modellierung der Verhaltenssicht auf Systemebene sind z.B. Petri-Netze, Statecharts und mit gewissen Einschränkungen Hardwarebeschreibungssprachen wie VHDL oder Verilog.

Modellierung auf algorithmischer Ebene

Auf dieser Abstraktionsebene wird das genaue Eingangs-/Ausgangs-Verhalten der einzelnen Systemkomponenten modelliert. Das **Eingangs-/Ausgangsverhalten** wird durch nebenläufig notierte Algorithmen beschrieben, wobei gewissermaßen das Verhalten eines „Controllers" angenommen wird, d.h. der Befehlsablauf wird aus Sicht der einzelnen Funktionselemente selbstbestimmt festgelegt (*Verhaltenssicht*). Da Verzögerungszeiten beim Hardwareentwurf eine entscheidende Bedeutung zukommt, wird die Modellierung von geschätzten oder maximal erlaubten Verzögerungszeiten für die einzelnen Teilfunktionen empfohlen (siehe z.B. [Armstrong 1989]).

Eine weitere Verfeinerung auf dieser Abstraktionsebene ist die Modellierung der abstrakt spezifizierten Datentypen als „Bitstrings", wobei den einzelnen „Bits" jeweils eine festgelegte Bedeutung zukommt. Als Beispiel diene eine „Integergröße", d.h. eine positive oder negative ganze Zahl, die mittels 16 Bit realisiert wird.

Als abschließendes Modell dieser Abstraktionsebene liegt die **Funktionsbeschreibung** der einzelnen Systemkomponenten (Blöcke) vor. Geeignete Beschreibungsmittel auf dieser Abstraktionsebene sind – wie auch auf den beiden nächsten – Hardwarebeschreibungssprachen [Bleck et al. 1996]. Bild 4-13 zeigt ein vereinfachtes Beispiel eines Modells auf algorithmischer Ebene in Anlehnung an die Hardwarebeschreibungssprache DACAPO nach [Rammig 1989]. Dargestellt ist das algorithmische Modell eines gewöhnlichen Prozessors mit einem aus „instruction fetch", „operand fetch" und „execute" bestehenden Interpretationszyklus. Dabei wird angenommen, daß diese drei Aktivitäten nebenläufig ablaufen und mittels „main-clock", d.h. einem gemeinsamen

```
PROCEDURE algorithm_demo;

  PROCEDURE instruction_fetch (IN inreg: BIT(32); OUT outreg: BIT(32));
    {Procedure body, defining how the instruction is fetched based
     upon an address obtained from inreg, resulting in an instruction
     stored in outreg}

  PROCEDURE operand_fetch (IN inreg: BIT(32); OUT outreg: BIT(32));
    {procedure body, defining how the operand is fetched based
     upon an address obtainded from inreg, resulting in an operand
     stored in outreg}

  PROCEDURE execute (IN instruction, operand: BIT(32); OUT status: BIT(32));
    {procedure body defining how the instruction obtained from
     instruction is executed using the operand obtained from operand,
     resulting in a status information stored in status}

  CONBEGIN
    WHILE NOT halt DO
      CONBEGIN
        instruction_fetch (memory_adr_register, instr_reg);
        operand_fetch (instr_reg, operand_reg);
        execute (instr_reg, operand_reg, status)
      END
END
```

Bild 4-13: Modell eines gewöhnlichen Prozessors auf algorithmischer Ebene aus Verhaltenssicht

Takt, synchronisiert werden. Bezüglich der Systemstruktur (*Struktursicht*) werden auf dieser Abstraktionsebene keine Verfeinerungen vorgenommen.

Modellierung auf Registertransferebene

Auf der Registertransferebene werden zur strukturellen Realisierung der festgelegten nebenläufig notierten Algorithmen **Makros der Digitaltechnik**, d.h. fest vorgegebene digitale Funktionseinheiten bzw. Elemente verwendet (*Struktursicht*). Beispiele für diese Elemente sind Register, Zähler, Kodierer, Dekodierer, Schiebebausteine, Addierer und Multiplexer. Das Verhalten der Elemente ist dabei reaktiv, d.h. die Elemente reagieren auf Änderungen an ihren Eingängen bzw. auf anliegende Takte.

Das Verhalten wird durch sogenannte FSM (Finite State Machine) oder EFSM Extended FSM) beschrieben. Bestimmte Ereignisse veranlassen hierbei die Komponente zum Wechsel ihres Zustandes unter Bereitstellung bestimmter Ausgangswerte (*Verhaltenssicht*). Während mit einer „Finite State Machine" nur Kontrollzustände modelliert werden, kennt die „Extended Finite State Machine" zusätzlich noch Daten und erlaubt deren Modellierung. Durch die Berücksichtigung von Takten liegt ein „feinkörniges Timing" vor, d.h. die Synchronisation der Funktionselemente der Schaltung mittels gemeinsamen Takts wird modelliert.

Die Datentypen werden als „Wörter", d.h. Bündel einiger weniger Bits beschrieben, die parallel von den Komponenten verarbeitet werden können. In den meisten Fällen ist diesen Daten keine feste Interpretation, d.h. kein fester Typ zugeordnet. Damit besteht für unterschiedliche Objekte die Möglichkeit zur individuellen Interpretation der Daten.

In Bild 4-14 ist das vereinfachte Beispiel des Modells eines Berechnungsmoduls auf Registertransferebene dargestellt. Zu sehen ist sowohl die Struktur- als auch die Verhaltenssicht. Die Struktursicht des Beispielmodells besteht aus drei Bussen, zwei Registern und einer Recheneinheit. Das Register R_1 ist mit den Hauptbussen bidirektional verbunden. Die Recheneinheit, eine sogenannte ALU (Arithmetic Logic Unit) kann von den beiden Hauptbussen gleichzeitig lesen und schreibt das Ergebnis über den dritten Bus B_3 in das zweite Register. Dieses kann auf die Hauptbusse lediglich schreibend zugreifen.

Das Modell der Verhaltenssicht spezifiziert die Busse und die Register. Das Verhaltensmodell der Recheneinheit ist nicht explizit dargestellt. Zu beachten ist, daß zwei Arten von Elementen vorliegen. Zum einen sind dies Elemente, die auf das Auftreten spezieller Ereignisse – beispielsweise steigende Flanken boolescher Ausdrücke – reagieren. Zum anderen handelt es sich – wie bei der Definition der Werteverläufe auf den Bussen – um Elemente, die kontinuierlich aktiv sind.

Struktursicht

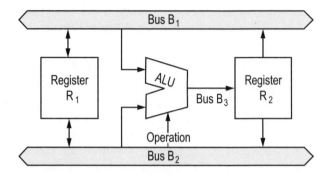

Verhaltenssicht

```
PROCEDURE registertransfer_example;
    {declarations}
    IMPDEF
        AT UP (clock AND r1_from_b1) DO r1 := bus_b1;
        AT UP (clock AND r1_from_b2) DO r1 := bus_b2;
        AT UP (clock AND r2_from_b1) DO r2 := bus_b1;
        AT UP (clock AND r2_from_b2) DO r2 := bus_b2;
        AT UP (clock AND r2)          DO r2 := bus_b3;
        bus_b1 := CASE sender_b1 OF
                    r1_send_b1: r1;
                    r2_send_b1: r2
                 END;
        bus_b2 := CASE sender_b2 OF
                    r1_send_b2: r1;
                    r2_send_b2: r2
                 END;
        bus_b3 := CASE operation OF
                    add: bus_b1 + bus_b2;
                    sub: bus_b1 - bus_b2;
                    and: bus_b1 AND bus_b2
                 END;
```

Bild 4-14: Modelle einer Recheneinheit auf Registertransferebene aus Struktur- und Verhaltenssicht (Spezifikation angelehnt an DACAPO, siehe [Rammig 1989])

Die Hardwarebeschreibungsprache VHDL als ein Standard zur Schaltungsspezifikation

VHDL ist eine modulare, prozedurale Programmiersprache, die sich gegenüber herkömmlichen Programmiersprachen für die Softwareerstellung hauptsächlich durch die Unterstützung bei der Modellierung von Parallelität sowie von zeitlichem Verhalten unterscheidet.

VHDL erhielt im Jahr 1987 vom 'Institute for Electrical and Electronics Engineers' (IEEE) als erste Hardwarebeschreibungssprache die Zulassung als IEEE-Standard und wird unter der Bezeichnung IEEE 1076-1987 geführt. 1993 wurde eine Überarbeitung der Syntax als VHDL-Revision IEEE 1076-1993 verabschiedet. Ein wesentlicher Vorteil für die Hardwareentwicklung besteht in der Möglichkeit, digitale Schaltungen sowohl mittels Verhaltens- als auch Strukturbeschreibung weitgehend unabhängig von Abstraktionsebenen zu spezifizieren.

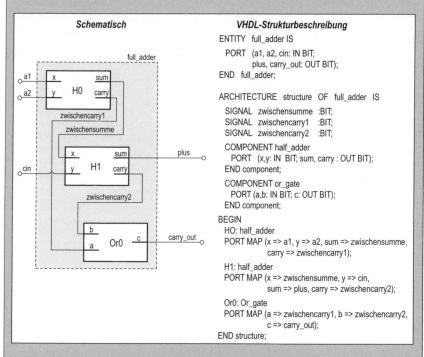

VHDL-Strukturbeschreibung eines Volladdierers

Dargestellt ist die Realisierung eines Volladdierers durch strukturelle Verknüpfung zweier Halbaddierer und eines Oder-Gatters. Das Verhalten der beiden Halbaddierer und des Oder-Gatters werden nicht spezifiziert. Die drei Komponenten sind lediglich instanziiert und miteinander über die Signale „zwischencarry1", „zwischensumme" und „zwischencarry2" verknüpft. Hierfür werden die Schnittstellen („PORT") über eine Zuordnungsvorschrift („PORT MAP") miteinander verschaltet. Die Eingangs- und Ausgangssignale werden den jeweiligen Komponenten zugeordnet.

In VHDL wird konsequent zwischen den Schnittstellen und dem Rumpf einer Einheit unterschieden. Die Schnittstelle beschreibt das Element nach „außen", d.h. für andere Einheiten, die das Element nutzen wollen. Im Rumpf werden Anweisungen aufgeführt, die i.a. alle ständig nebenläufig aktiv sind.

Die einfachste Form einer nebenläufigen Anweisung stellt eine sog. Signalzuweisung dar, die – falls auf der entsprechenden Abstraktionsebene gefordert – eine Verzögerungsangabe enthält. Dadurch wird das zeitliche Verhalten der späteren Schaltung modelliert. Allgemeiner wird eine Anweisung durch einen Prozeß definiert, der einen streng sequentiellen Ablauf beschreibt. Ein Prozeß besitzt eine sog. Sensitivitätsliste, in der zugehörige Signale aufgeführt sind. Tritt für ein aufgeführtes Signal ein Ereignis – z.B. eine Änderung des Wertes – ein, so wird der Ablauf des Prozesses angestoßen. Der Prozeß kann dann durch eine sog. WAIT-Anweisung suspendiert werden.

Zur Programmablaufkontrolle stehen weiterhin eine Vielzahl von Konstrukten zur Verfügung. Beispiele hierfür sind Schleifen sowie IF- und CASE-Abfragen (vgl. [IEEE 1994]).

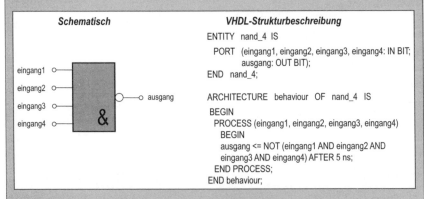

VHDL-Verhaltensbeschreibung eines NAND-Gatters mit vier Eingängen

Domänenspezifische Entwicklungsmethodiken 253

> Im Beispiel wird zuerst die äußere Sicht auf die Komponente („ENTITY") beschrieben, indem die Schnittstellen („PORTS") mit Richtung des Informationsflusses („IN" bzw. „OUT") aufgeführt werden. Für diese Komponente können verschiedene Verhaltensbeschreibungen („ARCHITECTURES") definiert werden.
>
> Die spezielle Verhaltensbeschreibung „behaviour" ist ein Prozeß („PROCESS"), bei dem durch eine logische Verknüpfung der Eingangsgrößen nach 5 ns die Ausgangsgröße bereitgestellt wird. Komplexere Probleme führen i.d.R. zu immer wiederkehrenden Berechnungen und Datenumwandlungen. Für diese Fälle können in VHDL parametrisierte Unterprogramme als „PROCEDURE" oder „FUNCTION" mit der gleichen Bedeutung wie in allgemeinen Programmiersprachen definiert werden. Diese Unterprogramme können zur Abstraktion beim Entwurf genutzt oder aber als sequentielle Unterprogramme in Prozessen eingesetzt werden.
>
> Literatur: **VHDL**: VHSIC-Hardware Description Language; VHSIC: Very High Speed Integrated Circuits
> **IEEE** 1994: IEEE Standard VMHL Language Reference Manual. Institute of Electrical and Electronics Engineers, 1994

Modellierung auf Logikebene

Ein Modell auf der Logikebene realisiert eine digitale Schaltung mittels verknüpfter **Gatter** und **Register** (*Struktursicht*). Dies geschieht durch Umsetzung der Vorgaben der Registertransferebene durch Boolesche Gleichungen (*Verhaltenssicht*). Besonderes Gewicht wird auf die Modellierung des **zeitlichen Verhaltens** gelegt, da für eine ordnungsgemäße Funktion der Schaltung an den zeitlichen Verlauf der Eingangsgrößen folgende Bedingungen zu stellen sind [Armstrong 1989]:

- Das Eingangssignal eines Elements muß vor dem „Einlesen", d.h. vor dem Eintreffen des zugehörigen Taktes, eine bestimmte Zeitspanne stabil am Eingang angelegt haben (sog. „set-up-time").
- Das Eingangssignal muß nach Eintreffen des zugehörigen Taktes weiterhin einen bestimmten Zeitraum stabil am Eingang anliegen (sog. „hold-time").
- Die zeitliche Dauer des stabilen Signals am Eingang darf eine bestimmte Zeitspanne nicht unterschreiten (sog. „puls-width restriction")Die resultierenden Modelle können einfach mittels Logiksimulation validiert werden. Dabei wird das modellierte zeitliche Verhalten der Ein- und Ausgänge graphisch angezeigt und auf Korrektheit überprüft. Das modellierte zeitliche Verhalten ist zeitkontinuierlich und wertediskret. Bild 4-15 zeigt das Struk-

tur- sowie Verhaltensmodell eines Volladdierers auf der Logikebene. Im Strukturmodell ist der gesamte Addierer ausschließlich mittels NAND- und NOR-Gattern realisiert. Die Eingangsgrößen „A", „B" und „C_n" werden auf die Ausgangsgrößen „S_n" und „C_{n+1}" transformiert. Hierbei sind „A" und „B" die zu addierenden Ziffern und „C_n" ist der Übertrag einer vorhergehenden Berechnung. Das gleiche logische Ergebnis liefern die beiden aufgeführten booleschen Gleichungen, die die Verhaltenssicht auf der Logikebene widerspiegeln.

Struktursicht

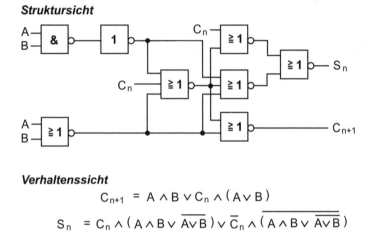

Verhaltenssicht

$$C_{n+1} = A \wedge B \vee C_n \wedge (A \vee B)$$

$$S_n = C_n \wedge (A \wedge B \vee \overline{A \vee B}) \vee \overline{C_n} \wedge \overline{(A \wedge B \vee \overline{A \vee B})}$$

Bild 4-15: *Struktur- und Verhaltensmodell eines Volladdierers auf der Logikebene*

Modellierung auf Transistorebene

Auf der Transistorebene wird der Blick verstärkt von der logischen auf die **physikalische Modellierung** der digitalen Schaltung konzentriert. Die Logikbausteine werden dabei mittels Transistoren, Kapazitäten und Widerständen dargestellt. Aus ihrer mathematischen Beschreibung folgt ein Differentialgleichungssystem (DGL-System), welches nach seiner Bestimmung zu Simulationszwecken eingesetzt wird.

Die **Simulation** arbeitet sowohl mit zeit- als auch wertekontinuierlichen Größen. Der Simulator „SPICE" stellt hier als Simulationswerkzeug gewissermaßen einen Standard dar. SPICE steht für „Simulation Program with Integrated Circuit Emphasis". Der Simulator bildet das voraussichtliche Verhalten einer ihm (als sog. Netzliste) beschriebenen Schaltung nach. Die einzelnen Elemente werden dabei durch Parameter spezifiziert, wobei teilweise bis über 40 Parameter pro Komponente verarbeitet werden.

Die Simulationsergebnisse zeigen, ob weitere Optimierungen an der Schaltung vorzunehmen sind. So können z.b. Schwierigkeiten auftreten, falls die Verbindungen von Eingängen einer Komponente zu den Ausgängen anderer Komponenten von unterschiedlicher Länge sind. Dies führt zu Laufzeitunterschieden der beiden Signale und damit ggf. zu „Timing"-Problemen. Vermieden wird diese Problematik durch individuelle Auslegung der Ausgangstreiber, die Eingangssignale für andere Komponenten liefern. Bild 4-16 zeigt das Strukturmodell eines Transistors auf Gatterebene. Dargestellt ist ein Ersatzmodell, das nur aus einer Spannungsquelle und mehreren Kapazitäten und Widerständen besteht.

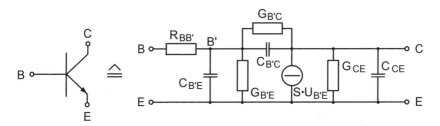

Bild 4-16: *Strukturmodell einer Emitter-Grundschaltung auf der Transistorebene*

Modellierung auf Layoutebene

Auf der Layoutebene wird die digitale Schaltung durch **geometrische Grundmuster** modelliert (*Geometriesicht*). Simulationen des Schaltungsverhaltens werden auf der Layoutebene aufgrund des sehr hohen Aufwandes selten durchgeführt. Falls doch, so geschieht dies durch Anwendung der Maxwellschen Gleichungen, d.h. die räumliche Ausdehnung der Schaltung wird explizit bei der Simulation berücksichtigt. Ist das Verhalten nicht zufriedenstellend, so sind weitere Optimierungen vorzunehmen.

Als Modell auf der Layoutebene liegt schließlich das vollständige Schaltungslayout vor, das anschließend als **Vorlage für die Fertigung** dient. Bild 4-17 zeigt das Beispiel eines Layouts mit dem Eingang „I", dem Ausgang „RES" und einer Spannungsversorgung („VDD" und „GND").

4.2.2.3 Entwurfsstile

Die Anforderungen in der Elektronikentwicklung sind oft widersprüchlich: So sollen einerseits die Entwicklung und die Fertigung kostengünstig sein, andererseits wird großer Wert auf die Ausnutzung der verfügbaren Chipfläche und hohe Schaltungsgeschwindigkeit gelegt. Dementsprechend haben sich unter-

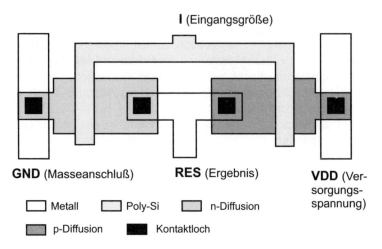

Bild 4-17: Beispiel eines Geometriemodells auf der Layoutebene (CMOS-Inverter)

schiedliche Entwurfsstile herausgebildet, die sich in der notwendigen Fertigungstiefe und dem Grad automatisch erfolgender Entwurfsschritte unterscheiden. Diese vereinfachen die Schaltungsentwicklung entweder durch die automatische Abarbeitung von Entwicklungsphasen oder durch Nutzung vorgefertigter Komponenten.

Vor diesem Hintergrund wird bei der Entwicklung von digitaler Elektronik zwischen Full-Custom- und Semi-Custom-Entwürfen unterschieden (Bild 4-18). Die Unterschiede zwischen Full-Custom- und Semi-Custom-Entwürfen manifestieren sich in der Schaltungsperformance (Leistungsaufnahme, Chip-Größe, Schaltungsgeschwindigkeit) einerseits und der Entwicklungszeit (bis zur endgültigen Bereitstellung der Hardware) andererseits.

Beim **Full-Custom-Entwurf** wird – in Abhängigkeit von der Komplexität der Entwurfsaufgabe – auf allen in Bild 4-11 dargestellten Abstraktionsebenen explizit modelliert. Optimierungen an den jeweiligen Modellen werden durch die Entwickler „von Hand" vorgenommen. Anschließend werden alle Fertigungsschritte individuell durchgeführt. Die Entwicklung entsprechender ICs ist damit zeit- und kostenintensiv. Der Full-Custom-Entwurf wird in der Regel für die Entwicklung von Standardkomponenten eingesetzt. Als Beispiel sind Mikroprozessoren für den Einsatz in Personalcomputern zu nennen. Hohe Stückzahlen und Materialeinsparungen durch einen geringen Chipflächenbedarf rechtfertigen hier den notwendigen Entwicklungsaufwand. Die in Full-

Domänenspezifische Entwicklungsmethodiken 257

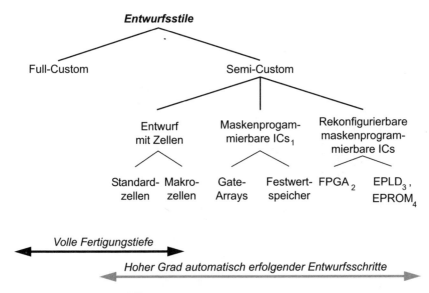

1 Integrated Circuits, 2 Field Programmable Gate Array,
3 Erasable Programmable Logic Device, 4 Erasable Programmable Read Only Memory

Bild 4-18: Entwurfsstile bei der Entwicklung digitaler Schaltungen [Bleck et al. 1996]

Custom-Entwürfen erzielbaren Schaltgeschwindigkeiten („Taktzeiten") stellen außerdem häufig ein entscheidendes Kaufkriterium für Standardkomponenten dar.
Bei den **Semi-Custom-Entwürfen** werden nach Bild 4-18 drei Arten unterschieden:
- Entwurf mit Zellen,
- Entwurf maskenprogrammierbarer Schaltungen und
- Entwurf rekonfigurierbarer maskenprogrammierbarer Schaltungen.

Entwurf mit Zellen: Hier wird die Schaltung ausschließlich mittels in Bibliotheken vordefinierten Zellen (z.B. UND-Gatter, ODER-Gatter, Register) realisiert. Wird mit sogenannten *Standardzellen* gearbeitet, so wird die Plazierung der Zellen auf dem Chip sowie die Verdrahtung der Zellen von einem Softwarewerkzeug vorgenommen. Der Entwickler besitzt hierbei keine Möglichkeit zur Beeinflussung der automatischen Plazierung und Verdrahtung (Bild 4-19). Erfolgt hingegen die Modellierung mittels sogenannter *Makrozellen*, so kann

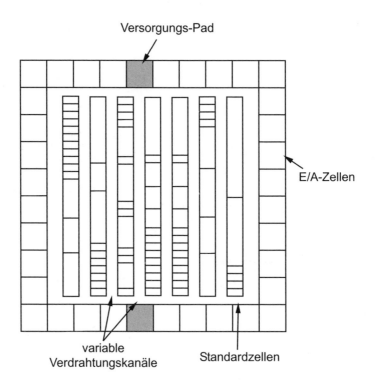

Bild 4-19: Layout bei Verwendung von Standardzellen

der Entwickler einzelne Standardzellen zu übergeordneten Zellen, den Makrozellen zusammenfassen. Diese Makrozellen werden bei der Plazierung und Verdrahtung als Einheit betrachtet (Bild 4-20). Damit kann der Entwickler direkt Einfluß auf die Plazierung und Verdrahtung auf dem Chip nehmen, um die Chipfläche besser auszunutzen und wiederverwendbare Standardfunktionen räumlich zusammenzufassen. Da sowohl beim Entwurf mit Standardzellen als auch beim Entwurf mit Makrozellen die Zellenplazierung erst während des Schaltungsentwurfs erfolgt, ist in beiden Fällen grundsätzlich die Fertigung maßgeschneiderter Siliziumwafer durchzuführen (volle Fertigungstiefe).

Entwurf maskenprogrammierbarer Schaltungen: Wird eine Schaltung hingegen als maskenprogrammierter IC realisiert, so sind die Zellen auf den Silizium-Wafern bereits vorgefertigt. Entsprechende Silizium-Wafer werden in großen Stückzahlen hergestellt. Durch die Verwendung dieser „Standard-Wafer" kann beim speziellen Schaltungsentwicklungsprojekt der aufwendige Fertigungsprozeß entfallen, wodurch zum Teil erhebliche Kosten- und Zeitvorteile

Domänenspezifische Entwicklungsmethodiken 259

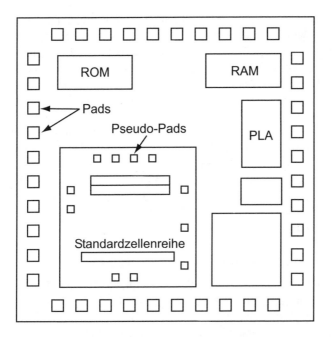

Bild 4-20: Beispielhaftes Layout bei Verwendung von Makrozellen

zu erzielen sind. Der Entwurf bestimmt, welche der vorgefertigten Zellen benötigt werden und wie diese zu verdrahten sind. Zur Verdrahtung muß auf den bereitgestellten Silizium-Wafer nur noch eine „Maske" gelegt werden, der Wafer wird „maskiert". Nachteilig ist in diesem Zusammenhang, daß nicht alle vorhandenen Zellen genutzt werden können. Die benötigte Chipfläche ist aus diesem Grund nicht optimal. Die Verdrahtung der Zellen auf dem Silizium-Wafer erfolgt auf einfache Weise mittels eines Programmiergerätes. Schaltungen, die durch diesen Entwurfsstil gekennzeichnet sind, werden abhängig von ihrer Funktionsweise als Gate-Arrays oder Festwertspeicher bezeichnet. Gate-Arrays bestehen aus matrixartig angeordneten Gatterstrukturen, die unverdrahtet untergebracht sind. Festwertspeicher hingegen bestehen aus einem Adreßdekoder und einem Datenspeicher. Jeder Adresse ist dabei genau ein Datum zugeordnet.

Entwurf rekonfigurierbarer maskenprogrammierbarer Schaltungen: Dies ist der flexibelste Semi-Custom-Entwurfsstil. Bei diesen ICs ist die Festlegung der Verdrahtung der einzelnen vorfabrizierten Zellen nicht permanent, sondern kann mehrfach gewechselt, d.h. umprogrammiert werden. Beispiele für Schaltungen dieses Entwurfsstils sind FPGAs, EPLDs und EPROMs (Bild 4-18). Field

Programmable Gate Arrays (FPGAs) entsprechen weitgehend den Gate-Arrays bei den maskenprogrammierbaren ICs. Allerdings können die auf dem Chip vorgefertigten Bausteine vom Entwickler mittels Programmiergerät verdrahtet werden. Diese Verdrahtung kann gelöscht und durch eine neue ersetzt werden. FPGAs eignen sich besonders für kleine Serien (ca. 10 Stück) oder Prototypen. Erasable Programmable Logic Devieces (EPLDs) bestehen in der Regel aus zwei verknüpften Matrixfeldern, bei denen das erste Feld UND-Verknüpfungen über negierte oder nicht negierte Eingangsdaten bildet und die zweite Matrix Ausgangsdaten durch ODER-Verknüpfung der Ergebnisse der UND-Verknüpfungen bereitstellt. Die Zuordnung (Verdrahtung) von Eingangsdaten zu den UND-Verknüpfungen sowie deren ODER-Verknüpfung kann frei „verdrahtet" werden. Diese „Verdrahtung" ist durch Löschen wieder rückgängig zu machen. Erasable Programmable Read Only Memory (EPROM) sind programmier- und löschbare Festwertspeicher (siehe oben).

4.2.3 Entwicklungsmethodik Software

Software ist heute in nahezu allen maschinenbaulichen Erzeugnissen ein wesentlicher Bestandteil. Software steigert die Leistungsfähigkeit und Flexibilität derartiger Erzeugnisse. Die Informationsverarbeitung auf der Basis von Software kann im Unterschied zu festverdrahteten elektronischen Schaltungen leicht geändert und neuen Gegebenheiten angepaßt werden. Genutzt wird dieser Vorteil beispielsweise bei modernen Kfz-Klimaautomaten oder Waschautomaten, die lediglich durch Einspielen einer neuen Softwareversion ihre Arbeitsweise verändern.

Vor diesem Hintergrund wird die Softwareentwicklung ein Erfolgsfaktor. Bei der Entwicklung von Software besteht die Aufgabe letztendlich darin, Programmcode (Quellcode) zu erzeugen. Dieser Programmcode wird anschließend automatisch in einen durch einen Mikroprozessor verarbeitbaren Maschinencode, den Objektcode, übersetzt und zu einem lauffähigen Programmsystem zusammengebunden. Das automatische Übersetzen in den Objektcode erledigt ein Dienstprogramm – der sog. Compiler. Der sog. Linker – ebenfalls ein Dienstprogramm – erzeugt das lauffähige Programmsystem.

Software ist immateriell. Dieser Sachverhalt macht es Außenstehenden – z.B. dem Entwicklungschef eines Maschinenbauunternehmens – so schwer, ein zuverlässiges Bild von der Qualität der Software zu gewinnen, bevor sie zum Einsatz kommt. Des weiteren ist am technischen System nichts leichter zu verändern als Software; zu Recht führt sie das Attribut „soft". Alle materiellen Artefakte erfordern eine detaillierte Planung, bevor sie geschaffen werden. Software hingegen kann auf einfache Weise entstehen und geändert werden. Dieser Sachverhalt öffnet dem Chaos Tür und Tor. Vor diesem Hintergrund wurde schon frühzeitig die Notwendigkeit erkannt, Software zu konstruieren.

Es entstand der Begriff **Software Engineering**.

„Software Engineering ist [...] die technische und organisatorische Disziplin zur systematischen Herstellung und Wartung von Softwareprodukten, die zeitgerecht und innerhalb vorgegebener Kostenschranken hergestellt und modifiziert werden."

[Fairley 1985]

Nach mehreren Jahrzehnten Software Engineering ist die Bilanz, was die professionelle Softwareentwicklung nach den Erkenntnissen des Software Engineering anbetrifft, im allgemeinen eher ernüchternd. Software ist nach wie vor das Sorgenkind des Entwicklungschefs. Umso wichtiger ist es, darzustellen, wie die Entwicklung von Software erfolgen sollte. Dies ist Gegenstand dieses Kapitels. Zunächst gehen wir auf die klassische Softwareentwicklungssystematik ein. Dann behandeln wir neuere Methoden, und zwar das V-Modell und die objektorientierte Softwareentwicklungsmethodik.

4.2.3.1 Entwicklungssystematik (Phasenmodell)

Softwareentwicklung ist ein Prozeß der sukzessiven Konkretisierung von den Anforderungen an das zu entwickelnde Softwaresystem bis hin zum getesteten System. Dieser Prozeß gliedert sich in Phasen, wobei es in der Literatur unterschiedliche Auffassungen über Anzahl und Inhalte der Phasen gibt, vgl. z.B. [Pressman 1994], [Beims 1995] oder [Jacobson 1995]. Über die grundsätzlichen Tätigkeiten herrscht allerdings weitgehende Einigkeit, inhaltliche Unterschiede sind nicht gravierend. Im folgenden wird eine verbreitete Strukturierung der notwendigen Tätigkeiten in ein Phasenmodell mit neun Phasen vorgestellt (Bild 4-21).

Problemerfassung: Hier erfolgt die Bestandsaufnahme eines ausgewählten Problemfelds durch den Auftraggeber oder späteren Anwender des Systems. In seinem Sprachgebrauch und in seiner Sichtweise wird dargelegt, durch welche Vorgänge bzw. Abläufe das Problemfeld gekennzeichnet ist. Die Problemerfassung beschreibt damit den vorliegenden Ist-Zustand. Das Ergebnis der Problemerfassung ist die *Problembeschreibung* aus Sicht des Auftraggebers. Das Problem soll mit Hilfe einer Software gelöst werden.

Problemanalyse: Dieser Vorgang wird auch als Ist-Analyse bezeichnet. Sie liefert die *Anforderungen* an die Softwarelösung, und zwar ohne Rücksicht darauf, ob sie realisierbar sind oder nicht.

Anforderungsanalyse: In dieser Phase wird ggf. eine Durchführbarkeitsstudie vorangestellt, die eine Überprüfung der Realisierbarkeit und Wirtschaftlichkeit des Projektes beinhaltet. Verläuft die Prüfung positiv, so wird das Pflichtenheft

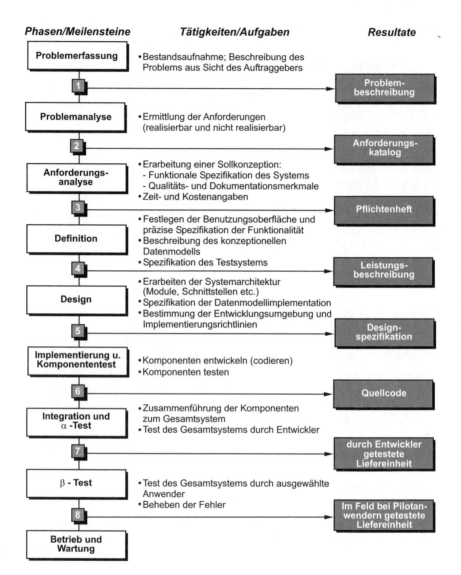

Bild 4-21: Phasenmodell zur Softwareentwicklung

erstellt. Das *Pflichtenheft* ist in natürlicher Sprache verfaßt und enthält die Sollkonzeption des geplanten Softwaresystems. Die Sollkonzeption umfaßt die funktionale Spezifikation des Gesamtsystems, die Festlegung von Qualitäts- und Dokumentationsmerkmalen sowie Aussagen zu Zeit und Kosten. Damit ist auch klar, welche der ursprünglich aufgenommenen Anforderungen realisiert werden. Das Referenzdokument für das weitere Vorgehen ist damit logischerweise das Pflichtenheft und nicht der Anforderungskatalog.

Definition: Hier werden im wesentlichen drei Ziele verfolgt. Erstens erfolgt eine präzise Spezifikation der Funktionalität des Systems. Dies entspricht bei einem zu entwickelnden Dialogsystem dem Benutzungshandbuch. Schließlich soll diese Funktionsspezifikation die unmißverständliche Vorgabe für die eigentliche Softwareentwicklung sein. Zweitens wird eine Beschreibung der späteren Einsatzumgebung des zu entwickelnden Softwaresystems erstellt. Drittens umfaßt die Defintionsphase die Erarbeitung des konzeptionellen Datenmodells, das aus der Analyse der Systemfunktionen resultiert. Das konzeptionelle Datenmodell beinhaltet letztendlich die formale Spezifikation der Datenelemente sowie deren Beziehungen.

Die Resultate der Definitionsphase werden in der *Leistungsbeschreibung* dokumentiert. Sie ist Grundlage der späteren Abnahme des Softwaresystems durch den Auftraggeber. Daher muß die Leistungsbeschreibung auch die Spezifikation der Tests beinhalten, die später für die Systemabnahme relevant sind. Für den Auftragnehmer ist es wichtig, den Auftraggeber dazu zu bringen, die Leistungsbeschreibung zu akzeptieren und als *verbindliche Spezifikation des zu entwickelnden Softwaresystems* anzuerkennen. Die Leistungsbeschreibung ersetzt dann logischerweise das Pflichtenheft.

Design: Hauptaufgabe dieser Phase ist die Erarbeitung der *Systemarchitektur*. Hierbei wird das Softwaresystem in einzelne Komponenten – die auch als Bausteine oder Module bezeichnet werden – unterteilt. Die Komponenten werden anschließend hinsichtlich ihrer Art, ihrer funktionalen Eigenschaften und ihres Zusammenwirkens (Schnittstellen) beschrieben. Ferner wird spezifiziert, wie das konzeptionelle Datenmodell zu implementieren ist. Für die in der Definitionsphase spezifizierten und durch die Systemarchitektur in Komponenten zusammengefaßten Funktionen werden Realisierungen, d.h. Algorithmen, Zustandsdiagramme und abstrakte Datentypen erarbeitet. Ein *abstrakter Datentyp* ist dabei ein:

> „*Datentyp, der nicht als elementarer Datentyp auf einem Rechner verfügbar ist, sondern mit Hilfe von elementaren Datentypen im Hinblick auf eine bestimmte Anwendung implementiert wird...*" [Würges 1997]

Weitere Tätigkeiten in der Designphase sind die Festlegung von *Implementierungsrichtlinien* und ggf. die Auswahl der in der folgenden Phase der Implementierung einzusetzenden *Entwicklungsumgebung*. Unter Entwicklungsumgebung verstehen wir ein System zur rechnerunterstützten Softwareentwicklung. Dazu gehören die Systemplattform (Betriebssystem etc.), die Programmiersprache mit den entsprechenden Dienstprogrammen wie Compiler sowie weitere Werkzeuge zur Unterstützung der Softwareentwicklung (z.B. Dialogsysteme zur Erzeugung von Benutzungsoberflächen). Die Implementierungsrichtlinien beinhalten beispielsweise Strategien zur Fehlerbehandlung und Fehlerbehebung, für die Speicherverwaltung, für Datenbankzugriffe sowie Richtlinien zur Gestaltung und Dokumentation von Quellcode. Als Resultat der Designphase ergibt sich die *Designspezifikation*, die die Dokumentation der Systemarchitektur sowie die Implementierungsrichtlinien enthält.

Implementierung und Komponententest: Zunächst werden die in der Designphase festgelegten Komponenten und Algorithmen programmiert (Quellcode) und übersetzt (Objectcode). Abschließend erfolgen Tests der einzelnen Komponenten. Als Resultat dieser Phase ergeben sich eine Menge von *Quellcode-Dateien* der einzelnen Komponenten des Softwaresystems sowie ggf. als weitere Dokumente die Protokolle der Komponententests.

Integration und α–Test: Bei der Integration werden die getesteten Systemkomponenten durch den Linker zum Gesamtsystem verknüpft. Dieses ist durch die Systementwickler zu testen. Dabei wird geprüft, ob das Softwaresystem die Vorgaben der Leistungsbeschreibung erfüllt. Diese Prüfung erfolgt mit Hilfe der in der Leistungsbeschreibung spezifizierten Tests und durch Stichproben. Ein vollständiger Test (d.h. ein Test aller möglichen Eingabedaten) ist in der Regel aufgrund der großen Anzahl möglicher Eingabedaten nicht durchführbar. Als Resultat dieser Phase liegt eine *durch den Auftragnehmer getestete Liefereinheit* des Softwaresystems vor.

β–Test: Hier erfolgt der Test des Softwaresystems durch ausgewählte Pilotanwender. Erfahrungsgemäß kommen hier erhebliche Schwachstellen zu Tage, weil Anwender ein System anders testen als Entwickler. Resultat dieser Phase ist die *im Feld getestete Liefereinheit* des Softwaresystems.

Betrieb und Wartung: Nach Abschluß der Systemtests wird das Softwaresystem vom Auftraggeber auf Basis der Leistungsbeschreibung abgenommen und anschließend zur Benutzung freigegeben. Die Aufgabe der Wartung ist, Fehler zu beheben, die während des Betriebes nach Ablauf der Gewährleistungsfrist auftreten, sowie Erweiterungen der Funktionalität und Anpassungen an neue Systemplattformen (Betriebssysteme etc.) vorzunehmen.

4.2.3.2 Das „V-Modell"

Das sog. „V-Modell" ist ein Vorgehensmodell mit einer V-förmigen Anordnung der Phasen. Es schließt neben der eigentlichen Softwareentwicklung als weitere Aspekte das Projektmanagement, die Qualitätssicherung und das Konfigurationsmanagement ein. Die vier Aspekte werden auch als *Partialmodelle* bezeichnet und sind mit einer Reihe zugehöriger Aktivitäten verknüpft (Bild 4-22). In Abhängigkeit vom Umfang und von der Komplexität der Aufgabenstellung werden vor Projektbeginn Art und Umfang der *Aktivitäten* festgelegt (sog. Tailoring), die dem Auftraggeber vorzulegenden Dokumente spezifiziert (sog. *„Produkte"*), sowie Verantwortlichkeiten für die Aktivitäten bestimmt (sog. *„Rollen"*). Dadurch soll der Softwareentwicklungsprozeß für den Auftraggeber transparenter werden [Bröhle/Dröschl, 1993].

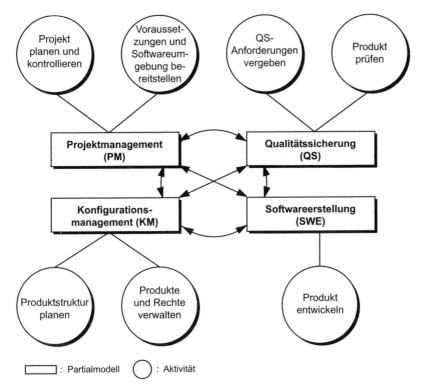

Bild 4-22: *Die vier Partialmodelle des V-Modells mit zugehörigen Aktivitäten*

Bild 4-23 zeigt die V-förmige Anordnung der Phasen. Die grundsätzliche Idee dieser Anordnung ist, daß spezifizierende Aktivitäten den zugehörigen umsetzenden Aktivitäten gegenübergestellt werden. Die Prüfaktivitäten im rechten Schenkel des Modells orientieren sich an den gegenüberliegenden Spezifikationen im linken Schenkel des Modells. Beispielsweise müssen die Implementierungsdokumente exakt die Datenverarbeitungsanforderungen, die Datenverarbeitungsarchitektur sowie den Datenverarbeitungsintegrationsplan erfüllen. Entsprechend Bild 4-23 werden Aktivitäten zu sog. Hauptaktivitäten zusammengefaßt. Diese bilden die Phasen des V-Modells („SWE1" bis „SWE9"). Erwähnenswert ist in diesem Zusammenhang, daß die Softwareerstellung im V-Modell sehr weit gefaßt ist. Sie berührt auch die für die Ausführung der Software benötigte Hardware. Software und Hardware werden zusammen als „System" bezeichnet.

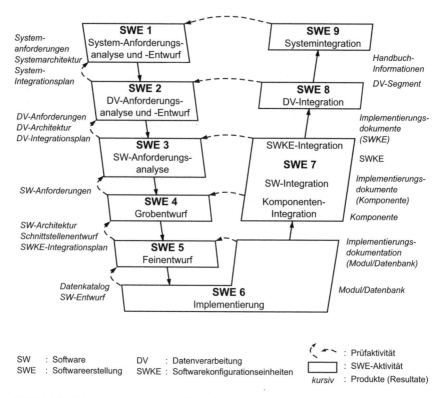

Bild 4-23: V-förmige Anordnung der Phasen im V-Modell

Das V-Modell hilft zu erkennen, in welchem *Zustand* sich die Produkte (Resultate) während des Softwareentwicklungsprozesses befinden. Die Produkte können sich entsprechend Bild 4-24 in einem von vier möglichen Zuständen befinden. Die erlaubten Zustandsübergänge sind durch Pfeile dargestellt. Der Zustandsübergang vom Zustand „akzeptiert" in den Zustand „in Berarbeitung" wird durch das Änderungsmanagement verursacht. Er führt grundsätzlich zur Entstehung einer neuen Produktversion.

Domänenspezifische Entwicklungsmethodiken

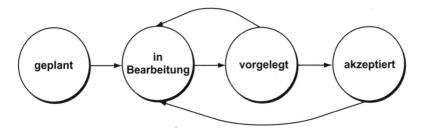

Bild 4-24: Zulässige Zustandsübergänge von Produkten im V-Modell

Die Zustände von Produkten werden in Tabellen gehalten. Für jede Hauptaktivität existiert eine eigene Tabelle. Da die Fertigstellung bestimmter Produkte Voraussetzung für den Start weiterer Aktivitäten ist, werden die abhängigen Aktivitäten ebenfalls in den Tabellen aufgeführt. Bild 4-25 zeigt als Beispiel eine Zustandstabelle der Phase „DV-Anforderungsanalyse und Entwurf" mit den Produkten „DV-Anforderungen", „DV-Architektur" und „DV-Integrationsplan" (in Bild 4-25 grau hinterlegt).

Voraussetzung für die Erstellung der drei Produkte sind die akzeptierten Produkte „Systemanforderungen" und „Systemarchitektur" der vorausgehenden Entwicklungsphase. Die Produkte „DV-Anforderungen", „DV-Architektur" und „DV-Integrationsplan" selbst sind wiederum Voraussetzung für Aktivitäten in den Phasen SWE3, SWE4, SWE5 und SWE8. Im Beispiel nach Bild 4-25 befinden sich die Produkte „DV-Anforderungen" und „DV-Architektur" im Zustand „vorgelegt". Das Konfigurationsmanagement und die Qualitätssicherung haben die Produkte zur Prüfung erhalten. Das Produkt „DV-Integrationsplan" befindet sich aktuell im Zustand „in Bearbeitung". Mit Hilfe solcher Zustandstabellen wird die Transparenz der Softwareentwicklung – insbesondere auch für den Auftraggeber – sichergestellt.

von			nach			
Aktivität	Zustand	Produkt	Aktivität	Zustand	KM	QS
SWE1	akzeptiert	Systemanforderungen				
SWE1	akzeptiert	Systemarchitektur				
		DV-Anforderungen	SWE3	vorgelegt	erhalten	erhalten
		DV-Architektur	SWE3,4,5	vorgelegt	erhalten	erhalten
		DV-Integrationsplan	SWE8	in Bearbeit.		

SWE : Softwareerstellung KM : Konfigurationsmanagement
QS : Qualitätssicherung

Bild 4-25: Zustandstabelle im V-Modell am Beispiel der Softwareerstellung Hauptaktivität 2 „DV-Anforderungsanalyse und Entwurf"

Um den Softwareentwicklungsprozeß flexibel an die Größe und die Komplexität des jeweiligen Projektes anpassen zu können, bietet das V-Modell mit dem „Rollenkonzept" und dem „Tailoring" geeignete Verfahren. Der Aufwand eines Softwareprojektes hängt von einer Vielzahl von Faktoren ab. Neben der Größe und Komplexität sind insbesondere spezielle Sicherheitsaspekte von entscheidender Bedeutung für den Zeit- und Ressourcenbedarf. Je nach Ausprägung der genannten Faktoren ergeben sich unterschiedliche Anforderungen an das Softwareentwicklungsprojekt. Offensichtlich sind kleinere einfachere Projekte anders zu organisieren als große komplexe.

Rollenkonzept

Das Rollenkonzept gestattet die Zuordnung von Personen zu Aktivitäten in einem vorgegebenen Rahmen. Diese Zuordnung erfolgt nicht direkt von den Personen zu den Aktivitäten, sondern mittelbar über Rollen, die von den Personen einzunehmen sind. In Bild 4-26 sind ausschnittsweise einige der zu übernehmenden Rollen der vier Partialmodelle des V-Modells dargestellt.

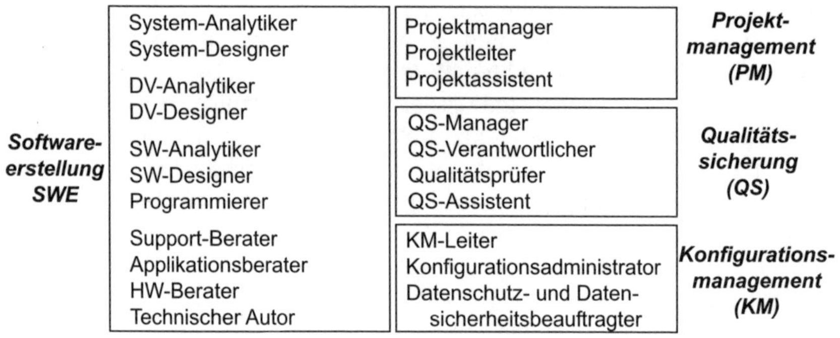

Software- erstellung SWE	System-Analytiker System-Designer DV-Analytiker DV-Designer SW-Analytiker SW-Designer Programmierer	Projektmanager Projektleiter Projektassistent	*Projekt- management (PM)*
		QS-Manager QS-Verantwortlicher Qualitätsprüfer QS-Assistent	*Qualitäts- sicherung (QS)*
	Support-Berater Applikationsberater HW-Berater Technischer Autor	KM-Leiter Konfigurationsadministrator Datenschutz- und Daten- sicherheitsbeauftragter	*Konfigurations- management (KM)*

Bild 4-26: Ausschnitt möglicher Rollen der vier Partialmodelle des V-Modells

Bei sehr großen Softwareprojekten sollte jede der in Bild 4-26 aufgeführten Rollen durch eine andere Person verantwortet werden. Diese Personen würden in der Praxis die entsprechenden vier Teams führen. Auf der anderen Seite können kleinere Softwareprojekte beispielsweise durch nur zwei Personen bearbeitet werden, indem z.B. sämtliche Rollen der Softwareerstellung von der einen Person und die Rollen der Qualitätssicherung sowie des Projekt- und Konfigurationsmanagements durch eine zweite Person erfüllt werden. Wesentlich ist in jedem Fall, daß die Zuordnung von Personen zu Rollen zu Beginn des Projektes für den Auftraggeber transparent festgelegt wird.

„Tailoring"

Durch das „Tailoring" werden die Aktivitäten des V-Modells auf die jeweilige Projektgröße zurechtgeschnitten. Dabei wird in Abhängigkeit von den Projektbedingungen eine Auswahl von durchzuführenden Aktivitäten getroffen. Zusätzlich wird festgelegt, welche Produkte der Auftragnehmer dem Auftraggeber zu übergeben hat. Bild 4-27 zeigt die Aktivitäten- und Produktauswahlempfehlung für das Partialmodell Softwareentwicklung (SWE) für „mittlere administrative IT-Vorhaben" [Bröhle/Dröschel 1993]. In diese Kategorie fallen Softwareprojekte, die einen Aufwand von ungefähr fünf Personenjahren umfassen. Entsprechend Bild 4-27 wird für Projekte dieser Größe beispielsweise empfohlen, auf die Aktivität 3.6 „Anforderungen an die Entwicklungsumgebung definieren" zu verzichten.

Die getroffenen Entscheidungen bezüglich Rollenzuordnung und Tailoring werden schließlich in einem Projekthandbuch festgehalten. Das **Projekthandbuch** enthält neben einer kurzen Projektbeschreibung die Darstellung der Bedingungen, die zum Streichen von Aktivitäten geführt haben, eine Definition der einzelnen Rollen und der entsprechenden Teamorganisation, eine Übersicht über die relevanten Produkte und relevanten Aktivitäten nach dem Tailoring sowie eine Liste von Produkten, die der Auftragnehmer an den Auftraggeber weitergeben muß. Dabei handelt es sich hauptsächlich um SWE-Produkte und QS-Produkte. Das Projekthandbuch ist von beiden Vertragsparteien zu unterzeichnen. Es ist in der Regel Vertragsbestandteil des Softwareentwicklungsauftrages und eine gute Grundlage für das Projekt-Controlling.

4.2.3.3 Objektorientierte Softwareentwicklung

Die objektorientierte Softwareentwicklung wird derzeit durch zwei Säulen getragen: Die allgemeine objektorientierte Denkweise, die Daten und Funktionen integrativ betrachtet, sowie die objektorientierte Spezifikationsmethode UML (Unified Modelling Language), die sich mehr und mehr in der objektorientierten Softwareentwicklung etabliert [Jacobsen et al. 1999].

Objektorientierung

Die Objektorientierung beruht darauf, einzelne Elemente der jeweiligen Problemumgebung durch sog. **Objekte** zu modellieren [Booch 1994], [Rumbaugh et al. 1991] oder [Coad/Yourdon 1994]. Die Grundidee ist dabei die Zusammenführung von Daten und Funktionen und deren Kapselung in den Objekten.

Historisch wurden bis zur Verbreitung der Objektorientierung Daten und Funktionen weitgehend getrennt betrachtet, so daß eine Funktions- und eine Daten-

SWE-Aktivitäten	Basis-Anforderung	Kritikalität größer	Datenbankanwendung	komplexere Funktionen	komplexere Daten	höhere Wartbarkeitsanf.	SWE-Produkte	Basis-Anforderung	Kritikalität größer	Datenbankanwendung	komplexere Funktionen	komplexere Daten	höhere Wartbarkeitsanf.
1.1 System-Ist-Aufnahme/-Analyse 1.2 Systemanforderungen definieren 1.3 Bedrohung u. Risiko analysieren 1.4 System fachlich strukturieren 1.5 System technisch entwerfen 1.6 Realisierbarkeit untersuchen 1.7 Systemanforderungen zuordnen 1.8 System-Integration spezifizieren	■ ■ ■ ■ ■ 	 ■ 	 	 ■	 ■ ■	 	Systemanforderungen Systemarchitektur System-Integrationsplan System/Subsystem	■ ■ ■					■
2.1 DV-Ist-Aufnahme/-Analyse 2.2 DV-Anforderungen definieren 2.3 DV-Segment entwerfen 2.4 Realisierbarkeit untersuchen 2.5 DV-Anforderungen den KE zuordnen 2.6 DV-Anforderungen spezifizieren	① ① ① ① 	 	 	 ① ①	 ①	 ① 	DV-Anforderungen DV-Architektur DV-Segment DV-Integrationsplan Handbuchinformationen	① ① ①				①	①
3.1 SWKE-Ist-Aufnahme/-Analyse 3.2 Allg. Anforderungen an die SWKE def. 3.3 Anf. an SWKE-externe Schnittst. def. 3.4 Anf. an SWKE-Funktionen u. Daten def. 3.5 Anf. an SWKE-Qualität definieren 3.6 Anf. an Entwicklungsumgebung def.	■ ■ ■ 	 ■ 	 	 ■ 	 	 ■ ■ 	SW-Anforderungen SW-Architektur SWKE	■ ■ ■					
4.1 Prozeßentwurf 4.2 SW-Architektur entwerfen 4.3 SWKE-interne Schnittstellen entwerfen 4.4 SWKE-Integration spezifizieren	■ ■ 			 ■ ■		 ■ ■	Schnittstellenentwurf SWKE-Integrationsplan Datenkatalog				■ ■		■ ■
5.1 Komp./Modul/Datenbank beschreiben 5.2 Betriebsmittel u. Zeitbed. analysieren	■		②	②			SW-Entw. (Komp./Mod.) SW-Entw. (Datenbank)	■		■			
6.1 Module codieren 6.2 Datenbank realisieren 6.3 Informelle Prüfung 6.4 Debugging	■ ■ ■		■				Module Komponenten Datenbank	■ ■ ■					
7.1 Zur SWKE-Teilstruktur integrieren 7.2 Komponente informell prüfen 7.3 Zur SWKE integrieren 7.4 SWKE informell prüfen	■ ■ ■ ■												
8.1 Zum DV-Segment integrieren 8.2 Tuning 8.3 DV-Segment informell prüfen 8.4 Beitrag zur Einführungs-Unterst. leisten	① ① ①		①										
9.1 Zum Subsystem integrieren 9.2 Subsysteme informell prüfen 9.3 Zum Subsystem integrieren 9.4 System informell prüfen	■ ■ ■ ■						① nur falls eine DV-Ebene existiert ② nur Daten bzw. Datenbank beschreiben						

Bild 4-27: Beispiel einer Aktivitäten- und Produktauswahlempfehlung für das Partialmodell „Softwareerstellung" (SWE)

sicht vorlag. In der Funktionssicht werden die Funktionen, die von einem Informationssystem ausgeführt werden können, und ihr Zusammenhang beschrieben. In der Datensicht werden die Daten, die in einem Informationssystem verarbeitet und gespeichert werden, sowie deren Beziehungen modelliert. Die objektorientierte Modellbildung hebt die Trennung von Daten und Funktionen auf, indem Daten und Funktionen als Einheit behandelt werden. Dies wird als Kapselung bezeichnet. Synonym für Funktion finden auch die Begriffe Operation oder Methode Verwendung. Objekte werden zu **Klassen** zusammengefaßt. Eine Klasse enthält die **Definition der Daten** (auch als Attribute bezeichnet) sowie die **Operationen**. Objekte entstehen durch Instanzierung einer Klasse. Die Objekte sind die in einem laufenden Programm konkret vorhandenen und agierenden Einheiten. Jedes Objekt kann die in der Klasse definierten Nachrichten empfangen und senden. Eine Nachricht übermittelt einem Objekt die Information darüber, welche Aktivität von ihm erwartet wird. Die Nachricht fordert das Objekt zum Ausführen einer Operation auf. Ein Objekt besitzt für jede definierte Nachricht entsprechende Operationen. Sowohl die Struktur der Attribute als auch das durch die Nachrichten definierte Verhalten gilt für alle Objekte einer Klasse gleichermaßen. Die Werte der Attribute sind jedoch für jedes Objekt individuell [Oestereich 1998].

Von außen betrachtet präsentiert sich ein Objekt also nur durch seine Schnittstellen, d.h. die von ihm ausführbaren Operationen. Das Zusammenspiel der Elemente der Problemumgebung wird durch den Austausch von Nachrichten – die teilweise auch als Botschaften bezeichnet werden – zwischen den Objekten erfaßt [Barth 1997]. Objekte der Problemumgebung, die die gleichen Operationen beherrschen und deren Daten identisch strukturiert sind, gehören bei der objektorientierten Modellierung der gleichen Klasse an, die damit auch als Muster für den Aufbau von Objekten zu verstehen ist. Klassen können hierarchisch strukturiert werden. Es entstehen Unterklasse/Oberklasse-Beziehungen [Barth 1997]. Die Hierarchisierung von Klassen wird als Vererbung bezeichnet, was anzeigt, daß Klassen für ihre Objekte auf Bestandteile von Klassen zurückgreifen können, die hierarchisch höher angesiedelt sind.

Ein wichtiger Gesichtspunkt des objektorientierten Ansatzes ist die Betonung der systematischen Wiederverwendung bereits existierender Softwarebausteine, was durch die Kapselung von Daten und Methoden in Objekten begünstigt wird. Wiederverwendbare Softwarebausteine werden in sogenannten **Klassenbibliotheken** gehalten. Nach Heß gilt:

„Eine Klassenbibliothek bezeichnet eine mögliche Form der Sammlung wiederverwendbarer Softwarekomponenten, die sich der Konstrukte des objektorientierten Paradigmas bedient. Klassen bieten dabei eine nach außen klar definierte Schnitt-

stelle (Methodenprotokoll) von Funktionen (Methoden, Operationen), die über Nachrichtenaustausch angestoßen werden können, um sich der Funktionalität der Klasse zu bedienen. Die interne Struktur jeder Klasse ist gemäß dem Prinzip der Datenkapselung dem Benutzer der Klasse verborgen." [Heß 1997]

Die Klassenbibliothek ist projektübergreifend verwendbar und muß ständig gewartet und aktualisiert werden. Entstehen im Verlauf eines Projekts neue Klassen, so sind diese im Hinblick auf eine allgemeine Verwendbarkeit zu prüfen, zu testen und gegebenenfalls in die Klassenbibliothek zur Verwendung in anderen Projekten aufzunehmen. Insgesamt gesehen steigert die Wiederverwendung die Effizienz der Softwareentwicklung und die Qualität der entwickelten Softwaresysteme.

UML (Unified Modelling Language)

Die objektorientierte Denkweise stellt andere Anforderungen an den Softwareentwicklungsprozeß als die rein funktionale Denkweise. Vor diesem Hintergrund wurde die *Unified Modelling Language* entwickelt. UML bietet eine Fülle von Spezifikationstechniken (Beschreibungsmitteln) für die Erstellung objektorientierter Software.

UML geht auf Grady Booch und Jim Rumbaugh zurück, die 1995 begannen, ihre bis dahin getrennt entwickelten objektorientierten Modellierungsmethoden in eine gemeinsamen Notation zur *Unified Method (UM)* zusammenzuführen. Kurze Zeit später wurde zusätzlich der objektorientierte Ansatz von Ivar Jacobson integriert. Aufgrund der bis dahin hohen Akzeptanz der von Booch, Rumbaugh und Jacobson entwickelten Modellierungssprachen führte ihre Integration zur Unified Modelling Language schnell zu einem Quasi-Standard. Eine gute Beschreibung der UML bietet [Oestereich 1998]. Die exakte Spezifikation der jeweils aktuellen Fassung der Unified Modelling Language kann der Quelle http://www.oose.de/uml entnommen werden.

Objektorientierte Softwareentwicklungssystematik

UML liefert das Methodengerüst für den „**Unified Software Development Process**", eine objektorientierte Softwareentwicklungssystematik, die ebenfalls von den Vätern der UML entwickelt wurde [Jacobsen et al. 1999]. Die objektorientierte Softwareentwicklungssystematik wird durch drei Begriffe charakterisiert (Bild 4-28):

- Iterativ und inkrementell.
- Modellorientiert.
- Anwendungsfallgetrieben.

Domänenspezifische Entwicklungsmethodiken

Iterativ und inkrementell

Aufeinanderfolgende Verfeinerung und inkrementelles Wachsen einer Lösung über mehrere Zyklen. Jeder Zyklus ist eine Iteration und enthält eine Reihe von gleichartigen Entwicklungsschritten.(Analyse, Design, Implementierung und Test)

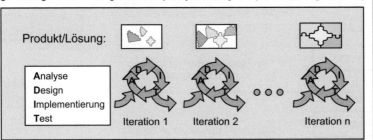

Modellorientiert

Die Struktur und das Verhalten des zu entwickelnden Systems werden durch objektorientierte Modelle beschrieben. Aus ihren Inhalten können der Code und die Dokumentation weitestgehend automatisch generiert werden.

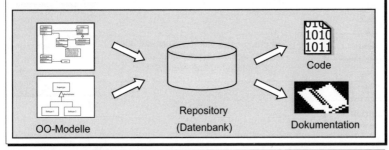

Anwendungsfallgetrieben

Mit Hilfe der Spezifikation von charakteristischen Anwendungsszenarien (Use Cases) wird ein gemeinsames Systemverständnis erzeugt. Darauf aufbauend werden die Anforderungen definiert und die Modelle entworfen.

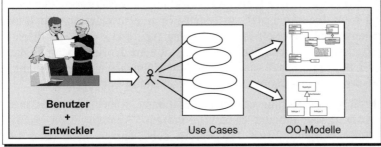

Bild 4-28: Charakterisierung der objektorientierten Softwareentwicklungssystematik nach [Jacobson et al. 1999]

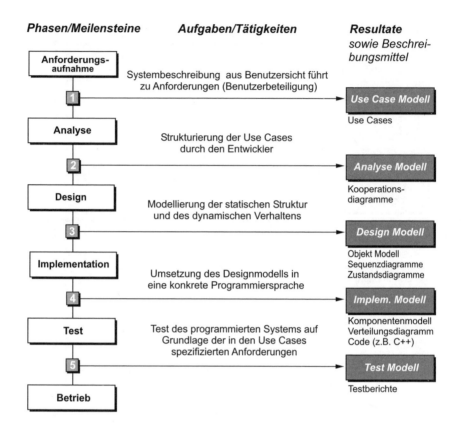

Bild 4-29: Phasenmodell des Unified Software Development Process nach [Jacobson et al. 1999]

Basis der objektorientierten Softwareentwicklung ist wiederum ein Phasenmodell (Bild 4-29). Die grundsätzliche Systematik unterscheidet sich damit nicht von der herkömmlichen Softwareentwicklung (vgl. Bild 4-21). Spezifisch für die objektorientierte Softwareentwicklung ist die Art der Aufgaben und damit auch deren Resultate. Die Resultate jeder Entwicklungsphase, die sogenannten Modelle oder auch Diagramme, werden weitgehend in UML spezifiziert.

Die technische Realisierung erfolgt in Iterationen, wobei jede Iteration mit einem ausführbaren Produkt endet. Die Prozesse Anforderungen, Analyse, Design, Implementierung und Test werden dabei entsprechend (Bild 4-30) unterschiedlich intensiv durchlaufen. Im folgenden werden die nach Bild 4-29 in den Entwicklungsphasen verwendeten Beschreibungsmittel beispielhaft vorgestellt.

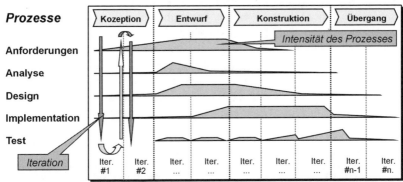

Iterationsphasen

> Konzeption >

Definition des Produktes, Wirtschaftlichkeits- und Machbarkeitsanalyse
Ziel: Entscheidung über Weiterführung oder Abbruch

> Entwurf >

Endgültige Definition der Softwarearchitektur
Ziel: validierte, ausführbare und stabile Softwarearchitektur

> Konstruktion >

Weiterentwicklung des Funktionsumfangs
Ziel: stabiles Produkt

> Übergang >

Übergabe der Software an den Anwender
Ziel: Beta-Test, Handbücher, Schulung, Markteinführung

Die technische Realisierung erfolgt in Iterationen, wobei jede Iteration mit einem ausführbaren Produkt endet und die Prozesse Anforderungen, Analyse, Design, Implementation und Test unterschiedlich intensiv durchlaufen werden.

Bild 4-30: Iteratives Vorgehensmodell des Unified Software Development Process nach [Oesterreich 1998]

Anforderungsaufnahme: Zur Aufnahme der Anforderungen werden sog. Anwendungsfälle (use cases) erfaßt. Die Anwendungsfälle beschreiben die grundsätzlichen Abläufe in einem Anwendungsbereich, für den ein System entwickelt werden soll. Das entsprechende *Anwendungsfalldiagramm (Use Case-Modell)* zeigt die Beziehung zwischen den Akteuren und den Anwendungsfällen. Die Anwendungsfälle dienen zur Ermittlung der Anforderungen an das zukünftige System. Sie werden in einem Dokument aus Sicht des Akteurs beschrieben. In Bild 4-31 ist das Beispiel eines Anwendungsfalldiagramms für einen Klimaautomaten eines Kraftfahrzeugs dargestellt.

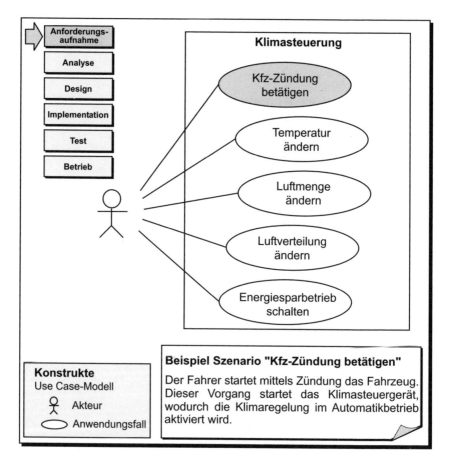

Bild 4-31: Anwendungsfalldiagramm am Beispiel eines Kfz-Klimaautomaten

Analyse: Für die Analyse werden Kooperationsdiagramme (Collaboration Diagrams) genutzt. Ein *Kooperationsdiagramm* zeigt die Interaktion zwischen ausgewählten Objekten und ihre Beziehung in einer Situation. Es beschreibt eine einzelne Ablaufvariante. Bild 4-32 enthält ein einfaches Beispiel eines Kooperationsdiagramms.

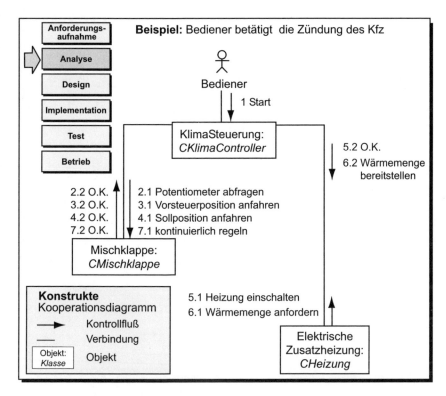

Bild 4-32: Kooperationsdiagramm am Beispiel eines Kfz-Klimaautomaten

Design: Zum Softwaredesign werden Sequenzdiagramme (Event Trace Diagrams), Klassendiagramme (Class Diagrams) sowie Zustandsdiagramme (Statechart Diagrams) eingesetzt. Ein *Sequenzdiagramm* zeigt die Objektinteraktionen in einer zeitlich begrenzten Sequenz mit der Betonung auf den zeitlichen Ablauf. Dabei verläuft die gedachte Zeitachse in der Darstellung von oben nach unten (Bild 4-33). *Klassendiagramme* dienen der Beschreibung der statischen Entwurfssicht eines Systems. Die Relationen (Vererbungen, Aggregationen, Beziehungen) folgen u.a. aus Verbindungen in den Sequenz- und Kooperationsdiagrammen. Das Verhalten der Objekte wird durch Operationen repräsentiert, die sich aus den Interaktionen ergeben (Bild 4-34).

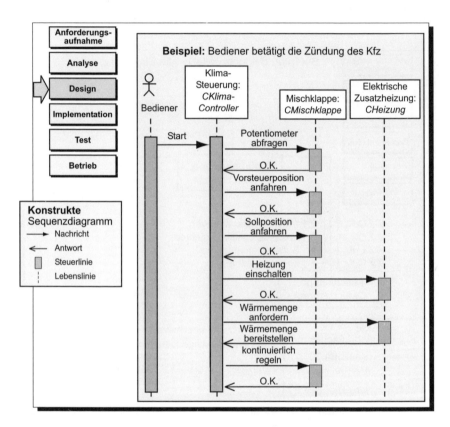

Bild 4-33: Sequenzdiagramm am Beispiel eines Klimaautomaten

Die Attribute der Objekte resultieren aus den Anforderungsanalysen, Klassendefinitionen und der Kenntnis der Benutzer aus den Fachgebieten. Werden nicht die Klassen sondern deren Instanzen dargestellt, so spricht man vom Objektmodell. *Zustandsdiagramme* stellen das dynamische Verhalten eines Objektes dar. Sie zeigen eine Folge von Zuständen, die ein Objekt während seiner Existenz einnehmen kann und bei welchen Ereignissen Zustandsänderungen stattfinden.

Domänenspezifische Entwicklungsmethodiken

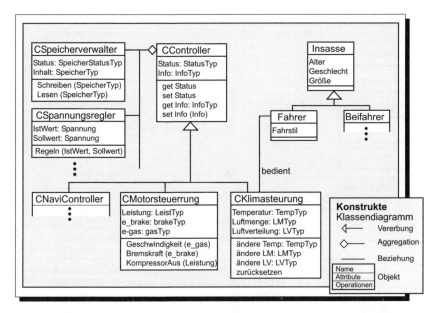

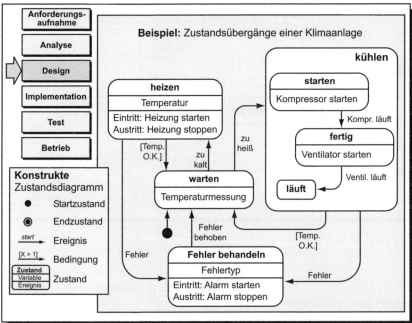

Bild 4-34: Klassendiagramm (oben) und Zustandsdiagramm (unten)

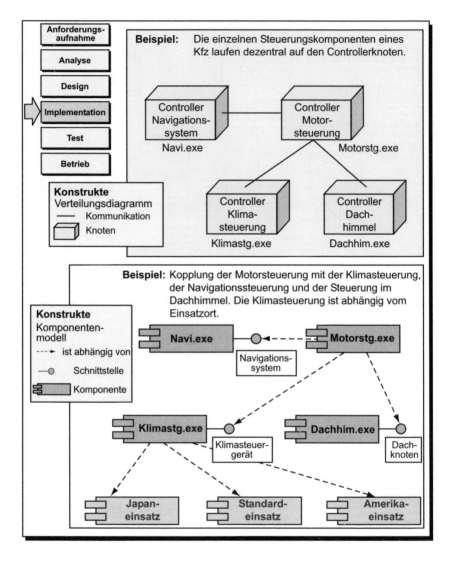

Bild 4-35: Verteilungsdiagramm und Komponentenmodell am Beispiel einer Kfz-Klimaautomatik

Bild 4-33 und Bild 4-34 verdeutlichen die drei Modellarten der Designphase am Beispiel eines Klimaautomaten für Kraftfahrzeuge.

Implementation: Hier werden Verteilungsmodelle (Deployment Diagrams) und Komponentenmodelle (Component Diagrams) spezifiziert. *Verteilungsdiagramme* zeigen, welche Komponenten auf welchen Knoten (Prozessoren, Computern) laufen, ihre Konfiguration und die bestehenden Kommunikationsbeziehungen. Ein *Komponentendiagramm* zeigt die Beziehungen von Komponenten. Eine Komponente stellt ein physisches Stück Programmcode dar. Dies können Quellcode, Binärcode oder ein ausführbares Programm sein. Durch die Darstellung von Abhängigkeiten werden die Auswirkungen von Änderungen visualisiert. In Bild 4-35 sind beide Modelltypen beispielhaft wiedergegeben.

Test: Da die Anwendungsfälle das korrekte Verhalten der Teilsysteme und des Gesamtsystems beschreiben, liefern sie die Basis für das Testmodell. Aus den Anwendungsfällen werden *Testfälle* entwickelt. Dabei werden die Vor- und Nachbedingungen eines Anwendungsfalls als Anfangszustand und Erfolgskriterium eines Tests festgelegt. Die Beschreibung erfolgt entsprechend Bild 4-36 in Testberichten oder in Tabellen.

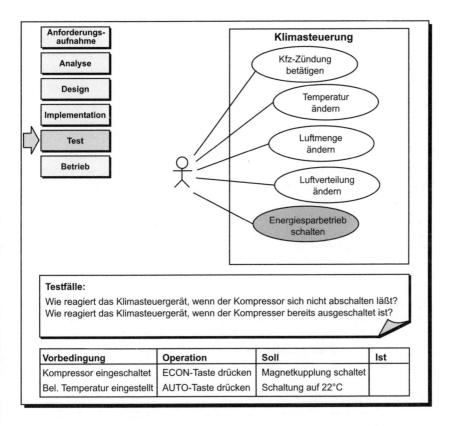

Bild 4-36: Testmodell am Beispiel einer Kfz-Klimaautomatik

4.2.3.4 Software-Prototyping

Der Begriff Prototyping hat bei vielen den Eindruck erweckt, daß methodische Softwareentwicklung passé ist und statt dieser munter drauf los gebastelt werden kann. Leider stellen wir immer wieder fest, daß man den mühsamen Weg der Erstellung von zahlreichen Spezifikationen abkürzt und rasch einige Programme schreibt, die dann den sogenannten Prototypen bilden. Dieser wird dann nach und nach erweitert – bis er zusammenbricht. Die im Kasten dargestellte Persiflage soll das Problembewußtsein schärfen.

Prototypen ersetzen nicht die methodische Softwareentwicklung, sie unterstützen diese. Software-Prototyping heißt:

„... *bei der Systementwicklung frühzeitig ablauffähige Modelle („Prototypen") des zukünftigen Systems zu erstellen und mit diesen zu experimentieren"* [Kiebach et al. 1992, S. 66].

Prototypen realisieren damit bestimmte Gesichtspunkte bzw. Ausschnitte des zukünftigen Systems. Sie werden insbesondere eingesetzt, um neue risikobehaftete Projekte kalkulierbar zu machen. Unterschiedliche Arten des Prototyping können zum einen auf Basis der verfolgten Ziele oder aber zum anderen auf Basis der Softwarearchitektur klassifiziert werden [Kiebach et al. 1992]. Bild 4-37 zeigt die Klassifizierung aufgrund unterschiedlich verfolgter Ziele des Prototyping. Hierbei sind das explorative, experimentelle sowie evolutionäre Prototyping zu unterscheiden.

Exploratives Prototyping: Diese Art des Prototyping wird in der Phase Problemanalyse angewandt, insbesondere wenn die Problemstellung unklar ist. Ziele sind entweder die Klärung der Problemstellung oder aber die Überzeugung des Auftraggebers, daß das geplante Softwaresystem prinzipiell realisierbar ist bzw. die Handhabung seine Erwartungen erfüllen wird. Hierfür werden einzelne Ausschnitte der Benutzungsoberfläche oder der geforderten Funktionalität implementiert und dem Auftraggeber präsentiert. Das Resultat des explorativen Prototypings ist ein **Demonstrationsprototyp**.

Experimentelles Prototyping: Experimentelles Prototyping zielt auf die Phasen Definition, Design und Implementierung. Es dient der Klärung von entwicklungsrelevanten, den Systemaufbau und einzelne Algorithmen betreffenden Fragen und soll die technische Machbarkeit einer Entwicklung aufzeigen. Auf diese Weise werden kritische Fragen wie beispielsweise die Einhaltung geforderter Reaktions- bzw. Antwortzeiten des Softwaresystems untersucht. Die beim experimentellen Prototyping modellierten Gesichtspunkte sollen technisch mit dem späteren Anwendungsgebiet vergleichbar sein. Das Resultat des experimentellen Prototypings wird als **Labormuster** bezeichnet.

Domänenspezifische Entwicklungsmethodiken

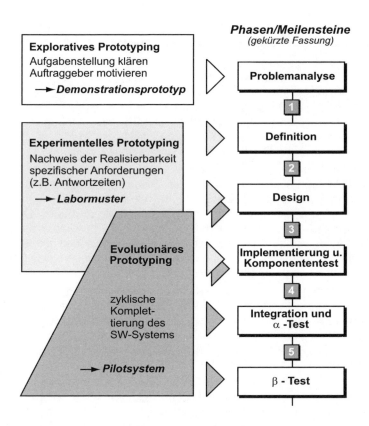

Bild 4-37: *Klassifizierung von Prototypen aufgrund der unterschiedlich verfolgten Ziele nach [Kieback et al. 1992]*

Die späteren Benutzer des Softwaresystems sind i.a. von der Bewertung experimenteller Prototypen ausgeschlossen [Kieback et al. 1992].

Evolutionäres Prototyping: Das evolutionäre Prototyping umfaßt das Design, die Implementierung, die Integration und die Softwaretests bis zum β–Test. Das Ziel ist der zyklische Ausbau des Softwaresystems (kontinuierliches Verfahren). Evolutionäre Prototypen werden als *„Kern des Anwendungssystems im Anwendungsbereich eingesetzt"* [Kieback et al. 1992, S. 67]. Der Prototyp wird nicht nur als Labormuster genutzt, sondern ab einer bestimmten „Reife" praktisch eingesetzt und dann als **Pilotsystem** bezeichnet. Durch die zyklische Ergänzung weiterer Teile wird das Pilotsystem schließlich zu einem durch den

Software Engineering am Beispiel Hausbau

„Das Projekt ist der Bau eines Einfamilienhauses mit zwei Stockwerken und Keller mit einer Grundfläche von 100 Quadratmetern. Als Baumaterial werden Ziegelsteine verwendet. Der Architekt kalkuliert wie folgt: Das letzte Bauvorhaben (eine Doppelgarage) hatte eine Grundfläche von 25 Quadratmetern. Verbraucht wurden 1.000 Ziegel. Die Baukosten betrugen 10.000 Mark, was einen Preis von zehn Mark pro Ziegel bedeutet. Das neue Haus hat die vierfache Grundfläche und die doppelte Höhe – dies bedeutet 8.000 Ziegel oder 80.000 Mark Baukosten.

Das Angebot von 80.000 Mark erhält den Zuschlag, und der Bau beginnt. Da die Maurerkolonne ausgelastet sein will, wird beschlossen, immer nur ein Zimmer zu konstruieren und gleich anschließend zu bauen. Das hat den Vorteil, daß die Planungs- und die Ausführungsgruppe immer ausgelastet ist. Weiter wird beschlossen, mit den einfachsten Sachen anzufangen, um möglichst schnell in die Bauphase einsteigen zu können. Das Schlafzimmer scheint dafür am besten geeignet zu sein.

Das Schlafzimmer wird zu schnell fertig und die Planungen für die Küche müssen unterbrochen werden. Da im Zusammenhang mit der Küche bereits am Eßzimmer geplant wurde (Durchreiche zur Küche), wird dieses, um die Bauarbeiten fortführen zu können, als nächstes in Angriff genommen. Schritt drei in der Fertigstellung ist das Wohnzimmer. Als auch dieses fertig ist, stellt sich heraus, daß die Planungen für Küche und Bäder doch mehr Zeit in Anspruch nehmen, als geschätzt.

Da der Bauherr auch "endlich" mal was Konkretes sehen will, wird eine Seite der Fassade komplett hochgezogen, um den Eindruck des fertigen Hauses zu vermitteln. Um das Dach montieren zu können, wird die andere Seite der Fassade ebenfalls hochgemauert. Da hier noch keine Planung vorliegt, können leider keine Fenster- und Türöffnungen berücksichtigt werden. Man ist aber überzeugt davon, diese ohne größere Probleme später herausbrechen zu können.

Leider ist damit auch die Grundfläche des Hauses festgelegt. Damit ergibt sich der Zwang, die Küche in den ersten Stock verlegen zu müssen. Statt der geplanten Durchreiche wird nun ein Speiseaufzug eingebaut, was das Projekt erheblich verteuert. Dadurch haben sich trotz beständigen Arbeitens unter Hochdruck die Bauarbeiten verzögert, so daß der Hausherr (der seine alte Wohnung gekündigt hatte) gezwungen ist, in das erst halbfertige Haus einzuziehen. Als besonders nachteilig erweist sich das Fehlen von Elektro- und Sanitäranschlüssen. Letzteres Problem wird durch Anmieten eines Toilettenwagens (Kosten 170 Mark pro Tag) vorläufig endgültig überbrückt.

Alle anderen Arbeiten werden gestoppt, um vorrangig die Elektroinstallation vorzunehmen, schon allein wegen der fehlenden Fenster. Mit Hilfe externer Kräfte (1.500 Mark pro Tag) wird die Elektrik in kürzester Zeit verlegt, allerdings auf Putz, um "saubere Schnittstellen" für die noch nicht geplanten Hausteile zu schaffen. Im Alltagsbereich stellt sich als nachteilig heraus, daß das Wohnzimmer als zuerst gebauter Hausteil als einziges Zimmer zur Straße hin liegt. Damals war dies die einfachste Lösung (kurzer Transportweg der Ziegelsteine), die Haustür hierhin zu legen, so daß das Haus vom Wohnzimmer her betreten werden muß. Dies erscheint dem Hausherrn ganz und gar unerträglich; als Lösung wird ein Teilabriß erwogen.

Dagegen spricht, daß bereits 250.000 Mark verbaut sind und daß der Bauherr samt Familie übergangsweise in ein Hotel ziehen müßte. Die Tür nach hinten zu versetzen, erforderte ein Loch in die Fassade zu brechen. Im Hinblick auf die unsichere Statik wird davon Abstand genommen. So wird das Haus bis zum ersten Stock von außen mit Erde aufgeschüttet. Das ursprünglich geplante Badezimmer wird zum Flur umfunktioniert – die Toilettenwagen-Lösung hat sich inzwischen etabliert. Weiterer Vorteil: Auf den Fensterdurchbruch im ehemaligen Erdgeschoß kann verzichtet werden.

Das Erdgeschoß wird zum Keller, der Dachgarten als Wohnzimmer umgebaut und aus Kostengründen (und um eine endgültige Lösung nicht von vornherein zu verbauen) mit Planen abgedeckt. Kostengründe sind es auch, die das Projekt an dieser Stelle beenden. Alles weitere wird auf eine spätere Realisierungsphase verschoben.

Fazit: Der Bauherr hat zwar etwas ganz anderes bekommen, als er eigentlich wollte – aber immerhin hat er überhaupt etwas bekommen, auch wenn er statt der geplanten 80.000 Mark nun immerhin ganze 440.000 Mark hingelegt hat. Der Architekt hat seine Truppe ständig ausgelastet und mit Hochdruck und Überstunden gearbeitet. Wie vorgesehen, wurden 8.000 Ziegelsteine verbraucht, was beweist, daß seine Schätzung im Prinzip richtig war. Seine aktualisierte "Cost-Database" weist nun einen Preis von 55 Mark pro Ziegel aus, was bei der nächsten Garage einen Angebotspreis von 55.000 Mark ergibt."

Literatur: "**FIFF Kommunikation**", München, Ausgabe 4/90

Auftraggeber abgenommenen Softwaresystem weiterentwickelt. Evolutionäres Prototyping entspricht im Prinzip dem *Unified Software Development Process* im Rahmen der objektorientierten Softwareentwicklung.

Die drei bisher erläuterten Arten des Prototypings werden am klassischen Softwareentwicklungsprozeß eingeordnet. Mit Blick auf die Architektur eines Softwaresystems ergeben sich zwei weitere Arten des Prototypings, die aber orthogonal zu den drei erstgenannnten zu sehen sind (Bild 4-38).

Horizontales Prototyping: Bei dieser Art des Prototypings wird nur eine einzelne Schicht der Softwarearchitektur realisiert. Typische Beispiele sind die Realisierung der Benutzungsoberfläche mit Masken und Menüs oder aber die Realisierung von Teilen des funktionalen Systemkerns, z.B. von Datenbanktransaktionen. Horizontales Prototyping auf der Ebene der Benutzungsoberfläche entspricht im Prinzip dem vorgenannten explorativen und experimentellen Prototyping.

Vertikales Prototyping: Beim vertikalen Prototyping wird ein spezieller Ausschnitt des Softwaresystems über alle Schichten der Softwarearchitektur vollständig implementiert. Vertikales Prototyping wird dann angewandt, wenn die Realisierungsmöglichkeiten von geforderten Funktionen des Softwaresystems fraglich sind, bzw. eine schrittweise Entwicklung des Softwaresystems vorgesehen ist. Vertikales Prototyping ähnelt damit sehr dem evolutionären Protoypting.

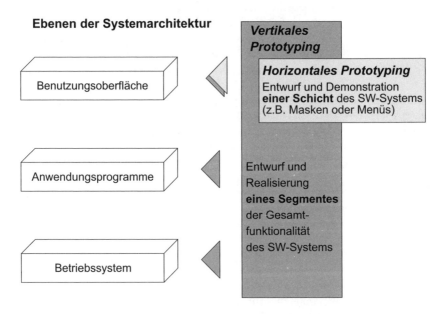

Bild 4-38: Klassifizierung von Prototypen aufgrund der tangierten Ebenen der Systemarchitektur nach Kieback

4.2.3.5 Steuerung technischer Systeme: Eingebettete Software

Ein eingebettetes System ist eine Hardware/Software-Einheit, die über Sensoren und Aktoren mit einem Gesamtsystem verbunden ist und in diesem Überwachungs-, Steuerungs- oder Regelungsaufgaben wahrnimmt. Die Entwicklung von Software für eingebettete Systeme erfolgt im Prinzip nach vorgestellten Phasenmodellen. Dabei sind jedoch grundsätzliche Anforderungen zu berücksichtigen, die auf den vier charakteristischen Eigenschaften von Software für eingebettete Systeme beruhen [Levson 1993]:

1) **Echtzeitfähigkeit:** Die Bewertung, ob ein von der Software berechnetes Resultat richtig oder falsch ist, hängt nicht mehr ausschließlich von dessen Wert, sondern auch vom Zeitpunkt der Bereitstellung ab. Zu spät bereitgestellte Berechnungswerte oder Vorgaben können als Folge ein Fehlverhalten verursachen, obwohl die internen Berechnungen korrekt durchgeführt wurden.

2) **Reaktives Verhalten:** Das zeitliche Verhalten eingebetteter Softwaresysteme ist nicht intern bestimmt, sondern wird durch externe Ereignisse aufgezwungen. Der zeitliche Ablauf der externen Ereignisse ist hierbei i.a. nicht vorhersagbar. So können die externen Ereignisse zwar einerseits durch das zyklische Durchlaufen von Zeitintervallen, d.h. einen externen „Timer" ausgelöst, andererseits aber auch durch Ereignisse mit stochastischem Verhalten hervorgerufen werden.

3) **Prozeßkontrolle und -überwachung:** Eingebettete Software steuert, überwacht und koordiniert verfahrenstechnische Prozesse, mechanische Abläufe etc. Es werden Zustände dieser Prozesse über Sensorik erfaßt und in vorgegebener Weise mittels Aktorik manipuliert.

4) **Sicherheit:** Eingebettete Software unterliegt oft besonderen Anforderungen an die Systemsicherheit, da Fehlfunktionen zu erheblichen Schäden führen können. Erschwerend kommt in diesem Zusammenhang die besondere Störanfälligkeit vieler zu steuernder Prozesse hinzu.

Aufgrund dieser spezifischen Eigenschaften werden in der Definitions- und Designphase bei der Entwicklung von Software für eingebettete Systeme Beschreibungsmittel genutzt, die insbesondere die Modellierung von Ereignissen und Systemzuständen unterstützen. In der Literatur haben sich in diesem Zusammenhang die Beschreibungsmittel SDL, Petri-Netze sowie Statecharts etabliert. SDL steht für *Specification and Description Language*. SDL erlaubt die Modellierung des Zustandsübergangsverhaltens und von abstrakten Datentypen und ist nach CCITT (International Telegraph and Telephone Consultative Commitee) standardisiert. *Petri-Netze* und *Statecharts* gestatten die Modellierung des ereignisgesteuerten Zustandsverhaltens von Systemen.

Petri-Netze

Petri-Netze wurden 1962 von Petri eingeführt und werden hauptsächlich zur Modellierung und Simulation von digitalen asynchronen Schaltungen und zur Modellierung von Software im Bereich kooperierender Prozesse und Kommunikationsprotokolle verwendet.

Ein Petri-Netz ist ein Graph mit zwei Arten von Knoten: Stellen (S) und Transitionen (T). Die Stellen beschreiben Zustände. Transitionen bewirken Zustandsübergänge. Die Flußrelationen (F) dienen der Beschreibung von Informationsflüssen, und zwar von Stellen über Transitionen zu neuen Stellen.

Konstrukte

Stelle (Zustand)	Transition (Ereignis, Zustandsänderung)	Flußrelation	Marke
○	▮	→	•

Ein Petri-Netz wird ausgeführt, indem Marken (M) definiert werden, die die Transitionen zum Schalten veranlassen. Eine Transition schaltet dabei genau dann, wenn alle ihre Eingangsstellen – d.h. die Stellen, mit denen sie eingangsseitig über F verknüpft ist – mit mindestens einer Marke belegt sind. Nach dem Schalten erhält jede ausgangsseitig verknüpfte Stelle der Transition jeweils eine Marke, während jeder Eingangsstelle eine Marke entnommen wird.

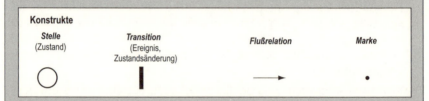

Besonders geeignet sind Petri-Netze zur Analyse von Systemeigenschaften wie „Lebendigkeit" oder Erreichbarkeit. Bei der Untersuchung des Systems auf Lebendigkeit wird überprüft, ob es Situationen geben kann, die zu einem Teil- oder Gesamtstillstand des Systems führen. Ein Deadlock des Gesamtsystems tritt auf, wenn sich das System selbst blockiert und dadurch keine Transitionen mehr schalten können. Die Erreichbarkeit besitzt in Steuerungssystemen eine große Bedeutung und zeigt sich im Petri-Netz dadurch, daß jede Stelle durch Marken erreichbar ist.

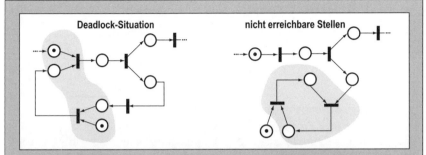

Zur Beherrschung der Komplexität großer Systeme ist es möglich, das Prinzip der Hierarchisierung einzusetzen. Hier kann eine Transition durch ein untergeordnetes Petri-Netz modelliert werden.

Literatur: **Baumgarten**, B.: Petri-Netze: Grundlagen und Anwendungen. Spektrum, Akademischer Verlag, 1996

Statecharts

Statecharts sind eine Erweiterung einfacher Zustandsübergangsdiagramme. Als solche besitzen sie Zustände, Transitionen zwischen den Zuständen, die auch als Zustandsübergänge bezeichnet werden, sowie Initialisierungs- und Endzustand. Optional können Aktionen angegeben werden, die beim Zustandsübergang auszuführen sind sowie Ereignisse, die in anderen – nebenläufig aktiven – Statecharts hervorzurufen sind (abgehendes Ereignis). Ein Eintrittsübergang kennzeichnet ein Ereignis, das den Übergang in den ersten einzunehmenden Zustand eines ansonsten eigenständigen Subsystems hervorruft. Ein Austrittsübergang charakterisiert dementsprechend ein Ereignis, das zu einem Verlassen des mittels Statecharts modellierten Subsystems führt.

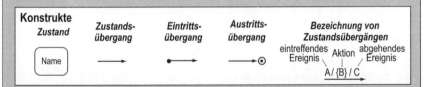

Hierarchiekonzept

Der Aufbau einer Hierarchie wird erreicht, indem der Zustand eines Statecharts durch untergeordnete Statecharts erzielt wird. Im Bild ist beispielsweise der Zustand „Z1" in vier untergeordnete Zustände aufgeteilt.

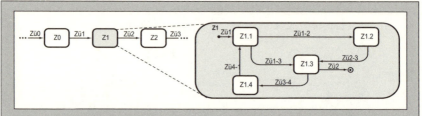

Bei Vorliegen des Zustandes „ZO" und Eintreffen des Ereignisses „Zü1" wird der untergeordnete Zustand „Z1.1" eingenommen. Ein Übergang in den Zustand „Z2" erfolgt aus dem Zustand „Z1.3" bei Eintreffen des entsprechenden Ereignisses.

Nebenläufigkeit

Nebenläufigkeit wird modelliert, indem bei Aktivierung eines Makrozustandes mehrere eingebettete Statecharts gleichzeitig aktiviert werden können. Die maximale Anzahl nebenläufiger Zustände ist hierbei nicht begrenzt. Das folgende Bild zeigt ein Beispiel mit zwei nebenläufigen Zuständen „ZA" und „ZB".

Befindet sich das modellierte System im Zustand „Z1" und tritt das Ereignis „ZüAB" auf, so werden die Zustände „ZA" und „ZB" gleichzeitig aktiviert, indem die untergeordneten Zustände „ZA.1" Und „ZB.3" gleichzeitig eingenommen werden.

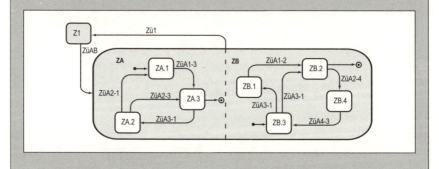

Literatur: **Harel**, D.: Modeling reactive systems with statecharts. McGraw-Hill, 1998

Bezüglich des Prototypings kommt dem experimentellen Prototyping bei der Entwicklung von Software für eingebettete Systeme hohe Bedeutung zu, insbesondere zum Nachweis der geforderten Echtzeitfähigkeit [Braek/Haugen 1993]. Als Denkmodell etabliert sich auch bei der Entwicklung von Software für eingebettete Systeme mehr und mehr die objektorientierte Denkweise.

4.2.4 Regelungstechnik – Methodik des Reglerentwurfs

Die Regelungstechnik hat Einzug in eine Vielzahl technischer Systeme gefunden. Moderne Kraftfahrzeuge, Flugzeuge oder Roboter basieren wesentlich auf regelungstechnischen Konzepten. Der Grund für die zunehmende Durchdringung technischer Systeme mit Regelungstechnik ist in den steigenden Anforderungen an diese Systeme zu sehen – z.b. Genauigkeit der durch den Systemnutzer wahrnehmbaren physikalischen Größen und die Forderung einer automatischen Nachführung beim Eintreten spezieller Ereignisse. Da die Reaktionsfähigkeit des Menschen begrenzt ist, helfen technische Regelungen, den zunehmenden Anforderungen gerecht zu werden. Ein Beispiel hierfür ist die Stabilisierung eines Flugzeugs um die Hoch-, Längs- und Querachse. Die Stabilisierung erfolgt derart, daß das Flugzeug eine definierte Lage im Raum annimmt und auf Lenkbefehle hinreichend schnell und genau reagiert. Hierfür werden Zustandsgrößen des Flugzeugs wie beispielsweise die Winkelgeschwindigkeiten um die Hauptachsen durch Sensoren erfaßt. Abweichungen zwischen Soll- und Istwert werden durch Verwendung eines Stabilisierungsreglers sekundenschnell ausgeglichen. Besteht die weitergehende Forderung zur automatischen Einhaltung von Kurs und Flughöhe, so wird zusätzlich ein Flugbahnregler (Autopilot) eingesetzt, der das Flugzeug auf den Sollkurs und Sollhöhe hält. Weitere Beispiele für Mehrgrößenregelungen finden sich in der modernen Robotertechnik oder im Bereich aktive Fahrwerke für Lkw und Pkw.

Die Regelungstechnik nimmt in gewisser Weise eine Sonderstellung unter den an der Entwicklung moderner technischer Systeme beteiligten Fachdisziplinen ein.

„Die Regelungstechnik ist die Wissenschaft von der selbsttätigen gezielten Beeinflussung dynamischer Systeme".

[Föllinger 1990]

Durch Regelungstechnik wird also ein System gezielt beeinflußt. Im Kontext des vorliegenden Buches ist dieses System in der Regel mechanischer Natur. Es wird als „Strecke" bezeichnet. Regelungstechnik tritt daher nie isoliert auf, sondern immer im Zusammenhang mit dem zu beeinflussenden System. Bild 4-39 zeigt den allgemeinen Aufbau eines Regelkreises. Die verwendeten Begriffe sind der DIN 19226 entnommen.

Die Führungsgröße w und die Rückführgröße r werden einem Vergleichsglied zugeführt, das zusammen mit dem Regelglied den Regler bildet. Dessen Ausgang u wird zum Eingang eines Stellers, der mit dem Stellglied zur Stelleinrichtung zusammengefaßt wird. Das Stellglied wirkt auf eine Strecke (das „Grundsystem"), die im allgemeinen durch Störgrößen beeinflußt ist und als

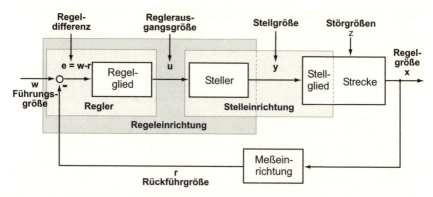

Bild 4-39: Allgemeiner Aufbau eines Regelkreises (klassische, einschleifige Eingangs-/Ausgangsregelung)

Ausgang die Regelgröße x liefert. Die Regelgröße wird durch die Meßeinrichtung erfaßt und dem Vergleichsglied zugeführt, woraus schließlich ein geschlossener Regelkreis resultiert.

Die Regelungstechnik unterscheidet folgende Typen von Regelungen:

- **Einschleifige Regelkreise ohne Aufschaltung von Störgrößen:** Dabei wird die (einzige) Regelgröße gemessen, zurückgeführt und mit der Sollgröße verglichen. Abweichungen werden durch das Regelglied bewertet und führen vermittelt über die Stelleinrichtung zur Beeinflussung der Strecke.
- **Einschleifige Regelkreise mit Störgrößenaufschaltung:** Ist der Einfluß von systematischen Störungen auf das zu regelnde System bekannt, so kann die Störgröße zusätzlich auf das Regelsystem aufgeschaltet und kompensiert werden.
- **Mehrschleifige Regelkreise:** Hier werden neben der eigentlichen Regelgröße weitere Größen, die sogenannten Hilfsregelgrößen, in unterlagerten Regelschleifen geregelt.
- **Mehrgrößenregelungen:** Diese basieren auf einer gleichzeitigen und gleichberechtigten Regelung mehrerer physikalischer Systemgrößen. Die Systemgrößen sind vielfach durch die physikalische Beschaffenheit der Strecke miteinander verkoppelt. Dadurch ergibt sich eine komplexere Rückführungsstruktur als bei den zuvor genannten Regelungstypen. Auf die Methodik des Entwurfs von Mehrgrößenregelungen wird in Kapitel 4.2.4.2 eingegangen.

Neuere Regelungskonzepte wie beispielsweise auf der Theorie der unscharfen Mengen (sog. Fuzzy-Regler) oder auf neuronalen Netzen beruhende Regler haben bisher in der industriellen Praxis kaum Verbreitung gefunden.

4.2.4.1 Dynamisches Verhalten von Regelkreisen

Regelkreise in technischen Systemen dienen zur Bereitstellung eines gewünschten dynamischen Systemverhaltens. Dieses kann durch vier Bereiche charakterisiert werden:

- Führungsverhalten,
- Störverhalten und
- Stabilitätsverhalten sowie
- Verhalten bei Parameteränderungen.

Führungsverhalten: Bild 4-40 verdeutlicht das Führungsverhalten eines Regelkreises anhand einer Führungsgröße w(t), die ausgehend vom Wert 0 zum Zeitpunkt t_0 zunächst auf einen konstanten positiven Wert verstellt wird, zum Zeitpunkt t_1 einen konstanten negativen Wert annimmt und schließlich zum Zeitpunkt t_2 wieder auf den Wert 0 zurückgenommen wird. Die Regelgröße x(t) zeigt in Bild 4-40 einen typischen wünschenswerten Verlauf. Das dargestellte Systemverhalten kennzeichnet einen gut ausgelegten Regelkreis.

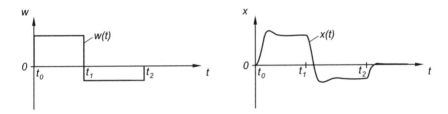

Bild 4-40: *Führungsverhalten eines gut ausgelegten Regelkreises*

Die im Vergleich zur Führungsgröße vorhandenen Verzögerungen sind auf die notwendig werdenden Umladungen der im System vorhandenen Energiespeicher zurückzuführen. .Deshalb behält die Regelgröße im Zeitpunkt t_0 zunächst den Wert 0. Die Regeldifferenz e(t_0) springt auf den Wert e(t_0) = w(t_0)-x(t_0) = w(t_0). Aufgrund des Regeleingriffs ändert sich die Regelgröße im folgenden und die Regeldifferenz geht gegen den Wert 0. Die Systemträgheit führt zu einem zeitweisen Überschwingen der Regelgröße, die Regeldifferenz wird negativ. Nach kurzer Zeit nimmt die Regelgröße schließlich den Sollwert an und die Regeldifferenz verschwindet. Die zu den Zeitpunkten t_1 und t_2 folgenden Änderungen der Führungsgröße führen zu entsprechenden Ausgleichsvorgängen der Regelgröße. Die Regelgröße erreicht damit wie gefordert die Führungsgröße. Allerdings geschieht dies erst nach einer systemspezifischen Zeit, da eine Umladung der im System vorhandenen Energiespeicher nur mit einer begrenzten Leistung erfolgen kann.

Störverhalten: Das Störverhalten kennzeichnet die Reaktion des Systems auf Störeinflüsse bei konstanter Führungsgröße (w(t) = 0). Bild 4-41 zeigt einen typischen Verlauf der Regelgröße bei gegebener Störgröße x(t). Der Sprung der Störgröße z(t) zum Zeitpunkt t_0 führt mit gewisser Verzögerung zur Verstellung der Regelgröße x(t). Die Differenz von Führungsgröße w(t) und Regelgröße x(t) wird erfaßt und der Regler veranlaßt eine entsprechende Verkleinerung der Stellgröße und damit auch der Regelgröße. Die Störung wird sozusagen ausgeregelt: Die Regelgröße wird auf den Wert der Führungsgröße zurückgeführt und der Einfluß der Störgröße beseitigt.

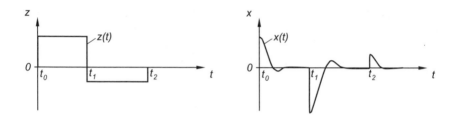

Bild 4-41: Störverhalten eines Regelkreises

Stabilitätsverhalten: Der Begriff Stabilitätsverhalten läßt sich anschaulich anhand der häufigen Forderung nach möglichst kurzer Dauer des Einschwingvorgangs bei Änderung der Führungsgröße erläutern. Eine kurze Dauer des Einschwingvorgangs läßt sich durch Erhöhung der Stelleistung erreichen: Kleine Regeldifferenzen führen bereits zu starken Stelleingriffen. Wie aber Bild 4-40 und Bild 4-41 zeigen, reagieren technische Systeme nur mit einer gewissen Verzögerung auf Änderungen von Führungs- oder Störgröße. Erhöht man die Stelleistung, dann reagiert zwar die Regelgröße x(t) entsprechend Bild 4-42 mit einem steileren Anstieg auf Änderungen der Führungsfunktion w(t), schießt aber aufgrund der Systemträgheit über den Sollwert hinaus. Es resultiert eine negative Regeldifferenz, so daß der Regler stark in entgegengesetzter Richtung eingreifen muß. Das in Bild 4-42 dargestellte schwach gedämpfte System zeigt ein Pendeln um den Sollwert mit abnehmender Amplitude der Regeldifferenz. Das angestrebte Ziel eines schnellen Einschwingens wird nicht erreicht. Eine weitere Verstärkung der Wirkung des Reglers könnte schließlich zu einer dauerschwingenden Regeldifferenz oder sogar zu einer Regeldifferenz mit aufklingender Amplitude führen, was auf jeden Fall zu vermeiden ist.

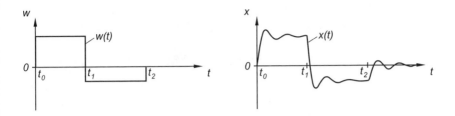

Bild 4-42: Stabilitätsverhalten eines Regelkreises

Verhalten bei Parameteränderungen: Eigenschafts- und damit Parameteränderungen treten bei allen realen technischen Systemen aufgrund von Alterungs- oder Abnutzungserscheinungen auf. Dies kann beispielsweise dazu führen, daß entsprechend Bild 4-43 das Einschwingverhalten der Regelgröße sehr träge wird. Da diese Änderungen in der Regel unerwünscht sind, müssen sie durch entsprechende Auslegung des Reglers vermieden oder zumindes hinreichend klein gehalten werden.

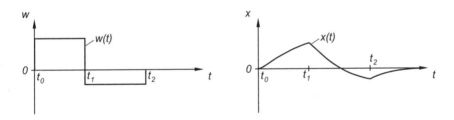

Bild 4-43: Systemverhalten eines trägen Regelkreises

Aus vorstehenden Ausführungen lassen sich die Forderungen ableiten, die ein dynamisches System mit gut ausgelegter Regelung erfüllen sollte:
- Die hinreichend schnelle und ausreichend gedämpfte Reaktion auf Änderungen der Führungsgröße. Die Regeldifferenz sollte dabei eine festgelegte Schranke nicht überschreiten.
- Auf Störungen sollte die Regelgröße möglichst wenig reagieren bzw. Störungen sollten durch die Regelung möglichst schnell ausgeregelt werden.
- Der Regelkreis als Gesamtheit muß stabil sein. Die Regelgröße darf damit einerseits keine Schwingungen mit konstanter oder aufschwingender Amplitude ausführen. Andererseits darf die Regelgröße keinen monoton anwachsenden Verlauf aufweisen.

- Bei Änderungen der Parameter des technischen Systems darf sich das Verhalten des Regelkreises nur innerhalb gewisser Toleranzen ändern.

4.2.4.2 Methodik des Entwurfs von Mehrgrößenregelungen

Wie zu Beginn bereits angesprochen, sind Mehrgrößenregelungen durch komplexere Rückführungsstrukturen gekennzeichnet als die klassischen Eingangs-/Ausgangsregelungen. Mehrgrößenregelungen werden in der Regel als **Zustandsregelungen** ausgeführt. Dabei werden die physikalischen Größen des zu beeinflussenden Systems als Zustandsgrößen des Systems bezeichnet. Damit rückt das „Innere" des Systems in den Vordergrund. Zustandsregelungen sind aufgrund einer Vielzahl freier Parameter komplexer als klassische Regelungen, zeichnen sich aber gegenüber diesen durch eine Reihe von Vorteilen aus [Föllinger 1990]:

- sie sind auch für nichtlineare, zeitvariante Systeme anwendbar,
- sie gewähren neue Einsichten in das Verhalten des Grundsystems,
- es existieren effiziente Entwurfsverfahren für Mehrgrößenregelungen und
- sie gestatten eine rationelle numerische Berechnung auf Digitalrechnern.

Bild 4-44 zeigt die grundsätzliche Struktur einer Zustandsregelung für ein lineares System.

Die Strecke nach Bild 4-44 wird durch folgendes Gleichungssystem beschrieben:

$$\dot{\underline{x}} = \underline{A} \cdot \underline{x} + \underline{B} \cdot \underline{w} \quad \text{mit} \quad \underline{w} = \underline{u}$$
$$\underline{y} = \underline{C} \cdot \underline{x}$$

Für das geregelte System gilt:

$$\dot{\underline{x}} = (\underline{A} - \underline{B} \cdot \underline{R}) \cdot \underline{x} + \underline{B} \cdot \underline{M} \cdot \underline{w}$$
$$\underline{y} = \underline{C} \cdot \underline{x}$$

Durch geeignete Bestimmung der Werte der Matrix $\underline{R}$ können die Zustandsgrößen $\underline{x}$ des Systems – und damit auch die System-Ausgangsgrößen – in gewünschter Weise beeinflußt werden. Notwendig hierfür ist allerdings die sog. „Steuerbarkeit" des Systems (zur Steuerbarkeit siehe z.B. [Föllinger 1990]). Liegt diese nicht vor, so sind nicht alle Systemgrößen in gewünschter Weise über den Eingangsvektor $\underline{w}$ zu beeinflussen.

Domänenspezifische Entwicklungsmethodiken

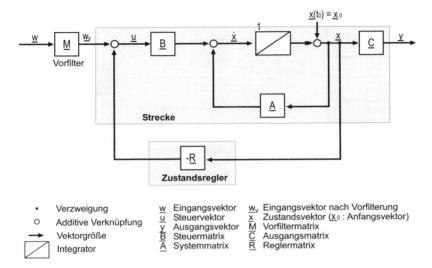

Bild 4-44: *Allgemeine Struktur einer Zustandsregelung für ein lineares System*

In der Praxis ist die Umsetzung der allgemeinen Struktur aus Bild 4-44 durch die Notwendigkeit der Messung aller Zustandsgrößen des Systems teilweise problematisch, da diese unter Umständen nicht meßtechnisch zugänglich sind oder ihre Anzahl sehr groß ist. Gelöst wird dieses Problem, indem die nicht gemessenen Zustandsgrößen geschätzt werden. Hierfür wird das Zustandsmodell der Strecke genutzt (siehe z.B. [Schlitt 1993]), das System wird sozusagen beobachtet (sog. Luenberger-**Beobachter**). Beim Entwurf einer Zustandsregelung ist deshalb frühzeitig zu entscheiden, welche Zustandsgrößen des Systems über Sensoren gemessen und welche Zustandsgrößen über eine mathematische Zustandsbeschreibung des Systems geschätzt werden.

Das Vorgehen beim Entwurf von Mehrgrößenreglern in Zustandsdarstellung ist in Bild 4-45 dargestellt. Die Vorgehensmodelle beim Entwurf von Fuzzy-Reglern oder dem Entwurf von Reglern mittels neuronaler Netze weichen vom vorgestellten Vorgehensmodell an einigen Stellen ab. Dies gilt insbesondere für die Phase der Modellbildung (siehe hierzu z.B. [Strietzel 1996] und [Bonfig 1995]). Der Entwurf klassischer Regelungen entspricht dem vorgestellten Vorgehensmodell weitgehend. Der Unterschied liegt in der Streckenmodellierung und in den verwendeten mathematischen Methoden zur Reglerauslegung, die beim klassischen Verfahren im Frequenzbereich erfolgt. Die Phasen, Tätigkeiten und Resultate des Vorgehensmodells werden im folgenden erläutert (Bild 4-45).

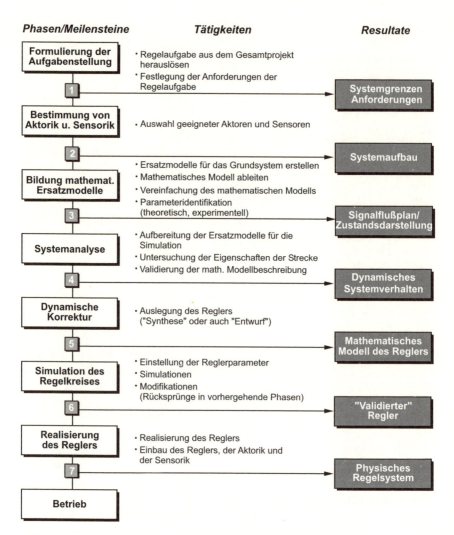

Bild 4-45: Phasenmodell für den Entwurf von Zustandsregelkreisen

Formulierung der Aufgabenstellung: In dieser Phase ist die Regelungsaufgabe möglichst präzise zu spezifizieren. Die Regelungsaufgabe ist wie bereits erwähnt nur eine Teilaufgabe in einem Gesamtsystem. Sie ist deshalb aus diesem zu isolieren, d.h. die Systemgrenzen für die Regelungsaufgabe sind festzulegen. Dabei sind die Systemgrenzen so zu wählen, daß die Wechselbeziehungen mit der weiteren Systemumgebung zu vernachlässigen bzw. die relevanten Störgrößen ausreichend berücksichtigt sind [Föllinger 1990]. Durch die Festlegung der *Systemgrenzen* ergibt sich das durch die Regelung *zu beeinflussende Grundsystem*. Zur Spezifikation der Regelungsaufgabe gehören weiterhin die Anforderungen an das dynamische Verhalten des Regelkreises (siehe Kapitel 4.2.4.1). Diese können in Grundforderungen, qualitative und quantitative Anforderungen unterteilt werden. *Grundforderungen* sind Anforderungen, die jeder Regelkreis grundsätzlich erfüllen sollte. So stellt z.B. die Stabilität des Regelkreises eine Grundforderung dar, indem verlangt wird, daß bei begrenzten Systemeingangswerten auch alle Zustands- und Ausgangsgrößen des Systems begrenzte Werte annehmen. *Qualitative Anforderungen* sind verbale, ungenaue Beschreibungen des gewünschten dynamischen Verhaltens, die teilweise widersprüchlich sind. Ein Beispiel hierfür sind die Forderungen, daß ein Regelkreis zum einen genügend schnell, zum anderen ausreichend gedämpft einschwingen soll. *Quantitative Anforderungen* hingegen sind eindeutig erfüllt oder nicht. Ein Beispiel hierfür ist die Forderung eines energieminimalen Einschwingverhaltens des Regelkreises. Im Zusammenhang mit der Bewertbarkeit des dynamischen Verhaltens des Regelkreises ist i.d.R. die Spezifikation mittels quantitativer Anforderungen der mittels qualitativer Anforderungen vorzuziehen.

Bestimmung von Aktorik und Sensorik: Bei einer Zustandsregelung werden alle relevanten Zustandsgrößen des Systems berücksichtigt. Aufgrund der vielfach hohen Anzahl relevanter Systemgrößen können aus Kostengesichtspunkten nicht alle Systemgrößen meßtechnisch erfaßt werden. Deshalb ist zu klären, welche der Zustandsgrößen gemessen und welche durch ein Modell der Regelstrecke näherungsweise bestimmt, d.h. nur „beobachtet" werden. Da sowohl die Sensorik zur Messung der Systemgrößen als auch die Aktorik zur Beeinflussung der Ausgangsgrößen Einfluß auf das dynamische Verhalten des Gesamtsystems ausüben, sind die ausgewählten Sensoren und Aktoren i.d.R. bei der folgenden Bildung mathematischer Ersatzmodelle zu berücksichtigen.

Bildung mathematischer Ersatzmodelle: Das Ziel dieser Phase sind mathematische Ersatzmodelle des Systems (Grundsystem, Sensorik und Aktorik), die dessen Verhalten mit ausreichender Genauigkeit beschreiben. Bild 4-46 zeigt die Schritte zur Bildung eines dynamischen Ersatzmodells in Zustandsdarstellung am Beispiel eines Getriebes. Ausgangspunkt der Betrachtung ist die *Prinzipskizze* des Getriebes. Zur Modellierung der Dynamik des Getriebes wird durch Berücksichtigung von Massenträgheitsmomenten, Reibungen und Federsteifigkeiten ein *dynamisches Ersatzmodell* erzeugt. Die Entscheidung, welche Einflüsse und physikalischen Effekte im Einzelnen bei der Modellierung zu berücksichtigen sind, ist abhängig von der jeweiligen Aufgabenstellung. Damit das dynamische Ersatzmodell vom Digitalrechner verarbeitet werden kann, wird im nächsten Schritt ein *mathematisches Ersatzmodell* abgeleitet, in dem den modellierten Trägheitsmomenten, Reibungen und Federsteifigkeiten physikalische Gesetzmäßigkeiten zugeordnet werden. Deren Verkopplung führt zu den systembeschreibenden Differentialgleichungen, die das mathematische Ersatzmodell bilden. Dieses dient als Ausgangspunkt für die in der Regelungstechnik weit verbreitete blockorientierte Darstellung (siehe Kasten „Blockorientierung"). Zur Analyse des dynamischen Systemverhaltens und zur Auslegung des Reglers besonders geeignet ist die Zustandsdarstellung des Systems. Diese läßt sich in der Praxis allerdings oft erst nach Vereinfachung der Differentialgleichungen des mathematischen Modells erzeugen. Die *Zustandsdarstellung* überführt die Differentialgleichungen des mathematischen Ersatzmodells in eine Differentialgleichung erster Ordnung in Matrixschreibweise. Für die Belegung der symbolisch dargestellten physikalischen Größen bzw. Parameter des Systems (die sog. Streckenparameter wie z.B. Drehmomente, Massen, Abstände) werden die realen Werte durch Messungen am physischen System bestimmt. Diese Zuordnung wird auch als Parameteridentifikation bezeichnet.

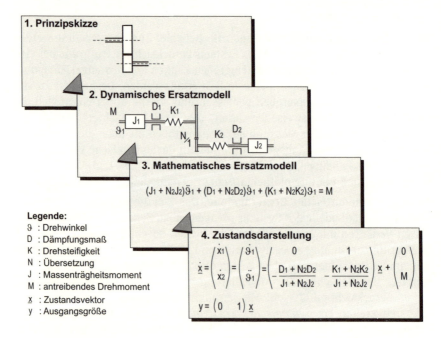

Bild 4-46: Schritte bei der Erstellung eines Ersatzmodells in Zustandsdarstellung am Beispiel der Dynamik eines Getriebes

Blockorientierte Beschreibung dynamischer Systeme

Die blockorientierte Modellierung basiert auf der Eingangs-/Ausgangsbeschreibung eines dynamischen Systems. Die Eingangsgröße wird durch das System in eine Ausgangsgröße transformiert. Das Systemverhalten wird in einem „Block" zusammengefaßt. Der Block repräsentiert ein spezielles dynamisches Verhalten, das als mathematisches Modell formalisiert ist. Ein Block wird deshalb i.d.R. als Übertragungsglied bezeichnet. Komplexe dynamische Systeme können durch Verkopplung einfacherer Übertragungsglieder realisiert werden. Unten sind nach Föllinger einige einfache Übertragungsglieder dargestellt [Föllinger 1990].

Benennung	Funktional-beziehung	Übertragungs-funktion	Sprungantwort (Null für)	Verlauf der Sprungantwort	Symbol
P-Glied	$y = K\,u$	K	K		
I-Glied	$y = K \int_0^t u(\tau)\,d\tau$	$\dfrac{K}{s}$	$K\,t$		
D-Glied	$y = K\,\dot{u}$	$K\,s$	$K\,\delta(t)$		
T_t-Glied	$y(t) = K\,u(t - T_t)$	$K e^{-T_t s}$	$K\,\sigma(t - T_t)$		
Summier-glied	$y = u_1 {\scriptstyle(\pm)} \ldots {\scriptstyle(\pm)} u$				
Kennlinien-glied	$y = F(u)$				
Multiplizierglied	$y = K\,u_1\,u_2$				
P-T_1-Glied	$T\dot{y} + y = K\,u$	$\dfrac{K}{1 + T\,s}$	$K(1 - e^{-t/T})$		
Dividierglied	$y = K\,\dfrac{u_1}{u_2}$				

Übertragungsglieder nach Föllinger

Die **funktionale Beziehung** zwischen Eingang und Ausgang charakterisiert im Zeitbereich die aus einer Eingangsgröße u resultierende Ausgangsgröße y bei gegebenem System. Wendet man auf die funktionale Beziehung die Laplace-Transformation an, so ergibt sich die sog. **Übertragungsfunktion** eines Übertragungsgliedes.

Die Funktion f(t) im Zeitbereich wird als Originalfunktion, F(s) als Bildfunktion bezeichnet. Berechnungen unter Nutzung der Bildfunktionen finden im sog. Bildbereich statt. Die **Sprungantwort** kennzeichnet den Ausgang eines dynamischen Systems bei Anregung mit einer Sprungfunktion der Höhe K. Die Sprungantwort wird im Zeitbereich angegeben. Der **Verlauf der Sprungantwort** veranschaulicht die Bedeutung der einzelnen Konstanten der mathematischen Beschreibung der Sprungantwort. Der Verlauf der Sprungantwort für Zeiten t > 0 charakterisiert zusätzlich die **Block-Symbolik** für Übertragungsglieder mit expliziter Sprungantwort.

Nachfolgend sind Beispiele von Blockschaltbildern für ein untersetzendes Getriebe und einen fremderregten Gleichstrommotor dargestellt. Ausgangspunkt ist jeweils die Prinzipskizze der Komponenten. Der große Vorteil dieser Art der Darstellung liegt einerseits darin, daß die Bestimmung der Ausgangs- aus den Eingangsgrößen als „Black Box" betrachtet werden kann. Für den fremderregten Gleichstrommotor bleiben beispielsweise als Eingangsgröße die Ankerspannung und als Ausgangsgrößen das äußere Lastmoment sowie die Abtriebswinkelgeschwindigkeit. Andererseits sind die Komponenten auf diese Weise einfach zu komplexeren Einheiten zu verkoppeln. So können die Blockschaltbilder des fremderregten Gleichstrommotors und des untersetzenden Getriebes direkt verbunden werden, indem die Abtriebswinkelgeschwindigkeit bzw. das äußere Lastmoment des Gleichstrommotors gleich der Antriebsgeschwindigkeit bzw. dem Antriebsmoment des untersetzenden Getriebes gesetzt werden. Es entsteht quasi eine Komponente "Angetriebene Untersetzung". Das zugehörige Blockschaltbild wird quasi "kostenlos" mitgeliefert. Werden die modellierten Komponenten häufiger eingesetzt, so sind die einmal entwickelten Blockschaltbilder grundsätzlich wiederzuverwenden.

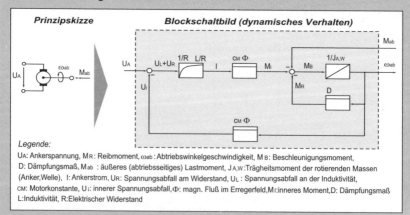

Beispiel: Fremderregter Gleichstrommotor

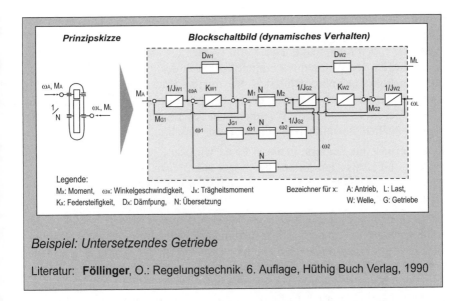

Beispiel: Untersetzendes Getriebe

Literatur: **Föllinger**, O.: Regelungstechnik. 6. Auflage, Hüthig Buch Verlag, 1990

Systemanalyse: In dieser Phase werden die dynamischen Eigenschaften des Grundsystems in Verbindung mit den gewählten Aktoren und Sensoren analysiert. Hierfür ist das in der vorherigen Phase erstellte Modell in ein algorithmisches Modell umzuwandeln, das auf einem Digitalrechner simuliert werden kann. Die Simulation erfolgt im allgemeinen mittels Anregung des Systems durch charakteristische Anregungsfunktionen. Typische Anregungsfunktionen sind dabei die Sprungfunktion oder Überlagerungen von harmonischen Schwingungen. Anhand der Ausgangsgrößen des Systems können Vergleiche mit dem realen Verhalten des simulierten Systems vorgenommen, d.h. die Ersatzmodelle validiert werden. Entspricht das durch die Modelle spezifizierte Verhalten nicht mit genügender Genauigkeit dem zugrundeliegenden System, so sind Änderungen in den vorhergehenden Phasen vorzunehmen. Beispielsweise kann sich durch die Simulation eines Modells zeigen, daß eine vorgenommene Vereinfachung – z.B. die Vernachlässigung einer Reibung – nicht zulässig war und deshalb das Ersatzmodell angepaßt werden muß.

Dynamische Korrektur: In der Phase der dynamischen Korrektur wird der Regler ausgelegt. Dabei ist für den Regler eine Struktur zu wählen, mit der der geschlossene Regelkreis das gewünschte dynamische Verhalten erreichen kann. Hierfür wird der Regler durch ein mathematisches Modell beschrieben. Der Regler enthält dann freie, d.h. noch unbestimmte Parameter (die sog. Reglerparameter), die aufgrund der Anforderungen aus der Phase „Formulierung der Aufgabenstellung" zu bestimmen sind.

Simulation des Regelkreises: Die Aufgabe der Simulation besteht in der Überprüfung der Eignung des gewählten Reglers sowie der Festlegung der Werte der freien Reglerparameter. Dafür werden die Modelle der Strecke, Sensoren, Regler und Aktoren als Einheit bezüglich des dynamischen Verhaltens auf dem Digitalrechner simuliert. Treten hierbei Unzulänglichkeiten des entworfenen Reglers oder an den Modellen zutage, so sind Modifikationen in früheren Phasen des Entwurfs vorzunehmen. Als Ergebnis dieser Phase ergibt sich schließlich die validierte mathematische Beschreibung des Reglers.

Realisierung des Reglers: In dieser Phase wird der Regler als physisches Subsystem – i.d.R. als Algorithmus auf einem Mikroprozessor – realisiert und mit den Aktoren, Sensoren sowie dem Grundsystem zu einem physischen Regelsystem integriert.

Betrieb: Während des Betriebs der Regeleinrichtung werden häufig in der Anfangsphase noch weitere Anpassungen der Reglerparameter vorgenommen. Dies liegt darin begründet, daß einerseits das Modell der Strecke deren reales Verhalten häufig nur unzureichend widerspiegelt und andererseits die Reglerparameter direkt von den Streckenparametern abhängen. Ist ein Ziel der Regelung die dauernde Berücksichtigung von zeitlichen Änderungen der Streckenparameter oder der Größen an den Systemgrenzen, so kann die Anpassung der Regelparameter als inhärente Reglereigenschaft berücksichtigt werden. In diesem Zusammenhang wird von adaptiven Regelungen gesprochen.

4.2.4.3 Realisierbarkeit von Regelkreisen

Bei der Darstellung des Vorgehensmodells im vorherigen Kapitel wurde vorausgesetzt, daß die gestellte Aufgabe durch das gewählte Regelungskonzept und die vorhandene Controller-Hardware zu erfüllen ist. In Spezialfällen, insbesondere bei der Neuentwicklung von Systemen mit hohen Anforderungen an die Systemdynamik, ist jedoch grundsätzlich die Frage der Realisierbarkeit der gewünschten Regelungsaufgabe zu stellen. Die Realisierbarkeit ist dabei nicht nur von technischen, sondern auch von wirtschaftlichen Gesichtspunkten abhängig. Kann beispielsweise nur durch die Entwicklung von Spezialhardware die Erfüllung der Anforderungen an die Regeleinrichtung sichergestellt werden, so schließen die zu erwartenden hohen Entwicklungskosten bei einer geringen Stückzahl des Endproduktes eventuell eine praktische Umsetzung aus. Konkret zeigt dies, daß zusätzliche Entscheidungen beim Entwurf von Regelkreisen zu treffen sind.

Die Realisierbarkeit einer Regelungsaufgabe ist im wesentlichen abhängig von den Anforderungen an den Regelkreis (Dynamik, Raumbedarf der benötigten Elemente) sowie der Leistungsfähigkeit und den Kosten der zur Verfügung stehenden bzw. zu entwickelnden Controller-Hardware [Friedland 1996].

Bild 4-47 zeigt notwendige Entscheidungen bezüglich der Realisierbarkeit eines geplanten Regelkreises sowie deren Auswirkungen.

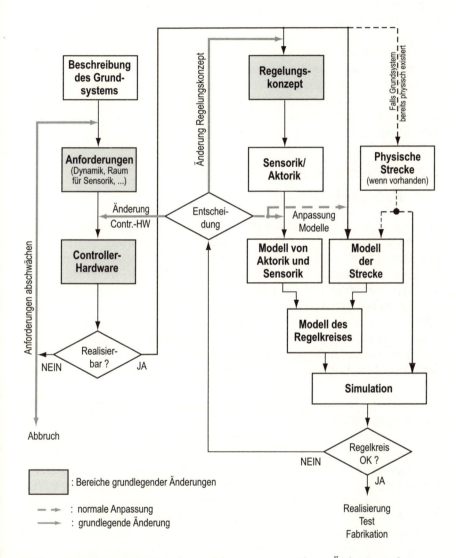

Bild 4-47: Entscheidungen und Auswirkungen notwendiger Änderungen beim Entwurf von Regelkreisen

Unzulänglichkeiten von Entwurfsentscheidungen werden oft erst in der Phase der Simulation des Regelkreises erkannt. Beruht das unzureichende Verhalten des Regelkreises dann lediglich auf unzulänglichen Modellen von Grundsystem, Aktorik oder Sensorik, so ist eine Anpassung des Modells vorzunehmen, wobei keine Rücksprünge in frühere Phasen des Entwurfs notwendig sind. Dieses Vorgehen stellt den Normalfall in der Praxis des Entwurfs von Regelkreisen dar [Dörrscheidt/Latzel 1993]. Ist allerdings das Regelkonzept an sich oder aber die Leistungsfähigkeit der gewählten Controller-Hardware bezüglich der Anforderungen unangemessen, so werden zeitintensive – und damit auch kostenintensive – Rekursionen im Entwicklungsablauf notwendig. Diese können eine Abschwächung der Anforderungen oder sogar den vollständigen Abbruch des Entwurfs nach sich ziehen (Bild 4-47).

4.3 Integrative Spezifikation neuer Produktkonzeptionen

Die entscheidenden Weichenstellungen, ob ein Produkt erfolgreich sein wird oder nicht, werden in den frühen Phasen des Produktentwicklungsprozesses gestellt und zwar in der Produktplanung und in der Produktkonzipierung. Die Produktplanung haben wir bereits ausführlich behandelt. Die Produktkonzipierung wurde bisher in diesem Hauptkapitel jeweils aus Sicht der involvierten Fachdisziplinen betrachtet. Die Integration dieser Sichten zu einer Lösungskonzeption respektive Produktkonzeption ist Gegenstand dieses Kapitels. Unter Produktkonzeption soll in diesem Zusammenhang die funktionsbestimmende Spezifikation des zu entwickelnden Produktes verstanden werden. Dies schließt insbesondere die grobe, aber grundlegende Festlegung der physikalischen und logischen Wirkungsweise ein.

Die Erarbeitung einer Produktkonzeption erfolgt in zwei grundlegenden Schritten: der funktionalen sowie der konzeptionellen Spezifikation (vgl. Kapitel 4.3.1 und Kapitel 4.3.2). Unter Spezifikation verstehen wir die Beschreibung eines Sachverhalts, wie die Gestalt eines mechanischen Bauteils, das Verhalten einer elektronischen Schaltung und den Ablauf einer Software. Derartige Beschreibungen können umgangssprachlich, semiformal und formal sein. **Formale Spezifikationen** müssen in der Regel dem Anspruch genügen, daß sie durch den Computer abarbeitbar sind. Somit ist ein Programmcode eine formale Spezifikation. Formale Spezifikationen weisen den Nachteil auf, daß sie nur von wenigen Spezialisten verstanden werden. Sie sind das Ausdrucksmittel des tief im Detail arbeitenden Spezialisten.

Demgegenüber werden **umgangssprachliche Spezifikationen** von nahezu Jedermann verstanden. Allerdings sind sie für die exakte Beschreibung eines technischen Sachverhalts nicht präzise genug. Deshalb haben sich Ausdrucksmittel in den einzelnen Fachdisziplinen durchgesetzt, die mehr oder weniger formal, aber nicht streng formal wie ein Computerprogramm sind, eben semiformale Spezifikationstechniken. Die technische Zeichnung des Maschinenbaus oder der Hydraulikschaltplan sind **semiformale Spezifikationen**. Der Fachmann kann sie leicht lesen, aber selbst der etwas technisch begabte Laie kann sich vorstellen, was gemeint ist. Typisch ist, daß der Fachmann rasch ein umfassendes Bild des Artefaktes im Kopf zu entwickeln vermag, weil er die Regeln gelernt hat, nach denen die Konstrukte des Plans zu interpretieren sind. Der weniger Eingeweihte wird hingegen eher einen Haufen Striche und Zeichen sehen und nur erahnen können, was gemeint ist. Gleichwohl sind wir der Auffassung, daß auf der Ebene der semiformalen Spezifikation der Hebel anzusetzen ist, um eine Basis für die Kommunikation und Kooperation der Fachleute aus den beteiligten Disziplinen zu erhalten. Wir konzentrieren uns daher im folgenden auf die semiformale Beschreibung.

Dies ist aus unserer Sicht die entscheidende Herausforderung, weil es darum geht, eine *ganzheitliche Spezifikation einer Produktkonzeption* zu erhalten. Es ist unser Anspruch, als Resultat der Produktkonzipierung „Pläne" vorliegen zu haben, mit Hilfe derer sich die Fachleute aus den involvierten Disziplinen verständigen können und so Konsens über die Lösungskonzeption finden. Im Anschluß daran geht es in die einzelnen Domänen, in denen die etablierten Spezifikationstechniken eingesetzt werden und am Ende mehr oder weniger formale Spezifikationen jeweils aus Sicht der Domäne vorliegen. Wichtig ist aber, daß vorher die Verständigung über die Lösungskonzeption des mechatronischen Produktes stattgefunden hat. Genau daran mangelt es heute. Die im folgenden vorgestellte Spezifikationstechnik schließt diese Lücke. Sie wurde am Heinz Nixdorf Institut der Universität Paderborn entwickelt und umfaßt einen funktionalen sowie einen konzeptionellen Teil [Kallmeyer 1998].

4.3.1 Funktionale Spezifikation

Die funktionale Spezifikation bietet zwei einander ergänzende Modellierungsmöglichkeiten, konkretere Vorstellungen über die Funktionsweise des zu entwickelnden Systems abzubilden, die

- funktionale Dekomposition sowie die
- Flußverkettung von Teilfunktionen.

Funktionale Dekomposition: Hier wird eine Funktion durch Aufgliederung in Teilfunktionen konkretisiert. Das Vorgehen entspricht dabei dem in Kapitel 4.2.1 bei der Entwicklung maschinenbaulicher Erzeugnisse beschriebenen. Bild 4-48 zeigt die graphische Notation einer funktionalen Dekomposition am Beispiel der Funktion „Prüfling auf Wärme-Verformungs-Zusammenhang untersuchen". Die Funktion wird knapp und prägnant innerhalb eines Rechtecks beschrieben. Rechtecke stellen dabei die allgemeinen Symbole für Funktionen dar. Abstraktere Funktionen stehen bei der Modellierung gegenüber konkreteren weiter links. Die Zuordnung der konkreteren Teilfunktionen zu einer abstrakteren Funktion erfolgt entsprechend Bild 4-48. Das Beispiel zeigt die untergeordneten Funktionen „Energie in Wärme umsetzen", „Prüfling erwärmen", „Temperatur messen" und „Verformung messen". Diese sind durch Linien, die an den Konstrukten der Funktionen beginnen bzw. enden mit der übergeordneten Funktion verbunden. Das Resultat ist die Funktionshierarchie, die wie in Bild 4-48 von links nach rechts zu lesen ist bzw. von oben nach unten angeordnet ist.

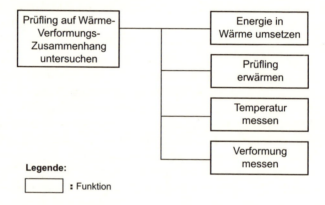

Bild 4-48: Funktionale Dekomposition: Beispiel für die Unterteilung einer Funktion in Teilfunktionen

Flußverkettung: Die Flußverkettung gestattet die konkretere Modellierung der Beziehungen zwischen Teilfunktionen. Diese Art der funktionalen Modellierung unterstreicht die Interpretation der Funktionen als Blöcke, die eine Eingangs- in eine Ausgangsgröße transformieren. Sie können durch Energie-, Stoff- und Informationsflüsse verknüpft werden (vgl. auch Bild 2-5, Kapitel 2.2.1). In Bild 4-49 ist eine mögliche Flußverkettung der Teilfunktionen aus Bild 4-48 dargestellt. Die Flußrichtung wird für alle drei Arten von Flüssen durch eine Pfeilspitze definiert. Eine weitere Möglichkeit, ein technisches System funktionsorientiert zu modellieren, ist im Kasten auf Seite 312 beschrieben. Hervorzuheben ist in diesem Beispiel, daß die funktionsorientierte Modellierung zu analysierbaren Modellen führt.

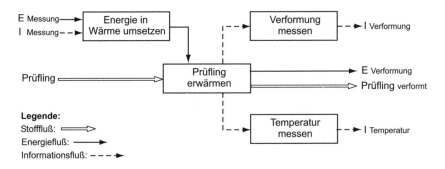

Bild 4-49: *Flußverkettung; Beispiel für Energie-, Stoff- und Informationsflüsse zwischen Teilfunktionen*

4.3.2 Konzeptionelle Spezifikation

Eng verzahnt mit der Funktionsmodellierung verläuft im Zuge der Lösungsfindung die konzeptionelle Spezifikation des zu entwickelnden Systems. Bild 4-50 zeigt in abstrakter Darstellung ein technisches System mit Angabe der notwendigerweise für eine Produktkonzeption zu spezifizierenden Sachverhalte Struktur, Verhalten und Gestalt. Die *Struktur* der Produktkonzeption umfaßt die Komponenten des zu entwikkelnden Produktes sowie deren Beziehung untereinander. Im folgenden werden die zur Modellierung integrativer Konzeptionen benötigten Basiskonstrukte vorgestellt. Anschließend wird die Spezifikation des *Verhaltens* der Systemelemente, dann die Modellierung ihrer *Gestalt* beschrieben. Abschließend wird dargelegt, wie der Modellierungsstatus, d.h. der aktuelle Entwicklungsstand bei der Festlegung der Produktkonzeption, modellierungstechnisch abzubilden ist.

4.3.2.1 Basiskonstrukte

Hier handelt es sich um Wirkprinzipien, Lösungselemente sowie beliebige Zusammenfassungen aus diesen. Unter Wirkprinzip wird ein Element verstanden, das spezifiziert wird, um einen physikalischen Effekt bzw. eine logische Beschreibung zu realisieren. Ein Lösungselement stellt eine realisierte, bewährte Lösung zur Erfüllung einer Funktion eines Industrieerzeugnisses dar (vgl. Kapitel 2.2.3).

Bei den Lösungselementen wird zwischen explizit festgelegten Lösungselementen einerseits und wählbaren Lösungselementen andererseits unterschieden. Erstere kennzeichnen ein spezielles Lösungselement, das bei der Erstellung der Produktkonzeption ausgewählt wird. Letztere bilden eine Menge von Lösungselementen. Alle Lösungselemente der Menge erfüllen die geforderte

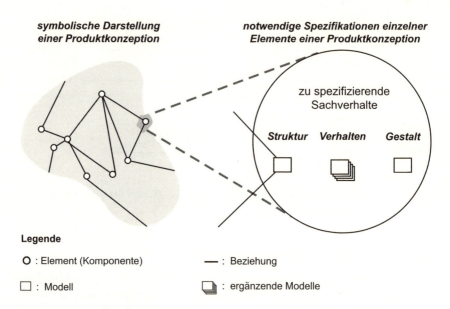

Bild 4-50: *Produktkonzeption mit den zu spezifizierenden Sachverhalten Struktur, Verhalten und Gestalt*

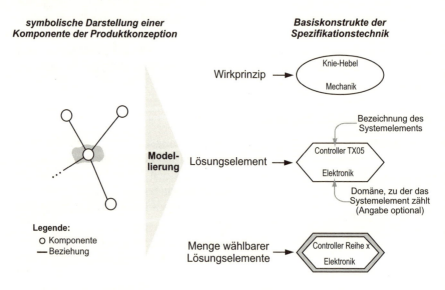

Bild 4-51: *Grundlegende Elemente neuer Produktkonzeptionen*

Aufgabe, weisen aber spezifische, für die Produktkonzeption nicht relevante Unterschiede auf. Dies kann z.B. für eine Menge von Sensoren zur Messung der Geschwindigkeit zutreffen, die als Lösungselemente vorliegen, sich aber z.B. in Bauform und Größe unterscheiden. Die explizite Auswahl des geeignetsten Lösungselements wird bei einer Menge wählbarer Lösungselemente auf eine spätere Entwicklungsphase verlegt. Zu diesem späteren Zeitpunkt können dann aufgrund des Fortschritts der Systementwicklung – und damit der Entwicklung anderer Systemkomponenten – weiterführende Kriterien für die Auswahl genutzt werden.

Die graphischen Repräsentationen für Wirkprinzipien, Lösungselemente sowie Mengen wählbarer Lösungselemente sind in Bild 4-51 beispielhaft dargestellt. Sowohl Wirkprinzipien als auch Lösungselemente werden durch einen eindeutigen Namen sowie optional durch die Angabe der zugrundeliegenden Fachdisziplin charakterisiert. Durch die aufgeführte Fachdisziplin können die Experten schnell die für sie relevanten Systemkomponenten identifizieren.

4.3.2.2 Spezifikation von Beziehungen

Die Zuordnung von Wirkprinzipien oder Lösungselementen zu Funktionen erfolgt mittels **Erfüllungsbeziehungen**. Erfüllungsbeziehungen kennzeichnen den Übergang von der Funktionsmodellierung zur Spezifikation des Produktkonzeptes. Sie werden durch strichpunktierte Linien symbolisiert. Bild 4-52 zeigt als Beispiele die Realisierung der Funktion „Kraft leiten" durch das Wirkprinzip „Stab" und die Verwendung eines Lösungselements zur Erfüllung der Funktion „Abstand messen".

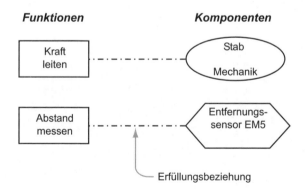

Bild 4-52: Beispiele zur Kennzeichnung der Erfüllung von Funktionen durch Spezifikationselemente

Das Analysewerkzeug RODON

RODON ist ein modellbasiertes Analysewerkzeug für die Auslegung, Simulation, Risikoanalyse und Diagnose komplexer technischer Systeme. Für die Entwicklung mechatronischer Systeme von besonderer Bedeutung sind dabei die Möglichkeiten, Systeme mit komplexen Zusammenhängen unterschiedlicher technischer Domänen auf verschiedenen Abstraktionsstufen zu modellieren und auf der Basis dieser Modelle Sicherheitsüberprüfungen durchzuführen.

RODON verarbeitet Informationen über Funktionen und Verhalten. Jeder Komponente des Systems wird eine Beschreibung des Nominal- und evtl. auch des Fehlverhaltens zugeordnet, die je nach Abstraktionsebene physikalische Gesetzmäßigkeiten oder auch logische Zusammenhänge enthält. Das Verhalten von Funktionen wird durch mathematische Beziehungen (sog. Constraints) zwischen Eingangsgrößen, Ausgangsgrößen und Parameterwerten beschrieben. Als Basiskonstrukte stehen neben algebraischen Gleichungen auf der Basis von Intervallmengen auch Operatoren für Kennlinien und Kennfelder, nichtlineare Funktionen, boolesche Logik und zeitdiskrete Verhaltensbeschreibungen zur Verfügung.

Mit dem RODON-Modell lassen sich automatisch Mehrfachsimulationen für frei definierte Schalt- und Beobachtungszustände des Systems durchführen. Neben Schaltzuständen können auch Fehlerzustände der Komponenten berücksichtigt werden, was einer Fehlermöglichkeits- und Einflußanalyse (FMEA) entspricht. Des weiteren stehen Module zur Risiko- bzw. Zuverlässigkeitsanalyse, der Fehlerbaumanalyse und der Sneak Circuit Analyse (SCA) zur Verfügung. Die kontextfreie, bauteilorientierte Modellierung erlaubt den Aufbau von Komponentenbibliotheken und unterstützt die Wiederverwendung von Komponenten. Am Beispiel eines Sparbuch- und Belegdruckers wird im folgenden die Modellierung der abstrahierten Produktfunktionen, die durch die drei Komponenten Mechanik, Software und Elektronik realisiert werden, dargestellt.

Sparbuchdrucker HPR 4915 der Firma Wincor Nixdorf

Integrative Spezifikation neuer Produktkonzeptionen 313

Ausgangspunkt für die Modellierung bilden die zentralen Funktionskomponenten: Die *Steuerelektronik* ist für die Steuerung der Abläufe des Druckers zuständig. Sie wird von der *Netzeinheit* mit elektrischer Energie versorgt und empfängt über die *Bedieneinheit mit Display* Eingaben des Benutzers. Die *Druckeinheit* enthält u.a. den Druckkopf, welcher für das Aufbringen der Farbe auf das Papier verantwortlich ist. Die *Transporteinheit* ist für die Zufuhr und Positionierung des Papiers zuständig. Eine *mechanische Steuerung*, die mit der *Steuerelektronik* verbunden ist, sorgt für die Koordination der mechanischen Abläufe in *Druckeinheit* und *Transporteinheit*.

Die Komponenten werden anhand der Ein- und Ausgangsgrößen verknüpft, und das Verhalten dieser Komponenten wird mit Hilfe der vorgestellten Basiskonstrukte beschrieben: beispielsweise wird die Druckeinheit mit booleschen Beziehungen, die mechanische Steuerung mit Zustandsbeziehungen und die Transporteinheit nach physikalischen Prinzipien modelliert.

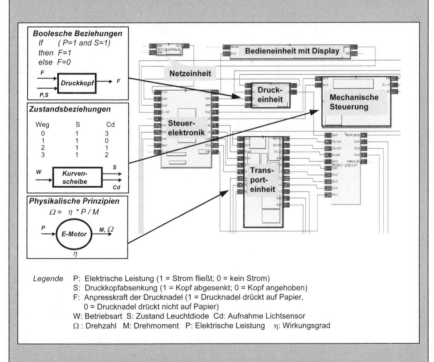

Zentrale Funktionskomponenten des Druckermodells und eingesetzte Modellierungsarten; funktionales Verhalten kann je nach erforderlichem Abstraktionsgrad beschrieben werden.

> Damit kann eine Funktionsstruktur erarbeitet werden, welche die gesamte Funktionalität des Produktes beschreibt, aber die Lösungsneutralität wahrt. Mit RODON stehen nun verschiedene Möglichkeiten zur Analyse der Betriebszustände des Druckermodells zur Verfügung:
> - **Simulation:** Verschiedene Betriebszustände (z.B. Stand by, Papier ausgerichtet, Zeilenvorschub) und mögliche Fehlfunktionen (z.B. Welle gebrochen, Farbspeicher leer, Motor defekt) können simuliert werden. Die Auswirkungen auf andere Komponenten können unmittelbar an den Anschlußstellen der Verknüpfungen abgelesen werden.
> - **Permutationen:** Die Auswirkungen der Fehlfunktion einer kompletten Komponente (z.B. Ausfall der Transporteinheit) werden für mehrere Betriebszustände gleichzeitig simuliert. Die Ergebnisse werden protokolliert und können anschließend detailliert ausgewertet werden.
>
> **Diagnose:** Für manuell eingegebene, fehlerhafte Verbindungswerte wird eine Simulation durchgeführt, und die als Fehlerursache in Frage kommenden Komponenten können gesucht und markiert werden.
>
> Literatur: **Flath**, M. et al.: Entwicklungsmethodik Mechatronik. In: Gausemeier, J./ Lückel, J. (Hrsg.): Entwicklungsumgebungen Mechatronik. Methoden und Werkzeuge zur Entwicklung mechatronischer Systeme. HNI-Verlagsschriftenreihe, Band 80, 2000
>
> **Seibold**, W.: Product Modeling for Design, Failure Mode Effect Analysis and Diagnosis with the Model Based Functional Analysis Tool RODON. In: Proceedings of the 27th ISATA Symposium, pp. 75-82, 1994
>
> **Seibold**, W.: RODON-Produktbeschreibung. In: F. Puppe et al. (Hrsg.): XPS-99, Proceedings of the 5th German Conference on Knowledge-Based-Systems. 1999

Beziehungen zwischen Elementen der Produktkonzeption werden entsprechend Bild 4-53 in Assoziationsbeziehungen und Aggregationsbeziehungen unterteilt. **Assoziationsbeziehungen** kennzeichnen das Zusammenwirken von Systemelementen auf einer Betrachtungsebene. **Aggregationsbeziehungen** hingegen dienen zur Generalisierung bzw. Detaillierung der Systembeschreibung.

Assoziationsbeziehungen

Komponenten einer Produktkonzeption werden aus zwei Gründen untereinander assoziativ verknüpft. Es gibt verhaltensbestimmte Gründe und randbedingungsbestimmte Gründe.

Integrative Spezifikation neuer Produktkonzeptionen **315**

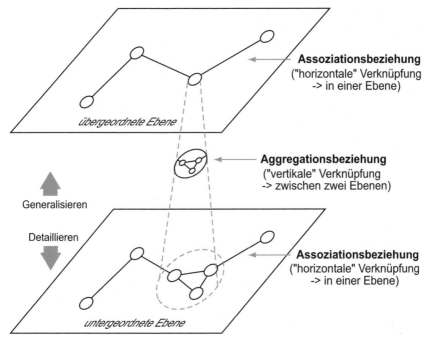

Bild 4-53: Veranschaulichung der unterschiedlichen Beziehungen, die zwischen Systemelementen der Produktkonzeption bestehen können

Assoziationen aus verhaltensbestimmten Gründen: Durch das Zusammenwirken der Systemkomponenten wird ein Verhalten erreicht, das eine bestimmte Funktion der Funktionshierarchie erfüllt. Um dieses Zusammenwirken zu spezifizieren, werden die notwendigen Abhängigkeiten zwischen den Systemkomponenten modelliert. Diese Art von Beziehungen wird als verhaltensbestimmte Assoziationsbeziehung oder kurz als verhaltensbestimmte Beziehung bezeichnet. Bild 4-54 zeigt zwei Beispiele verhaltensbestimmter Beziehungen. Verhaltensbestimmte Beziehungen werden mittels Linien modelliert und durch einen Namen gekennzeichnet. Allgemein kann zwischen ungerichteten und gerichteten verhaltensbestimmten Beziehungen unterschieden werden. Gerichtete Beziehungen liegen dann vor, wenn Information, Energie oder Stoff logisch von einem Element in einer Richtung an ein anderes Element übertragen wird. Die Richtung wird durch eine Pfeilspitze symbolisiert. Ist einer verhaltensbestimmten Beziehung keine sinnvolle Richtung zuzuordnen, so entfällt die Pfeilspitze und man erhält eine ungerichtete Beziehung. Die Festlegung, ob es sich um eine gerichtete oder eine ungerichtete Beziehung handelt, ist in der Regel mehr oder weniger willkürlich. Wird beispielsweise ein Sensor zur Erfassung einer Meßgröße eingesetzt, so erfolgt der Meßvorgang durch Energieaustausch. Physikalisch entspricht dies einer beide Seiten gleichermaßen betreffenden Wechselwirkung. So gesehen ist die Beziehung ungerichtet. Andererseits erhält der Sensor durch den Energieaustausch eine Information vom Basissystem. Zum Zeitpunkt der Modellierung des Produktkonzepts wird diese Betrachtungsweise der Beziehung in der Regel im Vordergrund stehen, was aus Gründen der Verständlichkeit des Modells der Prinziplösung eine Modellierung als gerichtete verhaltensbestimmte Beziehung anbietet.

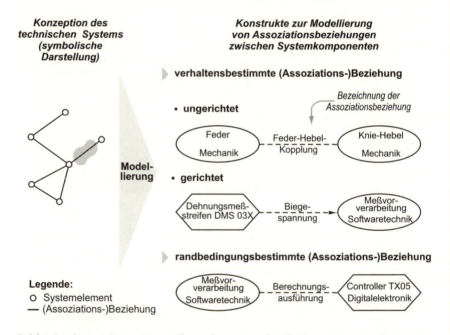

Bild 4-54: *Beispiele zur Darstellung der unterschiedlichen Arten von Assoziationsbeziehungen*

Assoziationen aus randbedingungsbestimmten Gründen: Aus den Anforderungen ergeben sich oft Randbedingungen, die nicht direkt die Funktion des zu entwickelnden Systems zum Inhalt haben. Dies gilt beispielsweise für die frühzeitige Festlegung einer Zielhardware für die Softwareprogramme. Die Ziel-

Integrative Spezifikation neuer Produktkonzeptionen **317**

hardware steht bei Entwicklungsprojekten oft von vornherein fest, da beispielsweise das Entwicklungsteam bereits bestehende Erfahrungen und Programmteile nutzen will oder aber die Zielhardware vom Kunden vorgegeben wurde. Randbedingungen dieser Art werden durch randbedingungsbestimmte Assoziationsbeziehungen abgebildet und kurz als randbedingungsbestimmte Beziehungen bezeichnet. Graphisch werden sie durch unterbrochene Linien symbolisiert, die durch einen Namen gekennzeichnet sind. In Bild 4-54 ist das Beispiel einer randbedingungsbestimmten Assoziationsbeziehung mit dem Namen „Berechnungsausführung" aufgeführt. Die Zuordnung bedeutet: Die „Meßvorverarbeitung" wird ausgeführt auf dem „Controller TX05".

Aggregationsbeziehungen

Systemelemente werden aus logischen oder räumlichen Gesichtspunkten zu übergeordneten Subsystemen aggregiert.

Aggregationen aus logischen Gesichtspunkten: Diese Art der Aggregation geht direkt aus der Funktionshierarchie hervor und zwar immer dann, wenn eine Funktion in der Funktionshierarchie auch im späteren Produkt als Funktionseinheit identifiziert werden kann. Daß dieser Zusammenhang zwischen Funktion und Funktionseinheit nicht unbedingt die Regel ist, sei an einem einfachen Beispiel verdeutlicht. Die Funktion „Maschine überwachen" kann in die Teilfunktionen „Temperatur überwachen", „Schnittkraft überwachen" und „Sicherheitsbereich überwachen" unterteilt werden. Wird während der Produktkonzipierung die Entscheidung getroffen, die drei Teilfunktionen unabhängig voneinander zu realisieren, so ist die Modellierung eines funktionalen Subsystems „Maschinenüberwachung", das die entsprechenden Systemelemente integriert, wohl eher irreführend als hilfreich für die weitere Systementwicklung. Ein anderer Fall logischer Aggregation liegt dann vor, wenn Elemente des Produktkonzepts logisch zu Subsystemen aggregiert werden, obwohl in der Funktionshierarchie keine entsprechende übergeordnete Funktion vorhanden ist. Dieser auf den ersten Blick unsinnig erscheinende Umstand resultiert daraus, daß nicht alle für die Produktkonzeption relevanten Anforderungen in der Funktionshierarchie abgebildet sind. Beispielsweise werden oft besonders leistungsfähige digitale Signalprozessoren (sogenannte DSP) zur Ausführung von Regelungsaufgaben eingesetzt. Wird deren Rechenleistung für die Regelungsaufgabe nur teilweise genutzt, so können dem Signalprozessor noch weitere Softwareprozesse, z.B. Steuerungsaufgaben für Bewegungsvorgänge, zugeordnet werden. Durch die gemeinsame Nutzung des Signalprozessors bietet sich eine (logische) Aggregation der Elemente zu einer übergeordneten Berechnungseinheit an, die für die weitere Systementwicklung die Abhängigkeit der Systemelemente – d.h. die Nutzung einer gemeinsamen Ressource – widerspiegelt.

Aggregationen aus räumlichen Gesichtspunkten: Da Festlegungen der Gestalt zum Zeitpunkt der Spezifikation der Produktkonzeption in der Regel nicht vorgenommen werden, ist diese Art von Aggregationsbeziehung auf Ausnahmefälle beschränkt. Räumliche Gesichtspunkte bleiben in der Regel späteren Entwicklungsphasen vorbehalten. Ausnahmen liegen jedoch immer dann vor, wenn Bauraumbeschränkungen für die Integration von Komponenten unterschiedlicher Fachdisziplinen sowie für die Erfüllung vorgegebener Anforderungen wesentlich sind. Ein Beispiel für diesen Fall bietet die Entwicklung moderner Autofokus-Spiegelreflexkameras. Die Kameraobjektive stellen durch die Integration von Elektronik und Mechanik eine autonome Einheit des Gesamtsystems mit klar zu definierenden Schnittstellen dar. Die gestaltbestimmte Integration der einzelnen Komponenten in einen vorgegebenen Bauraum – der Strahlengang des Lichtes durch die Linsen darf nicht gestört werden – ist wesentlich für die Autonomie und damit für den gewählten Ansatz überhaupt. Dieser Sachverhalt ist deshalb schon bei der Spezifikation des Produktkonzeptes zwingend zu berücksichtigen.

Durch logische oder räumliche Aggregationen lassen sich Komponenten der prinzipiellen Lösung zu übergeordneten Subsystemen zusammenfassen (Bild 4-53). Dies trägt dazu bei, die Komplexität der zu modellierenden Systeme zu beherrschen. Die hier vorgestellte Spezifikationstechnik gestattet die Modellierung von Aggregationen durch Modellierungskonstrukte für die folgenden Sachverhalte:

- Bildung von Subsystemen,
- Parametrisierung von Subsystemen und
- Aggregationen über mehrere Aggregationsebenen.

Bildung von Subsystemen: Die Aggregation von Systemelementen zu einem Subsystem erfolgt modellierungstechnisch entsprechend Bild 4-55. Die aggregierten Elemente werden graphisch zu einem Subsystem zusammengefaßt. Zur Kennzeichnung, daß ein Systemelement in ein übergeordnetes Subsystem eingeht, wird ihm eine symbolisierte Pfeilspitze, d.h. ein Dreieck mit transparenter Fläche, mit nach oben gerichteter Spitze zugeordnet. Zusätzlich wird der Name der übergeordneten Einheit an der symbolisierten Pfeilspitze notiert. In Bild 4-55 ist die Notation anhand des Beispiels einer Aggregation der Systemelemente „Stator" und „Rotor" zu einem Subsystem „E-Antrieb" dargestellt. Auf der übergeordneten Ebene wird dem Subsystem eine nach unten gerichtete symbolisierte Pfeilspitze zugeordnet. Diese entspricht einem Verweis auf die Aggregation (Bild 4-55). Subsysteme werden bezüglich weiterer Aggregationen wie Wirkprinzipien und Lösungselemente behandelt (Bild 4-56). Sie können damit weiter zu übergeordneten Einheiten aggregiert werden. Bei der Aggregation eines Subsystems in ein übergeordnetes Subsystem erhält das aggre-

Integrative Spezifikation neuer Produktkonzeptionen

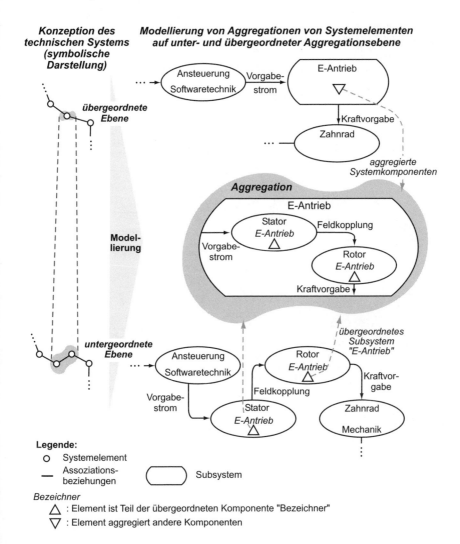

Bild 4-55: *Beispiel zur Modellierung eines Subsystems sowie zur Kennzeichnung von Elementaggregationen auf unter- und übergeordneter Ebene*

gierte Subsystem wiederum eine nach oben gerichtete symbolisierte Pfeilspitze. Diese trägt zusätzlich den Namen des übergeordneten Subsystems. Bild 4-56 verdeutlicht dies anhand des Subsystems „Objektiv", das neben anderen Systemelementen das Subsystem „Blende" aggregiert. Bei der Modellierung des Systems auf der übergeordneten Ebene wird ein Subsystem

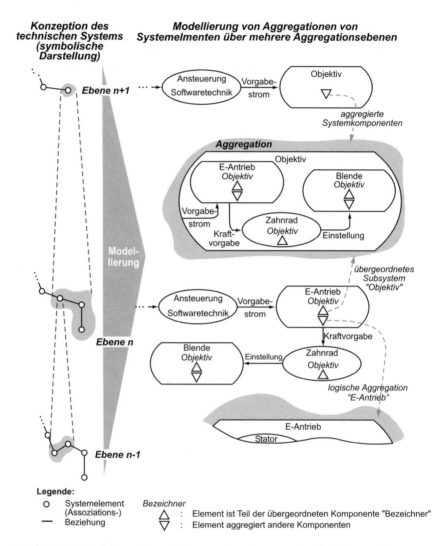

Bild 4-56: Beispiel zur Kennzeichnung einer Aggregationsbeziehung über mehrere Ebenen

abstrakt durch den Namen und Verweis auf die explizite Darstellung der Aggregation charakterisiert, wie das Beispiel des Subsystems „Objektiv" in Bild 4-56 veranschaulicht. Mit diesem Ansatz können Aggregationen über mehrere Ebenen erfolgen, wobei immer weniger Details der neuen Produktkonzeption dargestellt werden.

Parametrisierung von Subsystemen: Bisher wurden bei der Modellierung von Subsystemen die Bezeichnungen der Assoziationsbeziehungen zwischen den Elementen direkt in das aggregierende Element übernommen (vgl. z.B. die Assoziationsbeziehungen „Vorgabestrom" und „Kraftvorgabe" in Bild 4-55). Diese direkte Zuordnung verhindert die Mehrfachverwendung von Subsystemen. Abhilfe schaffen hier parametrisierte Subsysteme. Parameter sind dabei die – die Systemgrenzen überschreitenden – Assoziationsbeziehungen. Bild 4-57 zeigt das Beispiel eines parametrisierten Subsystems „Fensterheber", das an unterschiedlichen Stellen in einem übergeordneten Gesamtsystem eingesetzt werden kann. Die parametrisierten Beziehungen – „P1" und „P2" – enden bei der Modellierung eines parametrisierten Subsystems nicht mehr an der Umrandung des Symbols des Subsystems, sondern an der inneren Linie einer doppellinigen Umrandung (vgl. Bild 4-57). Diese Art der Umrandung symbolisiert quasi, daß zwischen den Parametern und den äußeren Bezeichnungen der Assoziationsbeziehungen eine Zuordnung vorzunehmen ist. Die Zuordnung erfolgt bei der Verwendung des parametrisierten Subsystems entsprechend der unteren Darstellung in Bild 4-57. Für das Subsystem „FLV" („Fensterheber_Links_Vorne") wird das parametrisierte Subsystem „Fensterheber" verwendet. Demzufolge wird dem Parameter P1 mit der Zuordnung „Anfrage -> P1" die Assoziationsbeziehung „Anfrage" und dem Parameter P2 mit der Zuordnung „Kraftübertrag -> P2" die Assoziationsbeziehung „Kraftübertrag" zugeordnet. Die Kennzeichnung von übergeordneten Subsystemen bzw. untergeordneten Systemelementen erfolgt wie bei den nicht parametrisierten Subsystemen mittels symbolisierten Pfeilspitzen. In Bild 4-57 verweisen die nach oben gerichteten symbolisierten Pfeilspitzen auf das aggregierende Subsystem „Fensterheber". Im Symbol des Subsystems „Fensterheber" ist wiederum eine nach unten gerichtete Pfeilspitze enthalten, die das Vorhandensein einer Darstellung der aggregierten Elemente entsprechend Bild 4-57 (mittlere Darstellung) anzeigt.

Aggregationen über mehrere Ebenen – Aggregationsbäume: Aggregationsbäume dienen zur Veranschaulichung von Hierarchisierungen über mehrere Ebenen. In Bild 4-58 ist in Anlehnung an die Aggregationen aus Bild 4-55 und Bild 4-56 ein Ausschnitt aus dem Aggregationsbaum „Kamera" dargestellt. Im System „Kamera" aggregiert ist das Subsystem „Objektiv" (nach oben gerichtete Pfeilspitze), das selbst wieder andere Elemente aggregiert (nach unten gerichtete Pfeilspitze). Dieses Subsystem aggregiert die Systemelemente „Blende", „Zahnrad" und „E-Antrieb", wobei „Blende" und „E-Antrieb" selbst wieder Aggregationen untergeordneter Elemente darstellen. Um die Übersichtlichkeit bei Aggregationen über viele Stufen zu erhöhen, können Verweise auf untergeordnete Aggregationsbäume vorgenommen werden. Dies wird durch ein Rechteck symbolisiert, das um das oberste Element des untergeordneten

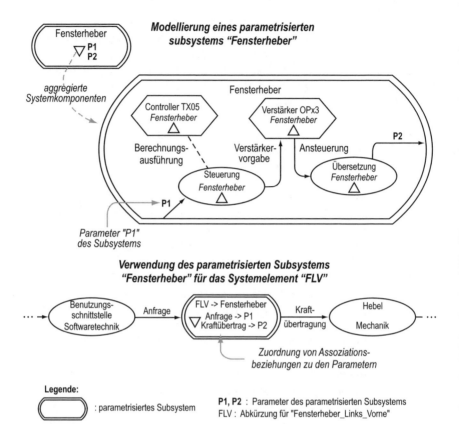

Bild 4-57: Beispiel zur Modellierung eines parametrisierten Subsystems und dessen Verwendung im Zusammenspiel mit anderen Systemelementen

Aggregationsbaums gelegt wird. Der untergeordnete Aggregationsbaum (im Beispiel in Bild 4-58 „E-Antrieb") ist ebenfalls durch ein – das oberste Element umfassend – Rechteck gekennzeichnet.

Wird ein parametrisiertes Subsystem bei der Modellierung der Produktkonzeption verwendet, so wird dies durch doppelte Linien in den symbolisierten Pfeilspitzen gekennzeichnet. Bild 4-59 zeigt als Beispiel die entsprechende Darstellung des parametrisierten Subsystems „Fensterheber" aus Bild 4-57 in einem Aggregationsbaum.

Integrative Spezifikation neuer Produktkonzeptionen

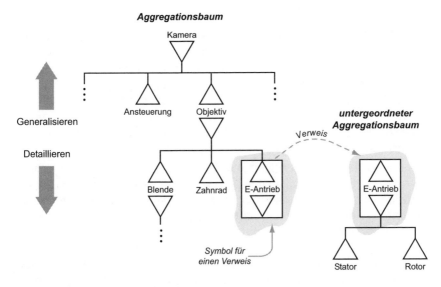

Bild 4-58: *Beispiel eines Aggregationsbaums und die Modellierung eines untergeordneten Aggregationsbaums*

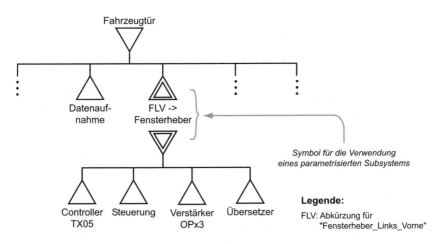

Bild 4-59: *Beispiel für die Modellierung eines parametrisierten Subsystems in Aggregationsbämen*

4.3.2.3 Spezifikation von Verhalten

Die bisher vorgestellten Konstrukte der Spezifikationstechnik für neue Produktkonzeptionen beschreiben die Struktur des technischen Systems. Die abstrakte Betrachtung des neu zu entwickelnden Produktes, bestehend aus Elementen (Basiskonstrukte) und deren Beziehungen, ist domänenunabhängig. Der Bezug zu den einzelnen Domänen wird erst mit der Spezifikation des Verhaltens deutlich. Die Spezifikation des Verhaltens erfolgt grob funktionsbestimmend und bildet die wesentliche Grundlage für die domänenspezifischen Entwürfe, die sich der Produktkonzipierung anschließen.

In den einzelnen Fachdisziplinen Maschinenbau (Mechanik), Elektrotechnik/ Elektronik, Softwaretechnik und Regelungstechnik werden naturgemäß unterschiedliche Modellierungsschwerpunkte gesetzt. Dementsprechend unterscheiden sich auch die Beschreibungsmittel. So sind im Maschinenbau Prinzipskizzen das gängige Beschreibungsmittel, um das Verhalten auszudrücken. In der Softwaretechnik sind demgegenüber Ereignisse, Zustände und Zustandsübergänge zu spezifizieren. Gemeinsam ist allen Ansätzen, daß die Verhaltensbeschreibung zu einem Modell – sei es nun mehr gedanklich oder streng formal – führt. So wie die Beschreibungsmittel fachspezifisch sind, sind auch die resultierenden Modelle fachspezifisch. Wir akzeptieren diese gewachsene Vielfalt und wollen sie nicht durch ein „Esperanto" der Verhaltensbeschreibung ersetzen. Ein wesentlicher Grund für diese Haltung ist, daß die Produktkonzeption ohnehin fachspezifisch weiterzuentwickeln ist, d.h. der Elektroniker entwickelt die Schaltung, der Softwareingenieur entwickelt die Software etc. Das entscheidende ist, daß dies konzentriert auf der Basis einer von allen verstandenen Produktkonzeption geschieht. Unsere Absicht ist daher, die fachspezifischen Verhaltensbeschreibungen im Rahmen einer Produktkonzeption zu integrieren.

Modellierungstechnisch wird das Vorhandensein eines fachspezifischen Verhaltensmodells abgebildet, indem in das Symbol des Systemelements ein gedrehtes Quadrat mit der Bezeichnung des spezifischen Modells eingetragen wird. Dieses Symbol bildet den Verweis auf ein entsprechendes fachspezifisches Verhaltensmodell. Da es mehrere fachspezifische Sichten gibt, sind auch mehrere Verhaltensmodelle, die sich ergänzen, zu berücksichtigen. Bild 4-60 zeigt als Beispiel einen Kniehebel, dessen Verhalten durch die sich ergänzenden Modelle „Prinzipskizze" und „Symbolisch physikalische Beschreibung" spezifiziert wird. Die Symbole der Verhaltensmodelle sind der Verweis auf spezielle Modellbeschreibungen. Die graue Hinterlegung in Bild 4-60 verdeutlicht diese Zuordnung.

Die Aggregation von Komponenten zu übergeordneten Subsystemen führt nun dazu, daß auch deren Verhaltensmodelle zu übergeordneten Modellen aggre-

Integrative Spezifikation neuer Produktkonzeptionen **325**

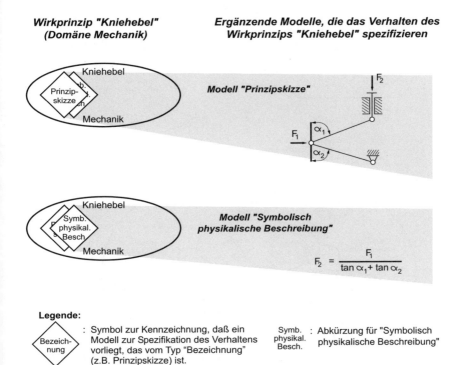

Bild 4-60: Modellierung von Modellen zur Spezifikation des Verhaltens von Elementen einer Produktkonzeption

giert werden. Bild 4-61 veranschaulicht dies am Beispiel des Modells „Prinzipskizze" des Subsystems „Kneifer". Das Subsystem „Kneifer" besteht aus den Komponenten „Stab", „Kniehebel-Links" und „Kniehebel-Rechts", deren Verhalten in der Prinziplösung jeweils durch die beiden Modelle „Prinzipskizze" und „Symbolisch physikalische Beschreibung" festgelegt ist. Das Verhalten des Subsystems „Kneifer" resultiert direkt aus dem Verhalten der aggregierten Systemelemente sowie deren Assoziationsbeziehungen. Die in Bild 4-61 dargestellte Prinzipskizze des Wirkprinzips „Kniehebel-Rechts" erscheint deshalb als Komponente in der Prinzipskizze zur Spezifikation des Subsystems „Kneifer". Auf diese Weise werden für die Elemente der unterschiedlichen Fachdisziplinen die jeweils spezifischen Verhaltensmodelle mittels fachspezifischer Beschreibungsmittel modelliert.

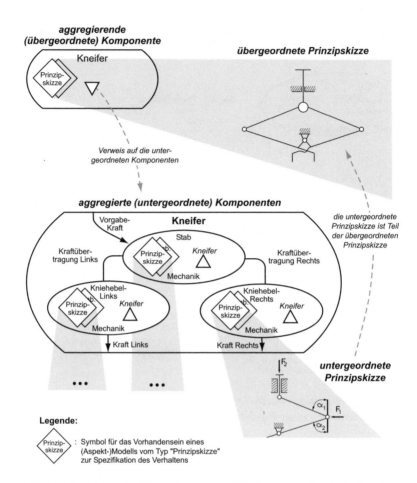

Bild 4-61: Beispiel für die Modellierung von Modellen zur Spezifikation des Verhaltens von Subsystemen

4.3.2.4 Spezifikation von Gestalt

Nach der geltenden Konstruktionsmethodik des Maschinenbaus ist die Modellierung der Gestalt nicht Teil der Konzipierung, sondern späteren Entwicklungstätigkeiten vorbehalten. Im Zuge der Entwicklung mechatronischer Systeme sind jedoch schon bei der Konzipierung erste Festlegungen zur Gestalt vorzunehmen. Dies gilt immer dann, wenn die frühzeitige Spezifikation der Gestalt für die Integration der Komponenten unterschiedlicher Fachdisziplinen sowie für die Erfüllung vorgegebener Anforderungen bzw. Funktionen wesentlich ist. Weiterhin ist zu berücksichtigen, daß in der Regel mit Lösungselemen-

Integrative Spezifikation neuer Produktkonzeptionen 327

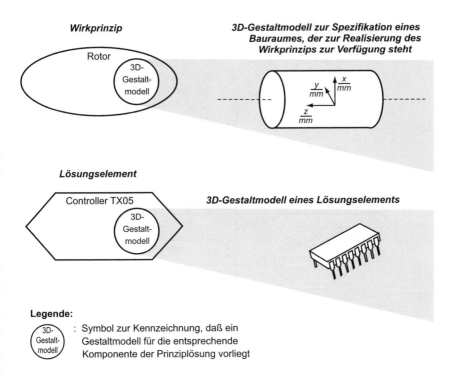

Bild 4-62: Beispiel für die Modellierung von Modellen zur Spezifikation der Gestalt

ten gearbeitet wird, die ja gestaltbehaftet sind. Es liegt auch von daher nahe, die gestaltbezogenen Informationen bei der Konzipierung zu nutzen.

Wird für ein Wirkprinzip ein Modell zur Spezifikation des Aspektes Gestalt festgelegt, so wird dies durch Eintragen eines Kreises mit der Bezeichnung „3D-Gestaltmodell" im zugehörigen Konstrukt des Elements angezeigt. In Bild 4-62 ist die Notation zur Kennzeichnung des Vorliegens eines Gestaltmodells beispielhaft anhand der Systemkomponenten „Rotor" und „Controller TX05" dargestellt. Während es sich bei der Komponente „Rotor" um ein Wirkprinzip handelt, beschreibt die Komponente „Controller TX05" ein Lösungselement. Dementsprechend unterschiedlich sind die Modelle der Gestalt. Das 3D-Gestaltmodell des Wirkprinzips „Rotor" spezifiziert einen Bauraum, der von der Komponente „Rotor" im späteren Produkt nicht überschritten werden darf. Beim Lösungselement „Controller TX05" hingegen liegt natürlich bereits ein detailgetreues Modell der Serienkomponente vor, das während der gesamten Systementwicklung des neuen Produktes keine Änderung mehr erfährt.

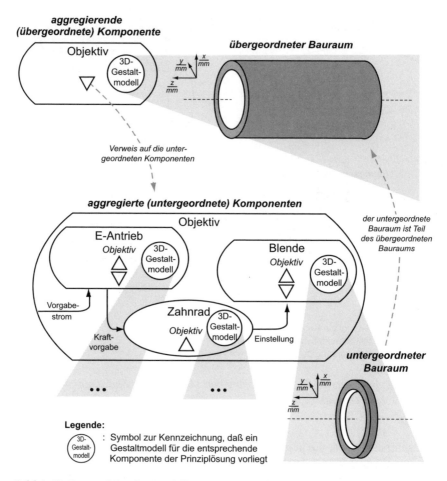

Bild 4-63: *Beispiel für die Modellierung von Modellen zur Spezifikation der Gestalt von Subsystemen*

Die Aggregation von Komponenten führt zu einer entsprechenden Integration der Bauräume, wobei darauf zu achten ist, daß der für das Subsystem spezifizierte Bauraum sämtliche aggregierte Systemelemente enthält. Auf diese Weise können räumliche Restriktionen für die zu integrierenden Komponenten spezifiziert werden. In Bild 4-63 ist dieser Zusammenhang für das Subsystem „Objektiv" veranschaulicht.

4.3.2.5 Spezifikationsstatus

Der Spezifikationsstatus beschreibt, inwieweit einzelne Elemente und Modelle zu ihrer Spezifikation für die Erstellung der Produktkonzeption bereits modelliert bzw. bereitgestellt sind. Die Elemente können hierbei grundsätzlich entweder vollständig oder unvollständig spezifiziert sein. Auf diese Weise ist dem Modell der Prinziplösung jederzeit anzusehen, wie weit der Prozeß der Konzipierung vorangeschritten ist. Im Prinzip wird folgendermaßen vorgegangen: Zuerst werden Wirkprinzipien und Lösungselemente ausgewählt. Dann werden nach und nach das Verhalten und die Gestalt genauer spezifiziert. Welche Modelle der Prinziplösung hierbei bereits erstellt sind und welche noch zu erstellen sind, zeigt der Status des Elements an.

Zur Beschreibung der Produktkonzeption bereits vollständig spezifizierte Modelle sind weiß, unvollständig spezifizierte Modelle grau hinterlegt. Das gleiche gilt für Aggregationen von Systemelementen zu einem Subsystem. Ist die Aggregation bereits modelliert (vgl. z.B. Bild 4-55), so ist die symbolisierte Pfeilspitze weiß hinterlegt, ist sie nur vorgesehen und noch nicht explizit modelliert, so ist das Symbol zur Kennzeichnung einer Aggregation grau hinterlegt. In Bild 4-64 sind Beispiele vollständiger und unvollständiger Spezifikationen dargestellt. Bild 4-64 zeigt im oberen Teil ein Wirkprinzip „Stab", das durch zwei spezifizierende Verhaltensmodelle beschrieben wird. In diesem Beispiel sind die beiden Verhaltensmodelle weiß hinterlegt, d.h. vollständig spezifiziert. Damit liegen Modelle vor, auf die die Symbole verweisen. Das Aggregationssymbol ist ebenfalls weiß hinterlegt, d.h. die Aggregation des Wirkprinzips „Stab" mit anderen Elementen zum Subsystem „Greifer" ist explizit entsprechend Bild 4-55 modelliert. Da keine weiteren spezifizierenden Verhaltens- oder Gestaltmodelle vorgesehen sind, ist das Wirkprinzip „Stab" weiß hinterlegt, d.h. bereits vollständig spezifiziert. In der Bildmitte von Bild 4-64 ist ein Wirkprinzip mit dem Namen „Kniehebel-Links" dargestellt, dessen Verhalten durch zwei fachspezifische Modelle festgelegt werden soll. Beide Modelle sind allerdings zum Zeitpunkt der Beschreibung lediglich vorgesehen, jedoch noch nicht explizit modelliert. Es liegen also noch keine Modelle vor, auf die die Symbole verweisen können. Damit ist die Komponente noch unvollständig spezifiziert und insgesamt grau hinterlegt. Im unteren Teil von Bild 4-64 ist ein Ausschnitt einer Produktkonzeption dargestellt, der einen gemischten Spezifikationsstatus zeigt. Deutlich zu erkennen ist, daß aufgrund der graphischen Darstellung des Elementstatus ein einfacher Blick auf das Gesamtmodell der Produktkonzeption genügt, um zu sehen, welche Sachverhalte für eine vollständige Spezifikation noch zu erledigen sind (Modelle erstellen, Aggregationen explizit beschreiben).

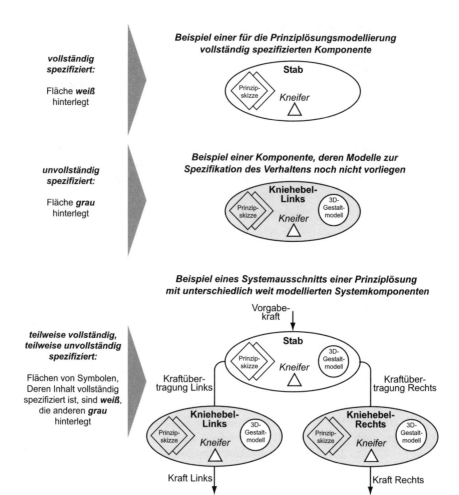

Bild 4-64: *Beispiele zur Modellierung des Status von spezifizierenden Modellen sowie Systemelementen bei der Prinziplösungsmodellierung*

Integrative Spezifikation neuer Produktkonzeptionen

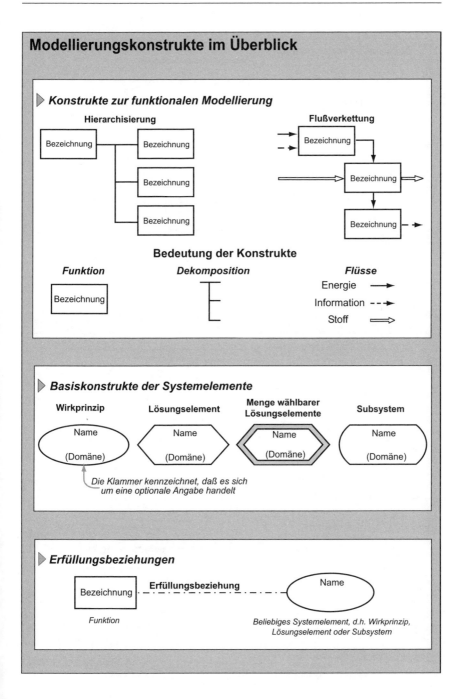

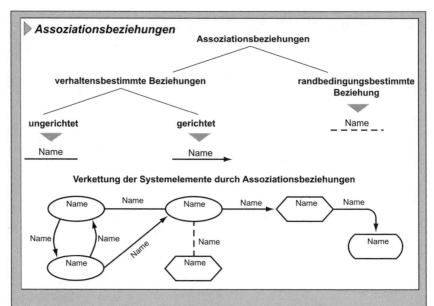

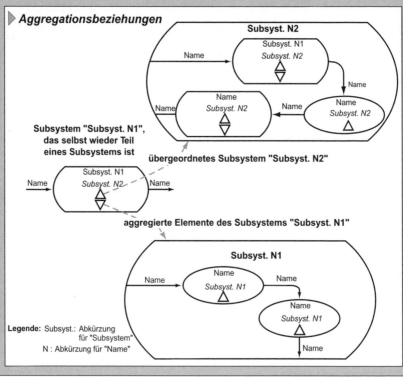

Integrative Spezifikation neuer Produktkonzeptionen 333

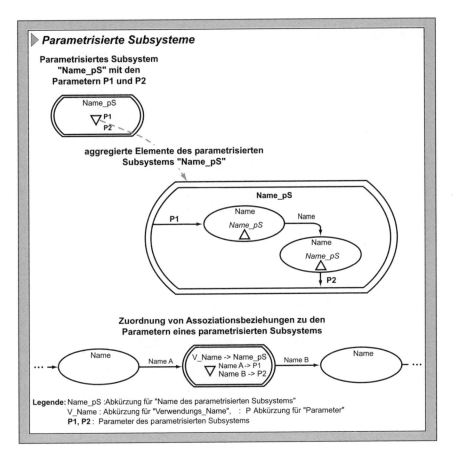

Kapitel 4: Integrative Produktentwicklung

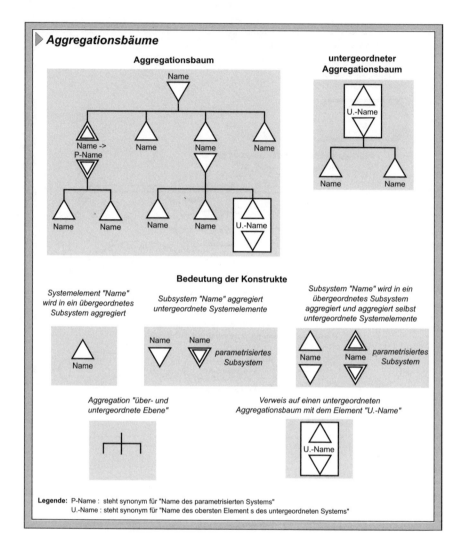

Integrative Spezifikation neuer Produktkonzeptionen

Verhaltens- und Gestaltspezifikation sowie Statusmodellierung

▷ Verhaltensspezifikationen

Systemelemente mit Modell vom Typ "Bezeichnung" zur Spezifikation des Verhaltens

Wirkprinzip   Lösungselement   Subsystem

 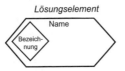 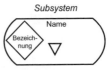

Systemelemente mit sich gegenseitig ergänzenden Modellen zur Spezifikation des Verhaltens

Wirkprinzip   Lösungselement   Subsystem

 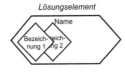 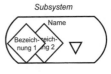

Legende:

 : Symbol zur Kennzeichnung, daß ein Modell zur Spezifikation des Verhaltens vorliegt, das vom Typ "Bezeichnung" (z.B. Prinzipskizze) ist.

 : Symbol zur Kennzeichnung, daß zwei sich ergänzende Modelle zur Spezifikation des Verhaltens vom Typ "Bezeichnung 1" bzw. "Bezeichnung 2" vorliegen (mehrere Modelle werden entsprechend symbolisiert).

▷ Gestaltspezifikation

Wirkprinzip mit   Lösungselement mit   Subsystem mit
spezifiziertem Bauraum   3D-Gestaltmodell   spezifiziertem Bauraum

  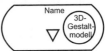

Legende:

 : Symbol zur Kennzeichnung, daß ein Gestaltmodell für das entsprechende Systemelement (Wirkprinzip, Lösungelement oder Subsystem) der Prinziplösung vorliegt.

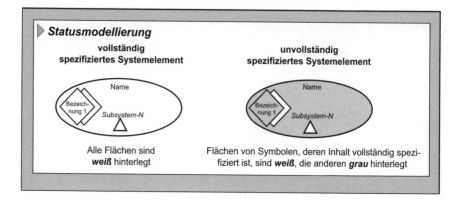

4.3.3 Anwendungsbeispiel

Als Anwendungsbeispiel dient ein Operationsroboter zur Unterstützung chirurgischer Eingriffe. Der Vorteil eines derartigen Roboters ist die hohe Genauigkeit und das damit verbundene geringere Risiko bei operativen Eingriffen. Das System weist folgende Gebrauchsfunktionen auf:

- sicheres Manövrieren von Operationsinstrumenten im Mikrometerbereich,
- visuelle Darstellung des aktiven Operationsbereichs mit variabler Ausschnittvergrößerung,
- automatischer Wechsel von Operationsinstrumenten auf Anweisung des Chirurgen sowie eine
- automatische Reinigung (Sterilisation) von benutzten Operationsinstrumenten.

In Bild 4-65 ist zum besseren Verständnis eine grobe Idee für ein entsprechendes System dargestellt. Ein Chirurg bzw. Chirurgenteam steuert dabei unter Beobachtung der durchgeführten Arbeiten über Bildschirme eine Bewegungs- und Greifvorrichtung. Im folgenden werden einige relevante Teilsysteme näher beschrieben.

Bewegungs- und Greifvorrichtung: Zur flexiblen Positionierung sind sechs Freiheitsgrade erforderlich. Um die erforderliche Genauigkeit zu erreichen, sind die Bewegungen von Greifer und Bewegungsvorrichtung fortlaufend bezüglich bestimmter Größen wie z.B. Abstand oder Haltekraft zu regeln.

Kamerasystem: Durch den Einsatz von Kameras sowie einer geeigneten Visualisierung wird der Chirurg bei seiner Arbeit unterstützt, indem beispielsweise ein gewählter Bildausschnitt in variabler Vergrößerung und Position bei ständiger Fokussierung angezeigt werden kann. Denkbar ist die Bedienung des

Integrative Spezifikation neuer Produktkonzeptionen **337**

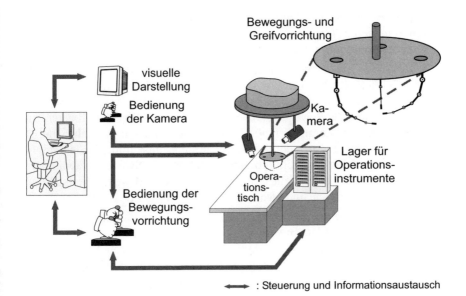

Bild 4-65: Darstellung einer Idee für ein technisches System zur Unterstützung in der Chirurgie

Kamerasystems durch einen Spezialisten, so daß sich der Chirurg – bzw. das Chirurgenteam – auf seine eigentliche Aufgabe konzentrieren kann. Ein wünschenswertes Merkmal des Kamerasubsystems ist die Speicherung von ausgewählten Kamerapositionen, die bei Bedarf schnell angesteuert werden können.

Instrumentenbestückung und -entnahme: Benutzte Operationsinstrumente sollen automatisch gereinigt bzw. desinfiziert und dann wieder eingelagert werden können. Ein effizientes Arbeiten erfordert das simultane autonome Greifen an unterschiedlichen Orten. Deshalb sollen gleichzeitig anfallende Bestückungsaufgaben parallel auszuführen sein.

Ausgehend von diesen Anforderungen sind die Funktionalität sowie das Verhalten zu spezifizieren, so daß am Ende eine vollständige Beschreibung der Prinziplösung vorliegt.

4.3.3.1 Spezifikation der Funktionalität

Bild 4-66 zeigt einen Ausschnitt der oberen Ebenen der Funktionshierarchie des zu entwickelnden Operationsroboters. Die Gesamtfunktion *Chirurgen unterstützen* ist in vier Teilfunktionen dekomponiert.

- *Automatische Bereitstellung der Operationsinstrumente:* Diese läßt sich weiter in deren Transport, Desinfektion und Einlagerung sowie in eine Ablaufkoordination untergliedern.
- *Unabhängig voneinander durchführbare Positionierung dreier Objekte:* Diese Teilfunktion kann in die Aufnahme von Anweisungen für die Bewegung jedes einzelnen Objekts sowie deren Umsetzung unterteilt werden. Zur Umsetzung der Bewegungsanweisungen ist jedes Objekt zu fixieren, zu positionieren und der notwendige Ablauf zu koordinieren. Anschließend ist eine entsprechende Ansteuerung der Subsysteme auszuführen. Eine mögliche Dekomposition der Teilfunktion zur Fixation von Objekten in konkretere Teilfunktionen ist die Aufgliederung in Greifen und Halten, Bereitstellung der benötigten Energie und Sicherstellung der geforderten Greifgenauigkeit.
- *Visuelle Überwachung des Operationsbereichs:* Diese läßt sich in die Aufnahme entsprechender Anweisungen, eine Positionierung zum Erreichen eines Bildausschnitts, die kontinuierliche Darstellung von Bildern sowie deren Variation in der Darstellungsgröße bzw. der Auflösung untergliedern.
- *Systemüberwachung:* Diese setzt sich aus Teilfunktionen zur Kollisionsvermeidung und zur Komponenten- und Umgebungsüberwachung zusammen.

Die Funktionshierarchie bildet den Ausgangspunkt für die Modellierung der Systemkonzeption.

4.3.3.2 Mechanik-Sicht

Als Beispiel für eine im wesentlichen mechanische Teilstruktur dient die Funktion *Greifen und Halten* aus Bild 4-66. Kann unter Beachtung der Anforderungen kein geeignetes Lösungselement zur Erfüllung dieser Funktion gefunden werden, so ist eine Untergliederung der Funktion in Teilfunktionen vorzunehmen. Eine mögliche Dekomposition in sowie Flußverkettung von Teilfunktionen mittels Energie- und Stoffflüssen ist in Bild 4-67 dargestellt.

Die in Bild 4-67 wiedergegebenen Teilfunktionen haben eine Granularität erreicht, in der Wirkprinzipien – bzw. physikalische Effekte – für ihre Erfüllung angegeben werden können. In Bild 4-68 sind als Ausschnitt einer möglichen Zuordnung Wirkprinzipien zur Erfüllung der Funktionen *Kraft erzeugen, Kraft übertragen* und *Kraft verstärken* angegeben.

Mögliche Wirkprinzipien zur Erfüllung von Teilfunktionen sind beispielsweise für die Funktion *Kraft erzeugen* das Coulombsche Gesetz (d.h. die Nutzung des Prinzips eines Elektromagneten), für die *Kraftübertragung* das Prinzip eines Stabes und zur *Kraftverstärkung* das Wirkprinzip des Hebels.

Die Erfüllung aller Teilfunktionen aus Bild 4-67 durch Wirkprinzipien und die verhaltensbestimmten Beziehungen zwischen diesen Wirkprinzipien führen zu

Integrative Spezifikation neuer Produktkonzeptionen

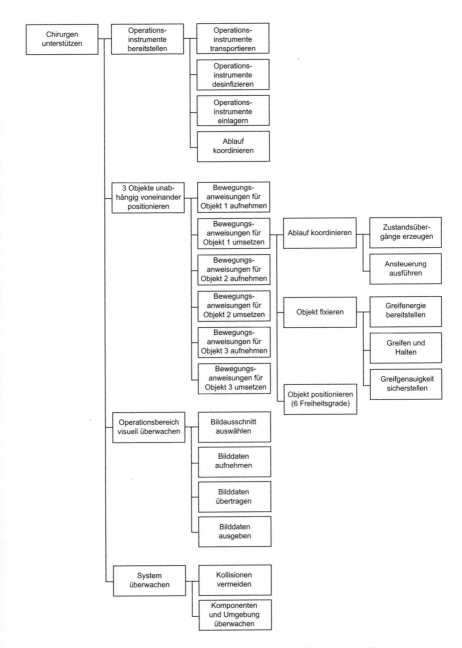

Bild 4-66: Funktionshierarchie des mechatronischen Systems zur Unterstützung in der Chirurgie (Ausschnitt)

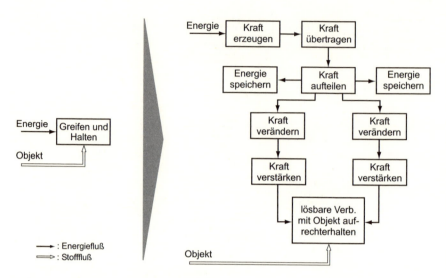

Bild 4-67: Dekomposition der Funktion „Greifen und Halten" und Flußverkettung der gewählten Teilfunktionen

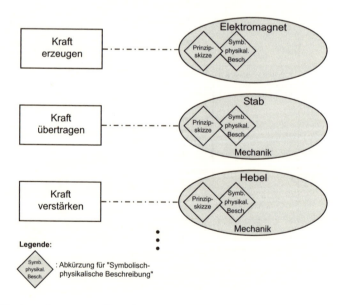

Bild 4-68: Ausschnitt einer Zuordnung von Wirkprinzipien zur Erfüllung von Teilfunktionen der Funktion „Greifen und Halten"

Integrative Spezifikation neuer Produktkonzeptionen **341**

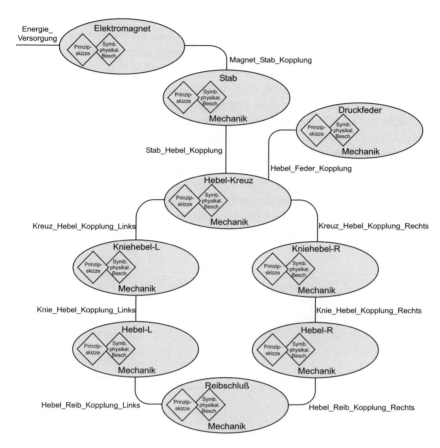

Bild 4-69: *Aggregation von Systemelementen zur Bildung des Subsystems „Mechanischer-Greifer"*

einem übergeordneten Subsystem, das die Funktion *Greifen und Halten* erfüllt. Bild 4-69 zeigt die resultierende Konzeption zur Erfüllung der geforderten Funktion *Greifen und Halten*.

Das Verhalten der gewählten Wirkprinzipien wird entsprechend Bild 4-69 durch jeweils zwei Modelle spezifiziert. Die graue Hinterlegung der Symbole verdeutlicht, daß diese Spezifikation bisher unterblieben ist. Damit ist auch das Element als solches noch nicht vollständig spezifiziert. Die Symbole der Wirkprinzipien in Bild 4-69 sind deshalb ebenfalls grau hinterlegt. Sollen die aufgeführten Wirkprinzipien zu einem übergeordneten Element zusammengefaßt werden, so ist ein entsprechendes Subsystem zu bilden, das die in

Bild 4-69 dargestellten Wirkprinzipien aggregiert. Bild 4-70 zeigt diese Aggregation der Wirkprinzipien zum Subsystem *Mechanischer Greifer*. Die Aggregation von Systemelementen durch das Subsystem *Mechanischer Greifer* ist durch das Symbol der nach unten gerichteten Pfeilspitze angezeigt.

Die aggregierten Elemente enthalten aufgrund der Aggregation das komplementäre Symbol der Aggregation. Die aggregierten Elemente des Subsystems *Mechanischer Greifer* werden mit ihren verhaltensbestimmten Beziehungen innerhalb des Symbols des Subsystems dargestellt. Die Beziehungen der aggregierten Elemente bleiben hiervon unberührt. Assoziationsbeziehungen, die nur zwischen den aggregierten Elementen bestehen (z.B. die Beziehung *Knie_Hebel_Kopplung_Rechts*), sind außerhalb des Subsystems nicht sichtbar. Das Subsystem *Mechanischer Greifer* in Bild 4-69 (Darstellung des Subsystems im oberen Bildteil) besitzt deshalb keine entsprechenden verhaltensbestimmten Beziehungen. Beziehungen zu Elementen, die nicht durch die Aggregation

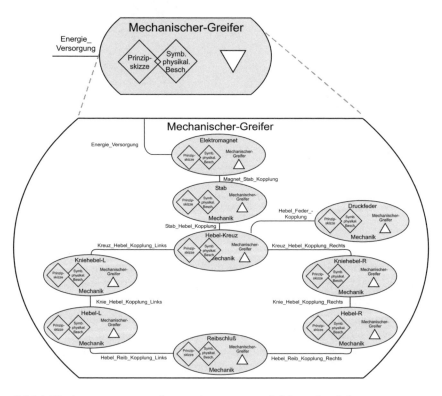

Bild 4-70: Aggregation von Systemelementen zur Bildung des Subsystems „Mechanischer-Greifer"

zum Subsystem *Mechanischer Greifer* zusammengefaßt sind (z.B. die Beziehung *Energie_Versorgung*), werden zur Umrandung des die Aggregation kennzeichnenden Symbols des Subsystems geführt. Das Verhalten des Subsystems *Mechanischer Greifer* wird – wie bei den aggregierten Elementen auch – durch zwei Modelle spezifiziert.

4.3.3.3 Verhaltensspezifikation Mechanik

Das prinzipielle Verhalten der einzelnen Systemkomponenten wird entsprechend der in Kapitel 4.2.1 beschriebenen Art des Maschinenbaus spezifiziert, um den reibungslosen Übergang in die weiteren Entwicklungsphasen zu gewährleisten. Deshalb werden zwei Verhaltensmodelle spezifiziert: eine *Prinzipskizze* sowie eine *symbolisch-physikalische Verhaltensbeschreibung*. Zusammen bilden beide Modelle die Basis für den anschließenden fachspezifischen Entwurf der Komponenten.

- **Prinzipskizze:** Eine Prinzipskizze induziert beim Konstrukteur aufgrund der Art und Anordnung von festen Körpern und deren Bewegungsmöglichkeiten ein Verständnis für das Verhalten des Systems. In der Regel handelt es sich um relativ abstrakte symbolhafte graphische Darstellungen.

- **Symbolisch-physikalische Beschreibung:** Hier sind die mathematischen Zusammenhänge zwischen Eingangs- und Ausgangsgrößen zu beschreiben. Modelliert wird mittels symbolischer Bezeichnungen zur Kennzeichnung physikalischer Größen wie z.B. s für Strecke, v für Geschwindigkeit und a für Beschleunigung. Durch die physikalischen Konstanten in den Gleichungen werden neben dem Verhalten auch konstruktionsrelevante Größen spezifiziert.

In Bild 4-71 sind für einen Ausschnitt der Systemstruktur aus Bild 4-69 die Verhaltensmodelle *Prinzipskizze* und *symbolisch-physikalische Beschreibung* für die Wirkprinzipien eines Elektromagneten, einer Druckfeder und eines Kniehebels dargestellt. Zusätzlich wirdb die Prinzipskizze genutzt, um die Bedeutung physikalischer Größen der symbolisch-physikalischen Beschreibung festzulegen. Prinzipskizze und symbolisch-physikalische Beschreibung ergänzen sich damit gegenseitig. In der Prinzipskizze des Elektromagneten sind beispielsweise einem Elektro- und einem Dauermagneten magnetische Flüsse Φ_1 bzw. Φ_2 zugeordnet. Der Luftspalt zwischen den beiden Magneten wird als physikalische Größe l bezeichnet. Die damit symbolisierten physikalischen Größen finden sich in der mathematischen Beschreibung des Coulomb-Gesetzes wieder. Die symbolisch-physikalische Beschreibung des Elektromagneten in Bild 4-71 beinhaltet ferner ein graphisches Symbol mit dem Namen *Coulomb-Gesetz*. Dieses graphische Symbol verweist auf ein blockorientiertes Modell der Gleichung.

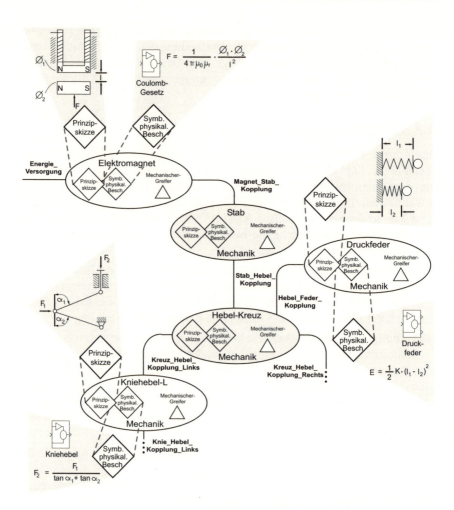

Bild 4-71: Mechanische Verhaltensmodelle zum Zeitpunkt der Produktkonzipierung am Beispiel eines Greifers

Nach Festlegung der Verhaltensmodelle für die einzelnen Wirkprinzipien wird das aggregierende Subsystem *Mechanischer Greifer* betrachtet. Für dieses Subsystem sind in Bild 4-72 die beiden Verhaltensmodelle Prinzipskizze und symbolisch-physikalische Beschreibung eingetragen. Sowohl die Prinzipskizze als auch die symbolische-mathematische Beschreibung resultieren dabei direkt aus den entsprechenden Verhaltensmodellen der durch das Subsystem aggregierten Elemente.

Integrative Spezifikation neuer Produktkonzeptionen 345

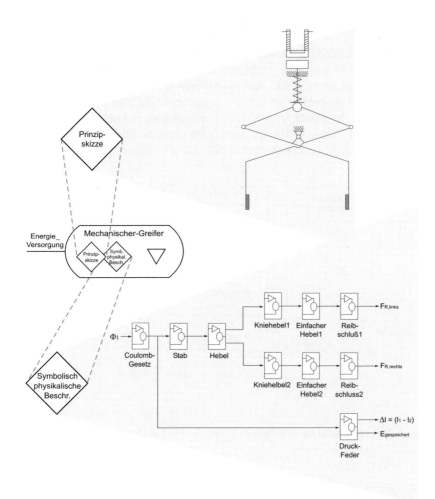

Bild 4-72: *Verhaltensmodelle eines übergeordneten Subsystems am Beispiel einer Greifvorrichtung*

Bild 4-72 verdeutlicht den Vorteil der blockorientierten Modellierung. Jeder Block repräsentiert einen Effekt, d.h. einen formal mathematisch beschriebenen physikalischen Zusammenhang. Durch die Modellierung des Eingangs-/Ausgangsverhaltens resultiert das Verhaltensmodell des Subsystems *Mechanischer Greifer* direkt aus der Verkopplung der blockorientierten Modelle der einzelnen Wirkprinzipien. Es ist lediglich eine Zuordnung der Ausgangs- und Eingangsgrößen der Blöcke vorzunehmen.

4.3.3.4 Regelungstechnik-Sicht

Ausgangspunkt für die folgenden Betrachtungen ist die Funktion *Objekt positionieren* aus Bild 4-66. Die Positionierung umfaßt Bewegungsmöglichkeiten des Objektes mit sechs – drei translatorischen und drei rotatorischen – Freiheitsgraden der Bewegung in einem vorgegebenen Arbeitsraum. Die Aufgabe besteht also in der Konzipierung einer Bewegungsvorrichtung mit sechs Freiheitsgraden. In Bild 4-73 ist der Ausschnitt einer möglichen Dekomposition der Funktion *Objekt positionieren* in Teilfunktionen dargestellt.

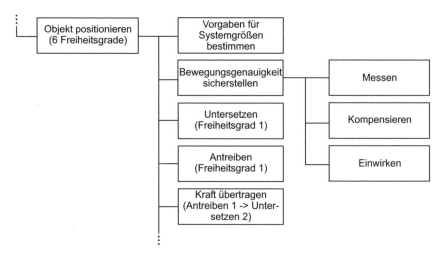

Bild 4-73: Ausschnitt einer möglichen Dekomposition der Funktion „Objekt positionieren"

Die Teilfunktionen *Untersetzen*, *Antreiben* und *Kraft übertragen* für die einzelnen Freiheitsgrade können entsprechend Bild 4-74 realisiert werden. Das dargestellte Prinzip entspricht dem eines Knickarmroboters mit sechs Freiheitsgraden.

Auf Basis von Bild 4-74 und unter Berücksichtigung der zusätzlichen Teilfunktionen kann entsprechend Bild 4-75 eine Zuordnung von Wirkprinzipien und Lösungselementen zu Teilfunktionen vorgenommen werden. Zur Erfüllung der Teilfunktionen zum Antreiben, Untersetzen, Messen (Sensorik) und Einwirken (Aktorik) liegen geeignete Lösungselemente vor. Die Funktion zur Kompensation von dynamischen Unzulänglichkeiten des Basissystems wird über einen Kompensator, die Bestimmung der Systemgrößen aus den Vorgaben des Nut-

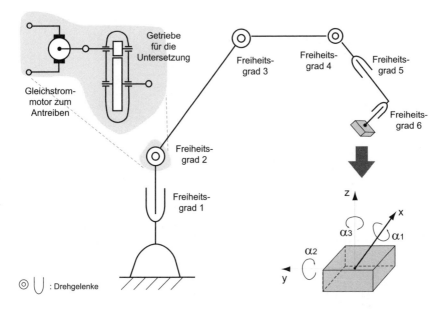

Bild 4-74: *Grundsätzliche Idee für ein aus Drehgelenken (Gleichstrommotor und Untersetzung) und Tragarmen aufgebautes Basissystem*

zers über eine Bahnsteuerung erfolgen. Da sowohl die Bahnsteuerung als auch der Kompensator für die vorliegende Aufgabe explizit zu entwickeln sind, werden ihnen entsprechend Bild 4-75 Wirkprinzipien der Regelungstechnik zugeordnet.

Als mögliche Struktur der Bewegungsvorrichtung ist in Bild 4-76 ein Ansatz mit dezentraler Regelung der einzelnen Gelenke dargestellt. Eine zentrale Bahnsteuerung berechnet die jeweiligen Vorgaben der Sollwerte für die Bewegungen der einzelnen Gelenke. Hierfür sind die Sollwerte für Winkel φ_i, Winkelgeschwindigkeiten ω_i und Winkelbeschleunigungen α_i der Bewegungen für jedes Drehgelenk i zu bestimmen. Die Sollwerte für jedes Gelenk bilden einen Vektor mit drei Elementen ($\varphi_i, \omega_i, \alpha_i$). Die unvermeidlichen dynamischen Unzulänglichkeiten des Basissystems wie z.B. die Reibung werden für jedes Gelenk separat kompensiert. Dafür ist an jedem Drehgelenk die Ankerspannung $U_{i,Anker}$ zu regeln. Gemessen werden die jeweiligen Istwerte der Motorwinkelgeschwindigkeit $\omega_{i,Motor}$ und die abtriebsseitige Lage $\varphi_{i,Abtrieb}$, so daß jedes Kompensatormodell, d.h. jeder Gelenkregler, insgesamt fünf Eingangsgrößen erhält, die die Ausgangsgröße $U_{i,Anker}$ beeinflussen.

Sowohl für die Sensoren als auch die Aktoren werden Lösungselemente eingesetzt. Die informationstechnischen Elemente wie Sensoren, Kompensatoren

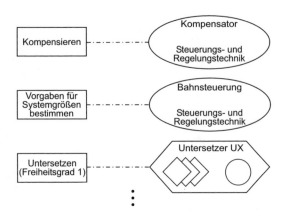

Bild 4-75: *Ausschnitt der Zuordnung von Wirkprinzipien und Lösungselementen zur Erfüllung von Teilfunktionen der Funktion „Objekt positionieren"*

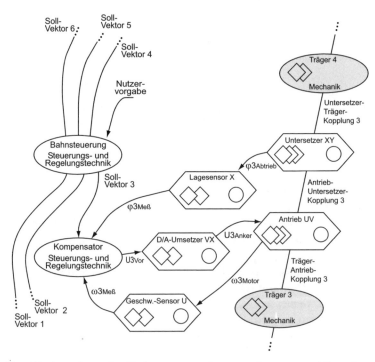

Bild 4-76: *Ausschnitt der Wirkprinzipien, Lösungselemente und Beziehungen zur Erfüllung der Funktion „Objekt positionieren"*

Integrative Spezifikation neuer Produktkonzeptionen **349**

und die Bahnsteuerung sind durch gerichtete verhaltensbestimmte Beziehungen verknüpft (Bild 4-76). Dadurch wird veranschaulicht, welches Element von welchem anderen Informationen erhält. Die mechanischen Kopplungen, z.B. zwischen Antrieb und Tragelement, sind hingegen als ungerichtete Beziehung modelliert. Hier ist die Angabe einer sinnvollen Richtung schwierig und für ein tieferes Verständnis wenig hilfreich. Besteht die Möglichkeit, z.B. das zweite und dritte Gelenk gleich aufzubauen und auszulegen, so kann durch die Modellierung eines parametrisierten Subsystems die mehrfache Modellierung gleicher Sachverhalte vermieden werden (Bild 4-77).

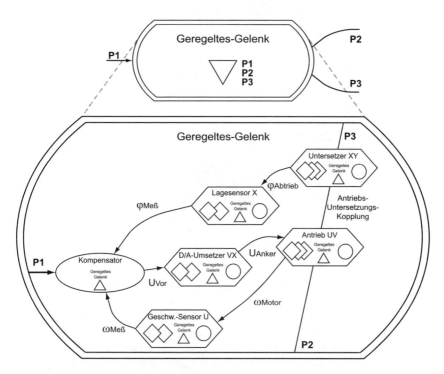

Bild 4-77: *Verhaltensbestimmte Aggregation von Wirkprinzipien und Lösungselementen zur Bildung des parametrisierten Subsystems „Geregeltes-Gelenk" mit den Parametern „P1", „P2" und „P3"*

Das Subsystem *Geregeltes-Gelenk* faßt die Elemente Untersetzer und Antrieb mit der zugehörigen Sensorik, Aktorik, einem (dezentralen) Kompensator und den verhaltensbestimmten Beziehungen zusammen. Die aus der Aggregation resultierende Struktur ist außerhalb des Subsystems *Geregeltes-Gelenk* bis auf die Beziehungen von aggregierten zu nicht aggregierten Elementen nicht sichtbar. Nur die zuletzt genannten Beziehungen sind nach außen sichtbar. Sie bilden die Parameter des parametrisierten Subsystems *P1*, *P2* und *P3* in Bild 4-77.

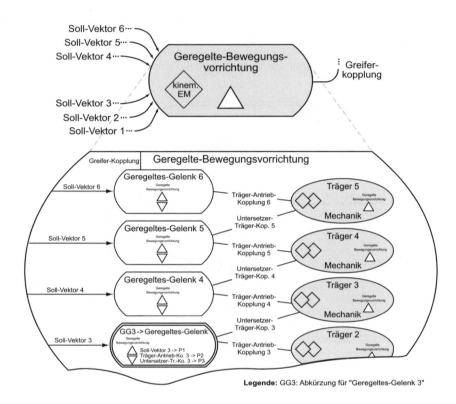

Bild 4-78: *Ausschnitt der verhaltensbestimmten Aggregation von Wirkprinzipien und Subsystemen zum Subsystem „Geregelte-Bewegungsvorrichtung" unter Nutzung des parametrisierten Subsystems „Geregeltes-Gelenk"*

Die Verwendung des parametrisierten Subsystems im übergeordneten Subsystem *Geregelte-Bewegungsvorrichtung* ist in Bild 4-78 dargestellt. Für das zweite und dritte Gelenk (*GG2* bzw. *GG3*) wird das parametrisierte Subsystem *Geregeltes Gelenk* genutzt. Hierbei wird gleichzeitig die Zuordnung der aktuellen Assoziationsbeziehungen zu den Parametern des parametrisierten Elements vorgenommenDie aus einer fortlaufenden Aggregation von Elementen zu übergeordneten Subsystemen resultierende Hierarchisierung wird geeignet mittels Aggregationsbäumen modelliert. Bild 4-79 zeigt den Ausschnitt eines

Integrative Spezifikation neuer Produktkonzeptionen 351

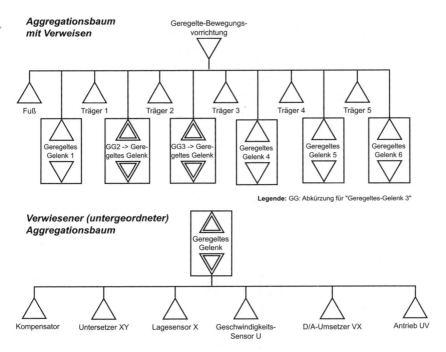

Bild 4-79: *Ausschnitt aus dem Aggregationsbaum des Subsystems „Geregelte Bewegungsvorrichtung" sowie ein diesem Aggregationsbaum zugeordneter untergeordneter Aggregationsbaum*

Aggregationsbaumes mit dem Subsystem *Geregelte-Bewegungsvorrichtung* auf oberster Ebene. Der Übersichtlichkeit halber sind in Bild 4-79 keine Aufgliederungen bis auf die untersten aggregierten Elemente, sondern frühzeitige Verweise auf untergeordnete Aggregationsbäume modelliert. Als Beispiel eines untergeordneten Aggregationsbaumes dient das parametrisierte Subsystem *Geregeltes-Gelenk* aus Bild 4-77.

4.3.3.5 Verhaltensspezifikation Regelungstechnik

Entsprechend Kapitel 4.2.4 ist für die regelungstechnische Systemkonzeption der strukturelle Systemaufbau des zu beeinflussenden Basissystems mit Hilfe von Reglerkomponenten, Aktorik und Sensorik festzulegen. Zusätzlich werden für den späteren regelungstechnischen Entwurf *kinematische* und *dynamische Ersatzmodelle* spezifischer Komponenten des Basissystems benötigt. Diese zusätzlichen Verhaltensmodelle treten ergänzend zu den anderen verhaltenspezifizierenden Modellen der jeweiligen Komponente hinzu.

Kinematisches Ersatzmodell: Die Kinematik beschäftigt sich mit der sukzessiven Herleitung von Vektorfunktionen der Bahnkurve, Geschwindigkeit und Beschleunigung für einen beliebigen Bewegungsablauf unter Berücksichtigung von Zwangsbedingungen zwischen Körpern. Ein kinematisches Ersatzmodell zur Spezifikation des Verhaltens eines Elements während der Produktkonzeption kennzeichnet allgemein Bewegungsmöglichkeiten von Körpern, ohne die Ursache der Bewegung, nämlich Kräfte oder Momente, in die Betrachtungen mit einzubeziehen. Kinematische Ersatzmodelle für die prinzipielle Lösung bestehen aus Skizzen oder Modellen der beweglichen Körper und einer Kennzeichnung ihrer Bewegungsmöglichkeiten.

Dynamisches Ersatzmodell: Dynamische Betrachtungen berücksichtigen zusätzlich zur Kinematik die wirkenden Kräfte, Momente und das Antriebsverhalten. Dadurch rücken die Ursachen der Bewegungen in den Vordergrund. In einem dynamischen Ersatzmodell zur Spezifikation des prinzipiellen Verhaltens einer Komponente wird das dynamische Verhalten auf das eines reduzierten, vereinfachten Modells zurückgeführt. Das vereinfachte Modell besteht aus fachspezifischen Elementen (z.B. Massen, Widerständen oder Induktivitäten), die als ideal angenommen werden, und Elementen, die eingeführt werden, um Abweichungen vom idealen Verhalten zu berücksichtigen (z.B. Reibungen oder Wärmeverluste).

In Bild 4-80 ist das kinematische Ersatzmodell für das Subsystem *Geregelte Bewegungsvorrichtung* dargestellt. Die Festlegung von Lage und Bezeichnung der Koordinatensysteme, Strecken und Abständen ist dabei nach einem Verfahren von Denavit und Hartenberg erfolgt. Die Aufgabe der Bewegungsvorrichtung besteht darin, die vom Systemnutzer vorgegebenen Koordinaten, die den sog. aktiven Punkt definieren, anzufahren. Die Vorgabe der Zielkoordinaten erfolgt aus Sicht des Systemnutzers, d.h. in für ihn verständlichen Weltkoordinaten. Das Positioniersystem wird zur Optimierung der Umsetzungsgeschwindigkeit mittels gelenknatürlichen, verallgemeinerten Koordinaten angesteuert. Die Bewegungsvorrichtung wird aus kinematischer Sicht durch die 18 konstanten Größen Kreuzungswinkel $\Theta^{(i,i-1)}$, Kreuzungsabstände $d^{(i,i-1)}$ und Strecken $s^{(i,i-1)}$ eindeutig charakterisiert. Aus Bild 4-80 geht hervor, daß mit den sechs Kreuzungswinkeln $\Theta^{(i,i-1)}$ und den drei Kreuzungsabständen $d^{(2,1)}$, $d^{(6,5)}$ und $d^{(A,6)}$ bereits von vornherein neun kinematisch relevante Größen festgelegt sind. Die verbleibenden neun kinematisch relevanten Größen werden während des fachspezifischen Entwurfs und damit nach der integrativen Konzipierung bestimmt. Die sechs Kreuzungswinkel $\varphi^{(i,i-1)}$ kennzeichnen die sechs Freiheitsgrade des Systems.

Integrative Spezifikation neuer Produktkonzeptionen

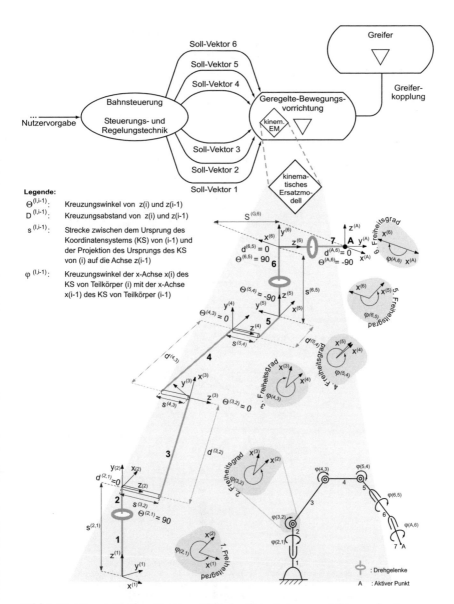

Bild 4-80: Kinematisches Ersatzmodell der Bewegungsvorrichtung als ein Modell zur Spezifikation des Verhaltens

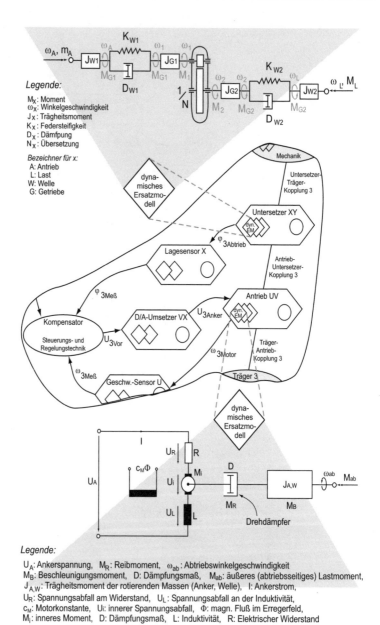

Bild 4-81: Dynamische Ersatzmodelle einer Untersetzung und eines Gleichstrommotors als verhaltenspezifizierende Modelle

Beispiele für *dynamische Ersatzmodelle* sind die in Bild 4-81 dargestellten Modelle für die Elemente *Untersetzer* und *Antrieb*. Sie repräsentieren die regelungstechnische Sichtweise auf die zu beeinflussenden Elemente. Im dynamischen Ersatzmodell des untersetzenden Getriebes sind die Trägheitsmomente J von Welle und Getriebe antriebs- und lastseitig berücksichtigt (Bild 4-81). Für die Wellen wird eine Elastizität angenommen, modelliert mittels Drehfedern mit den Federsteifigkeiten K_{W1} und K_{W2}. Sowohl antriebs- als auch lastseitig wird eine geschwindigkeitsproportionale Reibung angesetzt. Diese wird durch die beiden Drehdämpfer mit den Dämpfungskonstanten D_{W1} und D_{W2} ausgedrückt. Die Untersetzung zwischen Antriebs- und Lastseite ist ideal, erfüllt also ausschließlich die Funktion der Vergrößerung bzw. Verkleinerung des Drehmomentes M und der Winkelgeschwindigkeit ω. Im dynamischen Ersatzmodell des Antriebes (fremderregter Gleichstrommotor, Bild 4-81 unten) wird der elektrische Teil mittels Widerstand R, Induktivität L und magnetischem Fluß Θ, der mechanische Teil mittels Trägheitsmoment des Ankers und der Welle $J_{A,W}$ sowie einer geschwindigkeitsproportionalen Dämpfung D modelliert.

Ausgehend von den dynamischen Ersatzmodellen kann im folgenden fachspezifischen Entwurf der Regelungstechnik mit der Bestimmung der mathematischen Systemgleichungen begonnen werden. So ergibt sich z.B. für den Antrieb das innere Moment M_i in Abhängigkeit von der Motorkonstante c_m, dem magnetischen Fluß des Erregerfeldes Θ und dem Ankerstrom I zu $M_i = c_m \cdot \Theta \cdot I$. Der Ankerstrom I ist aufgrund der Kirchhoffschen Gleichungen als Funktion der Ankerspannung U_A berechenbar. Auf Grundlage der Newtonschen Axiome kann anschließend eine Differentialgleichung für die Abtriebswinkelgeschwindigkeit ω_{ab} in Abhängigkeit vom äußeren Lastmoment M_{ab} sowie von der Ankerspannung U_A bestimmt werden.

4.3.3.6 Software-Sicht

Als Beispiel für die Modellierung von Software-Teilstrukturen dient die Funktion *Bildausschnitt auswählen* aus Bild 4-66. Es wird vorausgesetzt, daß kein geeignetes Lösungselement zur Realisierung dieser Funktion existiert, so daß eine weitere funktionale Dekomposition vorzunehmen ist. In Bild 4-82 ist eine Aufteilung in Teilfunktionen dargestellt.

Damit ist ein Detaillierungsgrad der Funktionen erreicht, für den Wirkprinzipien oder Lösungselemente zu ihrer Erfüllung angegeben werden können. So kann beispielsweise die Funktion *Vorgaben aufnehmen* mittels eines speziellen Joysticks als Standardkomponente realisiert werden (vgl. Bild 4-83). Für die Funktion *Bewegungen erzeugen* stehen unterschiedliche Antriebe als Lösungselemente zur Verfügung. Da sich ihre Parameter, wie geometrische Daten oder

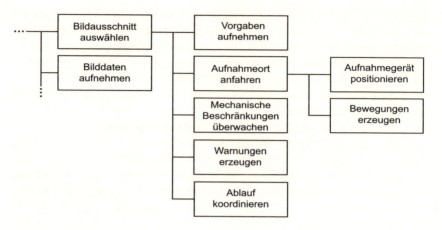

Bild 4-82: Dekomposition der Funktion „Bildausschnitt auswählen"

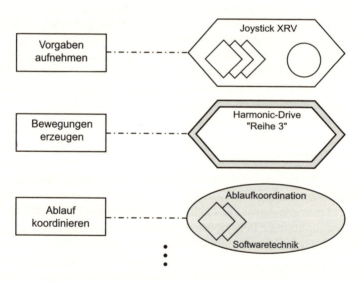

Bild 4-83: Ausschnitt einer Zuordnung von Wirkprinzipien und Lösungselementen zur Erfüllung von Teilfunktionen der Funktion „Bildausschnitt auswählen"

Leistungskennwerte, nur geringfügig unterscheiden, soll die explizite Auswahl einer Komponente auf eine spätere Entwicklungsphase verschoben werden. Sind zu diesem späteren Zeitpunkt im Entwicklungsprozeß weitere Randbedingungen an das Lösungselement bekannt, so kann die Auswahl aus der spezifizierten Menge an Komponenten erfolgen.

Die Funktion *Ablauf koordinieren* wird entsprechend Bild 4-83 durch ein Element der Softwaretechnik realisiert. Eine mögliche für die Ablaufkoordination relevante Teilstruktur des Gesamtsystems ist in Bild 4-84 dargestellt. Sie enthält neben der Ablaufsteuerung Signalgeber, Antriebe, Lichtschranken, einen Joystick, eine Kamera sowie die Bewegungsvorrichtung. Zur Veranschaulichung sind für den Joystick und das Subsystem *Kamera/Bewegungsvorrichtung* Prinzipskizzen aufgezeigt.

Nach Bild 4-84 erhält das Wirkprinzip *Ablaufkoordination* Eingaben vom Joystick und den Lichtschranken zur Beschränkungsüberwachung. Diese Eingaben werden verarbeitet und in Vorgaben zur Ansteuerung der Antriebe umgewandelt. Zusätzlich werden optische sowie akustische Signale erzeugt, falls die Eingaben bestimmte Randbedingungen verletzen. Insgesamt soll der Ablauf nach folgenden einfacheBn Regeln koordiniert werden:

- Die Freiheitsgrade können unabhängig voneinander vom Systemnutzer bedient werden.
- Für jeden Freiheitsgrad kann keine, eine langsame oder eine schnelle Bewegung in beiden möglichen Richtungen erfolgen.
- Jegliche Bewegung kann durch ein „Stop-Signal" unterbrochen werden.

Beim Erreichen der mechanischen Begrenzungen der Kamerapositionierung wird die Bewegung gestoppt und eine Meldung an den Systemnutzer erzeugt.

4.3.3.7 Verhaltensspezifikation Software

Zur Beschreibung des gewünschten Ablaufs sind einerseits Systemzustände des zu entwickelnden Systems softwaretechnisch abzubilden. Diese Systemzustände werden aufgrund eintretender Ereignisse manipuliert. Andererseits ist festzulegen, mit welcher Art von Daten grundsätzlich gearbeitet werden soll. Beide Sachverhalte spezifizieren zusammen das Verhalten von Software-Wirkprinzipien in der Produktkonzeption. Die verhaltensspezifizierenden Modelle werden als *Ereignis-/Zustandsbeschreibung* und *Fundamentale Datenstruktur* bezeichnet.

Ereignis-/Zustandsbeschreibung: Die Ereignis-/Zustandsbeschreibung spezifiziert Zustände und Ereignisse sowie Zusammenhänge zwischen diesen. Die spezifizierten Zustände sind die für die Informationsverarbeitung relevanten Systemzustände des technischen Systems. Ereignisse sind zum einen solche,

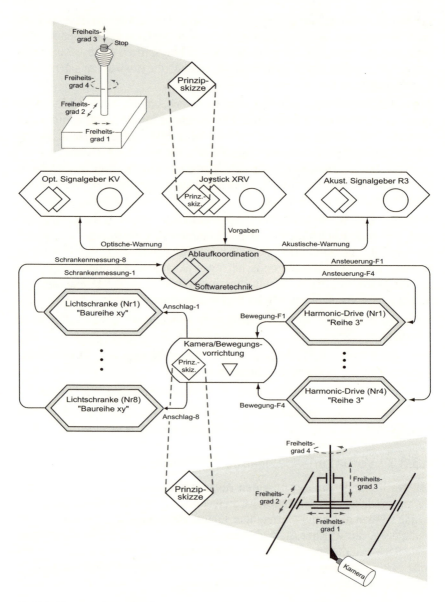

Bild 4-84: Ausschnitt der für das Wirkprinzip „Ablaufkoordination" relevanten Systemstruktur

die von anderen Elementen des Systems ausgelöst werden können, um den Vorgang von Zustandsübergängen anzustoßen (sog. Eingangsereignisse). Zum anderen sind es Ereignisse, die von der Softwarekomponente zur Durchführung der Zustandsänderungen im betroffenen System erzeugt werden (Ausgangsereignisse). Durch den Zusammenhang zwischen Zuständen und Ereignissen wird festgelegt, welche Eingangsereignisse welche Zustandsübergänge auslösen bzw. welche Ausgangsereignisse bei Zustandsübergängen erzeugt werden. Beschreibungsmittel zur Modellierung von Ereignissen und Zuständen sind Statecharts oder Petri-Netze (vgl. Kasten in Kapitel 4.2.3.5).

Fundamentale Datenstruktur: Durch die Verwendung von Datenstrukturen können logisch ähnliche Ereignisse zusammengefaßt werden. Ereignisse werden dabei zu speziellen Ausprägungen eines Datentyps, womit die Datenstruktur quasi als Generalisierung der Ereignisse dient. Die Verwendung fundamentaler Datenstrukturen bietet zwei Vorteile. Einerseits wird durch die Generalisierung (Zusammenfassung oder Verallgemeinerung von Ereignissen) die Übersichtlichkeit bzw. Verständlichkeit der Verhaltensspezifikation erhöht.

SDL – Abstrakte Datenmodellierung

SDL ist eine Spezifikations- und Beschreibungssprache, die von der ITU (International Telecommunication Union) 1980 unter der Bezeichnung „ITU Recommendation Z.100" standardisiert und seitdem an neue Erkenntnisse angepaßt wurde. SDL ist konzipiert für die Spezifikation von kommunizierenden technischen Systemen. Grundlage der Beschreibungen sind erweiterte endliche Zustandsautomaten (EFSM), die durch Prozesse repräsentiert werden. Die Kommunikation wird mittels Signalen beschrieben, die zwischen Prozessen oder aber zwischen Prozessen und der Umgebung des betrachteten Systems ausgetauscht werden. Außerdem bietet SDL die Möglichkeit zur abstrakten Modellierung von Daten (Datentypen und Variablen). Die Syntax zur Datenmodellierung ist in [CCITT 1993] zusammengefaßt.

In SDL können Daten durch die Verwendung *vordefinierter oder aber selbstdefinierter Datentypen* spezifiziert werden. Insbesondere selbstdefinierte Daten ermöglichen die Abstraktion von Implementierungsdetails und können daher zur Modellierung in den frühen Phasen der Systementwicklung eingesetzt werden.

Vordefinierte Datentypen

SDL stellt als vordefinierte Datentypen zur Verfügung:

- Boolean
- Charakter
- Charstring
- Integer
- Natural
- Real

Ein Datum vom Typ „Boolean" bezeichnet einen Wahrheitswert und ist entweder wahr oder falsch (binäre Logik). Ein Datum des Typs „Character" spezifiziert ein beliebiges Zeichen, ein „Charstring" eine beliebige Zeichenkette. Die Datentypen „Integer", „Natural" und „Real" kennzeichnen Daten, die Zahlen repräsentieren. Der „Integer"-Typ beschreibt ganze Zahlen, der „Natural"-Typ die natürlichen und der „Real"-Typ die reellen Zahlen.

Selbstdefinierte Datentypen

Selbstdefinierte Datentypen werden in SDL durch das Schlüsselwort „NEWTYPE" und die Angabe des gewählten Bezeichners spezifiziert. Hieran schließt sich die eigentliche Definition der Datentypen an. Es wird unterschieden zwischen:

- Konstanten (LITERALS),
- Datenketten (STRING),
- Feldern (ARRAY),
- Datenmengen (POWERSET),
- Zusammenges. Datentypen (STRUCT).

Konstanten beschreiben beliebige Zeichenketten, denen eine eindeutige Bedeutung zukommt. Diese kann später nicht geändert werden. Die anderen aufgeführten Konstrukte dienen der Generation neuer Datentypen auf der Basis vordefinierter oder bereits selbstdefinierter Daten. Sie werden deshalb in SDL als „generators" bezeichnet. Ein „String" besitzt eine vordefinierte Anzahl an Elementen, die alle dem gleichen Datentyp angehören müssen. Diese Einschränkung gilt ebenfalls für „Arrays", wobei hier die Anzahl der Elemente nicht von vornherein festgelegt ist. In „Powersets" kann eine feste Anzahl von vordefinierten Daten beliebigen Typs zusammengefaßt werden. Daten beliebigen Typs, d.h. z.B. auch Felder oder Datenmengen, können durch ein „Struct" zu einem zusammengesetzten Typ kombiniert werden. Abgeschlossen wird die Definition eines neuen Datentyps durch das Schlüsselwort „ENDNEWTYPE", gefolgt vom Bezeichner des neuen Datentyps.

Literatur: **CCITT Z. 100**: SDL predifened data. Recommendation Z. 100 Annex D, 1993

Andererseits wird durch die fundamentale Datenstruktur bestimmt, welchen Daten Eingangsereignisse entsprechen können. Mit der Festlegung von Ausprägungen für einzelne Datentypen wird also die Schnittstelle zu anderen Systemkomponenten bestimmt. Grundsätzlich soll die Spezifikation der fundamentalen Datenstrukturen abstrakt, d.h. implementierungsunabhängig erfolgen. Zur Modellierung steht eine von Programmiersprachen unabhängige tex-

Integrative Spezifikation neuer Produktkonzeptionen

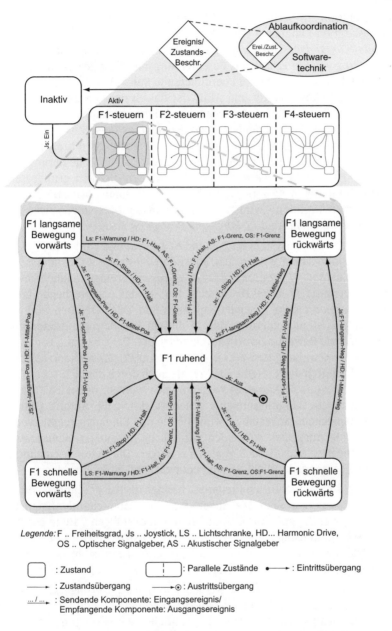

Bild 4-85: *Ereignis-/Zustandsbeschreibung als ein Modell zur Spezifikation des Verhaltens eines Software-Wirkprinzips am Beispiel des Elements „Ablaufkoordination"*

tuelle Notation zur Verfügung, die im Zusammenhang mit SDL (Specification and Description Language) entwickelt wurde. In Bild 4-85 ist das Modell der *Ereignis-/Zustandsbeschreibung* des Wirkprinzips Ablaufkoordination unter Verwendung von Statecharts als Beschreibungsmittel aufgezeigt.Im Statechart nach Bild 4-85 sind für das zu koordinierende Subsystem zwei grundsätzliche Zustände definiert: Inaktiv und Aktiv. Ist das System im Zustand *Aktiv*, so ergeben sich entsprechend den oben beschriebenen Anforderungen die vier parallel vorliegenden Zustände *F1- bis F4-steuern*. Diese Zustände bestehen wiederum aus untergeordneten Zuständen, die ebenfalls mittels Statecharts beschrieben werden. Die resultierenden Statecharts zur Modellierung der vier Zustände *F1- bis F4-steuern* besitzen hierbei den gleichen grundsätzlichen Aufbau. Der in Bild 4-85 dargestellte Ablauf – und damit auch Grundsätzliches der Statechart-Notation – wird exemplarisch an den Übergängen zwischen den Zuständen *F1 ruhend* und *F1 langsame Bewegung vorwärts* erläutert.

Befindet sich das Subsystem im Zustand *F1 ruhend* und wird vom Joystick das Ereignis *F1-langsam-Pos* ausgelöst, so wird in der Ereignis-/Zustandsbeschreibung der Zustand *F1 langsame Bewegung vorwärts* eingenommen sowie das Ausgangsereignis *F1-Mittel-Pos* erzeugt und an das entsprechende Lösungselement *Harmonic-Drive* gesendet (vgl. auch Bild 4-84). Dadurch wird die entsprechende Zustandsänderung, d.h. in diesem Fall Bewegungsänderung der Kamera mittels Bewegungsvorrichtung ausgelöst. Der Übergang vom Zustand *F1 langsame Bewegung vorwärts* in den Zustand *F1 ruhend* kann sowohl mittels Joystick durch das Ereignis *F1-Stop* als auch durch die Lichtschranke, d.h. durch das Ereignis *F1-Warnung* vorgenommen werden. In beiden Fällen wird als Reaktion ein Ausgangsereignis generiert, damit die Aktorik (Harmonic-Drive) entsprechend angesteuert wird. Wurde das Eingangsereignis von einer Lichtschranke ausgelöst, so werden zusätzliche Ausgangsereignisse erzeugt, um optische bzw. akustische Signale zu erzeugen. Die weiteren Zustände bzw. Zustandsübergänge in Bild 4-85 sind entsprechend zu interpretieren.

Die in Bild 4-85 aufgeführten Ereignisse können als Ausprägungen von Datentypen interpretiert werden. Die Ausprägung der Daten charakterisieren dann das vorliegende Ereignis. Die Gesamtheit der notwendigen Datentypen bestimmen das Verhaltensmodell *Fundamentale Datenstruktur*. Eine fundamentale Datenstruktur für das Wirkprinzip *Ablaufkoordination* ist in Bild 4-86 unter Verwendung der SDL-Notation dargestellt.

Die fundamentalen Datentypen werden zur Generalisierung eingesetzt und beschränken sich im vorliegenden Fall auf Aufzählungs- und Strukturierungstypen. Das Schlüsselwort NEWTYPE spezifiziert die Festlegung eines neuen Datentyps, LITERALS eine Aufzählung möglicher Ausprägungen eines Typs und STRUCT die Gliederung der Komponenten eines neuen Typs. Um Eingangsereignisse – und als deren Resultat Zustandsänderungen im Subsystem

Integrative Spezifikation neuer Produktkonzeptionen

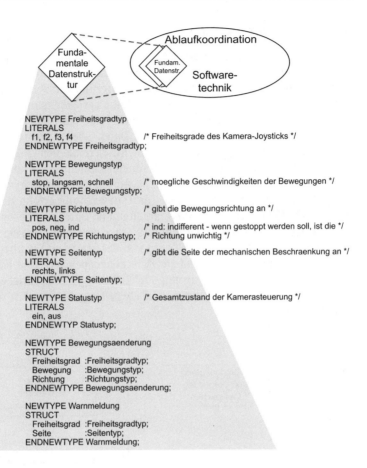

Bild 4-86: *Fundamentale Datenstruktur als ein Modell zur Spezifikation des Verhaltens eines Software-Wirkprinzips am Beispiel des Elements „Ablaufkoordination"*

der Bewegungsvorrichtung – auszulösen, sind in Bild 4-86 die Datentypen Statustyp, Bewegungsänderung und Warnmeldung spezifiziert. Das durch den Joystick ausgelöste Ereignis *F1-schnell-Pos* entspricht beispielsweise der Ausprägung (f1, schnell, pos) eines Datums vom Datentyp Bewegungsänderung. Die Ausprägungen (f3, rechts) oder (f1, links) eines Datums vom Datentyp Warnmeldung charakterisieren Eingangsereignisse für das Element *Ablaufkoordination*, die dieses zur Durchführung von Zustandsübergängen der Bewegungsvorrichtung in die Zustände *F3 ruhend* bzw. *F1 ruhend* veranlaßt.

4.3.3.8 Elektronik-Sicht

Ausgangspunkt folgender Betrachtungen ist die Funktion *Komponenten und Umgebung überwachen* der Funktionshierarchie aus Bild 4-66. Die Aufgabe besteht darin, die Auswertung von Regeln aufgrund von Sensordaten durchzuführen. Die Sensoren können einerseits Daten der Arbeitsumgebung des technischen Operationsassistenten wie beispielsweise Temperatur oder Luftfeuchtigkeit liefern. Andererseits können sie Daten über einzelne Systemkomponenten wie beispielsweise Antriebselemente bereitstellen. Als Daten können zum einen Meßreihen (eine Menge geordneter Zahlen) sowie zum anderen Zeichenketten (beliebige Meldungen, mit zugeordneten Meßdaten) von den Sensoren zur Verfügung gestellt werden. Die Überwachung erfolgt derart, daß die intelligenten Sensoren Daten vorverarbeiten und Daten von besonderer Bedeutung zu einem beliebigen Zeitpunkt zu einer zentralen Verarbeitungseinheit schicken können. Werden diese Daten von der zentralen Verarbeitungseinheit nicht sofort verarbeitet, so sind sie zwischenzuspeichern und bei Bedarf von der Verarbeitungseinheit abzurufen. Zur Erfüllung der beschriebenen Aufgabe wird die Funktion *Komponenten und Umgebung überwachen* entsprechend Bild 4-87 dekomponiert.

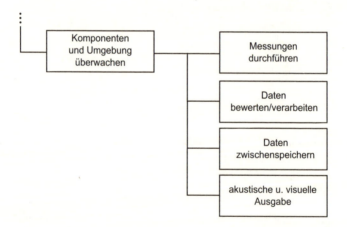

Bild 4-87: Mögliche Dekomposition der Funktion „Komponenten und Umgebung überwachen"

Für die folgenden Ausführungen wird angenommen, daß die Teilfunktion *Daten zwischenspeichern* aufgrund der hohen Anforderungen bezüglich der Arbeitsgeschwindigkeit nicht durch eine Standardkomponente realisiert werden kann. Damit ist eine neue Elektronikkomponente explizit zu entwickeln.

Integrative Spezifikation neuer Produktkonzeptionen 365

In Bild 4-88 ist ein Ausschnitt der Systemstruktur mit den beiden Elementen *Überwachungsverarbeitung* und *Datenzwischenspeicherung* dargestellt. Das Element *Überwachungsverarbeitung* erfüllt hierbei die Funktion *Daten bewerten/verarbeiten*.

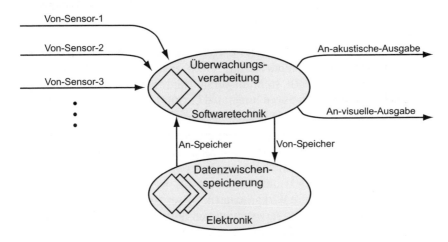

Bild 4-88: Wirkprinzipien und ihre Beziehungen zur Erfüllung der Funktion „Komponenten und Umgebung überwachen" (Ausschnitt)

4.3.3.9 Verhaltensspezifikation Elektronik

Wirkprinzipien der Fachdisziplin Software und der Elektronik sind bei der Konzeption neuer technischer Systeme in gewissem Rahmen austauschbar. Während auf Standardhardware implementierte Software aufgrund der leichten Änderbarkeit i.a. flexibler ist, besitzt „festverdrahtete" Elektronik i.d.R. bei der Bewältigung gleicher Aufgaben Geschwindigkeitsvorteile gegenüber softwaretechnischen Lösungen. Wegen der geringeren Kosten wird in der Praxis bevorzugt Software zur Ablaufsteuerung eingesetzt. Spezielle Elektronikkomponenten werden bei besonderen Anforderungen entwickelt.

Da durch Software und Elektronik nahezu die gleichen Funktionen erfüllt werden können, werden Wirkprinzipien dieser Fachdisziplinen in der Produktkonzeption ähnlich modelliert. So wird das Verhalten eines Wirkprinzips der Elektronik durch die ergänzenden Modelle *Ereignis-/Zustandsbeschrei-bung* und *Fundamentale Datenstruktur* charakterisiert. Da Komponenten der Elektronik oft von anderen datenverarbeitenden Einheiten zur Ausführung einer Menge spezieller Anweisungen genutzt werden, kommt ein weiteres ergänzendes Modell zur Spezifikation des Verhaltens eines entsprechenden Wirkprinzips hinzu. Dieses Modell wird als *Abstrakter Instruktionssatz* bezeichnet.

Abstrakter Instruktionssatz: Eine abstrakte Instruktion spezifiziert eine Anweisung zur Verarbeitung von Daten. Die Menge aller abstrakter Instruktionen, die von einem Wirkprinzip der Elektronik bereitgestellt werden, ist der abstrakte Instruktionssatz. Dieser steht anderen informationstechnischen Komponenten bei Nutzung der spezifizierten Komponente für die Datenverarbeitung zur Verfügung. Durch die abstrakten Instruktionen werden – in Abhängigkeit von den fundamentalen Datenstrukturen – zusätzlich die Eingangs- und Ausgangsdatentypen der jeweiligen Anweisungen spezifiziert. Als Beschreibungsmittel zur Modellierung eines abstrakten Instruktionssatzes verwenden wir VHDL (VHDL steht für VHSIC-Hardware Description Language, VHSIC steht für Very High Speed Integrated Circuits), deren Nutzung gleichzeitig die Durchgängigkeit zu den folgenden Entwicklungsphasen ermöglicht.

Fundamentale Datenstruktur: Die fundamentale Datenstruktur erfüllt den gleichen Zweck wie bei der Spezifikation von Elementen der Domäne Softwaretechnik. Allerdings ist die Modellierung einer fundamentalen Datenstruktur für Wirkprinzipien der Elektronik konkreter, d.h. weniger abstrakt als bei der Spezifikation von Software-Wirkprinzipien. Dieser Umstand resultiert aus der größeren Flexibilität bei der Verwendung von Software. Um die Durchgängigkeit zum fachspezifischen Entwurf der Elektronik sicherzustellen, nutzen wir als Beschreibungsmittel wie bei der Modellierung des abstrakten Instruktionssatzes VHDL.

Ereignis-/Zustandsbeschreibung: Die Modellierung erfolgt entsprechend den Ausführungen zum gleichen Sachverhalt bei der Software. Ergänzend kommt hinzu, daß bei einem Zustandsübergang neben Eingangs- und Ausgangsereignissen ggf. noch die abstrakte Instruktion angegeben wird, die aufgrund eines Ereignisses ausgeführt werden soll.

Eine mögliche fundamentale Datenstruktur zur Spezifikation des Verhaltens des Wirkprinzips *Datenzwischenspeicherung* unter Verwendung von VHDL als Beschreibungsmittel zeigt Bild 4-89. Dargestellt ist die Definition eines Datentyps („TYPE") As_Typ, der den gesamten Speicher spezifiziert. Hierfür werden zusätzliche neu definierte Datentypen benötigt: GE_Typ ist aus Daten der Typen Art_Typ und Wert_Typ aufgebaut und beschreibt ein Grundelement des Arbeitsspeichers. Ase_Typ repräsentiert Arbeitsspeicherelemente, die aus Daten der Typen Nr_Typ, Index_Typ und Liste_Typ aufgebaut sind. Die weitere VHDL-Beschreibung ist für dieses einfache Beispiel weitgehend selbsterklärend. Zur Verdeutlichung der Datenstruktur sind die in Bild 4-89 grau hinterlegten Zeilen zusätzlich symbolisch visualisiert.

Bild 4-90 zeigt das verhaltensspezifizierende Modell *Fundamentale Datenstruktur* für das Element *Datenzwischenspeicherung*. Die Modellierung ist wiederum unter Verwendung von VHDL als Beschreibungsmittel erfolgt. Die Instruktionen werden durch das Schlüsselwort „PROCEDURE" gekennzeich-

Integrative Spezifikation neuer Produktkonzeptionen 367

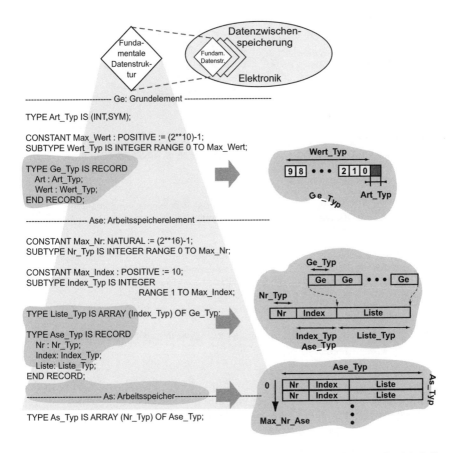

Bild 4-89: Fundamentale Datenstruktur als ein verhaltenspezifizierendes Modell eines Elektronik-Wirkprinzips

net. In der Dokumentation des VHDL-Codes in Bild 4-90 sind die einzelnen Instruktionen eingehender erläutert.

Bild 4-91 zeigt das Modell *Ereignis-/Zustandsbeschreibung* des Elements *Datenzwischenspeicherung* als Statechart. Zustandsübergänge werden entweder von dem Element *Überwachungsverarbeitung* oder aber durch das interne Ereignis der Beendigung eines Arbeitsganges ausgelöst (Ereignis *fertig*). Das Statechart wird im folgenden exemplarisch an den Zustandsübergängen zwischen den Zuständen *Bereit* und *Löschen* erläutert.

Befindet sich das spezifizierte Element *Datenzwischenspeicherung* im Zustand *Bereit* und wird von der Überwachungsverarbeitung das Ereignis *Löschen (Nr)* ausgelöst, so wird die abstrakte Instruktion *As_Entferne* bezüglich der mit *Nr*

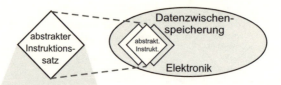

Bild 4-90: *Abstrakter Instruktionssatz als ein verhaltenspezifizierendes Modell eines Elektronik-Wirkprinzips*

bezeichneten Daten aufgerufen. Weiterhin wird ein Zustandsübergang in den Zustand *Löschen* veranlaßt. Ist der Vorgang des Löschens abgeschlossen, d.h. liegt intern das Ereignis *fertig* vor, so findet ein Übergang in den Zustand *Bereit* statt. Das Element *Datenzwischenspeicherung* ist in diesem Zustand erneut in der Lage, Eingangsereignisse zu empfangen, um weitere abstrakte Instruktionen auszuführen.

Zusammengefaßt spezifizieren die Modelle *Fundamentale Datenstruktur*, *Abstrakter Instruktionssatz* und *Ereignis-/Zustandsbeschreibung* das Verhalten des Wirkprinzips *Datenzwischenspeicherung* mittels Definition einer Menge von Arbeitsspeicherelementen. Diese sind durch eine Nummer zu identifizieren, enthalten eine spezifische Anzahl an Listenelementen – die entweder Meßdaten oder Meldungen darstellen („INT*eger*" oder „SYM*bol*") – und können auf Anforderung des Elements *Überwachungsverarbeitung* entfernt („As_Entferne"), erzeugt („As_Erzeuge") oder über Nummer und Index ausgelesen („As_Hole_Ge") werden.

Die Spezifikation des Elements *Datenzwischenspeicherung* ist mit der Spezifikation der drei Modelle für die Produktkonzipierung vollständig. Aus diesem Grund ist das zugehörige Symbol in Bild 4-91 weiß hinterlegt, d.h. die Komponente besitzt den Status *vollständig spezifiziert*.

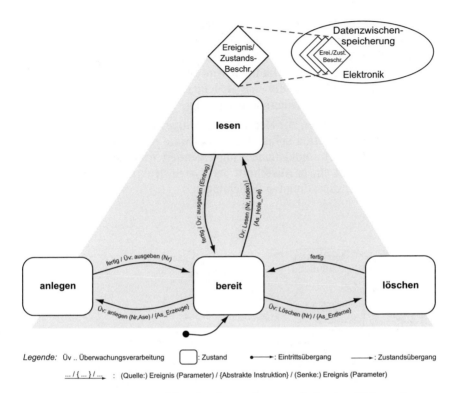

Bild 4-91: *Ereignis-/Zustandsbeschreibung als ein verhaltenspezifizierendes Modell eines Elektronik-Wirkprinzips*

4.3.3.10 Frühzeitige Spezifikation der Gestalt

Die Spezifikation der Gestalt für einzelne Subsysteme des neu zu entwickelnden Produktes bleibt in der Konzipierung auf Ausnahmen beschränkt (vgl. Kapitel 4.3.2.4). Die Ausnahmen liegen wie bereits erwähnt dann vor, wenn die räumliche Integration von Elementen unterschiedlicher Fachdisziplinen bei der Realisierung eines Systems bzw. Subsystems als kritisch zu betrachten ist. Die frühzeitige Modellierung der Gestalt wird am Beispiel des integrierten Robotergreifers des Operationsroboters verdeutlicht. Der Begriff „integriert" kennzeichnet die Zusammenführung der notwendigen Mechanik und Aktorik mit Sensorik zu einem Subsystem, um Entfernungen und Kräfte zu messen sowie Bilddaten aufnehmen zu können. Ferner soll eine Informationsverarbeitung zur selbständigen Meßdatensammlung und -vorverarbeitung sowie zur Datenkommunikation im Greifer integriert werden. Der Greifer kann so direkt mit anderen informationsverarbeitenden Subsystemen kommunizieren.

Da der Greifer Objekte in der Größenordnung einiger Mikrometer wie z.B. Nervenfasern greifen soll, ist neben der Integration von Elementen unterschiedlicher Fachdisziplinen als weitere Anforderung die geringe Baugröße des integrierten Greifers zu nennen. Dadurch wird die Integration der Elemente zu einer kritischen Forderung, die eine Modellierung des Aspektes Gestalt zum Zeitpunkt der Produktkonzipierung rechtfertigt.

Die geforderten Aufgaben zur Meßdatensammlung, Meßdatenvorverarbeitung und Datenkommunikation sollen mittels Software realisiert werden, die auf einem speziellen Elektronikbaustein implementiert wird. Bild 4-92 zeigt diesen Sachverhalt an einem Ausschnitt der Systemstruktur unter Verwendung von randbedingungsbestimmten Beziehungen..

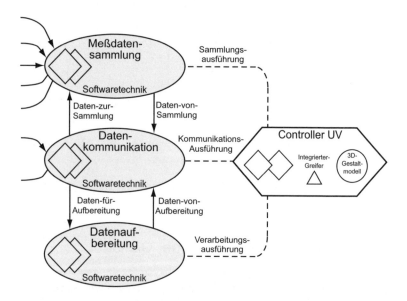

Bild 4-92: Ausschnitt aus der Systemstruktur mit randbedingungsbestimmten Beziehungen zwischen Elementen der Softwaretechnik und einem Elektronikbaustein „Controller UV"

Für die drei genannten informationstechnischen Aufgaben sind in Bild 4-92 drei Software-Wirkprinzipien dargestellt. Alle drei Wirkprinzipien werden auf der ausführenden Elektronikkomponente *Controller UV* implementiert.

In Bild 4-93 ist die Forderung der gestaltbestimmten Integration des Robotergreifers visualisiert. Der gesamte Greifer ist durch einen Bauraum bzw. eine Hüllgeometrie gekennzeichnet. Zu integrieren sind Sensoren für die Messung

Integrative Spezifikation neuer Produktkonzeptionen **371**

größerer Distanzen (*Anfahren des Objektes*), kleinerer Distanzen (*Genaues Greifen*) sowie zur Bestimmung von Kräften (*Halten mit vorgegebener Kraft*) und eine Stereo-Kamera (*Bilddaten des zu greifenden Objektes*). Zusätzlich ist in Bild 4-93 der Controllerbaustein für die Informationsverarbeitung visualisiert. Bei der verwendeten Sensorik und der Elektronikkomponente handelt es sich um Lösungselemente, deren Gestalt bereits vorgegeben ist.

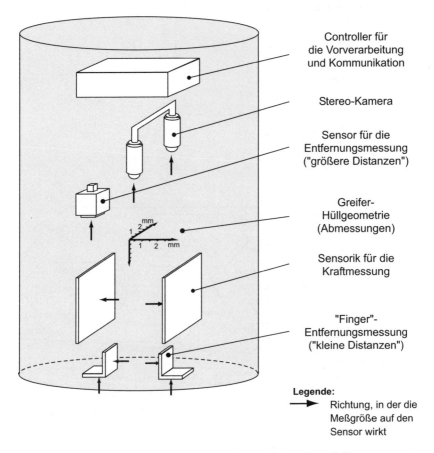

Bild 4-93: *Bauraum eines integrierten Greifers und Gestaltmodelle zu integrierender Elemente*

Bild 4-94 zeigt die Modellierung der aufgeführten gestaltbestimmten Einschränkungen. Ausgangspunkt ist das Subsystem *Integrierter-Greifer* bzw. dessen *3D-Gestaltmodell*. In den für das Subsystem spezifizierten Bauraum müssen die Gestaltmodelle aller durch das Konstrukt in Bild 4-94 spezifizierten Elemente integriert werden. Dargestellt sind die oben genannten Lösungselemente zur Entfernungs- und Kraftmessung, zur Erzeugung von Bilddaten sowie zur Datenverarbeitung.

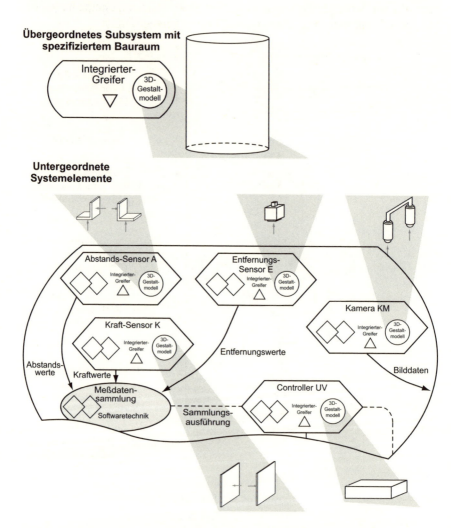

Bild 4-94: Frühzeitige Berücksichtigung von Modellen zur Spezifikation der Gestalt am Beispiel eines integrierten Greifers

Literatur zum Kapitel 4

Armstrong, J. R.: Chip-Level Modeling with VHDL. Prentice Hall, Englewood Cliffs, 1989

Barth, G.: Programmierung, objektorientierte. In: Hans-Jochen Schneider (Hrsg.): Lexikon der Informatik und Datenverarbeitung. 4. Auflage, Oldenbourg Verlag, 1997

Baumgarten, B.: Petri-Netze: Grundlagen und Anwendungen. Spektrum, Akademischer Verlag, 1996

Beims, H. D.: Praktisches Software-Engineering – Vorgehen, Methoden, Werkzeuge. Carl Hanser Verlag, 1995

Bleck, A. et al.: Praktikum des modernen VLSI-Entwurfs. Teubner Verlag, 1996

Bonfig, K. W.: Neuro-Fuzzy – Grundlagen und Anwendungen in der industriellen Automation. Expert-Verlag, 1995

Booch, G.: Object-Oriented Analysis and Design – With Applications. 2nd Edition, The Benjamin/Cummings Publishing Company Inc., 1994

Braek, R./**Haugen**, O.: Engineering Real Time Systems – An object-oriented methodology using SDL. Prentice Hall International (UK) Ltd., 1993

Bröhle, A.-P./**Dröschl** W.: Das V-Modell – Der Standard für die Softwareentwicklung mit Praxisleitfaden. Oldenbourg Verlag, 1993

CCITT: CCITT Z.100: 'SDL predefined data' Recommendation Z. 100 Annex D, ITU. 1993

Coad, P./**Yourdon** E.: Objektorientierte Analyse/Objektorientiertes Design. Prentice Hall Verlag, 1994

Dörrscheidt, F./**Latzel**, W.: Grundlagen der Regelungstechnik. 2. Auflage, Teubner Verlag, 1993

Duden: Das Fremdwörterbuch. Band 5, 6. Auflage, 1997

Eschermann, B.: Funktionaler Entwurf digitaler Schaltungen – Methoden und CAD-Techniken. Springer-Verlag, 1993

Fairley, R.: Software Engineering Concepts. McGraw-Hill, 1985

Flath, M. et al.: Entwicklungsmethodik Mechatronik. In: Gausemeier, J./Lückel, J. (Hrsg.): Entwicklungsumgebungen Mechatronik: Methoden und Werkzeuge zur Entwicklung mechatronischer Systeme, HNI-Verlagsschriftenreihe, Band 80, 2000

Föllinger, O.: Regelungstechnik. 6. Auflage, Hüthig Buch Verlag, 1990

Friedland, B.: Advanced Control System Design. Prentice Hall, Englewood Cliffs, 1996

Haberfellner et al.: System Engineering. W. F. Daenzer, F. Huber (Hrsg.), 8. Auflage, Verlag Industrielle Organisation, 1994

Harel, D.: Modeling reactive systems with statecharts. McGrawnHill, 1998

Heß, H.: Klassenbibliothek. In: Hans-Jochen Schneider (Hrsg.): Lexikon der Informatik und Datenverarbeitung. 4. Auflage, Oldenbourg Verlag, 1997

Hirschmann, P./**Scheer**, A.-W.: Funktionssicht, Datensicht, Architektur eines Informationssystems. In: Hans-Jochen Schneider (Hrsg.): Lexikon der Informatik und Datenverarbeitung. 4. Auflage, Oldenbourg Verlag, 1997

IEEE: IEEE Standard VHDL Language Reference Manual. Institute of Electrical and Electronics Engineers, 1994

Jacobson, I.: Object oriented software engineering – a use case driven approach. 4. Auflage, Addison-Wesley, 1995

Jacobsen, I./**Booch**, G./**Rumbaugh**, J.: The unified software development process. Addison-Wesley, 1999

Kallmeyer, F.: Eine Methode zur Modellierung prinzipieller Lösungen mechatronischer Systeme. Dissertation im Fachbereich Maschinentechnik, Universität Paderborn, HNI-Verlagsschriftenreihe, Band 42, 1998

Kiebach, A./**Lichter**, H./**Schneider-Hufschmidt**, M./**Züllighoven**, H.: Prototyping in industriellen Software-Projekten. In: Informatik-Spektrum (1992) 15, S. 65-77, Springer-Verlag, 1992

Koller, R.: Konstruktionslehre für den Maschinenbau. Springer-Verlag, 1994

Levson, N. G.: Embedded System. In: A. Ralston, E.D. Reilly (Hrsg): Encyclopedia of Computer Science. Third Edition, Chapman & Hall, 1993

Müller, J.: Arbeitsmethoden der Technikwissenschaften. Springer-Verlag, 1990

Oestereich, B.: Objektorientierte Softwareentwicklung – Analyse und Design mit der Unified Modeling Language. Oldenburg Verlag, 1998

Pahl, G./**Beitz**, W.: Konstruktionslehre – Methoden und Anwendungen. 4. Auflage, Springer-Verlag, 1997

Pomberger, G./**Blaschek**, G.: Software Engineering. 2. Auflage, Carl Hanser Verlag, 1996

Pressman, R. S.: Software engineering – a practitioner's approach. 3. Auflage, McGraw-Hill, 1994

Rammig, F.-J.: Systematischer Entwurf digitaler Systeme. Teubner Verlag, 1989

Roth, K.: Konstruieren mit Konstruktionskatalogen – Band 1 Konstruktionslehre. Springer-Verlag, 1994

Rumbaugh, J./**Blaha**, M./**Premerlani**, W./**Eddy**, F./**Lorensen**, W.: Object-Oriented Modeling and Design. Prentice Hall, Englewood Cliffs, New Jersey 07632, 1991

Schlitt, H.: Regelungstechnik – Physikalisch orientierte Darstellung fachübergreifender Prinzipien. 2. Auflage, Vogel Buchverlag, 1993

Seibold, W.: Product Modeling for Design, Failure Mode Effect Analysis and Diagnosis with the Model Based Functional Analysis Tool RODON. In: Proceedings of the 27th ISATA Symposium, pp. 75-82, 1994

Seibold, W.: RODON-Produktbeschreibung. In: F. Puppe et al. (Hrsg.): XPS-99. Proceedings of the 5th German Conference on Knowledge-Based-Systems, 1999

Strietzel, R.: Fuzzy-Regelung. Oldenbourg Verlag, 1996

Tietze, U./**Schenk**, C.: Halbleiter-Schaltungstechnik. 10. Auflage, Springer-Verlag, 1993

VDI-Richtlinie 2222 Blatt 1: Konstruktionsmethodik – Methodisches Entwickeln von Lösungsprinzipien. Beuth Verlag Berlin, Verein Deutscher Ingenieure, 1997

Würges, H.: Abstrakter Datentyp. In: Hans-Jochen Schneider (Hrsg.): Lexikon der Informatik und Datenverarbeitung. 4. Auflage, Oldenbourg Verlag 1997

Zwicky, F.: Entdecken, Erfinden, Forschen im Morphologischen Weltbild. Droemer-Knauer, 1966-1971

> »Manche Errungenschaften beruhen darauf,
> daß der Mensch auch aus falschen Prämissen
> richtige Schlußfolgerungen zu ziehen vermag.
> Der Computer schafft das nicht.«
> – Lothar Schmidt –

KAPITEL 5

VIRTUELLE PROTOTYPEN – PRODUKTE AUS DEM COMPUTER

5.1 Die Abkehr von der technischen Zeichnung

Bis zur Industrialisierung galt es als besondere Kunst, technische Artefakte darzustellen. Die großen Meister wie Albrecht Dürer und Leonardo da Vinci schufen berühmt gewordene Zeichnungen von technischen Systemen. Sicher gab es auch unzählige Handwerksmeister, die mit einer Skizze zum Ausdruck brachten, was ihre Gesellen schaffen sollten. Das technische Zeichnen, wie wir es heute kennen, entstand im Zuge der Industrialisierung. Innerhalb weniger Jahrzehnte ergab sich die Notwendigkeit, Zeichnungen im großen Stil zu produzieren, und zwar so, daß sie a) von vielen technischen Zeichnern ohne größere künstlerische Begabung erstellt und b) von vielen Menschen korrekt gelesen werden konnten. Dies führte zur Zeichnungsnorm. Sie ist ein wesentlicher Katalysator der Technikentwicklung gewesen.

Heute modellieren wir Artefakte jedwelcher Art im Computer und stellen sie nahezu realitätsgerecht auf dem Bildschirm dar. Wer mag da noch mit einer technischen Zeichnung arbeiten?

5.1.1 Die Anfänge: Computergraphik und CAD

Anfang der 60er Jahre machte ein Student des Massachusetts Institute of Technology (MIT) des öfteren Nachtschichten. Genaugenommen waren es kurz geratene Frühschichten, sie dauerten nämlich von 3 Uhr bis 5 Uhr morgens. Der Name des Studenten war Ivan E. Sutherland und sein Motiv zu einer Uhrzeit zu arbeiten, zu der andere Menschen schlafen, stand im Lincoln Laboratory des MIT : der *TX-2 Computer* (Bild 5-1).

Der TX-2 wurde vom Lincoln Laboratory im Auftrag der amerikanischen Luftwaffe gebaut. Seine primäre Aufgabe war es zu zeigen, daß die neu entwickelten Transistoren die bisher gebräuchlichen Röhren als zentrale Bauelemente eines Computers ersetzen können. Der TX-2 unterschied sich aber noch in anderer Hinsicht von den damaligen Rechnern: er arbeitete im Dialogbetrieb, also "Online". Üblich war der Stapelbetrieb (batch mode). Der Softwareentwickler übertrug sein Programm, die zu verarbeitenden Daten sowie die Steueranweisungen für den Rechner (z.B. Anweisungen zum Laden und Starten eines Programms) auf Lochkarten. Zusammen ergab das einen Kartenstapel (batch) mit dem Rechenauftrag (batch job). Der Anwender gab diesen Kartenstapel mit dem Rechenauftrag an den Rechnerbetreuer (operator) weiter. Dieser wiederum lud die verschiedenen Rechenaufträge über Kartenleser in den Rechner. Die berechneten Resultate wurden über Drucker ausgegeben und an den Anwender weitergeleitet. Normalerweise dauerte es von einer Stunde bis zu mehreren Tagen, bis der Anwender seine Ergebnisse erhielt.

Bild 5-1: *Ivan E. Sutherland vor dem TX-2 Computer (Quelle: SUN Microsystems)*

Wes Clark, der Erbauer des TX-2, machte alles anders. Er stattete seinen Rechner mit einer Art Schreibmaschine für die Dateneingabe und einem Bildschirm mit einer 9 Zoll Kathodenstrahlröhre für die Datenausgabe aus. Ferner gab es einen Lichtstift für die direkte Dateneingabe über den Bildschirm. Viele Mitarbeiter des Lincoln Laboratory wußten nicht recht, wie sie die neue Benutzungsschnittstelle einsetzen sollten. So probierten sie mehr oder weniger nützliche Dinge aus. Schließlich sollte ja der Nachweis erbracht werden, daß seine auf Transistoren basierenden Schaltungen den Vakuumröhren gleichwertig, wenn nicht überlegen waren.

Es ist dem visionären Denken Ivan E. Sutherlands zu verdanken, daß der TX-2 Computer der wichtigste Geburtshelfer für die heute verfügbaren Softwarewerkzeuge zur Produktentwicklung wurde. Als Sutherland den TX-2 entdeckte, kam er auf die Idee, im Rahmen seines Promotionsvorhabens mit diesem Rechner eine interaktive graphische Anwendung zu entwickeln. Er nannte dieses graphisch interaktive System *Sketchpad*. Leider ließ es sein Status als Student nur zu, den einzigen noch freien Zeitraum zur Arbeit mit dem TX-2 zu reservieren. Es waren die zwei Stunden zwischen 3 Uhr und 5 Uhr morgens.

Was war das Neue an Sketchpad? Wie ist der große Einfluß von Sketchpad auf die Entwicklung graphisch interaktiver Softwaresysteme zu erklären? Die einfache Antwort lautet: Sketchpad war die erste Anwendung, die die grundlegenden Konzepte graphisch interaktiver Software erstmals einführte und in einem einfach zu benutzenden System in sich vereinte. Sketchpad war ein Programm zur Erstellung von Zeichnungen, quasi ein Vorläufer von heutigen Systemen wie CorelDraw und Adobe Illustrator. Mittels des Lichtstiftes konnte der Benutzer graphische Objekte wie Rechtecke und Kreise erzeugen und manipulieren. Sutherland entwarf eine hierarchische Datenstruktur, um die graphischen Objekte zu verwalten. Es war möglich, graphische Objekte durch Zwangsbedingungen (Constraints) wie beispielsweise Rechtwinkligkeit oder Tangentialität zu verknüpfen. Weitere Konzepte, die erstmals durch Sketchpad realisiert wurden und heute zum Standard zählen, sind das Kopieren und Einfügen von Objekten, beliebiges Verkleinern und Vergrößern der aktuellen Ansicht (Zoom) sowie die Verwendung von "Icons" zur Repräsentation von komplexeren Objekten und Funktionen.

Das Herausragende an Sketchpad – und dies sei hier nochmals ausdrücklich betont – war, daß die Interaktion mit dem Benutzer ausschließlich über die Manipulation graphischer Objekte mittels Lichtstift am Bildschirm erfolgte. Sutherlands 1963 veröffentlichte Dissertation mit dem Titel "Sketchpad: A Man-Machine Graphical Communication System" [Sutherland 1963] markiert den Beginn der Computergraphik. Bereits kurz nach seiner Tätigkeit am MIT hat Sutherland seine in Sketchpad realisierten Ideen auf die Darstellung und Manipulation dreidimensionaler graphischer Objekte erweitert. Dies geschah während seiner Lehr- und Forschungstätigkeit an der University of Utah. Diese Universität entwickelte sich nicht zuletzt durch den Einfluß von Sutherland ab Ende der 60er Jahre zu einem wichtigen Zentrum für Forschungsarbeiten auf dem Gebiet der Computergraphik.

Interaktive dreidimensionale Computergraphik ist heute eine Schlüsseltechnologie für die modernen Softwarewerkzeuge in der Produktentwicklung. Die Kenntnis der grundlegenden Konzepte dreidimensionaler interaktiver Computergraphik ist daher für die Einordnung und das Verständnis dieser hochentwickelten Softwarewerkzeuge wichtig. Im folgenden Bild 5.2 gehen wir darauf näher ein.

Die Entwicklung eines neuen Produktes erfordert eine intensive Kommunikation unter allen an diesem Prozeß beteiligten Personen. Dazu wird ein Medium benötigt, welches die Eigenschaften eines neuen Produktes, d.h. insbesondere seine Gestalt und Funktion, eindeutig beschreibt. Ein solches Medium ist die technische Zeichnung. Sie war der wichtigste Informationsträger in der jüngeren Technikgeschichte seit der Industrialisierung. Mit der Verbreitung von Computer Aided Design (CAD)-Systemen findet die allmähliche Verdrängung der technischen Zeichnung durch "digitale Repräsentationsformen" statt.

Die mit Sketchpad gemachten Anfänge des "Zeichnens am Computer" führten zu der Idee, die technische Zeichnung rechnerunterstützt zu erstellen. Es entstanden so die ersten zweidimensional arbeitenden CAD-Systeme für die Zeichnungserstellung. Ein Beispiel dafür ist das System CADAM, das ab Ende der 60er Jahre vom amerikanischen Flugzeughersteller Lookheed entwickelt wurde. Die Abkürzung CAD stand zu diesem Zeitpunkt für "*Computer Aided Drafting*", also rechnerunterstütztes Zeichnen. 2D-CAD-Systeme wurden in der Produktentwicklung mit großem Erfolg eingesetzt. Durch diese Systeme konnten technische Zeichnungen wesentlich effizienter erzeugt werden. 1982 wurde mit AutoCAD das erste 2D-CAD-System für die PC-Plattform vorgestellt. Mit der Verbreitung der Personal Computer hat sich auch die rechnerunterstützte Zeichnungserstellung durchgesetzt. Heute hat der PC das Zeichenbrett praktisch verdrängt – allerdings noch nicht die technische Zeichnung.

Da die Welt dreidimensional und nicht zweidimensional ist, ist es notwendig, in der technischen Zeichnung mehrere Ansichten und ggf. Schnittansichten darzustellen. Oft ist es zur Erhöhung der Verständlichkeit einer komplexen technischen Zeichnung zweckmäßig, eine perspektivische Darstellung des Objektes hinzuzufügen. Die Perspektive ist wie die Normalprojektionen und Schnitte in einer technischen Zeichnung ein Bild des Objektes und nicht eine Beschreibung der Gestalt. Die Ansichten eines technischen Objektes helfen dem Menschen, ein Abbild der Objektgestalt im Gehirn zu erzeugen. Die Gestalt wird aber nicht im Rechner repräsentiert, sondern erst im Gehirn des Menschen.

Bei den Pionieren der Computergraphik kam daher nach den ersten Erfolgen der 2D-Systeme bald der Wunsch auf, auch die Gestalt der Objekte zu erfassen und darzustellen. Man erkannte, daß der Computer das leisten könnte, wenn es gelänge, eine exakte mathematische Beschreibung der dreidimensionalen

Die Abkehr von der technischen Zeichnung

Geometrie eines Objektes zu formulieren und im Rechner zu repräsentieren. So besteht ein Quader aus acht Eckpunkten, zwölf Strecken und sechs Flächen im Raum. Je nach Ansicht werden aus dieser Repräsentation der Gestalt des Objektes die zweidimensionalen geometrischen Elemente der technischen Zeichnung automatisch generiert. Der Vorteil dieses Vorgehens liegt auf der Hand: Ausgehend von der Beschreibung der Gestalt des Objektes können beliebige perspektivische Darstellungen und natürlich auch die Normalprojektionen der technischen Zeichnung wie Vorder- und Seitenansicht erzeugt werden. Die gestaltbeschreibenden Daten werden in einer Datenstruktur rechnerintern repräsentiert. Dies ergibt ein rechnerinternes Modell der Gestalt eines Objektes, das wir kurz als **3D-Modell** bezeichnen.

An der University of Utah haben Studenten Anfang der 70er Jahre die Oberfläche von Sutherlands VW Käfer mit Meßpunkten versehen und auf diese Weise ein grob diskretisiertes 3D-Modell der Karosserie des Fahrzeugs erzeugt. Besonders populär ist das 1974 von Martin Newell geschaffene 3D-Modell einer Teekanne, die er regelmäßig in seinem Büro benutzte (Bild 5-2). Dieses als "*Utah Teapot*" berühmt gewordene 3D-Modell sollte die Funktionsweise neuer Darstellungsalgorithmen demonstrieren. Solche Algorithmen generieren nicht nur die Umrißlinien, sondern vermitteln auch durch Schattierungen u. ä. einen realitätsnahen Eindruck des Objektes auf der Bildebene.

Bild 5-2: Der „Utah Teapot" – Automatische Generierung von realitätsnahen Darstellungen auf Basis eines 3D-Modells im Rechner

Die oben erwähnten 3D-Modelle hatten nicht den Anspruch, ein Produkt mathematisch exakt zu beschreiben. So bestand das 3D-Modell von Sutherlands VW-Käfer zunächst nur aus einer Menge von Punkten im Raum. Die x-, y-, und z-Koordinaten der gewählten Punkte auf der Karosserie wurden durch Längenmessungen im Bezug auf einen frei gewählten Ursprung ermittelt. Die

Oberfläche zwischen den Meßpunkten wurde durch ebene, polygonale Flächenelemente approximiert. Der Einfachheit halber wählte man Dreiecke. Wurde das Netz der Meßpunkte engmaschig genug gestaltet, ergab sich eine gute Approximation der Oberfläche des Fahrzeugs. Solche approximativen 3D-Modelle reichten zur Entwicklung von Methoden zur realitätsnahen Darstellung von beliebigen Objekten völlig aus.

Parallel zu diesen Arbeiten auf dem Gebiet der Computergraphik entwickelte D. T. Ross am Electronic Systems Laboratory des MIT Konzeptionen für 3D-Modelle, aus denen sich die Werkzeugwege für numerisch gesteuerte Werkzeugmaschinen ableiten ließen. Im Gegensatz zu den approximativen 3D-Modellen waren hier jedoch 3D-Modelle erforderlich, die die Gestalt des Bauteils exakt beschreiben [Ross 1960].

Aus diesen beiden Wurzeln entwickelte sich die Idee des 3D-CAD. Der Kern dieser Idee ist, ein Bauteil nicht durch Ansichten und Schnitte graphisch darzustellen, sondern es im Rechner dreidimensional zu modellieren und dann die Ansichten und Schnitte automatisch aus dem 3D-Modell abzuleiten. Das war neu. Dieses Vorgehen bedeutete eine Abkehr vom technischen Zeichnen. Ab jetzt stand der Begriff CAD auch nicht mehr für "*Computer Aided Drafting*" sondern für "*Computer Aided Design*", also rechnerunterstütztes Konstruieren.

Neben den Forschungseinrichtungen erkannten insbesondere die Luft- und Raumfahrtindustrie sowie die Automobilindustrie die Nutzenpotentiale von 3D-CAD. Man konnte antizipieren, daß sich die Konstruktion und die NC-Programmierung komplexer Bauteile durch 3D-CAD erheblich beschleunigen ließ. Diese offensichtlichen Nutzenpotentiale bewogen insbesondere auch europäische Universitäten, Forschungsarbeiten zum geometrischen Modellieren zu beginnen. Zu einem Zentrum dieser Entwicklung wurde die Universität von Cambridge in England. In Deutschland wurden in den 70er Jahren mit Systemen wie COMPAC (Prof. Spur, TU Berlin) und PROREN2 (Prof. Seifert, Universität Bochum) herausragende Entwicklungen vorangetrieben [Spur 1979]. Aus heutiger Sicht besonders bemerkenswert ist die Tatsache, daß einige Industrieunternehmen damals große Investitionen tätigten, um selbst 3D-CAD-Systeme zu entwickeln. Ein Beispiel dafür ist die Entstehung des Systems CATIA.

Im Jahr 1977 wurde bei der Firma *Avions Marcel Dassault*, einem französischen Flugzeughersteller, ein Projektteam beauftragt ein 3D-CAD-System zu entwickeln. Das Projekt trug den Titel "Computer-Aided Three-Dimensional Interactive Application", abgekürzt CATIA. Die im Rahmen dieses Projektes entstandene Software war intern so erfolgreich, daß man sich 1981 dazu entschloß, CATIA zu vermarkten. Dazu wurde die Firma Dassault Systems gegründet, die CATIA weiterentwickeln sollte. Gleichzeitig wurde mit dem Unternehmen IBM ein Vertrag zur weltweiten Vermarktung des Systems geschlossen. CATIA Version 1 kam 1982 auf den Markt. Es war damit eines der ersten am Markt verfügbaren 3D-CAD-Systeme. Das System fand sehr schnell Verbreitung, vor allem in der Luft- und Raumfahrtindustrie sowie in der Automobilindustrie.

Die Entwicklung ist weitergegangen: Neue Begriffe wie „Virtuelle Produktentwicklung" und „Virtuelle Prototypen" sind aufgetaucht. Im folgenden erläutern wir, was damit gemeint ist.

5.1.2 Von 3D-CAD zu virtuellen Prototypen

Der klassische Maschinenbau war durch den Entwurf mechanischer Systeme geprägt. Demzufolge ist verständlich, daß CAD-Systeme zunächst ausschließlich dem gestaltorientierten Entwurf einzelner Bauteile dienten. Mit zunehmender Leistungsfähigkeit der 3D-CAD-Systeme wurde es dann möglich, einzelne Bauteile zu Baugruppen zusammenzufügen. Das erforderte die Berücksichtigung von Informationen über die Struktur von Erzeugnissen, die bislang in Stücklisten zu finden waren. In der Konsequenz wurden neben Geometriedaten auch Strukturdaten im CAD-System verarbeitet. Von dort war es nur ein logischer Schritt zur Einführung des Begriffs des Produktmodells. **Produktmodelle** enthalten neben der Gestaltinformation auch Informationen über die Produktstruktur. Ferner ist es notwendig, auch noch andere Informationen zu berücksichtigen wie Toleranzen, Oberflächengüten und Werkstoffe. Ziel eines Produktmodells ist es, alle Informationen eines Produktes über den gesamten Produktlebenszyklus zu erfassen. Um zu ermöglichen, daß CAD-Systeme mehrerer Hersteller auf ein Produktmodell zugreifen können, wurden schon frühzeitig Normungsvorhaben initiiert. Hervorzuheben ist hier insbesondere der internationale Standard STEP (STandard for the Exchange of Product Model Data). Das Bild 5.7 beschreibt die zur Verarbeitung von Produktmodellen entwickelte Technologie detaillierter.

Produktmodelle bilden die Basis für virtuelle Prototypen. Auch ein virtueller Prototyp ist eben ein Prototyp. **Prototypen** sind voll funktionsfähige Einzelstücke eines für die Serienfertigung vorgesehenen Produktes. Sie werden in der Regel manuell gefertigt und dienen der Produkterprobung. Dazu einige Beispiele:

In der Luftfahrtindustrie ist es üblich gewesen, von einem neuen Typ sehr frühzeitig ein 1:1 Modell von Cockpit und Kabine aus Holz und Kunststoff zu bauen. Dieses physische Modell wird als **"Mock-Up"** bezeichnet. Es wird vorwiegend zur Überprüfung des Cockpit- und Kabinenkonzeptes sowie für die Verkaufsförderung eingesetzt.

Versuchsmodelle aus Holz oder Kunststoff werden auch in vielen anderen Bereichen verwendet. Sie werden vielfach benutzt, um die Kollisionsfreiheit und Montierbarkeit von Bauteilen zu überprüfen. So wird zum Beispiel im Prototypenbau der Automobilindustrie häufig zuerst ein Kunststoffmodell des Kraftstofftanks gebaut, um zu überprüfen, ob der Tank in den vorgesehenen Bauraum eingebaut werden kann und ob er nicht mit anderen Bauteilen kollidiert. Erst wenn das gesichert ist, wird ein funktionsfähiger Prototyp des Tanks aus Blech gefertigt.

Weiterhin werden für viele Baugruppen im Rahmen der Produktentwicklung reine Funktionsmodelle angefertigt. Man denke hier beispielsweise an einen komplexen kinematischen Mechanismus beispielsweise zum Öffnen und Schließen des Verdecks eines Cabrios. Die Kinematik, also der Bewegungsablauf solcher Mechanismen, wird in der Regel an vereinfachten Funktionsmodellen überprüft. Wichtig ist in dieser Phase lediglich, die Gelenke und die starren Verbindungen zwischen den Gelenken im Modell wiederzugeben. Die exakte Gestalt ist zunächst nachrangig, da nur die kinematische Funktionsfähigkeit untersucht werden soll. Versuchsmodelle werden auch im Bereich der Strukturauslegung (z.B. Spannungsoptik), der Aerodynamik (Windkanalmodelle) und in vielen weiteren Bereichen angefertigt.

Diese Beispiele zeigen, daß der Einsatz von Versuchsmodellen und Prototypen ein wichtiger Bestandteil des Produktentwicklungsprozesses ist. Nun haben physische Prototypen zwei entscheidende Nachteile: sie kosten Zeit und Geld. Deshalb gab es schon immer Bestrebungen, die Anzahl von physischen Prototypen so gering wie möglich zu halten. Virtuelle Prototypen eröffnen eine neue Perspektive. Ein **virtueller Prototyp** bzw. ein **digitaler Mock-Up** ist eine rechnerinterne Repräsentation eines echten Prototypen. *Virtual Prototyping* heißt, Rechnermodelle von in Entwicklung befindlichen Objekten zu bilden und zu analysieren. Das reduziert den zeit- und kostenaufwendigen Bau und Test von realen Prototpyen erheblich. Die virtuelle Produktentwicklung stützt sich auf die Arbeit mit virtuellen Prototypen. Im Verlauf des Entwicklungsprozesses wird der virtuelle Prototyp konkretisiert. Ist die Produktentwicklung abgeschlossen, repräsentiert der virtuelle Prototyp das Serienprodukt, er wird so zum "virtuellen Produkt".

Zum besseren Verständnis des Begriffes „virtueller Prototyp" sei auf das Bild 5-3 verwiesen. Der digitale Mock-Up dient der Entwicklung der sog. Baustruktur. Nach Pahl/Beitz repräsentiert die Baustruktur den Bauzusammenhang, d.h. die Anordnung und Verbindung der Bauteile zu Baugruppen und schließlich zum Erzeugnis. Basis für den digitalen Mock-Up bilden die 3D-Modelle der Bauteile und die logische Strukturierung des Erzeugnisses in Baugruppen und Bauteile. Letzteres erfolgt heute in der Regel im Rahmen eines Produktdatenmanagement(PDM)-Systems. Im Prinzip werden mit einem digitalen Mock-Up Aufgaben gelöst, die mit der Anordnung der Bauteile zu tun haben, wie die Überprüfung der Einbaubarkeit. Wir gehen darauf noch in Kapitel 5.3 ein.

Die Abkehr von der technischen Zeichnung

Der virtuelle Prototyp ist eine Erweiterung des digitalen Mock-Up, weil neben der Gestalt noch weitere Aspekte wie Kinematik, Dynamik, Festigkeit etc. Berücksichtigung finden. Dies ist Gegenstand des Kapitels 5.4 „Modellbildung und Modellanalyse". Dem einen oder anderen Praktiker mag das avantgardistisch erscheinen, ein komplexes Erzeugnis mit all seinen Aspekten im Computer zu modellieren. Das Beispiel Boeing 777 zeigt, daß die entsprechende Technik sehr weit gediehen und auch wirtschaftlich einsetzbar ist (vgl. Kasten auf Seite 385).

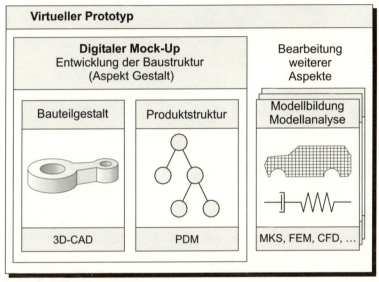

PDM : Produktdatenmanagement
MKS : Mehrkörpersimulation
FEM : Finite Elemente Methode
CFD : Computational Fluid Dynamics

Bild 5-3: Aufbau des Begriffes „Virtueller Prototyp"

Die Boeing 777 – das Flugzeug aus dem Computer

Die Boeing 777 ist das erste Flugzeug, das vollständig mit 3D-CAD-Systemen entwickelt wurde. Die Firma Boeing hat mit dem Programmstart zum Typ 777 im Jahr 1990 festgelegt, für das gesamte Flugzeug eine digitale, dreidimensionale Produktbeschreibung zu erstellen. Der Erstflug der Boeing 777 war Mitte 1994. Die nur knapp vierjährige Entwicklungsdauer ist für ein Verkehrsflugzeug dieser Größenordnung ohne Beispiel.

Quelle: The Boeing Company

Als Basis für die virtuelle Produktentwicklung diente das 3D-CAD-System CATIA der Firma Dassault Systems. Eingesetzt wurden 2.200 CATIA-Workstations, die über 8 Mainframerechner an den verschiedenen Entwicklungsstandorten zu einem Netzwerkcluster verbunden wurden. Das Flugzeug besteht aus über 132.500 entworfenen Teilen. Ein moderner PKW besteht im Vergleich dazu aus etwa 6.000 Teilen. Zu den Teilen kommen bei der Boeing 777 noch über 3.000.000 Normteile, in erster Linie Verbindungselemente wie Nieten und Schrauben. Zur Speicherung der Produktdaten für das Flugzeug sind mehr als 3 Terabyte (das sind 3 Millionen Megabyte) erforderlich. In Ergänzung zum 3D-CAD-System hat Boeing in eigener Regie ein Softwarewerkzeug zum virtuellen Zusammenbau entwickelt, um die Kollisionsfreiheit und Montierbarkeit einzelner Teile und Baugruppen sicherzustellen. Ziel dieses digitalen Mock-Up war es nach Angaben von Boeing, die Anzahl der sogenannten "nonconformance events" (Baubarkeits- und Montageversuche, bei denen festgestellt wurde, daß Teile nicht zusammenpassen) im Vergleich zu vorangegangenen Entwicklungsprojekten um 50% zu reduzieren. Tatsächlich wurde eine Reduktion von 75 - 80% erzielt.

Dies unterstreicht, daß selbst hochkomplexe Erzeugnisse mit heute verfügbarer CAD-Technik vollständig entwickelt werden können und die technische Zeichnung als primärer Informationsbestand nicht mehr erforderlich ist.

Quellen: http://www.boeing.com; http://bib.me.berkeley.edu; 18. Juli 2000

5.2 3D-CAD-Systeme

CAD-Systeme haben sich in der Industrie durchgesetzt. Die Durchdringung ist nahezu 100%; das Zeichenbrett hat ausgedient. Das gilt aber noch nicht für die technische Zeichnung, weil heute überwiegend 2D-Systeme eingesetzt werden, die primär der Zeichnungserstellung dienen. Zeichnungserstellung ist ein Teil der Produktentwicklung. Die umfassende rechnerunterstützte Produktentwicklung verlangt aber 3D-Systeme.

3D-CAD-Systeme bilden heute die tragende Säule der rechnerunterstützten Produktentwickung. Sie ermöglichen das Modellieren der Gestalt von technischen Objekten in Interaktion mit dem Computer. Zwei Aspekte prägen das Arbeiten mit diesen Systemen besonders: die Leistungsfähigkeit der Graphik-Funktionalität und das zugrundeliegende 3D-Modell. Auf diese beiden Aspekte gehen wir in diesem Kapitel näher ein.

5.2.1 Computergraphik

Die Systeme zur virtuellen Produktentwicklung verwenden zur Kommunikation mit dem Anwender graphische Darstellungen der jeweiligen rechnerinternen Repräsentation des technischen Objektes. Die graphische Darstellung von 3D-Modellen ist daher eine grundlegende Funktionaliät, über die praktisch alle Softwarewerkzeuge verfügen müssen, die im Rahmen der modernen Produktentwicklung eingesetzt werden. Die dazu erforderliche Technologie ist die sogenannte *generative 3D-Computergraphik*. Deren grundlegende Konzepte werden in diesem Kapitel erläutert. Für eine umfassende Darstellung sei auf [Foley/Van Dam/Feiner/Hughes 1995] verwiesen.

Die generative 3D-Computergraphik erzeugt aus dem 3D-Modell auf einer Bildebene eine graphische Darstellung. Die Bildebene ist in der Regel der Bildschirm. Der entsprechende Prozeß wird mit dem englischen Fachbegriff **Rendering** bezeichnet. Im Kontext virtueller Prototypen kann das darzustellende 3D-Modell ein einzelnes Bauteil, eine Baugruppe, das Gesamtprodukt (z.B. ein Automobil) oder die Fabrik zur Produktion des Produktes repräsentieren. Das 3D-Modell repräsentiert eine virtuelle Welt. Die Gesamtheit der aus der virtuellen Welt darzustellenden Objekte wird in der Computergraphik als **Szene** bezeichnet. Das Rendering kann im Prinzip mit dem Photographieren in der realen Welt verglichen werden. Wie beim Photographieren benötigt man für das Rendering eine Aufnahmeposition, eine Blickrichtung und einen Blickwinkel. Die Computergraphik verwendet zur Festlegung dieser Parameter eine virtuelle "Kamera". Und wie in der Realität kann dies eine "Photokamera" zum Erzeugen statischer Einzelbilder oder eine "Filmkamera" zum Erzeugen bewegter Bilder sein. Bewegte Bilder entstehen bekanntlich durch eine sehr schnelle Folge von Einzelbildern. Werden die Einzelbilder in Echtzeit erzeugt, so erhält der Betrachter den Eindruck, Teil einer künstlichen Welt zu sein. Dies ist die Voraussetzung für *Virtual Reality* (vgl. Bild 5.6).

5.2.1.1 Graphikmodell

Eine graphische Darstellung auf dem Bildschirm setzt ein Graphikmodell voraus. Es wird aus dem 3D-Modell abgeleitet. Das Graphikmodell der interaktiven 3D-Computergraphik beschreibt dreidimensionale Objekte auf Basis sogenannter graphischer Primitive. Die wichtigsten **graphischen Primitive** sind der Eckpunkt (engl. vertex), die Linie und das Polygon. Das Graphikmodell ist im Prinzip ein 3D-Modell. Es enthält aber nur die für die effiziente Erzeugung von 2D-Graphiken erforderlichen Informationen. In der Regel wird das Graphikmodell aus dreiseitigen Polygonen, also Dreiecken aufgebaut. Ein Dreieck ist durch drei Eckpunkte eindeutig definiert. Die Lage des Dreiecks im Raum wird durch ein Bezugskoordinatensystem festgelegt. Erst durch die Einführung eines Koordinatensystems kann die Position und Orientierung eines Objektes im Raum eindeutig bestimmt werden (Bild 5-4).

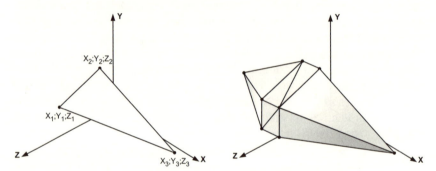

Bild 5-4: Definition eines Dreiecks und eines durch Dreiecke repräsentierten Objektes im Raum

Bei graphisch interaktiven Anwendungen kommt es ständig vor, daß einzelne Objekte ihre Lage im Raum verändern. Eine Lageänderung im Raum wird durch Transformationen beschrieben. Eine **Transformation** kann eine Translation und eine Rotation umfassen. Ferner zählt noch die Skalierung zu den Transformationen. Darunter wird die Veränderung der Größe eines Objektes verstanden. Transformationen sind ein grundlegendes mathematisches Hilfsmittel der generativen Computergraphik. Alle Objekttransformationen erfolgen durch Multiplikation von Matrizen. Um eine effiziente Verarbeitung durch den Rechner zu erzielen, ist man bestrebt, die Anzahl der notwendigen Multiplikationen so gering wie möglich zu halten. Durch die Einführung von sogenannten homogenen Koordinaten ist es möglich, mehrere Transformationen gleichzeitig durch Multiplikation mit nur einer einzigen 4x4-Transformationsmatrix durchzuführen. Homogene Koordinaten überführen die übliche dreidimensionale Darstellung in kartesischen Koordinaten P(x, y, z) in eine vierdimensionale Darstellung P(Wx, Wy, Wz, W), wobei W ein Skalierungsfaktor ist, der im Regelfall den Wert W=1 hat.

5.2.1.2 Beleuchtung

In der realen Welt wird das Erscheinungsbild eines Objektes maßgeblich durch die Beleuchtungssituation bestimmt. Das ist in der virtuellen Welt der Computergraphik nicht anders. Zu jeder Szene gehört mindestens eine Lichtquelle, die die virtuelle Welt beleuchtet. Fehlt diese, so ist von der gesamten Szene nichts zu erkennen; das Bild ist schwarz. In der Computergraphik werden im wesentlichen vier Typen von **Lichtquellen** unterschieden: ambientes Licht, Punktlicht, gerichtetes Licht und Spotlicht.

- **Ambientes Licht** ist eine ungerichtete, allgemeine Hintergrundbeleuchtung.
- **Punktlicht** geht von einer definierten Quelle aus und strahlt ebenfalls ungerichtet, d.h. die Lichtstrahlen breiten sich in alle Richtungen des Raumes aus. Ein Beispiel für eine solche Lichtquelle ist eine nackte Glühbirne.
- **Gerichtetes Licht** kommt aus einer bestimmten Raumrichtung, die Lichtstrahlen laufen parallel. Die Lichtquelle befindet sich weit außerhalb der virtuellen Welt, in quasi unendlicher Entfernung. Diese Art des Lichts ist mit dem Sonnenlicht vergleichbar, das auf die Erde fällt.
- **Spotlicht** schließlich verbindet die Eigenschaften einer Punktlichtquelle mit gerichtetem Licht. Beispielhaft für diese Art der Lichtquelle ist eine Taschenlampe.

Das Bild 5-5 zeigt das Erscheinungsbild eines 3D-Modells für verschiedene Beleuchtungsverhältnisse. Für jeden dieser Beleuchtungsfälle gibt es ein mathematisches Beleuchtungsmodell, das die entsprechenden physikalischen Verhältnisse abbildet. Diese Beleuchtungsmodelle werden beim Rendering, also der Berechnung des Bildes ausgewertet.

5.2.1.3 Material und Texturen

Das Aussehen eines Objektes wird stark durch die Beleuchtungssituation bestimmt. Durch die Beleuchtung ergeben sich Farbwirkung, Tiefenwirkung und Glanzlichter. Die Berücksichtigung von Material und der Einsatz von Texturen erhöhen in Verbindung mit den erwähnten Beleuchtungsverfahren die Realitätsnähe computergenerierter Bilder signifikant. Aus diesem Grund wer-

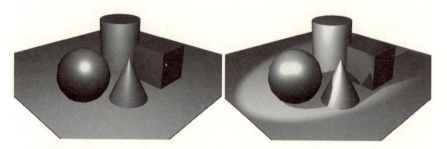

Bild 5-5: Erscheinungsbild eines 3D-Modells bei verschiedenen Beleuchtungsverhältnissen

den einzelnen Polygonen, Polygongruppen oder dem gesamten Modell bestimmte Oberflächeneigenschaften und Muster zugewiesen. Das Bild 5-6 zeigt ein Beispiel für eine typische Maske zur Materialzuweisung.

Fast alle Oberflächen in unserer realen Umwelt reflektieren Licht. Insbesondere Glas, Metalle und einige Kunststoffe haben ausgeprägt reflektierende Oberflächen. Dies wird in der Computergraphik durch die **Reflexionswerte** des Materials nachgebildet. Vereinfacht ausgedrückt, wird durch die Reflexionswerte eines Materials bestimmt, welche Menge des auf die Oberfläche einfallenden Lichtes in welcher Form zurückgeworfen wird. Die meisten Objekte zeigen Glanzlichter, wenn sie beleuchtet werden. In diesen Bereichen der Oberfläche wird das einfallende Licht direkt zurückgeworfen. Metallische Objekte haben kleine, sehr helle Glanzlichter, während Kunststoffe meistens großflächigere, weniger helle Glanzlichter aufweisen. Matte Oberflächen zeigen gar keine Glanzlichter.

Die Transparenz eines Materials drückt aus, wieviel Prozent des auf der Oberfläche einfallenden Lichtes hindurchgelassen wird. Man kann also durch halbtransparente Objekte hindurchsehen. Glas und Wasser sind Beispiele für halbtransparente Objekte. Eine undurchsichtige Oberfläche ist zu 0% transparent, es fällt kein Licht hindurch. Bei 100% Transparenz ist die Oberfläche völlig unsichtbar, unabhängig von allen anderen Eigenschaften des Materials.

Eine wichtige Materialeigenschaft ist natürlich die Farbe. Für die Wiedergabe von Farbe werden in der Computergraphik verschiedene **Farbmodelle** verwendet. In der hier betrachteten generativen Computergraphik kommt in der Regel das RGB-Farbmodell zum Einsatz. In diesem Modell wird jede Farbe durch die Angabe von Rot-, Grün- und Blauanteilen festgelegt. Der Wertebereich für jeden Farbanteil liegt zwischen 0% und 100%. Liegen Rot-, Grün- und Blauanteil bei 0%, so hat das Material die Farbe schwarz, liegen alle drei Werte bei 100%, so ist die Farbe weiß.

3D-CAD-Systeme

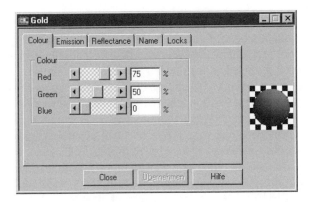

Bild 5-6: Maske zur Zuweisung eines Materials

Neben den genannten Materialeigenschaften gibt es noch weitere Effekte, mit denen die Realitätsnähe zusätzlich gesteigert werden kann. Von besonderer Bedeutung sind in diesem Zusammenhang Bilder, die als sogenannte Texturen hinzugefügt werden. Eine **Textur** ist eine Bitmap-Graphik, die auf ein Polygon oder auf ganze Körperoberflächen aufgebracht wird. Dieses Verfahren wird üblicherweise mit dem englischen Begriff Texture-Mapping bezeichnet. Auf diese Weise können komplexe Oberflächenstrukturen und -erscheinungsbilder (Bild 5-7) sehr einfach nachgebildet werden. Weiterentwicklungen des Texture-Mappings sind das Bump-Mapping und das Environment-Mapping. Während durch das Bump-Mapping rauhe Oberflächen äußerst realistisch abgebildet werden, wird durch das Environment-Mapping eine sehr realitätsnahe Wirkung stark spiegelnder Oberflächen erzielt.

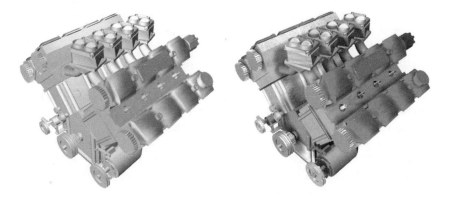

Bild 5-7: Erhöhung der Realitätsnähe durch Texture-Mapping

5.2.1.4 Schattierte Darstellung

Die einer Lichtquelle zugewandten Teile der Oberfläche eines Körpers wirken heller, als die der Lichtquelle abgewandten Oberflächenteile. Um die Oberflächenfarbe aus dem Beleuchtungsmodell ermitteln zu können, muß daher bekannt sein, welche Teile der Oberfläche der Lichtquelle zugewandt sind. Aus diesem Grund wird jedem Polygon eines 3D-Modells ein Normalenvektor zugeordnet. Er berechnet sich über den Umlaufsinn der Eckpunkte und weist von der Oberfläche des Polygons weg. Das einfachste Schattierungsverfahren ist das sogenannte Flat-Shading. Beim **Flat-Shading** erhält jedes Polygon eine einzige Farbe. Da sich die einzelnen Flächennormalen unterscheiden, erhält jedes einzelne Polygon eine eigene Farbe. Das führt dazu, daß derart schattierte Objekte ein deutlich "facettenartiges" Aussehen haben (Bild 5-8).

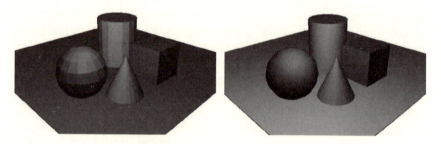

Bild 5-8:   Flat-Shading und Gouraud-Shading

Eine Verbesserung liefert das von **Gouraud** entwickelte **Schattierungsverfahren**. Dieses Verfahren erfordert einen Normalenvektor für jeden Eckpunkt (engl. vertex normal). Die Normale eines Eckpunktes ist durch die Tangentialebene an die Oberfläche des Körpers in diesem Punkt bestimmt. Da eine solche Tangentialebene bei einem Facettenmodell (polygonales 3D-Modell) in der Regel nicht analytisch bestimmbar ist, wird der Eckpunkt-Normalenvektor meist durch Mittelung der Normalenvektoren von den in diesem Eckpunkt zusammentreffenden Polygonen bestimmt. Bei der Gouraud-Schattierung werden aus dem Beleuchtungsmodell über die Eckpunkt-Normalen zunächst die Farben der Eckpunkte berechnet. Die verschiedenen Farbwerte der Polygonoberfläche werden anschließend durch Interpolation über die Farben der Eckpunkte bestimmt. Da gemeinsame Eckpunkte verschiedener Polygone den gleichen Normalenvektor haben, erhalten diese Eckpunkte identische Farben. Dadurch ergeben sich weiche Farbverläufe über die gesamte Oberfläche des Körpers.

3D-CAD-Systeme

5.2.1.5 Projektion und Rasterung

Bei der Erzeugung des Bildes handelt es sich um eine Projektion der 3D-Punkte des Graphikmodells auf den ebenen Bildschirm. Relevant sind hier die Zentralprojektion und die orthogonale Parallelprojektion (Bild 5-9).

- Die **Zentralprojektion** ist die natürliche, die das menschliche Auge wahrnimmt. Der Abstand zwischen dem Standort des Betrachters und einem Objekt hat einen signifikanten Einfluß auf das entstehende Bild: weit entfernte Objekte erscheinen kleiner als gleich große Objekte im Vordergrund. Die Linien bilden Fluchten, sie laufen in einem imaginären Punkt, dem sogenannten Fluchtpunkt, zusammen.
- Bei der orthogonalen **Parallelprojektion** hat der Abstand zwischen zwei Objekten keinen Einfluß auf das entstehende Bild. Gleich große Objekte sind auch in der Projektion gleich groß, unabhängig wie weit entfernt sie von einander sind. Die Generierung der Ansichten einer technischen Zeichnung erfolgt nach dieser Projektion. Objekte, die in der Realität eine größere Tiefe haben, erscheinen verzerrt dargestellt.

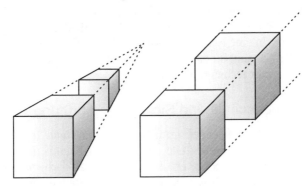

Bild 5-9: Zentralprojektion und orthogonale parallele Projektion

Die technische Umsetzung der Projektion erfolgt so, daß alle Polygone des 3D-Modells in die Bildebene projiziert werden. Die Projektion wird mathematisch durch Multiplikation der Eckpunkte mit einer Transformationsmatrix durchgeführt. Diese Matrizenmultiplikation erfolgt in homogenen Koordinaten. Die Art der Projektion wird durch die Koeffizienten der Transformationsmatrix bestimmt. Bei der Zentralprojektion kann die Abbildungsvorschrift so sein, daß das entstehende Bild vergleichbar mit dem vom menschlichen Auge erzeugten Bild ist. Es ist aber auch möglich, andere Parameter zu wählen. Beispielsweise kann die Projektion so gestaltet werden, daß die virtuelle Welt wie durch ein Weitwinkel- oder ein Teleobjektiv photographiert erscheint. Es ist daher in der Computergraphik allgemein üblich, den Betrachterstandort in einer Szene als Kamerastandort oder einfach als **Kamera** zu bezeichnen. Die Parameter der Projektion werden einfach Kameraeinstellungen genannt. Die Kamera ist ein Objekt der Szene und kann wie jedes andere Objekt beliebig in dieser Szene positioniert werden.

Nach Durchführung der Projektion liegen alle Polygone der Szene in der Bildebene. Um sie auf dem Bildschirm darstellen zu können, ist noch ein weiterer Schritt notwendig, die sogenannte Rasterung. Im Gegensatz zur früher üblichen Vektorgraphik wird zur Darstellung heute fast ausschließlich die Rastergraphik verwendet. Der Bildschirm besteht bei der heute gängigen Standardauflösung für Graphikanwendungen aus 1280 x 1024 Bildpunkten, den sogenannten Pixeln (**Pixel**: kurz für „picture element"). Die kontinuierliche Repräsentation der einzelnen Polygone wird durch Rasterung in eine diskrete überführt. Die Rasterung ist somit eine Diskretisierung. Sie hat zur Folge, daß schräg über den Bildschrim verlaufende Linien beim genauen Hinsehen nicht exakt gerade verlaufen. Gemäß dem Pixelraster ist ein kleiner Versatz zu sehen, der sogenannte "Treppeneffekt". Dieser Effekt wird auch **Aliasing** genannt. Bei sehr großen Bildschirmauflösungen fällt Aliasing kaum auf. Ferner gibt es das Verfahren des sogenannten **Anti-Aliasing**, welches zwischen benachbarten Pixeln eine Helligkeitsabstufung durchführt und somit den optischen Effekt des Aliasing für das menschliche Auge stark abmildert. Allerdings ist Anti-Aliasing sehr rechenaufwendig.

5.2.1.6 Bildausschnitt und Sichtbarkeitsprüfung

Häufig betrachtet der Anwender am Bildschirm nur einen Teil der virtuellen dreidimensionalen Welt, große Teile der Szene sind dann für ihn gar nicht sichtbar. In diesem Fall wird nur ein Ausschnitt der Bildschirmebene am Bildschirm auch tatsächlich sichtbar. Daher ist es aus Gründen der Effizienz wichtig, alle Bildinhalte, die außerhalb dieses Sichtrahmens (engl. viewport) sind, zu entfernen. Dieses Entfernen bzw. Beschneiden von Objekten gegen den Viewport wird als **2D-Clipping** bezeichnet (Bild 5-10).

Eine andere Form des Clipping, das **3D-Clipping**, wird noch vor der Projektion durchgeführt. Durch den Blick der Kamera in die Szene wird ein Sichtvolumen (engl. view frustum) aufgespannt (Bild 5-11). Die Form des View Frustum ist eine Pyramide, in deren Spitze sich die Kamera befindet. Alle Objekte, die innerhalb des View Frustum liegen, sind am Bildschirm sichtbar. Üblicherweise wird das View Frustum aus praktischen Gründen gegen den unmittelbaren Vordergrund (Near Clip Plane) und gegen den weit entfernten Hintergrund (Far Clip Plane) abgeschnitten. Das View Frustum hat nunmehr die Form eines Pyramidenstumpfes. Alle Polygone, die außerhalb des View Frustum liegen,

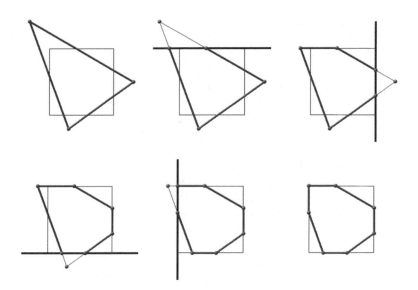

Bild 5-10: 2D-Clipping. Ein Dreieck wird gegen den Viewport (hier ein Quadrat) geclippt. Dazu wird das Dreieck umlaufend gegen jede Kante des Viewports verschnitten.

werden im Rahmen des 3D-Clipping ermittelt und nicht weiter betrachtet. Ferner werden beim 3D-Clipping Polygone, die teilweise im Sichtvolumen liegen so beschnitten, daß nur die sichtbaren Teile weiterverarbeitet werden.

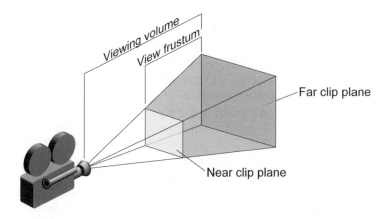

Bild 5-11: Bestimmung des Sichtvolumens vor der Projektion (3D-Clipping)

Durch die Projektion aus dem dreidimensionalen Raum in die zweidimensionale Bildschirmebene kommt es vor, daß Polygone, die in der Szene hintereinander liegen, nach der Projektion nun übereinander liegen. Leider ist es nicht vorhersehbar, in welcher Reihenfolge die Polygone verarbeitet werden. So kann es vorkommen, daß Polygone, die tatsächlich hinter anderen liegen, als letztes verarbeitet werden und somit auf dem resultierenden Bild vor den Flächen erscheinen, die eigentlich vorn sind. Daher ist zu bestimmen, welche Flächen bzw. Polygone hinter anderen liegen. Flächen im Hintergrund, die durch Flächen im Vordergrund verdeckt werden, werden bei Anwendung von Verfahren zur **Sichtbarkeitsprüfung** nicht gezeichnet. Heute wird zur Sichtbarkeitsprüfung überwiegend das Verfahren des Tiefenspeichers (engl. z-buffer) eingesetzt. Dieses Verfahren arbeitet auf der Ebene der Pixel und kann folglich erst nach der Rasterung ausgeführt werden. Um dieses Verfahren anwenden zu können, muß die Information zur räumlichen Tiefe der Objekte weiter mitgeführt werden. Das Tiefenspeicherverfahren führt neben der x- und y-Koordinate des Bildschirms eine imaginäre z-Koordinate des Bildschirms ein. Ob ein neues Pixel „gezeichnet" wird, hängt davon ab, ob sein z-Wert größer ist als der des aktuell dargestellten Pixels.

5.2.1.7 Szenengraph und effiziente Behandlung großer Modelle

Komplexe Szenen wie beispielsweise ein Automobil mit allen seinen Einzelteilen oder eine Fabrik mit allen Betriebsmitteln und Erzeugnissen bestehen aus sehr vielen Objekten. Um das Rendering effizient durchführen zu können, muß die Szene hierarchisch strukturiert werden. Dazu wird eine Datenstruktur eingeführt, die als Szenengraph bezeichnet wird (Bild 5-12). Der Szenengraph beschreibt die Szene mit ihren Objekten in Form einer hierarchischen Struktur. Diese Datenstruktur ist ein sogenannter binärer Baum mit Elementen (Knoten) und Verbindungen (Kanten) zwischen je zwei Knoten. Diese Datenstruktur macht die Organisation und Manipulation komplexer 3D-Szenen erst möglich.

Der Szenengraph ermöglicht die Verwendung von Verfahren zur Komplexitätsreduktion. Grundsätzlich ist es immer ein Ziel, die zur Darstellung eines Bildes erforderliche Rechenzeit so gering wie möglich zu halten. Für interaktive Anwendungen wie 3D-CAD-Systeme und insbesondere für die Echtzeit-Anwendungen wie VR-Applikationen sind geringe Rechenzeiten pro Bild bzw. hohe Bildwiederholraten zwingend erforderlich. Wird keinerlei Komplexitätsreduktion angewendet, so wird immer die komplette Szene berechnet. Komplexe Szenen können aus über eine Million Polygonen bestehen. Für jedes Polygon muß pro Bild die Beleuchtungsberechnung, die Projektion, das Clipping, die Rasterung, die Sichtbarkeitsberechnung und die Schattierung durchgeführt werden.

3D-CAD-Systeme 397

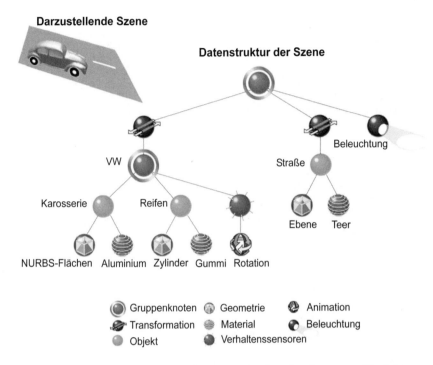

Bild 5-12: Szenengraph – eine Datenstuktur zur Beschreibung von Objekthierarchien. Er bildet die Basis für die Anwendung von Verfahren zur effizienten Darstellung großer Modelle.

Die einzige Lösung, die Berechnung zu beschleunigen, besteht darin, nicht alle Polygone der Szene darzustellen. Dazu gibt es eine Reihe von Möglichkeiten.

- **Back Face Culling:** Dies ist ein einfaches Verfahren, um die Anzahl der darzustellenden Polygone zu reduzieren. Das englische Wort Culling heißt soviel wie pflücken oder auslesen und meint das gezielte Entfernen von nicht sichtbaren Polygonen bzw. Objekten aus der Szene. Beim Back Face Culling wird überprüft, ob der Normalenvektor einen Richtungsanteil hat, der zur Kamera zeigt. Ist das der Fall, wird das Polygon dargestellt. Ist das nicht der Fall, so weist die Oberfläche des Polygons vom Betrachter weg. Die Oberfläche dieses Polygons ist für den Betrachter nicht sichtbar, daher wird das Polygon auch nicht dargestellt (Bild 5-13 oben).

- **View Frustum Culling:** Es kommt häufig vor, daß große Teile der Szene von der Kamera aus nicht sichtbar sind. Dies ist immer dann der Fall, wenn die Kamera inmitten der Szene positioniert ist. Alle Objekte außerhalb des

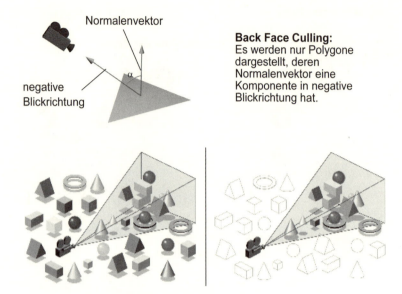

Bild 5-13: Back Face Culling und View Frustum Culling

Sichtfeldes sind nicht sichtbar. Es müssen nur die Objekte dargestellt werden, die innerhalb des View Frustums liegen. Das 3D-Clipping wurde bereits als Verfahren vorgestellt, das nicht sichtbare Polygone aus dem View Frustum entfernt. Es ist allerdings recht aufwendig, diesen Clipping-Test für jedes einzelne Polygon durchzuführen. Das View Frustum Culling prüft auf der Ebene der realen Objekte, ob das betreffende Objekt innerhalb oder außerhalb des View Frustums liegt. Dazu wird ein Hüllvolumen des Objektes, meist ein Quader (engl. bounding box), gegen das View Frustum geschnitten. Fällt der Test negativ aus, liegt das ganze Objekt außerhalb des View Frustum. Es ist für die Kamera nicht sichtbar und wird nicht weiter betrachtet (vgl. unterer Teil Bild 5-13).

- **Occlusion Culling:** Bei diesem Verfahren werden Objekte nicht dargestellt, die zwar innerhalb des View Frustum liegen aber trotzdem nicht sichtbar sind, weil sie von anderen Objekten verdeckt werden. So ist beispielsweise bei geschlossener Motorhaube der Motor eines Automobils nicht sichtbar und muß daher nicht dargestellt werden. Das klingt zwar trivial, die algorithmische Umsetzung erweist sich jedoch als komplex. Bei der Anwendung

3D-CAD-Systeme 399

von Occlusion Culling muß stets abgewägt werden, ob es aufwendiger ist, alle Objekte darzustellen und die Sichtbarkeiten durch den Z-Buffer feststellen zu lassen oder die verdeckten Objekte zu ermitteln und aus der weiteren Berechnung zu entfernen.

- **Level of Detail (LOD):** Von Objekten, die weit von der Kamera entfernt sind, können in der Regel nur wenige Details ausgemacht werden. Dies gilt um so mehr, wenn ein Objekt so weit entfernt ist, daß es nur noch durch einige wenige Pixel repräsentiert wird. Das LOD-Verfahren verwendet mehrere verschieden genau detaillierte Repräsentationen der Gestalt eines Objektes. Ist das Objekt weit von der Kamera entfernt, wird es durch ein 3D-Modell mit sehr wenigen Polygonen repräsentiert. Ist es unmittelbar vor der Kamera, so wird ein sehr detailliertes 3D-Modell verwendet. Findet zwischen Kamera und Objekt eine Relativbewegung statt – sei es, die Kamera bewegt sich zum Objekt oder das Objekt bewegt sich in Richtung Kamera – wird beim Erreichen eines Schwellwertes der Detaillierungsgrad (der "Level-of-Detail") gewechselt (Bild 5-14).

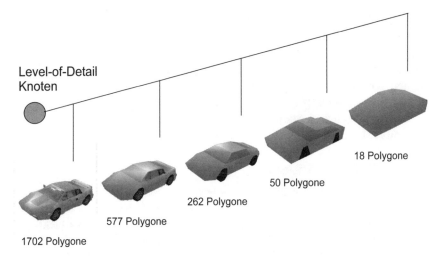

Bild 5-14: Das Level-of-Detail (LOD) Verfahren

- **Image Based Rendering:** Im Gegensatz zu den vier bisher vorgestellten Verfahren, die eine Komplexitätsreduktion auf Basis des polygonalen 3D-Modells durchführen, bezieht Image Based Rendering die Bildebene mit ein. Diese Verfahren verwenden in Teilen eine bildbasierte Darstellung. Die Idee ist, nicht den kompletten Bildinhalt neu zu berechnen. Vielmehr werden nur die Bildinhalte neu berechnet, die sich signifikant verändert haben. Insbesondere Bildbereiche im Hintergrund werden durch Interpolation aus vorangegangenen Berechnungen mehrfach wiederverwendet.

Eine umfassende Darstellung verschiedener Verfahren zur Komplexitätsreduktion sowie die detaillierte Beschreibung eines Verfahrens zur bildbasierten Darstellung findet sich in [Ebbesmeyer 1998].

5.2.1.8 Graphik-Pipeline

Es ist deutlich geworden, daß im Rahmen der graphischen Darstellung von 3D-Modellen von der Festlegung der Kamera bis zur Fertigstellung des Rasterbildes mehrere Phasen durchlaufen werden. Die Gesamtzahl dieser Phasen wird auch als Graphik-Pipeline oder Rendering-Pipeline bezeichnet. Wie in den vorstehenden Kapiteln dargestellt wird im Prinzip in jeder Phase versucht, das Datenvolumen zu reduzieren. Ziel ist es, ein möglichst geringes Datenvolumen an die Folgephase weiterzugeben, um die Berechnungszeit pro Bild so gering wie möglich zu halten.

Das Bild 5-15 faßt die Phasen der Rendering-Pipeline zusammen. Es findet eine umfangreiche Datenverarbeitung sowohl auf der Seite der Polygone (polygon processing) als auch auf der Seite der Pixel (pixel processing) statt. In jüngster Zeit wird immer mehr dazu übergegangen, große Teile der Pipeline direkt in der Hardware der Graphikkarten von PCs bzw. in den Graphiksubsystemen von Workstations zu implementieren. Dies wurde zunächst für die Pixelverarbeitung realisiert. Mittlerweile zählt es aber selbst bei höherwertigen PC-Graphikkarten zum Standard, daß große Teile der Polygonverarbeitung von der Graphikhardware durchgeführt werden.

5.2.2 3D-CAD-Modelle

Die virtuelle Produktentwicklung erfordert die vollständige Beschreibung der Gestalt aller Bauteile. Die entsprechenden 3D-Modelle werden auch als **Volumenmodelle (Solid Model)** bezeichnet, weil sie das Volumen des Objektes im Rechner repräsentieren. Daneben gibt es auch 3D-Modelle, die lediglich Raumkurven bzw. Flächen im Raum abbilden. Das sind 3D-Linienmodelle bzw. 3D-Flächenmodelle.

In modernen 3D-CAD-Systemen sind Volumenmodelle die gängige Repräsentationsform für gestaltorientierte Objekte. Ein Volumen ist aus mathematischer Sicht ein abgeschlossener Teil des Raumes. Es ist eindeutig bestimmbar, welcher Teil des Raumes zu dem Volumen gehört, d.h. „innen" ist und welcher Teil des Raumes nicht zum Volumen gehört, also „außen" ist. Ein Volumenmodell garantiert, daß das repräsentierte Objekt stets ein gültiges Volumen in diesem mathematischen Sinn ist. Wie wird das erreicht? Um dies zu verstehen, muß

3D-CAD-Systeme

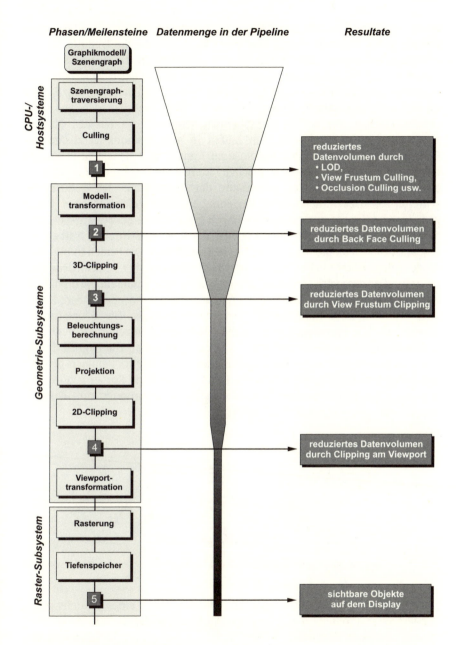

Bild 5-15: Die Graphik-Pipeline, d.h. der Weg vom 3D-Graphikmodell zum Rasterbild auf dem Bildschirm

etwas detaillierter auf die Grundlagen der Volumenbeschreibung eingegangen werden. Jedes Volumen verfügt über eine Oberfläche, die die Trennfläche zwischen „innen" und „außen" bildet. In der Regel besteht die Oberfläche eines Volumens nicht aus einem einzigen Flächenelement, wie das beispielsweise bei einer Kugel der Fall ist, sondern die Oberfläche setzt sich aus einer Anzahl von Einzelflächen zusammen. So besteht die Oberfläche eines Quaders aus sechs ebenen Flächen. Diese Flächen stoßen an den zwölf Kanten des Quaders zusammen. Die Kanten wiederum laufen in acht Eckpunkten zusammen. Benachbarte Flächen haben gemeinsame Kanten und benachbarte Kanten haben gemeinsame Eckpunkte. Flächen, Kanten und Eckpunkte ergeben so eine Struktur, die den Zusammenhang der Bestandteile des Quaders beschreibt. Die Gesamtheit dieser Beziehungen (u.a. welche Flächen haben gemeinsame Kanten, welche Kanten haben gemeinsame Eckpunkte?) ergeben die sogenannte **Topologie** eines Körpers, d.h. den strukturellen Aufbau des Objektes. Die Topologie wird um die Geometrie ergänzt. Die beiden in Bild 5-16 dargestellten Körper haben eine identische Topologie, aber verschiedene Geometrien. Der geometrische Unterschied besteht unter anderem darin, daß ein Körper ausschließlich rechteckige Begrenzungsflächen hat, der andere Körper dagegen auch zwei trapezförmige Begrenzungsflächen. Die Geometrie beschreibt also die räumliche Lage und die Ausdehnung einzelner Elemente. Die Größe und die Lage dieser Elemente sind quantifizierbar. Die Begriffe Punkt, Linie, Begrenzungs- bzw. Oberfläche und auch der Begriff Volumen gehören zur Geometrie. Die Begriffe Eckpunkt, Kante, Fläche und Körper gehören zur Topologie. Ein Volumenmodell beinhaltet neben Informationen zur Geometrie immer auch Informationen zur Topologie.

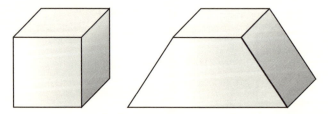

Bild 5-16: Zwei Körper mit identischer Topologie, aber verschiedener Geometrie

Das mit dem 3D-CAD-System erzeugte Volumenmodell eines Bauteils gilt in der virtuellen Produktentwicklung als „Master" für die Gestalt. Aus diesem Master können in Ergänzung zu den Ansichten und Schnittdarstellungen weitere Informationen abgeleitet werden. Beispiele sind das Volumen und somit das Gewicht, der Schwerpunkt und die Trägheitsmomente. Letztere sind für Dynamikuntersuchungen von großer Bedeutung. Weiterhin bildet das Volumenmodell die Grundlage für die Generierung von Netzen und Gittern im Rahmen der Struktur- und Strömungsberechnung. Viele der vorgenannten Informationen werden somit für die Analyse von Produkteigenschaften genutzt. Im Kapitel „Modellbildung und Modellanalyse" gehen wir darauf näher ein.

5.2.2.1 Grundtypen von Volumenmodellen

Im allgemeinen werden die Typen Zell-, CSG- und B-Rep-Modelle unterschieden.

- **Zellmodelle:** Diese approximieren ein Volumen durch eine Vielzahl von Elementarvolumina, in der Regel Würfel (Bild 5-17). Zur Optimierung des Speicherbedarfs kann die Größe der Elementarvolumina über eine hierachische Folge in Form einer sog. Octree-Datenstruktur bestimmt werden. In die Kategorie der Zellmodelle fällt auch das sog. Voxel-Modell [Krause/Lüddemann 1996]. Die Voxel sind Volumenzellen. Die äußeren Voxel können sog. Residuen aufweisen, die die Differenz zwischen einem Voxel und der exakten Oberfläche des Volumens beschreiben (Zur Voxel-basierten Modellierung vgl. auch Kasten auf Seite 417).

- **CSG-Modelle:** Der Begriff CSG steht für „Constructive Solid Geometry". Basis dieser Methode bildet ein Vorrat Primitiva, nämlich parametrisierte Grundkörper und sogenannte Halbräume. Zu den Grundkörpern zählen beispielsweise Quader, Zylinder, Kegel und Kugel. Eindeutig bestimmt werden sie über ihre Parameter wie Länge, Höhe und Breite beim Quader oder Durchmesser und Höhe beim Zylinder. Ein Halbraum ist im Prinzip eine Trennebene, die den Raum in zwei Bereiche teilt, einen Bereich, der mit Material ausgefüllt ist und einen leeren Bereich. Die Trennebene wird über eine mathematische Funktion beschrieben. Durch die **Boolschen Operatoren** Vereinigung, Differenz, Schnittmenge und Komplement werden aus den Primitiva schrittweise komplexere Körper erzeugt (Bild 5-18, rechts). CSG-Modelle repräsentieren komplexe Körper, also implizit durch eine Abfolge Boolscher Operationen auf Primitiva. Die zugehörige Datenstruktur ist ein binärer Baum, dessen Blätter (Knoten ohne Nachfolger) die Primitiva und dessen innere Knoten die Boolschen Operatoren bilden. Jede Änderung des Modells erfordert das Aufsuchen der Knoten des Baums in einer gewünschten Reihenfolge. Dies wird auch als Traversieren des Baums bezeichnet. Bei komplexen Körpern können Änderungen sehr rechenzeitintensiv werden. Ein Vorteil der CSG-Methode ist, daß die Datenstruktur die Entstehungsgeschichte des Körpers widerspiegelt. Da die Modellinformation beim CSG-Modell in Form einer Erzeugungsvorschrift gespeichert ist, spricht man von einem *generativen Volumenmodell*.

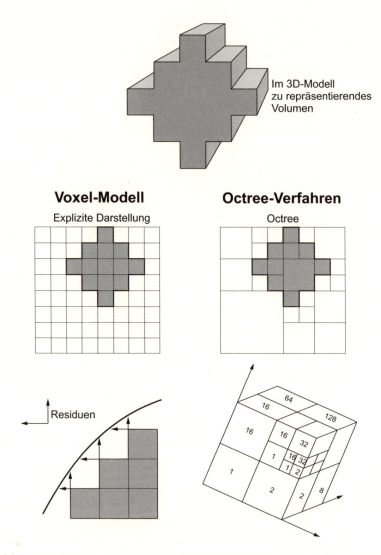

Bild 5-17: Verfahren zur Volumenrepräsentation durch Zellmodelle

- **B-Rep-Modell:** B-Rep ist die Kurzform des Begriffs „Boundary Representation", zu deutsch Randflächendarstellung. Kern eines B-Rep-Modells sind die topologischen Primitiva Körper (Volumenelement), Fläche, Kante und Eckpunkt. Die B-Rep-Datenstruktur ist ein hierarchisches Netz, in dem die topologischen Primitiva über Relationen miteinander verknüpft sind (Bild 5-19). Neben den bereits genannten topologischen Primitiva werden

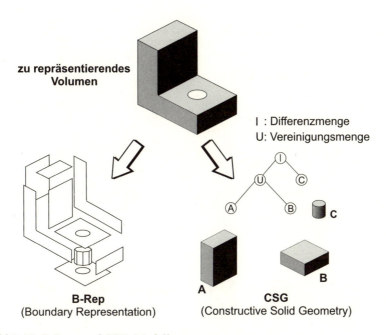

Bild 5-18: B-Rep- und CSG-Modell

für die B-Rep Darstellung weitere topologische Elemente benötigt. Zusätzliche topologische Elemente sind geschlossene Berandungslinien (Loops) und zusammenhängende Mengen von Flächen, sogenannte Schalen (Shells). Eine Fläche mit einem Loch verfügt demnach über zwei Loops, nämlich einen äußeren Loop und einen inneren Loop. Ein Körper mit einem Hohlraum im Innern verfügt über zwei Shells, nämlich eine äußere Shell, die die äußeren Flächen zusammenfaßt, und eine innere Shell, die die inneren Flächen zusammenfaßt. Das B-Rep-Modell ist ein *akkumulatives Modell*; es enthält explizit alle geometrischen Elemente zur Repräsentation der Gestalt.

Nach jeder Änderung muß ein B-Rep-Modell auf seine topologische Abgeschlossenheit überprüft werden (Manifold-Topologie). Nur wenn das Modell topologisch abgeschlossen ist, repräsentiert es ein gültiges Volumen. Die Einhaltung dieser Forderung wird durch die Anwendung verschiedener Prüfungsoperatoren, die sogenannten **Euler-Operatoren** sichergestellt. Sie beschreiben in Form algebraischer Gleichungen topologisch gültige Beziehungen zwischen den topologischen Elementen. Topologisch nicht abgeschlossene Objekte werden als **Non-Manifold-Objekte** bezeichnet. Ein Non-Manifold-Objekt entsteht beispielsweise, wenn in einen Würfel eine Durchgangsbohrung eingebracht wird und der Bohrungsdurchmesser mit der

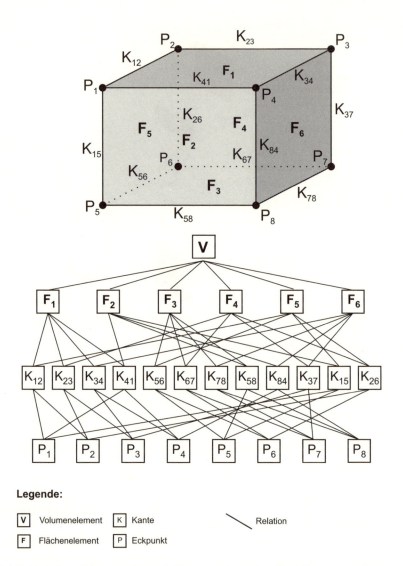

Bild 5-19: B-Rep-Datenstruktur als Netz topologischer Beziehungen am Beispiel eines Quaders

Kantenlänge des Würfels übereinstimmt (Bild 5-20). Das entstehende Objekt hat vier singuläre Kanten. Es ist nicht eindeutig, ob das Objekt ein zusammenhängendes Volumen oder vier separate Volumina repräsentiert.

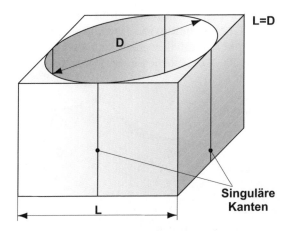

Bild 5-20: *Beispiel für ein Objekt mit Non-Manifold-Topologie*

5.2.2.2 Erweiterte Volumenmodelle

Neuere 3D-CAD-Systeme, die auf dem B-Rep-Prinzip beruhen, lassen auch **Non-Manifold-Topologien** zu. Dies hat den Vorteil, daß hybride 3D-Modelle erstellt werden können, insbesondere Kombinationen aus Flächen- und Volumenmodellen.

Die geometrischen Formen der Flächen und Kanten werden entweder analytisch durch implizite bzw. explizite Gleichungen, über Parameterdarstellungen oder aber durch Freiformdarstellungen bestimmt. Freiformdarstellungen lassen beliebige Formgebungen zu (Bild 5-21). Es gibt mehrere Verfahren zur Repräsentation von Freiformkurven und –flächen: Weit verbreitet sind der Bezier- und der NURBS-Ansatz. Beide Ansätze sind eng verwandt. Sie basieren auf einer parametrischen Darstellung der Kurve bzw. Fläche, die Formgebung wird über sogenannte Basisfunktionen (Polynome) bestimmt. Charakteristisch sind sogenannte Kontrollpunkte, die nicht auf der Kurve bzw. Fläche liegen, aber die Form maßgeblich beeinflussen. Der **Bezier**-Ansatz entstand in den 60er Jahren in Frankreich. Unabhängig voneinander und etwa zeitgleich entwickelten Paul de Casteljau bei Citroen und Pierre Bezier bei Renault ein sehr ähnliches Verfahren zur Beschreibung von Freiformflächen. Die Arbeiten von de Casteljau entstanden sogar kurz vor denen von Bezier. Allerdings hat de Casteljau seine Arbeiten nicht veröffentlicht, daher werden sie häufig ausschließlich Bezier zugeschrieben. Der NURBS-Ansatz ist über einen längeren Zeitraum entstanden. **NURBS** steht für Non Uniform Rational B-Splines. Der NURBS-Ansatz verfügt über sehr vielfältige Parameter, mit denen die Formgebung einer Freiformkurve bzw. -fläche beeinflußt werden kann. Ein weiterer Vorteil ist, daß auch Kegelschnitte wie Hyperbeln, Parabeln, Ellipsen und Kreise mit NURBS exakt dargestellt werden können. Daher wird der NURBS-Ansatz bei modernen 3D-CAD-Systemen überwiegend verwendet.

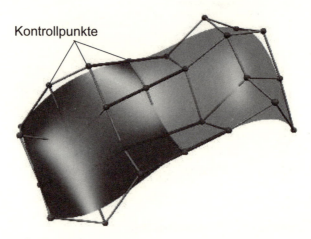

Bild 5-21: Beispiel für Freiformflächen – das Gitter der Punkte wird eingeblendet, um die Fläche zu modellieren, z.B. durch Verschiebung eines Punktes.

Für einige Entwurfsarbeiten ist es sinnvoll, zunächst rein flächenorientiert zu arbeiten. In der Automobilentwicklung werden beispielsweise die Freiformflächen der Komponenten im Fahrzeuginneren und der Karosserieteile in der Regel zuerst mit reinen Flächenmodellierern gestaltet. Flächenmodellierer verwalten keine komplexe Topologieinformationen. Obwohl mit Flächenmodellierern Objekte erstellt werden können, die wie Körper aussehen, können diese Systeme keine gültigen Volumina im mathematischen Sinn repräsentieren. Flächenmodellierer werden bevorzugt für die Formgebung komplexer Innen- und Außenflächen eingesetzt. Hier ist die Volumeninformation zunächst nachrangig. Es kommt in diesem Umfeld auf eine hohe Qualität der Flächen an, die sich in erster Linie durch Steigungs- und Krümmungsstetigkeit ausdrückt. Komplexe Flächen werden aus mehreren kleineren Flächenelementen, den sogenannten Patches zusammengesetzt. Die Einhaltung der Stetigkeitsbedingungen an den Übergangsstellen ist eine wichtige Anforderung, die an den Flächenmodellierer gestellt wird. Zu späteren Zeitpunkten können die mit einem Flächenmodellierer gestalteten Freiformflächen als Teile eines Volumenmodells weiter verwendet werden.

5.2.2.3 Variantentechnik

Zu Beginn der CAD-Technik erforderte die Beschreibung von 2D-Geometrie bzw. der Gestalt die unmittelbare Angabe von exakten Abmessungen (Abstände, Koordinaten, Winkel etc.). Dies entspricht nicht der Arbeitsweise des Konstrukteurs. Er beschreibt zunächst erst den grundsätzlichen Sachverhalt, teils mit Freihand-Skizzen, und nimmt dann sukzessive eine Dimensionierung vor. Dies gilt für einzelne geometrische Elemente wie auch für Bauteile und deren Anordnung zu Baugruppen. Die Variantentechnik heutiger CAD-Systeme bietet die entsprechende Funktionalität. Basis der Variantentechnik ist die Trennung von Maßzahl und Geometrie. Die bestehende Abhängigkeit zwischen Maßzahl und Geometrie wird als bidirektionale Assoziativität bezeichnet. Ein Volumenmodellierer, der die Variantentechnik nutzt, speichert geometrische Größen wie Längen, Winkel, Radien usw. nicht als explizite Zahlenwerte, sondern als **Parameter**. Parameter sind Größen mit einem veränderlichen Wert. Sie können zu beliebigen Zeitpunkten des Konstruktionsprozesses definiert und geändert werden. In erster Linie werden Maßzahlen parametrisiert. Selbst signifikante Gestaltänderungen lassen sich so durch Änderung von Maßzahlen auf einfach Weise herbeiführen. Dies bedeutet einen erheblichen Zuwachs an Flexibilität und Benutzungsfreundlichkeit im Vergleich zu den frühen Systemen, die Gestaltänderungen nur über Löschen und Neudefinition von Geometrie erlaubten.

Unter den Parametern bestehen Beziehungen und Abhängigkeiten. Diese werden als **Constraints** (Restriktionen bzw. Zwangsbedingungen) bezeichnet. Man unterscheidet geometrische und funktionale Constraints [Roller 1995].

- *Geometrische Constraints* definieren Abhängigkeiten zwischen geometrischen Objekten untereinander. Geometrische Constraints sind beispielsweise Rechtwinkligkeit, Parallelität und Tangentialität.

- *Funktionale Constraints* stellen Abhängigkeiten zwischen den Parametern geometrischer Elemente her. Für einen Quader könnte etwa eine Abhängigkeit zwischen Länge und Breite hergestellt werden, z.B. $L=2*B$.

Der Entwurfsprozeß beginnt mit dem Skizzieren der Geometrie. Diese Skizze wird mit Constraints versehen, z.B. um parallele oder orthogonale Linien zu kennzeichnen. Neuere Systeme „erkennen" die Absichten des Konstrukteurs und vergeben beispielsweise für ungefähr parallel skizzierte Linien automatisch das Constraint „parallel". Der Konstrukteur kann diese Vorgabe bestätigen oder ablehnen. Während des Konstruktionsprozesses können Constraints beliebig definiert, verändert und gelöscht werden.

Durch die Vergabe der Constraints entsteht ein System gekoppelter Gleichungen und Ungleichungen. Bei jeder Veränderung der Parameter muß dieses *Constraint System* gelöst werden. Es werden nach Bild 5-22 zwei Ansätze zur

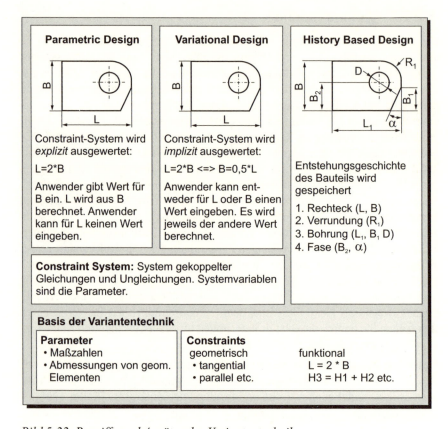

Bild 5-22: Begriffe und Ansätze der Variantentechnik

Lösung des Constraint Systems unterschieden: Parametric Design und Variational Design.

- **Parametric Design:** Bei diesem Verfahren werden die Gleichungen explizit und in einer festgelegten Reihenfolge ausgewertet. Explizit bedeutet, daß zur Auswertung eines Ausdrucks alle darin enthaltenen Unbekannten definiert sein müssen. Um den Ausdruck L=2*B auswerten zu können, muß für B ein Wert bekannt sein. Es ist nicht möglich, daß der Anwender L einen Wert zuweist, um B zu bestimmen. Dieses Verfahren schränkt die Flexibilität des Anwenders ein. Es hat aber den Vorteil, daß das Constraint System immer in sich konsistent ist und somit konsistente Modellzustände garantiert sind.
- **Variational Design:** Dieses Verfahren läßt zyklische Abhängigkeiten zwischen den Parametern zu. Die Gleichungen werden implizit aufgestellt, d.h.

es ist nicht festgelegt, welcher Wert eines Ausdrucks zuerst bestimmt wird. Der Ausdruck L=2*B ist systemintern identisch zum Ausdruck B=0,5*L. Es ist gleichgültig, ob der Anwender einen Wert für L oder B eingibt, es wird automatisch der jeweils andere Wert berechnet. Die höhere Flexibilität dieses Verfahrens bringt den Nachteil möglicher Inkonsistenzen des Constraint Systems mit sich. Dies kann dazu führen, daß das System nicht gelöst werden kann und somit inkonsistente Modellzustände entstehen.

Ein weiteres im Rahmen der Variantentechnik genutztes Verfahren ist das **History Based Design**. Es wird meist mit dem Parametric Design oder dem Variational Design kombiniert. Das Verfahren speichert die einzelnen Schritte der Entstehungsgeschichte des Bauteils ab. Als Datenstruktur dient in der Regel ein binärer Baum. Es ist möglich, jeden Konstruktionsschritt zu editieren und auf diese Weise Varianten eines Entwurfs zu erzeugen.

5.2.2.4 Weitere Aspekte

Für die Erstellung und Manipulation eines 3D-Modelles ist es erforderlich, stets den aktuellen Modellzustand graphisch darzustellen. Dazu werden von 3D-CAD-Systemen die in Kapitel 5.2.1 vorgestellten Methoden der generativen Computergraphik eingesetzt. Danach basiert die graphische Darstellung von 3D-Modellen auf einem Graphikmodell, welches dreidimensionale Objekte durch eine Vielzahl ebener Polygone, meist Dreiecke repräsentiert. Das Graphikmodell ist also ein facettenorientiertes Flächenmodell. Ein Volumenmodell oder ein Freiformflächenmodell kann somit nur dargestellt werden, wenn es zuvor in ein Facettenmodell überführt wird. 3D-CAD-Systeme verfügen daher über Algorithmen, die eine solche Umwandlung durchführen. Dieser Prozeß wird auch als **Tessellierung** bezeichnet.

Neuere CAD-Systeme verwenden Tessellierer, die im Zuge der Ableitung eines Facettenmodells gleichzeitig Verfahren zur Komplexitätsreduktion der graphischen Darstellung (wie z.B. das Level-of-Detail Verfahren) implementieren. Auf diese Weise kann auch auf graphikseitig weniger leistungsfähigen Rechnern graphisch interaktiv mit komplexen 3D-Modellen gearbeitet werden.

Tessellierte und reduzierte 3D-Modelle bilden die Grundlage für das standortübergreifende, verteilte Arbeiten mit 3D-Modellen über das Internet bzw. über unternehmensweite Intranets. Die entsprechenden 3D-Modelle sind vom Datenvolumen um Größenordnungen kleiner als die Originalvolumenmodelle. Sie eignen sich daher besser für die Übertragung über das Netz. Der Standard VRML (Virtual Reality Modelling Language) definiert ein neutrales Format für internetfähige 3D-Modelle [Hartman/Wernecke 1996]. 3D-Modelle im VRML-Format können mit einem geeigneten Internet-Browser oder mittels eines sog. PlugIns (Zusatzmodul) für einen der Standardbrowser dargestellt wer-

> **Beispiele für 3D-CAD-Systeme**
>
> Am Markt sind weit über 100 kommerzielle 3D-CAD-Systeme erhältlich. Davon sind allerdings nur ein knappes Dutzend signifikant weit verbreitet. Die Flugzeug- und die Automobilindustrie haben den Einsatz von 3D-CAD-Systemen mit Beginn der 80er Jahre konsequent vorangetrieben. So ist es verständlich, daß die aktuellen Versionen der 3D-CAD-Systeme der ersten Stunde heute in diesen Industriezweigen vorwiegend anzutreffen sind. Die Mehrzahl der Unternehmen hat eines dieser Systeme zum internen Standard erhoben. Von Zulieferern wird erwartet, ebenfalls das interne Standardsystem zu verwenden. So ergibt sich für die Systemanbieter ein erfreulicher Multiplikatoreffekt. Nachteilig ist die Tendenz zur Monopolstellung einzelner Systeme, da durch weniger Wettbewerb der technologische Fortschritt der 3D-CAD-Technik gebremst werden könnte.
>
> Zu den 3D-CAD-Systemen, die in vielen Unternehmen den internen Standard markieren, zählen insbesondere
>
> - CATIA (Fa. Dassault Systems),
> - Pro/Engineer (Fa. Parametric Technologies, PTC),
> - Unigraphics (Fa. UGS) und
> - I-DEAS (Fa. SDRC).
>
> Diese Systeme wurden ursprünglich für Mainframerechner und UNIX-Workstations entwickelt und sind mittlerweile auch als PC-Versionen verfügbar. CAD-Systeme, die von Anfang an für den Einsatz auf dem PC konzipiert wurden, waren zunächst nur 2D-orientiert. Die aktuellen Versionen dieser Systeme bieten heute ebenfalls sehr umfangreiche 3D-Funktionalitäten. Das bekannteste System mit einer solchen Entwicklungsgeschichte ist AutoCAD der Fa. Autodesk.
>
> Der Modellierkern (engl. kernel) – also der eigentliche Volumenmodellierer – moderner 3D-CAD-Systeme wird von manchen Systemanbietern nicht mehr selbst entwickelt. Es gibt Modellierkerne als eigenständige, kommerzielle Softwareprodukte. Beispiele dafür sind der Parasolid- und der ACIS-Kernel. Solche Kernel dienen als Basis für die Entwicklung von 3D-CAD-Systemen.

den. Die erste Version von VRML wurde 1995 definiert. Diese Version war in weiten Teilen identisch mit dem Standard OpenInventor, der zuvor bei der Firma SGI (Silicon Graphics Inc.) entwickelt wurde. Auf dieser Basis wurde die aktuelle Version von VRML von einem internationalen Konsortium erarbeitet. Sie ist seit 1997 eine ISO-Norm. VRML-Modelle werden häufig auch als systemneutrale 3D-Modelle für VR-Anwendungen eingesetzt, bei denen keine Internetanwendung im Fokus steht (vgl. Kapitel 5.6.3.2). Ferner werden VRML-Modelle von PDM-Systemen für die graphisch interaktive Navigation in Produktstrukturen genutzt (vgl. Kapitel 5.7.2). Auf diese Weise können sich Projektmitarbeiter einen Eindruck von der Gestalt einzelner Bauteile und Baugruppen verschaffen, ohne die 3D-Modelle in die jeweiligen Erzeugersysteme laden zu müssen.

5.3 Digitaler Mock-Up

In der Flugzeug- und in der Automobilindustrie ist der durchgängige Einsatz von 3D-CAD-Systemen fest etabliert. Flugzeuge und Automobile sind vergleichsweise komplexe Produkte, die aus vielen Bauteilen und Baugruppen bestehen. 3D-CAD-Systeme unterstützen die Entwickler bei der Definition der Gestalt der Bauteile und der entsprechenden Baustrukturen. Um die große Anzahl verschiedener Baugruppen überschauen zu können, werden sie zu übergeordneten Funktionsgruppen (z.B. Antriebsstrang) zusammengefaßt. Daneben gibt es eine andere Betrachtung, die Baugruppen nach ihrer räumlichen Lage im Gesamtprodukt klassifiziert. Hier spricht man von sogenannten Bauräumen oder Zonen. Eine typische Zone im Bereich des Automobilbaus ist beispielsweise der Vorderwagen. Hier ist die Packungsdichte besonders hoch. Einbauuntersuchungen mit automatischer Kollisionserkennung sind daher sehr wichtig. In der Automobilindustrie wird die konstruktive Absicherung der Bauräume bis hin zur Anordnung aller Bauteile zu einem baubaren Fahrzeug als **Packaging** bezeichnet. Dazu gehört auch der Nachweis des kollisionsfreien Ein- und Ausbaus.

Das sukzessive entstehende 3D-Modell des Gesamtobjektes, auf dessen Basis die erwähnten Analysen möglich sind, wird als **digitaler Mock-Up (DMU)** bezeichnet. Der englische Begriff Mock-Up bedeutet „Modell in natürlicher Größe, Attrappe". Im Kontext Produktentwicklung verstehen wir darunter ein rechnerinternes Modell der Gestalt eines komplexen technischen Systems. Heute ist die CAD-Technik soweit, daß ein Erzeugnis wie ein Pkw komplett im Rechner repräsentiert werden kann (vgl. Bild 5-23).

Der Entwickler, der mit einem digitalen Mock-Up arbeitet, will sicherstellen, daß seine Bauteile bzw. Baugruppen nicht mit denen anderer Entwickler kollidieren. Um dies zu erreichen, sind allerdings noch einige Schwierigkeiten zu überwinden: Selbst moderne 3D-CAD-Systeme sind nicht in der Lage, mehrere komplexe Baugruppen gleichzeitig zu laden. Das Datenvolumen wird aufgrund der komplexen Datenstrukturen von Volumenmodellen so groß, daß die Systemantwortzeiten unvertretbar lang werden bzw. der verfügbare Hauptspeicher auch eines großzügig ausgerüsteten Arbeitsplatzrechners nicht ausreicht. Eine weitere Schwierigkeit ist organisatorischer Natur: So gibt es vielerorts das Problem, daß dem Entwickler gar nicht bekannt ist, welche Baugruppen zu seiner benachbart sind. Selbst wenn die Nachbarn bekannt

Bild 5-23: Digitaler Mock-Up eines Gesamtfahrzeugs (Mercedes-Benz S-Klasse W220; Quelle: DaimlerChrysler AG)

sind, ist es häufig nicht möglich, diese Daten zu laden, da sie nicht ohne weiteres verfügbar sind.

Voraussetzungen für digitale Mock-Ups

Bisher wurde die Baubarkeit mit Hilfe von realen Prototypen aus Holz und Kunststoff geprüft. Dies ist allerdings sehr teuer und vor allem auch sehr zeitaufwendig. Daher führt kein Weg daran vorbei, das Arbeiten mit realen Prototypen durch virtuelle Prototypen – also digitale Mock-Ups – zu ergänzen und die Anzahl realer Prototypen zu verringern. Um dies zu erreichen, sind die angedeuteten Schwierigkeiten zu überwinden. Was die Verarbeitbarkeit von sehr umfangreichen 3D-Modellen anbetrifft, so ist in den nächsten Jahren damit zu rechnen, daß das möglich sein wird. Ferner muß jedes Bauteil eindeutig identifizierbar und über eine zentrale Datenverwaltung verfügbar sein. Dies kann nur erreicht werden, wenn das Produkt mit seiner Baustruktur in einer Datenbank abgebildet wird. Es müssen verschiedene Sichten auf diese Struktur möglich sein wie beispielsweise eine Funktionsgruppensicht (alle Bauteile einer Funktionsgruppe, z.B. Antriebsstrang) oder alle Bauteile eines Bauraums

Digitaler Mock-Up **415**

(z.B. Vorderwagen). Diese Aufgaben werden von Systemen zum **Produktdatenmanagement (PDM)** übernommen. PDM-Systeme werden in Kapitel 5.7.2 näher beschrieben. Ohne PDM ist ein digitaler Mock-Up nicht möglich.

Verfahren zur Datenreduktion und Effizienzsteigerung

Zur Durchführung von DMU-Untersuchungen muß heute das Datenvolumen der 3D-CAD-Modelle signifikant reduziert werden. Eine solche Reduktion ist allerdings mit einem Informationsverlust verbunden. Daher ist vorab zu klären, welche der in den 3D-CAD-Modellen enthaltenen Informationen für DMU-Untersuchungen benötigt werden und welche Informationen hingegen nicht relevant sind. Die im Rahmen von DMU-Untersuchungen durchzuführenden Analysen beruhen auf Kollisionsprüfungen. Auch Ein- und Ausbauanalysen basieren auf Kollisionsprüfungen. Ein weiterer Aspekt von DMU-Untersuchungen sind **Abstandsberechnungen**. So müssen beispielsweise die meisten Bauteile zu einem mehrere hundert Grad warmen Abgaskrümmer einen gewissen Mindestabstand einhalten. Für Kollisions- und Abstandsberechungen werden jedoch keine vollwertigen Volumenmodelle benötigt. Es stellt sich heraus, daß Facettenmodelle, die in diskretisierter Form die Bauteiloberfläche repräsentieren, für praktisch alle DMU-Untersuchungen ausreichend sind. Der Genauigkeit des **Facettenmodelles**, also der Feinheit der Tessellierung, kommt dabei eine wichtige Bedeutung zu. Je grober die Tessellierung, um so geringer das Datenvolumen je Bauteil und um so mehr Bauteile lassen sich gleichzeitig verarbeiten. Der Grad der Tessellierung muß in Abhängigkeit von der Untersuchungsaufgabe gewählt werden. Wie bereits erwähnt wurde, bilden Facettenmodelle auch die Grundlage der graphischen Darstellung von 3D-Modellen. Daher werden Funktionen zur Durchführung von DMU-Untersuchungen meistens in Systeme zur Visualisierung von großen 3D-Modellen integriert. Im Durchschnitt beträgt die Größe (Datenmenge) eines tessellierten 3D-Modells für DMU-Untersuchungen etwa 5%-10 % der Größe des zugrundeliegenden 3D-CAD-Modells. Somit kann auf dem gleichen Rechner im Vergleich zum 3D-CAD-System eine bis zu zwanzigfache Menge an 3D-Objekten für DMU-Untersuchungen verarbeitet werden.

Um festzustellen, ob das Bauteil A mit dem Bauteil B kollidiert, muß für jedes Oberflächenelement des Facettenmodells (Polygon) von Bauteil A überprüft werden, ob eine oder mehrere Facetten von Bauteil B geschnitten werden. Soll Bauteil A gegen alle Bauteile des Produktes getestet werden, kann eine solche Kollisionsprüfung bereits viel Rechenzeit in Anspruch nehmen. Soll gar jedes Bauteil eines Produktes gegen jedes andere getestet werden, sind die Rechenzeiten nicht mehr vertretbar. Daher sind Algorithmen notwendig, die die Kollisionsprüfungen optimieren. Weit verbreitet ist der Einsatz von quaderförmigen **Hüllvolumina** (bounding boxes). Es werden zunächst die Hüllvolumina zweier Bauteile auf Kollision getestet. Fällt der Test negativ aus, kollidieren die Bauteile nicht. Fällt er hingegen positiv aus, wird der Test auf Facettenebene fortgeführt. Ein weiteres Verfahren zur Optimierung von Kollisionsprüfungen ist die **Voxel-Technik**. Bei dieser Methode wird das von dem Produkt eingenommene Volumen in würfelförmige Bereiche (Voxel) gegliedert (vgl. Kasten auf Seite 417).

Die räumliche Lage jedes einzelnen Bauteils kann über die Voxel, in denen es sich befindet, identifiziert werden. Die Voxeldatenstruktur ermöglicht die Erstellung einer Art *Raumkarte* zur Identifizierung der räumlichen Lage jedes einzelnen Bauteils. Auf diese Weise ist es relativ einfach möglich, alle benachbarten Bauteile eines bestimmten Bauteils zu ermitteln. Die Kollisionsprüfung muß jetzt anstatt mit allen Bauteilen nur noch zwischen dem zu prüfenden Bauteil und seinen Nachbarn durchgeführt werden. Dies führt zu einer deutlichen Beschleunigung der Berechnung.

Das Arbeiten mit dem digitalen Mock-Up

Im Rahmen des DMU-Prozesses werden die Arbeitsergebnisse mehrerer Personen zusammengeführt. Im Gegensatz zur Bauteilkonstruktion, für die im Regelfall ein einzelner Konstrukteur oder ein kleines Team verantwortlich ist, werden bei Untersuchungen am digitalen Mock-Up individuelle Arbeitsergebnisse in einem Gesamtkontext betrachtet. Neben den technischen Voraussetzungen ist für erfolgreiche DMU-Analysen daher das effiziente Zusammenspiel verschiedener Teams bzw. verschiedener Verantwortungsbereiche von entscheidender Bedeutung. Somit ist effektive Gestaltung der Prozesse in diesem Kontext wichtig. DMU-Untersuchungen werden meist in Form von Gruppenbesprechungen durchgeführt. Für diese Art von Besprechungen wird vielfach der Begriff **"Design Review Meeting"** verwendet. Besprechungen, die einen ausgewählten Bereich zum Gegenstand haben, werden oft als „Zone Meeting" bezeichnet.

Basis dieser Besprechungen ist die 3D-Visualisierung der zu diskutierenden Bauteile und Baugruppen. Daher ist vor einer Besprechung das zu behandelnde Modell aus dem 3D-CAD-Modell abzuleiten. In der Regel werden die DMU-Daten nur temporär gehalten, nach der Durchführung der DMU-Untersuchungen und der sich daraus ergebenden Änderungen werden die Daten meist wieder überschrieben. Für die nächste Untersuchung werden neue DMU-Daten aus dem geänderten 3D-CAD-Modell generiert.

Die Praxis regelmäßiger Design Review Meetings zeigt, daß allein durch die 3D-Visualisierung und die gemeinsame Diskussion eine Vielzahl von Problemstellen entdeckt und Verbesserungsmöglichkeiten aufgedeckt werden. **Kollisionsprüfungen** können auch im Vorfeld der Visualisierung im sogenannten

Digitaler Mock-Up 417

Voxel-basierte Modellierung

Die Voxel-Technik ist ein Verfahren zur diskretisierten Repräsentation eines Volumens. Der Begriff Voxel steht für „volume element" (analog zu Pixel für „picture element"). Ein Voxel ist ein diskretes elementares Volumenmodell, aus dem ein komplexes Volumen aufgebaut wird. In der Regel sind Voxel kleine Würfel [Spur/Krause 1997].

Ein als diskretes Volumenmodell (z.B. Voxelmodell) generierter Profilkörper kann mittels verschiedener Verfahren dargestellt werden. Die Verfahren unterscheiden sich hinsichtlich der Antwortzeit des Modellierungsalgorithmus, der Genauigkeit der Darstellung und des Speicherbedarfes.

Explizite Darstellung

Für die **explizite Darstellung** wird jeder Raumpunkt (Voxel) separat definiert. Es ergibt sich somit ein hoher Speicher- und Rechenaufwand, besonders bei Update-Vorgängen.

Berandungsdarstellung

Bei der **Berandungsdarstellung** werden Voxel, die nicht an der Oberfläche liegen, nicht gespeichert.

Lauflängencodierung

Die **Lauflängencodierung** berücksichtigt, daß bei der Bearbeitung durch Werkzeuge in Längsrichtung gleiche Querschnitte vorliegen. Diese Tatsache wird durch das Zusammenfassen von Voxeln in "Bearbeitungsrichtung" genutzt.

Octree

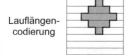

Das **Octree-Verfahren** beinhaltet eine hierarchische Zerlegung des Volumens in Würfel. Dabei wird die Zahl der insgesamt erzeugten Einzelwürfel auf den erforderlichen Detaillierungsgrad abgestimmt.

Darstellungsverfahren für diskrete Volumenmodelle

Voxelmodelle werden auch für das sogenannte **Virtual Clay Modelling** eingesetzt [Lüddemann 1996]. Dabei handelt es sich um eine Modellierungstechnik im Rahmen von Virtual Reality, die dem Bearbeiten eines Ton-Modells nachempfunden ist.

Kapitel 5: Virtuelle Prototypen – Produkte aus dem Computer

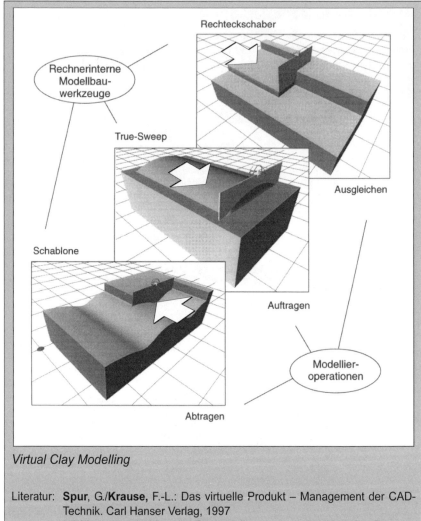

Virtual Clay Modelling

Literatur: **Spur**, G./**Krause**, F.-L.: Das virtuelle Produkt – Management der CAD-Technik. Carl Hanser Verlag, 1997
Lüddemann, J.: Virtuelle Tonmodellierung zur skizzierenden Formgesteltung im Industriedesign. Dissertation, TU Berlin 1996, Berichte aus dem Produktionstechnischen Zentrum Berlin, UNZE-Verlag, 1996

Stapelbetrieb (Batch-Mode) durchgeführt werden. Als Ergebnis der Kollisionsprüfungen werden Kollisionsstellen im Rahmen der 3D-Visualisierung optisch hervorgehoben, z.B. durch Einfärben der betroffenen Bauteile. Weitere Werkzeuge für DMU-Untersuchungen sind **dynamische Schnitte**, die im Zuge der 3D-Visualisierung interaktiv durch den zu prüfenden Bauraum gelegt werden.

So können kritische Stellen identifiziert werden. Unterstützt werden derartige Arbeiten durch **digitale Meßwerkzeuge**, die es erlauben, während der Visualisierung den Abstand zwischen zwei Bauteilen zu messen. Während der Sitzung muß natürlich stets gewährleistet sein, daß jedes einzelne Bauteil eindeutig identifizierbar ist. Die Visualisierungssysteme ermöglichen durch Anklicken einzelner Bauteile, entsprechende zu diesem Bauteil gespeicherte Informationen anzuzeigen. Im Idealfall werden direkt die vom PDM-System verwalteten Daten angezeigt. Dazu ist natürlich eine entsprechende Schnittstelle zum PDM-System erforderlich.

Eine weitere Funktion von Visualisierungssystemen ist das sogenannte **Mark-Up**. Dazu wird während der Visualisierung an Problemstellen eine Art digitale Notiz angebracht, die das Problem textuell beschreibt sowie Lösungsvorschläge enthalten kann. Diese Informationen können dann an Personen weitergegeben werden, die nicht an einer Besprechung teilgenommen haben, aber in die Problemlösung einbezogen werden müssen. Die Informationen lassen sich vielfältig aufbereiten, üblicherweise werden Bildschirmfotos (Screenshots) mit den Anmerkungen weitergegeben.

Bild 5-24 zeigt ein Beispiel für die Visualisierung einer PKW-Vorderachse sowie den Bewegungsraum (Envelope) der Vorderräder. In diesen Bewegungsraum dürfen keine anderen Bauteile eindringen. Das Arbeiten mit digitalen Mock-Ups kann durch Virtual Reality weiter verbessert werden. Insbesondere durch großflächige Projektionstechnik und immersive Arbeitstechnik kann das Problemverständnis allein auf Basis der visuellen Darstellung erheblich gesteigert werden. Die entsprechenden Techniken sind Gegenstand von Kapitel 5.6.

5.4 Modellbildung und Modellanalyse

Ziel der Modellanalyse ist, Aussagen über das Verhalten eines technischen Systems zu gewinnen. Dies erfolgt auf der Basis eines rechnerinternen Modells, das in der Regel je nach Analysebereich spezifisch zu bilden ist. Der prinzipielle Ablauf der Modellbildung und -analyse ist in Bild 5-25 wiedergegeben. Danach gliedert sich der Ablauf in drei Bereiche.

1) **Modellbildung**: Die Qualität des Modells ist entscheidend für die Güte der Analyseergebnisse. Nur wenn das Modell das Problem realitätsnah beschreibt, kann die anschließende Modellanalyse auf die Wirklichkeit übertragbare Ergebnisse liefern. Wie nachfolgend noch näher erläutert wird, ergibt sich im Rahmen der Modellbildung eine mathematische Beschreibung des Problems, das sogenannte mathematische Modell.

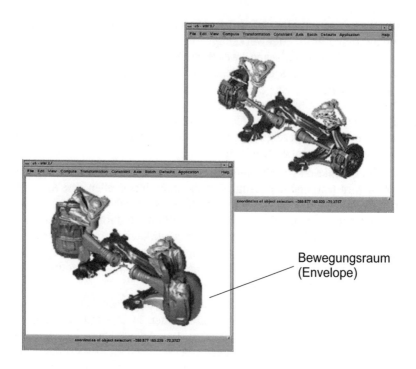

Bewegungsraum (Envelope)

Bild 5-24: Digitaler Mock-Up einer PKW-Vorderachse (Audi A6) mit Bewegungsraum (System Virtuelle Werkstatt, Fa. Tecoplan; Quelle: Open DMU Konsortium)

2) **Modellanalyse:** Aufgrund der Komplexität der zu lösenden Probleme in der Produktentwicklung sind geschlossene Lösungen, d.h. mit den analytischen Methoden der Mathematik erzielte Lösungen des mathematisch formulierten Problems nur selten möglich. Somit werden in der Praxis fast ausschließlich numerische Methoden eingesetzt. Für die auf numerische Methoden gestützte Modellbildung und Modellanalyse zur Untersuchung des Verhaltens technischer Systeme wird auch der Begriff Simulation verwendet [Spur/Krause 1997]. Nach einer Definition des Vereins Deutscher Ingenieure ist Simulation

„das Nachbilden eines Systems mit seinen dynamischen Prozessen in einem experimentierfähigen Modell, um zu Erkenntnissen zu gelangen, die auf die Wirklichkeit übertragbar sind."

[VDI 1993]

Modellbildung und Modellanalyse

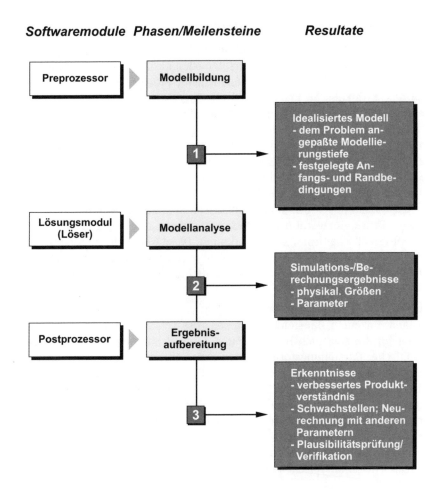

Bild 5-25: *Vorgehensmodell zur Modellbildung und Modellanalyse*

3) **Ergebnisaufbereitung:** Hier erfolgt die Aufbereitung der Ergebnisse, um das Systemverhalten für die Entwickler leicht faßbar zu machen.

Den einzelnen Phasen des Vorgehensmodells zur Modellbildung und Modellanalyse können bestimmte Softwaremodule zugeordnet werden. So bezeichnet man Module zur Modellbildung im allgemeinen als *Preprozessoren*, solche zur Modellanalyse werden als Lösungsmodule oder kurz als *Löser* bezeichnet. Die Ergebnisaufbereitung liefern *Postprozessoren*. Bevor die Verfahren der Modellbildung und Modellanalyse für die einzelnen Anwendungsgebiete detailliert vorgestellt werden, folgen zunächst noch einige generelle Hintergrundinformationen zur Modellbildung.

5.4.1 Grundlagen der Modellbildung

Modellbildung heißt, für das zu analysierende technische System ein **physikalisches Ersatzmodell** bilden. Das Ersatzmodell idealisiert und vereinfacht die Realität im Hinblick auf das zu untersuchende Problem. Es ist entscheidend, daß das physikalische Ersatzmodell alle Eigenschaften des realen Systems abbildet, die einen maßgeblichen Einfluß auf die Lösung haben. Solche Eigenschaften, die das technische System im Bezug auf das Problem kennzeichnen, werden *Systemparameter* genannt. Dies sind in der Regel physikalische Größen wie Masse, Länge, Steifigkeit, Viskosität usw. Darüber hinaus kann ein technisches System verschiedene Zustände einnehmen. Diese Zustände werden ebenfalls über physikalische Größen, die *Zustandsgrößen* beschrieben. Typische Zustandsgrößen sind mechanische Spannung, Dehnung, Geschwindigkeit, Druck, Temperatur usw. Systemparameter und Zustandsgrößen sind über physikalische Grundgesetze verknüpft. Diese werden in einer mathematischen Beschreibung formuliert. Die physikalischen Grundgesetze drücken die Änderung der Zustandsgrößen und somit die Änderung des Zustands des untersuchten Systems aus.

Viele Probleme können auf Basis physikalischer Ersatzmodelle gelöst werden, die aus einzelnen Bausteinen bestehen. Die verschiedenen Fachdisziplinen haben für die einzelnen Bausteine und deren Verkettung jeweils spezifische graphische Darstellungsformen entwickelt. Die Mechanik verwendet zur Beschreibung von Mehrkörpersystemen die Bausteine Masse (Massenpunkt oder Starrkörper), Feder und Dämpfer. Sie entstehen, wenn die mechanischen Eigenschaften eines Systems gedanklich gegliedert werden. Die Ölhydraulik und Pneumatik verwendet für einzelne Bauteile oder Funktionsgruppen (Pumpen, Ventile, Drosseln usw.) spezifische Symbole. Diese werden zu einem Schaltplan des Systems aggregiert. Analog wird in der Elektrotechnik vorgegangen. Hier sind typische Funktionseinheiten Widerstand, Kapazität, Induktivität usw.

Die Eigenschaften der Bausteine, aus denen solche Ersatzmodelle aufgebaut werden, sind in der Regel durch vergleichsweise einfache Gleichungen beschreibbar. Die mathematische Beschreibung des Gesamtsystems ergibt sich aus den Beschreibungen der Bausteine sowie aus deren Zusammensetzung, d.h. der Topologie. Dabei entstehen je nach Problemstellung algebraische Gleichungen, gewöhnliche oder partielle Differentialgleichungen. Auch Mischformen wie differential-algebraische Gleichungen sind möglich. Für die Ableitung und Zusammensetzung der das Gesamtsystem beschreibenden Gleichungen aus den Beschreibungen der Einzelelemente existieren mehrere Verfahren. Das geeignetste Verfahren wird durch das jeweilige Problem bestimmt. Oft sind verschiedene Verfahren anwendbar, so daß für dieselbe Problemstellung durchaus verschiedene mathematische Beschreibungsformen existieren können.

Ersatzmodelle, die wie dargestellt aus Einzelbausteinen aufgebaut sind, heißen **diskrete Ersatzmodelle**. Für eine Reihe von Aufgabenstellungen ist es jedoch nicht ohne weiteres möglich, eine gedankliche Trennung von physikalischen Eigenschaften und deren Abbildung in einzelne Elemente (wie z.b. im Falle der Mehrkörpersystemdynamik in Masse, Feder, Dämpfer usw.) vorzunehmen. Dies betrifft Fragestellungen, bei denen das Verhalten eines in sich zusammenhängenden Gebildes, eines sogenannten Kontinuums, untersucht werden soll. Das Verhalten eines Kontinuums wird durch die Gleichgewichtsbedingungen seiner Zustandsgrößen beschrieben. Dazu einige Beispiele:

Zur Untersuchung von allgemeinen Festigkeitsproblemen benötigt man ein Modell, mit dem sich das Verformungsverhalten von Festkörpern (Kontinuum) bestimmen läßt. Die Elastizitätstheorie mit den Gleichungen von Lamé liefert so ein Modell. In der Fluidmechanik werden die strömungstechnischen Zustandsgrößen eines Strömungsfelds (Kontinuum), z.B. eines durchströmten Volumens durch die Navier-Stokes-Gleichungen beschrieben. In der Elektrotechnik beschreiben die Gleichungen von Maxwell das Verhalten elektromagnetischer Felder. Diese Gleichungen sind partielle Differentialgleichungen. Ihre Lösungen sind die Zustandsgrößen als Funktion anderer bestimmender Größen. In der Regel sind diese bestimmenden Größen der Ort und die Zeit. So geben beispielsweise die Navier-Stokes-Gleichungen für jeden beliebigen Ort des Strömungsfeldes und für jeden beliebigen Zeitpunkt den Wert der aerothermodynamischen Zustandsgrößen (Strömungsgeschwindigkeit, Druck, Temperatur usw.) an. Somit ergibt sich eine unendliche Zahl von Einzellösungen.

Man bezeichnet physikalische Ersatzmodelle, die das Verhalten eines Kontinuums durch partielle Differentialgleichungen beschreiben, auch als **kontinuierliche Ersatzmodelle**. Die Differentialgleichungen sind in den meisten Fällen mit den Methoden der Mathematik nicht geschlossen lösbar. Daher ist man auf Näherungslösungen angewiesen. Solche Näherungslösungen basieren auf dem Prinzip der **Diskretisierung**. Dabei wird das kontinuierliche Ersatzmodell durch ein diskretes angenähert. Das Kontinuum wird in eine endliche Zahl von einfachen Einzelelementen zerlegt, deren Verhalten durch vergleichsweise einfache Gleichungen beschrieben werden kann. Über Kopplungsbedingungen wird festgelegt, wie das einzelne Element das Verhalten seiner unmittelbaren Nachbarn beeinflußt. Kopplungsstellen sind die sogenannten Knoten. Das sind topologische Primitive (Eckpunkte, Kanten oder Kombinationen aus beiden), die benachbarte Elemente gemeinsam haben. Die Diskretisierungsverfahren führen über diesen Ansatz die partiellen Differentialgleichungen auf ein lineares Gleichungssystem zurück. Solche Systeme sind geschlossen lösbar. Das bekannteste Diskretisierungsverfahren dieser Art ist die **Methode der finiten Elemente (FEM)**. Die FEM ist das am häufigsten eingesetzte Berechnungs-

und Simulationsverfahren für Probleme aus der Kontinuumsmechanik (Festkörper, Fluide). Das Bild 5-26 zeigt die Approximation eines Kontinuums durch finite Elemente.

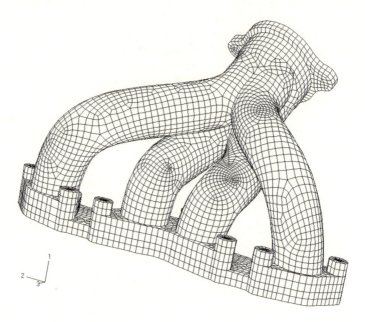

Bild 5-26: Diskretisierung eines Abgaskrümmers durch finite Elemente (System: ABAQUS)

Neben kontinuierlichen und diskreten Ersatzmodellen gibt es noch eine dritte Gruppe von Ersatzmodellen. Diese Gruppe bilden die sogenannten **blockorientierten Modelle** dynamischer Systeme. In der Blockdarstellung treten die Systemparameter und Zustandsgrößen nicht explizit auf. Vielmehr beschreibt ein Block nur das Übertragungsverhalten eines Systems. Das Übertragungsverhalten definiert, wie das System auf ein bestimmtes Eingangssignal am Ausgang reagiert. Dieses dynamische Übertragungsverhalten wird als mathematisches Modell formalisiert. Die blockorientierte Modellierung dynamischer Systeme kommt mit einem kleinen Satz elementarer Übertragungsglieder aus. Praktisch alle komplexen dynamischen Systeme können durch die Zusammensetzung aus elementaren Übertragungsgliedern modelliert werden. Aus diesem Grund ist die blockorientierte Modellierung in der Regelungstechnik das Standardverfahren zur Bildung von Ersatzmodellen. Das Grundsystem und der Regler können durch ein einziges physikalisches Ersatzmodell beschrieben werden (vgl. auch Kapitel 4.2.4).

Modellbildung und Modellanalyse **425**

Für komplexere Fragestellungen im Rahmen der Entwicklung mechatronischer Produkte ist es jedoch notwendig, die physikalischen Ersatzmodelle der verschiedenen Domänen zu koppeln, um verläßliche Aussagen über das Verhalten des Gesamtsystems zu erhalten [Hahn 1999].

Aus den physikalischen Ersatzmodellen resultieren mathematische Modelle, die die Basis für die Modellanalyse bilden. Zur Modellanalyse mit dem Rechner müssen die Gleichungen des mathematischen Modells aber so umgeformt werden, daß sie algorithmisch behandelt werden können. Dazu werden geeignete numerische Methoden eingesetzt. Das so entstandene algorithmische Modell kann nun mittels einer Programmiersprache implementiert und nach dem Kompilieren auf einem Digitalrechner als lauffähiges Programm installiert werden. Mit diesem Rechenprogramm wird dann die Modellanalyse bzw. die Simulation durchgeführt.

5.4.2 Simulation von Mehrkörpersystemen (MKS)

Die Simulation von Mehrkörpersystemen (MKS) wird eingesetzt, um das Bewegungsverhalten komplexer Systeme zu untersuchen, die aus einer Vielzahl gekoppelter beweglicher Teile bestehen. Die Mehrkörpersystemsimulation hat ein breites Anwendungsspektrum. Es reicht von der Überprüfung des Bewegungsverhaltens einzelner, aus wenigen Bauteilen bestehenden Baugruppen über die Identifikation von Kollisionsproblemen, die durch Bauteilbewegungen verursacht werden und das Schwingungsverhalten von Systemen bis hin zum Bewegungsverhalten eines Gesamtsystems. Ferner ermöglicht die MKS-Simulation die Bestimmung der Kräfte und Momente, die durch Bewegungen auf das System einwirken. Die MKS-Simulation umfaßt die Kinematik und die Dynamik:

- Die **Kinematik** untersucht die Bewegung starrer Körper ohne Berücksichtigung der wirkenden Kräfte und Momente.
- Die **Dynamik** beschreibt dagegen das Verhalten eines Systems infolge der einwirkenden inneren und äußeren Kräfte und Momente.

Die Modellbildung der MKS-Simulation fußt auf diskreten physikalischen Modellen. Für die Erstellung von Ersatzmodellen steht eine Anzahl von Standardbausteinen mit charakteristischen Eigenschaften zur Verfügung. Ein physikalisches Ersatzmodell des Gesamtsystems wird aus diesen Bausteinen aggregiert. Beispiele für Bausteine sind starre Körper, Gelenke, Massen, Federn und Dämpfer.

Einen sehr hohen Verbreitungsgrad hat die MKS-Simulation in der Fahrzeugtechnik. Gemessen an der Anzahl der installierten MKS-Softwaresysteme sind die Automobilindustrie zusammen mit der Automobilzulieferindustrie die bedeutendsten Nutzer von MKS-Software. Stellvertretend für andere Industriezweige seien daher beispielhaft Einsatzbereiche von MKS-Software im Rahmen der Automobilentwicklung genannt (vgl. Bild 5-27). MKS-Software wird u.a. in folgenden Bereichen eingesetzt:

- Karrosserieentwicklung (Kinematik von Türen und Hauben, Sitzverstellung, Fensterheber etc.),
- Fahrwerksauslegung und Fahrdynamik (Optimierung der Fahrwerkskinematik, Analyse des Fahrverhaltens „virtueller Elchtest" etc.),
- Motorenentwicklung (Auslegung von Ventiltrieb und Steuerungsantrieben etc.) und
- Antriebsstrangentwicklung (Auslegung von Kupplung, Getriebe und Achsantrieben etc.).

Auslegung eines Ventiltriebs

Analyse einer Radaufhängung

Auslegung einer Hinterachskinematik

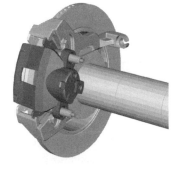

Analyse einer Scheibenbremse

Bild 5-27: Beispiele für den Einsatz von MKS-Simulation in der Automobilentwicklung (System ADAMS; Quelle: Mechanical Dynamics)

Viele der Analyseaufgaben konnten bis in die jüngste Zeit nur durch Versuche durchgeführt werden. Moderne MKS-Software kann mittlerweile viele Versuche ersetzen. Vielfach wird heute nur noch ein einziger Versuch durchgeführt, um das mittels MKS-Analyse ermittelte Systemverhalten zu verifizieren.

5.4.2.1 Kinematik

Im Vordergrund steht die Ermittlung der Positionen aller Bauteile infolge einer Verschiebung. Dazu ein Beispiel: Gegeben sei ein Flugzeugfahrwerk im eingefahrenen Zustand. Bekannt ist die Position aller Bauteile in diesem Zustand in einem bestimmten Bezugskoordinatensystem. Gesucht ist die Position aller Bauteile im ausgefahrenen Zustand (Bild 5-28).

Bild 5-28: Kinematikanalyse eines Flugzeugfahrwerkes (System ADAMS; Quelle: Mechanical Dynamics)

Während des Verschiebevorgangs, im Beispiel also während des Aus- bzw. Einfahrens des Fahrwerks, beschreiben ausgezeichnete Punkte der Konstruktion (z.B. der Radmittelpunkt) eine Raumkurve (Trajektorie). Selbst wenn das Antriebsaggregat zum Ein- und Ausfahren des Fahrwerks mit konstanter Geschwindigkeit betrieben wird, werden unterschiedliche ausgezeichnete Punkte sich mit unterschiedlichen Geschwindigkeiten bewegen, weil sie infolge der konstruktiv bedingten Einschränkungen der Bewegungsmöglichkeiten in den Bauteilverbindungen (Gelenke) Trajektorien unterschiedlicher Länge beschreiben. Da aber alle Punkte zur selben Zeit in ihrer Endlage sein müssen, bewegen sie sich mit verschiedener Geschwindigkeit und werden daher beschleunigt und verzögert. Folglich kann durch eine Kinematikanalyse auch die Geschwindigkeit und die Beschleunigung aller Bauteile infolge eines Verschiebevorgangs bestimmt werden. Die Folgewirkungen dieser Beschleunigungen (Trägheits- bzw. Massenkräfte) gehören dann ins Feld der Dynamikanalyse.

Zur Bildung von Ersatzmodellen für die Kinematikanalyse werden im wesentlichen zwei Arten von Bausteinen benötigt: **starre Körper** und **Gelenke**. Für die Untersuchung von Bewegungen ist die Gestalt der starren Körper, also die Gestalt der einzelnen Bauteile, aus denen ein kinematischer Mechanismus aufgebaut wird, von besonderer Bedeutung. Es liegt auf der Hand, daß die Gestalt der einzelnen Bauteile einen unmittelbaren Einfluß auf die Kinematik hat. Daher werden in MKS-Systemen üblicherweise 3D-CAD-Modelle zur Modellierung starrer Körper verwendet. Sind die Bauteile schon konstruiert und soll mit der Mehrkörpersimulation die Funktionsweise eines kinematischen Mechanismus überprüft werden, so können die 3D-Modelle der Bauteile direkt aus dem 3D-CAD-System übernommen werden. Geht es jedoch in einer frühen Phase der Entwicklung darum, einen Bewegungsablauf für einen Mechanismus neu zu entwerfen, so liegen die 3D-Modelle noch nicht vor. Daher verfügen MKS-Systeme in der Regel über einen Volumenmodellierer, mit dem einfache Geometrien erstellt werden können. Somit kann der Grobentwurf direkt im MKS-System erfolgen. Da Körperbewegungen nur in bezug auf ein Koordinatensystem beschrieben werden können, muß im Zuge der Modellbildung ein Bezugskoordinatensystem definiert werden. Verbunden werden die einzelnen Bauteile über Gelenke. Gelenke definieren sogenannte kinematische Bindungen (vgl. Bild 5-29).

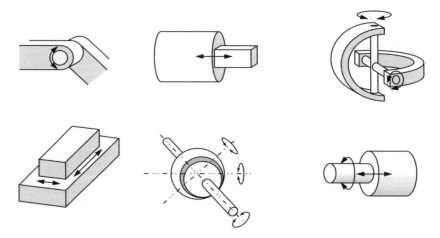

Bild 5-29: Typische Gelenkverbindungen nach [Hahn 1999]

Diese geben an, welche Bewegungen zwischen zwei Körpern zugelassen sind. Im ungebundenen Fall hat ein starrer Körper im Raum sechs Freiheitsgrade, nämlich drei translatorische und drei rotatorische. Gelenke schränken einen oder mehrere dieser Freiheitsgrade ein. So läßt beispielsweise ein Drehgelenk nur eine rotatorische, ein Schubgelenk nur eine translatorische Bewegung zu. Ein über ein solches Gelenk verbundenes Elementpaar hat nur einen Freiheitsgrad. Für die Anzahl der Freiheitsgrade f eines Elementpaars gilt im räumlichen Fall:

$f = 6 - u$ u: Anzahl der Bindungen (Unfreiheiten) des Elementpaars

Die über Gelenke gekoppelten starren Körper bilden sogenannte **kinematische Ketten**. Es sind zwei topologische Grundstrukturen kinematischer Ketten zu unterscheiden: Offene kinematische Ketten und geschlossene kinematische Ketten.

- *Offene kinematische Ketten* haben eine Baumstruktur. In einer solchen Struktur gibt es von jedem Körper einen eindeutigen Pfad zu einem beliebigen anderen Körper im System. Ein typisches Beispiel für eine offene kinematische Kette ist ein Industrieroboter (Bild 5-30).

- *Geschlossene kinematische Ketten* bilden kinematische Schleifen [Hahn 1999]. Hier gibt es keinen eindeutigen Pfad von jedem Körper im System zu einem beliebigen anderen Körper. Ein Beispiel für ein solches System ist die in Bild 5-30 dargestellte Radaufhängung eines Kraftfahrzeugs.

Ein mathematisches Modell einer kinematischen Kette erhält man, indem die durch die Gelenke definierten Bindungen durch Bindungsgleichungen formalisiert werden. Variablen in diesen Gleichungen sind Längenänderungen (bei translatorischen Bewegungen) und Drehwinkel (bei rotatorischen Bewegungen). Üblicherweise erfolgt die Aufstellung der Bewegungsgleichungen mit den Methoden der linearen Algebra über Lagevektoren und Transformationsmatrizen. Die Bewegungsgleichungen treten in der Regel in Form von nichtlinearen, transzendenten algebraischen Gleichungssystemen auf. Bei transzendenten Gleichungen treten die Argumente (z.B. Drehwinkel) als Argumente in transzendenten Funktionen (z.B. trigonometrische Funktionen) auf. Zur detaillierten Herleitung und mathematischen Behandlung der Bindungsgleichungen sei auf die entsprechende Literatur verwiesen [Robertson/Schwertassek 1988], [Steinhilper et al. 1993], [Garcia de Jalon/Bayo 1994]. Bei der Bewegungsanalyse von offenen kinematischen Ketten ergibt sich häufig die Aufgabe, den Endpunkt der kinematischen Kette von einer Position im Raum zu einer anderen Position im Raum zu bewegen. Ein typischer Anwendungsfall ist der Industrieroboter. Der Endpunkt ist in diesem Fall der Werkzeugmittelpunkt (engl. Tool Center Point, TCP). Über die Vergabe von Drehwinkeln für jedes Gelenk wird der TCP von einer Ausgangsposition zu einer gewünschten Endposition

offene kinematische Kette

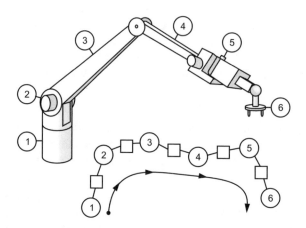

geschlossene kinematische Ketten (Schleifen)

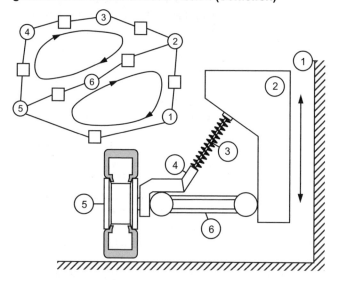

Bild 5-30: Kinematische Ketten nach [Hahn 1999]

bewegt. Dies ist die sogenannte **Vorwärtstransformation**. Meist sind jedoch nur die Ausgangs- und die Endposition des TCP bekannt. Die für jedes Gelenk einzustellenden Drehwinkel, um den TCP von seiner Ausgangsposition zur gewünschten Zielposition zu bewegen, werden über die sogenannte **Rückwärtstransformation** ermittelt (Bild 5-31). Für die notwendigen Koordinatentransformationen wurden verschiedene Verfahren vorgeschlagen [Weck 1995]. Besonders weite Verbreitung fand dabei das Verfahren nach Denavit und Hartenberg [Paul 1981]. Derartige Rückwärtsrechnungen werden allgemein als inverse Kinematikanalyse bezeichnet.

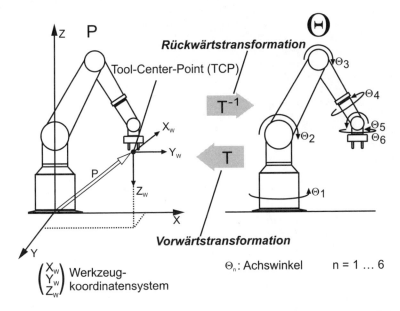

Bild 5-31: Vorwärts- und Rückwärtstransformation nach [Weck 1995]

Die numerische Auswertung der Bewegungsgleichungen ist für die Mehrzahl der in der Praxis zu analysierenden Kinematikprobleme vergleichsweise einfach. Daher nimmt die Ausführung als Rechenprogramm auf einem Digitalrechner nur kurze Zeiten in Anspruch. Somit kann eine Modellanalyse und die Ergebnisinterpretation in den meisten Fällen interaktiv erfolgen. Über graphisch interakive Benutzungsschnittstellen kann der Anwender des MKS-Systems die Kinematik des untersuchten Systems in Form von animierten dreidimensionalen Darstellungen beurteilen. Ferner besteht in der Regel auch die Möglichkeit, die unbekannten Größen (z.B. Drehwinkel als Funktion der Zeit) in zweidimensionaler Form als Graphen darzustellen (Bild 5-32).

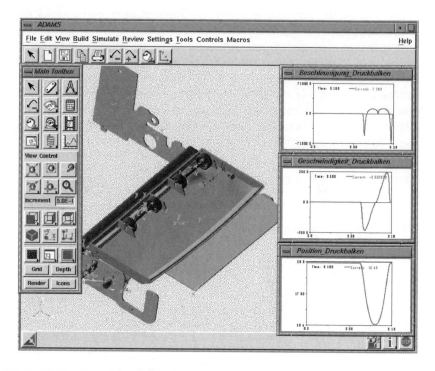

Bild 5-32: Ergebnisdarstellung der Kinematikanalyse eines Belegdruckers.
Rechts sind Beschleunigung, Geschwindigkeit und Position des
Druckbalkens dargestellt. System ADAMS;
Quelle: [Gausemeier/Lükkel 2000]

5.4.2.2 Dynamik

Die Dynamikanalyse untersucht das Bewegungsverhalten eines System im Hinblick auf Kräfte und Momente. Wirken diese von außen auf das System ein, so sind sie die Ursache von Bewegungen. Ferner entstehen durch die Bewegungen im System dynamische Kräfte und Momente, die es neben den statischen Lasten zusätzlich belasten. Ihre Kenntnis ist daher auch für die strukturmechanische Auslegung von Bauteilen und Baugruppen häufig von besonderer Bedeutung. Im Rahmen der Dynamikanalyse werden daher die am und die innerhalb des Systems wirkenden Kräfte und Momente sowie das dadurch verursachte kinematische Systemverhalten (Drehwinkel, Verschiebungen, Geschwindigkeiten, Beschleunigungen) ermittelt. Sie schließt somit Aspekte aus der Kinematikanalyse mit ein.

Modellbildung und Modellanalyse **433**

Die Dynamikanalyse ermöglicht ferner, das Schwingungsverhalten eines technischen Systems zu untersuchen. Schwingungen treten in technischen Systemen in vielfältiger Form auf. Sie sind manchmal erwünscht, meistens aber unerwünscht. Wichtig ist in diesem Zusammenhang sehr oft die Ermittlung des Eigenschwingungsverhaltens, um zu vermeiden, daß das System im Bereich seiner Eigenfrequenzen angeregt wird. Dies kann aufgrund der Resonanzwirkung zur Zerstörung des Systems führen bzw. die Bedienung des Systems durch eine Arbeitsperson aus ergonomischen Gründen unmöglich machen. Der Einsatz der MKS-Simulation zur Lösung derartiger Probleme ist daher wichtig.

Neben den aus der Kinematikanalyse bereits bekannten beiden Arten von Bausteinen – starre Körper und Gelenke – werden für die Bildung von Ersatzmodellen für die Dynamikanalyse ergänzende Elemente benötigt. Eine erste Ergänzung besteht darin, daß die Masse eines starren Körpers bei der Modellbildung berücksichtigt wird. Gestalt und Masse bestimmen die *Trägheitseigenschaften* eines Körpers, die bei Dynamikuntersuchungen einen grundlegenden Stellenwert haben. Ausgedrückt werden die Trägheitseigenschaften eines starren Körpers über den sogenannten Trägheitstensor, der die Trägheitsmomente im bezug auf die verschiedenen Körperachsen in einer kompakten mathematischen Darstellung formuliert. In der Kinematikanalyse werden die Bindungen zwischen starren Körpern über Gelenke formuliert. Bindungen zwischen Körpern treten aber noch in anderer Form auf. Dies ist die Bindungsform der sogenannten *Kraftstellglieder*. Diese Bindungsform muß bei Dynamikuntersuchungen zusätzlich betrachtet werden. Bei einer Verknüpfung von Bauteilen über Kraftstellglieder kommt es nicht zu einer Einschränkung der Freiheitsgrade eines Systems. Kraftstellglieder koppeln starre Körper über bindende Kräfte. Sie selbst werden als masselos angenommen. Die wichtigsten Kraftstellglieder sind *Feder* und *Dämpfer*. Bei einer Feder besteht ein funktionaler Zusammenhang zwischen Kraft und Verschiebung (Verformung), bei einem Dämpfer besteht ein funktionaler Zusammenhang zwischen Kraft und Verschiebung sowie der Verschiebungsgeschwindigkeit. Im einfachsten Fall besteht jeweils ein linearer Zusammenhang (Bild 5-33).

Um das dynamische Verhalten eines realen technischen Systems realitätsnah wiedergeben zu können, ist im Rahmen der Modellbildung häufig eine feine Diskretisierung notwendig, d.h. das System muß durch ein **dynamisches Ersatzmodell** mit einer großen Anzahl von Basiselementen beschrieben werden. Das in Bild 5-34 dargestellte Simulationsmodell des Steuerkettentriebes eines PKW-Verbrennungsmotors mit zwei obenliegenden Nockenwellen bildet beispielsweise jedes Kettenglied als Masse-Feder-Dämpfer-System ab [Heiduk 1995].

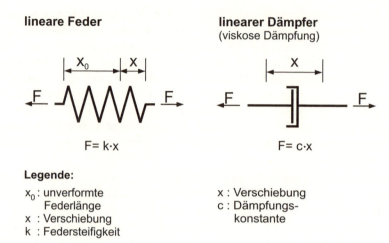

Bild 5-33: *Lineare Feder und linearer Dämpfer*

Für die Dynamikanalyse muß aus dem physikalischen Ersatzmodell ein **mathematisches Modell** abgeleitet werden. Das mathematische Modell besteht aus den Bewegungsgleichungen des Mehrkörpersystems. Dabei handelt es sich um ein (in der Regel nichtlineares) **Differentialgleichungssystem**. Für die Herleitung der Bewegungsgleichungen gibt es drei verschiedene Verfahren. Es sind das *Prinzip von d'Alembert* (Bilanz der virtuellen Arbeiten über Einführung von virtuellen Verrückungen), die *Lagrangeschen Gleichungen* (Ansatz über die kinetische Energie des Systems) sowie die *Newton-Eulerschen Gleichungen* (Ansatz über das Kräfte- und Momentengleichgewicht am freigeschnittenen System). Jedes Verfahren hat Vor- und Nachteile, meist ist jedoch ein jeweiliges Verfahren für eine bestimmte Klasse von Anwendungsfällen geeigneter als die anderen, so daß alle Verfahren in der Praxis eingesetzt werden. Die Lösung der so hergeleiteten Bewegungsgleichungen liefert die gesuchten Kräfte, Momente, Beschleunigungen, Geschwindigkeiten und Verschiebungen.

Da das Differentialgleichungssystem der Bewegungsgleichungen in der Regel nicht geschlossen lösbar ist, werden auch hier **numerische Methoden** eingesetzt, die der Lösung auf dem Digitalrechner besonders zugänglich sind. Die Berechnung von Dynamikproblemen ist meist zeitaufwendiger als die Berechnung von reinen Kinematikproblemen. Die zur Durchführung einer Analyse für ein komplexes dynamisches System notwendige Berechnungszeit kann auf modernen Workstations durchaus im Minutenbereich liegen. Für bestimmte Anwendungen ist es erforderlich, die Berechnungen in Echtzeit durchzuführen. Dies gilt insbesondere für Hardware-in-the-Loop (HIL) Untersuchungen.

Modellbildung und Modellanalyse **435**

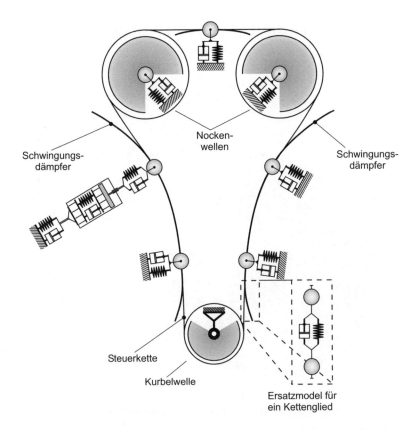

Bild 5-34: Dynamisches Ersatzmodell eines Steuerkettentriebes bestehend aus Masse-, Feder- und Dämpferelementen nach [Heiduk 1995]

Hier muß bei der Bildung der Ersatzmodelle und bei der Ableitung der mathematischen Modelle darauf geachtet werden, daß echtzeitfähige Modelle entstehen [Hahn 1999]. Für die Ergebnisinterpretation werden wie bei der Kinematikanalyse meist animierte 3D-Darstellungen der gesuchten Größen sowie graphische Darstellungen des Verlaufs der Zustandsgrößen (z.B. Kraftverlauf über der Zeit) eingesetzt.

5.4.2.3 Durchführung einer MKS-Simulation

Für die Durchführung von Mehrkörpersimulationen stehen verschiedene Arten von Softwaresystemen zur Verfügung. Diese Systeme verfügen über integrierte Module zur Modellbildung, zur Modellanalyse und zur Ergebnisaufbereitung. Einen Überblick über solche Systeme gibt der Kasten auf Seite 436.

Softwaresysteme für MKS-Simulationen (Beispiele)

Viele 3D-CAD-Systeme verfügen über integrierte Module für MKS-Untersuchungen. Beispielhaft seien das Modul "Mechanism Design" des Systems I-DEAS der Firma SDRC und das Modul "CATIA Kinematics" aus der CATIA-Solutions-Serie des Herstellers Dassault Systemes genannt.

Kinematikanalyse (System CATIA Kinematics, Dassault Systemes)

Für die Bewegungsanalyse und Offline-Programmierung von Industrierobotern sind spezialisierte Softwarewerkzeuge wie z.B. eMWorkplace (vormals ROBCAD) der Firma Tecnomatix oder IGRIP der Firma Delmia (vormals Deneb Robotics) verfügbar. Für umfangreiche Kinematik- und Dynamikanalysen werden spezielle MKS-Softwaresysteme eingesetzt wie z.B. das System ADAMS der Firma Mechanical Dynamics.

Für die Entwicklung mechatronischer Systeme und hier insbesondere für den Reglerentwurf werden Systeme zur domänenübergreifenden Modellbildung benötigt. Solche Systeme verfügen daher auch über Module zur MKS-Simulation. Ein Beispiel dafür ist das System CAMeL. CAMeL wurde unter der Leitung von Prof. Lückel am Mechatronik Laboratorium Paderborn (MLaP) entwickelt und wird durch die Firma iXtronics vertrieben.

Modellbildung und Modellanalyse **437**

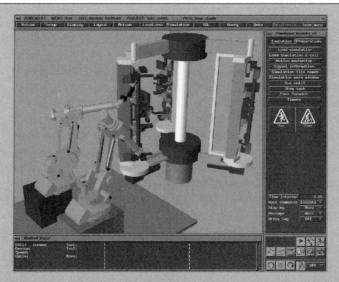

Bewegungsanalyse für eine Roboterzelle (System ROBCAD, Tecnomatix)

Bewegungsanalyse für ein Baufahrzeug (System ADAMS, Mechanical Dynamics Inc.)

Literatur: **Gausemeier**, J./**Lückel**, J. (Hrsg.): Entwicklungsumgebungen Mechatronik. Methoden und Werkzeuge zur Entwicklung mechatronischer Systeme. HNI-Verlagsschriftenreihe Band 80, Heinz Nixdorf Institut, 2000

Die **Modellbildung** beginnt mit der Gestalterfassung der Bauteile. In der Regel werden die Gestaltdaten direkt aus einem 3D-CAD-System übernommen. Die meisten MKS-Systeme verfügen über Schnittstellen, die die Originaldaten der gängigen 3D-CAD-Systeme direkt verarbeiten können. Stehen noch keine 3D-Daten aus dem CAD-System zur Verfügung, so sind vereinfachte 3D-Modelle mit Hilfe des in dem MKS-System integrierten Volumenmodellierers zu erzeugen. Dies ist häufig der Fall, wenn derartige Analysen vor der eigentlichen Gestaltung durchgeführt werden, um eine Lösungskonzeption zu verifizieren. Für Dynamikuntersuchungen müssen im Rahmen der Modellbildung Materialeigenschaften wie Dichte, Steifigkeit usw. eingegeben werden. Zur Definition der Bindungen (Gelenke und Kraftstellglieder) verfügen MKS-Systeme über eine Bausteinbibliothek aus vorgefertigten Elementen mit charakteristischen Bindungseigenschaften. Sie spiegeln häufig technisch ausgeführte Maschinenelemente wider. Dazu zählen neben den gängigen Gelenkverbindungen, Rädertriebe (Zahnradtriebe), Riemen- und Kettentriebe, Kupplungen, Wälzlager usw. Massenträgheitsmomente werden vom MKS-System aus dem Volumen und aus der Dichte eines Körpers automatisch berechnet. Weiterhin gibt es vorgefertigte Elemente, die es erlauben, Elastizitäten, Reibung und Dämpfung im System zu berücksichtigen. Im nächsten Schritt der Modellbildung müssen die von außen einwirkenden Kräfte und Momente nach Angriffspunkt, Wirkrichtung und Betrag angegeben werden. Dies können z.B. Antriebsmomente von Stellgliedern wie Elektomotoren sein. Hochwertige MKS-Systeme erlauben es, das zeitliche Verhalten der von außen auf das System einwirkenden Kräfte und Momente wie z.B. das Antriebsverhalten von Stellantrieben (Momentenkennlinie) über Modellierung von einfachen Regelkreisen detailliert zu beschreiben.

Dem schließt sich die **Modellanalyse** an: Zunächst wird das mathematische Modell generiert. Dann erfolgt die Lösung der resultierenden Bewegungsgleichungen. Die Modellanalyse läuft automatisch ab. Der Anwender kann das in der Regel nicht beeinflussen.

Die anschließende **Ergebnisaufbereitung** (Postprocessing) stellt die Resultate der Analyse leicht faßbar und anschaulich dar. Dazu dienen Diagramme und Animationen. Das Bild 5-35 zeigt beispielhaft Berechnungsergebnisse aus einer Fahrdynamikanalyse eines PKW.

Die Berechnungsergebnisse einer Mehrkörpersimulation sollen der Realität entsprechen. Dazu ist ein Abgleich des Modells mit der späteren Realität notwendig. In der Produktentwicklung werden die Ersatzmodelle immer wieder an realen Systemen verifiziert. So ist es beispielsweise möglich, ein Modell einer bereits ausgeführten ähnlichen Baugruppe eines Vorgängertyps zu bilden und anschließend einen Vergleich mit der Wirklichkeit durch Versuch anzustellen. In der Praxis werden die Ersatzmodelle in einem iterativen Prozeß schrittweise verfeinert. Man beginnt mit der Grobanalyse des Systemverhaltens und detail-

Modellbildung und Modellanalyse **439**

Bild 5-35: *Ergebnisse einer Fahrdynamikanalyse, graphische Darstellung von Antriebs-, Normal- und Massenkräften (System SIMPACK, INTEC)*

liert das Modell immer mehr durch Hinzufügen von weiteren Elementen und Parametern, bis eine Modellierungstiefe erreicht ist, mit der das Systemverhalten in der gewünschten Genauigkeit vorhergesagt werden kann. Es liegt auf der Hand, daß der Anwender trotz Softwareunterstützung über ein fundiertes Ingenieurwissen verfügen muß.

5.4.3 Strukturanalyse mit FEM

"Houston, Tranquillity Base here. The Eagle has landed." Als in den Abendstunden des 20. Juli 1969 diese Worte Neil Armstrongs aus den Lautsprechern in der Nasa Kontrollzentrale in Houston zu hören waren, da war klar: Soeben sind die ersten Menschen auf dem Mond gelandet! In einer unglaublichen Kraftanstrengung war es gelungen, die von US-Präsident John F. Kennedy in seiner berühmten Rede vom 25. Mai 1961 vor dem US-Kongress geforderte Mondlandung vor dem Ablauf des Jahrzehnts tatsächlich zu verwirklichen. Das Apollo-Mondlandeprojekt stellte die Nasa vor völlig neue technologische Herausforderungen. So stand man bei der Strukturauslegung vor dem Problem, daß für fast alle Bauteile hinsichtlich Festigkeit und Gewichtsminimierung Anforderungen galten, die bisher noch nie erfüllt werden konnten. Für diese Aufgaben wurden erstmals in größerem Umfang Rechenprogramme auf

der Basis der Finite-Elemente-Methode (FEM) eingesetzt. Die Nasa hatte die Entwicklung von FEM-Software federführend vorangetrieben. Das in diesem Umfeld entstandene FEM-System NASTRAN (Nasa Structural Analysis Program) wird unter diesem Namen bis heute in einer aktuellen Version vermarktet und ist sehr weit verbreitet.

Die **Finite-Elemente-Methode** ist ein Verfahren, das allgemeine Feldprobleme, die durch orts- und zeitabhängige partielle Differentialgleichungen beschrieben werden, näherungsweise löst. Die wesentliche Näherung besteht darin, das betrachtete Kontinuum zunächst zu diskretisieren. Bei dieser Diskretisierung wird das Kontinuum durch eine endliche (finite) Anzahl kleiner Elemente angenähert. Die problemspezifische mathematische Formulierung wird im folgenden Schritt auf die entstandenen Teilbereiche, die Elemente angewendet. Über Verträglichkeitsbedingungen zwischen diesen Teilbereichen sowie über Anfangs- und Randbedingungen entsteht auf diesem Weg ein lineares Gleichungssystem. Die Lösung des Gleichungssystems liefert die unbekannten Zustandsgrößen für die einzelnen Teilbereiche. Auf diesem Grundprinzip basieren neben der Finite-Elemente-Methode auch andere Diskretisierungsverfahren wie die Randelementemethode (Boundary-Element-Method, BEM), die Finite-Differenzen-Methode oder die Finite-Volumen-Methode. All diese Verfahren sind nicht auf Berechungsprobleme aus der Strukturmechanik begrenzt, sondern für alle allgemeinen Feldprobleme anwendbar (Fluidmechanik, Temperaturfelder, Elektromagnetische Felder, Akustik usw.). Das mit Abstand am weitesten verbreitete Diskretisierungsverfahren ist allerdings die Finite-Elemente-Methode. Es ist das Standardverfahren in der Strukturberechnung; in diesem Anwendungsgebiet liegen auch die Wurzeln der FEM. Eingeführt wurde der Begriff "Finite Elemente" 1960 von Clough, die Ursprünge des Verfahrens reichen aber bis in das Jahr 1941 zurück.

5.4.3.1 FEM-Anwendungen in der Strukturmechanik

Das grundlegende Anwendungsgebiet für die FEM ist die **lineare statische Strukturmechanik**. Im Rahmen von FEM-Analysen wird die Reaktion eines Bauteils auf eine äußere Belastung vorhergesagt. Es kann festgestellt werden, wie sich ein Bauteil unter statischer, d.h. konstanter, zeitlich unveränderlicher Last verformt und welche Spannungen dadurch in diesem Bauteil auftreten. So kann sichergestellt werden, daß nirgendwo im Bauteil die zulässige Spannung überschritten wird und somit das Bauteil unter Last nicht versagt (Festigkeitsnachweis). Angenommen wird ein lineares Materialverhalten, d.h. zwischen der Last und der resultierenden Verformung besteht ein linearer Zusammenhang (Hooke'sches Gesetz). Dies ist für Metalle in der Regel der Fall, solange eine kritische Belastung nicht überschritten wird. Manchmal versagen Bauteile bereits lange, bevor die zulässige Spannung überschritten wird. So knickt ein auf Druck belasteter Stab oberhalb einer kritischen Last aus. Probleme wie Knicken und Beulen gehören zu den sogenannten **Stabilitätsproblemen**. Sie können durch FEM erfaßt werden.

Komplexer werden FEM-Analysen bei nichtlinearen Problemen. **Nichtlinearitäten** treten einerseits bei den Materialgesetzen auf. So verhalten sich auch Metalle oberhalb einer bestimmten Belastungsgrenze nichtlinear. Ausgeprägte nichtlineare Materialeigenschaften haben viele Kunststoffe und Faserverbundwerkstoffe. Ferner gibt es geometrische Nichtlinearitäten (z.B. infolge sehr großer Verformungen) sowie weitere Nichtlinearitäten, die z.B. bei Kontaktproblemen mit Reibung auftreten. Auch für nichtlineare Probleme werden mittels FEM in erster Linie das Verformungsverhalten des Bauteils und seine inneren Lastzustände (Spannungen, Dehnungen) ermittelt.

In der **Strukturdynamik** schließlich wird das Verhalten eines Bauteils unter zeitlich veränderlicher Belastung untersucht. Zur Gruppe dieser Probleme gehört auch die Analyse des **Schwingungsverhaltens** von Bauteilen. Hervorzuheben ist hier die Modalanalyse, die das Eigenschwingungsverhalten untersucht. Dabei ist es das Ziel, die Eigenschwingungsformen eines Bauteils zu ermitteln, um zu vermeiden, daß es mit einer seiner Eigenfrequenzen angeregt wird (Resonanz). Die komplexesten Probleme in der Strukturmechanik sind naturgemäß dynamische Vorgänge, die gleichzeitig hoch nichtlinear sind. Zu diesen Problemen zählen beispielsweise die **Crash-Analysen** in der Automobilindustrie.

Im Grunde genommen basiert die Modellbildung der Finite-Elemente-Methode auf dem ganz einfachen Prinzip, ein komplexes Objekt (z.B. ein Maschinenteil wie ein Pumpengehäuse) aus einfachen Objekten, den finiten Elementen, aufzubauen (Bild 5-36). Die Finite-Elemente-Methode gliedert sich in fünf grundlegende Teilschritte:

1) Aufteilung der Struktur in Teilgebiete, d.h. in Elemente mit Knoten.
2) Beschreibung des Verhaltens der physikalischen Zustandsgrößen für jedes einzelne Element.
3) Verbindung der Elemente an den Knoten, um die Gesamtstruktur aufzubauen. Dadurch entsteht ein Gleichungssystem, das das Verhalten der Gesamtstruktur näherungsweise beschreibt.
4) Lösung des Gleichungssystems. Dadurch ergeben sich für jeden Knoten die unbekannten Größen (z.B. Verschiebungen und Verdrehungen).
5) Berechnung der weiteren gesuchten Größen (Spannungen, Dehnungen) an den Knoten aus der Lösung von Schritt 4. Dies erfolgt über die Materialgesetze.

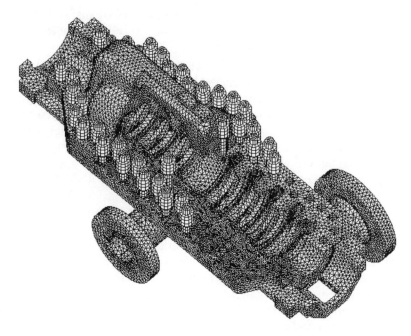

Bild 5-36: *FEM-Diskretisierung (Netz) des Gehäuses einer mehrstufigen Pumpe der Fa. Sulzer. Das FEM Netz besteht aus 407.000 Elementen (System ABAQUS).*

Die Schritte 1 bis 3 gehören zur Modellbildung, die Schritte 4 und 5 zur Modellanalyse. Abgeschlossen wird die FEM-Untersuchung mit der Ergebnisinterpretation.

5.4.3.2 Lineare Statik

Viele Probleme der Stukturmechanik können zur linearen Statik gezählt werden. Sie basiert auf folgende Annahmen:

- *Kleine Verformungen*: Die Last verändert sich nicht infolge der Verformung.

- *Elastisches Materialverhalten:* Es gilt das Hooke'sche Gesetz, d.h. keine Plastizität oder Bauteilversagen.

- *Statische Last:* Die Last ist zeitlich unveränderlich und wird nicht plötzlich eingeleitet.

Das einfachste finite Element ist das Stabelement mit zwei Knoten. Dieses Stabelement kann man sich auch als Feder vorstellen (Bild 5-37). Unter Belastung wird die Feder um die Länge x gedehnt.

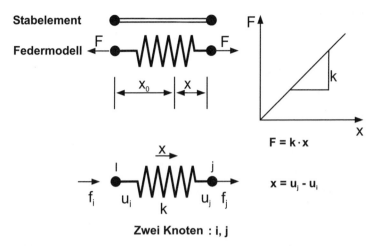

Bild 5-37: Federmodell eines Stabelements

Betrachtet man das Gleichgewicht der Kräfte an den Knoten, so ergibt sich:

am Knoten i: $f_i = -F = -k \cdot (u_j - u_i) = k u_i - k u_j$
am Knoten j: $f_j = F = k \cdot (u_j - u_i) = -k u_i + k u_j$

In Matrizenschreibweise ergibt sich für das Gleichungssystem:

$$\begin{bmatrix} k & -k \\ -k & k \end{bmatrix} \begin{Bmatrix} u_i \\ u_j \end{Bmatrix} = \begin{Bmatrix} f_i \\ f_j \end{Bmatrix}$$

oder kurz $\qquad [k] \; \{u\} = \{f\}$

Man bezeichnet [k] als die Elementsteifigkeitsmatrix, { u } als den Vektor der Knotenverschiebungen und { f } als den Vektor der Knotenkräfte. Betrachtet man jetzt eine Struktur aus zwei Stabelementen (Bild 5-38), so ergibt sich für Element 1:

$$\begin{bmatrix} k_1 & -k_1 \\ -k_1 & k_1 \end{bmatrix} \begin{Bmatrix} u_1 \\ u_2 \end{Bmatrix} = \begin{Bmatrix} f_1^1 \\ f_2^1 \end{Bmatrix}$$

und für Element 2:

$$\begin{bmatrix} k_2 & -k_2 \\ -k_2 & k_2 \end{bmatrix} \begin{Bmatrix} u_2 \\ u_3 \end{Bmatrix} = \begin{Bmatrix} f_1^2 \\ f_2^2 \end{Bmatrix}$$

Dabei ist f_i^m die innere Kraft, die am *lokalen* Knoten i von Element m (i = 1,2) wirkt.

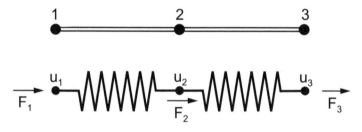

Legende:

Knotenverschiebungen: u_1; u_2; u_3
Knotenkräfte   : F_1; F_2; F_3

Bild 5-38: Federmodell für zwei verbundene Stabelemente

Für das Kräftegleichgewicht gilt:

Am Knoten 1: $F_1 = f_1^1$
Am Knoten 2: $F_2 = f_2^1 + f_1^2$
Am Knoten 3: $F_3 = f_2^2$

Modellbildung und Modellanalyse **445**

Das bedeutet:

$F_1 = k_1 u_1 - k_1 u_2$
$F_2 = -k_1 u_1 + (k_1 + k_2) u_2 - k_2 u_3$
$F_3 = -k_2 u_2 + k_2 u_3$

In Matrizenschreibweise:

$$\begin{bmatrix} k_1 & -k_1 & 0 \\ -k_1 & (k_1 + k_2) & -k_2 \\ 0 & -k_2 & k_2 \end{bmatrix} \begin{Bmatrix} u_1 \\ u_2 \\ u_3 \end{Bmatrix} = \begin{Bmatrix} F_1 \\ F_2 \\ F_3 \end{Bmatrix}$$

oder kurz: $[K] \{u\} = \{F\}$

[K] ist die Steifigkeitsmatrix für das Gesamtsystem, das hier aus zwei Stabelementen besteht. Setzt man nun Randbedingungen an (z.B. $u_1=0$, wenn das System im Knoten 1 fest gelagert ist) sowie die Werte für die äußeren Lasten (F_2 und F_3, wenn $u_1=0$, da F_1 dann die Lagerreaktion ist), so liefert die Lösung des Gleichungssystems [K] { u }={ F } den unbekannten Knotenverschiebungsvektor des Gesamtsystems { u }, d.h. die Verschiebungen in den einzelnen Knoten.

Dies ist das Grundprinzip der FEM. Für praktische Berechnungen werden in Ergänzung zum eindimensionalen Stabelement noch weitere Elementtypen benötigt. Die wichtigsten Elementtypen zeigt das Bild 5-39.

Im Berechnungsbeispiel zum Stabelement wurden nur lineare Knotenverschiebungen in x-Richtung zugelassen. Im allgemeinen räumlichen Fall können pro Knoten bis zu 6 Knotenverschiebungen auftreten: 3 lineare Verschiebungen in den Koordinatenrichtungen u_x, u_y, u_z und 3 Verdrehungen um die Achsen φ_x, φ_y, φ_z. Um für den allgemeinen räumlichen Fall und für jeden Elementtyp die Elementsteifigkeitsmatrizen zu bestimmen und daraus die Gesamtsteifigkeitsmatrix "zusammenzubauen", ist der bei der obigen Herleitung am Beispiel des Stabelements gewählte Ansatz ungeeignet. Im allgemeinen Fall werden die Gleichgewichtsbeziehungen für jedes Element über eine Differentialgleichung beschrieben, die sich aus der Elastizitätstheorie von Lamé ergibt. Zur Herleitung der Gleichgewichtsbeziehungen für das aus den Elementen zusammengesetzte Gesamtsystem werden bei der FEM die Methoden der sogenannten Variationsrechnung verwendet. Meistens wird vom Prinzip des Minimums der potentiellen Energie ausgegangen. Dies besagt, daß die gesamte potentielle

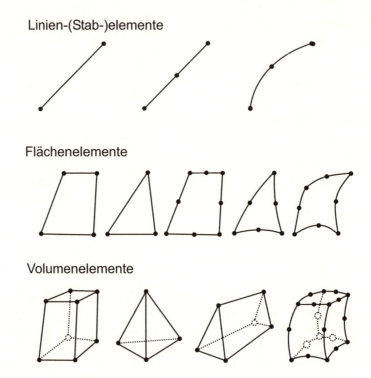

Bild 5-39: *FEM Elementtypen nach [Müller/Groth 2000]*

Energie (das Potential) des Systems, das sich aus dem Potential der inneren und der äußeren Kräfte zusammensetzt, ein Minimum einnimmt. In der FEM Näherung sind dies die Potentiale der einzelnen Elemente sowie der an den Knoten wirkenden äußeren Lasten. Die Potentiale der Elemente erhält man über einen Integralausdruck, der eine Funktion der Knotenverschiebungen ist. Der Integralausdruck ist eine zu der Differentialgleichung äquivalente Beschreibung des Verhaltens des Elements. Somit ergibt sich für das Gesamtsystem aus der Forderung nach dem Minimum der potentiellen Energie, daß die Ableitung des Potentials Π nach den Knotenverschiebungsgrößen u verschwinden muß:

$$\frac{\partial \Pi \{u\}}{\partial \{u\}} = 0$$

Modellbildung und Modellanalyse **447**

Diese Bedingung liefert das schon bekannte Gleichungssystem für die Knotenverschiebungsgrößen:

$$[K] \; \{u\} = \{F\}$$

Man erkennt in dieser Gleichung die Analogie zur einfachen linearen Feder. Die Steifigkeitsmatrix [K] errechnet sich im wesentlichen aus den Material- und Geometriedaten. Der Knotenverschiebungsvektor enthält für alle Knoten die translatorischen Verschiebungen u_x, u_y, u_z sowie alle Verdrehungen φ_x, φ_y, φ_z. { F } ist der Lastvektor, der die an den Knoten angreifenden äußeren Belastungen enthält. Die Lösung des Gleichungssystems ergibt die gesuchten Knotenverschiebungen { u }. Aus den Verschiebungen und Verdrehungen werden Spannungen und weitere daraus abgeleitete Größen berechnet. Es sei an dieser Stelle bemerkt, daß der Begriff der Steifigkeitsmatrix für FEM-Analysen von zentraler Bedeutung ist. Die Elementsteifigkeitsmatrix beschreibt das Elementverhalten und die Gesamtsteifigkeitsmatrix das Verhalten der gesamten Struktur. Eine detaillierte Darstellung der theoretischen Grundlagen der FEM findet man in der entsprechenden Literatur [Müller/Groth 2000], [Gross et al. 1999], [Cook et al. 1989], [Zienkiewicz/Taylor 1989].

Die Genauigkeit einer FEM-Berechnung hängt eng mit der Qualität der Vernetzung zusammen. Die Qualität wird bestimmt durch die Anzahl der Elemente, deren Größe und Verteilung sowie aus dem gewählten Elementtyp (vgl. Bild 5-39). Zur Verbesserung der Genauigkeit stehen dem FEM-Anwender drei Verfahren zur Verfügung [Müller/Groth 2000]:

- *Erhöhung der Elementanzahl* durch zusätzliche Elemente. Dies wird als h-Adaptivität bezeichnet (h = Elementgröße).
- *Verdichtung der Elementanzahl im Bereich hoher Spannungsgradienten*, ohne die Anzahl der Elemente zu verändern. Dies wird durch die Verschiebung der Knoten erreicht. Man spricht von r-Adaptivität (r = Knotenabstand).
- *Erhöhung der Polynomordnung für die Ansatzfunktion der Knotenverschiebung*. Das vorangegangene Beispiel mit Stabelementen ist von einer linearen Knotenverschiebung ausgegangen. Setzt man für die Knotenverschiebung Polynome höherer Ordnung an (z.B. quadratischer Ansatz), so spricht man von p-Adaptivität (p = Polynomordnung). Elemente, die einen Ansatz höherer Ordnung verwenden, sind durch zusätzliche innere Knoten gekennzeichnet (Bild 5-40).

Diese Verfahren können auch kombiniert angewendet werden. Beim Einsatz der h-Adaptivität bzw. der p-Adaptivität erhöht sich der Rechenaufwand.

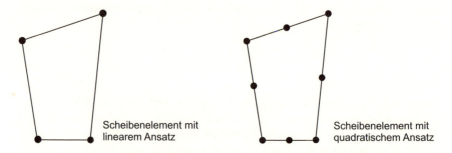

Bild 5-40: *Elemente mit inneren Knoten (rechts) verwenden eine höhere Ansatzfunktion (p-Adaptivität) als Standardelemente (links). Die Berechnungsergebnisse werden dadurch genauer, allerdings steigt der Berechnungsaufwand.*

5.4.3.3 Nichtlineare Statik und Strukturdynamik

In der Strukturmechanik werden drei Arten von nichtlinearem Verhalten unterschieden [Müller/Groth 2000]:

- **Geometrische Nichtlinearitäten:** Wird eine Struktur durch eine Belastung so stark verformt, daß sich die Geometrie wesentlich verändert, so ergibt sich auch eine veränderte Steifigkeitsmatrix. Ferner ändert sich bei starker Belastung in der Regel die Wirkrichtung der Belastung (Bild 5-41a).

- **Materialnichtlinearitäten:** Diese treten auf, wenn das Material nicht proportional zur Belastung gedehnt wird (Bild 5-41b).

- **Strukturnichtlinearitäten:** Diese entstehen, wenn sich durch die Verformung der Struktur unter Belastung die Lagerbedingungen ändern. Wird beispielsweise der eingespannte Balken in Bild 5-41c durch die Belastung so stark verformt, daß er an der rechten Seite aufliegt, so ändern sich durch die Verformung die Lagerbedingungen. Es handelt sich um ein sog. Kontaktproblem. Kontaktprobleme sind durch Stukturnichtlinearitäten gekennzeichnet.

Häufig treten Nichtlinearitäten in Kombination auf. Bei einer Crashsimulation sind beispielsweise alle drei Arten von Nichtlinearität zu berücksichtigen. Nichtlineare Probleme sind nur durch iterative Ansätze lösbar. Dabei wird zunächst die Lösung für eine kleine Verformung bestimmt. Mit dieser Lösung wird die Steifigkeitsmatrix und der Lastvektor für den nächsten Berechnungsschritt angepaßt. Diese Iteration wird so lange durchgeführt, bis die Abweichung zwischen zwei Lösungen einen vorgegebenen Grenzwert unterschreitet (Konvergenzkriterium).

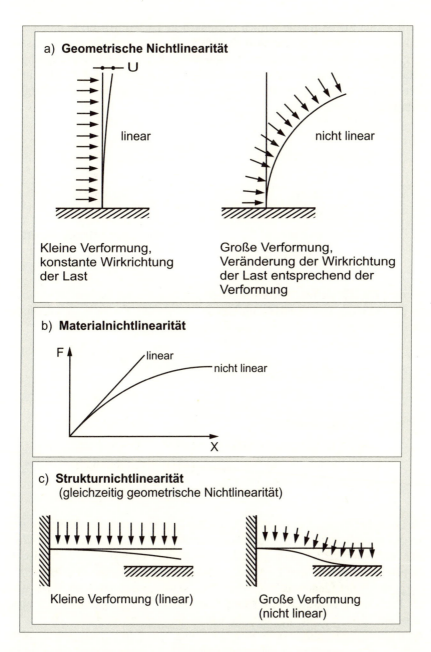

Bild 5-41: Nichtlinearitäten in der Strukturmechanik nach [Müller/Groth 2000]

Greift an der Struktur eine zeitlich veränderliche Last {F(t)} an, so handelt es sich um ein Problem der **Strukturdynamik**. Für Probleme dieser Art müssen Trägheitseigenschaften (Massen, Trägheitsmomente) und Dämpfungseigenschaften der Struktur berücksichtigt werden (vgl. Kapitel 5.4.2.2). Ein einfacher Einmassenschwinger (Bild 5-42) wird durch folgende Differentialgleichung beschrieben:

$$m\ddot{u} + c\dot{u} + ku = f(t)$$

mit m : Masse k : Steifigkeit
 $\ddot{u}$: Beschleunigung u : Verschiebung
 c : Dämpfung f(t) : zeitabhängige Kraft
 $\dot{u}$: Geschwindigkeit

Für die FEM läßt sich wie bei der Analogie zur Feder in der Statik eine Analogie für die Dynamik zum Einmassenschwinger herstellen. Es ergibt sich dann die für die FEM typische Matrizendarstellung:

$$[M]\{\ddot{u}\} + [C]\{\dot{u}\} + [K]\{u\} = \{F(t)\}$$

mit [M] : Massenmatrix [K] : Steifigkeitsmatrix
 $\{\ddot{u}\}$: Beschleunigungsvektor {u} : Verschiebungsvektor
 [C] : Dämpfungsmatrix {F(t)} : zeitabhängiger Lastvektor
 $\{\dot{u}\}$: Geschwindigkeitsvektor

Die Steifigkeitsmatrix wird wie im statischen Fall bestimmt. Für die Ermittlung der Massenmatrix und der Dämpfungsmatrix gibt es Integralansätze, die hier nicht näher betrachtet werden. Zur numerischen Lösung strukturdynamischer Probleme mit der Finiten-Elemente-Methode muß neben der *Ortsdiskretisierung* (durch die Elemente) noch eine *Zeitdiskretisierung* erfolgen. Dazu wird der betrachtete Zeitraum in diskrete Zeitschritte zerlegt. Nunmehr ist nicht mehr ein lineares Gleichungssystem wie in der linearen Statik zu lösen, sondern es muß die obige Differentialgleichung numerisch integriert werden. Dabei wird zwischen expliziten und impliziten Integrationsverfahren unterschieden. Bei expliziten Verfahren wird die Lösung für den neuen Zeitpunkt

Modellbildung und Modellanalyse **451**

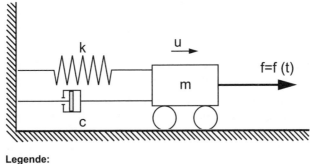

Legende:

Steifigkeit : k   Verschiebung: u
Dämpfung : c   Zeitab. Kraft : f (t)
Masse : m

Bild 5-42: Grundlegender Einmassenschwinger, bestehend aus den Elementen Masse, Feder und Dämpfer

t_{n+1} aus der bekannten Lösung des vorangegangenen Zeitpunktes t_n bestimmt. Bei impliziten Verfahren wird die Gleichung im zunächst noch unbekannten Zeitpunkt t_{n+1} ausgewertet, wobei für das betrachtete Zeitintervall Δt ein Ansatz für die unbekannten Größen gemacht wird. Explizite Verfahren neigen dazu, langsam zu konvergieren und sind anfällig für numerische Instabilität (Lösung divergiert). Implizite Verfahren können so konstruiert werden, daß sie immer stabil sind, daher ist es möglich, wesentlich größere Zeitschritte zu verwenden. Allerdings ist die Auswertung der Gleichung für die jeweiligen Zeitpunkte bei impliziten Verfahren erheblich aufwendiger [Gross et al. 1999]. Untersuchungen mit beliebiger, zeitlich veränderlicher Lastfunktion bezeichnet man auch als transiente Analysen. Ermittelt werden können Lastfunktionen z.B. durch eine MKS-Simulation (vgl. Kapitel 5.4.2). Allerdings ist die Lastfunktion in vielen Fällen nicht bestimmbar. In solchen Fällen begnügt man sich mit einer sogenannten Modalanalyse, mit der die Eigenschwingungsfrequenzen und Eigenschwingungsformen des Systems ermittelt werden. Die Gleichungen für die Eigenformen können aus den Bewegungsgleichungen abgeleitet werden, indem als Lastfunktion eine harmonische Schwingung angenommen wird. Ist das Eigenschwingungsverhalten der Struktur bekannt, kann vermieden werden, daß sie im Bereich ihrer Eigenfrequenzen angeregt wird. Dieser Fall hat große Verschiebungen zur Folge und führt vielfach zur Zerstörung von Strukturen (Resonanz).

5.4.3.4 Durchführung einer FEM-Analyse

Eine FEM-Analyse gliedert sich in drei Hauptschritte, die im folgenden erläutert werden:

1) **Preprocessing**: Im Rahmen des Preprocessing sind vom Anwender die folgenden Arbeitsschritte durchzuführen:
   - *Abstraktion des Berechnungsproblems.* Hier legt der Anwender fest, welche vereinfachenden Annahmen gemacht werden können. Dabei ist zu berücksichtigen, daß die Annahmen die Charakteristik des Berechnungsproblems richtig beschreiben. Wichtige Annahmen sind beispielsweise die Festlegung auf ein statisches Problem oder die Annahme elastischer Materialeigenschaften.
   - *Auswahl des Elementtyps.* In diesem Schritt legt der Anwender fest, aus welchem Elementtyp das Berechnungsnetz aufgebaut werden soll. Den oder die gewünschten Elementtypen wählt der Anwender aus einer Elementbibliothek. Es ist wichtig, darauf zu achten, daß der Elementtyp dem Berechnungsproblem angepaßt ist.
   - *Vernetzung.* Die Vernetzung ist eine Diskretisierung der Geometrie der Bauteile durch FEM-Elemente. Die Geometrie wird dabei in der Regel direkt aus dem 3D-CAD-System übernommen. Viele FEM-Systeme verfügen auch über eigene Funktionen zur Geometriemodellierung. Vor der Vernetzung kann noch eine Vereinfachung der Ausgangsgeometrie sinnvoll sein. Dies gilt insbesondere, wenn Vorüberlegungen zeigen, daß gewisse geometrische Details für das Berechnungsproblem unerheblich sind und daher im Rahmen der FEM-Modellbildung weggelassen werden können.
   Es gibt verschiedene Vernetzungstechniken, unter denen der Anwender wählen kann. Es werden im wesentlichen strukturierte und unstrukturierte Netze unterschieden (Bild 5-43).
   - *Eingabe der Materialdaten.* In diesem Schritt gibt der Anwender die Materialeigenschaften des Kontinuums an. Wichtige Materialeigenschaften sind beispielsweise E-Modul und Querkontraktion. Die Steifigkeitsmatrizen werden durch das FEM-System automatisch aufgestellt. Die Elementsteifigkeitsmatrizen ergeben sich aus dem Elementtyp und den Materialdaten, die Gesamtsteifigkeitsmatrix errechnet sich aus den Elementsteifigkeitsmatrizen sowie aus der Geometrie und der Topologie des Netzes.
   - *Eingabe der Randbedingungen.* Hier legt der Anwender die Art und Positionen der Lagerungen fest. Ferner sind Betrag, Wirkrichtung und Angriffsort der äußeren Last anzugeben.

Modellbildung und Modellanalyse **453**

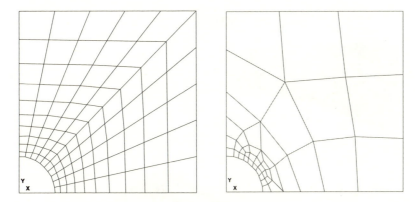

Bild 5-43: Strukturierte und unstrukturierte Netze (Quelle: ANSYS)

2) **Lösung**: In diesem Schritt erfolgt die Berechnung des Problems durch den Computer. Die Berechung dauert je nach Komplexität des Problems und der verfügbaren Rechenleistung wenige Sekunden bis hin zu mehreren Stunden. Crashberechnungen, bei denen heute bis zu einer Million und mehr Elemente verwendet werden und die eine sehr enge Zeitdiskretisierung erfordern, können selbst auf Großrechnern bis zu mehreren Tagen dauern.

3) **Postprocessing**: Im Rahmen des Postprocessing werden die Berechungsergebnisse für den Anwender aufbereitet. Üblich sind heute farbschattierte, dreidimensionale Darstellungen der Berechnungsergebnisse (Bild 5-44). Mittels einer Farbcodierung wird durch die farbschattierte Darstellung der Verlauf der Zustandsgrößen (z.B. Spannungen) einfach erkennbar. Bei nichtlinearen und zeitabhängigen Problemen sind zusätzlich animierte 3D-Darstellungen üblich. In der Regel ist es auch möglich, beliebige Schnitte durch das Bauteil zu legen, um Spannungsverläufe im Innern zu erkennen. Außerdem können Isolinien bzw. Isoflächen (z.B. Flächen gleicher Spannung) angezeigt werden. Die Verformung des Bauteils unter der Last wird ebenfalls dargestellt. Dies erfolgt insbesondere bei statischen Berechnungen üblicherweise in einer überhöhten Form (Bild 5-44).

Das Verformungsbild und die globale Spannungsverteilung dienen einer ersten Beurteilung der Berechnungsergebnisse. Liegen diese weit außerhalb der erwarteten Größenordnung, so muß der Anwender den Abstraktions- und Diskretisierungsprozeß auf Fehler überprüfen, die Fehler korrigieren und die Berechnung erneut starten. Nach der ersten Fehlerkontrolle werden im Rahmen des Postprocessing Diagramme der Berechnungsergebnisse erzeugt. Diese Diagramme stellen Spannungsverläufe sowie den Ver-

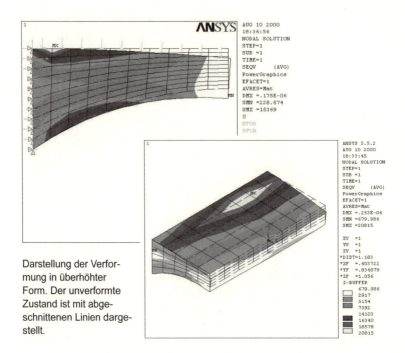

Bild 5-44: Aufbereitung einer FEM-Berechnung in farbschattierter Darstellung

lauf weiterer Größen wie Dehnungen dar. Insbesondere die Berechnungsergebnisse an den aus Festigkeitssicht signifikanten, kritischen Stellen der Struktur werden mittels solcher Diagramme detailliert dokumentiert. Ferner besteht auch die Möglichkeit, die berechneten Werte für jeden Elementknoten aus dem FEM-System auszulesen und mit anderen Werkzeugen weiterzubearbeiten. Ein Beispiel dafür ist die Visualisierung der Berechnungsergebnisse mit Virtual Reality.

Das Bild 5-45 zeigt Beispiele für komplexe FEM-Berechnungen aus der Strukturdynamik. Der obere Teil des Bildes stellt das Verformungsbild eines PKW nach einem frontalen Offset-Crash gegen eine Barriere dar. Bei dieser Form des Crashs gibt es nur eine Teilüberdeckung zwischen Fahrzeug und Hindernis (hier mit der linken Fahrzeughälfte). Ein Offset-Crash führt zu sehr schwerwiegenden Belastungen der Karosserie. Entwicklungsziel ist es, eine starke Verformung der Sicherheitszelle, d.h. des Fahrgastraums, auch in einem solchen Fall auszuschließen. Der untere Teil des Bildes zeigt das Verformungsverhalten der Karosserie bei Anregung einer Torsionsschwingung in Längsrichtung.

Modellbildung und Modellanalyse 455

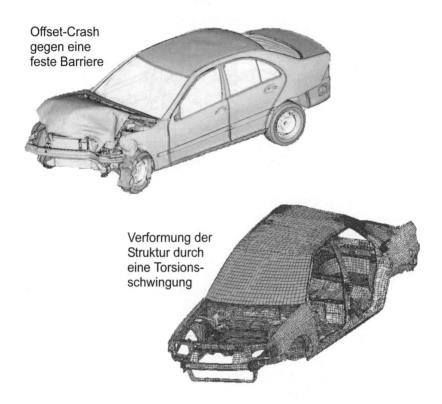

*Bild 5-45: Beispielhafte FEM-Berechnugen (Crash, Modalanalyse)
Quelle: DaimlerChrysler AG*

Die FEM-Analyse ist im Wechselspiel mit der Gestaltung von Bauteilen und Baugruppen vorzunehmen. Daher liegt es nahe, 3D-CAD-Systeme eng mit FEM-Berechnungssystemen zu koppeln. Dadurch erhält der Konstrukteur die Möglichkeit, während des Gestaltens grobe Auslegungen vorzunehmen. Allerdings gibt es auch Gefahren, wenn FEM-Systeme von Anwendern ohne ausreichendes FEM-Hintergrundwissen genutzt werden. Gerade die Problemabstraktion und die Diskretisierung mit der problemgerechten Vernetzung und Lastaufbringung erfordert Erfahrung und Übung.

> **Softwaresysteme für FEM-Untersuchungen**
> Beispiele für kommerzielle FEM-Systeme sind:
> - ANSYS der Firma Ansys Inc.,
> - NASTRAN der Firma MSC Inc.,
> - ABAQUS der Firma HKS Inc. (insbesondere nichtlineare und dynamische Probleme) und
> - LS-DYNA der Firma LSTC (insbesondere nichtlineare und dynamische Probleme, spezialisiert auf Crash-Berechnungen).
>
> Ferner gibt es spezielle Systeme, die ausschließlich dem Pre- und Postprocessing dienen. Hier seien beispielhaft PATRAN und Hyperlink genannt. Es besteht der Trend, FEM-Systeme mit 3D-CAD-Systemen eng zu koppeln. So gibt es zwischen den Standard FEM-Systemen und den Standard 3D-CAD-Systemen häufig die Möglichkeit, proprietäre 3D-Modelle bidirektional auszutauschen. Dies ist vielfach sogar über eine gemeinsame graphische Benutzungsoberfläche möglich. Die Hersteller von 3D-CAD-Systemen bieten mittlerweile auch eigene FEM-Module an, die als Teil des 3D-CAD-Systems anzusehen sind. Sie lassen meist die Lösung von Standardproblemen aus der linearen Statik sowie die Berechnung einfacher nichtlinearer und dynamischer Probleme zu. Beispiele dafür sind die 3D-CAD-Systeme I-DEAS der Firma SDRC und Pro/Engineer der Firma PTC.

5.4.4 Strömungsberechnung (CFD)

Im Kontext dieses Buches verstehen wir unter dem Begriff der Strömungsberechnung die numerische Strömungssimulation. Es geht hier um Berechnungswerkzeuge für die Strömungsmechanik und die Thermo-Fluiddynamik. In der Praxis wird für die Strömungsberechnung meist der Begriff CFD verwendet, dies ist die Kurzform des englischen Begriffs für die numerische Strömungssimulation: **Computational Fluid Dynamics**. Fluid ist der Oberbegriff für Flüssigkeiten und Gase; die **Fluiddynamik** ist die Lehre von den Bewegungen der Fluide unter den Einflüssen von Kräften. Die Fluiddynamik wird meist als Strömungsmechanik oder als Strömungslehre bezeichnet. In vielen Strömungen spielt auch der Wärmetransport eine wichtige Rolle, so daß thermodynamische Aspekte in eine Strömungsberechnung einbezogen werden müssen. Daher liefert die **Thermo-Fluiddynamik**, also das Zusammenwirken von Thermodynamik und Fluiddynamik, die physikalischen Grundlagen für CFD. Die Leistungsfähigkeit von CFD-Software ist in jüngster Zeit rasant gewachsen. Dies ist nicht zuletzt die Folge des starken Zuwachses an Rechenleistung bei den Digitalrechnern. Viele technische Probleme aus dem Bereich der Thermo-Fluiddynamik sind seit kurzer Zeit überhaupt erst durch CFD analysierbar geworden. CFD erschließt viele Anwendungsgebiete, die wichtigsten sind im folgenden kurz zusammengefaßt:

Modellbildung und Modellanalyse **457**

- *Kraftfahrzeugtechnik:* Außenaerodynamik, Klimatisierung des Fahrgastraums, Strömung und Verbrennung im Motor (Zylinderinnenströmung), Ansaugsystem, Abgasanlage, Motorkühlung (Durchströmung des Motorraums),
- *Luft- und Raumfahrttechnik:* Außenaerodynamik (insbesondere Widerstandsreduktion), Luftfahrtantriebe, Raketenantriebe, Wiedereintritt von Raumflugkörpern,
- *Schiffbau:* Schiffskörper und Schiffsschrauben (Wirkungsgrad und Kavitation),
- *Energietechnik:* Kraftwerkskomponenten wie Dampferzeuger, Feuerungen, Kondensatoren, Dampfturbinen, Gasturbinen, Wasserturbinen, Pumpen, Kühltürme, Kernreaktoren und
- *Bauingenieurwesen:* Gebäudeumströmung (Identifikation von durch Luftströmung angeregten Schwingungen), Heiz- und Klimatechnik (Strömungen in Räumen).

5.4.4.1 Grundlagen der CFD-Analyse

Ziel einer CFD-Analyse ist es, die thermo- und fluiddynamischen Vorgänge in einem abgegrenzten durch- bzw. umströmten Gebiet (Kontrollraum) zu verstehen, um sie zielgerichtet beeinflussen zu können. Dazu liefert eine CFD-Analyse qualitative Aussagen (Welche strömungsmechanischen Effekte treten auf? Wo treten sie auf? Welche Folgen haben sie?) als auch quantitative Aussagen, d.h. Zahlenwerte für die thermo-fluiddynamischen Zustandsgrößen. Die Modellbildung für CFD-Analysen basiert auf den *Navier-Stokes-Gleichungen*. Dies sind die Grundgleichungen zur Beschreibung thermo-fluiddynamischer Vorgänge. Sie gehören zu den komplexesten Gleichungen, die technische Probleme beschreiben. Es handelt sich dabei um ein System von fünf gekoppelten partiellen Differentialgleichungen. Sie beschreiben das Strömungsfeld in den drei Raumkoordinaten x, y, z sowie der Zeitkoordinate t über drei Erhaltungssätze. Dies sind der Kontinuitätssatz (Erhaltung der Masse), der Energiesatz und der Impulssatz jeweils für die Raumkoordinaten x, y, z. Genaugenommen formulieren die Navier-Stokes Gleichungen nur den Impulssatz. Sie bilden zusammen mit den weiteren Erhaltungssätzen die Bilanzgleichungen für das Strömungsfeld. Meist werden jedoch im Sprachgebrauch die genannten drei Erhaltungssätze in ihrer Gesamtheit als Navier-Stokes Gleichungen bezeichnet. Zusammen mit den Randbedingungen, die insbesondere durch die Geometrie des durchströmten Volumens bestimmt werden, und den Anfangsbedingungen (Zustand des Systems zum Zeitpunkt t=0) sind die Navier-Stokes-Gleichungen auf numerischem Weg lösbar. Die Lösung liefert für jeden Punkt des Kontrollvolumens und für jeden Zeitpunkt die Strömungsgrößen. Dies sind die Komponenten der Strömungsgeschwindigkeit in den 3 Raumkoordinaten (u, v, w), der Druck sowie die Temperatur. Für viele Anwendungsfälle können die Eigenschaften des Fluids (d.h. der Flüssigkeit oder des Gases) als konstant angesehen werden. Zu diesen Eigenschaften zählen die Dichte ρ, die dynamische Zähigkeit μ, die spezifische Wärmekapazität c und die Wärmeleitfähigkeit λ. Kann eine oder mehrere dieser Größen nicht als konstant angenommen werden, sind sie auch Funktionen der Koordinaten (x, y, z, t) und somit Teil der Lösung. Sind die Stoffeigenschaften nicht konstant, so sind weitere Bilanzgleichungen zu berücksichtigen.

Strömungsmechanische Probleme können nach verschiedenen charakteristischen Eigenschaften klassifiziert werden. Durch Abstraktion des Problems durch den Ingenieur ergibt sich die Zuordnung zu einer bestimmten Problemklasse. Problemklassen sind dadurch gekennzeichnet, daß vereinfachende Annahmen getroffen werden können. Solche vereinfachende Annahmen erleichtern eine Lösung erheblich. Die wichtigsten charakteristischen Eigenschaften von Strömungsproblemen sind im folgenden kurz dargestellt.

Zeitabhängigkeit: Die Mehrzahl technisch relevanter Strömungsprobleme sind transient, d.h. zeitabhängig. In der Strömungsmechanik spricht man von *instationären Problemen*. Kann die Zeitabhängigkeit vernachlässigt werden, spricht man von *stationären Lösungen*.

Kompressibilität: Bei sehr hohen Strömungsgeschwindigkeiten kann die Dichte von Gasen nicht mehr als konstant angenommen werden. Dies ist ab etwa 30% der Schallgeschwindigkeit der Fall. Die Schallgeschwindigkeit ist eine Funktion der Fluideigenschaften und der Temperatur. Charakteristische Kennzahl für die Kompressibiliät ist die *Machzahl Ma*, die das Verhältnis von Strömungsgeschwindigkeit zu Schallgeschwindigkeit angibt. 30% der Schallgeschwindigkeit entspricht Ma = 0,3. Die Mehrzahl der technischen Probleme ist inkompressibel. Eine wichtige Ausnahme bilden die Berechnungsaufgaben in der Luft- und Raumfahrttechnik.

Mehrere Phasen: In der Regel befindet sich nur ein Fluid im Strömungsfeld (z.B. Luft oder Wasser). In diesem Fall ist das Strömungsfeld einphasig. Sind jedoch zwei oder *mehrere nicht mischbare Fluide* vorhanden, handelt es sich um ein mehrphasiges Strömungsfeld. Mehrphasige CFD-Analysen sind in der Regel deutlich aufwendiger.

Chemische Prozesse: Finden im Kontrollraum chemische Reaktionen statt, die meistens mit Energie und Massenänderungen verbunden sind (z.B. Verbrennungen), müssen weitere *Bilanzgleichungen* eingeführt werden. Dies bedeutet, daß die Komplexität der Berechnung deutlich ansteigt.

Reibungseinfluß: Lange Zeit konnte der Reibungseinfluß in der Strömung bei CFD-Analysen nur sehr schwer oder gar nicht erfaßt werden. Der Reibungsein-

Modellbildung und Modellanalyse **459**

fluß wird maßgeblich durch die Interaktion der Strömung mit einer festen Berandung bestimmt. Die besondere Problematik entsteht dadurch, daß mikroskopisch kleine Effekte zwischen Strömung und Wand gravierenden Einfluß auf das gesamte Strömungsfeld haben können. Ursache für solche Phänomene ist die Tatsache, daß die Strömungsgeschwindigkeit direkt auf der Körperoberfläche Null ist *(Stokes'sche Haftbedingung)* und sich erst in einer sehr dünnen Schicht, der sogenannten *Grenzschicht*, dem Wert der Außenströmung nähert. Es müssen zwei Strömungsformen unterschieden werden: laminare und turbulente Strömungen. In *laminaren Strömungen* bewegen sich die "Fluidpartikel" auf nebeneinander liegenden Bahnen, die Strömung verläuft gleichmäßig. Bei *turbulenten Strömungen* gibt es zusätzlich ungleichmäßige Schwankungsbewegungen der Fluidpartikel, die mit Energie- und Impulsaustausch verbunden sind. Eine charakteristische Kennzahl für den Reibungseinfluß ist die sogenannte *Reynoldszahl Re*, die das Verhältnis von Trägheitskräften zu Zähigkeitskräften angibt. Turbulenz ist sehr komplex, allerdings sind die meisten technischen Strömungen turbulent, so daß eine CFD-Analyse Turbulenz in der Regel berücksichtigen muß. Da für ingenieurtechnische Fragen die genauen Bahnen der einzelnen "Fluidpartikel" nicht interessieren, sondern nur Folgen der Turbulenz von Bedeutung sind, führen die meisten CFD-Verfahren gemittelte Zustandsgrößen in die Navier-Stokes-Gleichungen ein. Man spricht von den Reynolds-gemittelten Navier-Stokes-Gleichungen oder kurz von den Reynoldsgleichungen. Die Auswirkungen der Schwankungen werden durch sogenannte *Turbulenzmodelle* berücksichtigt. Besonders verbreitet ist das k-ε-Modell (k: turbulente kinetische Energie, ε: Dissipationsrate, d.h. "Aufzehrungsrate" von k).

Für die numerische Lösung der Navier-Stokes-Gleichungen bzw. der Reynoldsgleichungen muß das betrachtete Kontinuum diskretisiert werden. Mögliche Verfahren sind die **Finite-Differenzen-Methode (FDM)**, die **Finite-Elemente-Methode (FEM)** und die **Finite-Volumen-Methode (FVM)**. Zur Lösung von strömungsmechanischen Problemen hat sich die Finite-Volumen-Methode als besonders geeignet erwiesen, ca. 90% der in der Praxis eingesetzten CFD-Verfahren basieren auf der FVM. Bei der Finite-Volumen-Methode wird das betrachtete durchströmte Volumen in eine endliche Zahl kleiner elementarer Volumina, die sogenannten Zellen (im Unterschied zu den "Elementen" der FEM) zerlegt. Die Differentialgleichung wird anschließend auf ein Oberflächenintegral zurückgeführt, das für jede Zelle (=finites Volumen) in Abhängigkeit von den diskreten Zustandsgrößen näherungsweise berechnet wird. Detaillierte Darstellungen zur Finite-Volumen-Methode im Kontext von CFD-Analysen finden sich unter anderem in [Oertel/Laurien 1995], [Anderson 1995] und [Ferziger/Peric 1996].

Die Zellen, aus denen die im Rahmen der FVM aufzubauenden Netze bestehen, sind in erster Linie Tetraeder und Hexaeder. Die Hexaederform, also ein Elementarvolumen mit sechs ebenen Begrenzungsflächen, ist dabei besonders weit verbreitet. In jüngster Zeit werden auch vermehrt sogenannte getrimmte Zellen verwendet. Das sind Elemtarvolumina, die durch den Schnitt eines Hexaeders mit einer beliebig orientierten Ebene entstehen (Bild 5-46).

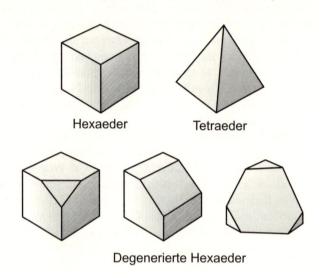

Bild 5-46: Verschiedene Zellgeometrien

Bezüglich der Netztopologie werden strukturierte und unstrukturierte Netze unterschieden. Bei *unstrukturierten Netzen* finden sich keine Netzlinienscharen. Bei strukturierten Netzen unterscheidet man H-Netze, C-Netze und O-Netze. Das Bild 5-47 enthält Beispiele für strukturierte und unstrukturierte Netze. Die untere Bildzeile zeigt drei Grundtypen strukturierter Netze. Aus diesen Grundtypen werden komplexe Netze zusammengesetzt.

Eine Sonderform bilden *blockstrukturierte Netze*, bei denen jeder Block aus einem strukturierten Netz besteht. An den Blockgrenzen sind die Netzknoten identisch. Das Bild 5-48 zeigt die Berandung eines blockstrukturierten Netzes zur Analyse des Hochauftriebssystems eines Verkehrsflugzeugs.

Die numerische Lösung des Strömungsproblems erfolgt mit iterativen Methoden. Auch hier unterscheidet man wie bei der FEM bei der Zeitintegration zwischen expliziten und impliziten Verfahren. Aufgrund der Komplexität der Grundgleichungen benötigt die numerische Lösung von Strömungsproblemen im Durchschnitt mehr Rechenzeit als die Berechnung von Problemen aus der

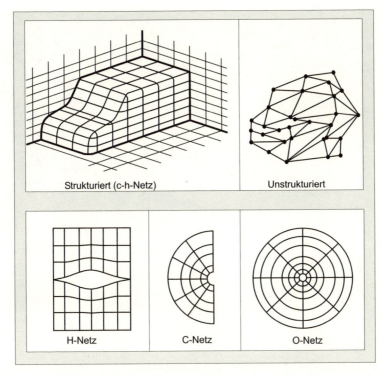

*Bild 5-47: Strukturierte und unstrukturierte Netze nach [Oertel/Laurin 1995].
Die untere Zeile zeigt Grundformen strukturierter Netze, aus denen
komplexe strukturierte Netze zusammengesetzt werden (oben links).*

Strukturmechanik. Die Ergebnisinterpretation erfolgt ähnlich wie bei den FEM-Verfahren in der Strukturmechanik über farbschattierte Darstellungen, Animationen und Diagramme.

5.4.4.2 Durchführung einer CFD-Analyse

Eine CFD-Analyse gliedert sich wie eine FEM-Analyse in drei Hauptschritte:

1) **Preprocessing**: Im Rahmen des Preprocessing sind vom Anwender die folgenden Arbeitsschritte durchzuführen:
   - *Abstraktion des Berechnungsverfahrens.* Gegenstand dieses Schrittes ist es, zulässige Vereinfachugnen zu identifizieren und grundsätzliche Annahmen zu treffen.
   - *Netzgenerierung.* Für diesen Arbeitsschritt stehen dem Anwender spezielle Softwarewerkzeuge zur Verfügung, die zur Generierung von Net-

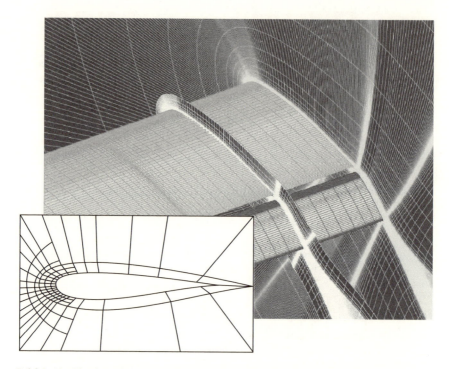

Bild 5-48: Blockstrukturiertes Netz am Beispiel eines Hochauftriebssystems eines Verkehrsflugzeugs (Quelle: Projekt Megaflow, DLR)

zen für CFD-Analysen optimiert sind. Basis für die Netzgenerierung bilden 3D-CAD-Daten, die über Schnittstellen (proprietär oder neutral) in den Netzgenerator übernommen werden. Die Netzgenerierung erfolgt halbautomatisch. Der Anwender muß insbesondere darauf achten, daß das Netz problemgerecht gestaltet wird. Es muß eine geeignete Netztopologie gewählt werden, das Netz sollte ferner möglichst glatt sein, d.h. vereinfacht ausgedrückt, sollten die Netzlinien keine „Knicke" aufweisen. Darüber hinaus ist es sinnvoll, das Netz in interessanten Strömungsbereichen, also Bereichen mit hohen Gradienten (z.B. in Wandnähe) lokal zu verdichten. Außerdem sind stark verzerrte Zellen zu vermeiden, da diese zu numerischen Instabilitäten führen können. Dadurch verringert sich die Genauigkeit des Lösungsverfahrens. Das automatisch generierte Netz muß in den meisten Fällen noch manuell nachgebessert und angepaßt werden. Die Erstellung problemgerechter Netze für CFD-Analysen setzt vom Anwender ein gutes strömungsmechanisches Basiswissen sowie ein breit angelegtes Wissen zu CFD-Verfahren voraus.

- *Eingabe der Anfangsbedingungen:* Anfangsbedingungen sind z.B. Geschwindigkeit, Druck und Temperatur der ungestörten Anströmung. Ferner sind gegebenenfalls weitere Parameter (z.B. bei der Turbulenzmodellierung) einzugeben.

2) **Lösung:** Hier erfolgt die Auswertung des Strömungsproblems durch den Rechner. Größere Strömungsanalysen verwenden heute Netze mit 5 Millionen und mehr Zellen. Komplexe instationäre Berechnungen auf Basis von Netzen dieser Größe können selbst auf Großrechnern mehrere Tage dauern. Kleinere Probleme sind schon auf Workstations im Minuten- bis Stundenbereich lösbar.

3) **Postprocessing:** Das Postprocessing umfaßt die Ergebnisaufbereitung. Sie erfolgt meistens auf Basis von speziellen Visualisierungstechniken. Üblich sind die farbschattierte Darstellung skalarer Größen (Druck, Temperatur) auf den Körperoberflächen oder auf beliebigen Schnittebenen im Kontrollvolumen. Außerdem ist die Darstellung von Isoflächen im Raum gebräuchlich. Vektorielle Größen wie die Geschwindigkeit werden als Vektorpfeile oder als farbcodierte Stromlinien dargestellt. Für animierte Darstellungen eignet sich besonders die Darstellung von virtuellen Partikeln. Durch das Einstreuen virtueller Partikel sind die Bereiche von Wirbeln und Ablösegebieten sehr gut zu identifizieren. Die Teilchenbahnen müssen allerdings im Rahmen des Postprocessing durch Integration über das Vektorfeld der Geschwindigkeit vor der Visualisierung zunächst berechnet werden. Das Bild 5-49 stellt einige der angesprochenen Visualisierungstechniken beispielhaft dar.

5.4.5 Weitere Analysen

Die nachfolgend vorgestellten Berechnungsverfahren basieren mehrheitlich auf der Methode der finiten Elemente (FEM). Sie ist für Probleme aus der Strukturmechanik entwickelt worden, wurde aber auf andere Anwendungsgebiete übertragen. Dies ist möglich, da die mathematische Form der das Problem beschreibenden Differentialgleichung für verschiedene physikalische Phänomene identisch ist. Es werden in der FEM-Analyse lediglich andere physikalische Größen betrachtet. Daher ergibt sich auch ein prinzipiell gleiches Vorgehen bei unterschiedlichen Berechnungen. Dieses Vorgehen wurde bereits im Kapitel 5.4.3 beschrieben. Sofern eines der nachfolgenden Berechnungsverfahren nicht auf der FE-Methode basiert, wird darauf gesondert hingewiesen.

5.4.5.1 Temperaturfelder

Die hier angesprochenen Temperaturfeldanalysen beziehen sich auf Festkörper. Temperaturfelder in Fluiden (Flüssigkeiten und Gase) werden mit den

> **Softwaresysteme für CFD-Untersuchungen**
> Beispiele für kommerzielle CFD-Systeme sind:
> - CFX der Fa. AEA Technology Engineering Software Ltd.,
> - Fluent der Fa. Fluent Inc. und
> - StarCD der Fa. Computational Dynamics Ltd.
>
> Moderne CFD-Systeme bieten dem Anwender mittels graphisch interaktiver Benutzungsoberflächen einen hohen Komfort. Speziell für die Vernetzung stehen zusätzliche Spezialsysteme von Drittanbietern zur Verfügung (z.B. von der Fa. ICEM). Die Lösungsmodule sind vielfach für Hochleistungsrechner mit Mehrprozeßarchitekturen optimiert. Für das Postprocessing gibt es Softwareprodukte, die ausschließlich diesen Arbeitsschritt einer CFD-Analyse unterstützen (z.B. ENSIGHT der Fa. CEI). Ferner wird für das CFD-Postprocessing auch die Technologie Virtual Reality (VR) eingesetzt. Virtual Reality ermöglicht die interaktive Visualisierung der Strömung. Die Versuchsarbeit in einem Windkanal kann heute durch die VR-basierte Visualisierung von CFD-Berechnungen anschaulich ergänzt und teilweise ersetzt werden.

Methoden der CFD-Analyse berechnet (vgl. Kapitel 5.4.4). Temperaturfelder mit hohen absoluten Temperaturen oder mit starken Temperaturgradienten können zu erheblichen Belastungen von Bauteilen führen. Beispiele sind z.B. Bremsscheiben und Abgasanlagen in Kraftfahrzeugen oder Bauteile unter intensiver Sonneneinstrahlung. Temperaturfeldprobleme können linear oder nichtlinear sein bzw. statisch oder transient. Der Steifigkeitsmatrix in der Strukturmechanik entspricht bei Temperaturfeldern der Matrix der Wärmeleitfähigkeit. Die Belastung ist durch den Wärmestrom gegeben, der ggf. mit einer CFD-Analyse bestimmt werden kann. Bei transienten, also zeitabhängigen Problemen, muß noch die Matrix der Wärmekapazität berücksichtigt werden. Nichtlineare Probleme ergeben sich, wenn auch die Wärmestrahlung zu erfassen ist. Bei Festkörpern wird in erster Linie die Wärmeleitung in der Struktur berücksichtigt. Ist zusätzlich der Wärmeübergang von der Struktur zum umgebenden Fluid zu erfassen, kann eine gekoppelte Analyse mit CFD-Verfahren erforderlich werden. Das Bild 5-50 zeigt beispielhaft die Temperaturverteilung in einem Pumpengehäuse.

5.4.5.2 Elektromagnetische Felder

Ein wichtiges Einsatzgebiet von Analyseverfahren für elektromagnetische Felder ist die Dimensionierung und Auslegung elektrotechnischer Bauteile und Baugruppen. Dies betrifft insbesondere elektrische Maschinen und Antriebe

Modellbildung und Modellanalyse **465**

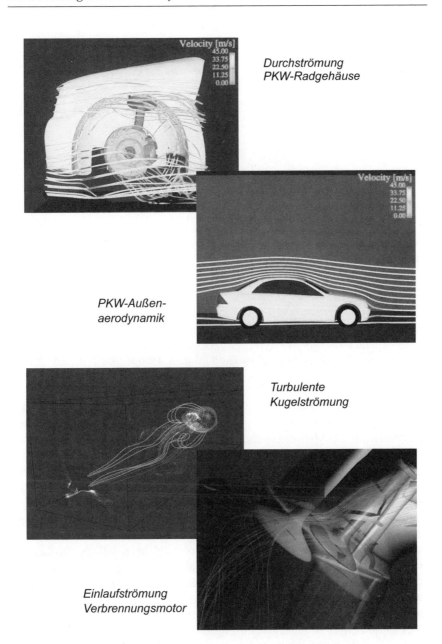

Bild 5-49: Beispiele für Visualisierungen von CFD-Berechnungen (Quelle: DaimlerChrysler AG; oben links und oben rechts)

Bild 5-50: Wärmeübertragungsanalyse für ein Pumpengehäuse der Fa. Sulzer. Die Graustufen entsprechen Temperaturintervallen. Hohe Temperaturen sind dunkelgrau dargestellt (System ABAQUS).

wie Generatoren und Elektromotoren, aber auch alle anderen elektrischen Bauteile, deren Funktionen von komplexen Feldern abhängen. Dazu gehört beispielsweise die Hochfrequenztechnik. Zur Absicherung der Funktionsfähigkeit elektrotechnischer und elektronischer Systeme werden verschiedene Simulationsverfahren eingesetzt, die vielfach nicht auf FEM-Verfahren basieren, aber mit FEM-Verfahren gekoppelt werden können. Solche Verfahren werden bei der Dimensionierung und Funktionsüberprüfung gedruckter Schaltungen, sogenannter PCBs (PCB: Printed Circuit Board), eingesetzt. Ein weiteres wichtiges Untersuchungsfeld ist die Ab- bzw. Einstrahlung bei elektrotechnischen und elektronischen Produkten. Dabei gilt es einerseits sicherzustellen, daß das Produkt bei Einstrahlung von äußeren Störsignalen einwandfrei funktioniert, und andererseits die vom Gerät abgestrahlten Signale gewisse Grenzwerte nicht überschreiten. Mit dieser Analyse der *elektromagnetischen Verträglichkeit EMV* (engl. *Electromagnetic Interference – EMI bzw. Eletromagnetic Compatability – EMC*) sollte bereits in einer frühen Phase des Produktentwicklungsprozesses begonnen werden, da Änderungen am weitgehend fertiggestellten Produkt hohe Kosten verursachen. Es ist zudem zu beachten, daß in bezug auf die elektromagnetische Verträglichkeit in praktisch allen Ländern enge gesetzliche Richtlinien bestehen, die von den Produkten eingehalten werden müssen (z.B.

Modellbildung und Modellanalyse **467**

CE-Kennzeichnung). Durch die starke Zunahme elektrotechnischer und elektronischer Komponenten in innovativen Produkten erfährt die EMV-Analyse eine stetig wachsende Bedeutung. Es sei an dieser Stelle insbesondere auf die Automobiltechnik hingewiesen, wo durch den verstärkten Einsatz von Steuerungs- und Regelungselektronik (ABS, ASR, ESP, Klimaautomatik usw.) auf engem Raum vermehrt die gegenseitige Beeinflussung dieser Komponenten bzw. die mögliche Störung von außen (z.B. durch die Zündanlage oder Mobiltelefone) beachtet werden muß. Auch bei vielen anderen innovativen Produkten gewinnt durch den vermehrten Einsatz elektrotechnischer Komponenten in dichter Packung (elektronische Baugruppen, Schaltkontakte, Kabel, Spulen usw.) die EMV-Analyse zunehmende Bedeutung (vgl. auch Kasten auf Seite 468)

5.4.5.3 Akustik

In der technischen Akustik unterscheidet man zwischen Innenraumproblemen und Abstrahlproblemen [Müller/Groth 2000]. Bei *Innenraumproblemen* ist es das Ziel, die Ausbreitung von Schallwellen sowie deren Reflexion und Dämpfung in einem geschlossenen Raum zu analysieren. Ein wichtiges Anwendungsgebiet ist die Geräuschminderung, insbesondere im Fahrgastraum von Fahrzeugen aller Art. *Abstrahlprobleme* dagegen behandeln die Ausbreitung von Schallwellen in einem nicht abgegrenzten Raum. Hier wird die Wirkung der Geräuschentwicklung auf die Umgebung der Schallquelle untersucht. Insbesondere in der Automobiltechnik und in der Luftfahrtindustrie (Triebwerkslärm) werden große Anstrengungen zur Geräuschreduktion unternommen. Für Akustik-Analysen kommen meistens FEM-Verfahren in Kombination mit Randelementeverfahren (BEM) zum Einsatz. Der Kasten auf Seite 312 (Kapitel 4) enthält als Beispiel die Analyse bei der Entwicklung eines Sparbuchdruckers.

5.4.5.4 Fertigungsprozesse

Im Rahmen der Simulation von Fertigungsprozessen werden insbesondere umformende und urformende Fertigungsverfahren analysiert. Umformende Fertigungsverfahren sind mit der Gestaltänderung eines Festkörpers verbunden. Sie werden in erster Linie mit der FEM untersucht. Diese Prozesse sind in der Regel hochgradig nichtlinear und transient. Beispiele sind die Blechumformung (Preßwerke, Tiefziehen), die Massivumformung (Schmieden) und das Innenhochdruckumformen. Bei urformenden Verfahren sind zunächst gießtechnische Prozesse zu nennen, wobei sowohl Metalle als auch Kunststoffe (Spritzguß) betrachtet werden. Hier werden vorwiegend Füllsimulationen ausgeführt, welche die Anwendung von CFD-Verfahren erfordern. In der Erstarrungsphase ist primär der Wärmetransport zu untersuchen. Somit sind für die

EMV-Analyse bei der Entwicklung von Informationsterminals

Durch den konsequenten Einsatz von CAD/CAE[1]-Werkzeugen kann die Entwicklungszeit von komplexen Produkten wie Geldausgabeautomaten und Informationsterminals halbiert werden. Eine wichtige Rolle spielen dabei CAE-Werkzeuge zur Analyse von Aspekten wie Packaging, Verkabelung, Montierbarkeit und Elektromagnetische Verträglichkeit (EMV).

Das Beispiel zeigt die EMV-Analyse für einen Informationsterminal mit einem neu integrierten Chipkartenleser (vgl. Bild).

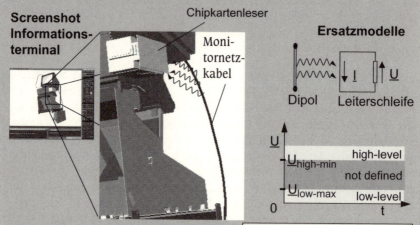

Bild: Untersuchung der elektromagnetischen Beeinflussung des Chipkartenlesers durch die Abstrahlung des Netzkabels.

Für $U > U_{low-max}$ gilt:
Schaltung schaltet nicht mehr in „Low-Zustand",
d.h. die Schaltung ist nicht mehr funktionsfähig!

Dieser ist in ein Plastikgehäuse eingefaßt, durch das die elektromagnetische Strahlung ungehindert durchdringen kann. Weiterhin verläuft ein Netzkabel vom Netzanschluß zum Monitor. Dieses ist nicht als Strahlungsquelle wirksam, da die Netzfrequenz nur 50 Hz beträgt. Es werden jedoch sog. parasitäre Effekte von der Ablenkspannung des Bildschirms auf das Netzkabel überlagert. Die überlagerte Spannung liegt im Frequenzbereich von Megahertz, was einer Wellenlänge von einigen Zentimetern entspricht. Im Bereich dieser Wellenlänge ist die Länge des Netzkabels ausreichend, um als effekti-

---

1. CAD: Computer Aided Design; CAE: Computer Aided Engineering

ve Sendeantenne zu dienen, d.h. es findet eine elektromagnetische Abstrahlung statt. Diese wirkt u.a. auf den Chipkartenleser.

Zur genaueren Untersuchung muß der EMV-Ingenieur Ersatzmodelle der betroffenen Baugruppen bilden. Das Netzkabel wird als Dipol betrachtet, die elektrischen Stromkreise auf dem Chipkartenleser als Leiterschleife mit Eingangswiderstand. Die vom Netzkabel abgestrahlten elektromagnetischen Wellen verursachen in der Leiterschleife eine Ladungsverschiebung, die einen Strom I zur Folge hat. Dieser verursacht am Eingangswiderstand einen Spannungsabfall U. Ist die induzierte Spannung U am Eingangswiderstand des Chipkartenlesers größer als die dem „low-"Bereich zugeordnete maximale Spannung, ist die Schaltung nicht mehr funktionsfähig.

Heute werden in der Praxis EMV-Messungen am fertigen Gerät im Labor durchgeführt. Wenn die gemessene Abstrahlung zu groß ist, sind konstruktive Maßnahmen wie die Einführung von Abschirmblechen durchzuführen. Das kostet Zeit und Geld. Dies kann eingespart werden, wenn schon frühzeitig in der Entwicklung Modelle gebildet und analysiert werden.

Die Konzeption wurde mit freundlicher Unterstützung des C-LAB Paderborn und unter Verwendung des CAD-Systems I-DEAS, des EDM-Systems Metaphase (jeweils SDRC) und des EMV-Systems COMORAN (INCASES) umgesetzt.

Literatur: **Gausemeier**, J./**Kespohl**, H.-D./**Grasmann**, M.: Verfahren zur Integration von Gestaltungs- und Berechnungssystemen. In: VDI-Berichte Nr. 1487, VDI-Verlag Düsseldorf, 1999

Keller, Uwe: Estimation of an Electromagnetic Emission Ability. In: Proceedings and supplement of 12th International Zürich Symposium and Technical Exhibition on Electromagnetic Compatibility (EMC Zurich '97), pages 257-268, Febuary 1997

Analyse von komplexen Gießprozessen verschiedene Simulationsverfahren in Kombination anzuwenden (Bild 5-51). Die Simulation von Fertigungsprozessen erlaubt die Optimierung des eigentlichen Prozesses und damit verbunden die optimale Gestaltung der notwendigen Werkzeuge.

5.5 Fertigungsplanung

Die Entwicklung des virtuellen Produktes basiert auf den Technologien 3D-CAD, digital Mock-Up (DMU), Modellbildung und -analyse, Produktdatenmanagment (PDM) und neuerdings auch zunehmend auf den Visualisierungs- und Interaktionsverfahren der Technologie Virtual Reality. Es liegt nahe, auf

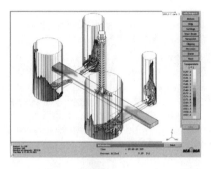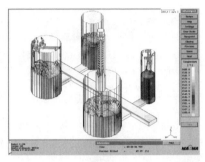
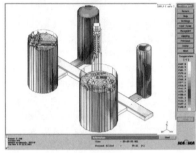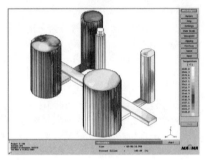

Bild 5-51: Gießsimulation. Die Bildfolge zeigt von oben links nach unten rechts den Füllvorgang einer Gußform (Quelle: ifg – Institut für Gießereitechnologie).

diese Weise nicht nur das Produkt, sondern auch dessen Herstellprozeß zu entwickeln. Dies ist Aufgabe der Fertigungsplanung (synonym Arbeitsplanung). Heute werden in der Fertigungsplanung IT-Systeme oft nur punktuell eingesetzt [Linner et al. 1999]. Für die durchgängige Unterstützung der Fertigungsplanung sind zwar leistungsfähige IT-Systeme verfügbar, jedoch mangelt es an der Integration dieser Systeme.

In Analogie zur Vision des virtuellen Produktes ergibt sich auch die Vision der **virtuellen Fabrik**. Auch hier spielt die Automobilindustrie eine Vorreiterrolle, diese Vision Wirklichkeit werden zu lassen. Ziel ist die Planung und Optimierung aller Betriebsmittel und Fertigungsprozesse inkl. der produktionslogistischen Prozesse auf der Basis von Rechnermodellen. Im folgenden gehen wir auf einige wichtige IT-Systeme zur Lösung der skizzierten Aufgabe ein.

3D-Planung von Fertigungssystemen

Voraussetzung für eine detaillierte Planung von Fertigungssystemen ist es, daß folgende grundlegende Festlegungen getroffen worden sind:

- Baustruktur, Gestalt des herzustellenden Produktes,
- Mengengerüst und einzusetzende Fertigungs-/Montageverfahren,
- Arbeitsvorgangsfolge (Arbeitspläne) und
- Produktionslogistik.

Auf dieser Basis kann die sog. **Layoutplanung** erfolgen (Bild 5-52). In diesem Zusammenhang werden die Betriebsmittelstandorte festgelegt (Maschinenaufstellung) sowie die Lager- und Transporteinrichtungen eingeplant. Die Layoutplanung erfolgt im engen Wechselspiel mit der Materialflußoptimierung. Für die Durchführung der Layoutplanung werden zunehmend 3D-CAD-Systeme eingesetzt. Diese greifen auf umfangreiche Bibliotheken mit parametrisierten 3D-Modellen von Standardkomponenten aus der Fertigung und Montage zu. Zu Standardkomponenten zählen beispielsweise:

- *Förderer* wie Rollenbahnen, Hängebahnen mit Gehängen und Flurförderzeug,
- *Lagereinrichtungen* wie Behälter und Regale sowie
- *Handhabungseinrichtungen* wie Einlegegeräte, Ladeportale und Industrieroboter.

Der Anwender hat die Möglichkeit, diese Bibliotheken individuell um Komponenten, die für seine konkrete Planungsaufgabe erforderlich sind, zu erweitern.

Simulation von Fertigungszellen und -systemen

Auf der Basis der räumlichen Anordnung der Komponenten eines Fertigungssystems läßt sich der zeitliche Ablauf des Fertigungsprozesses optimieren. Damit verbunden ist in der Regel auch eine detaillierte Analyse der Abläufe in den einzelnen Sub-Bereichen des Fertigungssystems, den sog. Fertigungszellen. Zur Analyse der Abläufe in Fertigungssystemen und Fertigungszellen dienen Simulationssysteme, die im folgenden näher betrachtet werden.

Bei der **Ablaufsimulation** handelt es sich um eine zeitdiskrete Simulation, mit deren Hilfe beispielsweise Aussagen zum Durchsatzverhalten alternativer Förderflüsse, zum Störverhalten des Systems sowie zur erwartenden Produktionskapazität gemacht werden können. Das Simulationsmodell repräsentiert in der Regel die Betriebsmittel und deren Verkettung. Der Anwender kann durch entsprechende Parameter das Verhalten der Betriebsmittel charakterisieren. Ein typischer Parameter ist z.B. die Taktzeit für einen Bearbeitungsschritt. Das Bild 5-53 zeigt den Ausschnitt eines Simulationsmodells einer Montagelinie. Mittels der Ablaufsimulation kann insbes. das *zeitliche* Verhalten großflächiger Strukturen wie z.B. der Fördertechnik im Pkw-Rohbau oder der Pkw-Endmontage beurteilt werden.

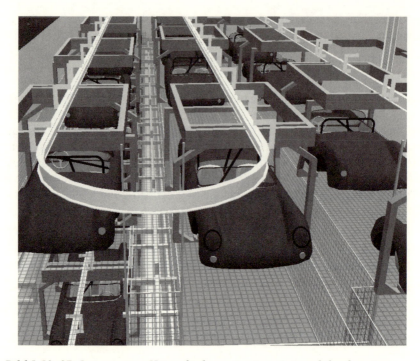

Bild 5-52: 3D-Layout eines Hängeförderers in einer Automobilendmontage

Nach der Grobplanung des Materialflusses erfolgt die Detaillierung durch die Zellenplanung. Hier ist es das Ziel, für alle Betriebsmittel, insbesondere aber für Automatisierungseinrichtungen wie Industrieroboter, die optimale Anordnung zu finden. Dabei sind die Taktzeiten zu minimieren sowie weitere Aspekte wie Arbeitsschutz, Ergonomie und Instandhaltung zu berücksichtigen. Für diese Aufgaben stehen Werkzeuge zur **Fertigungszellensimulation** zur Verfügung. Diese Simulationswerkzeuge arbeiten auf der Basis von 3D-Modellen und zeitkontinuierlich. Sie ermöglichen eine effiziente Optimierung des Zellenlayouts. Vielfach verfügen diese Werkzeuge auch über Module, die die detaillierte Simulation jedes einzelnen Ferigungsschrittes zulassen. Dabei können beispielsweise die günstigsten Positionen für Spanneinrichtungen ermittelt werden. Ferner besteht die Möglichkeit, die Roboter- und SPS-Programme am 3D-orientierten Simualtionsmodell bereits offline zu erstellen und zu testen. Dies sei am Beispiel einer Schweißzelle näher erläutert (Bild 5-54). In der Automobilindustrie werden die meisten Bauteile hoch automatisiert gefertigt. Dies gilt auch für die hier betrachteten geschweißten Fahrwerkskomponenten. Das Steuerungsprogramm für einen Schweißroboter wird auf Basis

Fertigungsplanung 473

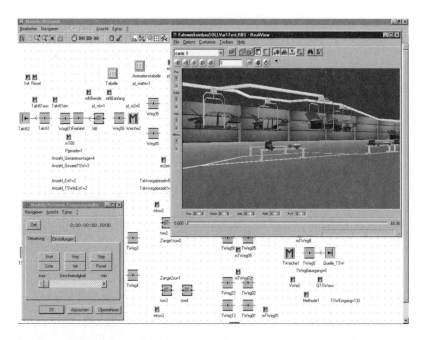

Bild 5-53: *Simulationsmodell einer Ablaufsimulation (System emPlant, Fa. Tecnomatix). Das Modell repräsentiert die Fahrwerkmontage in einer Automobilendmontage. Es sind sowohl die Bausteine des Simulationsmodells (vgl. Kasten auf Seite 474) als auch eine 3D-Ansicht zu erkennen.*

eines 3D-Modells des Roboters graphisch interaktiv mit einem System zur Fertigungszellensimulation erstellt. Die Programmierung erfolgt offline in der proprietären Sprache des Simulationssystems. Anschließend wird das Programm in die Sprache einer Robotersteuerung übersetzt und in die reale Steuerung geladen. Es sind meist nur kleine Korrekturen am Programm notwendig, bevor der Betrieb aufgenommen werden kann. Der Vorteil der Offline-Programmierung liegt auf der Hand: Der reale Roboter muß für die Programmerstellung (z.B. durch „Teach-In") nicht stillgelegt werden, sondern steht für die Produktion zur Verfügung.

Durch die Techniken der Fertigungszellensimulation kann der Planer für die einzelne Zelle die optimalen Taktzeiten ermitteln. Die beispielhaft in Bild 5-55 dargestellte Fertigungszelle wurde mit einem Fertigungssimulationssystem so optimiert, daß eine Halbierung der Taktzeit erzielt werden konnte. Häufig führt allein schon eine andere Anordnung der unveränderten Betriebsmittel zu einer erheblichen Reduktion der Taktzeit.

Modellierungstechnik der Ablaufsimulation

Eine Ablaufsimulation eines komplexen Fertigungssystems auf der Basis eines Modells bietet einen erheblichen Nutzen:

- Erhöhung des Durchsatzes bei kürzeren Durchlaufzeiten.
- Verkürzung der Transportwege innerhalb der Produktion.
- Bestimmung der notwendigen Puffergrößen.
- Bestimmung der Anzahl notwendiger Fahrzeuge innerhalb eines Transportsystems.
- Entwicklung von Fertigungssteuerungsstrategien.
- Entwicklung von Strategien zur Behandlung von Störungen.

Eine Ablaufsimulation gliedert sich in drei Schritte:
1) Aufbau des Simulationsmodells.
2) Durchführung von Experimenten mit dem Simulationsmodell.
3) Ergebnisbewertung der Experimente.

Die Schritte werden in der Regel mehrfach durchlaufen, um iterativ zu einer optimalen Lösung zu gelangen. Das Simulationsmodell wird aus Konstrukten aufgebaut, die im Prinzip die Betriebsmittel und deren Verknüpfungen repräsentieren. Anhand des Systems **emPlant** (vormals Simple++) der Fa. **Tecnomatix** werden diese Konstrukte kurz erläutert. Im Rahmen dieses Systems werden diese Konstrukte als Bausteine bezeichnet. Das System emPlant unterscheidet Materialflußbausteine (Bild 1) und Informationsflußbausteine (Bild 2). Wichtige Materialflußbausteine sind:

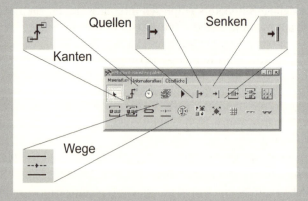

Bild 1: Materialflußbausteine

Quellen : Sie erzeugen bewegliche Elemente (BE). Quellen werden eingesetzt, um den Eintritt von BE in das Modell zu erfassen (z.B. an Übergabepunkten aus anderen, nicht im Modell betrachteten Bereichen).

Senken : Sie „vernichten" BE. Senken stellen Punkte im Simulationsmodell dar, an denen BE aus dem Modell austreten (z.B. an Übergabepunkten, vgl. Quellen).

Kanten : Sie verbinden Materialflußsteine und definieren die Materialflußrichtung.

Wege : Über Parameter kann die Verweildauer von Objekten im Baustein Weg bestimmt werden. Wege bilden die Grundlage für Fahrzeuge. Flurförderzeuge werden beispielsweise mit diesem Baustein modelliert.

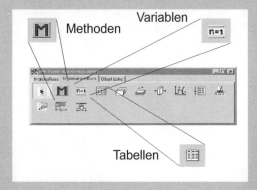

Bild 2: Informationsflußbausteine

Wichtige Informationsflußbausteine sind:

Methoden : Sie dienen der Steuerung des Objektverhaltens durch Parameter (z.B. wird das Verhalten eines Förderers von der Füllung eines Puffers bestimmt).

Variablen : Hier handelt es sich um globale Variablen, die das gesamte System beeinflussen (z.B. Anzahl der sich im System befindenden BE).

Tabellen : Sie dienen zur Verwaltung von Simulationsdaten. Daten können in das Modell eingelesen, zwischengespeichert und ausgelesen werden. Über sog. Tracefiles werden Tabellen an andere Systeme weitergegeben. Beispielsweise können über Tabellen mit Systemen zur Fertigungszellensimulation ermittelte Taktzeiten übernommen werden.

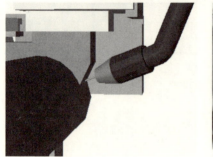 

Bild 5-54: Offline Programmierung einer Schweißzelle (System eMWorkplace, Fa. Tecnomatix). Im oberen Teil des Bildes ist das 3D-Modell zweier Schweißroboter mit installierten Schweißbrennern dargestellt. Der untere Teil des Bildes zeigt ein Scheißnahtdetail in der Simulation und der Realität.

Im Rahmen des Zellenlayouts erfolgt auch die Planung manueller Arbeitsschritte. Mit Hilfe von detaillierten Menschmodellen kann der Planer manuelle Arbeitsabläufe unter ergonomischen Gesichtspunkten optimieren. Diese anthropotechnischen Simulationswerkzeuge werden in der Regel als Zusatzmodule für Systeme zur Fertigungszellensimulation angeboten.

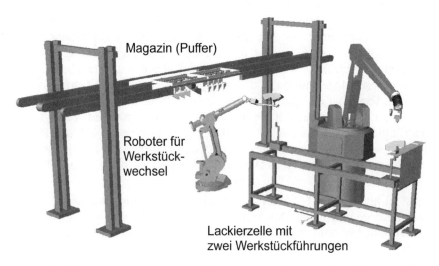

Bild 5-55: *Fertigungszellensimulation (System eMWorkplace, Fa. Tecnomatix)*

5.6 Virtual Reality (VR)

*"..., jacked into a custom **cyberspace** deck that projected his disembodied consciousness into the consensual hallucination that was the matrix. (..., hing er an einem handelsüblichen **Cyberspace**-Deck, das sein entkörpertes Bewußtsein in die reflektorische Halluzination der Matrix projizierte.)"*

Dieses Zitat stammt aus dem ersten Kapitel des Science Fiction Romans "Neuromancer" von William Gibson [Gibson 1984], der den Begriff "Cyberspace" geprägt hat. Seit Anfang der 90er Jahre gehört "Cyberspace" zu den Begriffen, die für eine neue Perspektive im Umgang mit dem Computer stehen. Cyberspace ist jener unendlich großer imaginärer Raum, der uns langsam durch das Internet erschlossen wird, der sich der Vorstellung der meisten Menschen aber noch entzieht. Heute schauen wir durch den Bildschirm, quasi wie durch ein Schlüsselloch in diesen imaginären Raum. Virtual Reality läßt uns Teil dieser virtuellen Welt werden. Virtual Reality ermöglicht völlig neue Formen der Interaktion mit dem Computer.

Der Begriff Virtual Reality ist noch jung und wird heute nicht einheitlich verwendet. VR ist im Prinzip nichts anderes als eine neue Art von Mensch-Maschine-Schnittstelle. VR bezieht den Benutzer in ein dreidimensionales computergeneriertes Modell der Realität ein. Diese Einbeziehung wird als **Immersion** bezeichnet – was im Englischen soviel wie Eintauchen heißt. Dabei kann er dieses Modell multimodal, d.h. mit all seinen Sinnen in **Echtzeit** wahrnehmen. Ferner ist die **Interaktion** mit diesem Modell möglich; der Benutzer kann also die virtuelle Welt wie in der Realität manipulieren. Diese Vision einer "ultimativen Schnittstelle" zum Rechner wurde bereits 1965 vom Pionier der Computergraphik Ivan Sutherland entwickelt [Sutherland 1965]. Aufgrund technologischer Grenzen ist es bis heute nicht gelungen, diese Vision Wirklichkeit werden zu lassen.

VR steht heute in erster Linie für die visuelle Präsentation und Manipulation von 3D-Daten in Echtzeit. Das Ansprechen der autitiven und haptischen Sinne (Gehör- und Tastsinn) spielt in praxisorientierten VR-Anwendungen noch eine untergeordnete Rolle.

Auch der Begriff der Immersion muß relativiert werden. Zwar gibt es einige Anwendungsfälle, in denen das vollständige Eintauchen in die dreidimensionale Welt einen signifikanten Erkenntniszuwachs bringt. Beispiele dafür sind Untersuchungen von Strömungsfeldern oder Interieurstudien für Fahrzeuginnenräume. Hier wird jedoch nicht mehr auf den Datenhelm zurückgegriffen. Für solche hoch-immersiven VR-Anwendungen kommt die sogenannte *Cave* (engl. für „Höhle", vgl. auch Kasten auf Seite 494) zum Einsatz. Dabei handelt es sich um einen würfelförmigen Raum mit ca. 2,5 m - 3 m Kantenlänge, auf dessen halbtransparenten Seitenflächen stereoskopische Bilder projiziert werden Der Benutzer befindet sich im Würfel und kann sich in diesem Raum bewegen. Damit sich ein räumlicher Eindruck einstellt, muß der Anwender eine spezielle Brille tragen. Durch die stereoskopische Projektionstechnik hat der Benutzer den realitätsnahen Eindruck, in einer vom Rechner generierten Szene zu stehen (Bild 5-56)

Für die überwiegende Anzahl der heute üblichen VR-Anwendungen ist ein derart hoher Immersionsgrad jedoch nicht unbedingt erforderlich. Einen hohen Nutzen erzielen auch großflächige Projektionssysteme wie die sogenannte *Powerwall*. Dabei projizieren mehrere Videoprojektoren (Beamer) die 3D-Daten auf eine bis zu 8 m x 3 m große Projektionsfläche. Auch hier ist die stereoskopische Darstellung möglich. Diese Art der Projektion gestattet insbesondere die Darstellung der 3D-Modelle (z.B. von Fahrzeugen) im Maßstab 1:1. Der hohe Nutzen einer großflächigen Projektion entsteht aber in erster Linie dadurch, daß Abstimmungsgespräche in größeren Gruppen realisiert werden können. Dabei ist es in vielen Fällen nicht einmal unbedingt notwendig, auf eine stereoskopische Darstellung zurückzugreifen. Allein die Tatsache, ein komplexes 3D-

*Bild 5-56: Cave. Design Review eines Interieurkonzeptes
(Quelle: DaimlerChrysler AG)*

Modell in Echtzeit vor einer größeren Gruppe präsentieren und manipulieren zu können, hat einen erheblichen Einfluß auf die Qualität des Produktentwicklungsprozesses. Im Rahmen von so unterstützten *Design Reviews* werden Mitarbeiter aus verschiedenen Bereichen in die Lage versetzt, Problemlösungen gemeinsam zu besprechen.

Wesentliches Kennzeichen von VR-Anwendungen sind die Präsentation großer Mengen von 3D-Daten in Echtzeit sowie die damit verbundenen Interaktionsmöglichkeiten. Durch die kontinuierliche Verbesserung des Preis/Leistungsverhältnisses von Graphikhardware sind selbst anspruchsvollere VR-Lösungen heute auf dem PC realisierbar. Lediglich sogenannte Highend VR-Anwendungen mit extremen Anforderungen an Graphikleistung und Bildqualität erfordern heute teuere Graphikrechner.

Entwicklungsgeschichte von Virtual Reality

In den Jahren 1960-1962 entwickelte Morton Heilig einen Simulator mit dem Namen *Sensorama* [Krueger 1982] (Bild 1). Das Sensorama verfügte über eine Kombination von 3D-Filmbildern und Stereoton, die dem Benutzer die Illusion einer Motorradfahrt durch New York vermittelte. Der Fahrtwind wurde durch einen Ventilator erzeugt, sogar auf chemischem Wege erzeugte Gerüche waren vorhanden. Heiligs System verfügte über alle Charakteristiken eines VR-Systems mit der entscheidenden Ausnahme, daß es nicht interaktiv war. Die Route der Motorradfahrt war durch den Film festgelegt, der Benutzer hatte keine Interaktionsmöglichkeiten.

Bild 1: Sensorama

Bild 2: Sutherlands Datenhelm

Auch Ivan Sutherland, der Pionier der interaktiven Computergraphik, hat maßgeblichen Anteil an der VR-Entwicklungsgeschichte. In dem bereits erwähnten Aufsatz *"The Ultimate Display"* aus dem Jahr 1965 entwirft er die Vision einer "endgültigen" Mensch-Maschine-Schnittstelle, die interaktive, echtzeitfähige Computergraphik, Geräte zur Kraftrückkopplung, 3D-Audio und sogar Geruchs- sowie Geschmackserzeugung umfassen sollte. Das bemerkenswerte an diesem Aufsatz ist, daß Sutherland bereits vor mehreren Jahrzehnten genau das beschrieben hat, was heute mit virtueller Realität verbunden wird.

Im Rahmen von Versuchen seine Vision in die Praxis umzusetzen, entwikkelte Sutherland im Jahre 1968 den ersten *Datenhelm* [Sutherland 1968]. Dieser Datenhelm war über ein kardanisch gelagertes Gestänge an der Decke aufgehängt. Der Mechanismus diente sowohl zur Positionsrückmeldung als auch zum Tragen des Gewichts der relativ schweren Optik mit den Kathodenstrahlröhren (Bild 2). Der Datenhelm erlaubte es dem Benutzer, dreidimensionale Drahtmodelle primitiver Objekte wie z.B. einen Würfel zu betrachten. Die Position des Würfels veränderte sich analog zur Raumrichtung, in die der Benutzer blickte. Das computergenerierte Bild wurde dabei durch eine halbdurchlässige Spiegeloptik der realen Welt überlagert. Die Anfänge der wissenschaftlichen Erforschung der Immersion in virtuelle Welten gehen somit eindeutig auf Sutherland zurück. Als weiterer Pionier der Technologie VR gilt Myron Krueger, der seit den 1970er Jahren wegweisende Konzepte für virtuelle Welten entwickelt hat.

Auch die Entwicklung von Flugsimulatoren trug entscheidend zur Entwicklung von VR bei. Ein professioneller, für die Ausbildung von Piloten zugelassener *Flugsimulator* ist im weiteren Sinne als VR-System aufzufassen. Im Flugsimulator bewegt sich der Pilot durch das 3D-Modell einer Landschaft. Die Interaktion erfolgt mit Hilfe eines auf einer Bewegungsplattform montierten, dem realen Flugzeug entsprechenden Cockpits. Das erste ausschließlich zur Bildgenerierung für Flugsimulatoren bestimmte Computersystem wurde 1967 von der amerikanischen Firma General Electric für das Raumfahrtprogramm der NASA gebaut.

Die Keimzelle für die Entwicklung der heutigen VR-Systeme liegt im Silicon Valley südlich von San Francisco. Dort begann 1984 am Nasa Ames Research Center, einem Entwicklungszentrum für Informationstechnik, das Projekt *VIEW (Virtual Interactive Environment Workstation)* [Fisher/McGreevy 1986]. Ziel des Projektes war es, ein für vielfältige Aufgaben geeignetes, multimodales Simulationssystem zu entwickeln. Entscheidend für den Erfolg des Projektes war der für das System gebaute Datenhelm (Bild 3).

Bild 3: VIEW-HMD

Bild 4: VPL Dataglove

Im Umfeld des Nasa Ames Research Center war auch Jaron Lanier tätig, der 1989 den Begriff Virtual Reality geprägt hat. Lanier gründete 1985 die Firma VPL-Research, deren Geschäftszweck die Vermarktung von VR-spezifischen Hard- und Softwareprodukten war. Durch die Produkte von Laniers Unternehmen wurde der Begriff Virtuelle Realität in breiteren Kreisen bekannt. Insbesondere der von VPL-Research entwickelte *Datenhandschuh "Dataglove"* (Bild 4) erzielte eine relativ weite Verbreitung.

Anfang der 90er Jahre begannen auch mehrere Forschungseinrichtungen und Universitäten intensiv auf dem VR-Gebiet zu arbeiten. Schwerpunkte sind die USA, Japan, Großbritannien und Deutschland. In Deutschland sind in erster Linie die Fraunhofer-Institute IAO, IPA, IGD, IPK, die Gesellschaft für Mathematik und Datenverarbeitung GMD sowie das Heinz Nixdorf Institut in Paderborn zu nennen.

Literatur: **Fisher**, S./**McGreevy**, M.: Virtual Workstation. A Multi-model, Stereoscopic Display Environment. In: Advances in Intelligent Robotics Systems, SPIE Proceedings, Vol. 726, 1986

Krueger, M. W.: Artificial Reality. Addison Wesley, 1982

Sutherland, I. E.: The Ultimate Display. In: Proceedings IFIP Congress, 1965

Sutherland, I. E.: A Head-Mounted Three Dimensional Display. In: Proceedings Fall Joint Computer Conference, 1968

5.6.1 VR in der Entwicklung technischer Systeme

Die Technologie der virtuellen Realität ist den Kinderschuhen entwachsen und hat einen festen Platz in der Industrie. Dies gilt besonders für die Automobilindustrie. Hier wird primär folgender Nutzen gesehen: Verkürzung der Entwicklungszeit und Erhöhung der Qualität des Entwicklungsprozesses. So erwartet die DaimlerChrysler AG allein durch weniger physische Fahrzeugmodelle und Prototypen erhebliche Kosteneinsparungen [DaimlerChrysler 2000]. Die Industrie strebt an, VR durchgängig im gesamten Produktentwicklungsprozeß einzusetzen.

5.6.1.1 Design

In den frühen Phasen eines Fahrzeugprojektes entstehen *Designkonzepte*, die beurteilt und zum Teil weiter detailliert werden. In diesem Prozeß entstehen Handskizzen und Zeichungen sowie Modelle aus Ton. Zeichnungen und Tonmodelle werden zunächst in kleineren Maßstäben (z.B. 1:4), später auch in Originalgröße ausgeführt (Bild 5-57).

Bild 5-57: Maßstäbliche Tonmodelle in der Fahrzeugentwicklung (Quelle: DaimlerChrysler AG)

Durch VR können Designstudien zu einem sehr frühen Zeitpunkt im Maßstab 1:1 stereoskopisch visualisiert werden, z.B. mittels einer Powerwall (Bild 5-58). Selbstredend ist es möglich, die Verfahren der Computergraphik wie Beleuchtung, Reflexion etc. einzusetzen (vgl. auch Kapitel 5.2.1). Des weiteren lassen sich auf dieser Basis auch Akzeptanzuntersuchungen, Vergleiche mit Wettbewerbsfahrzeugen und Untersuchungen über das Erscheinungsbild in typischen Fahrzeugumgebungen vornehmen. Weitere Einsatzfelder sind beispielsweise der Entwurf von PKW-Innenräumen, die Kabinen- und Cockpitgestaltung von Flugzeugen sowie die Gestaltung von Innenräumen von Schiffen und Schienenfahrzeugen. Durch VR kann die Wirkung von Formen und Farben sowie die Gestaltung von Anzeigen und Bedieneinrichtungen bereits in einer frühen Entwicklungsphase am digitalen Modell untersucht und bewertet werden. Ferner können im Rahmen von Ergonomieuntersuchungen Sichtfelder und Erreichbarkeiten von Bedienelementen analysiert werden. Der Nutzen der skizzierten Anwendungen ist offensichtlich: Zeit- und Kosteneinsparungen sowie die Möglichkeit, mehr Varianten als bisher in kurzer Zeit zu untersuchen.

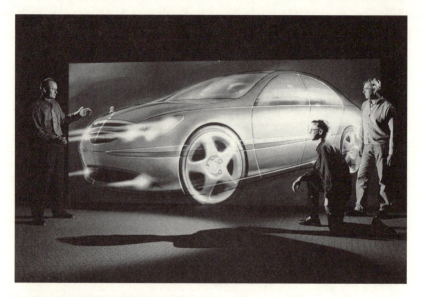

*Bild 5-58: VR-Einsatz (Powerwall) im Fahrzeugdesign
(Quelle: DaimlerChrysler AG)*

5.6.1.2 Analysen

Für das Arbeiten mit **digitalen Mock-Ups** spielt die Visualisierung eine entscheidende Rolle. Durch die Diskussion an naturgetreuen Bildern wird den Gesprächsteilnehmern ein besseres Problemverständnis vermittelt, es entstehen bessere Lösungen in kürzerer Zeit. Ferner ermöglichen Mock-Ups in Verbindung mit VR sehr anschaulich Ein- und Ausbauuntersuchungen. Ingenieure und Werker aus dem Prototypenbau arbeiten nicht mehr an physischen Modellen aus Holz und Styropor, sondern überprüfen die Montierbarkeit und die Reihenfolge von Montagevorgängen am digitalen Modell mit Stereobrille und Datenhandschuh. Auch hier bietet die Darstellung der Bauräume im Maßstab 1:1 deutliche Vorteile. Das skizzierte Vorgehen spart physische Prototypen ein und trägt zur Verbesserung der Produktqualität sowie zur Beschleunigung des Entwicklungs- und Fertigungsplanungsprozesses bei.

Bild 5-59: Besprechung einer Crash-Berechnung vor der Powerwall (Quelle: DaimlerChrysler AG)

Ein weiteres Anwendungsgebiet für VR-Visualisierungen ist das sog. Postprocessing von Analyseergebnissen, z.B. aus der Mehrkörpersimulation, der Strukturberechnung und der Strömungsberechnung. Besonders eindrucksvoll sind Visualisierungen von Crash-Analysen und Strömungsberechnungen. Im Rahmen von **Crash-Untersuchungen** können die Berechnungsingenieure das Verformungsverhalten einer Fahrzeugzelle durch die Visualisierung im Maßstab 1:1 mit einer hohen Qualität bewerten (Bild 5-59). Die VR-Visualisierung einer Crash-Berechnung erlaubt es zudem, Schnitte durch die Struktur zu legen oder einzelne Strukturelemente auszublenden. Dadurch können auch Strukturelemente beurteilt werden, die im Regelfall nicht sichtbar sind. Der Ingenieur kann den Crash-Vorgang, der in der Realität nur einige Millisekunden dauert, in der virtuellen Welt mehrere Größenordnungen langsamer ablaufen lassen. Außerdem kann er ihn so oft wiederholen wie notwendig. Durch die dargestellte Arbeitstechnik können zahlreiche teure, handgefertigte Crash-Fahrzeuge eingespart werden.

Ähnliche Potentiale existieren auch im Bereich von CFD-Berechnungen. VR-Visualiserungen von **Strömungssimulationen** werden in der PKW-Entwicklung schwerpunktmäßig im Bereich der Außenaerodynamik (Bild 5-60), der Fahrzeuginnenströmung (Motorraum, Klimatisierung der Fahrgastzelle) sowie der Motorinnenströmung angewendet. Auch in der Luftfahrttechnik findet die VR-Visualisierung von Strömungssimulationen breite Anwendung.

Bild 5-60: Interaktive Strömungsvisualisierung. Die Visualisierung erfolgt auf einer Reponsive Workbench (tm) (Copyright: GMD, Mercedes Benz 1995, Responsive Workbench (RWB) is a registered Trademark of GMD, 1997).

5.6.1.3 Anlagenplanung

Industrieanlagen wie Fertigungsanlagen, verfahrenstechnische Anlagen und Wärmekraftanlagen sind sehr komplex. Hunderte von Ingenieuren arbeiten in der Regel geographisch verteilt an der Projektierung solcher Anlagen. Es liegt daher nahe, dies mit VR zu unterstützen. Zwei Beispiele sollen den Nutzen verdeutlichen.

Virtual Reality (VR) 487

Fabrikplanung

Mit dem Projekt "Cyberbikes – Ein virtuelles Modellunternehmen" (Bild 5-61) wurde am Heinz Nixdorf Institut der Universität Paderborn bereits Mitte der 90er eine Konzeption entwickelt und umgesetzt, VR für die Fabrik- und Fertigungsplanung einzusetzen [Gausemeier et al. 1997].

Bild 5-61: Virtuelles Modellunternehmen Cyberbikes (Außenansicht und Rahmenfertigung)

Cyberbikes ist die Repräsentation eines beispielhaften Industrieunternehmens im Rechner. Das VR-Modell schließt alle gestaltbehafteten Objekte – angefangen beim Gebäude bis hin zu den Büromöbeln und Betriebsmitteln – und die Leistungserstellungs-/Geschäftsprozesse ein. So werden die Fertigungs- und Montageprozesse sowie die produktionslogistischen Prozesse realitätsnah abgebildet. Ferner werden in Cyberbikes auch nichtmaterielle Prozesse wie z.B. der Geschäftsprozeß „Erstellen der Auftragsbestätigung" oder „Freigeben des Fertigungsauftrags" durch animierte Piktogramme anschaulich visualisiert. Auf diese Weise gelingt es, die komplexen Wirkzusammenhänge in einem modernen Industrieunternehmen anschaulich zu vermitteln. Dies basiert auf spezifischen Kundenaufträgen: Der Benutzer des Modellunternehmens hat via Internet die Möglichkeit, sein Fahrrad zu konfigurieren und zu bestellen. Dementsprechend laufen die Prozesse in Echtzeit ab.

Anlagen-Reviews

An der Planung komplexer Anlagen wie Wärmekraftanlagen wirken viele Fachleute, größtenteils geographisch verteilt, mit. Der Planungsfortschritt wird von allen am Planungsprozeß Beteiligten in regelmäßigen Gesprächen diskutiert. Für diese Reviews ist es entscheidend, ein gemeinsames Verständnis über den Planungsstand zu erhalten. In der Vergangenheit dienten großformatige Ansichten- und Schnitte sowie Kunststoffmodelle im Maßstab 1:25 als Kommunikationsbasis. Dieses Vorgehen ist teuer, weil die erforderlichen Kunststoffmodelle mehrere Millionen DM kosten können und erhebliche Reisekosten für die gemeinsamen Gespräche anfallen. Durch die Verwendung eines 3D-Modells der gesamten Anlage und den Einsatz von VR-Visualisierungs- und Interaktionstechniken werden die Reviews auf eine neue Basis gestellt [Ebbesmeyer et al. 1999]. Es wird möglich, das Kraftwerk virtuell zu begehen und Problemstellen im Rahmen von Design Review Gesprächen gemeinsam zu diskutieren. Als Präsentationsmedium dient eine Powerwall. Neben den rein visuellen Informationen stellt das System Funktionen bereit, die aus dem Bereich des digitalen Mock-Up bereits bekannt sind. Dazu zählen Funktionen, um Abstände zu messen, Flächenberechnungen durchzuführen sowie Detailinformationen über einzelne Objekte aus einer Datenbank abzufragen. Bild 5-62 gibt einen Ausschnitt aus dem komplexen 3D-Modell wieder. Darin ist beispielhaft angedeutet, wie aus der Datenbank ermittelte Informationen den identifizierten Bauteilen in der visuellen Präsentation zugeordnet werden.

Das VR-Modell kann weiterhin dazu genutzt werden, Anlagen-Reviews über das Internet durchzuführen (Bild 5-63). Dazu wird das VR-Modell in ein internetfähiges Format wie VRML umgesetzt. Über einen Standard-Web-Browser kann der autorisierte Benutzer von jedem Standort auf das 3D-Modell zugreifen. Die Navigation im 3D-Modell erfolgt über Anlagenstrukturen, die in einer Datenbank abgelegt sind. Weiterhin sind in dieser Datenbank zu jedem Anlagenobjekt digitale Dokumente wie Fließschemata oder technische Spezifikationen gespeichert. Diese Dokumente sind über den Web-Browser zum Herunterladen verfügbar. Ein derartiges Vorgehen senkt wesentlich die Planungskosten und die Planungszeit, nicht zuletzt durch die erhebliche Reduktion von Reisen.

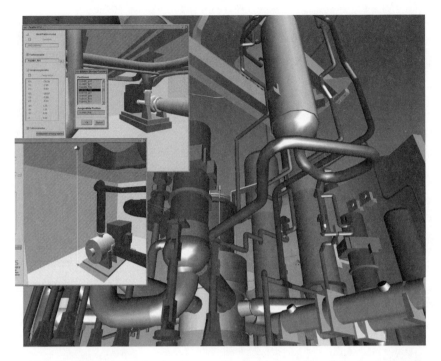

Bild 5-62: *VR-basierter Design Review für den Anlagenbau. Die eingeschobenen Bilder zeigen die Zugriffsfunktionen auf die Datenbank (Objektidentifikation, Messen etc.).*

Die genannten Anwendungsgebiete zeigen, daß ein Hauptnutzen in der Verbesserung der Kommunikation liegt. VR führt zu einem besseren Problemverständnis und steigert die Effizienz der Lösungsfindung im Team.

5.6.2 VR-Hardware-Systeme

Die Hardware eines VR-Systems umfaßt alle Komponenten zur Generierung und zum Betrieb interaktiver virtueller Umgebungen. In den nachfolgenden Kapiteln werden die verschiedenen Hardware-Komponenten von VR-Systemen näher vorgestellt. Um einen ersten Überblick zu erhalten und um die Bandbreite möglicher Lösungen zu vermitteln, werden zunächst zwei Grundkonfigurationen dargestellt: Desktop VR und Highend VR.

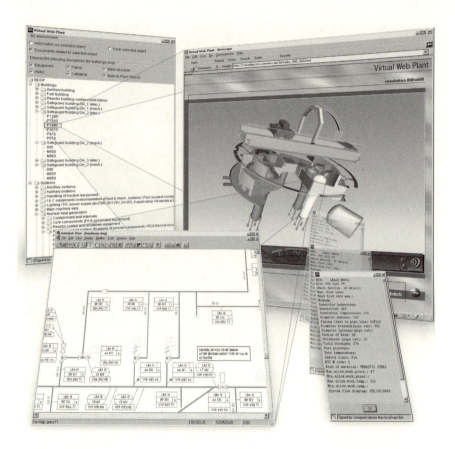

Bild 5-63: *System zur Durchführung von Anlagenreviews über das Internet. Über Anlagenstrukturen (oben links) erfolgt die Navigation im 3D-Modell. Durch Anklicken von 3D-Objekten kann auf weitere Dokumente wie Fließschemata zugegriffen werden (unten links).*

5.6.2.1 Desktop VR

Desktop VR ermöglicht den kostengünstigen Einstieg in die Technologie der virtuellen Realität. Ein solches System besteht aus einem Standard-PC und einer *3D-Graphikkarte.* Da VR immer mit der Generierung von 3D-Graphik in Echtzeit verbunden ist, reichen einfache Standard-Graphikkarten für Desktop-VR-Systeme nicht aus. Die Bildausgabe erfolgt über einen Standardmonitor.

Hochwertige Graphikkarten erlauben die Erzeugung *stereoskopischer Bilder.* Mittels einer entsprechenden Stereobrille erhält der Anwender plastische Bil-

Virtual Reality (VR) **491**

der, die quasi aus dem Monitor "herauszuwachsen" scheinen. Leistungsfähige Desktop-VR-Systeme gestatten zudem den Anschluß VR-typischer Eingabegeräte wie z.B. eine Space-Maus oder ein Trackingsystem. Das Bild 5-64 zeigt ein Desktop-VR-System für die Durchführung von Strömungsvisualisierungen.

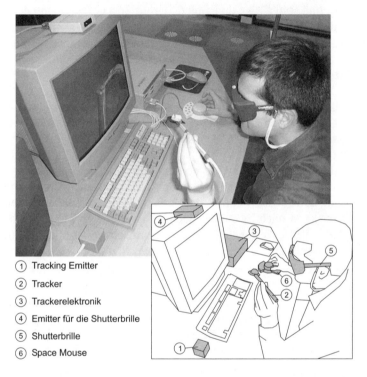

① Tracking Emitter
② Tracker
③ Trackerelektronik
④ Emitter für die Shutterbrille
⑤ Shutterbrille
⑥ Space Mouse

Bild 5-64: Hochwertiges Desktop VR-System mit stereoskopischer Bildausgabe

Die Arbeit am Monitor bedeutet allerdings, daß der VR-Anwender wie durch ein Fenster in die virtuelle Welt von außen hineinschaut. Dies ist vergleichbar mit dem Betrachten der Unterwasserwelt in einem Aquarium. Im angelsächsischen Sprachraum spricht man daher auch von "Fish Tank VR". Ein erster Schritt diese Beschränkung aufzubrechen, besteht darin, das vom Rechner erzeugte Bild mit einem Videoprojektor (Beamer) auf eine Wand oder über eine Rückprojektion auf eine Scheibe zu projizieren. Dadurch lassen sich mehrere Personen besser beteiligen. Die Generierung von stereoskopischen Darstellungen erhöht erheblich die Anschaulichkeit.

5.6.2.2 Highend VR

Am oberen Ende des VR-Hardwarespektrums stehen voll-immersive Systeme wie ein Cave-basiertes System. Darauf gehen wir noch näher ein. Vollständige Immersion erfordert die Abkehr von den klassischen Ein- und Ausgabegeräten wie Tastatur und Maus. Hier sind andere Geräte zur Interaktion mit dem Rechner notwendig. Um überhaupt in einer virtuellen, dreidimensionalen Welt arbeiten zu können, muß man zunächst einmal darin navigieren können. Da sich der VR-Anwender nur sehr begrenzt physisch bewegen kann, muß es eine andere Art der Navigationssteuerung geben. Bei Desktop VR-Systemen übernimmt die Maus oder ein Steuerknüppel diese Funktion. Durch Zeigen mit dem Cursor in die gewünschte Richtung bei gleichzeitigem Drücken einer Taste wird eine Bewegung in die Blickrichtung eingeleitet. Voll-immersive Systeme arbeiten eleganter. Hier muß das VR-System "wissen", wohin der Benutzer seinen Blick richtet. Aus diesem Grund verwenden Highend VR-Anwendungen Systeme zur Positionsmeldung, sogenannte *Trackingsysteme*. Über einen im Kopfbereich angebrachten Sensor erkennt das VR-System die momentane Blickrichtung und generiert daraus das entsprechende Bild der virtuellen Welt. Der Benutzer kann nach links oder nach rechts, nach oben oder nach unten blicken oder in die Hocke gehen, es wird automatisch die der Blickrichtung entsprechende Ansicht der virtuellen Umgebung erzeugt.

Das Selektieren von Objekten ermöglichen neue Geräte wie die 3D-Maus, der Datenhandschuh sowie eine Art Zeigestift. Im Betrieb des VR-Systems erfolgt zunächst das Abfragen der Tracking- und Interaktionsgeräte, anschließend werden dann die entsprechenden stereoskopischen Bilder erzeugt. Dadurch entsteht ein komplexer Echtzeit-Regelkreis, der mit einer Wiederholfrequenz von etwa 25 Hz durchlaufen wird, und in den der Anwender einbezogen ist.

Es ist leicht einzusehen, daß Highend-VR an den zentralen Rechner hohe Anforderungen stellt. Für ein typisches Highend-VR-System wie die im folgenden beschriebene *4-Seiten Cave* (Bild 5-65) müssen allein 8 graphische Ausgabekanäle bereitstehen, nämlich für 4 Projektionsflächen mit je einem Signal für das linke und rechte Auge, um das Stereosehen zu ermöglichen. Gleichzeitig sind weitere Ein- und Ausgabekanäle erforderlich, um Tracking- und Interaktionsgeräte anzusteuern. Für solche komplexen VR-Anwendungen kommen in der Regel spezielle Graphikrechner wie z.B. die Systeme Onyx der Firma SGI zum Einsatz (vgl. Kasten auf Seite 495).

Wie das Bild 5-65 zeigt, ist eine Cave eine Mehrseitenprojektion in einer Würfelanordnung. Der VR-Anwender steht mitten in der virtuellen Welt und wird durch den Immersionseffekt quasi ein Teil von ihr. Bei der hier gezeigten 4-Seiten-Cave werden stereoskopische Bilder auf die Rückseiten der drei quadratischen, halbdurchlässigen Seitenflächen und auf den Boden projiziert. Es gibt

Virtual Reality (VR)

Bild 5-65: Highend VR-System/4-Seiten-Cave

auch 5-Seiten- und 6-Seiten-Systeme. Der Stereoeffekt für das räumliche Sehen wird bei Cave-Systemen meist durch das sogenannte aktive Verfahren realisiert, das im Kapitel 5.6.2.4 noch näher erklärt wird. Bei diesem Verfahren ist für eine Projektionsfläche nur ein Projektor erforderlich. Die Projektionsflächen einer Cave sind mit ca. 3m x 3m relativ groß. Aufgrund dieser Größe ergibt sich ein relativ langer Strahlengang vom Videoprojektor zur Projektionsfläche. Daher wird der Strahlengang aus Platzgründen in der Regel über einfache Planarspiegel umgelenkt.

Für das Trackingsystem werden üblicherweise elektromagnetische Systeme verwendet, die aus einer zentralen Sendeantenne sowie mehreren sogenannten Trackern bestehen. Die Tracker sind miniaturisierte Empfänger, die an der Stereobrille und an dem Eingabegerät (z.B. Datenhandschuh) befestigt werden. Die mit einem Tracker ausgestattete Stereobrille wird auch als "getrackte" Brille bezeichnet. Nur der Träger der "getrackten" Brille sieht in der Cave ein perspektivisch korrektes Bild. Befinden sich weitere Personen in der Cave, so müssen diese perspektivische Abbildungsfehler in Kauf nehmen. In der Praxis sind diese Fehler relativ gering und fallen daher kaum auf.

> **Die Geschichte der Cave**
>
> Entwickelt wurde die Cave Anfang der 1990er Jahre im Electronic Visualization Laboratory (EVL) der University of Illinois at Chicago unter der Leitung von Carolina Cruz-Neira [Crunz-Neira et al. 1993]. Einer breiteren Öffentlichkeit wurde die Cave erstmals 1992 anläßlich der bedeutendsten Konferenz und Messe für Computer-Graphik, der SIGGRAPH präsentiert. Es bildeten sich langen Schlangen vor dem geheimnisvollen Stand, dessen Herzstück von außen nicht unmittelbar erkennbar war. Das Design-Konzept der Cave konnte schnell überzeugen, allein in Deutschland waren Mitte 2000 bereits mehr als 10 Cave-Systeme im produktiven Einsatz.
>
> Am Rande sei bemerkt, daß sich um den Begriff Cave ein kurioser Rechtsstreit entzündet hat. So ist die Abkürzung CAVE (in Großbuchstaben) in den USA ein registriertes Warenzeichen. Es steht für Computerized Automatic Virtual Environment. Nur der Inhaber dieses Warenzeichens darf unter dem Produktnamen CAVE diese Systeme verkaufen. Dabei wollten die Entwickler der Cave, also der "Höhle", mit diesem Begriff lediglich einen dezenten Hinweis auf Platos berühmtes Höhlengleichnis geben.
>
> Literatur: **Cruz-Neira**, C./**Sandin**, D. J./**DeFanti**, T. A.: Surround-Screen Projection-Based Virtual Reality: The Design and Implementation of the CAVE. ACM Computer Graphics Proceedings, Annual Conference Series, SIGGRAPH, 1993

5.6.2.3 VR-Rechner

HighEnd-VR-Systeme stellen sehr hohe Leistungsanforderungen an Rechner. Bei Mehrseiten-Stereoprojektionen wie der Cave müssen für jede einzelne Seite zwei Graphikkanäle zur Verfügung stehen. Zwei Graphikkanäle werden benötigt, da zum Stereosehen zwei Bildsignale erforderlich sind, eins für das rechte Auge und eins für das linke Auge. Deshalb werden als Zentralrechner für Highend VR-Systeme in der Regel Hochleistungs-Graphikrechner eingesetzt. Diese Rechner sind mit mehreren Prozessoren und mehreren Graphiksubsystemen (Graphikpipes) ausgestattet. Ein Beispiel für Hochleistungs-Graphikrechner ist im Kasten auf Seite 495 beschrieben.

Wenn der VR-Anwender bereit ist, einige Abstriche im Hinblick auf die Graphikleistung zu machen, so können Mehrkanal-Projektionssysteme durchaus auch auf Basis PC-basierter Rechnertechnik realisiert werden. Für ein PC-basiertes Mehrkanalsystem ist in der Regel je Kanal eine Graphikkarte erforderlich. Üblicherweise ist ein PC mit nur einer Graphikkarte ausgestattet. Einige PCs können auch mit zwei Graphikkarten ausgerüstet werden. Allerdings ver-

VR-Rechner: Die SGI Onyx-Baureihe

Die Firma SGI (Silicon Graphics Inc.) hat sich mit den Graphikrechnern der Onyx-Baureihe im Nischensegment Highend-VR seit mehreren Jahren als Marktführer etabliert. Über 90% aller weltweit betriebenen HighEnd-VR-Systeme arbeiten mit einem Onyx-System als Zentralrechner.

Die Rechner der Onyx-Baureihe sind stark modular und skalierbar aufgebaut. Es sind Mehrprozessorsysteme, die unter dem Betriebssystems IRIX, einem UNIX-Derivat der Firma SGI betrieben werden. Eine Hauptkomponente bilden die Prozessormodule, die je zwei oder vier Prozessoren (CPUs) und entsprechenden Arbeitsspeicher enthalten. Ferner gibt es Ein- und Ausgabemodule (I/O-Module). Diese I/O-Module dienen beispielsweise dem Anschluß von Festplatten, CD-ROM Laufwerken, USB- und Seriell-Ports sowie für die Verbindung zu weiteren speziellen I/O Geräten. Kernmodule eines Onyx-Systems sind die Graphiksubsysteme, die sogenannten Graphikpipes. Die Graphikpipes sind in sich ebenfalls skalierbar. Sie übernehmen die Hauptlast bei der Echtzeitbildgenerierung. Alle Basisfunktionen der sogenannten Rendering-Pipeline (vgl. Kapitel 5.2) wie die 3D-Transformation, die Beleuchtungsberechnung und die Pixelerzeugung sind in einer Graphikpipe in Hardware implementiert. Die Hardware einer Graphik-Pipeline kann softwaregesteuert mehrere unabhängige graphische Ausgabekanäle bedienen. Auf diese Weise kann beispielsweise mit nur einer Graphikpipe ein stereoskopisches Bild erzeugt werden, das wie bereits erläutert, zwei unabhängige Graphikkanäle benötigt. Ein typisches Onyx-System für eine 4-Seiten-Cave verfügt über 4 Graphikpipes (eine für jede Seite der Cave), 8 - 16 CPUs und zwischen 4 - 8 GB Hauptspeicher. Diese Zahlen sind nur Richtwerte für eine typische Konfiguration, eine Cave kann durchaus auch mit kleiner oder größer skalierten Systemen betrieben werden. Natürlich sind bei kleiner skalierten Systemen auch geringere Leistungen in Kauf zu nehmen.

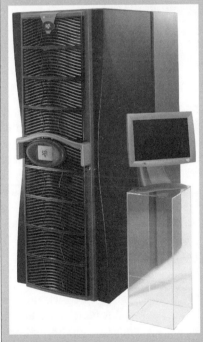

SGI Onyx 3200

> Entscheidenden Einfluß auf die Leistungsfähigkeit des Graphikrechners hat neben der Leistung der einzelnen Module der gesamte Systemdurchsatz. Damit ist die Bandbreite gemeint, mit der das System Daten zwischen Arbeitsspeicher, CPUs, I/O-Kanälen und Graphiksubsystemen transferieren kann. Ältere Onyx-Systeme mit Graphikpipes des Typs RealityEngine [Akeley, 1993] basieren auf einem zentralen Systembus, wie er auch bei PCs üblich ist. Neuere Systeme verwenden die sogenannte Crossbar-Technologie. Damit können bei Systemen mit einer größeren Anzahl von CPUs verschiedene Parallelrechner-Topologien mit einer Shared-Memory-Umgebung aufgebaut werden. Mittels dieser Architektur können Systembandbreiten realisiert werden, die mehrere Größenordnungen über denen eines PCs liegen. In Verbindung mit den Graphikpipes des Types Infinite-Reality [Montrym et al., 1997], die hinsichtlich Bildqualität und Graphikleistung den Stand der Technik im Bereich der Graphikhardware markieren, zählen die Onyx-Systeme zu den leistungsfähigsten Graphikrechnern, die derzeit verfügbar sind.
>
> Literatur: **Akeley**, K.: Reality Engine Graphics, ACM Computer Graphics Proceedings, Annual Conference Series, SIGGRAPH, 1993
>
> **Montrym**, J. S./**Baum**, D. R./**Dignam**, D. L./**Migdal**, C. J.: InfiniteReality: A Real-Time Graphics System, ACM Computer Graphics Proceedings, Annual Conference Series, SIGGRAPH, 1997

wendet man für Mehrkanal-Systeme auf PC-Basis meistens für jeden Kanal je einen PC mit je einer Graphikkarte. Die technische Herausforderung liegt darin, die einzelnen PC-Systeme zu synchronisieren. Schließlich muß jeder PC dieselbe virtuelle Umgebung zur selben Zeit darstellen, der Unterschied liegt lediglich darin, daß jeder PC einen anderen Blickwinkel berechnen muß. Hier sind erste technische Lösungen mit guter Qualität verfügbar. Es ist davon auszugehen, daß solche PC-basierten mehrkanaligen VR-Systeme allein aufgrund der damit verbundenen relativ geringen Investitionen eine stärkere Verbreitung finden werden.

5.6.2.4 Visuelle Präsentation

Für die visuelle Präsentation von virtuellen Welten gibt es eine Vielzahl von Geräten. Die einfachste ist der im Bereich des Desktop-VR übliche *Standard-Monitor*. Ein weiteres VR-typisches Gerät für die visuelle Ausgabe ist der *Datenhelm* (Head Mounted Display, HMD). In ingenieurtechnischen Anwendungen sind Projektionseinrichtungen für die großflächige stereoskopische Bildausgabe verbreitet.

Virtual Reality (VR)

Head Mounted Displays (HMD)

Diese Ausgabegeräte werden auch als Datenhelm bezeichnet (Bild 5-66). Sie sind mit zwei miniaturisierten Monitoren ausgestattet, je einer im Abstand von wenigen Zentimetern vor jedem Auge. Zur Erzielung eines großen horizontalen Blickfeldes befindet sich zwischen Auge und Monitor in der Regel noch eine Weitwinkeloptik. HMDs liefern gute stereoskopische Bilder, haben aber den Nachteil eines recht geringen Blickfeldes (Field of View, FoV). Außerdem sind diese Geräte aus ergonomischer Sicht für länger andauernde Arbeiten eher ungeeignet. Im Bereich ingenieurtechnischer VR-Anwendungen konnten sich HMDs nicht durchsetzen.

Bild 5-66: Modernes Leichtbau-HMD mit gekapselten LCD-Bildschirmen

Videoprojektoren (Beamer)

Videoprojektoren für Projektionssysteme werden nach vier Bauarten unterschieden. Dies sind CRT-, LCD-, DLP- und Laser-Projektoren.

- *CRT-Projektoren* bestehen im wesentlichen aus drei Kathodenstrahlröhren (Cathode Ray Tube, CRT), je einer für die Primärfarben Rot, Grün und Blau. Diese Geräte haben eine hohe technische Reife. Sie bieten derzeit noch die beste Bildqualität und werden bevorzugt in Projektionssystemen für VR-Anwendungen eingesetzt.
- Deutlich preisgünstiger sind *LCD-Projektoren*. Bei diesen Systemen wird das Licht einer sehr hellen Speziallampe durch eine Flüssigkristallanzeige gelenkt und tritt über ein Objektiv aus. LCD-Projektoren haben eine höhere Lichtstärke als CRT-Projektoren. Ihr Nachteil ist, daß das Pixelraster klar erkennbar bleibt; bei hohen Anforderungen an die Bildqualität ist dies nicht akzeptabel.
- Die neuste Generation bilden die *DLP-Projektoren* (Digital Light Processing, DLP). Kern dieser Geräte ist der DLP-Chip, über den der Lichtstrahl gelenkt wird. Der DLP-Chip besteht aus einer Matrix mikroskopisch kleiner Klappspiegel, die einzeln angesteuert werden können. Jedem Pixel eines Rasterbildes wird ein einzelner Spiegel zugeordnet. DLP-Projektoren erreichen im Regelfall eine bessere Bildqualität als LCD-Projektoren und das bei vergleichbarer Lichtstärke. Daher dürfte die Bedeutung von DLP-Projektoren auch für hochwertige VR-Anwendungen in nächster Zeit zunehmen.
- Seit Beginn der 90er Jahre wird ferner versucht, Laser als Lichtquelle für Projektionen nutzbar zu machen. Mittlerweile sind die ersten *Laser-Projektoren* für den professionellen Bereich marktreif. Es ist davon auszugehen, daß solche Systeme für die visuelle Präsentation im Rahmen von VR-Anwendungen in Zukunft vermehrt eingesetzt werden.

Großflächige Projektionssysteme

Im Unterschied zu HMDs muß die für das räumliche Sehen notwendige Bildtrennung bei großflächigen Projektionssystemen auf eine andere Weise durchgeführt werden. Man unterscheidet hier die passive und die aktive Stereo-Technik. Die Grundlage für die *passive Stereo-Technik* bildet polarisiertes Licht. Der VR-Anwender trägt bei dieser Technik spezielle Brillen, die mit sog. Polfiltern ausgestattet sind. Durch diese Filter wird nur Licht durchgelassen, das in eine bestimmte Richtung polarisiert ist. Die Filter für das rechte bzw. linke Auge unterscheiden sich durch die Polarisationsrichtung. Dies bedeutet natürlich, daß das Bild für das rechte Auge an der Signalquelle, also am Objektiv des Videoprojektors anders polarisiert werden muß als das für das linke Auge. Daher wird für jedes Auge je ein Projektor benötigt, auf dessen Objektiv ein entsprechender Polarisationsfilter gesetzt wird. Für eine Stereoprojektion in der passiven Technik sind demnach 2 Projektoren erforderlich. Eine 4-Seiten-Cave mit passiver Stereo-Technik benötigt also 8 Projektoren.

Bei der *aktiven Stereo-Technik* ist für eine Stereoprojektion nur ein Projektor erforderlich. Die Bilder für das rechte und das linke Auge werden hier im sogenannten Zeit-Multiplexing in einem Videosignal vereinigt. Das Videosignal enthält also in definierten Zeitabständen jeweils Bildinformationen für das rechte Auge und anschließend für das linke Auge. Getrennt werden die Bildinformationen durch eine sogenannte **Shutterbrille**, die der Anwender trägt (Bild 5-67). In dieser Brille verdecken Flüssigkristallelemente (Liquid Cristal Displays LCDs) das linke Auge, wenn Bildanteile für das rechte Auge dargestellt werden. Anschließend verdecken die LCD-Verschlüsse (Shutter) das rechte Auge, da nun Bildanteile für das linke Auge dargestellt werden. Der Wechsel zwischen linkem und rechtem Bildanteil erfolgt mit einer Frequenz von etwa 60 Hz und ist daher nicht wahrnehmbar. Das Signal zu Umschalten der Verschlüsse wird vom Graphiksubsystem (bzw. der Graphikkarte) erzeugt und über einen Infrarotsender an die Shutterbrille übertragen. Da für ein flakkerfreies Gesamtbild eine Wiederholfrequenz von mindestens 60 Hz erforderlich ist, sollte das Videosignal für die aktive Stereo-Technik eine Frequenz von 120 Hz oder mehr aufweisen. Dieses Videosignal muß natürlich vom Videoprojektor verarbeitet werden können, daher sind für die aktive Stereo-Technik besonders hochwertige Projektoren notwendig. Die aktive Stereo-Technik kann auch im Desktop-Bereich eingesetzt werden. Hier sind entsprechend hochwertige Monitore erforderlich, die ein 120 Hz Signal verarbeiten können. Sowohl bei der passiven als auch bei der aktiven Stereotechnik erscheint das Bild ohne eine Spezialbrille verschwommen.

Neben den Cave-Systemen gibt es für hochwertige VR-Anwendungen weitere Anordnungen für Mehrkanal-Projektionssysteme. Die **Powerwall** besteht aus 2 bis 3 Projektionseinheiten, die nebeneinander angeordnet sind. Dadurch entsteht eine planare Projektionsfläche von bis zu 9 m x 3 m Größe. Auf einer Powerwall können ganze Automobile im Maßstab 1:1 dargestellt werden (Bild 5-68).

Es ist auch möglich, Cave und Powerwall zu kombinieren. Dadurch werden die Vorteile beider Projektionseinrichtungen vereint. Praktisch ausgeführt wurde bereits die Kombination einer 3-Seiten-Cave mit einer 2-Kanal-Powerwall (Bild 5-69). Die auf Projektionssysteme spezialisierte Firma TAN liefert ein solches System unter dem Namen **Holospace**.

Eine andere Anordnung ist die **Rundprojektion**. Hier wird anstatt auf eine planare Fläche auf eine gekrümmte Fläche projiziert. Meist handelt es sich um die Innenseite eines Zylindermantels. Diese Art der Projektion ist besonders vorteilhaft für Anwendungen, bei denen Außenräume im Mittelpunkt stehen, wie z.B. bei Fahrsimulationen. Für die Darstellung technischer Objekte ist diese Projektionstechnik weniger geeignet, da sich durch den Zylindermantel gekrümmte Fluchtlinien ergeben, die zu unrealistischen Bildeindrücken führen.

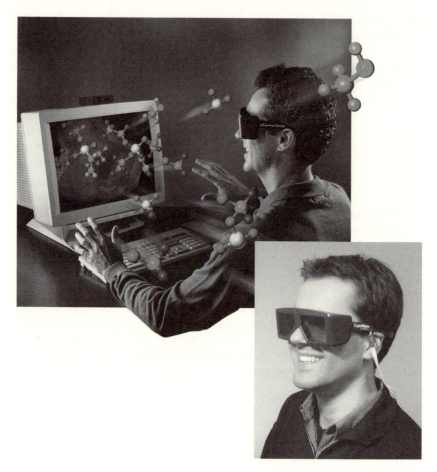

Bild 5-67: LCD-Shutterbrille (Quelle Stereographics)

Ein weiteres Projektionssystem ist die sogenannte **Workbench**. Diese Systeme erinnern an eine Werkbank, wobei die Tischoberfläche die Projektionsfläche ist. Bei einer stereoskopischen Projektion "wachsen" die räumlich dargestellten Objekte quasi aus dem Tisch heraus. In einer erweiterten Variante wird eine zusätzliche Projektionseinheit im rechten Winkel an die erste horizontal ausgerichtete Projektionsfläche angefügt. So entsteht eine kleine 2-Seiten-Cave, die zwar nicht begangen werden kann, die aber eine sehr realitätsnahe Darstellung kleinerer Objekte ermöglicht.

Bei der Ausführung von Mehrseiten-Projektionssystemen sind eine Reihe technischer Detailprobleme zu lösen. Eine wichtige Aufgabe besteht beispielsweise

Virtual Reality (VR) **501**

Bild 5-68: 3-Kanal- Powerwall mit aktiver Stereo-Technik. Der Lichtstrahl wird über planare Spiegel umgelenkt.

darin, dafür zu sorgen, daß sich die Bilder der verschiedenen Kanäle nahtlos zusammenfügen. Das Bild auf einer Powerwall bzw. einer Rundprojektion darf keine sichtbaren Trennstellen aufweisen. Um dies zu erreichen, werden die einzelnen Projektionssysteme so ausgerichtet, daß sich die Bilder an den Trennstellen etwas überlappen. An diesen Stellen wird das Bild folglich heller. Dieser Effekt wird entweder elektronisch über Absenkung der Signalstärke in den Randbereichen des Bildes oder optisch über Beugungsblenden vor den Objektiven der Projektoren so ausgeglichen, daß das Gesamtbild einheitlich hell erscheint. Diese Technik wird auch als *Edge-Blending* bezeichnet.

Mit Ausnahme der Rundprojektion wird das Bild bei den meisten Projektionssystemen von hinten auf halbdurchlässige Spezialscheiben projiziert. Man spricht dabei von *Rückprojektion*. Bei der *Aufprojektion* wird das Bild auf eine weiße, reflektierende Fläche projiziert. Rückprojektionen sind in der Regel vorteilhafter, da sich der Anwender niemals direkt im Strahlengang befindet und somit mit seinem Körper keine Schatten auf das Bild werfen kann. Um den Abstand von Projektor zur Projektionsfläche zu verringern, werden Umspiegelungen vorgenommen. Dies reduziert den Bauraum, erhöht aber den Aufwand.

Bild 5-69: Der Holospace, eine Kombination aus Cave und Powerwall (Quelle: EDAG)

5.6.2.5 Akustik und Haptik

Neben der visuellen Wahrnehmung sollten auch der Hörsinn und der Tastsinn (Haptik) unterstützt werden, um einen realitätsnahen Eindruck zu vermitteln. Das Erzeugen von Geräuschen wird als akustisches Rendering bezeichnet. Allerdings sind hier die technischen Möglichkeiten noch begrenzt. Machbar und auch in der Praxis eingesetzt werden einfache akustische Unterstützungen, um das Erleben von rein visuellen virtuellen Welten realitätsnäher zu gestalten. Ein Beispiel dafür sind Motorgeräusche und quietschende Reifen bei Fahrsimulationen.

Die Generierung von haptischen Informationen durch den Rechner (haptisches Rendering) und die Ausgabe dieser Informationen über Geräte zur *Kraftrück-*

kopplung (engl. *Force Feed Back*) steckt noch in den Anfängen. Der Grund dafür ist, daß für eine umfassende Kraftrückkopplung komplexe mechanische Aktoren notwendig sind, die einen gewissen Platzbedarf haben. Aus Anwendungssicht ist eine umfassende Kraftrückkopplung sicher sehr wünschenswert. Bei Ein- und Ausbausimulationen würde die Kraftrückkopplung wesentlich besser vermitteln, wann zwei Bauteile kollidieren. Derzeit werden Kollisionen meistens auf optischem Wege angezeigt, beispielsweise durch Einfärben der von der Kollision betroffenen Bauteile. Das Bild 5-70 zeigt beispielhaft einen Datenhandschuh als haptisches Interaktionsgerät. Greift der Benutzer ein virtuelles Objekt, so verhindern die Kraftstellglieder weitere Fingerbewegungen. Damit wird das Greifen des Objektes fühlbar.

Bild 5-70: Datenhandschuh mit Kraftstellgliedern (Quelle: Virtex)

Das im Bild 5-71 links dargestellte Gerät sieht vor, daß der Benutzer seinen Finger auf das Plättchen am Ende des in mehreren Freiheitsgraden beweglichen Gestänges legt. Die Apparatur bringt je nach Bewegung unterschiedliche Kräfte auf, so daß beim Benutzer der Eindruck entsteht, auf einen Widerstand zu stoßen.

5.6.2.6 Weitere VR Peripherie

Unter dem Begriff VR-Peripherie fassen wir Systeme zusammen, die nicht zum Rechnersystem oder zum visuellen Präsentationssystem eines VR-Systems zählen. Dies sind in erster Linie *Trackingsysteme* und *Geräte zur 3D-Interak-*

Bild 5-71: Geräte zur Kraftrückkopplung (Quelle: SensAble)

tion. Der Einsatz von Trackingsystemen wurde bereits in einem der vorangegangenen Kapitel beschrieben. Neben den dort diskutierten, weit verbreiteten elektomagnetischen Systemen (Bild 5-72) gibt es noch optische und inertiale Systeme. Optische Systeme bestehen aus einem System von Lichtemittern und Empfängern. Diese Systeme operieren meistens mit Infrarotlicht. Inertiale Systeme basieren auf Beschleunigungssensoren, die über zweimalige Integration Wegstrecken im bezug auf einen definierten Startpunkt im Raum berechnen. Es gibt auch Trackingsysteme, die auf Basis der Satellitennavigation (GPS-System) operieren. Für VR-Anwendungen sind diese Systeme noch zu ungenau.

Zur VR-Peripherie zählen ferner der 3D-Zeigestift, die SpaceMouse, der Datenhandschuh und die 3D-Maus (Bild 5-73). Der **3D-Zeigestift** wird vorwiegend zur Interaktionssteuerung in der Cave verwendet. Das stiftartige Gerät ist besonders zum Zeigen und Selektieren geeignet. Der 3D-Zeigestift ist „getrackt". Die **SpaceMouse** ist für den stationären Einsatz konzipiert. Kernstück ist ein zylindrisches Steuerelement mit etwa 5cm Durchmesser, das in die drei Raumrichtungen verschoben werden kann und um drei Rotationsachsen gekippt werden kann. Somit können alle sechs Freiheitsgrade im Raum angesteuert werden.

Die **3D-Maus** ist ein frei im Raum bewegliches knapp faustgroßes Gerät mit mehreren Knöpfen zur Eingabe von Interaktionskommandos. Solche Kommandos sind beispielsweise die Navigation in der Szene (Vorwärts- und Rückwärtsbewegung wird duch Knopfdruck ausgelöst) oder das Picken von Objekten durch Anklicken.

Virtual Reality (VR) 505

Bild 5-72: Elektomagnetisches Trackingsystem (Polhemus). Links: Emitter (Version für eine Reichweite bis ca. 10 m; Durchmesser der Antenne ca. 40 cm). Rechts: Tracker (wird bespielsweise an einer Shutterbrille befestigt, um eine „getrackte Brille" herzustellen).

Datenhandschuhe werden in verschiedenen Versionen angeboten. Einfache Geräte haben an den Fingerkuppen eine leitfähige Oberfläche. Durch Zusammenführen zweier Finger entsteht so ein einfacher Schalter, über den definierte Aktionen ausgelöst werden können (Pinchglove). Bei aufwendigeren Ausführungen wird die Fingerkrümmung (z.B. über Dehnungsmeßstreifen) erfaßt. Über die Fingerbewegungen werden Gesten festgelegt, die zu Auslösung von Aktionen eingesetzt werden können.

5.6.3 VR-Software und VR-Prozesse

VR-Software gliedert sich in die sog. Laufzeitumgebung und in Software zur Erzeugung einer virtuellen Welt.

- **Laufzeitumgebung (Run Time Software):** Sie sorgt für die Präsentation der virtuellen Welt und ermöglicht die Interaktion des Benutzers mit ihr.
- **Erzeugung virtueller Welten:** Hier geht es um Aufbereitung der für eine VR-Präsentation bestimmten Daten in ein VR-gerechtes Format. Dafür werden ähnliche Arbeiten durchgeführt wie beim Preprocessing für FEM- oder CFD-Analysen. Im Kontext VR verwendet man daher ebenfalls den Begriff Preprocessing. Das Preprocessing setzt 3D-Modelle voraus, die in der Regel mit 3D-CAD-Systemen erstellt werden.

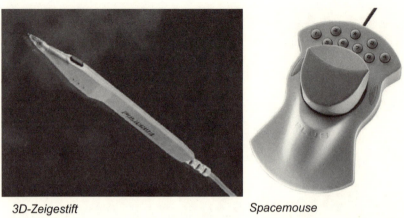

3D-Zeigestift Spacemouse

3D-Maus Datenhandschuh (Pinchglove)

Bild 5-73: Eingabegeräte

5.6.3.1 VR-Laufzeitumgebung

Die VR-Laufzeitumgebung ermöglicht die Darstellung der virtuellen Welt und die Interaktion mit den Objekten dieser virtuellen Welt. Die rechnerinterne Repräsentation einer virtuellen Welt wird als VR-Szene bezeichnet. Die grundlegende Datenstruktur zur Beschreibung einer VR-Szene ist der *Szenengraph*. Diese Datenstruktur wurde bereits im Kaptitel zur Computergraphik ausführlich erläutert. Beim Start einer VR-Anwendung lädt die VR-Laufzeitumgebung die gewünschte VR-Szene in den Hauptspeicher. Sie steht nun dem Anwender für seine Arbeit mit der virtuellen Welt zur Verfügung.

Wie bei komplexen Softwaresystemen üblich, ist auch eine VR-Laufzeitumgebung schichtweise aufgebaut. Dieses Schichtenmodell ist in Bild 5-74 dargestellt. Zur VR-Laufzeitumgebung zählen die eigentliche VR-Anwendung, eine Szenengraphen-API und eine Graphik-API. Die Abkürzung API steht für "*Application Programming Interface*" und bezeichnet eine Programmierschnittstelle, die Funktionen in einer Bibliothek zusammfaßt. Die in einer API aufrufbaren Funktionen führen grundlegende Operationen aus. Eine VR-Laufzeitumgebung benötigt zudem Zugriff auf das Betriebssystem sowie auf die in das Betriebssystem eingebetteten Gerätetreiber. Daher werden in manchen Fällen Teile des Betriebssystems sowie der Gerätetreiber mit zur VR-Laufzeitumgebung gezählt. Nachfolgend werden die genannten Softwareschichten näher erläutert.

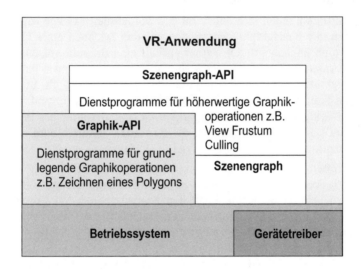

Bild 5-74: Schichtenmodell einer VR-Laufzeitumgebung

Gerätetreiber: Er setzt die in der VR-Anwendung formulierten Anweisungen in spezifische Gerätebefehle um. Für Standardgeräte wie Maus und Tastatur sind die entsprechenden Treiber mit dem Betriebssystem verfügbar. Bei VR-Peripheriegeräten wie Trackingsysteme und Datenhandschuh sind die Treiber von den Gerätelieferanten bzw. Dritten zu beschaffen.

VR-Anwendung: Eine VR-Anwendung ist eine sogenannte *Echtzeit-Anwendung*. Die Darstellungs- und Interaktionsoperationen müssen so schnell wie die natürlichen Handlungen des Anwenders sein. Daher muß die VR-Anwendung innerhalb eines sehr kurzen Zeitrahmens die VR-Szene neu darstellen. Dieser Zeitrahmen (engl. frame time oder kurz "Frame") für die Neudarstellung der VR-Szene beträgt für eine typische VR-Anwendung etwa 40 Millisekunden.

In diesem Fall ergibt die sogenannte Bildwiederholrate (engl. frame rate) somit 25 Hz. Es werden also 25 Einzelbilder pro Sekunde erzeugt. Bei 25 Hz Bildwiederholrate kann das menschliche Auge keine Einzelbilder mehr wahrnehmen, es entsteht der Eindruck einer flüssigen, ruckfreien Bewegung. Sinkt die Bildwiederholrate etwas unter 25 Hz, werden ansatzweise Einzelbilder wahrnehmbar, es entsteht ein Bildeindruck, der gern mit dem plastischen Begriff "Rukkeln" bezeichnet wird. Die Forderung nach der Echtzeitfähigkeit einer VR-Anwendung bringt es mit sich, daß die VR-Laufzeitumgebung auf Signale von VR-Peripheriegeräten in Echtzeit reagieren muß. So muß beispielsweise das vom Trackingsystem gelieferte Signal bezüglich einer Veränderung von Position und Blickrichtung des Anwenders unmittelbar die entsprechende Veränderung der graphischen Darstellung zur Folge haben.

Graphik-API: Es handelt sich dabei um eine vordefinierte Menge von Funktionsaufrufen, die Basisgraphikoperationen wie das Zeichnen einer Linie oder eines Polygons implementieren. Ferner enthält eine Graphik-API Funktionen zur Transformation (Rotation, Verschiebung) von Objekten sowie Funktionen für die Projektion von 3D-Objekten in die Bildschirmebene. Die für VR-Anwendungen am häufigsten benutzte Graphik-API ist der Industriestandard OpenGL. Für VR-Systeme eingesetzte Graphikkarten bzw. Graphikpipes implementieren OpenGL in der Regel direkt in die Hardware. Dadurch wird eine sehr hohe Verarbeitungsgeschwindigkeit erzielt.

Szenengraphen-API: Sie enthält Funktionsaufrufe zur effizienten Verarbeitung der VR-Szene. Anstatt direkt einzelne Graphikprimitive wie Linien und Polygone zu behandeln, werden von den Szenengraphen-API Gruppen von Polygonen, die zu einzelnen Objekten zusammengefügt wurden, verarbeitet. Auf dieser Ebene erfolgt beispielsweise die zur Erzielung von Echtzeitfähigkeit zwingend notwendige Reduktion des pro Frame zu zeichnenden Datenvolumens. Zu diesem Zweck sind in der Szenengraphen-API verschiedene Methoden zur Datenreduktion wie z.B. Frustum Culling, Occlusion Culling und Level-of-Detail (LOD) implementiert. Diese Verfahren wurden bereits im Kapitel zur Computergraphik erläutert. Bekannte kommerzielle Szenengraphen-APIs für Echtzeitanwendungen sind IRIS Performer und OpenGL Optimizer von der Firma SGI sowie WorldToolKit und DirectModel von EAI. Einige kommerzielle VR-Laufzeitumgebungen verwenden auch Eigenentwicklungen.

Eine VR-Anwendung läuft im Prinzip in einer Endlosschleife ab, die sich in drei Schritte gliedert (Bild 5-75).

1) Zunächst werden die Position, die Blickrichtung sowie die Eingaben des Anwenders (z.B. Selektieren eines Objektes) ausgewertet.

Virtual Reality (VR)

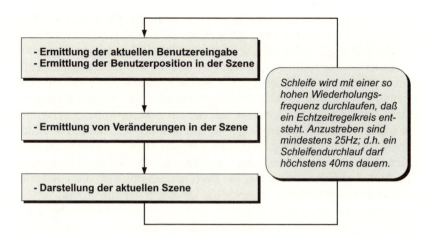

Bild 5-75: Grundprinzip einer VR-Anwendung

2) Dann werden die durch Benutzeraktionen oder durch interne Berechnungen verursachten Veränderungen in der VR-Szene ermittelt. Eine Veränderung der Szene durch Benutzereingaben erfolgt beispielsweise, wenn der Anwender ein Objekt selektiert und an eine andere Position in der Szene verschiebt. Im Rahmen einer VR-basierten Ein- und Ausbausimulation könnte dies der Ausbau einer Batterie aus dem Fahrzeug sein. Verfügt das System über eine Kollisionserkennung in Echtzeit, so würde bei diesem Beispiel auch überprüft, ob das selektierte Objekt zum aktuellen Zeitpunkt mit einem anderen Objekt kollidiert. Ist dies der Fall, so erhält der Anwender eine Rückmeldung, etwa dadurch, daß das selektierte Objekt nicht weiter in die gewünschte Richtung bewegt werden kann. Ferner kann sich die Szene durch bewegliche Objekte verändern. Bewegliche Objekte befinden sich für jeden neuen Frame an einer anderen Position in der Szene (z.B. Robotergreifer oder Transportsysteme in einer Fabrikvisualisierung). Die aktuelle Position der beweglichen Objekte muß also bestimmt werden.

3) Schließlich wird die aktuelle Ansicht der Szene dargestellt.

Die dadurch anfallenden Berechnungen sind innerhalb weniger Millisekunden durchzuführen. Für ein mehrkanaliges, stereoskopisches Projektionssystem wie eine 4-Seiten-Cave müssen somit innerhalb eines Frames acht Ansichten berechnet werden. Die Echtzeitfähigkeit kann für solch komplexe Anwendungen nur erreicht werden, wenn die notwendigen Berechnungen nicht sequentiell sondern parallel ablaufen. Eine fundamentale Technik, um eine VR-Anwendung in dieser Hinsicht zu strukturieren, ist das sogenannte **Threading**. Vereinfacht ausgedrückt ist ein Thread ein eigenständiges Programm, das parallel zum Hauptprogramm ausgeführt werden kann. Ein Thread kann auch auf einem anderen Prozessor oder einem anderen Rechner ablaufen. Einzelne Teilaufgaben wie etwa die Kollisionserkennung oder die Darstellung einer einzelnen Ansicht einer Mehrkanalanwendung können als Thread implementiert werden. Dabei ist es durchaus möglich, daß Berechnungen, die nicht unmittelbar mit der eigentlichen Bilddarstellung verknüpft sind, in einer langsameren Schleife durchgeführt werden. Eine Schleife zur Echtzeit-Kollisionserkennung wird häufig etwa viermal langsamer durchlaufen als die Schleife zur Bilddarstellung. Die Aktualisierung des Kollisionsstatus erfolgt somit nur mit jedem vierten Bild. Die Verteilung von Berechnungsaufgaben auf verschiedene Threads und somit auf verschiedene Berechnungsschleifen, die miteinander synchronisiert werden müssen, sowie die Verteilung der Threads auf verschiedene Prozessoren des Rechners ist eine sehr anspruchsvolle Aufgabe. U.a. ist die Last auf die Prozessoren gleichmäßig zu verteilen.

5.6.3.2 VR-Preprocessing

Im Rahmen des VR-Preprocessing wird die VR-Szene erstellt, die von der VR-Laufzeitumgebung verarbeitet wird. Die wichtigsten Datenquellen für VR-Szenen sind 3D-CAD-Modelle. In 3D-CAD-Systemen werden die Oberflächen von Körpern mathematisch exakt, etwa durch NURBS, beschrieben. VR-Systeme verarbeiten in der Regel nur Facettenmodelle. Facettenmodelle approximieren die Oberfläche eines Körpers durch ein Netz von Polygonen, in der Regel Dreiecke. Je feiner dieses Netz ausgeführt wird, d.h. je mehr Dreiecke zur Repräsentation einer Körperoberfläche verwendet werden, um so genauer gibt das Facettenmodell die reale Körperoberfläche wieder.

Eine wichtige Aufgabe im Rahmen des VR-Preprocssing ist daher die sogenannte **Tessellierung**, d.h. die Konvertierung der CAD-Daten in entsprechende Facettenmodelle (vgl. auch Kapitel 5.2). VR-Daten müssen echtzeitfähig sein. Während eines Frames kann nur eine begrenzte Anzahl von Dreiecken dargestellt werden. Wie viele dies sind, hängt von der Leistungsfähigkeit der verfügbaren Graphikhardware sowie von der zu erzielenden Bildwiederholrate ab. Es liegt daher nahe, die Anzahl der pro Frame darzustellenden Polygone klein zu halten.

Die VR-gerechte Tessellierung von 3D-CAD-Modellen ist häufig ein aufwendiger Prozeß. Einerseits muß stets darauf geachtet werden, die Anzahl der maximal handhabbaren Polygone nicht zu überschreiten. Andererseits sind Darstellungsfehler, die beispielsweise durch falsch orientierte Flächennormalen entstehen, zu vermeiden (Bild 5-76). Diese Aufgaben können manchmal in Teilen mit dem CAD-System durchgeführt werden. Häufig werden für diese VR-Datenaufbereitung aber spezielle Werkzeuge eingesetzt. So gibt es Werkzeuge, die

Virtual Reality (VR) 511

Bild 5-76: *VR Darstellungsfehler. Durch die falsche Orientierung der Normalenvektoren der Oberfläche des rechten Vorderrades wird dieses nicht dargestellt.*

auf dem Binärformat des OpenGL Optimizer SceneGraph (CosmoBinary – CSB) basieren. Neuere Tessellierer generieren für ausgewählte Objekte automatisch verschiedene *Level-of-Detail*. Sie erzeugen zudem einen optimierten Szenengraph für effizientes *Culling* (vgl. auch Kapitel 5.2). Zum VR-Preprocessing gehört ferner die Zuweisung von *Materialeigenschaften* und *Texturen*. Sollen in der virtuellen Welt Bewegungsabläufe dargestellt werden, welche nicht die VR-Laufzeitumgebung berechnet, so müssen solche Bewegungssequenzen im Rahmen des VR-Preprocessing über *Animationen* definiert werden. Weitere komplexe individuelle Arbeiten sind im Zuge des VR-Preprocessing erforderlich, wenn Daten aus Simulationssystemen (FEM, CFD usw.) in das VR-Laufzeitsystem zu übernehmen sind.

Das Bild 5-77 stellt die Einbettung des VR-Preprocessing in die VR-Prozeßkette dar. Ausgangspunkt der VR-Prozeßkette sind Applikationssysteme wie CAD, MKS, FEM und CFD. Die proprietären Modelle dieser Systeme werden entweder zunächst in neutrale Formate wie z.B. STEP oder VRML oder direkt in ein proprietäres VR-Format umgesetzt. Anschließend erfolgt das VR-Preprocessing. Ergebnis des VR-Preprocessing ist das optimierte VR-Modell, welches von der VR-Anwendung dargestellt wird. Viele Werkzeuge für das VR-Preprocessing sind kommerziell verfügbar oder über das Internet kostenfrei zu beziehen. Für

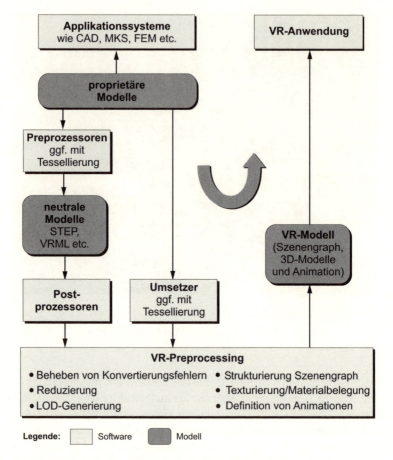

Bild 5-77: Einbettung des VR-Preprocessing in die VR-Prozeßkette

Spezialaufgaben kann es auch notwendig werden, Werkzeuge für die VR-Datenaufbereitung selbst zu entwickeln.

Virtual Reality ist noch jung und noch nicht vollständig in IT-Umgebungen zur Entwicklung komplexer Industrieerzeugnisse integriert. In einigen Jahren wird VR die gängige Benutzungsschnittstelle in der rechnerunterstützten Produktentwicklung sein. Möglicherweise wird dann auch niemand mehr den Begriff Virtual Reality verwenden, sondern wir werden diese Art der Interaktion mit dem Computer als selbstverständlich erachten. Dann hätte sich die Vision von Ivan E. Sutherland aus dem Jahr 1965 erfüllt: Die „ultimative Schnittstelle". Wirklich kühne Versionen benötigen offensichtlich doch einige Jahrzehnte, bis sie Realität werden.

5.7 Produktdatentechnologie

Mit der Verbreitung von Systemen zur rechnerunterstützten Produktentwicklung – die wir auch als CAx-Systeme bezeichnen – ist in den 90er Jahren unter den Begriffen **Simultaneous Engineering (SE)** bzw. Concurrent Engineering (CE) eine neue Integrationskonzeption bekannt geworden, die den Einsatz von CAx-Systemen ganzheitlich betrachtet. So zeigt der obere Teil von Bild 5-78, daß mit dem punktuellen Einsatz einzelner CAx-Verfahren bereits Zeitreduktionen erreichbar sind, die sich zu einer signifikanten Reduktion der Gesamtentwicklungszeit aufsummieren. Die damit verbundene Produktivitätserhöhung reicht aber nur unter bestimmten Gegebenheiten aus, um den Einsatz eines CAx-Systems wirtschaftlich zu rechtfertigen. Für CAx spricht sicherlich die Erhöhung der Produktqualität; eine ausreichende Produktivitätserhöhung wird aber erst durch den Einsatz **integrierter Ingenieursysteme** (CAE-Systeme) im Rahmen des Simultaneous Engineering erreicht (Bild 5-78 unten).

Simultaneous Engineering bedeutet ein überlappendes Arbeiten der einzelnen an der Produkterstellung beteiligten Bereiche, wodurch die Gesamtdurchlaufzeit drastisch verkürzt wird. Prinzipiell ist das nichts Neues. Kleine Unternehmen, die sich im allgemeinen durch Flexibilität und Reaktionsschnelligkeit auszeichnen, arbeiten nach diesem Prinzip. Mittlere und große Unternehmen operieren jedoch mehr arbeitsteilig und sequentiell. Mit Einschränkungen funktioniert Simultaneous Engineering in kleinen Unternehmen auch ohne Rechnerunterstützung, weil die Informationsverarbeitung bei weitem nicht so komplex ist. In mittleren und großen Unternehmen hingegen besteht die Gefahr, daß die für eine geordnete Produktentwicklung erforderliche Transparenz verlorengeht. Mit der heute verfügbaren Informationstechnik läßt sich jedoch auch eine sehr komplexe Informationsverarbeitung transparent gestalten. Allerdings ist eine Reihe von Voraussetzungen zu erfüllen, wenn Simultaneous Engineering in mittleren und großen Unternehmen funktionieren soll. Diese Voraussetzungen sind:

- ein konsequentes **Produktdatenmanagement** (PDM, resp. EDM = Engineering Data Management),
- ein systematisches Vorgehen bei der Produktentwicklung,
- eine angepaßte Aufbauorganisation und
- eine geänderte Einstellung der involvierten Arbeitspersonen.

Die durchgängige Rechnerunterstützung von Produktentwicklungsprozessen ist ohne Produktdatenmanagement nicht möglich. Daher haben sich PDM-Systeme in den letzten Jahren durchgesetzt. Parallel dazu waren noch zwei weitere Entwicklungen zu verzeichnen, die einen starken Einfluß auf das Pro-

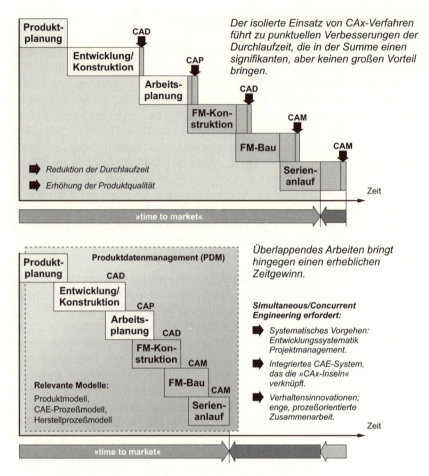

Bild 5-78: Simultaneous/Concurrent Engineering (SE/CE) in der Produktentwicklung

duktdatenmanagement ausgeübt haben: Produktdatenaustausch und Produkthaftung.

Insbesondere von großen Unternehmen, die CAx-Systeme von mehreren Herstellern einsetzen und in der Regel auch Produktentwicklungen in enger Kooperation mit weiteren Unternehmen vorantreiben, kam die Forderung, den **Produktdatenaustausch** zu vereinfachen [Anderl 1993].

Im Zusammenhang mit dem Inkrafttreten des Produkthaftungsgesetzes ergab sich die Forderung, Produktdaten bis zu 30 Jahren verfügbar zu halten. Da inzwischen nicht mehr der Zeichnungsschrank, sondern die Produktdatenbank den Primärdatenbestand darstellt, gewann auch der Aspekt der **Langzeitarchivierung** von Produktdaten eine sehr hohe Bedeutung [Grabowski et al. 1994].

Aus diesen drei grundlegenden Forderungen – Integration von CAx-Inseln durch Produktdatenmanagement, Produkdatenaustausch und Langzeitarchivierung von Produktdaten – resultieren bedeutende Entwicklungsarbeiten, die unter dem Begriff Produktdatentechnologie zusammengefaßt werden können.

5.7.1 STEP: Standard for the Exchange of Product Model Data

Der Begriff Produktdaten schließt alle produktbeschreibenden Daten ein, und zwar über den gesamten Produktlebenszyklus. So gehören dazu beispielsweise auch Daten im Zusammenhang mit der Wartung und der Entsorgung eines Produktes. Ein Produktmodell repräsentiert diese Daten und ihre Struktur in einem rechnerinternen Modell. So gesehen ist ein 3D-CAD-Modell ein Teil eines Produktmodells, nämlich der Teil, der die Gestalt beschreibt. Das mit Hilfe eines Zeichnungserstellungssystems erzeugte 2D-Modell, das die technische Zeichnung im Rechner repräsentiert, ist ebenfalls ein Teilmodell eines Produktmodells. Derartige Teilmodelle werden als **Partialmodelle** bezeichnet. Da diese in einem Gesamtzusammenhang stehen, spricht man auch von kohärenten Partialmodellen. Diese bilden das **integrierte Produktmodell** – der Einfachheit halber bleiben wir bei der kürzeren Bezeichnung Produktmodell.

Der Austausch von Produktdaten hieß zunächst einmal Austausch von 2D-Modellen, weil sich die Zeichnungserstellungssysteme zuerst in der Praxis verbreitet hatten. Sind die entsprechenden Daten lediglich zwischen zwei Systemen auszutauschen, so ist das Naheliegendste ein Kopplungsprogramm, das das 2D-Modell im Format des einen Systems in das Format des anderen Systems übersetzt und umgekehrt. Wie in Bild 5-79 zu sehen ist, steigt die Anzahl der erforderlichen Kopplungsbausteine über die Anzahl der Systeme, mit denen man Daten austauschen möchte, stark an. Daraus entstand die Idee, ein Format für CAD-Modelle zu normen. In der Annahme, daß die CAD-Systemhersteller ihre proprietären Modellformate beibehalten, müßte dann jeder Hersteller einen Pre- und Postprozessor liefern.

Der **Preprozessor** erzeugt aus dem eigenen proprietären Modell das genormte. Der **Postprozessor** setzt das genormte Modell in das eigene um. Auf diese Weise ist ein CAD-Anwender in der Lage, mit all den CAD-Systemen Daten auszutauschen, die ebenfalls einen Pre- und Postprozessor bereitstellen.

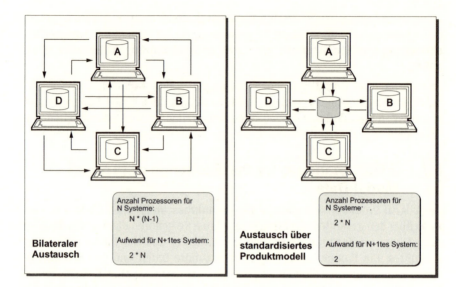

Bild 5-79: Produktdatenaustausch bei vier CAx-Systemen nach [Anderl/Trippner 2000]

Ende der 70er Jahre starteten erste Initiativen für einen koordinierten CAD-Datenaustausch über ein genormtes Modellformat. Es entstand IGES (Initial Graphics Exchange Specification) für den Austausch technischer Zeichnungen. Dieses Format wurde in den 80er und 90er Jahren weiterentwickelt bis hin zum Austausch von Freiformflächen- und Volumenmodellen. Daneben gewannen in den 80er Jahren weitere systemneutrale Schnittstellen an Bedeutung. Auf Initiative des Verbands der Automobilindustrie (VDA) wurde die VDA-Flächenschnittstelle (VDAFS) für die Übertragung von Freiformflächenmodellen definiert und in Normen überführt. Die Firma Aerospatiale entwickelte parallel dazu die neutrale Schnittstelle SET (Standard d'Echange et de Transfer) für den Austausch von CAD-Daten [Anderl/Trippner 2000].

Diese industriell angewandten Formate eignen sich zur Übertragung von technischen Zeichnungen oder Geometriemodellen. Um jedoch zukünftigen Ansprüchen der Produktdatenverwaltung und des Produktdatenaustausches gerecht zu werden, waren darüber hinausgehende Daten wie beispielsweise über Toleranzen, Materialien und Stücklisten zu übertragen. Dies führte 1990 zu der Konzeption STEP und mündete schließlich 1995 in dessen „Initial Release".

"Durch STEP wird eine einheitliche Beschreibung von Produktdaten vorgegeben. Sie definiert abstrakte, allgemein gültige Merkmale von Produkten sowie Zusammenhänge und Abhängigkeiten zwischen Merkmalen. Diese Beschreibung wird auch als Produktmodell bezeichnet und wegen der phasen- und anwendungsübergreifenden Bedeutung auch Integriertes Produktmodell genannt." [Anderl/Trippner 2000]

Dieses integrierte Produktmodell von STEP basiert auf einer Spezifikation produktdefinierender, produktrepräsentierender und produktpräsentierender Daten (Bild 5-80).

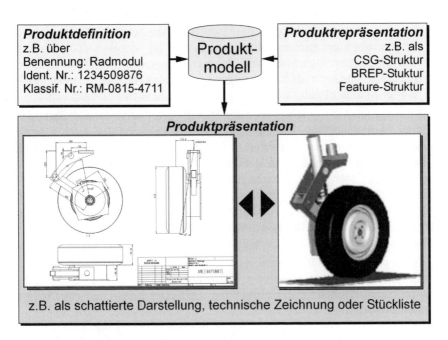

Bild 5-80: STEP: Produktdefinition, -repräsentation und -präsentation nach [Anderl/Trippner 2000]

- **Produktdefinition**: Produktdaten zur Produktdefinition umfassen die administrativen und organisatorischen Produktdaten. Sie dienen beispielsweise der eindeutigen Identifizierung und Klassifikation eines Produkts (z.B. über die Sachnummer und den Artikelstammsatz), der Einordnung in die Phasen des Lebenszyklus (z.B. über Freigabestatus, Änderungsstand und Version) sowie der Einordnung in die Produktstruktur (z.B. Alternative, Variante).

- **Produktrepräsentation**: Derartige Produktdaten werden zur rechnerverarbeitbaren Abbildung von Produktmerkmalen genutzt. Sie sind so ausgelegt, daß mit Analyse- und Simulationsmethoden Aussagen über das Produktverhalten getroffen werden können. So wird z.B. eine Repräsentation des Produktmerkmals Gestalt über Geometriemodelle (Linien-, Flächenoder Volumenmodelle) dargestellt, das Produktmerkmal Festigkeit wird über FEM-Modelle abgebildet, das Produktmerkmal Bewegung über das Kinematikmodell und das Produktmerkmal Teileauflösung und Teileverwendung über das Produktstrukturmodell.

- **Produktpräsentation**: Sie zielt auf eine graphische oder textuelle Darstellung der Produktrepräsentation. Die Produktpräsentation läßt sich immer aus einer vorhandenen Produktrepräsentation ableiten (z.B. Ansichten und Schnitte einer technischen Zeichnung aus dem 3D-Gestaltmodell). Vielfach sind Produktrepräsentation und Produktpräsentation auch bidirektional assoziativ. Das heißt, daß Änderungen in der Produktpräsentation zu Modifikationen in der Produktrepräsentation führen können und umgekehrt.

Die Konzeption STEP enthält neben den eigentlichen Partialmodelldefinitionen – kurz Partialmodelle – zur Beschreibung von Produktdaten auch formale Beschreibungsmethoden (Description Methods), Implementierungsmethoden (Implementation Methods) und Methoden zum Konformitätstest (Conformance Testing Methodology and Framework). STEP kann als Baukasten aufgefaßt werden, mit dem anwendungsorientierte Produktmodelle unter Verwendung von Grundbausteinen nach definierten Regeln und genormten Methoden beschrieben werden können [Machner/Holland 1995].

Anwendungsorientierte Produktmodelle werden als **Anwendungsprotokolle** (engl. application protocol) bezeichnet. Die Grundbausteine sind sog. **Kernmodelle** (engl. integrated resources). Diese Kernmodelle fließen somit in die Anwendungsprotokolle unter Einhaltung definierter Richtlinien ein [Anderl/Trippner 2000].

5.7.1.1 STEP Kernmodelle

Die Einordnung eines Datums innerhalb des integrierten Produktmodells erfolgt auf der Basis von **Ordnungskriterien**. Ordnungskriterien sind:

- *Produktklassen* (Maschinen, Maschinenelemente, Halbzeuge etc.),
- *Produktdatenklassen* (Geometrie, NC-Daten, Werkstoffwerte etc.),
- *Produktlebenszyklusphasen* (z.B. Konstruktion, Fertigung, Betrieb etc.),

- *Verwendungszwecke* (Angebotserstellung, Schaltungsentwurf, Zeichnungserstellung etc.) und
- *Fachdisziplinen* (Mechanikentwicklung, Disposition, Materialprüfung etc.).

Da diese Kriterien orthogonal zueinander sind, ist ein Datum erst dann eindeutig klassifiziert, wenn für alle Kriterien eine Zuordnung erfolgt. Wegen der Orthogonalität der Ordnungskriterien ist es möglich, Partialmodelle hinsichtlich eines dieser Kriterien zu entwerfen, ohne einen endgültigen Verwendungszweck vorwegzunehmen. Die so entstandenen Modelle sind Kernmodelle.

Ein besonderes Gewicht wird den Ordnungskriterien „Produktdatenklasse" und „Verwendungszweck" eingeräumt. Es werden Kernmodelle definiert, die Produktdaten hinsichtlich einer der Klassen Geometrie, Material, Toleranzen oder Produktstrukturen einordnen. Kernmodelle dieser Art werden als **anwendungsneutrale Kernmodelle** (engl. generic resources, z.B. ISO-Norm 10303-41 oder 10303-42) bezeichnet. Daneben wurde eine zweite Serie initiiert, die sich an dem Verwendungszweck orientiert, sog. **anwendungsorientierte Kernmodelle** (engl. application resources, z.B. ISO-Norm 10303-101). Kernmodelle dieser Art präzisieren das Anwendungskriterium „Verwendungszweck" und klassifizieren die Daten dementsprechend z.B. nach Zeichnungswesen, Finite Elemente Analyse etc. Anwendungsorientierte Kernmodelle erweitern die anwendungsneutralen Kernmodelle. So spezialisiert z.B. das anwendungsorientierte Kernmodell Zeichnungswesen Maßlinien oder Körperkanten, die im anwendungsneutralen Kernmodell Geometrie als Strecken, Kreisbögen etc. definiert sind, im Kontext von technischen Zeichnungen [Anderl/Trippner 2000]. Einen Überblick über anwendungsneutrale und anwendungsorientierte Kernmodelle zeigen Tabelle 5-1 und Tabelle 5-2 [Machner/Holland 1995].

Um nun ein vollständig bestimmtes und damit eindeutiges Produktdatenmodell zu erhalten, müssen alle fünf o.g. Ordnungskriterien der Daten fixiert werden. Da sich diese Ordnungskriterien in der Spezifikation der – objektorientierten – Kernmodelle widerspiegeln, entspricht die Spezifikation des Produktdatenmodells einer Integration dieser Kernmodelle. Dazu werden zwei Mechanismen der Objektorientierung verwendet: Vererbung und Spezialisierung. Vererbung bedeutet dabei die Übertragung von bereits spezifizierten Eigenschaften von einem Datentyp auf einen anderen. Spezialisierung bezeichnet das Überschreiben oder Ergänzen von geerbten Eigenschaften eines Datentyps. Mit Hilfe dieser beiden Mechanismen wird aus den Kernmodellen eine Produktdatenmodell-Spezifikation für ein Anwendungsgebiet abgeleitet. Eine solche Implementierungsvorgabe wird als Anwendungsprotokoll bezeichnet. Es spezifiziert somit ein Datenmodell, dessen Daten im Sinne der Ordnungskriterien genau präzisiert sind.

Tabelle 5-1: Anwendungsneutrale Kernmodelle (Generic Resources) nach STEP (Auszüge)

Part	Partialmodell	Erläuterung
41	Generic Product Description Resources	Integrationskern (Struktur und Zusammenhänge) von STEP, über den alle Partialmodelle miteinander in Verbindung stehen.
	Management Resources	Entitäten zur Beschreibung administrativer Daten im Kontext einer Anwendung.
	Support Resources	Allgemeine Objekte zur Produktbeschreibung wie Identifikatoren, Namen, Texte, Zeit- und Datumsangaben, Meßeinheiten usw.
42	Geometry	STEP-Partialmodell für Geometrie mit der Spezifikation von Punkten, Vektoren, Kurven, Flächen.
	Topology	Nachbarschaftsbeziehungen des zu beschreibenden Objektes mittels Grundelementen, basierend auf den Elementen des Geometriemodells (B-REP-Beschreibung).
	Shape Representation (Design Model)	Beschreibung der verschiedenen möglichen Sichten auf Bauteile (Konstruktions-, Bauteile- und Baugruppenmodell).
	Shape Representation (Shape Model)	Beschreibung von technischen Objekten durch Verknüpfungsmodelle (CSG) und durch Beschreibung der verschiedenen möglichen Sichten auf Teilbereiche einer über Nachbarschaftsbeziehungen definierten Modellbeschreibung (Kanten- und Flächenmodell).

5.7.1.2 STEP Anwendungsprotokolle

Ein Anwendungsprotokoll definiert den für ein spezifisches Anwendungsgebiet relevanten Ausschnitt auf ein integriertes Produktmodell. Innerhalb dieses Ausschnitts ist jedes Datum (wie z.B. ein geometrischer Punkt in einem CAD-Modell) hinsichtlich seiner jeweiligen Datenklasse (hier: Geometriedatum), seines Verwendungszweckes (CAD-Zeichnung), der Fachdisziplin (Konstruktion) etc. präzisiert. Damit sind die Daten hinsichtlich ihrer Ordnungskriterien fixiert. Aus datentechnischer Sicht entspricht dies dem Spezialisieren und Vererben entsprechender Datentypen aus den Kernmodellen (vgl. Kapitel 5.7.1.1). Folglich enthält der relevante Ausschnitt auf das integrierte Produktmodell Datendefinitionen aus den Kernmodellen (integrated resources), was in Bild 5-81 visualisiert ist. Es ist zudem möglich, daß nicht alle Datendefinitionen, die aus Sicht eines Anwendungsgebietes erforderlich sind, in den Kernmodellen

Tabelle 5-2: Anwendungsorientierte Kernmodelle (Application Resources) nach STEP (Auszüge)

Part	Partialmodell	Erläuterung
101	Draughting Resources	Beschreibung eines Partialmodells, das die Übertragung von **Zeichnungen** unterstützt. Definiert werden Datentypen und -strukturen, die das Zeichnungslayout, die Darstellung von technischen Objekten in verschiedenen Ansichten, die Bemaßung und Toleranzierung dieser Objekte und den Aufbau organisatorischer Daten erlauben.
103	Electrical Functional	Modelle zur Beschreibung der **Funktionsstruktur von elektrischen Bauteilen**. Drei Betrachtungsebenen werden beschrieben: die funktionale Hierarchie (Topologie), Charakteristik und Verhalten (Layered Electrical Product) und die logische Verknüpfung von Bauteilen (Printed Wiring Board).
104	Finite Element Analysis	Modell zur Beschreibung von Bauteilen durch **Finite Element Netze**. Beschrieben werden Geometrie-, Material-, Feder- und Dämpfungseigenschaften, Belastungen, Spannungen und Verschiebungen.
105	Kinematics	Das Kinematikmodell dient zur Beschreibung der **kinematischen Struktur** von Produkten mit Hilfe von starren Gliedern und Gelenken. Dabei werden die kinematischen Freiheitsgrade der Gelenke beschrieben.

vorhanden sind. Dazu sind die fehlenden Datendefinitionen ebenfalls im Rahmen der Erstellung eines Anwendungsprotokolles vorzunehmen.

Während die Kernmodelle Datendefinitionen sind, werden die Anwendungsprotokolle am Ende implementiert, um den Datenaustausch tatsächlich durchzuführen. Die Entwicklung eines Anwendungsprotokolls erfolgt nach dem in Bild 5-82 wiedergegebenen Vorgehensmodell. Es ergeben sich nach [Anderl/Trippner 2000] folgende vier Phasen:

1) **Prozeßanalyse:** Hier geht es grundsätzlich um die Aufnahme und Analyse der Prozeßkette eines Anwendungsgebietes. Die identifizierten Aktivitäten werden abgegrenzt und in ihrer Abfolge angeordnet. Darüber hinaus werden zu jeder Aktivität die ein- und ausgehenden Datenflüsse/Materialien, deren Bearbeitungssysteme und die zugrundeliegenden Richtlinien bzw. Kontrollmechanismen definiert. Bei der Entwicklung eines Automobils werden auf diese Weise u.a. die Aktivitäten "Produkt entwickeln" oder "Werkzeuge entwickeln" erfaßt. Für die Aktivität "Werkzeuge entwickeln" sind

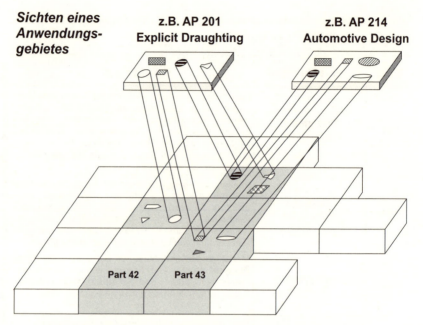

Bild 5-81: Prinzipieller Aufbau der Anwendungsprotokolle am Beispiel „Explicit Draughting" (AP 201) und „Automotive Design" (AP 214)

- *eingehende Daten/Materialien* das Produktmodell und ggf. Musterbauteile,
- *ausgehende Daten/Materialien* Produktmodell und Fertigungsunterlagen der Werkzeuge,
- *verwendete Hilfsmittel* PDM- und CAx-Systeme,
- *Richtlinien* Entwicklungssystematik, Normen etc.

Produktdatentechnologie 523

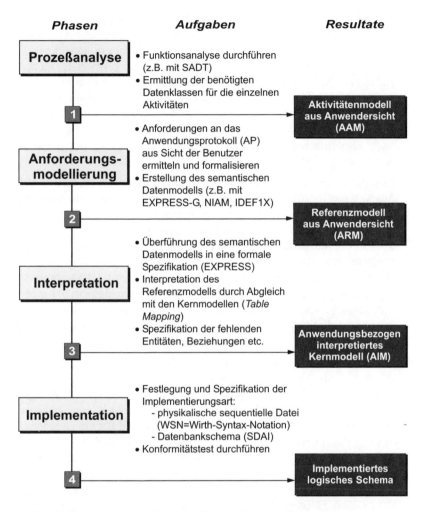

Bild 5-82: Vorgehensmodell für die Entwicklung von Anwendungsprotokollen

Die Analyse der Prozesse und die funktionsorientierte Modellierung der einzelnen Tätigkeiten werden häufig mit der Spezifikationstechnik SADT (Structured Analysis and Design Technique) durchgeführt. Ergebnis dieser Phase ist das *Aktivitätenmodell aus Anwendersicht* (Application Activity Model, AAM), welches für jede Aktivität alle benötigten Datenklassen beinhaltet.

2) **Anforderungsmodellierung**: Die im AAM identifizierten Klassen stellen eine prozeßorientierte Sicht auf die Daten dar. Zur Überführung der einzelnen Input- und Outputobjekte in der Prozeßkette in ein konsistentes und durchgängiges Datenmodell sind die Sichtweisen der Anwender zu berücksichtigen. Dazu werden die Benutzeranforderungen an den Datenfluß und an die -struktur aufgenommen und formalisiert. Das daraus entstehende Datenmodell wird als *Referenzmodell aus Anwendersicht* (Application Reference Model, ARM) bezeichnet. Die Spezifikation dieses Modells – auch semantisches Datenmodell genannt – erfolgt in der graphischen Beschreibungssprache EXPRESS-G.

3) **Interpretation**: Das im ARM ausgearbeitete Datenmodell beruht auf der Analyse spezifischer Prozesse und Anforderungen. Eine Umsetzung dieses Datenmodells würde daher zu einem proprietären (systemspezifischen) Austauschformat führen. Die Überführung des semantischen Datenmodells in ein Standard-Datenformat erfordert somit eine Abbildung auf die vordefinierten Datenstrukturen der Kernmodelle. Dies erfolgt mittels sog. Mapping Tables. Resultat dieses Abbildungsschrittes ist die formale Spezifikation des anwendungsbezogenen Produktdatenmodells in der Modellierungssprache EXPRESS (ISO 10303-11, 1996). Das endgültige EXPRESS-Schema wird als *anwendungsbezogen interpretiertes Kernmodell* (Application Interpreted Model, AIM) bezeichnet.

4) **Implementation**: Die formale Spezifikation des AIM in EXPRESS beschreibt ein logisches Datenmodell. Dabei ist es möglich, ein logisches Modell für verschiedene Implementierungen zu verwenden. Das gleiche Modell ist verwendbar für den Datenaustausch über eine sequentielle Datei, für die Datenhaltung mittels Datenbank und für die Langzeitarchivierung [Machner/Holland, 1995]. So wird z.B. für das Anwendungsprotokoll 214 (AP 214) aus einem CAD-System über einen Preprozessor eine STEP-konforme Datei generiert. Dieses sog. *STEP-Physical File* (ISO 10303-21) enthält neben der Referenz zum zugrundeliegenden EXPRESS-Schema das genormte Modell, das von einem anderen CAx-System über einen Postprozessor importiert und weiterverarbeitet werden kann. Aufgrund der Verbreitung des Internet wird zunehmend die Beschreibungssprache XML (eXtensible Markup Language) eingesetzt; das AIM wird in Form einer *XML-DTD* (Document Type Definition) spezifiziert. Die Implementation in einer Datenbank ermöglicht den Zugriff auf Produktdaten mittels eines Application Programming Interface (API). Dieser Teil von STEP (ISO 10303-22) wird als *Standard Data Access Interface* (SDAI) bezeichnet.

Die Anwendungsprotokolle sind in der ISO-Norm 10303, Serie 200 enthalten. Die zwei bekanntesten Beispiele dieser Serie sind das AP 212 (ISO-Norm 10303-212) „Electrotechnical Design and Installation" und AP 214 (ISO-Norm

10303-214) „Application Protocol Core Data for Automotive Mechanical Design", die durch die Elektro- bzw. Automobilindustrie initiiert wurden.

5.7.2 Produktdatenmanagement-Systeme

Die zunehmende Anzahl an Verfahren und dazugehörigen Systemen der virtuellen Produktentwicklung, wie sie in den vorangegangenen Kapiteln vorgestellt wurden, führt zu einem drastischen Anstieg der Informationsmenge, die von den am Entwicklungsprozeß beteiligten Funktionen bewältigt werden muß. Die Informationen liegen zudem an verschiedenen Stellen im Unternehmen vor. Die Informationsmenge ist nicht mehr überschaubar und der Zugriff nicht transparent, d.h. ein Entwickler muß genau wissen, wo die Informationen zu finden sind. Dies führt dazu, daß in der Produktentwicklung bis zu 50% der Zeit für die Suche nach den richtigen Informationen aufgewendet wird. Dabei wird auch oft auf falsche oder veraltete Daten zugegriffen, was zu Fehlern im Produkt führen kann. Darunter leidet nicht nur die Qualität des Produktes. Langwierige Änderungsprozesse verlängern die Entwicklungszeit und verursachen zusätzliche Kosten.

Abhilfe schaffen hier Produktdatenmanagement-Systeme (PDMS). Sie verwalten alle relevanten Daten über ein Produkt und die Prozesse der Produktentwicklung. Es finden sich in der Literatur bzw. den Marketingmaterialien der Systemhersteller weitere Begriffe und Abkürzungen wie TIM (Technisches Informationsmanagement), EDM (Engineering Data Management), PLM (Product Lifecycle Management), EDB (Engineering Database) und CPC (Collaborative Product Commerce). Die Abgrenzung bzw. Unterscheidung der Bedeutungen ist aber eher künstlich. Im Prinzip bezeichnen alle diese Begriffe das gleiche Konzept. Es wird deshalb im weiteren Verlauf der Begriff PDM stellvertretend verwendet.

Die Funktionalität der PDM-Systeme hat sich in den letzten Jahren von der CAD-Zeichnungs- bzw. Dokumentenverwaltung über die Lifecycle-Produktdatenverwaltung in Richtung eines integrierten Daten- und Prozeßmanagements entwickelt. Das Ziel der heute angebotenen PDM-Systeme ist die Integration aller Produktdaten und Dokumente sowie eine durchgehende Unterstützung der Produkterstellungsprozesse. Dazu verbinden PDM-Systeme spezielle IT-Lösungen wie digitale Archive, Workflow-Systeme, Stücklistenverwaltungssysteme, E-mail etc. konzeptionell und systemtechnisch zu einem abgestimmten Gesamtsystem. Sie bieten eine umfassende Grundfunktionalität für die Verwaltung von Produktdaten und Prozessen und integrieren die CAx-Systeme der virtuellen Produktentwicklung in eine Umgebung. Sie bilden damit das Rückgrat der virtuellen Produktentwicklung.

Anwendungsprotokoll für die Verfahrenskette „Automobil" (AP 214)

In der Automobilbranche haben sich namhafte Hersteller in der SASIG (STEP Automotive Special Interest Group) zusammengeschlossen, um ein Datenaustauschformat zu konzipieren. In diesem Rahmen wurde das "Application Protocol Core Data for Automotive Mechanical Design" als ISO-Norm 10303-214 – oder kurz AP 214 genannt – konzipiert. Die Verfahrenskette beginnt bei den ersten formgebenden Aktivitäten (Styling, Design) und erstreckt sich bis zur Fertigung, Robotersimulation und Qualitätskontrolle (vgl. Bild). Entstehende Produktdaten werden in der Regel von folgenden Applikationen weiterverarbeitet. Ein typisches Beispiel ist die Nutzung von Geometriedaten, die in einem CAD-System erzeugt werden, für die Generierung von NC-Programmen.

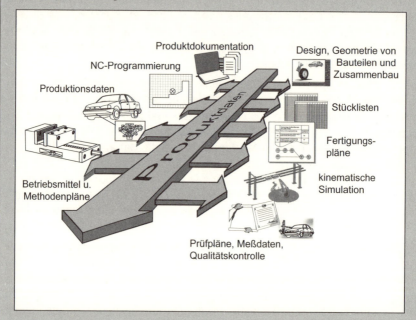

Verarbeitung von Produktdaten entlang der Verfahrenskette für die Entstehung eines Automobils nach [Anderl/Trippner 2000]

Selbstredend ist es auch möglich, Daten aus dem einen CAD-System in ein anderes CAD-System zu transferieren. Ein Referenzbeispiel dafür ist die Verbindung der CAD-Systeme Pro/ENGINEER und CATIA [Strub et al.1998].

Produktdatentechnologie 527

> Das AP 214 deckt die Mechanikentwicklung ab; es enthält beispielsweise keine Daten, die pneumatische, hydraulische, elektrische oder elektronische Aspekte beschreiben [ProSTEP 2000]. Als Ergänzung zum AP 214 ist das BMBF-Verbundprojekt MechaSTEP (STEP-Datenmodelle zur Simulation mechatronischer Systeme) durchgeführt worden [Donges/Krastel, 2000].
>
> Literatur: **Anderl**, R./**Trippner**, D. (Hrsg.): STEP, Standard for the Exchange of Product Model Data. Eine Einführung in die Entwicklung, Implementierung und industrielle Nutzung der Normenreihe ISO 10303 (STEP). B.G. Teubner, 2000
>
> **Donges**, C./**Krastel**, M.: Das MechaSTEP-Projekt – Ein Statusbericht. In: Produktdatenjournal Nr.1, 2000
>
> **ProSTEP**: „AP 214 ISO/DIS 10303-214 Core Data For Automotive Design Process". Unter: www.prostep.de/spo/html/ap214.html, Mai 2000
>
> **Strub**, Mike/**Brorson**, Per/**du Rivault**, Philippe/**Mieda**, Yukio/**Hauser**, Markus: STEP Success Stories – International Data Exchange using the STEP Standard. In: SASIG Auto-Tech 1998, Aug 31 - Sep 3, 1998

5.7.2.1 Verwaltung von Produktdaten

Die Menge der zu verwaltenden Daten ist ungeheuer groß, weil die Bandbreite allein im Bereich der Gestalt von den Punktkoordinaten, den Kanten und Flächen des 3D-Modells bis zur Anordnung der Bauteile zu Baugruppen und Baugruppen zu Erzeugnissen reicht. Um diese Menge handhabbar zu machen, wurde in den 80er Jahren eine zweistufige Konzeption der Datenhaltung erarbeitet, die trotz der rasanten Entwicklung der Computer- und Datenbanktechnik auch heute noch gilt [Gausemeier 1987]. Danach wird eine Trennung der Datenverwaltung in Metadaten- und Dateimanagement praktiziert (Bild 5-83). Metadaten sind „Daten über Daten" und Daten über deren Beziehungen untereinander. Eine Teilenummer, der Name einer Baugruppe, der Dateiname eines gespeicherten CAD-Modells und der Name des Erstellers eines Datenobjektes sind z.B. Metadaten. Die Zuordnung eines CAD-Modells zu einem Bauteil ist ein Beispiel für eine Beziehung im Sinne von Metadaten.

Die Metadaten sind in einem **Metadatenmodell** definiert. Es dient der Abbildung von Produktstrukturen bzw. Erzeugnisstrukturen sowie des Entwicklungsprozesses. Wir bezeichnen das Metadatenmodell auch als Makro-Modell, weil es eine relativ grobe Sicht auf das Produktmodell darstellt. Von den Attributen des Makro-Modells gelangt man zu den sog. **Mikro-Modellen**. Mikro-Modelle sind z.B. 3D-CAD-Modelle, FEM-Rechenmodelle und NC-Steuerprogramme. Diese weisen wiederum jeweils Tausende von Datenelementen und

Beziehungen auf. Auf die Details dieser Mikro-Modelle kann auf PDM-System-ebene (Meta-Ebene) nicht unmittelbar zugegriffen werden. Um dies zu ermöglichen, sind die Mikro-Modelle in das jeweilige CAx-System zu laden.

Auf der Meta-Ebene erfolgt die Integration der CAx-Systeme. Ferner ist hier auch die Bildung von Sichten für die am Entwicklungsprozeß beteiligten Funktionsbereiche möglich. D.h. die Baugruppen und Bauteile werden z.B. nach Konstruktionssicht, Fertigungssicht oder Montagesicht strukturiert. PDM-Systeme unterstützen ferner das Produktstruktur-, Dokumenten- und Konfigurationsmanagement sowie die Klassifikation von Produktdaten.

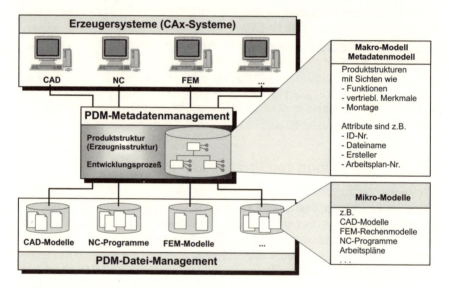

Bild 5-83: Metadaten- und Dateimanagement als Kern der Produktdatenverwaltung in PDM-Systemen

Produktstrukturmanagement: Der Kern des Metadatenmodells ist die Produktstruktur. Nach DIN 199 ist

> *die Produktstruktur ein produktdarstellendes Modell, das die Gesamtheit der nach bestimmten Gesichtspunkten (z.B. Fertigung, Montage, Funktion, Disposition, Kalkulation) festgelegten Beziehungen zwischen Baugruppen und Einzelteilen eines Produktes beschreibt. Sie schafft somit den logischen Zusammenhang zwischen dem Produkt und den Bestandteilen, aus denen es sich zusammensetzt.* [DIN 1977]

Moderne PDM-Systeme ermöglichen eine *graphische Darstellung* von Produktstrukturen als Bäume oder Graphen inkl. der Zuordnung der zugehörigen Dokumente wie CAD-Modelle, Arbeitspläne und Prüfberichte. Eine derartige Visualisierung der Produktstruktur bietet eine bessere Anschaulichkeit und mehr Transparenz über die Zusammenhänge als die Darstellung in Form von *Stücklisten*. Diese sind für den jeweiligen Zweck vollständige, formal aufgebaute Verzeichnisse für ein Produkt oder eine Baugruppe, die alle zugehörigen Baugruppen und Bauteile unter Angabe von Bezeichnung, Menge und Einheit enthalten. Sie werden in PDM-Systemen nicht mehr als eigenständige Objekte verwaltet, sondern aus der Produktstruktur als Bericht abgeleitet. Berichtsformen sind u.a. die Mengenstückliste, die Baukastenstückliste oder der Verwendungsnachweis. Durch die Zuordnung der Dokumente wird die visualisierte Produktstruktur darüber hinaus zur Grundlage für die *Navigation* durch den gesamten Produktdatenbestand.

Semantisches Produktstrukturmodell

Ein semantisches Produktstrukturmodell bildet die Basis für ein Produktstrukturmanagement im Rahmen einer PDM-Lösung. Wir gehen davon aus, daß das Produktstrukturmodell aus vier miteinander vernetzten Partialmodellen besteht. Diese sind die Partialmodelle „Teilestruktur", „Funktionshierarchie", „Montagestruktur" und „Konfigurationsstruktur" (siehe Bild).

Teilestruktur: In diesem Partialmodell sind die „Teile" eines Produktes und deren Beziehungen untereinander abgebildet. Teile können Einzelteile, Rohteile, Halbzeuge, Software und Baugruppen sein. Die Teilestruktur entspricht der Definition von Produktstruktur nach DIN 199.

Funktionshierarchie: In diesem Partialmodell wird die Aufgliederung der übergeordneten Funktion des Produktes in Teilfunktionen dargestellt.

Montagestruktur: Dieses Partialmodell beschreibt den Montageprozeß des Produktes mittels Montagevorgängen und Montagestufen.

Konfigurationsstruktur: Dieses Partialmodell beschreibt die Konfigurationsmöglichkeiten eines variantenreichen Produktes aus Kunden-/Vertriebssicht. Sie repräsentiert die sog. äußere Vielfalt.

Die entsprechenden Datenelemente können auch partialmodellübergreifend in Beziehung gesetzt werden, wie es im Bild angedeutet ist.

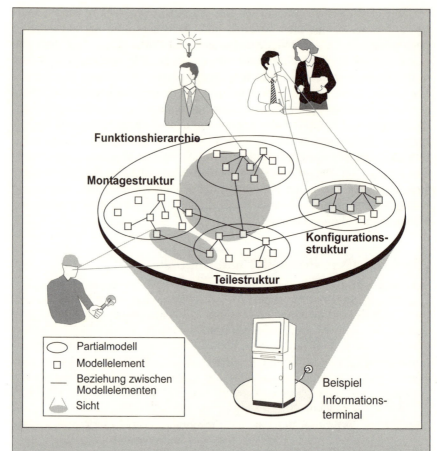

Bereichsspezifische Sichtenbildung auf die Partialmodelle des semantischen Produktstrukturmodells

Literatur: **Brexel**, D.: Methodische Strukturmodellierung komplexer und variantenreicher Produkte des integrativen Maschinenbaus. Dissertation im Fachbereich Maschinentechnik, Universität Paderborn; HNI-Verlagsschriftenreihe, Band 32, 1997

Gausemeier, J./**Flath**, M./**Grasmann**, M.: Geschäftsprozeßübergreifendes Produktstrukturmanagement – Integration der bereichsspezifischen Sichten bei der durchgängigen rechnerunterstützten Entwicklung von variantenreichen Erzeugnissen. In: VDI-Berichte 1434 – Effektive Entwicklung und Auftragsabwicklung variantenreicher Produkte. VDI-Verlag, 1998

Dokumentenmanagement: Das integrierte Dokumentenmanagement ermöglicht die Verwaltung der Resultate der CAx-Systeme, die als *Dateien* existieren. Ferner wird die Verbindung zwischen den erzeugenden CAx-Systemen und den Dateien abgebildet. Die Tiefe der Integration hängt stark vom Umfang der Schnittstellen des PDM-Systems ab. Dieser reicht von der einfachen Referenzierung der Dokumente im PDM-System bis hin zum gegenseitigen Austausch von Metadaten und internen Dokumentenstrukturen zwischen dem PDM-System und den Erzeugersystemen. Zur Konsistenzerhaltung der Dokumente bedienen sich PDM-Systeme sog. *Check In/Check Out-Mechanismen*. Mit einem Check-In trägt ein Benutzer sein Resultat (Datei) in die Datenbank ein. Damit gibt er aus seiner Sicht die Besitzrechte an einem Metadatensatz oder einer Datei ab. Durch einen Check-Out sperrt er ein Dokument für andere Benutzer. Dadurch ist gewährleistet, daß Dokumente, die ein Anwender in Bearbeitung hat, nicht von anderen Anwendern an anderer Stelle doppelt bearbeitet werden. Sie können nur gelesen werden. Über ihren Status weiß der lesende Benutzer, daß das Dokument anderweitig in Bearbeitung ist und er noch mit Änderungen rechnen muß. Zusätzlich können im PDM-System logische Speicherbereiche mit zugehörigen Zugriffsrechten definiert werden, sogenannte *Vaults*. In einem Vault werden Metadaten oder Dokumente unabhängig von ihrem physikalischen Speicherort logisch in einem Speicherbereich zusammengefaßt. Damit lassen sich die Zugriffsrechte auf die Daten für ganze Benutzergruppen festlegen. Vaults können u.a. abteilungs-, projekt- oder prozeßbezogen definiert werden (z.B. Fertigungsvault, Projektvault X, Freigabevault). Eine Versionskontrolle stellt zusätzlich sicher, daß immer auf dem aktuellen Stand eines Dokumentes gearbeitet wird.

Konfigurationsmanagement: Den Stand einer Produktstruktur mit den ihr zugeordneten Dokumenten zu einem bestimmten Zeitpunkt bzw. definiertem Auslieferungsstatus bezeichnet man als Konfiguration. Das Konfigurationsmanagement beinhaltet die dazugehörigen technischen und verwaltungsmäßigen Regeln. Auf diese Weise werden die systematische Steuerung von Konfigurationsänderungen und die Aufrechterhaltung der Vollständigkeit und Verfolgbarkeit der Konfiguration während des gesamten Produktlebenszyklus erreicht. PDM-Systeme bieten die entsprechenden Möglichkeiten zur datums- oder seriennummernbezogenen Vergabe von Gültigkeiten und zur Definition von Varianten. Über die Workflowmanagementkomponente (siehe Kapitel 5.7.2.2) ist außerdem die Abbildung der notwendigen Änderungsabläufe möglich.

Klassifikation von Produktdaten: Grundlage für leistungsfähige Such- und Retrievalmechanismen in PDM-Systemen ist die Klassifizierung von Teilen und Teilefamilien. Diese geschieht zumeist mit Hilfe sog. *Sachmerkmalsleisten (SML)*. Danach werden die Eigenschaften (Merkmale) von ähnlichen Teilen bzw. Baugruppen tabellarisch erfaßt. Es ist auch möglich, Merkmale z.B. über Formeln aus anderen abzuleiten. Die Sachmerkmalsleisten erlauben das schnellere Wiederfinden von Teilen und das Auffinden ähnlicher Teile. In der Praxis der PDM-Einführungsprojekte wird das Thema Klassifizierung oft sehr spät angegangen, obwohl hier eines der Hauptnutzenpotenziale von PDM-Systemen liegt, nämlich die Wiederverwendung von Teilen.

5.7.2.2 Prozeßmanagement

Neben der reinen Verwaltung der Produktdaten unterstützen PDM-Systeme auch die Planung, Steuerung und Überwachung von Abläufen, die mit der Erzeugung und Veränderung der Produktdaten im Zusammenhang stehen. Dazu beinhalten sie Funktionen zum Workflow- und Projektmanagement sowie zur Kommunikationsunterstützung.

Workflowmanagement: Produktdaten durchlaufen während ihrer Existenz immer wieder bestimmte, zumeist detailliert definierte administrative Abläufe, wie bei einer Änderung oder zur Erreichung eines bestimmten Status (z.B. Fertigungsfreigabe). Die dabei ablaufenden Schritte und die dazugehörigen Regeln für die Übergänge zwischen diesen werden in der Workflowkomponente des PDM-Systems modelliert. Dies geschieht meistens graphisch interaktiv. Während des Durchlaufs steuert sie die Weiterleitung, Verteilung und Statusänderung der Produktdaten. Mit Hilfe von Berichten über den aktuellen Stand der Produktdaten im Workflow ist eine Überwachung des Prozesses möglich.

Projektmanagement: Zur Koordination großer Entwicklungsprojekte bzw. disziplinenübergreifender Zusammenarbeit (Concurrent Engineering) müssen PDM-Systeme Funktionen des Projektmanagements beinhalten. Dazu zählen vor allem die Projektplanung, -steuerung und -kontrolle sowie statistische Auswertungen. Die am Markt verfügbaren PDM-Systeme bieten nur einen Teil der Funktionalität. Deshalb ist in der Regel die Anbindung externer Projektmanagementsysteme notwendig.

Kommunikation: Der Unterstützung der Kommunikation der Anwender untereinander kommt insbesondere bei verteilten Entwicklungs- und Fertigungsstandorten eine besondere Bedeutung zu. PDM-Systeme bieten deshalb E-mail- und Groupwarefunktionen, z.B. zum Senden von Nachrichten oder zur Planung von Besprechungen. Dies geschieht in der Regel durch Anbindung der in den Unternehmen vorhandenen E-mail- oder Groupwaresysteme. Neuere Entwicklungen integrieren zusätzlich Funktionen des Computer Supported Cooperative Work (CSCW) wie Videokonferenz oder sog. Shared Whiteboards. Letztere ermöglichen es, daß mehrere Anwender gleichzeitig von geographisch verteilten Orten Graphiken, 3D-Modelle und Texte wie auf einer gemeinsamen Wandtafel betrachten und verändern können.

5.7.2.3 Aufbau von PDM-Systemen

Die beschriebenen Funktionen für das Produktdaten- und Prozeßmanagement bilden zusammen mit allgemeinen Systemfunktionen wie dem Benutzermanagement, den Kern eines PDM-Systems. Zur vollständigen Erfüllung ihrer Aufgabe als Integrationsplattform für alle Daten und Systeme der Produktentwicklung sind zusätzliche Komponenten erforderlich, die durch die in Bild 5-84 dargestellte allgemeine Architektur dargestellt werden. Neben Standardbausteinen eines Informationssystems wie der Benutzungsoberfläche, dem Betriebssystem und dem Datenbanksystem sind die Entwicklungsumgebung und die Schnittstellen von besonderer Bedeutung.

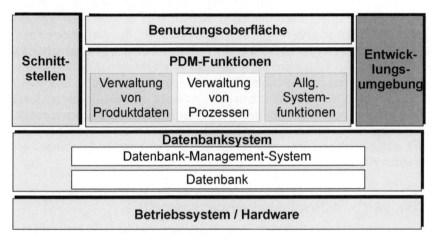

Bild 5-84: Allgemeine Architektur von PDM-Systemen

Entwicklungsumgebung: PDM-Systeme sind nur sehr selten direkt einsetzbar (Out-of-the-Box). Zumeist sind sie eher Baukästen, die durch entsprechende Anpassungen (Customizing) zu einer Lösung für ein Unternehmen werden. Die Anforderungen an die Anpassung hängen dabei z.B. vom Fertigungstyp und der Branche des Unternehmens ab. Die Entwicklungsumgebung erlaubt z.B. über Masken- und Tabellengeneratoren sowie Programmierschnittstellen (Application Programming Interface, API), die erforderlichen unternehmensspezifischen Anpassungen vorzunehmen. Die Kosten für die Anpassungen sind in der Regel hoch und übersteigen meist die Kosten für Hardware und Lizenzen. Entscheidend ist, daß mit den Anpassungen ein hoher Nutzen und ein attraktiver Return on Investment erreicht wird. Einige Hersteller bieten zur Reduzierung des Anpassungsaufwandes mittlerweile branchenbezogen vorkonfigurierte PDM-Systeme an.

Schnittstellen: Die Integration von CAx-Systemen und anderen Anwendungen in das PDM-System wird durch Schnittstellen realisiert. Dabei sind zu den gängigen Anwendungen im Produktentstehungsprozeß, z.B. CAD, FEM oder Textverarbeitung, zumeist fertige Schnittstellen vorhanden. Die entsprechenden Module können bezogen und über die Entwicklungsumgebung angepaßt werden. Für die Anbindung von Eigenentwicklungen eines Unternehmens ist eine Schnittstelle projektspezifisch zu realisieren. Dafür existieren mittlerweile auch Standards wie die **PDM-Enabler Spezifikation** der Object Management Group (OMG); vgl. auch Kasten auf Seite 534. Man unterscheidet Schnittstellen nach der Art des Datenaustausches zwischen dem PDM-System und der entsprechenden Anwendung nach Online- und Offline-Schnittstellen. *Online-Schnittstellen* greifen bei der Ausführung einer Funktion in einem der gekoppelten Systeme direkt oder zumindest zeitnah über das Netzwerk auf das andere System zu und übertragen diesem Daten bzw. stoßen dort weitere Funktionen an. Dies kann allerdings u.U. die Performance eines Systems erheblich beeinflussen. *Offline-Schnittstellen* dagegen sammeln Aktionen, wie Datenübertragungen von einem System zum anderen, in einem Zeitraum und führen diese z.B. über Nacht aus. Dabei entsteht die Gefahr von Dateninkonsistenzen, da der aktuelle Dateninhalt des nachgelagerten Systems nicht immer den aktuellen Stand der Bearbeitung wiederspiegelt. Welche Art der Kopplung gewählt wird, hängt stark von den organisatorischen und technischen Umständen des Projektes ab.

Standards im Produktdatenmanagement

Die zunehmend enger werdende Verflechtung in Kunden- und Lieferantenbeziehungen oder in Entwicklungspartnerschaften führt zur Notwendigkeit eines intensiven Datenaustausches. Dabei ist zu beobachten, daß neben den bisher üblichen Anwendungsdaten wie Bauunterlagen oder CAD-Modellen verstärkt auch administrative Daten, wie sie in PDM-Systemen verwaltet werden, ausgetauscht werden müssen, um z.B. die Konsistenz und Gültigkeit von Anwendungsdaten gewährleisten zu können. Auch hier macht es aus den bekannten Gründen Sinn, zur Vereinfachung des Datenaustausches eine Standardisierung voranzutreiben.

Im Mittelpunkt der Standardisierungsaktivitäten im Bereich PDM stehen die Projekte **PDM Enablers** in der OMG (Object Management Group) [OMG 1998] und **PDMI2** (Product Data Management Based on International Standards) in der STEP-Initiative [Barra/Hauser/Kindrick 2000].

Die OMG verfolgt das Ziel, standardisierte Systemschnittstellen zu definieren, mit denen verschiedene Systeme über die Rahmenarchitektur CORBA (Common Object Request Broker Architecture) kommunizieren, d.h.

gegenseitig Systemfunktionen aufrufen und Daten austauschen. Schwerpunkt hierbei ist die Bereitstellung von Systemfunktionalität. Die **PDM Enablers** Spezifikation definiert dazu ein modularisiertes und hierarchisch strukturiertes objektorientiertes Klassenmodell, das sich an den Aktivitäten und Funktionen eines PDM-Systems orientiert [Fischer/Karcher/Wirtz 2000]. Sie beschreibt eine eher operationale Schnittstelle für die Online-Kopplung, ohne die auszutauschenden Daten vollständig semantisch zu beschreiben. PDM-Systeme, die über eine nach PDM-Enablers definierte Schnittstelle verfügen, können demnach gegenseitig Funktionen auf einen freigegebenen Ausschnitt ihrer Informationsmodelle ausführen.

Im Gegensatz dazu gibt das im Rahmen des Projektes **PDMI2** entstandene PDM Schema eine vollständige semantische Beschreibung eines neutralen Datenaustauschdatenmodells auf der Basis von STEP AP 214 und 203. Dieses beschreibt die auszutauschenden administrativen Daten bis hin zu einzelnen Attributen von Datenobjekten. Auf dieser Grundlage kann ein dateibasierter Datenaustausch zwischen PDM-Systemen erfolgen, wobei diese über entsprechende PDM Schema-konforme Post- und Preprozessoren für Export und Import der STEP Daten verfügen müssen. PDM-Funktionalitäten oder Aktivitäten werden nicht widergespiegelt [Lämmer/Machner 1999].

Es wird deutlich, daß sich das STEP PDM Schema und die OMG PDM Enablers aufgrund ihrer unterschiedlichen Ausrichtung gut ergänzen könnten. Eine koordinierte Weiterentwicklung der beiden Standardisierungsansätze erscheint daher sinnvoll und kann von großem Nutzen sein.

Literatur: **Barra**, R./**Hauser**, M./**Kindrick**, J.: Usage Guide for the STEP PDM Schema Release 4.1. PDM Implementor Forum, 2000

Fischer, F./**Karcher**, A./**Wirtz**, J.: Das PDM Enablers Datenmodell als Referenzmodell für das Customizing von PDM-Systemen. In: Industrie Management special – Produktdatenmanagement 2/2000, GITO-Verlag, 2000

Lämmer, L./**Machner**, B.: Online-PDM-Kopplung auf der Basis von Standards – STEP PDM Schema und OMG PDM Enablers. In: Produkt-Daten Journal, S. 7-9, 6. Jahrgang, November 1999,

OMG PDM Enablers: Joint Proposal to the OMG in Response to OMG Manufacturing Domain Task Force RFP1. Object Management Groups, 1998

Literatur zum Kapitel 5

Akeley, K.: RealityEngine Graphics. In: ACM Computer Graphics Proceedings, Annual Conference Series, SIGGRAPH, 1993

Anderson, J. D.: Computational Fluid Dynamics – The Basics with Applications. McGraw-Hill, 1995

Anderl, R./**Trippner**, D.: STEP, Standard for the Exchange of Product Model Data. Eine Einführung in die Entwicklung, Implementierung und industrielle Nutzung der Normenreihe ISO 10303 (STEP). Teubner Verlag, 2000

Anderl, R.: CAD-Schnittstellen. Methoden und Werkzeuge zur CA-Integration. Carl Hanser Verlag, 1993

Barra, R./**Hauser**, M./**Kindrick**, J.: Usage Guide for the STEP PDM Schema Release 4.1. PDM Implementor Forum, 2000

Brexel, D.: Methodische Strukturmodellierung komplexer und variantenreicher Produkte des integrativen Maschinenbaus. Dissertation im Fachbereich Maschinentechnik, Universität Paderborn, HNI-Verlagsschriftenreihe, Band 32, 1997

Cook, R. D./**Malkus**, D. S./**Plesha**, M. E.: Concepts and Applications of Finite Element Analysis. John Wiley & Sons, 1989

Cruz-Neira, C./**Sandin**, D. J./**DeFanti**, T. A.: Surround-Screen Projection-Based Virtual Reality: The Design and Implementation of the CAVE. ACM Computer Graphics Proceedings, Annual Conference Series, SIGGRAPH, 1993

DaimlerChrysler: Schneller erkennen und verstehen – Virtual Reality Center in der Pkw-Entwicklung eröffnet. Presse-Information der DaimlerChrysler AG vom 17. April 2000. DaimlerChrysler Communications, 2000

DIN V ENV ISO 10303-1: Industrielle Automatisierungssysteme und Integration – Produktdatendarstellung und -austausch – Teil 1: Überblick und grundlegende Prinzipien (ISO 10303-1:1994). Ausgabe:1996-03, Beuth Verlag, 1996

DIN V ENV ISO 10303-11: Industrielle Automatisierungssysteme und Integration – Produktdatendarstellung und -austausch – Teil 11: Beschreibungsmethoden: Handbuch der Modellierungssprache EXPRESS (ISO 10303-11:1994); Ausgabe:1996-03, Beuth Verlag, 1996

DIN V ENV ISO 10303-101: Industrielle Automatisierungssysteme und Integration – Produktdatendarstellung und -austausch – Teil 101: Anwendungsbezogene integrierte Resourcen: Zeichnungswesen (ISO 10303-101:1994); Ausgabe:1996-03, Beuth Verlag, 1996

DIN 199, T. 1-5: Begriffe im Zeichnungs- und Stücklistenwesen. Beuth-Verlag, 1977

Donges, C./**Krastel**, M.: Das MechaSTEP-Projekt – Ein Statusbericht. In: Produktdatenjournal Nr.1, 2000

Ebbesmeyer, P.: Dynamische Texturwände – Ein Verfahren zur echtzeitorientierten Bildgenerierung für virtuelle Umgebungen technischer Objekte. Dissertation, Universität Paderborn, HNI-Verlagsschriftenreihe, Band 25, 1998

Ebbesmeyer, P./**Gehrmann**, P./**Grafe**, M./**Krumm**, H.: Virtual Reality for Power Plant Design. In: Proceedings of DETC '99 – ASME Design Engineering Technical Conferences, 1999

Ferziger, J. H./**Peric**, M.: Computational Methods for Fluid Dynamics. Springer Verlag, 1996

Fischer, F./**Karcher**, A./**Wirtz**, J.: Das PDM Enablers Datenmodell als Referenzmodell für das Customizing von PDM-Systemen. In: Industrie Management special – Produktdatenmanagement 2/2000; GITO-Verlag, 2000

Fisher, S./**McGreevy**, M.: Virtual Workstation – A Multi-model, Stereoscopic Display Environment. In: Advances in Intelligent Robotics Systems, SPIE Proceedings, Vol. 726, S. 517 - 522, 1986

Foley, J. D./**Van Dam**, A./**Feiner**, S. K./**Hughes**, J. F.: Computer Graphics – Principles and Practice. 2nd Ed., Addison-Wesley, Reading, 1995

Garcia de Jalon, J./**Bayo**, E.: Kinematic and Dynamic Simulation of Multibody Systems. Springer Verlag, 1994

Gausemeier, J.: CAD/CAM-Systeme in der Fertigungsautomatisierung. atp-Sonderheft Fertigungsautomatisierung, Oldenbourg Verlag, 1987

Gausemeier, J./**Flath**, M./**Grasmann**, M.: Geschäftsprozeßübergreifendes Produktstrukturmanagement – Integration der bereichsspezifischen Sichten bei der duchgängigen rechnerunterstützten Entwicklung von variantenreichen Erzeugnissen. In: VDI-Berichte 1434 – Effektive Entwicklung und Auftragsabwicklung variantenreicher Produkte, VDI-Verlag, 1998

Literatur **539**

Gausemeier, J./**Kespohl**, H.-D./**Grasmann**, M.: Verfahren zur Integration von Gestaltungs- und Berechnungssystemen. In: VDI-Berichte Nr. 1487, VDI-Verlag Düsseldorf, 1999

Gausemeier, J./**Lückel**, J. (Hrsg.): Entwicklungsumgebungen Mechatronik. Methoden und Werkzeuge zur Entwicklung mechatronischer Systeme. HNI-Verlagsschriftenreihe, Band 80, Heinz Nixdorf Institut, 2000

Gausemeier, J./**von Bohuszewicz**, O./**Ebbesmeyer**, P./**Grafe**, M.: Cyberbikes – Interactive Visualization of Manufacturing Processes in a Virtual Environment. Proceedings of PROLAMAT 98, 9. - 11. September 1998

Gausemeier, J./**von Bohuszewic**z, O./**Ebbesmeyer**, P./**Grafe**, M.: Gestaltung industrieller Leistungserstellungsprozesse mit Virtual Reality, Industrie Management 1/97, S. 33 - 36, GITO-Verlag, 1997

Gibson, W.: Neuromancer, ACE Books, 1984

Grabowski, H., **Anderl**, R., **Polly**, A.: Integriertes Produktmodell, Beuth Verlag, 1994

Grasmann, M.: Produktkonfiguration auf Basis von Engineering Daten Management-Systemen. Dissertation im Fachbereich Maschinentechnik, Universität Paderborn, HNI-Verlagsschriftenreihe, Band 75, 2000

Gross, D./**Hauger**, W./**Schnell**, W./**Wriggers**, P.: Technische Mechanik – Band 4. Hydromechanik, Elemente der Höheren Mechanik, Numerische Methoden. 3. Auflage, Springer Verlag, 1999

Hahn, M.: OMD – Ein Objektmodell für den Mechatronikentwurf. Dissertation, Mechatronik Laboratorium Paderborn (MlaP), Universität Paderborn, Fortschritt-Berichte VDI Reihe 20 Nr. 299, VDI Verlag, 1999

Hartman, J./**Wernecke**, J.: The VRML 2.0 Handbook – Building Moving Worlds on the Web. Addison Wesley, 1996

Heiduk, T.: Methoden zur Analyse von Schwingungen und dynamischen Kräften in Steuerungsantrieben von Verbrennungsmotoren für PKW. Dissertation, RWTH Aachen, 1995

ISO 10303-41: Industrielle Automatisierungssysteme und Integration – Produktdatendarstellung und -austausch – Teil 41: Allgemeine integrierte Ressourcen: Grundlagen zur Produktbeschreibung und -unterstützung, Ausgabe 2000-11, Beuth Verlag, 2000

ISO 10303-42: Industrielle Automatisierungssysteme und Integration – Produktdatendarstellung und -austausch – Teil 42: Allgemeine integrierte Ressourcen: Geometrische und topologische Darstellung. Ausgabe 2000-09, Beuth Verlag, 2000

Keller, Uwe: Estimation of an Electromagnetic Emission Ability. In: Proceedings and supplement of 12th International Zürich Symposium and Technical Exhibition on Electromagnetic Compatibility (EMC Zurich '97), pages 257-268, Febuary 1997

Krause, F.-L./**Lüddemann**, J.: Virtual Clay Modelling, IFIP. Airlie, 1996

Krueger, M.W.: Artificial Reality. Addison Wesley, 1982

Lämmer, L./**Machner**, B.: Online-PDM-Kopplung auf der Basis von Standards – STEP PDM Schema und OMG PDM Enablers. In: ProduktDaten Journal, 6. Jahrgang, November 1999

Linner, S./**Geyer**, M./**Wunsch**, A.: Optimierte Prozesse durch Digital Factory Tools. In: VDI Berichte 1489, Virtuelle Produktentstehung in der Fahrzeugtechnik, S. 187 - 198, VDI Verlag, 1999

Lüddemann, J.: Virtuelle Tonmodellierung zur skizzierenden Formgestaltung im Industriedesign. Dissertation, TU Berlin 1996, Berichte aus dem Produktionstechnischen Zentrum Berlin, UNZE-Verlag, 1996

Machner, B./**Holland**, B.: Produktdatenmanagement auf der Basis von ISO 10303-STEP. Die Voraussetzung für eine effiziente Produkt- und Prozeßentwicklung. In: CIM Management 4/95, GITO Verlag, 1995

Montrym, J. S./**Baum**, D. R./**Dignam**, D. L./**Migdal**, C. J.: InfiniteReality: A Real-Time Graphics System, ACM Computer Graphics Proceedings. Annual Conference Series, SIGGRAPH, 1997

Müller, G./**Groth**, C.: FEM für Praktiker – Band 1: Grundlagen, 5. Auflage, Expert-Verlag, 2000

Oertel, H./**Laurien**, E.: Numerische Strömungsmechanik, Springer Verlag, 1995

OMG PDM Enablers: Joint Proposal to the OMG in Response to OMG Manufacturing Domain Task Force RFP1. Object Management Groups, 1998

Paul, R. P.: Robot Manipulators: Mathematics, Programming and Control. The MIT Press, 1981

ProSTEP: „AP 214 ISO/DIS 10303-214 Core Data For Automotive Design Process". Unter: www.prostep.de/spo/html/ap214.html, Mai 2000

Robertson, R. E./**Schwertassek**, R.: Dynamics of Multibody Systems. Springer Verlag, 1988

Roller, D.: CAD – Effiziente Anpassungs- und Variantenkonstruktion. Springer-Verlag, 1995

Ross, D. T.: Computer Aided Design: A Statement of Objectives. M.I.T. Electronic Systems Laboratory Report No. 8436. Technical Memorandum 4, 1960

Schmidt, L. (Hrsg): Zitatenschatz für Führungskräfte. Wirtschaftsverlag Ueberreuther, 1999

Spur, G: Produktionstechnik im Wandel. Carl Hanser Verlag, 1979

Spur, G./**Krause**, F.-L.: Das virtuelle Produkt – Management der CAD-Technik. Carl Hanser Verlag, 1997

Steinhilper, W./**Hennerici**, H./**Britz**, S.: Kinematische Grundlagen ebener Mechanismen und Getriebe. Vogel Verlag, 1993

Strub, M./**Brorson**, P./**du Rivault**, P./**Mieda**, Y./**Hauser**, M: STEP Success Stories – International Data Exchange using the STEP Standard. SASIG Auto-Tech 1998, Aug 31 - Sep 3, 1998

Sutherland, I. E.: Sketchpad: A Man-Machine Graphical Communication System. In: SJCC, Spartan Books, MD, 1963

Sutherland, I. E.: The Ultimate Display. In: Proceedings IFIP Congress, 1965

Sutherland, I.E.: A Head-Mounted Three Dimensional Display. In: Proceedings Fall Joint Computer Conference, 1968

VDI 2219: VDI-Richtlinien 2219: Datenverarbeitung in der Konstruktion – Einführung und Wirtschaftlichkeit von EDM/PDM-Systemen. Beuth Verlag, 1999

VDI 3633: VDI-Richtlinien 3633 Blatt 1: Simulation von Logistik-, Materialfluß-, und Produktionssystemen, Grundlagen. Beuth Verlag, 1993

Weck, M.: Werkzeugmaschinen – Fertigungssysteme. Band 3.2, VDI-Verlag, 1995

Zienkiewicz, O. C./**Taylor**, R. L. : The Finite Element Method – Vol. 1: Basic Formulations and Linear Problems. McGraw Hill Book Company, 1989

»Eine vollkommene Ordnung wäre der Ruin
allen Fortschritts und Vergnügens.«
– Robert Musil –

STICHWORTE

Numerics

2D-Clipping	394
3D-CAD-System	387
3D-Clipping	394
3D-Flächenmodell	400
3D-Maus	504
3D-Modell	381
3D-Visualisierung	416

A

Ablaufsimulation	471
Abstandsberechnung	415
Abstrahieren	225
Abstraktion	241, 242
Abstraktionsebene	241
Agent	201
Aggregationsbaum	321
Aggregationsbeziehung	317
Akquisition	162
Aktivitätenmodell (Application Activity Model, AAM)	523
Aktivsumme	90
Aktor	28
Akustik	467
algorithmische Ebene	247
Aliasing	394
ambientes Licht	389
Amortisationsrechnung	185
dynamisch	187
statisch	186
Amortisationszeitpunkt	185
Anforderung	
qualitativ	299
quantitativ	299
Anforderungsmodellierung	524
Animation	511
Anpassungsstrategie	160
Anti-Aliasing	394
Anwendungsfalldiagramm	276
Anwendungsprotokoll	518
Anwendungsprotokoll 214 (AP 214)	524
Application Activity Model (AAM)	523
Application Interpreted Model (AIM)	524
Application Reference Model (ARM)	524

Armstrong	439	Bump-Mapping	391
ASICs (Application Specific Integrated Circuits)	240		
Assoziationsbeziehung	314	**C**	
α–Test	264	CADAM	380
Attribut	271	CATIA	382
Aufprojektion	501	Cave	478
Ausarbeiten	238	CBA-Methode	131
Ausarbeitung	215	CFD	456
Ausprägungsliste	101	Chancen-Gefahren-Matrix	111
Ausweichstrategie	160	Check-In	531
Auswirkungsmatrix	112	Check-Out	531
AutoCAD	380	Clusteranalyse	98
		COMPAC	382
B		Compiler	260
		Computational Fluid Dynamics	456
Back Face Culling	397	Computer Supported Cooperative Work (CSCW)	532
Basistechnologie	59	Computergraphik	379
Baugruppe	230	Conjoint-Analyse	69
Bauraum	232	Constraint	409
Baustruktur	230	funktional	409
Bauteil	230	geometrisch	409
Bauzusammenhang	230	Constraint System	409
Begeisterungsattribut	76	CORBA (Common Object Request Broker Architecture)	534
Beleuchtungsmodell	389	Co-Wort-Analyse	203
BEM	467	Crash-Analyse	441
Beschreibung		CRT-Projektor	498
symbolisch-physikalisch	343	Cruz-Neira	494
Beteiligung	162	CSG-Modell	403
Bewerten und Festlegen	229	Customizing	533
Bezier	407	Cyberbikes	487
Bibliometrie	203	Cyberspace	477
Bilanzgleichung	457		
Bildwiederholrate (frame rate)	508	**D**	
Boeing 777	385		
Boolscher Operator	403	Dämpfer	433
Bounding Box	398	Darstellung	
Break-Even-Analyse (BEA)	189	perspektivisch	380
Break-Even-Point (BEP)	189	Dataglove	482
B-Rep-Modell	404		
β–Test	264		

Stichworte

Datenhandschuh 485, 504
Datenhelm (Head Mounted Display, HMD) 478, 496
Datenstruktur 359
  fundamental 359, 366
Datentyp
  abstrakt 263
De Casteljau 407
Dehnung 441
Dekomposition
  funktional 307
Demonstrationsprototyp 282
Denken
  diskursiv 123
  intuitiv 123
Design Review 479
Design Review Meeting 416
Designkonzept 483
Designspezifikation 264
Desktop VR 489
Differentialgleichung 423
Differentialgleichungssystem 434
Differenzierung im Wettbewerb 164
Digitaler Mock-Up 384
Diskretisierung 423
DLP-Projektor 498
DMU (digitaler Mock-Up) 413
Dokumentenmanagement 531
DuPont-Schema 183
Dynamik 425
Dynamik-Index 90

E

Echtzeit 387, 478
Echtzeitfähigkeit 287
Eckpunkt 388
Edge-Blending 501
EDM (Engineering Data Management) 525
EFSM (Extended FSM) 249
Eigenfrequenz 433
Eigenschwingungsform 441
Eindeutigkeit 234
Einfachheit 237
Einflußanalyse
  direkt 90
  indirekt 90
Einflußbereich 86
Einflußfaktor 86
Einflußmatrix 88
Elektronik 240
Elementsteifigkeitsmatrix 443
Elementtyp 445
EMV (elektromagnetische Verträglichkeit) 466
Energiesatz 457
Engineering
  Concurrent 513
  Simultaneous 513
Entwerfen 215, 229
Entwicklungssystematik 40
Entwicklungsumgebung 264
Entwurf 215
Entwurfsphase 229
Entwurfsregelüberprüfung 244
Entwurfsstil 255
Environment-Mapping 391
Erasable Programmable Logic Devieces (EPLDs) 260
Erasable Programmable Read Only Memory (EPROM) 260
Ereignisbeschreibung 357, 366
Erfolgsfaktor 62
  kritisch 62
Erfolgsfaktorenportfolio 62
Erfolgspotentiale 51
Erfüllungsbeziehung 311
Ergebnisaufbereitung 421
Erleuchtung 118
Ersatzmodell
  diskret 423
  dynamisch 352

kinematisch	352
kontinuierlich	423
mathematisch	299
physikalisch	422
Euler-Operatoren	405
Evidenz	199
EXPRESS-G	524

F

Facettenmodell	392
Far Clip Plane	394
Farbmodell	390
Feder	433
Feingestalten	233
Feld	
elektromagnetisch	464
FEM (Finite-Element-Methode)	423, 440, 459
Fertigungsplanung	470
Fertigungsprozeß	467
Fertigungsstrategie	144
Fertigungsunterlagen	239
Fertigungszeichnungen	238
Fertigungszellensimulation	472
Festwertspeicher	259
Field Programmable Gate Arrays (FPGAs)	260
Finite-Differenzen-Methode (FDM)	459
Finite-Volumen-Methode (FVM)	459
Flächennormale	392
Flat-Shading	392
Fledermausprinzip	201
Flugsimulator	481
Fluiddynamik	456
Flußverkettung	308
Freiformfläche	407
Frühaufklärung	191
operativ (OFA)	194
strategisch (SFA)	195
Frühaufklärungssystem	193
Früherkennungssystem	193
Frühwarnsystem	193
FSM (Finite State Machine)	249
Führung	
strategisch	149
Führungsgröße	291
Führungsverhalten	293
Full-Custom-Entwurf	256
Funktionsbeschreibung	248
Funktionshierarchie	37
Funktionsstruktur	225

G

Gate-Array	259
Gatter	253
Gelenk	428
Geometriesicht	255
Gerätetreiber	507
Gesamtfunktion	225
Gesamtnutzenwert	72
Gesamtsteifigkeitsmatrix	445
Geschäftsplanung	43, 144
Geschäftsstrategie	144
Gestalt	380
Gestaltungsfeld	82
Gestaltungsfeld-Szenario	84
Gestaltungsgrundregel	234
Gibson	477
Gouraud-Shading	392
Graphik-API	508
Graphikmodell	388
Graphik-Pipeline	400
Graphiksubsystem (Graphikpipe)	494
Grobgestalten	230
Groupwaresystem	532
Grundregel	234
Gruppenzeichnungen	238

H

Haptik	502
Hauptfunktion	227
Hauptfunktionsträger	230
Heilig	480
Hexaeder	460
Highend VR	489
History Based Design	411
Hooke'sches Gesetz	440
House of Quality	65
Hüllsystem	38
Hüllvolumen	398, 415
ICBs (Integrated Circuit Boards)	240
ICs (Integrated Circuits)	240
IGES	516

IJ

Image Based Rendering	399
Imitation	162
Immersion	478
Impact	200
Implementierung	241
Impuls-Index	90
Impulssatz	457
Indikator	191
Informationsverarbeitung	
regelnd	34
selbstoptimierend	34
Ingenieursystem	
integriert	513
inkrementell	272
Inkubation	118
Innovationseinkauf	162
Innovationsfähigkeit	159
Innovationsfunktion	162
Instruktionssatz	
abstrakt	366
Interaktion	478
Interdependenzanalyse	88
Internet	477
Investitionsrechenverfahren	172
Isofläche	463

K

Kamera	387, 394
Kano-Diagramm	76
Kapitalwertmethode	172
Kernkompetenz	146
Kernmodell	518
Kinematik	425
Kinematikanalyse	
inversiv	431
kinematische Kette	429
Klasse	271
Klassenbibliothek	271
Klassendiagramm	
(Class Diagram)	277
Kollisionsprüfung	415, 416
Kompetenz	
heuristische	120
Komplexität	81
Komponentenmodell	
(Component Diagram)	280
Kompressibilität	458
Konfigurationsmanagement	531
Konfliktstrategie	159
Konkretisieren	228
Konsistenzanalyse	96
Konsistenzmatrix	97
Konstruieren	23
Konstruktionsforschung	24
Konstruktionsmethodik	218
Konstruktionstechnik	23
Kontinuitätssatz	457
Kontinuum	423, 440
Kontrollpunkt	407
Konzipieren	216, 223, 224
Kooperationsdiagramm	
Collaboration Diagram)	277

Kooperationsstrategie	159
Kooperatives Produktengineering	45
Koordinate	
homogen	389
Körper	
starr	428
Korrektur	
dynamisch	303
Korrelationsmatrix	66
Kraftrückkopplung	502
Kraftstellglied	433
Kreativität	
natürliche	119
Kreativitätsmethode	119
Kreativitätstechnik	123, 124
Krueger	481
Kundenanforderung	65
Kundenbefragung	77
Kundenforschung	77
Kundenorientierung	74

L

Labormuster	282
Lagrangesche Gleichung	434
Lamé	423
Langzeitarchivierung	515
Lanier	482
Laser-Projektor	498
Laterales Denken	128
Laufzeitumgebung	505
Layoutebene	255
Layoutplanung	471
Layoutsynthese	241
LCD-Projektor	498
Leistung	
kreative	119
Leistungsattribut	76
Leistungsbeschreibung	263
Level of Detail (LOD)	399

Licht	
gerichtet	389
Lichtquelle	389
Linker	260
Lizenznahme	162
Logikebene	253
Lösung	
prinzipiell	228
stationär	458
Lösungselement	36, 227, 309
Lotusblüten-Technik	126

M

Machzahl	458
Makros der Digitaltechnik	249
Makrozelle	258
Manifold-Topologie	405
Marketing-Mix	148
Marktabgrenzung	154
Marktattraktivität	54
Marktportfolio	52
Marktpriorität	54
Marktsegmentierung	154
Marktsegmentierungskriterium	155
Marktsegmentierungsmodell	156
Maschine	
ideale	133
maskenprogrammierter IC	258
Master	402
Material	389
Materialfluß	472
Maxwell	423
Mechatronik	14
Mechatronisches Funktionsmodul (MFM)	30
Mehrgrößenregelung	292
Mengenstrategie	157
Merkmal	66, 69
Merkmalsausprägung	69
Metadaten	527

Stichworte **549**

Metadatenmodell	527
Methode	218
Methodik	218
Mikroelektronik	240
MKS (Mehrkörpersystem)	425
Mock-Up	383
digital	384
Modalanalyse	441
Modell	
akkumulativ	405
blockorientiert	424
generativ	403
mathematisch	434
rechnerintern	381
Modellanalyse	420
Modellbildung	419
Modellierung	
physikalisch	254
modellorientiert	272
Modellunternehmen	
virtuell	487
Monitoring	196
morphologischer Kasten	227
Multidimensionale Skalierung (MDS)	98
Multiple Zukunft	79

N

Nachricht	271
Nasa	439
NASTRAN (Nasa Structural Analysis Program)	440
Navier-Stokes-Gleichung	423, 457
Near Clip Plane	394
Nebenfunktion	227, 233
Nebenfunktionsträger	233
Netz	
blockstrukturiert	460
strukturiert	452, 460
unstrukturiert	452, 460
Netzgenerierung	461
Netzwerk	
operativ	162
regional	162
strategisch	161
Newell	381
Newton-Eulerschen Gleichung	434
Nichtlinearität	441
Non-Manifold-Objekte	405
Normalenvektor	392
Nutzenwert	72

O

Object Management Group (OMG)	534
Objekt	269
Objektcode	264
Objektorientierung	519
Occlusion Culling	398
Octree	403
Offline-Programmierung	473
Onyx	492
Open-GL	508
OpenInventor	412
Operation	271
Ordnungskriterien	518
Ordnungsmatrix	42

P

Packaging	413
Parallelprojektion	393
Parameter	409
Parameteränderung	295
Parameteridentifikation	300
Parametric Design	410
Partialmodell	265, 515
Passivsumme	90
Patentanalyse	201
PDM	415

PDM-Enabler	534	Produktkonzipierung	44, 215
Personalentwicklungsstrategie	144	Produktlebenszyklus	173
Perspektive	380	Produktmodell	383
Petri-Netz	287	integriert	515
Pflichtenheft	262	Produktpolitik	148
Pilotsystem	285	Produktrepräsentation	518
Pionier-Strategie	157	Produktstrategie	144, 164
Pixel	394	Produktstruktur	383, 527, 528
Polygon	388	Produktstrukturierung	168
Postprocessing	453, 463	technisch	168
Postprozessor	421, 515	vertrieblich	168
Potential	446	Produktstrukturmanagement	528
Powerwall	478, 499	Programmanagement	169
Präferenzstrategie	157	Programmanagementteam	170
Preisstrategie	157	Programmanager	170
Preprocessing	452	Programmpolitik	148
Preprozessor	421, 515	Projektionsbündel	97
Primitive		Projektionstechnik	478
graphisch	388	Projektmanagement	532
Prinzip	234	PROREN2	382
Prinzip von d'Alembert	434	Prototyp	383
prinzipielle Lösung	216, 228	virtuell	384
Prinziplösung	44, 216	Prototyping	
Prinzipskizze	343	evolutionär	283
Problem		experimentell	282
instationär	458	explorativ	282
Problemspezifikation		horizontal	286
lösungsneutral	225	vertikal	286
Produktdatenaustausch	514	Provokation	130
Produktdatenmanagement (PDM oder EDM = Engineering Data Management)	513	Prozeß der strategischen Führung	150
		Prozeßanalyse	521
Produktdatenmanagement-Systeme (PDMS)	525	Punktlicht	389
Produktdatentechnologie	515	**Q**	
Produktdefinition	517		
Produktentwicklung	215	Quality Function Deployment (QFD)	65
integrativ	215		
Produktentwicklungsprozeß	43	Quellcode	260, 264
Produktfindung	43, 117		
Produktkonzept	216		
Produktkonzeption	306		

R

Randelementeverfahren	467
Rasterung	394
Raumkarte	416
Reflexionswert	390
Regelglied	291
Regelkreis	291
einschleifig	292
mehrschleifig	292
Regelungstechnik	291
Register	253
Registertransferebene	249
Regler	291
Reibungseinfluß	458
Rendering	387
Rendering-Pipeline	400
Resonanz	441
Return on Investment (RoI)	182
Reynoldszahl	459
RGB-Farbmodell	390
Richtlinie	234
Roboter	473
Rohszenario	98
Rolle	265
Rollenkonzept	268
Ross	382
Rückführgröße	291
Rückprojektion	491, 501
Rückwärtstransformation	431
Rundprojektion	499

S

Sachmerkmalsleiste	531
Scanning	196
Schaltung	
digital	240
Schlüsselfaktor	91
Schlüsseltechnologie	59
Schrittmachertechnologie	59
Schwellenattribut	76
Schwingungsverhalten	425, 441
Selbstoptimierung	33
Semi-Custom-Entwurf	256
Sensor	28
Sensorama	480
Sequenzdiagramm	
(Event Trace Diagram)	277
SET (Standard	
d'Echange et de Transfer)	516
SGI	412
Shutterbrille	499
Sicherheit	237
Sicht	528
Sichtbarkeitsprüfung	396
Sichtenkonzept	241
Simulation	243, 254, 420
Sketchpad	379
S-Kurven-Konzept	59
Software	260
Software Engineering	261
Softwareentwicklung	261
objektorientiert	269
Software-Prototyping	282
Solid Model	400
SpaceMouse	504
Spannung	441
Specification and	
Description Language (SDL)	287
Spezialisierung	519
Spezifikation	306
formal	306
funktional	307
konzeptionell	309
semiformal	307
umgangssprachlich	306
Spezifikationsstatus	329
Spinnendiagramm	63
Spotlicht	389
Stabelement	442
Stabilitätsproblem	441
Stabilitätsverhalten	294

Stakeholder	200
Standardzelle	257
Statechart	287
Steifigkeitsmatrix	445
STEP	383, 511, 516
STEP-Physical File	524
Stereo	499
Stereobrille	485
Stereoskopisch	478
Stereo-Technik	
aktiv	499
passiv	498
Stimuli	70
Störgröße	291
Störverhalten	294
Stoßrichtung	
strategisch	108
Strategie	
Fast-Follower	157
fokussiert	105
Früher Folger	157
Später Folger	158
zukunftsrobust	105
Strategieebene	144
Strategiekontrolle	191
strategisches Programm	146
Strömung	
laminar	459
turbulent	459
Strömungsberechnung	456
Strömungsproblem	
transient	458
Struktur	309, 383
Strukturdynamik	441, 450
Strukturextraktion	241, 243
Strukturmechanik	
linear, statisch	440
Struktursicht	246
Struktursynthese	241
Stückliste	233, 238, 529
Stütz- und Hüllsystem	38
Substrategie	144
Subsystem	318
parametrisiert	321
Sutherland	377
Synthese	241
Systemanalyse	303
Systemarchitektur	263
Systemebene	246
Systemparameter	422
System-Szenario	84
Szenario-Bildung	85
Szenariofeld	83
Szenariofeld-Analyse	84
Szenario-Prognostik	85
Szenario-Technik	79
Szenario-Transfer	85, 105
Szenario-Trichter	82
Szene	387
Szenengraph	396, 506
Szenengraphen-API	508

T

Tailoring	269
TCP (Tool Center Point)	429
Teamart	169
Technologieattraktivität	56
Technologielebenszyklus	59
Technologieportfolio	55
Technologieposition	
relativ	56
Technologiepriorität	56
Teilevielfalt	166
Teilfunktion	226
Temperaturfeld	464
Tessellierung	411
Testfall	281
Tetraeder	460
Textur	389, 391
Texture-Mapping	391
Theorie des erfinderischen Problemlösens (TRIZ)	132

Stichworte

Thermo-Fluiddynamik	456
Threading	509
Tiefenspeicher	396
Timing-Strategie	157
Topologie	402
Trackingsystem	492, 493, 503
Trägheitseigenschaft	433
Transformation	388
Transformationsmatrix	389
Transistorebene	254
Transparenz	390
Traversieren	403
Trend	197
TRIZ (Theorie des erfinderischen Problemlösens)	132
Turbulenzmodell	459
Typenvielfalt	166

U

UM (Unified Method)	272
Umfeldszenario	83
UML (Unified Modelling Language)	269, 272
Unified Software Development Process	272
Unternehmensnetz	160
Unternehmensstrategie	144
Use Case	276
Use Case-Modell	276
Utah Teapot	381

V

Variantenmanagement	166
Variantentechnik	409
Variantenvielfalt	166
Variational Design	410
Variationsrechnung	445
Vault	531
VDA (Verband der Automobilindustrie)	516
VDA-Flächenschnittstelle (VDAFS)	516
Verdrehung	441
Vererbung	519
Verhalten gegenüber Wettbewerbern	159
Verhaltensextraktion	241, 243
Verhaltensmodell fachspezifisch	324
Verhaltensoptionen im Wettbewerb	160
Verhaltenssicht	246
Verifikation	244
vernetztes Denken	79
Vernetzung	447, 452
Verschiebung	441, 445
Verteilungsmodell (Deployment Diagram)	280
Vertex	388
Vertriebsstrategie	144
VHDL	247
Videoprojektor (Beamer)	478
View Frustum	394
View Frustum Culling	397
Viewport	394
Virtual Prototyping	384
Virtual Reality	388, 477
Virtuelle Fabrik	470
virtuelles Unternehmen	161
Vision	20
Visualisierung	484
VLSI (Very Large Scale Integration)	240
V-Modell	264
Volumenmodell	400
akkumulativ	405
generativ	403
Vorwärtstransformation	431
Voxel	403
Voxel-Technik	416

VRML	411, 511
VR-Model	488
VR-Preprocessing	510

W

Wettbewerbsstärke	54
Widerspruch	134
Wirkprinzip	37, 226, 309
Wirkstruktur	227
Wirkungsanalyse	88
Wirkungssumme	90
Workbench	500
Workflowmanagement	532

X

XML (eXtensible Markup Language)	524

Z

Z-buffer	396
Zelle	459
Zellmodell	403
Zentralprojektion	393
Zufallswort	130
Zukünfte	80
Zukunftsprojektion	92
Zukunftsraum-Mapping	99
Zustandsbeschreibung	357, 366
Zustandsdarstellung	300
Zustandsdiagramm (Statechart Diagram)	277
Zustandsgröße	297, 422
Zustandsregelung	296
Zyklenmodell des Produktinnovationsprozesses	217